출제 위원과 함께

18강으로 끝내는
한국사능력검정시험
기출특강

조인·김효중·심용환 지음 / 이건홍 감수

한국사능력검정시험이란?

주변 국가들은 역사 교과서를 왜곡하고, 심지어 역사 전쟁을 도발하고 있습니다. 한국사의 위상을 바르게 확립하는 것이 무엇보다 시급한 실정입니다. 이러한 현실에서 우리 역사에 관한 패러다임의 혁신과 한국사 교육의 위상을 강화하기 위하여 국사편찬위원회에서는 한국사능력검정시험을 마련하였습니다. 국사편찬위원회는 우리 역사에 대한 관심을 제고하고, 한국사 전반에 걸쳐 역사적 사고력을 평가하는 다양한 유형의 문항을 개발하고 있습니다. 이를 통해 한국사 교육의 올바른 방향을 제시하고, 자발적 역사 학습을 통해 고차원적인 사고력과 문제 해결 능력을 배양하고자 합니다.

한국사능력검정시험의 목적

ㄴ 우리 역사에 대한 관심을 확산·심화시키는 계기를 마련하고자 합니다.
ㄴ 균형 잡힌 역사의식을 갖도록 하고자 합니다.
ㄴ 역사 교육의 올바른 방향을 제시하고자 합니다.
ㄴ 고차원적인 사고력과 문제 해결 능력을 육성하고자 합니다.

한국사능력검정시험의 특징

ㄴ 한국사 학습 능력을 측정할 수 있는 대표적인 시험입니다.
ㄴ 응시자의 계층이 매우 다양합니다. 한국사능력검정시험은 입시생이나, 각종 채용 시험과 같은 동일한 집단이 아니라, 다양한 연령층과 직업군을 가진 사람들이 응시하고 있습니다.
ㄴ 우리 역사에 대한 자료를 관장하고 있는 교육부 직속 기관인 국사편찬위원회가 주관·시행함으로써, 수준 높고 참신한 문항과 공신력 있는 관리를 통해 안정적인 시험 운영을 하고 있습니다.
ㄴ 단순 암기 위주의 보편적인 문항보다는, 다양한 영역에서 여러 접근 방법을 통해 풀 수 있는 참신한 문항과, 탐구력을 증진할 수 있는 문항 개발을 통해 기존 시험의 틀을 탈피하려고 노력하고 있습니다.
ㄴ 합격의 당락을 결정하는 선발 시험 성격이 아니라 한국사의 학습 능력을 인증하는 시험입니다.

한국사능력검정시험의 활용 및 특전

ㄴ 2012년부터 한국사능력검정시험 2급 이상 합격자에 한해 안전행정부에서 시행하는 행정외무고등고시에 응시 자격을 부여합니다.
ㄴ 2013년부터 한국사능력검정시험 3급 이상 합격자에 한해 교원임용시험 응시 자격을 부여합니다.
ㄴ 국비 유학생, 해외 파견 공무원, 이공계 전문 연구 요원(병역) 선발 시 국사 시험을 한국사능력검정시험(3급 이상 합격)으로 대체합니다.
ㄴ 일부 공기업 및 민간 기업의 사원 채용이나 승진 시 반영합니다.
ㄴ 2014년부터 한국사능력검정시험 2급 이상 합격자에 한해 안전행정부에서 시행하는 지역 인재 7급 견습 직원 선발 시험에 추천 자격 요건을 부여합니다.

한국사능력검정시험의 출제 유형

한국사능력검정시험의 문항은 역사 교육의 목표 준거에 따라 다음의 6가지 유형으로 구분됩니다.

역사 지식의 이해

역사 탐구에 필요한 기본적인 지식, 즉 역사적 사실·개념·원리 등의 이해 정도를 묻는 영역입니다.

연대기의 파악

역사의 연속성과 변화 및 발전을 이해하고 있는가를 묻는 영역입니다. 역사 사건이나 상황을 시대순으로
정확하게 이해하고 인과 관계를 파악할 수 있는가를 묻습니다.

역사 상황 및 쟁점의 인식

제시된 자료에서 해결해야 할 구체적인 역사 상황과 핵심적인 논쟁점, 주장 등을 찾을 수 있는지 묻는 영
역입니다. 문헌 자료, 도표, 사진 등의 형태로 주어진 자료에서 해결해야 할 과제를 포착하거나 변별해 내
는 능력이 있는지를 측정합니다.

역사 자료의 분석 및 해석

자료에 나타난 정보를 해석하여 그 의미를 파악할 수 있는가를 묻는 영역입니다. 정보의 분석을 바탕으로
자료의 시대적 배경과 사회적 의미를 해석할 수 있는가를 측정합니다.

역사 탐구의 설계 및 수행

제시된 문제의 성격과 목적을 고려하여 절차와 방법에 따라 역사 탐구를 설계하고 수행할 수 있는 능력이
있는가를 묻는 영역입니다.

결론의 도출 및 평가

주어진 자료의 타당성을 판별하고, 여러 자료를 종합하여 결론을 도출할 수 있는가를 묻는 영역입니다.

평가 방법

등급	급수	점수	평가 내용
고급 (50문항)	1급	70점 이상	한국사 심화 과정으로, 차원 높은 역사 지식, 통합적 이해력 및 분석력을 바탕으로 시대의 구조를 파악하고, 현재의 문제를 창의적으로 해결할 수 있는 능력 평가
	2급	60~69점	
중급 (50문항)	3급	70점 이상	한국사 기초 심화 과정으로, 한국사에 대한 기본적인 이해를 바탕으로 한국사의 흐름을 대략적으로 이해할 수 있는 능력과, 전반적인 이해를 바탕으로 한국사의 개념과 전개 과정을 체계적으로 파악할 수 있는 능력 평가
	4급	60~69점	
초급 (40문항)	5급	70점 이상	한국사 입문 과정으로, 한국사에 대한 흥미와 관심을 가지고 있으면 누구나 이해할 수 있는 기초적인 역사 상식을 평가
	6급	60~69점	

1 1 : 24 전략

'핵심 주제 강의' 1강당 24개의 '막강 기출 유형 문제'가 들어 있다. 24개의 '막강 기출 유형 문제'는 지난 기출 문제에 대한 철저한 분석을 바탕으로 출제될 수 있는 모든 문제 유형을 정리해 놓은 것이다. 출제 위원의 노하우가 담긴 '핵심 주제 강의'와 '막강 기출 유형 문제'로 한 강의를 정리하면 그 강의에서 나올 만한 문제는 다 익힌 셈이다. '핵심 주제 강의'를 정리한 후, '막강 기출 유형' 풀이를 통해 합격할 수밖에 없는 극강의 실력을 키워 보자.

2 사진, 지도, 사료만 봐도 답이 딱딱딱!

'핵심 주제 강의'와 '막강 기출 유형' 안에는 한국사검정능력시험에 나오는 사진, 도표, 지도 등의 출제 자료가 거의 다 있다. 이 사진과 자료들이 자신의 눈에 점차 익숙해지는 것이 곧 합격하고 고득점에 이르는 길임을 절대 잊지 말자!

3 자신감을 가져라!

한국사능력검정시험에서 고득점은 70점 이상을 의미한다. 즉 10문제 중 7문제를 맞히면 고득점인 것이다. 핵심 정리를 공부하거나 문제를 풀 때 막히는 곳이 한 군데 나타나더라도 스트레스를 받지 말자. 한 문제 틀려도 9문제가 남아 있다. 상대적으로 짧은 시간 내에 '핵심 주제' 정리와 '막강 기출 유형'을 반복적으로 풀어서 어떤 시험에서도 항상 70점 이상 맞을 수 있는 실력을 키우자. 한국사능력검정시험에서는 강조되고 중요한 것, 이미 출제되었던 것들을 정확히 잘 알고 있는 것이 곧 실력이다. 빠르게 여러 번 본다는 마음으로 공부하자.

4 함정에 속기 있기? 없기?

합격률 55%의 시험이란 45%를 떨어뜨리는 시험이다. 열심히만 하면 누구나 붙을 수 있다는 뜻이다. 그러나~ 열심히 한 사람도 떨어진다. 왜? 함정에 걸리기 때문이다. 다 아는 문제인데 '아닌' 또는 '잘못된' 것을 찾는 문제를 잘못 읽어서 틀리는 것은 아니아니~ 아니되오. 출제 위원은 '아닌', '잘못된', '틀린'이라는 함정을 엄청 좋아한다는 사실을 명심하자.

5 자신 있는 주제를 만드는 것이 실력이다

한국사를 공부하다 보면 몇 가지 주제가 반복되어 출제되는 것을 알 수 있다. 예를 들어 임오군란, 갑신정변, 의병 운동(을미, 을사, 정미 의병), 3·1 운동(배경, 전개 과정, 영향), 유신 체제의 특징 등이다. 본 책에 있는 '핵심 주제'는 그 주제를 정리해 놓은 것이니, 자신 있는 핵심 주제를 점차 늘려 보자. 난 절대 임오군란 문제는 틀리지 않아! 난 절대 이승만 정부 문제는 틀리지 않아! 이런 식으로 자신 있는 핵심 주제를 늘려 가다 보면 실력이 크게 늘어나는 것을 쉽게 확인할 수 있다.

합격 계획표

시험은 계획표 짜기에 달렸다.
아래의 계획표대로 한국사능력검정시험 합격을 준비해 보자.

주 차	단원	핵심 주제 강의	막강 기출 유형	틀린 문제 체크
1주차 (월 일~ 월 일)	1강. 선사 시대와 국가의 형성	☐	☐	☐
	2강. 고대의 정치, 경제, 사회	☐	☐	☐
	3강. 고대의 문화	☐	☐	☐
	4강. 고려의 정치, 경제, 사회	☐	☐	☐
	5강. 고려의 문화	☐	☐	☐
2주차 (월 일~ 월 일)	6강. 조선 전기의 정치, 경제, 사회	☐	☐	☐
	7강. 조선 전기의 문화	☐	☐	☐
	8강. 조선 후기의 정치, 경제, 사회	☐	☐	☐
	9강. 조선 후기 문화의 변화	☐	☐	☐
3주차 (월 일~ 월 일)	10강. 근대의 정치 1(흥선 대원군~갑신정변)	☐	☐	☐
	11강. 근대의 정치 2(동학 농민 운동~대한 제국)	☐	☐	☐
	12강. 근대의 경제, 사회, 문화	☐	☐	☐
	13강. 일제 강점기의 정치 1(1910~1920년대)	☐	☐	☐
	14강. 일제 강점기의 정치 2(1930~1940년대)	☐	☐	☐
4주차 (월 일~ 월 일)	15강. 일제 강점기의 경제, 사회, 문화	☐	☐	☐
	16강. 현대의 정치 1(광복~대한민국의 수립)	☐	☐	☐
	17강. 현대의 정치 2(민주주의의 발전)	☐	☐	☐
	18강. 현대의 경제, 사회, 문화 및 통일 정책과 경제, 사회의 변화	☐	☐	☐
	실전 모의고사 ☐	클린업 한국사		☐

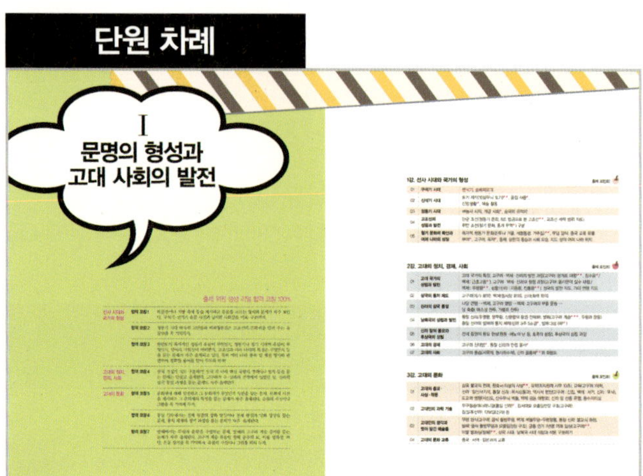

목차만 봐도 합격이 보인다.
출제 위원의 생생 리얼 합격 코칭으로
출제 포인트가 한눈에 쏙~

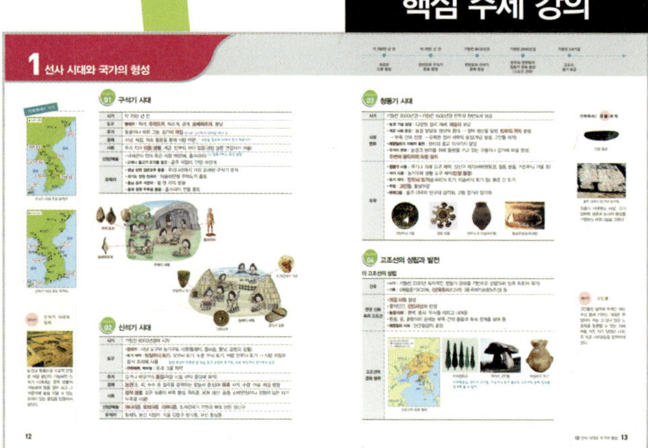

시험에 나오는 핵심 주제만 골라 뽑은 강의안!
버릴 것이 없다. 핵심 주제 강의로 흐름 파악,
주요 쟁점 인식, 사료의 분석과 해석이
한 번에 해결된다.

어느 문제집에도 없는 실전 대비용 문제 수!
핵심 주제 강의당 24문제를 풀고 나면
출제 유형이 바로 그려진다.

바로 정리, 아하! – 정답과 해설

출제 위원이 콕콕 짚어 주는
'바로 정리', '아하!'
한국사능력검정시험의 출제 주제가
바로바로, 쏙쏙 파악된다.
답만 맞히고 넘기지 말기~

실전 모의고사

시험 하루 전에
꼭 풀어 봐야 하는 문제.
80분 시험 시간 안에
50문제를 풀어 보자.

클린업 한국사

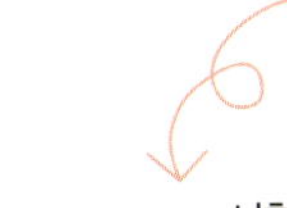

시험 전
깔끔한 마무리!
놓치면 안 되는 연표,
유물, 지도 총정리.

I

문명의 형성과 고대 사회의 발전

선사 시대와 국가의 형성	**합격 코칭 1**	박물관이나 지방 축제 등을 제시하고 유물을 고르는 형식의 문제가 자주 보인다. 구석기·신석기 유물 사진과 당시의 사회상을 비교·구분하자.
	합격 코칭 2	청동기 시대 탁자식 고인돌과 비파형동검은 고조선의 문화권을 알려 주는 유물임을 꼭 기억하자.
	합격 코칭 3	한반도의 독자적인 청동기 유물이 무엇인지, 청동기나 철기 시대의 유물이 무엇인지, 당시의 사회상이 어떠한지, 고조선과 여러 나라의 특징은 무엇인지 등을 묻는 문제가 자주 출제되고 있다. 특히 여러 나라 풍속 및 제천 행사와 관련하여 정확한 용어를 알아 두도록 하자!
고대의 정치, 경제, 사회	**합격 코칭 4**	삼국 전성기 지도 구분하기! 삼국 각 나라 핵심 국왕의 정책이나 업적 등을 묻는 문제는 단골로 출제된다. 고구려가 수·당과의 전쟁에서 있었던 일, 신라의 삼국 통일 과정을 묻는 문제도 자주 출제된다.
고대의 문화	**합격 코칭 5**	문화재에 대해 설명하고 그 문화재가 무엇인지 사진을 찾는 문제, 문화재 사진을 제시하고 그 문화재의 특징을 묻는 문제가 자주 출제된다. 유물의 사진이나 그림을 꼭 기억해 두자.
	합격 코칭 6	통일 신라에서는 전제 왕권의 강화 양상이나 전제 왕권의 약화 양상을 묻는 문제, 통치 체제의 정비 과정을 묻는 문제가 자주 출제된다.
	합격 코칭 7	발해에서는 무왕과 문왕을 구별하는 문제, 발해의 고구려 계승 증거를 묻는 문제가 자주 출제된다. 고구려 계승 유물인 정혜 공주의 묘, 이불 병좌상, 와당, 온돌 장치를 꼭 기억하자. 유물의 사진이나 그림을 외워 두자.

1강. 선사 시대와 국가의 형성

출제 포인트! 

01	**구석기 시대**	뗀석기, 슴베찌르개
02	**신석기 시대**	토기 제작(빗살무늬 토기)**, 움집 사용*, 신앙생활*, 예술 활동
03	**청동기 시대**	벼농사 시작, 계급 사회*, 송국리 유적지
04	**고조선의 성립과 발전**	단군 조선(청동기 문화, 8조 법금으로 본 고조선**, 고조선 세력 범위 지도) 위만 조선(철기 문화, 중계 무역*) 구분
05	**철기 문화의 확산과 여러 나라의 성장**	독자적 청동기 문화(잔무늬 거울, 세형동검, 거푸집)**, 무덤 양식, 중국 교류 유물, 부여*, 고구려, 옥저*, 동예, 삼한의 풍습과 사회 모습, 지도 상의 여러 나라 위치

2강. 고대의 정치, 경제, 사회

출제 포인트! 

01	**고대 국가의 성립과 발전**	고대 국가의 특징, 고구려·백제·신라의 발전 과정(고구려:광개토 대왕**, 장수왕* / 백제:근초고왕*), 고구려·백제·신라의 항쟁 과정(고구려:을지문덕 살수 대첩 / 백제:무령왕**, 성왕/신라:지증왕, 진흥왕**), 삼국의 발전 지도, 가야 연맹 지도
02	**삼국의 통치 제도**	고구려(제가 회의), 백제(정사암 회의), 신라(화백 회의)
03	**신라의 삼국 통일**	나당 연맹 → 백제, 고구려 멸망 → 백제·고구려의 부흥 운동 → 당 축출(매소성 전투, 기벌포 전투)
04	**남북국의 성립과 발전**	통일 신라(무열왕, 문무왕, 신문왕의 왕권 전제화), 발해(고구려 계승***, 무왕과 문왕) 통일 신라와 발해의 통치 체제(신라:9주 5소경*, 발해:3성 6부*)
05	**신라 말의 동요와 후삼국의 성립**	전제 왕권의 동요 현상(원종·애노의 난 등, 호족의 성장), 후삼국의 성립 과정
06	**고대의 경제**	고구려 진대법*, 통일 신라의 민정 문서*
07	**고대의 사회**	고구려 풍습(서옥제, 형사취수제), 신라 골품제**와 화랑도

3강. 고대의 문화

출제 포인트!

01	**고대의 종교·사상·학문**	삼국 불교의 전래, 원효vs의상의 사상**, 유학(최치원의 시무 10조), 교육(고구려:태학, 신라:임신서기석, 통일 신라:독서삼품과), 역사서 편찬(고구려:신집, 백제:서기, 신라:국사), 도교의 영향(사신도, 산수무늬 벽돌, 백제 금동 대향로), 신라 말 선종 유행, 풍수지리설
02	**고대인의 과학 기술**	무구정광대다라니경(통일 신라)*, 강서대묘 모줄임천장 구조(고구려), 첨성대(신라), 다보탑(신라) 등
03	**고대인의 생각과 멋이 담긴 예술품**	무덤 양식(고구려:굴식 돌방무덤, 백제:벽돌무덤-무령왕릉, 통일 신라:불교식 화장, 발해:굴식 돌방무덤과 모줄임천장 구조), 금동 연가 7년명 여래 입상(고구려)**, 이불 병좌상(발해)**, 삼국 시대·남북국 시대 석탑과 석등 구분하기
04	**고대의 문화 교류**	중국·서역·일본과의 교류

구석기 시대

시기	약 70만 년 전
도구	뗀석기 : 찍개, 주먹도끼, 찌르개, 긁개, 슴베찌르개, 돌날
주거	동굴이나 바위 그늘, 강가의 막집 _임시로 간단하게 막처럼 꾸민 집_
경제	사냥, 채집, 어로 활동을 통해 식량 마련 _식량을 찾으러 다녀야 했기 때문이야._
사회	무리 지어 이동 생활, 계급·빈부의 차이 없음(경험 많은 연장자가 이끎)
신앙/예술	• 내세관이 있어 죽은 사람 매장(예, 흥수아이) _vs 청동기에는 족장 출현_ • 고래나 물고기 조각품 발견 : 공주 석장리, 단양 수양개
유적지	• 평남 상원 검은모루 동굴 : 우리나라에서 가장 오래된 구석기 유적 • 경기도 연천 전곡리 : 아슐리안형 주먹도끼 출토 • 충남 공주 석장리 : 불 땐 자리 발굴 • 충북 청원 두루봉 동굴 : 흥수아이 인골 출토

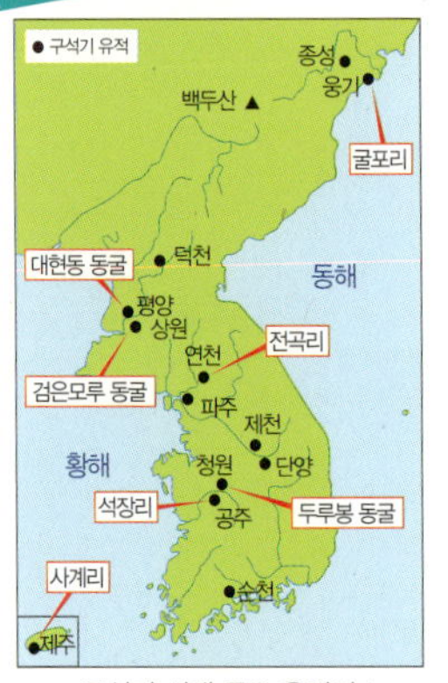

구석기 시대 주요 유적지

신석기 시대 주요 유적지

농경과 목축으로 비교적 안정된 식량 생산이 가능해진 신석기 시대에는 정착 생활이 가능해져 땅을 깊이 파고 그 가운데에 불을 피울 수 있는 화덕이 있는 움집을 만들어서 살았다.

신석기 시대

시기	기원전 8000년경에 시작
도구	• 간석기 : 사냥 도구와 농기구로 사용(돌괭이, 돌보습, 돌낫, 갈판과 갈돌) • 토기 제작 : 빗살무늬 토기, 덧무늬 토기, 누른 무늬 토기, 이른 민무늬 토기 → 식량 저장과 음식 조리에 사용 _달걀 모양의 뾰족한 밑 또는 둥근 모양의 토기로, 주로 바닷가나 강가에서 발견_ • 가락바퀴, 뼈바늘 : 옷과 그물 제작
주거	강가나 바닷가의 움집(저장 시설, 바닥 중앙에 화덕)
경제	농경(조, 피, 수수 등 잡곡을 경작하는 밭농사 중심)과 목축 시작, 수렵·어로·채집 병행
사회	정착 생활, 같은 핏줄의 씨족 형성, 족외혼, 공동 생산·공동 소비(연장자나 경험이 많은 자가 부족을 이끎)
신앙/예술	애니미즘, 토테미즘, 샤머니즘, 조개껍데기 가면과 뼈로 만든 장신구
유적지	황해도 봉산 지탑리, 서울 강동구 암사동, 부산 동삼동

핵심주제 03 청동기 시대

시기	기원전 2000년경~기원전 1500년경 만주와 한반도에 보급
사회 변화	• **농경 기술 발달** : 다양한 잡곡 재배, 벼농사 보급 • **계급 사회 등장** : 농경 발달로 생산력 증대 → 잉여 생산물 발생, 빈부의 격차 발생 → 부족 간의 전쟁 → 유력한 정치 세력의 등장(계급 발생, 고인돌 제작) • **제정일치의 지배자 출현** : 정치와 종교 의식까지 담당 • **주거지 변화** : 농경과 방어를 위해 들판을 끼고 있는 구릉지나 강가에 마을 형성, 주변에 울타리와 도랑 설치
유적	• **청동기 사용** : 무기나 의례 도구 제작, 장신구 제작(비파형동검, 청동 방울, 거친무늬 거울 등) • **석기 사용** : 농기구와 생활 도구 제작(반달 돌칼) • **토기 제작** : 민무늬 토기(송국리식 토기, 미송리식 토기 등), 붉은 간 토기 • **무덤** : 고인돌, 돌널무덤 • **바위그림** : 울주 대곡리 반구대 암각화, 고령 장기리 암각화

반달 돌칼

울주 대곡리 반구대 암각화

청동기 시대에는 사냥, 고기 잡이의 성공과 농사의 풍요를 기원하는 바위그림을 그렸다.

거친무늬 거울　　청동 방울　　민무늬 토기(송국리형)　　돌널무덤(송국리형)

핵심주제 04 고조선의 성립과 발전

(1) 고조선의 성립

건국	• **시기** : 기원전 2333년 독자적인 청동기 문화를 기반으로 성립(우리 민족 최초의 국가) • **기록** : 《제왕운기》(고려), 《삼국유사》(고려), 《동국여지승람》(조선) 등
단군 신화 속의 고조선	• **계급 사회** 형성 • 홍익인간, 선민사상의 반영 • **농경 사회** : 풍백, 운사, 우사를 데리고 내려옴 • 환웅, 곰, 호랑이의 관계는 부족 간의 통합과 복속 관계를 보여 줌 • **제정일치 사회** : 단군왕검의 호칭
고조선의 문화 범위	

WHY　고인돌

고인돌은 덮개의 무게만 해도 수십 톤에 이르는 거대한 무덤이다. 이는 그 당시 많은 노동력을 동원할 수 있는 지배력을 가진 자가 있었던 사회, 즉 계급 사회였음을 짐작하게 한다.

비파형동검　　탁자식 고인돌　　미송리식 토기

비파형동검, 탁자식 고인돌, 미송리식 토기 분포로 고조선의 문화 범위를 짐작해 볼 수 있어.

고조선의 문화 범위

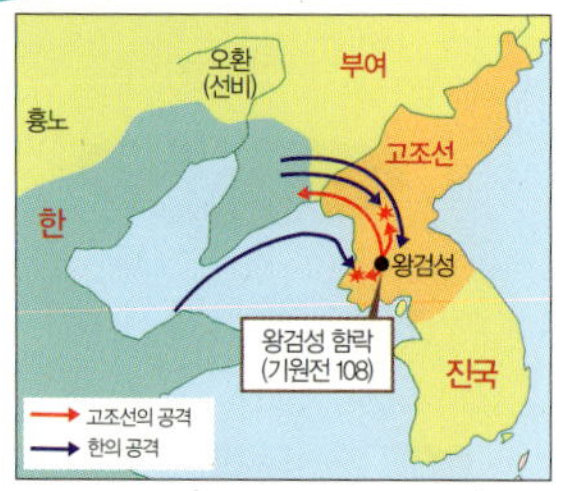

고조선과 한의 전쟁

(2) 고조선의 성장과 발전

성장	• **영역**: 만주와 한반도 서북부 지방 • **국가 체제 정비**: 기원전 4세기경 왕의 칭호 사용 → 왕위 세습(부왕, 준왕), 관제(상, 대부, 장군) 갖춤 국왕 중심의 중앙 집권 체제로까지 발전하지는 못했어. • 중국의 연과 교류하며 대결할 정도로 성장 • 복속 지역은 토착 세력을 통한 간접 지배
위만 조선과 철기 본격적 도입	• **위만의 집권**: 중국 진·한 교체기에 위만이 무리를 이끌고 고조선으로 이주 → 준왕을 몰아내고 왕위 차지(기원전 194) • **위만 조선의 발전**: 철기 문화 본격적 수용, 한과 외교 관계, 철제 무기를 바탕으로 주변 지역 정복(진번, 임둔 복속), 한반도 남부의 진과 중국 한 사이의 중계 무역 독점 → 한과 대립 • **한의 침입과 고조선의 멸망**: 한(무제), 고조선과 흉노의 연결을 막기 위해 고조선 공격 → 1년간 저항 → 지배층의 내분으로 왕검성 함락, 고조선 멸망(기원전 108) → 한, 고조선 일부 지역에 군·현 설치

(3) 8조법을 통해 본 고조선의 사회   8개 조항 중에서 3개 조항만 《한서》에 기록되어 있어.

8조법	사회 모습
사람을 죽인 자는 바로 사형에 처한다.	생명 중시
남에게 상해를 입힌 자는 곡물로 갚는다.	농경 사회, 노동력 중시, 사유 재산 인정
남의 물건을 훔친 자는 노비로 삼고, 용서받고자 하는 자는 한 사람당 50만 전을 내야 한다.	사유 재산 인정, 계급의 분화

기억하라! 유물

철기 시대의 독무덤

핵심주제 05 철기 문화의 확산과 여러 나라의 성장

(1) 철기의 보급과 사회 변화

철기 보급	• 기원전 5~4세기경 만주와 한반도에 보급되기 시작 • 기원전 1세기경 널리 사용
철기 시대의 변화	• 철제 농기구 사용 → 농업 생산력 향상 • 철제 무기 사용 → 활발한 정복 활동을 통해 국가로 성장 → 만주와 한반도에 초기 여러 국가 성립
유물 유적	• **독자적인 청동기 문화 발전**: 세형동검, 잔무늬 거울, 청동 제품 거푸집 • **무덤**: 널무덤, 독무덤 • 다호리 유적 출토 붓, 명도전, 오수전, 반량전 → 중국과의 교류 증거

WHY 거푸집

청동기를 제작하던 틀로, 우리나라에서 청동기를 직접 제작하였음을 알 수 있다.

(2) 여러 나라의 성장

부여	• **위치** : 만주 쑹화 강 유역의 평야 지대에서 성장 → 주로 농경과 목축 • **정치** : 연맹 왕국(강력한 부족장을 왕으로 선출 → 왕권 미약), '가(加)'들이 사출도를 다스림 • **풍습** : 형사취수혼(형이 죽으면 동생이 형의 부인을 아내로 맞음), 순장, 영고(제천 행사, 12월) • **엄격한 법 집행** : 간음·투기·살인은 사형, 1책 12법
고구려	• **위치** : 압록강 중상류의 산간 지대에서 성장 → 농경에 불리, 생산력 낮음 → 정복 전쟁 전개 • **정치** : 연맹 왕국(왕과 5부의 대가들로 구성), 왕 아래에 상가, 고추가, 대로, 패자 등의 관료 조직, 제가 회의(귀족 회의, 국가의 중대사와 중죄인 처결 결정) • **활발한 대외 정복 전쟁** : 한 군현을 몰아내고 요동 진출, 옥저 정복 • **풍습** : 부여의 언어와 풍속이 유사, 형사취수혼, 데릴사위제(서옥제, 혼인 후 일정 기간 동안 신부의 집에서 머무름), 동맹(제천 행사, 10월)

		옥저	동예
옥저·동예	**위치**	함경도 해안의 함흥 지역	함경도 남부의 강원도 북부 지역
	정치	• 국왕 없이 읍군과 삼로가 지배 • 변방에 치우쳐 선진 문화 수용 늦음, 고구려의 압력 → 연맹 왕국으로 발전하지 못함 • 고구려 태조왕에 의해 정복된 후 고구려에 공납 바침	
	경제	해산물(소금, 어물 등) 풍부 → 고구려에 공물로 바침	• **방직 기술 발달** : 명주, 삼베 • **특산물** : 단궁(활), 과하마(작은 말), 반어피(바다표범 가죽)
	풍습	민며느리제, 가족 공동묘	책화, 족외혼, 무천(제천 행사, 10월) 다른 부족을 침범하면 노비, 소, 말 등으로 변상하는 풍습

삼한	**성장**	고조선 유이민의 문화와 토착 문화의 융합, 철기 문화 발달
	정치	• 마한·변한·진한의 연맹체 • 목지국의 지배자가 마한왕 또는 진왕으로 추대 → 삼한을 대표 • **제정 분리 사회** : 군장(정치, 신지·읍차), 천군(소도에서 제천 행사 주관)
	경제	• **농업 발달** : 철제 농기구 사용, 벼농사 발달 • **철 생산(변한)** : 교역 시 화폐처럼 사용, 일본과 낙랑에 수출
	사회	초가지붕의 움집이나 귀틀집에 거주, 두레 조직으로 공동 작업
	풍습	계절제(파종이 끝난 5월, 추수가 끝난 10월)
	발전	한강 유역의 백제국 → 마한 지역 통합, 낙동강 유역의 구야국 → 가야 연맹, 진한 지역의 사로국 → 신라

여러 나라의 성장

철기 문화를 배경으로 만주와 한반도에는 부여, 고구려, 옥저, 동예, 마한, 진한, 변한 등 여러 나라가 성립되었다.

동예의 철(凸)자형, 여(呂)자형 집터

WHY 소도

천군이 제사를 거행하던 신성 지역으로, 죄인이 도망하더라도 잡지 못하였다. 이를 통해 삼한 사회는 정치와 제사가 분리되어 있었음을 알 수 있다.

상 중 하 21회

01 (가) 시대에서 볼 수 있는 생활 모습으로 옳은 것은?

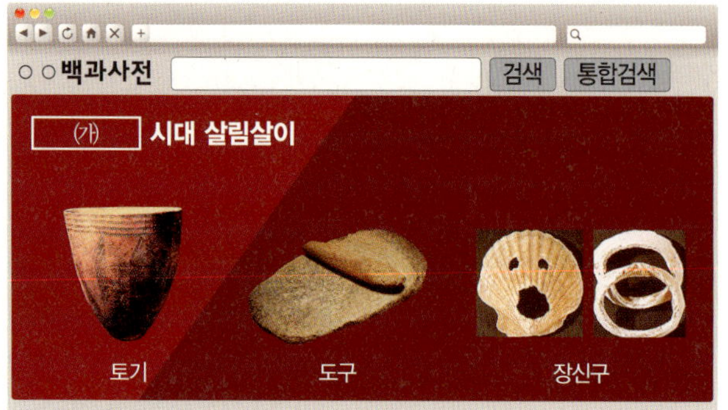

① 명도전을 사용하고 있는 상인
② 가락바퀴로 실을 뽑고 있는 여성
③ 마을 주변에 목책을 두르고 있는 남성
④ 고인돌에 시신을 매장하고 있는 주민들
⑤ 미송리식 토기에 음식물을 담고 있는 주민들

상 중 하 21회

02 (가) 나라에 대한 설명으로 옳은 것을 〈보기〉에서 고른 것은?

> [(가)   ]은/는 남쪽으로는 고구려, 동쪽으로는 읍루, 서쪽으로는 선비와 접해 있었다. 영토는 2천 리이며 가호는 8만이었다. 나라에는 군왕이 있었고, 마가·우가·구가·저가 등의 제가(諸加)가 사출도를 주관하였다.

〈보기〉
ㄱ. 영고라는 제천 행사가 있었다.
ㄴ. 혼인 풍습으로 민며느리제가 있었다.
ㄷ. 도둑질한 자에게는 12배로 배상하게 하였다.
ㄹ. 국가 중대사는 제가 회의를 통해 결정하였다.

① ㄱ, ㄴ   ② ㄱ, ㄷ   ③ ㄴ, ㄷ
④ ㄴ, ㄹ   ⑤ ㄷ, ㄹ

상 중 하 20회

03 (가) 나라에 대한 설명으로 옳은 것은 ?

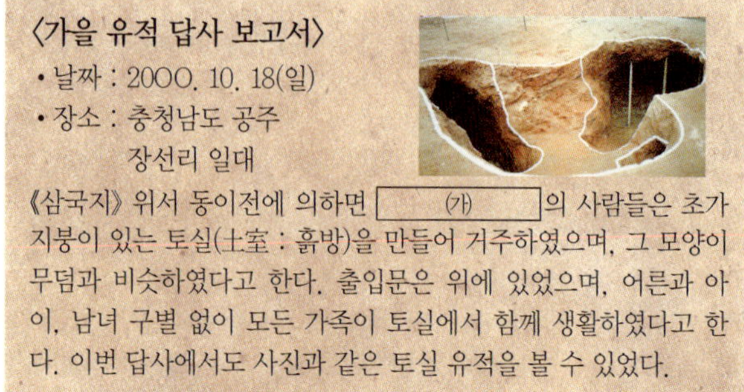

〈가을 유적 답사 보고서〉
• 날짜 : 2000. 10. 18(일)
• 장소 : 충청남도 공주 장선리 일대
《삼국지》 위서 동이전에 의하면 [(가)   ]의 사람들은 초가 지붕이 있는 토실(土室 : 흙방)을 만들어 거주하였으며, 그 모양이 무덤과 비슷하였다고 한다. 출입문은 위에 있었으며, 어른과 아이, 남녀 구별 없이 모든 가족이 토실에서 함께 생활하였다고 한다. 이번 답사에서도 사진과 같은 토실 유적을 볼 수 있었다.

① 형사취수혼이 행해졌다.
② 신성 지역으로 소도가 있었다.
③ 동맹이라는 제천 행사를 열었다.
④ 가(加)들이 다스리는 담로가 설치되었다.
⑤ 상가, 패자, 고추가 등의 관료 조직이 있었다.

상 중 하 19회

04 (가)~(다) 시대의 생활 모습으로 옳은 것은?

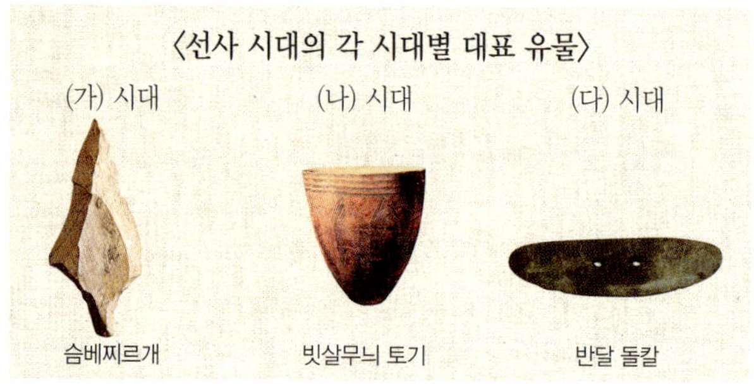

① (가) – 재산의 사유화가 진행되었다.
② (나) – 반량전을 사용하여 중국과 거래하였다.
③ (다) – 가락바퀴를 이용하여 옷을 지어 입기 시작하였다.
④ (가), (나) – 빈부 차이와 계급이 발생하였다.
⑤ (나), (다) – 농경 활동을 통해 식량을 얻었다.

05 다음과 관계있는 나라에 대한 설명으로 옳지 <u>않은</u> 것은?

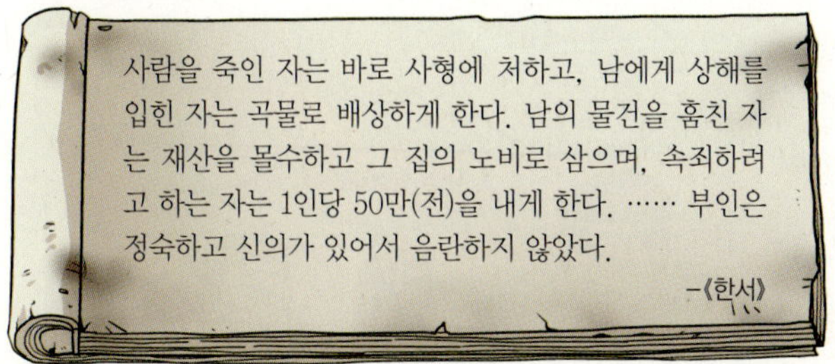

① 한의 공격을 받아 멸망하였다.
② 팽이형 토기를 사용하기도 하였다.
③ 청동기 문화의 토대 위에 건국되었다.
④ 국왕 중심의 중앙 집권 체제로 발전하였다.
⑤ 왕 밑에 상, 대부, 장군 등의 관직을 두었다.

06 다음 유적을 남긴 사람들의 생활 모습으로 옳은 것은?

① 마립간의 지배를 받았다.
② 책화라는 사회 풍습이 있었다.
③ 혼인 풍습으로 서옥제가 있었다.
④ 10월에는 동맹이라는 제천 행사를 거행하였다.
⑤ 철을 많이 생산하여 낙랑, 왜 등에 수출하였다.

07 그림과 같은 생활 모습이 나타나기 시작한 시대에 대한 설명으로 옳은 것은?

① 제정이 분리된 사회였다.
② 돌무지덧널무덤을 만들었다.
③ 씨족 간에 족외혼이 이루어졌다.
④ 농사에 반달 돌칼을 사용하였다.
⑤ 청동으로 의식용 도구를 제작하였다.

08 대화 속 ㉠의 위치를 지도에서 옳게 찾은 것은?

① (가)　　② (나)　　③ (다)　　④ (라)　　⑤ (마)

상 중 하 16회

09 다음 혼인 풍속과 관계있는 나라에 대한 설명으로 옳은 것은?

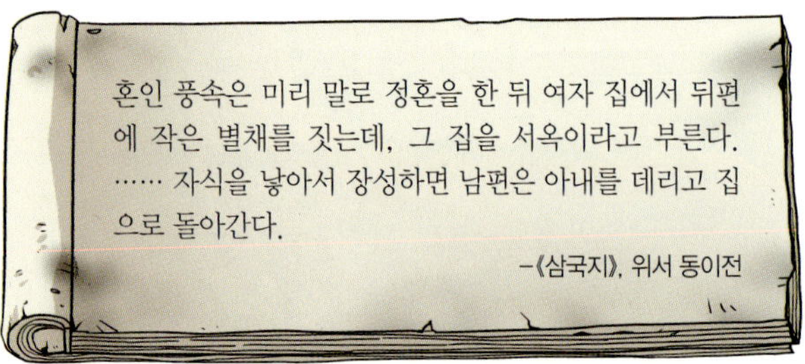

혼인 풍속은 미리 말로 정혼을 한 뒤 여자 집에서 뒤편에 작은 별채를 짓는데, 그 집을 서옥이라고 부른다. …… 자식을 낳아서 장성하면 남편은 아내를 데리고 집으로 돌아간다.

－《삼국지》, 위서 동이전

① 단궁, 과하마, 반어피를 생산하였다.
② 철을 생산하여 낙랑, 왜 등에 수출하였다.
③ 12월에 영고라는 제천 행사를 개최하였다.
④ 가족 공동묘를 만드는 장례 풍습이 있었다.
⑤ 왕 아래 상가, 고추가 등의 대가들이 있었다.

상 중 하 14회

10 (가)에 들어갈 내용으로 가장 적절한 것은?

1988년 1호 통나무 널무덤이 발굴되면서 세상에 알려진 경남 창원 다호리 유적에서 다량의 유물이 발견되었다. 널무덤에서 발견된 붓을 비롯하여 통나무 목관, 오수전, 감과 밤 등이 담긴 옻칠된 제사 용기 등이 발굴되었다. 이를 통해 이 유물이 사용된 시기에는 ______(가)______

① 중국과 활발하게 교류하였음을 알 수 있다.
② 벼농사를 처음으로 시작하였음을 알 수 있다.
③ 일본에서 전래된 조몬 토기를 사용하였음을 알 수 있다.
④ 아슐리안형 도구들이 사용되기 시작하였음을 알 수 있다.
⑤ 부족마다 특정 동식물을 숭배하는 사상이 생겼음을 알 수 있다.

상 중 하 13회

11 (가)에 들어갈 유물로 옳은 것은?

① ② ③

④ ⑤

상 중 하 13회

12 (가), (나)에 대한 설명으로 옳은 것은?

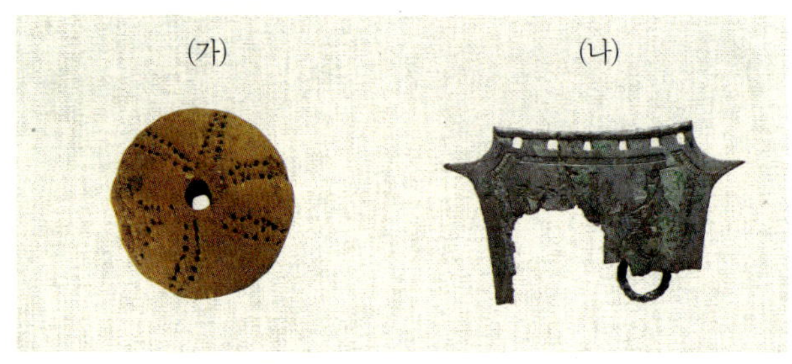

① (가) – 조개껍데기로 만든 장신구였다.
② (가) – 덩이쇠와 함께 화폐의 역할을 하였다.
③ (나) – 왕릉에서 발견된 말안장의 일부이다.
④ (나) – 표면에 농경하는 모습이 새겨져 있다.
⑤ (가), (나) – 해외에 유출된 선사 시대 유물이다.

13 (가), (나) 나라에 대한 설명으로 옳은 것을 〈보기〉에서 고른 것은?

- [(가)]은/는 현도의 북쪽 1천여 리에 있는데, 남쪽은 선비와 접해 있고 …… 그 나라의 법률은 사람을 죽인 사람은 사형에 처하고 그 집안을 몰수하며, 도둑질한 사람은 12배를 갚도록 하고, 남녀가 음란한 짓을 하거나 부인이 질투하면 모두 사형에 처하였다.
- [(나)]의 풍속은 산과 내를 중시하여, 산과 내에 각기 구분을 만들어 놓고 함부로 들어가지 않는다. 동성끼리는 결혼하지 않으며 만일 부락을 함부로 침범하면 벌로 노비와 소, 말을 부과하였다.

〈보기〉

ㄱ. (가) – 5월과 10월에 계절제를 지냈다.
ㄴ. (가) – 가(加)들이 저마다 사출도를 다스렸다.
ㄷ. (나) – 목지국의 지배자를 진왕으로 추대하였다.
ㄹ. (나) – 읍군이나 삼로가 자신들의 읍락을 다스렸다.

① ㄱ, ㄴ　　　② ㄱ, ㄷ　　　③ ㄴ, ㄷ
④ ㄴ, ㄹ　　　⑤ ㄷ, ㄹ

14 선생님의 질문에 대한 대답으로 옳은 것은?

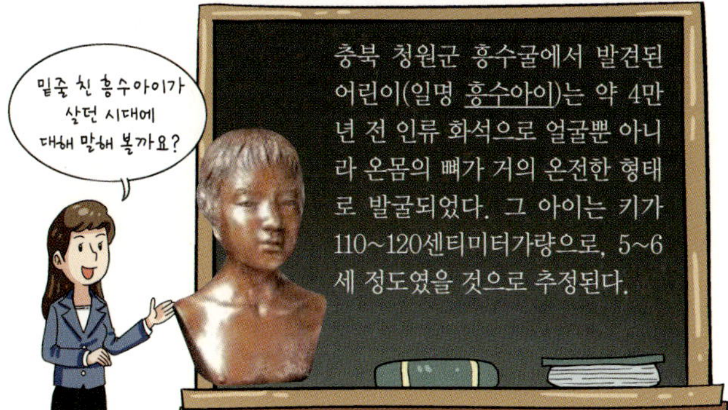

① 빗살무늬 토기를 사용하였어요.
② 슴베찌르개를 사냥에 사용하였어요.
③ 사람이 죽으면 독에 넣어 매장하였어요.
④ 거푸집을 이용하여 도구를 제작하였어요.
⑤ 가락바퀴나 뼈바늘을 이용하여 옷을 만들었어요.

15 (가) 국가와 관계있는 유물·유적으로 옳은 것을 〈보기〉에서 고른 것은?

- 예는 북쪽으로는 고구려와 옥저, 남쪽으로는 진한과 접하였고, 동쪽은 넓은 바다로 막혔으며, 서쪽은 낙랑에 이른다. 예 및 옥저, 고구려는 본래 모두 [(가)]의 땅이다.

　　　　　　　　　　　　　　　　　　　– 《후한서》

- 지금으로부터 2천여 년 전에 단군왕검이 있어 아사달에 도읍을 정하였다. 나라를 개창하여 [(가)](이)라 했으니 요임금과 같은 시대이다.

　　　　　　　　　　　　　　　　　　　– 《삼국유사》

〈보기〉

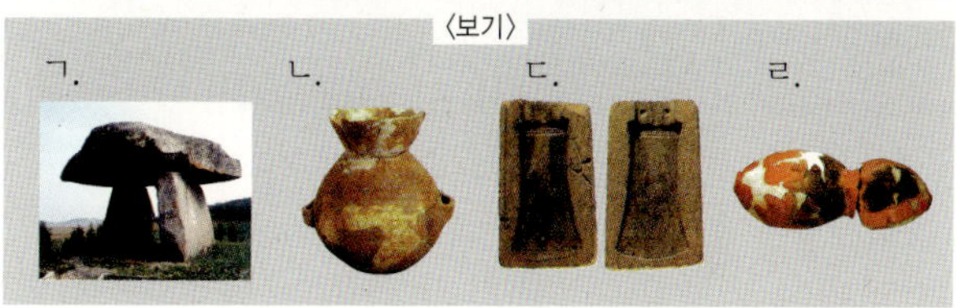

① ㄱ, ㄴ　　　② ㄱ, ㄷ　　　③ ㄴ, ㄷ
④ ㄴ, ㄹ　　　⑤ ㄷ, ㄹ

16 (가)~(마) 유물을 사용하기 시작한 순서대로 옳게 나열한 것은?

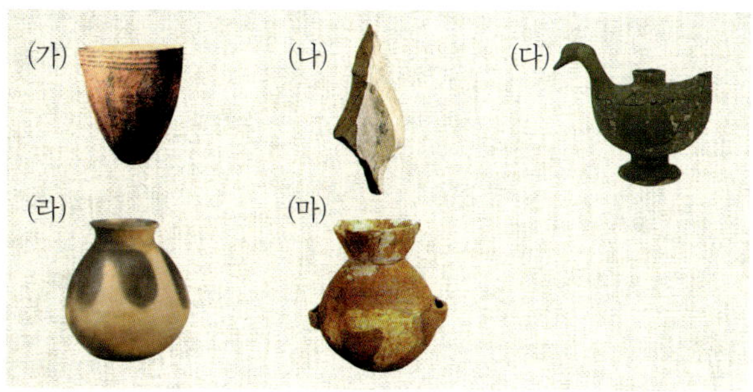

① (가) – (나) – (다) – (마) – (라)
② (가) – (나) – (라) – (다) – (마)
③ (나) – (가) – (라) – (다) – (마)
④ (나) – (가) – (마) – (라) – (다)
⑤ (라) – (가) – (나) – (마) – (다)

17 (가), (나) 무덤 양식이 등장한 시기의 새로운 변화로 옳은 것을 〈보기〉에서 고른 것은?

〈보기〉
ㄱ. (가) – 농경과 목축의 시작
ㄴ. (가) – 동검과 동경을 지닌 제사장의 출현
ㄷ. (나) – 토기를 사용한 식량 저장
ㄹ. (나) – 철제 도구와 철제 무기의 등장

① ㄱ, ㄴ   ② ㄱ, ㄷ   ③ ㄴ, ㄷ
④ ㄴ, ㄹ   ⑤ ㄷ, ㄹ

18 밑줄 친 '이 석기'의 용도로 옳은 것은?

찍개와 함께 전기 구석기 시대를 대표하는 이 석기는 주로 아프리카, 유럽, 서아시아, 인도 등에서 발견되었다. 이 때문에 미국 고고학자 H. 모비우스는 구석기 시대를 이 석기 문화권과 찍개 문화권으로 구분하였다. 동남아시아와 동북아시아에서는 찍개로 대표되는 자갈돌 석기 문화가 있었다고 생각한 것이다. 그러나 1978년 한반도에서 이 석기가 발견되면서 모비우스의 학설은 무너졌다.

① 실을 뽑아내는 데 사용하였다.
② 곡식의 이삭을 자르는 데 사용하였다.
③ 사냥 후 가죽을 가공하는 데 사용하였다.
④ 작고 빠른 동물들을 사냥하는 데 사용하였다.
⑤ 막대자루에 연결하여 짐승을 찌르는 데 사용하였다.

19 다음 유물을 남긴 사람들의 생활 모습으로 가장 적절한 것은?

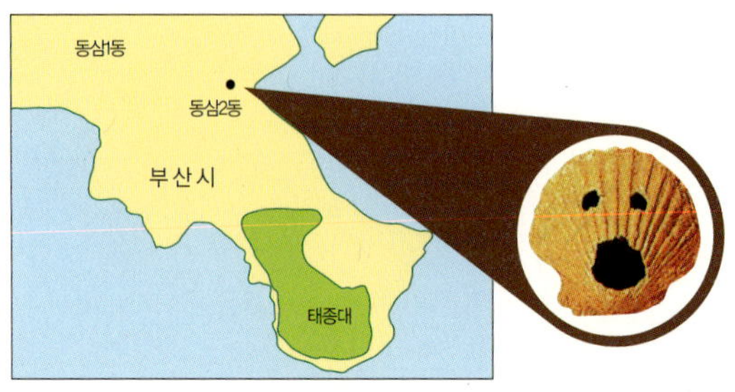

① 주변의 저습지에서 벼를 재배하였다.
② 철을 생산하여 주변 지역에 수출하였다.
③ 일본에서 전래된 조몬 토기를 사용하였다.
④ 세형동검을 만들어 의식용으로 사용하였다.
⑤ 검은 간 토기를 사용하여 음식물을 저장하였다.

20 자료와 관련된 초기 국가의 모습으로 옳지 <u>않은</u> 것은?

해마다 5월이면 씨뿌리기를 마치고 귀신에게 제사를 지낸다. 떼를 지어 모여서 노래와 춤을 즐기며 술 마시고 노는 데 밤낮을 가리지 않는다. 그들의 춤은 수십 명이 모두 일어나 뒤를 따라가며 땅을 밟고 구부렸다 치켜들었다 하면서 손과 발로 서로 장단을 맞추는데, 그 가락과 율동은 중국의 탁무(鐸舞)와 흡사하다.
－〈삼국지〉, 위서 동이전

① 제정이 분리된 사회였다.
② 장례 풍습으로 골장제를 시행하였다.
③ 철기 문화를 바탕으로 한 농경 사회였다.
④ 움집이나 귀틀집에 살면서 농사를 지었다.
⑤ 소도에서 농경과 종교에 대한 의례가 진행되었다.

21 다음 유적과 유물을 만들었던 시대에 대한 탐구 주제로 가장 적절한 것은?

① 강가에 막집을 짓고 산 까닭
② 제사와 정치가 분리되었던 배경
③ 철제 무기와 도구가 사회에 끼친 영향
④ 한반도에서 발굴된 명도전이 가지는 의미
⑤ 바위에 여러 동물들과 기하학 무늬를 새긴 목적

22 (가)~(마) 중 다음 내용과 관계있는 나라는?

해마다 10월이면 하늘에 제사를 지내는데, 밤낮으로 술 마시며 노래 부르고 춤추니 이를 무천이라고 한다. 또 호랑이를 신으로 여겨 제사 지낸다. 읍락을 함부로 침범하면 노비와 소·말로 변상하는데, 이를 책화라고 한다. 사람을 죽인 사람은 죽음으로 그 죄를 갚게 한다.
－《삼국지》, 위서 동이전

① (가)　　② (나)　　③ (다)　　④ (라)　　⑤ (마)

23 (가), (나) 유물이 처음 사용되기 시작한 시대에 대한 설명으로 옳은 것을 〈보기〉에서 고른 것은?

〈보기〉
ㄱ. (가) - 대부분 동굴과 막집에서 생활하였다.
ㄴ. (가) - 목책과 환호로 외부 침입에 대비하였다.
ㄷ. (나) - 옷과 그물을 만들어 사용하였다.
ㄹ. (나) - 반달 돌칼을 활용하여 곡물을 수확하였다.

① ㄱ, ㄴ　　　② ㄱ, ㄷ　　　③ ㄴ, ㄷ
④ ㄴ, ㄹ　　　⑤ ㄷ, ㄹ

24 (가)~(라)에 들어갈 내용으로 옳은 것을 〈보기〉에서 고른 것은?

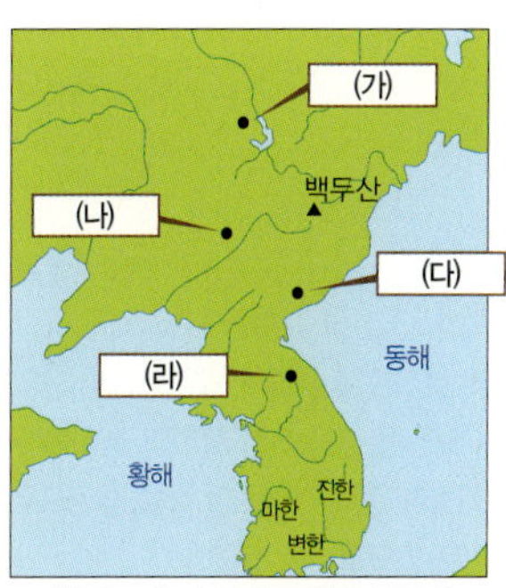

〈한반도 초기 국가의 위치와 특징〉

〈보기〉
ㄱ. (가) - 천군이 지배하는 지역을 따로 두었다.
ㄴ. (나) - 5부의 대가는 사자, 조의, 선인 등을 거느렸다.
ㄷ. (다) - 전쟁이 발생하면 소를 죽여 그 굽으로 점을 쳤다.
ㄹ. (라) - 단궁, 과하마, 반어피 등의 특산물이 생산되었다.

① ㄱ, ㄴ　　　② ㄱ, ㄷ　　　③ ㄴ, ㄷ
④ ㄴ, ㄹ　　　⑤ ㄷ, ㄹ

1. ② 2. ② 3. ② 4. ⑤ 5. ④ 6. ② 7. ③ 8. ② 9. ⑤ 10. ①
11. ① 12. ④ 13. ④ 14. ② 15. ① 16. ④ 17. ④ 18. ③ 19. ③
20. ② 21. ⑤ 22. ④ 23. ② 24. ④

1. ② 바로 정리 : 신석기 시대의 생활 모습

빗살무늬 토기, 갈판과 갈돌, 조개껍데기로 만든 장신구는 신석기 시대에 사용하던 것들이다. 신석기 시대에는 농경과 목축이 시작되면서 강가나 바닷가에서 정착 생활을 하였다. 주로 움집에서 거주하며 빗살무늬 토기로 음식물을 조리하거나 식량을 저장했다. 또 출토된 뼈바늘과 가락바퀴를 통해 실을 뽑아 옷을 만들었음을 알 수 있다. 아하! ① 초기 철기 시대 ③ 청동기 시대 이후 ④ 청동기 시대 ⑤ 청동기 시대

2. ② 바로 정리 : 부여의 정치, 사회, 경제

남쪽에 고구려를 두었다는 위치 설명과 사출도를 주관한 제가의 이름을 통해 부여에 대한 설명임을 알 수 있다. 부여에는 영고라는 제천 행사가 12월에 개최되었고, 남의 물건을 훔치면 12배를 배상하게 하는 엄격한 법이 있었다. 아하! ㄴ. 옥저 ㄹ. 고구려

3. ② 바로 정리 : 삼한의 정치, 사회, 경제

충청남도 공주 장선리라는 유적 답사 장소와 토실 사진으로 (가)는 마한임을 알 수 있다. 마한을 비롯한 삼한은 농경 문화가 발달했으며 천군과 군장이 다스리는 지역을 따로 두었던 제정 분리 사회였다. 아하! ① 부여, 고구려 ③ 고구려 ④ 담로는 백제의 지방 행정 구역 ⑤ 고구려

4. ⑤ 바로 정리 : 선사 시대의 시대별 생활 모습

(가)는 구석기 시대, (나)는 신석기 시대, (다)는 청동기 시대에 해당한다. 농경은 신석기 시대에 시작되어 점차 발달했다. 아하! ① 재산의 사유화는 청동기 시대에 시작되었다. ② 반량전은 철기 시대 유적지에서 발견되었다. ③ 가락바퀴는 신석기 시대에 사용되었다. ④ 빈부 격차와 계급은 청동기 시대에 발생했다.

5. ④ 바로 정리 : 고조선의 정치, 사회, 경제

제시된 사료는 고조선 8조법의 일부를 담고 있다. 고조선은 청동기 문화를 바탕으로 건국된 후 철기를 수용하여 발전했으나 한의 공격으로 멸망했다. 비파형동검, 탁자식 고인돌, 미송리형 토기와 팽이형 토기는 고조선의 문화 범위와 세력 범위를 보여 준다. 아하! ④ 왕을 중심으로 국가 체제를 정비했으나 중앙 집권 체제로 발전하지는 못했다.

6. ② 바로 정리 : 동예의 생활 모습

사진은 동예의 집터 사진이다. 동예는 정치적 성장이 늦어 왕이 존재하지 않았고 고구려에 복속되어 공물을 바쳤다. 또 책화와 족외혼의 풍습이 있었으며 무천이라는 제천 행사를 거행했다. 아하! ① 신라 ③, ④ 고구려 ⑤ 변한

7. ③ 바로 정리 : 신석기 시대의 생활 모습

그림의 농경과 목축하는 모습, 빗살무늬 토기, 갈판과 갈돌, 움집을 통해 신석기 시대의 생활 모습임을 알 수 있다. 이 시대에는 애니미즘, 토테미즘, 샤머니즘, 조상 숭배 등의 신앙이 발달했고, 족외혼이 이루어졌다. 아하! ①, ④, ⑤ 청동기 시대 ② 신라의 대표적인 무덤 양식

8. ② 바로 정리 : 고구려·옥저의 관계와 위치

대화 내용을 통해 ㉠은 고구려임을 알 수 있다. 옥저와 동예는 정치적으로 성장하지 못해 고구려에 복속되었고 소금이나 해산물을 공물로 바쳤다. 아하! (가) 부여 (나) 고구려 (다) 옥저 (라) 동예 (마) 삼한

9. ⑤ 바로 정리 : 고구려의 혼인 풍습

사료는 고구려의 혼인 풍습이었던 서옥제에 대한 내용을 담고 있다. 고구려는 왕 아래에 상가, 패자, 고추가 등의 관료 조직이 있었는데, 5부의 대가들도 사자, 조의, 선인 등을 거느리고 자치권을 행사했다. 아하! ① 동예 ② 변한 ③ 부여 ④ 옥저

10. ① 바로 정리 : 철기 시대 중국과의 교류

창원 다호리 유적지는 철기 시대 유적지로서, 중국 한무제 때 주조된 오수전과 붓이 발견된 것은 그 당시 한반도에 살던 사람들이 중국과 활발하게 교류했음을 보여 준다. 아하! ② 청동기 시대(단, 최근 옥천 대천리 신석기 유적지에서도 탄화된 쌀이 발견되었다) ③, ⑤ 신석기 시대 ④ 구석기 시대

11. ① 바로 정리 : 구석기 시대의 유물

대화 속 연천 전곡리는 구석기 시대의 대표적인 유적지이다. 그 당시에는 뗀석기를 주로 사용했는데, 그중에서도 주먹도끼가 한반도에서 처음으로 발견된 곳이다. 아하! ② 미송리식 토기(청동기 시대) ③ 반달 돌칼(청동기 시대) ④ 빗살무늬 토기(신석기 시대) ⑤ 슴베찌르개(구석기 시대, 단양 수양개에서 발견)

12. ④ 바로 정리 : 가락바퀴와 농경무늬 청동기

(가)는 가락바퀴로, 신석기 시대에 실을 뽑는 데 사용되었다. (나)는 농경하는 모습이 새겨져 있는 청동기로서, 의식용으로 사용되었을 것으로 추정하고 있다. 아하! ③ 청동으로 제작된 것으로서 안장으로 사용할 수 없다. ⑤ 국내에 남아 있다.

13. ④ 바로 정리 : 부여와 동예의 생활 모습

두 자료는 《삼국지》 위서 동이전에 기록된 초기 국가들에 대한 것이다. (가)는 1책 12법의 내용을 통해 부여임을 알 수 있고, (나)는 책화 풍습 내용을 통해 동예임을 알 수 있다. 부여의 정치는 연맹 국가로서 왕이 있었으나 가(加)들이 사출도를 각각 다스렸고, 동예는 군장 국가로서 왕 대신 읍군이나 삼로가 자신의 읍락을 다스렸다. 아하! ㄱ. 삼한 ㄷ. 마한

14. ② 바로 정리 : 흥수아이와 구석기 시대의 생활 모습

흥수아이가 발견된 충북 청원군 두루봉의 흥수굴은 구석기 시대의 유적지이므로 구석기 시대의 생활 모습을 파악하면 된다. 구석기인들은 동굴이나 막집에서 생활하며 식량을 찾아 이동 생활을 했고 사냥을 위해 주먹도끼나 슴베찌르개 등의 뗀석기를 사용했다. 아하! ①, ⑤ 신석기 시대 ③, ④ 철기 시대

15. ① 바로 정리 : 고조선의 문화 범위를 보여 주는 유물

사료의 내용 중 예, 옥저, 고구려의 영역을 포함하며 단군왕검이 아사달에

도읍을 정하고 건국했다는 내용을 통해 (가)는 고조선임을 알 수 있다. 고조선의 문화 범위는 ㄱ. 탁자식 고인돌 ㄴ. 미송리형 토기를 비롯하여 비파형 동검, 팽이형 토기를 통해 알 수 있다. 아하! ㄷ. 거푸집 ㄹ. 독무덤은 철기 시대

16. ④ 바로 정리 : 각 시대별 사용 도구
(가) 신석기 시대의 빗살무늬 토기 (나) 구석기 시대의 슴베찌르개 (다) 철기 시대(3세기경)의 오리 모양 토기 (라) 청동기 시대 말기~초기 철기 시대의 가지무늬 토기 (마) 청동기 시대의 미송리식 토기. 따라서 순서는 (나)-(가)-(마)-(라)-(다)이다.

17. ④ 바로 정리 : 청동기 시대와 철기 시대의 변화
(가)는 청동기 시대의 고인돌, (나)는 철기 시대의 독무덤이다. 청동기 시대에는 계급이 분화되어 제정일치의 지배자가 등장했고, 국가가 성립되었다. 철기 시대에는 철제 무기와 농기구를 사용하여 정복 전쟁이 활발해졌을 뿐만 아니라 농업 생산력이 크게 증가했다. 아하! ㄱ, ㄷ은 신석기 시대에 시작

18. ③ 바로 정리 : 주먹도끼의 용도
제시문을 통해 '이 석기'는 구석기 시대의 유물임을 알 수 있다. 특히 '1978년 한반도에서 발견, 모비우스 학설의 무너짐'을 통해 '이 석기'는 경기도 연천군에서 발견된 아슐리안형 주먹도끼임을 알 수 있다. 주먹도끼는 사냥을 하거나 동물의 가죽을 벗기는 등 다양한 용도로 사용되었다. 아하! ① 가락바퀴 ② 반달 돌칼 ④ 잔석기 ⑤ 슴베찌르개

19. ③ 바로 정리 : 부산 동삼동 신석기 유적지 유물
지도에 표시된 '부산시 동삼동'과 조개껍데기 가면을 통해 동삼동 신석기 유적지와 관련된 문항임을 알 수 있다. 일본과 가까워 일본 규슈 지역의 흑요석과 일본의 신석기 시대 토기인 조몬 토기가 유입되었다. 아하! ① 볍씨가 출토되지 않았다. ② 철기 시대의 변한 ④ 철기 시대 ⑤ 청동기·철기 시대

20. ② 바로 정리 : 삼한의 생활 모습
사료의 '해마다 5월이면 씨뿌리기를 마치고' 축제를 열었다는 기록을 통해 삼한에 대한 내용임을 알 수 있다. 삼한은 천군이 지배하는 소도가 따로 있어 제정이 분리된 사회였으며, 철기 문화를 바탕으로 한 농경 사회였다. 아하! ② 옥저에서는 가족이 죽으면 시체를 가매장했다가 나중에 그 뼈를 추려 가족 공동 무덤에 안치하는 풍습이 있었다.

21. ⑤ 바로 정리 : 청동기 시대의 생활 모습
사진은 충남 부여 송국리 청동기 시대 유적지에서 발견된 돌널무덤과 민무늬 토기이다. 청동기 시대에는 울주 반구대나 경북 고령 양전동의 바위그림처럼 사냥이나 고기잡이의 성공과 농사의 풍요를 기원하는 그림을 그렸다. 아하! ① 구석기 시대 ②, ③, ④는 철기 시대

22. ④ 바로 정리 : 동예의 생활 모습
사료의 내용 중 '무천, 책화' 등을 통해 초기 국가인 동예에 대한 내용임을 알 수 있다. 지도에서 동예의 위치는 (라)이다. 아하! (가) 부여 (나) 고구려 (다) 옥저 (마) 삼한

23. ② 바로 정리 : 구석기·신석기 시대의 생활 모습
(가)는 구석기 시대에 사용했던 슴베찌르개, (나)는 신석기 시대에 만들었던 빗살무늬 토기이다. 구석기 시대에는 주로 막집이나 동굴에 살면서 식량을 찾아 이동 생활을 했다. 신석기 시대에는 농경과 목축이 시작되면서 한곳에 움집을 짓고 정착 생활을 했다. 아하! ㄴ, ㄹ은 청동기 시대

24. ④ 바로 정리 : 철기 시대 초기 국가들의 생활 모습
지도의 (가)~(라)에는 순서대로 각각 부여, 고구려, 옥저, 동예의 생활 모습에 대한 설명이 들어가야 한다. 고구려는 연맹 국가였으며 왕 아래에 상가, 패자, 고추가 등의 관료 조직이 있었고, 각 부의 대가들도 사자, 조의, 선인 등을 거느렸다. 동예는 정치적으로 성장이 늦어 군장 국가에 머물렀고, 고구려에 해산물과 소금 등을 공물로 바쳤으며, 단궁·과하마·반어피 등의 특산물을 생산하여 수출하기도 했다. 아하! ㄱ. 삼한의 소도에 대한 설명이다. ㄷ. 우제점복은 부여와 고구려에서 행해졌다.

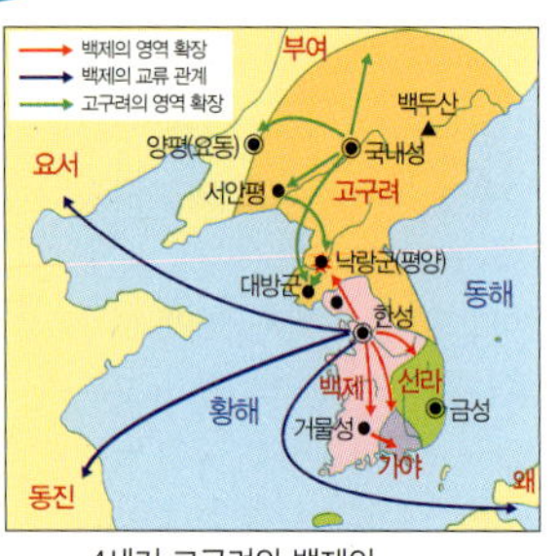

4세기 고구려와 백제의
영역 확장

4~5세기 고구려의 영역 확장

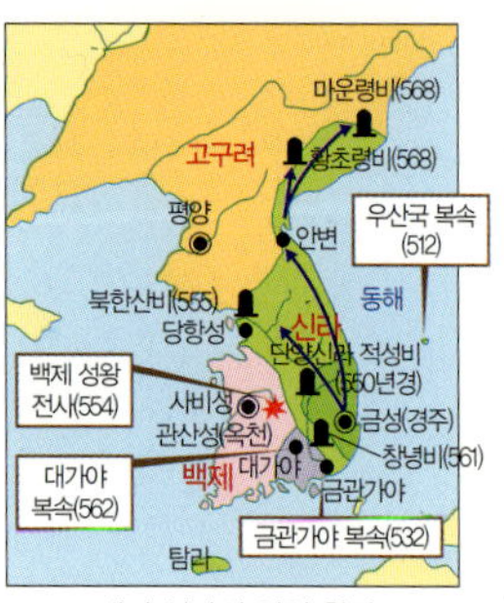

6세기 신라의 영역 확장

고대 국가의 성립과 발전

(1) 고대 국가의 특징 : 활발한 정복 활동, 율령 반포, 불교 수용, 왕권 강화 → 중앙 집권화

(2) 고대 국가의 발전

시기	고구려	백제	신라
1~3세기	• **태조왕 :** 옥저·동예 정복, 한 군현 공격, 요동 지방 진출, 계루부 고씨 왕위 세습 • **고국천왕 :** 왕위 부자 상속, 행정적 성격의 5부 성립, 진대법 실시	• **건국 :** 고구려계 유이민(온조)과 한강 유역의 토착 세력 결합 • **고이왕 :** 마한의 목지국 병합, 관등제·관복제 정비	• **건국 :** 경주 토착 세력과 유이민 집단의 결합 • 박씨, 석씨, 김씨가 돌아가며 왕위 차지, '이사금'이라는 왕호 사용
4세기	• **미천왕 :** 낙랑군·대방군 축출, 대동강 유역 점령 • **소수림왕 :** 율령 반포, 불교 수용, 태학 설립 → 중앙 집권 체제 • **광개토 대왕 :** 연호 사용(영락), 백제 공격(관미성 전투) → 한강 이북 차지, 신라에 침입한 왜 격퇴, 금관가야 공격	• **근초고왕 :** 왕위 부자 상속 확립, 고구려의 평양성 공격(고국원왕 전사), 마한 전체 통합, 동진·왜와 교류, 역사서 편찬 • **침류왕 :** 불교 수용	• **내물왕 :** 김씨의 왕위 세습, '마립간' 왕호 사용, 고구려 광개토 대왕의 도움으로 왜 격퇴
5세기	• **광개토 대왕 :** 후연 공격, 동부여와 숙신 정복 • **장수왕 :** 평양 천도, 남진 정책 → 백제 한성 공격 후 한강 유역 차지(충주 고구려비)	• **비유왕 :** 나제 동맹 체결 • **개로왕 :** 장수왕의 공격으로 한성 함락 • **문주왕 :** 웅진 천도 • **동성왕 :** 신라 왕실과의 혼인으로 동맹 강화	• **눌지왕 :** 나제 동맹 체결
6~7세기	• **수의 1차 침입 :** 수 문제의 침입 → 홍수와 전염병으로 실패 • **수의 2차 침입 :** 수 양제의 침입 → 요동성 공격 실패 → 우중문의 별동대, 평양성 공격 → 을지문덕, 살수에서 격파(612, 살수 대첩) • 연개소문의 집권 → 당 태종 침입(645, 안시성 전투)	• **무령왕 :** 중국 남조와 교류, 22담로에 왕족 파견(→ 지방 통제 강화) • **성왕 :** 사비 천도(국호-남부여), 신라(진흥왕)와 연합하여 한강 유역 탈환 → 진흥왕의 공격으로 한강 유역 상실 → 신라와의 관산성 전투에서 전사	• **지증왕 :** '신라' 국호 사용, 마립간 → 왕, 우산국 정벌, 우경 시작 • **법흥왕 :** 율령 반포, 상대등 설치, 병부 설치, 공복 제정, 불교 공인, 금관가야 정복 • **진흥왕 :** 화랑도를 국가적 조직으로 정비, 한강 유역 확보, 대가야 정복, 함경도 지방까지 진출, 순수비 건립

(3) 가야의 성립과 발전

① **성립 :** 농업·철기 문화를 바탕으로 낙동강 하류의 변한 지역에서 출발
② **가야 연맹의 변천**

전기 가야 연맹		후기 가야 연맹
• 금관가야(김해) 주도 • 벼농사 발달, 질 좋은 철 생산, 해상 교역으로 성장	고구려군의 공격으로 금관가야 쇠퇴 (전기 가야 연맹 붕괴)	• 대가야(고령) 주도 • 농업 생산력과 제철 기술을 바탕으로 성장 • 중국 남조에 사신 파견

③ **멸망 :** 금관가야는 신라 법흥왕 때(532), 대가야는 신라 진흥왕 때(562) 멸망

핵심주제 02 삼국의 통치 제도

	중앙	지방
고구려	• 왕과 귀족(고씨, 5부 출신)이 연합하여 중앙 정치 주도 • 귀족 회의 : 제가 회의 • 대대로 이하 10여 관등의 관리가 중앙 정치	• 지방관 파견 • 말단 행정 단위인 촌은 촌주(토착 세력)가 관리 촌주는 중앙에서 파견되지 않았어!
백제	• 왕과 귀족(부여씨, 귀족 가문)이 연합하여 중앙 정치 주도 • 귀족 회의 : 정사암 회의 • 상좌평 이하 16관등의 관리가 중앙 정치	
신라	• 귀족 회의 : 화백 회의(상대등 주관, 만장일치제 채택) • 상대등 이하 17관등의 관리가 중앙 정치 • 골품제를 결합하여 운영 : 골품에 따라 관등의 범위 한정	

핵심주제 03 신라의 삼국 통일

(1) 삼국 통일의 과정

당은 한반도 전체를 직접 통치하려는 목적으로 옛 백제, 고구려, 신라에 통치 기구(도독부, 도호부)를 설치했어.

나당 연합	백제와 고구려의 멸망	나당 전쟁과 삼국 통일
백제 의자왕의 신라 공격 → 신라, 고구려에 군사 지원 요청, 협상 실패(김춘추) → 나당 연합 성립(김춘추, 대동강 이북 지역을 당에 넘긴다는 조건)	• 백제 멸망 : 의자왕 실정, 황산벌 전투 패배, 당군의 금강 하구 침입, 나당 연합군의 사비성 함락(660) • 고구려 멸망 : 연개소문 사후 지배층의 권력 다툼 → 나당 연합군의 평양성 함락(668)	• 당 : 웅진 도독부(백제), 안동 도호부(고구려), 계림 도독부(신라) 설치 • 신라 : 고구려 부흥 운동 지원 → 당 견제 • 나당 전쟁 승리 : 매소성 전투(675), 기벌포 전투(676) → 당 축출 → 삼국 통일

(2) 백제와 고구려의 부흥 운동

백제	• 복신·도침(주류성), 흑치상지(임존성), 왕자 풍 • 백제 지원군인 왜의 수군이 백강 전투에서 패배, 지배층 분열 → 실패
고구려	• 고연무(오골성), 검모잠(한성), 안승(금마저) • 신라의 지원 → 지배층의 분열(안승이 검모잠을 죽이고 신라에 투항 → 금마저의 보덕국 왕으로 봉해짐) → 실패

핵심주제 04 남북국의 성립과 발전

(1) 통일 신라의 정치 변화

왕권이 전제화되면서 6두품 세력이 성장하여 왕의 조언자나 행정 실무를 담당했어.

왕권의 전제화	• 무열왕 : 통일 전쟁 과정에서 왕권 강화, 무열계 직계 자손의 왕위 계승 확립 • 문무왕 : 삼국의 통일 완성, 민족 통합 도모 • 신문왕 : 김흠돌의 반란 이후 진골 세력 숙청, 집사부(시중)의 기능 강화(상대등 권한 약화), 군사 제도 정비(9서당 10정 설치), 지방 행정 조직 정비(9주 5소경), 녹읍 폐지, 관료전 지급, 국학 설립(유학 보급)

6~7세기 동아시아 정세

나당 전쟁과 삼국 통일

남북국 시대의 영역

(2) 발해의 성장과 발전

건국(698)		• 대조영, 고구려 유민(지배층)과 말갈인(피지배층)으로 구성 • **고구려 계승 의식** : 왜에 보낸 외교 문서에 발해의 왕을 고려의 왕으로 표현, 문화의 유사성(온돌 장치, 무덤의 모줄임천장 구조, 이불 병좌상, 기와·벽돌무늬 등)
발전	무왕	당과 대립(장문휴의 산둥 반도 공격), 돌궐·왜와 함께 당·신라 견제
	문왕	• 당과 친선, 신라도 개설, 독자적 연호(인안, 대흥) 사용, 상경 용천부로 천도 • **당의 문물 수용, 체제 정비** : 3성 6부제 수용, 5경 15부의 지방 행정 구역 정비
	선왕	말갈족 복속, 요동 지역까지 세력 확대, 신라와 국경을 접함 → 고구려의 옛 영토 대부분 회복, '해동성국'으로 불림
멸망(926)		지배층의 내분, 거란의 침입으로 멸망

(3) 통일 신라와 발해의 통치 체제

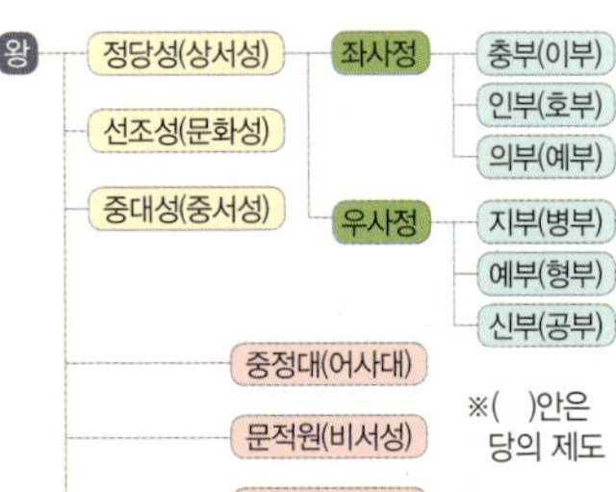

발해의 중앙 통치 제도

	통일 신라	발해
중앙 통치	• 집사부(시중) 외 13부 • 화백 회의 기능 축소, 상대등 권한 약화 • **감찰** : 사정부	• **3성** : 정당성(국정 총괄), 선조성, 중대성 • **6부** : 충부, 인부, 의부, 지부, 예부, 신부 • **감찰** : 중정대
지방 통치	• 9주 5소경, 주, 군·현, 촌 • 외사정 파견(지방관 감찰) • 상수리 제도(지방 세력 견제)	• 5경 15부 62주 • **촌락** : 토착 세력인 말갈인이 관리
군사	• **중앙군** : 9서당(고구려인·백제인·말갈인 포함) • **지방군** : 10정(각 주에 1정씩, 한주에 2정)	• **중앙군** : 10위 • **지방군** : 지방관이 지휘
교육	국학	주자감

핵심주제 05 신라 말의 동요와 후삼국의 성립

전제 왕권의 동요	• 경덕왕·혜공왕 이후 왕권 약화 → 상대등 강화(시중 약화), 녹읍의 부활 • 진골 귀족들 간의 왕위 쟁탈전 심화 • 귀족들의 사치·향락 심화, 국가와 귀족들의 수탈 심화 → 농민 부담 가중, 농민 봉기(원종·애노의 난, 적고적의 난) • **호족 성장** : 반독립 세력으로 성장(성주, 장군) → 지방의 행정권과 군사권 장악, 골품제 사회 비판, 6두품·선종과 연합

후삼국의 성립	• **후백제** : 견훤, 완산주에서 건국, 옛 백제 지역 차지, 중국·왜에 사신 파견 • **후고구려** : 궁예, 송악에서 건국 → 철원 천도(국호를 마진, 태봉으로 변경)

진성 여왕 3년, 나라 안의 여러 주·군에서 공부(貢賦, 공물과 세금)를 바치지 않으니 창고가 비어 버리고 나라의 쓰임이 궁핍해졌다. 왕이 사신을 보내어 독촉하자, 이로 말미암아 곳곳에서 도적이 벌 떼처럼 일어났다. 이때 원종, 애노 등이 사벌주에 웅거하여 반란을 일으켰다.
– 《삼국사기》

신라 말기, 끊임없는 왕위 쟁탈전은 국가의 지방에 대한 통제력을 약화시켰고, 그 속에서 국가나 귀족에게 수탈당한 농민들은 유력자의 노비로 전락하거나 도적이 되기도 했으며, 원종과 애노의 난과 적고적의 난처럼 곳곳에서 봉기하기도 하였다.

핵심주제 06 고대의 경제

구분		삼국	통일 신라	발해
수취 제도	조세	재산 정도에 따라 곡물과 포 징수	생산량의 1/10 징수	곡물 징수
	공물	특산물	촌락 단위로 특산물 부과(민정 문서에서 확인 가능)	특산물(베, 명주, 가죽)
	역	15~60세의 장정에게 군역·요역 부과	16~60세의 장정에게 부과	궁궐, 관청 등의 공사에 농민 동원
산업	농업	•철제 농기구 보급 •우경 보급	철제 농기구 사용 확대로 생산력 증대	•밭농사 중심(일부 지역 벼농사) •목축 발달(말 수출)
	상업	•경주에 시장 설치 •동시전 설치	서시, 남시 설치	수도인 상경 용천부 등의 도시와 교통 중심지에서 발달
	무역	•고구려 : 남북조, 유목 민족과 교류 •백제 : 남조, 왜와 교류 •신라 : 남조, 왜와 교류, 당항성 이용(6세기 한강 유역 차지 이후 중국과 직접 교류)	•공무역, 사무역 발달 •당과의 교역 활발 : 신라방, 신라소, 신라원 •울산항 : 국제 무역항 (아라비아 상인 왕래) •장보고의 해상 활동 : 청해진, 법화원	•당과의 교역 활발 : 당이 산동 반도에 발해관 설치 •일본도, 신라도로 교류 교역로
	수공업	노비를 활용한 수공업(무기, 장신구 생산)	관청 수공업	금속 가공업, 직물업 발달
경제 생활	귀족	•토지와 노비 소유 •녹읍 또는 식읍 받음 •고리대로 토지 축적	식읍 제한, 관료전 지급, 녹읍 폐지(신문왕) → 녹읍 부활(경덕왕)	대토지 소유
	농민	•자연재해와 고리대에 시달림 •구휼 제도 : 진대법 실시(고구려)	•민정 문서 작성 : 조세·공물 징수를 위한 기초 자료, 3년마다 작성(촌주) •정전 지급	고구려와 말갈 사회의 생활 모습을 유지하며 농경과 목축에 종사

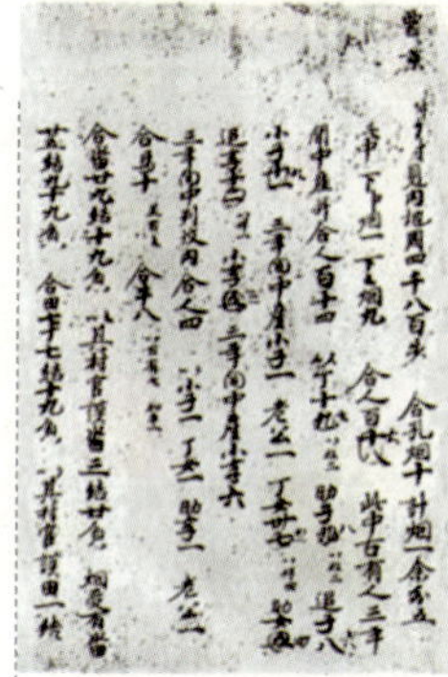

통일 신라의 민정 문서

당시 촌락의 경제 상황과 조세 상황을 알 수 있는 자료로서 서원경(청주) 부근의 4개 촌락을 조사한 내용이다. 촌락 내 인구 수, 토지 크기, 소와 말의 수, 토산물의 증감을 3년마다 작성하였다

─일본 도다이 사 쇼소인에서 발견

WHY 녹읍 폐지

녹읍은 귀족들에게 수조권과 노동력 징발권, 특산물을 받을 권리까지 부여한 토지로서 세습이 가능하였다. 삼국 통일 후 왕의 권한을 강화하고 귀족의 경제적 기반을 약화시키기 위해 폐지하였다(신문왕). 한편 관료들에게는 관료전을 지급하여 수조권만 부여하였다.

핵심주제 07 고대의 사회

시기	특징
고구려	•상무적 기풍 •형법 : 1책 12법 •풍속 : 서옥제(데릴사위제), 형사취수제
백제	•상무적 기풍 •엄격한 형법 적용 •언어, 의복, 풍습이 고구려와 비슷
신라	•화랑도 : 화랑은 귀족, 낭도는 귀족과 평민 → 계층 간의 갈등 완화 •골품제 : 지배층 내부에 적용, 정치 활동·일상생활 규제
통일 신라	•고구려·백제 출신 귀족에게 관등 부여 ┐ •9서당을 신라, 고구려, 백제, 말갈인으로 편성 ┘→ 민족 융합 정책
발해	•고구려 유민과 말갈인으로 구성 •지배층은 노비와 예속민을 거느림

기억하라! 제도

등급	관등명	진골	6두품	5두품	4두품
1	이벌찬				
2	이찬				
3	잡찬				
4	파진찬				
5	대아찬				
6	아찬				
7	일길찬				
8	사찬				
9	급벌찬				
10	대나마				
11	나마				
12	대사				
13	사지				
14	길사				
15	대오				
16	소오				
17	조위				

신라의 골품제

막강기출유형

01 다음 자료와 관계있는 왕의 재위 기간에 있었던 사실로 옳은 것을 〈보기〉에서 고른 것은?

> 551년 3월, 우륵과 그의 제자 이문이 음악을 잘한다는 말을 듣고 그들을 특별히 불렀다.
> 555년 10월, 임금이 북한산에 순행하여 영토의 국경을 정하였다.
> 566년 2월, 황룡사가 준공되었다.
> ─《삼국사기》, 신라본기

〈보기〉

ㄱ. 우산국을 정복하였다.
ㄴ. 관산성에서 백제군을 물리쳤다.
ㄷ. 병부를 설치하여 군사 지휘권을 확립하였다.
ㄹ. 대가야를 정복하여 낙동강 서쪽을 장악하였다.

① ㄱ, ㄴ
② ㄱ, ㄷ
③ ㄴ, ㄷ
④ ㄴ, ㄹ
⑤ ㄷ, ㄹ

02 (가)~(라)를 각각 수도로 삼았던 시기에 있었던 사실로 옳은 것을 〈보기〉에서 고른 것은?

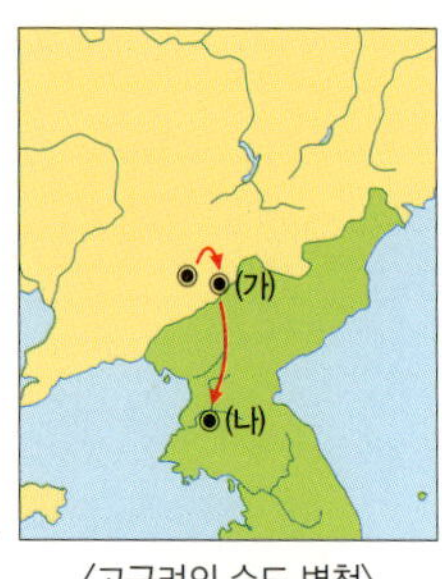

〈보기〉

ㄱ. (가)-충주 고구려비를 건립하였다.
ㄴ. (나)-당의 침입에 대비해 천리장성을 쌓았다.
ㄷ. (다)-지방의 22담로에 왕족을 파견하였다.
ㄹ. (라)-북위에 고구려 정벌을 요청하였다.

① ㄱ, ㄴ
② ㄱ, ㄷ
③ ㄴ, ㄷ
④ ㄴ, ㄹ
⑤ ㄷ, ㄹ

03 (가), (나)의 공통된 배경이 된 역사적 사실로 옳은 것은?

> (가) 왕 15년 7월, 백제 왕 명농(明穠)이 가량(加良)과 함께 관산성에 처들어왔다. 군주 각간 우덕과 이찬 탐지 등이 맞서 싸웠으나 전세가 불리하였다. 신주의 군주 김무력이 주의 병사를 이끌고 나아가 어우러져 싸웠는데, 비장(裨將)인 삼년산군(三年山郡)의 고간도도(高干都刀)가 빠르게 공격하여 백제 왕을 죽였다.
> ─《삼국사기》, 신라본기
>
> (나) 왕 32년 7월, 임금이 신라를 습격하고자 몸소 보병과 기병 50명을 거느리고 밤에 구천(狗川)에 이르렀다. 신라의 복병이 나타나 그들과 싸우다가 혼전 중에 임금이 병사들에게 살해되었다.
> ─《삼국사기》, 백제본기

① 백제가 웅진으로 천도하였다.
② 나당 연합군이 사비성을 함락하였다.
③ 신라가 한강 하류 지역을 차지하였다.
④ 장보고가 완도에 청해진을 설치하였다.
⑤ 복신과 도침을 중심으로 백제 부흥 운동이 일어났다.

04 그림 속 왕의 재위 기간에 있었던 역사적 사실로 옳은 것은?

① 수도를 상경으로 옮겼다.
② 장문휴의 군대가 산둥 반도를 공격하였다.
③ 거란의 침입을 받아 국가적 위기를 겪었다.
④ '해동성국'이라 불리는 전성기를 맞이하였다.
⑤ 대동강 유역까지 진출하여 신라와 국경을 접하였다.

상 중 하 22회

05 (가) 인물이 활동할 당시의 사실로 옳은 것은 ?

역사 인물 카드

(가)

- 출생 : 경주 사량부
- 자 : 고운
- 주요 활동
  · 18세 : 당의 빈공과에 급제
  · 25세 : 〈토황소격문〉 지음
  · 29세 : 신라로 귀국
  · 38세 : 시무책 10여 조 건의

① 원효가 대승기신론소를 저술하였다.
② 웅천주 도독 김헌창이 난을 일으켰다.
③ 무열왕의 직계 자손이 왕위를 세습하였다.
④ 원종과 애노의 난 등 농민 봉기가 일어났다.
⑤ 이차돈의 순교를 계기로 불교를 공인하였다.

상 중 하 21회

06 (가)에 들어갈 내용으로 가장 적절한 것은?

4세기 후반 가야 연맹은 김해의 금관가야를 중심으로 통합을 이룩하고 백제와 왜 사이의 교역을 중계하며 발전하였으나 (가) 이후 낙동강 동쪽의 영토를 상실하였고 전기 가야 연맹의 중심국이었던 금관가야가 크게 약화되었다.

① 나당 연합군의 침입
② 신라에 밀린 왜군의 침입
③ 백제와 연합한 신라군의 침입
④ 왜를 격퇴하기 위해 내려온 고구려군의 침입
⑤ 낙동강 유역으로 영토를 확장해 온 백제군의 침입

상 중 하 21회

07 다음 비석이 세워진 시기로 옳은 것은?

공주는 대흥 56년 여름 6월 9일 임진일에 사망하니, 나이는 36세였다. 이에 시호를 정효 공주라 하였다. 이해 겨울 11월 28일 기묘일에 염곡의 서쪽 언덕에 배장하였으니, 이것은 예의에 맞는 것이다. 황상(皇上)은 조회를 파하고 크게 슬퍼하여, 침소에 들어가지 않고 음악도 중지시켰다.

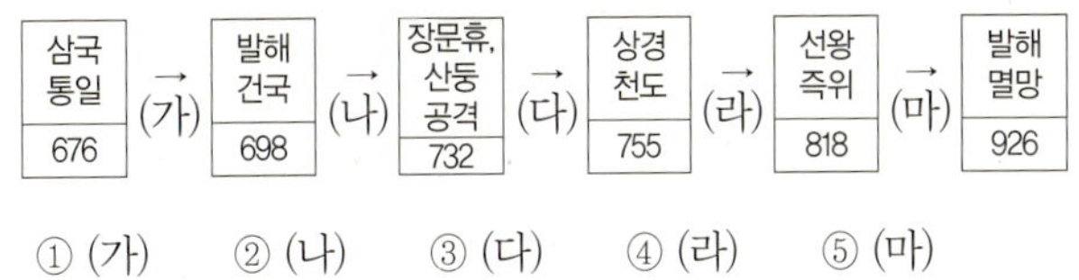

① (가)　② (나)　③ (다)　④ (라)　⑤ (마)

상 중 하 20회

08 (가)에 들어갈 역사적 사실로 옳은 것은?

〈역사 인물 탐구 보고서〉

- 탐구 대상 : ○○○
- 탐구 주제 : 삼국 통일과 ○○○
  · 604년 : 이찬(伊湌) 김용춘의 아들로 태어났다.
  · 642년 : 대야성 전투 후 고구려에 동맹을 요청하러 갔다.
  · 648년 : (가)
  · 654년 : 상대등 알천 등의 추대로 왕위에 올랐다.
  · 660년 : 당과 연합하여 백제를 멸망시켰다.
  · 661년 : 고구려 공격을 준비하던 중 59세로 죽었다.

① 김흠돌의 난을 진압하였다.
② 안승을 보덕국의 왕으로 임명하였다.
③ 백강 전투에서 왜의 수군을 물리쳤다.
④ 매소성 전투에서 당의 군대를 물리쳤다.
⑤ 당 태종으로부터 군사 원조를 약속받았다.

상 중 하 20회

09 밑줄 친 인물이 활동하던 시기에 있었던 사실로 적절한 것을 〈보기〉에서 고른 것은?

> 이 엔닌은 멀리서 인덕을 입사옵고 우러러 받드는 마음 끝이 없습니다. 엔닌은 옛 소원을 이루기 위하여 당나라에 체류하고 있습니다. 미천한 몸이 다행하게도 장 대사님의 본원의 땅에 머물고 있습니다. …… 언제 만나 뵈올지 기약할 수 없습니다만 장 대사님을 경모하는 마음 더해 갈 뿐입니다. 삼가 글을 올려 안부를 여쭈옵니다. 갖추지 못하옵고 삼가 올립니다.
>
> —개성 5년 2월 17일. 일본국 구법승 엔닌 올림

〈보기〉

ㄱ. 녹읍을 폐지하였다.
ㄴ. 김헌창이 반란을 일으켰다.
ㄷ. 당이 계림 도독부를 설치하였다.
ㄹ. 진골 귀족들의 왕위 쟁탈전이 이어졌다.

① ㄱ, ㄴ ② ㄱ, ㄷ ③ ㄴ, ㄷ
④ ㄴ, ㄹ ⑤ ㄷ, ㄹ

상 중 하 20회

10 다음 상황이 나타난 시기의 사회 모습으로 옳지 <u>않은</u> 것은?

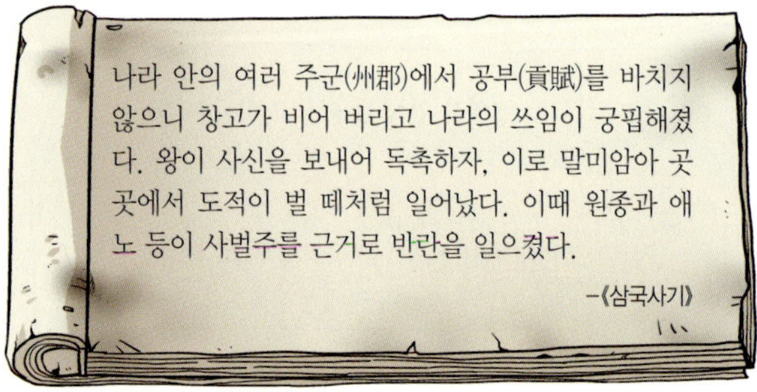

> 나라 안의 여러 주군(州郡)에서 공부(貢賦)를 바치지 않으니 창고가 비어 버리고 나라의 쓰임이 궁핍해졌다. 왕이 사신을 보내어 독촉하자, 이로 말미암아 곳곳에서 도적이 벌 떼처럼 일어났다. 이때 원종과 애노 등이 사벌주를 근거로 반란을 일으켰다.
>
> —《삼국사기》

① 각 지방에서 호족들이 등장하였다.
② 관리들에게 문무 관료전이 지급되었다.
③ 진골 귀족들의 왕위 쟁탈전이 이어졌다.
④ 기근과 전염병으로 국가 재정이 어려워졌다.
⑤ 지방에 대한 중앙 정부의 통제력이 약화되었다.

상 중 하 19회

11 그림 속 주장에 대한 근거를 찾기 위한 탐구 활동으로 적절한 것을 〈보기〉에서 고른 것은?

〈보기〉

ㄱ. 상경의 도시 구조를 조사한다.
ㄴ. 발해 정혜 공주의 무덤 양식을 확인한다.
ㄷ. 발해 3성 6부의 기원과 구성을 알아본다.
ㄹ. 발해 문왕이 일본에 보낸 국서의 내용을 찾아본다.

① ㄱ, ㄴ ② ㄱ, ㄷ ③ ㄴ, ㄷ
④ ㄴ, ㄹ ⑤ ㄷ, ㄹ

상 중 하 18회

12 (가), (나) 사이에 있었던 고구려의 역사적 사실로 옳은 것은?

> (가) 372년 6월 전진에서 사신과 승려 순도를 파견하여 불상과 경문을 보내왔다. 왕은 사신을 보내 답례하고 토산물을 조공하였다. …… 375년 2월 비로소 초문사를 창건하여 순도를 머물게 하고, 이불란사를 창건하여 아도를 머물게 하였다. 이것이 해동 불교의 시작이다.
>
> (나) 영락 10년(400)에 왕이 보병과 기병 도합 5만 명을 보내어 신라를 구원하게 하였다. 남거성을 거쳐 신라성에 이르니, 그곳에 왜군이 가득하였다. 고구려군이 도착하자 왜적이 퇴각하였다.

① 수도를 국내성에서 평양으로 옮겼다.
② 한강 유역에 충주 고구려비를 세웠다.
③ 서안평을 공격하여 영토를 확장하였다.
④ 백제의 관미성을 공격하여 점령하였다.
⑤ 낙랑군, 대방군을 축출하고 대동강 유역을 점령하였다.

13 다음 유물들을 남긴 나라에 대한 설명으로 옳은 것은?

① 주로 계단식 돌무지무덤을 만들었다.
② 귀족 합의제인 화백 제도를 운영하였다.
③ 5세기 이후 후기 가야 연맹을 주도하였다.
④ 낙랑과 왜를 연결하는 중계 무역을 하였다.
⑤ 신라 진흥왕의 공격을 받아 약화되기 시작하였다.

14 그림 속 대화 내용과 관계있는 왕에 대한 설명으로 옳은 것은?

① 농민들에게 정전을 지급하였다.
② 거칠부에게 국사를 편찬하도록 하였다.
③ 대가야를 정복하여 낙동강 유역을 차지하였다.
④ 대군장을 의미하는 마립간 칭호를 사용하였다.
⑤ 율령을 반포하여 중앙 집권 체제를 강화하였다.

15 (가)~(마) 시기에 발생한 역사적 사실로 옳은 것은?

612	642	660	668	676	698
(가)	(나)	(다)	(라)	(마)	
살수 대첩	대야성 전투	사비성 함락	평양성 함락	기벌포 전투	발해 건국

① (가) – 고구려가 안시성에서 당을 물리쳤다.
② (나) – 관산성에서 성왕이 전사하였다.
③ (다) – 백강 전투에서 백제·왜 연합군이 패하였다.
④ (라) – 견훤이 완산주에 후백제를 세웠다.
⑤ (마) – 평양에 안동 도호부가 설치되었다.

16 밑줄 친 ㉠~㉣에 대한 설명 중 옳은 것을 〈보기〉에서 고른 것은?

- 신문왕 원년(681) 8월, ㉠ 소판 김흠돌, 파진찬 흥원, 대아찬 진공 등이 반란을 꾀하다가 사형을 당하였다.
- 신문왕 3년(683) 10월, ㉡ 보덕왕 안승을 불러 소판으로 삼고, 김씨 성을 주어 서울에 머물게 하고 훌륭한 집과 좋은 밭을 주었다.
- 신문왕 7년(687) 5월, ㉢ 관료전을 지급하되 차등을 두었다.
- 신문왕 9년(689) 1월, 내외관의 ㉣ 녹읍을 혁파하고 매년 조를 내리되 차등 있게 하여, 이로써 영원한 법식을 삼았다.

－《삼국사기》

〈보기〉
ㄱ. ㉠ – 귀족들의 반발로 왕권이 약화되는 계기가 되었다.
ㄴ. ㉡ – 평양성이 함락된 후 고구려 부흥 운동을 이끌었다.
ㄷ. ㉢ – 5품 이상의 관료들이 지급 대상이었다.
ㄹ. ㉣ – 조세 수취와 노동력 징발의 권리가 함께 주어졌다.

① ㄱ, ㄴ   ② ㄱ, ㄷ   ③ ㄴ, ㄷ
④ ㄴ, ㄹ   ⑤ ㄷ, ㄹ

상 중 하 17회

17 다음 인물들이 활동한 시기의 모습으로 옳은 것을 〈보기〉에서 고른 것은?

- 철원 – 궁예
- 송악 – 왕건
- 북원 – 양길
- 완산 – 견훤

〈보기〉

ㄱ. 왕권이 전제화되면서 상대등의 권한이 약화되었다.
ㄴ. 선종 중심으로 교종을 통합하려는 운동이 일어났다.
ㄷ. 무리하게 조세를 강요하여 농민 봉기가 발생하였다.
ㄹ. 6두품 세력이 골품제를 비판하며 개혁을 주장하였다.

① ㄱ, ㄴ 　② ㄱ, ㄷ 　③ ㄴ, ㄷ
④ ㄴ, ㄹ 　⑤ ㄷ, ㄹ

상 중 하 17회

18 밑줄 친 '신라의 왕'의 재위 시기에 있었던 삼국의 역사적 사실로 옳은 것을 〈보기〉에서 고른 것은?

[길 따라 역사 따라] **치술령의 망부석에 얽힌 이야기** [검색] [통합검색]

새로 왕위에 오른 <u>신라의 왕</u>은 고구려와 왜에 인질로 가 있는 아우를 귀환시키고자 하였다. 왕의 명을 받은 박제상은 418년 고구려의 왕을 설득하여 복호를 귀환시켰다. 그리고 그해 왜에 붙잡혀 있던 미사흔을 탈출시켰지만, 제상은 함께 도주하지 않아 목숨을 잃었다. 박제상의 부인은 바다가 보이는 치술령에 올라가 울다가 굳어져 망부석이 되었다고 한다.

〈보기〉

ㄱ. 고구려가 평양으로 천도하였다.
ㄴ. 고구려는 요동에 천리장성을 쌓았다.
ㄷ. 백제와 신라 간에 동맹이 체결되었다.
ㄹ. 신라가 고구려에 군사 지원을 요청하였다.

① ㄱ, ㄴ 　② ㄱ, ㄷ 　③ ㄴ, ㄷ
④ ㄴ, ㄹ 　⑤ ㄷ, ㄹ

상 중 하 16회

19 (가) 인물이 속한 신분층에 대한 설명으로 옳은 것은?

태종 대왕이 즉위하자 당의 사신이 와서 조서를 전했는데, 그 가운데 해독하기 어려운 부분이 있었다. 왕이 　(가)　 을/를 불러 물으니, 그가 왕 앞에서 한번 보고는 설명하고 해석하는데 의심스럽거나 막히는 데가 없었다. 왕이 놀랍고도 기뻐 서로 만남이 늦은 것을 한탄하고 그의 성명을 물었다. 그가 대답하여 아뢰었다. "신은 본래 임나가량(任那加良) 사람이며 이름은 우두(牛頭)입니다."

– 《삼국사기》, 열전

① 대아찬 이상의 고위 관등을 차지하였다.
② 내물왕의 직계 자손으로 왕위를 세습하였다.
③ 수상으로서 화백 회의의 대표를 독점하였다.
④ 신라 말 지방의 행정권과 군사권을 장악하였다.
⑤ 골품제를 비판하며 새로운 정치 이념을 제시하였다.

상 중 하 15회

20 (가), (나) 지역을 지도에서 골라 묶은 것으로 옳은 것은?

• 소형 다식 등이 아뢰기를, "우리 선왕이 도를 잃어 나라가 망하였지만, 지금 우리들은 본국의 귀족 안승을 받들어 왕으로 삼았습니다. 바라건대 변방을 지키는 울타리가 되어 영원히 충성을 다하고자 합니다"라고 하니, 문무왕은 그들을 나라 서쪽 　(가)　 에 머물게 하였다.

– 《동국통감》

• 나라 안의 여러 주군(州郡)에서 공부(貢賦)를 바치지 않으니 창고가 비어 버리고 나라의 쓰임이 궁핍해졌다. 왕이 사신을 보내어 독촉하자, 이로 말미암아 곳곳에서 도적이 벌 떼처럼 일어났다. 이때 원종과 애노 등이 　(나)　 을/를 근거로 반란을 일으켰다.

– 《삼국사기》

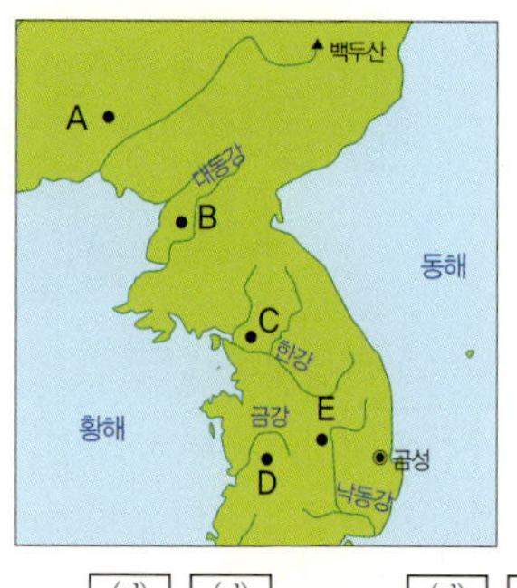

(가)	(나)		(가)	(나)		(가)	(나)

① A, B 　② B, C 　③ C, D
④ D, E 　⑤ E, A

21 밑줄 친 '이 문서'에 대한 설명으로 옳은 것은?

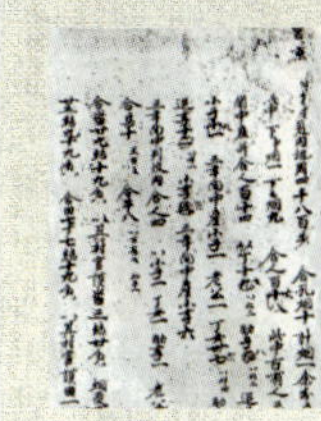

현재 일본 도다이 사 쇼소인에 보관되어 있는 이 문서는 닥나무로 만든 종이 2매로 되어 있다. 이 문서에는 서원경에 속한 어느 지역과 이에 근접한 현(縣)에 속하였을 것으로 추측되는 사해점촌, 살하지촌 등의 상황이 기록되어 있다.

① 유네스코 세계 기록 유산으로 등재되었다.
② 통일 신라의 촌주가 3년마다 작성하였다.
③ 조선 전기 호패 발급을 위한 호적 대장이었다.
④ 고려 시대 조세 징수를 위해 향리들이 작성하였다.
⑤ 대한 제국에서 각 지방의 토지 소유권을 기록한 대장이었다.

22 (가)~(라) 국가에 대한 설명으로 옳은 것을 〈보기〉에서 고른 것은?

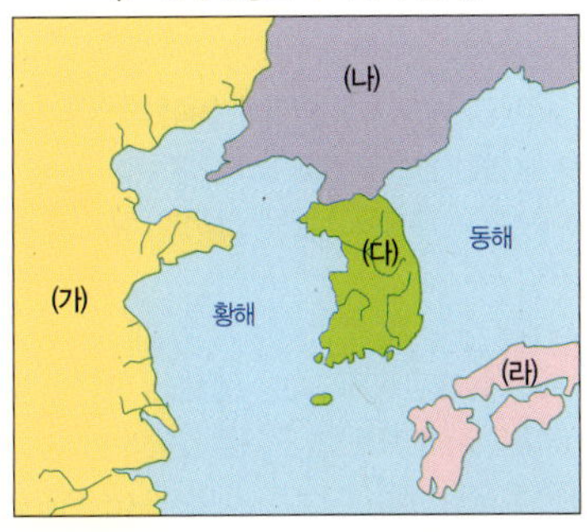

〈7~9세기 동북아시아의 정세〉

〈보기〉

ㄱ. (가)는 (나), (다)의 빈공과 합격자 수를 조절하여 경쟁을 부추겼다.
ㄴ. (나)는 솔빈부의 말을 (가)에 수출하였다.
ㄷ. (다)는 (가)와 (라)에 신라방과 신라촌을 형성하였다.
ㄹ. 장보고가 (라)에 세운 법화원에서 엔닌이 활동하였다.

① ㄱ, ㄴ　　　② ㄱ, ㄷ　　　③ ㄴ, ㄷ
④ ㄴ, ㄹ　　　⑤ ㄷ, ㄹ

23 밑줄 친 '북국'의 경제생활에 대한 설명으로 옳지 않은 것은?

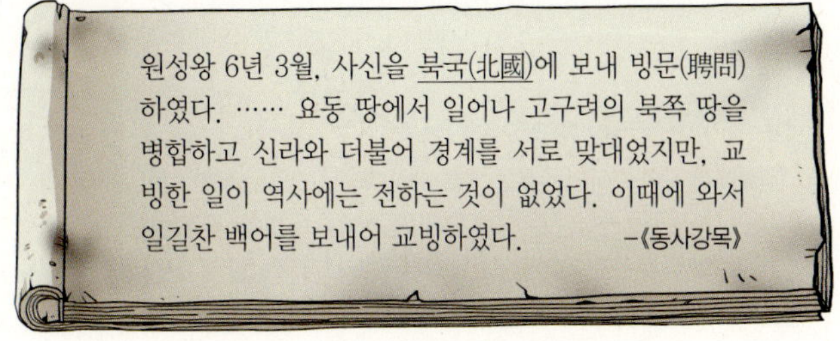

원성왕 6년 3월, 사신을 북국(北國)에 보내 빙문(聘問)하였다. …… 요동 땅에서 일어나 고구려의 북쪽 땅을 병합하고 신라와 더불어 경계를 서로 맞대었지만, 교빙한 일이 역사에는 전하는 것이 없었다. 이때에 와서 일길찬 백어를 보내어 교빙하였다.　－《동사강목》

① 당과의 무역을 위해 발해관을 이용하였다.
② 당과의 무역은 육로와 해로를 통해 이루어졌다.
③ 밭농사가 중심이었고 일부 지역에서 벼농사를 지었다.
④ 상품 생산이 늘어나자 수도에 동시, 서시, 남시를 설치하였다.
⑤ 모피, 인삼 등의 토산물과 불상, 자기 등의 수공업품을 수출하였다.

24 다음 비문의 (가)에 들어갈 왕에 대한 설명으로 옳은 것은?

　(가)　이/가 …… 크게 인민(人民)을 얻어 …… 이리하여 관경(管境)을 순수(巡狩)하면서 민심을 ○○하고 노고를 위로하고자 한다. 만일 충성과 신의와 정성이 있고 …… 상(賞)을 더하고 …… 한성(漢城)을 지나는 길에 올라 …… 도인(道人)이 석굴에 살고 있는 것을 보고 …… 돌에 새겨 사(辭)를 기록한다.

① 수도에 동시전을 설치하였다.
② 이사부를 보내 우산국을 복속시켰다.
③ 화랑도를 국가적인 조직으로 개편하였다.
④ 관리 채용을 위해 독서삼품과를 시행하였다.
⑤ 나당 전쟁에서 승리하여 삼국을 통일하였다.

1. ④ 2. ③ 3. ③ 4. ② 5. ④ 6. ④ 7. ④ 8. ⑤ 9. ④ 10. ②
11. ④ 12. ④ 13. ④ 14. ⑤ 15. ③ 16. ④ 17. ⑤ 18. ② 19. ⑤
20. ④ 21. ② 22. ① 23. ④ 24. ③

1. ④ 바로 정리 : **진흥왕의 업적**
사료에서 왕이 가야의 우륵을 부른 사실, 북한산으로 순행한 사실, 황룡사를 세운 사실 등을 통해 진흥왕과 관계있음을 알 수 있다. 진흥왕은 화랑도를 개편하여 국가 조직으로 만들었으며 영토를 크게 확장한 후 단양 신라 적성비와 네 개의 순수비(마운령비, 황초령비, 북한산비, 창녕비)를 세웠다. 한강 유역으로 영토를 확장하는 과정에서 백제 성왕의 군대를 관산성에서 물리쳤으며, 낙동강 유역의 대가야를 정복하여 가야 연맹을 완전히 해체시켰다. 아하! ㄱ. 지증왕 ㄷ. 법흥왕

2. ③ 바로 정리 : **고구려, 백제의 천도와 관련된 사건**
지도의 (가)는 1세기 초에 천도한 국내성, (나)는 5세기에 천도한 평양성, (다)는 5세기 고구려 장수왕의 침략을 받아 천도한 웅진, (라)는 6세기에 천도한 사비이다. 장수왕은 평양성으로 천도한 후 남하 정책을 추진하여 남한강 유역까지 진출했다. 그 사실은 충주(중원) 고구려비를 통해서도 알 수 있다. 웅진으로 천도한 백제는 무령왕 때 지방에 22담로를 설치하여 지방에 대한 통제를 강화했으며, 성왕은 사비로 천도하여 백제의 부흥을 추진하기도 했다. 아하! ㄱ. (나)를 수도로 하던 장수왕 때의 사실이다. ㄹ. (다)로 천도하기 전 개로왕 때의 사실이다.

3. ③ 바로 정리 : **관산성 전투의 배경**
(가), (나)에서 백제와 신라 간의 전투라는 사실과 전투 장소가 관산성이라는 사실에서 (가)의 왕은 신라 진흥왕, (나)의 왕은 백제 성왕임을 알 수 있다. 6세기 백제 성왕은 신라와 연합하여 일시적으로 고구려로부터 빼앗은 한강 하류 지역을 다시 신라에 빼앗겼다. 이에 신라군을 공격하다가 관산성에서 전사했다.

4. ② 바로 정리 : **발해 무왕 재위 기간의 사실**
대화 중 대문예에게 흑수말갈을 공격하도록 하는 내용을 통해 그림 속 왕은 발해의 무왕임을 알 수 있다. 그 당시 발해의 성장에 위기감을 느낀 당은 흑수말갈과 신라를 이용하여 발해를 견제하려고 했다. 이에 무왕은 동생이었던 대문예로 하여금 흑수말갈을 공격하게 한 것이다. 하지만 그 뜻을 이루지 못한 무왕은 장문휴로 하여금 당의 산둥 반도를 공격하게 했다. 아하! ① 문왕(상경 천도), 성왕(상경 환도) ③ 인선 ④, ⑤ 선왕

5. ④ 바로 정리 : **최치원의 활동 시기와 내용**
제시된 자료의 활동 내용을 통해 (가)에 들어갈 인물은 통일 신라의 최치원임을 알 수 있다. 최치원이 시무책을 건의하던 시기는 9세기 말 진성 여왕 재위 기간으로, 왕권이 약해 중앙 정부의 지방 통제력은 약화되었고 농민들은 국가나 귀족들의 수탈을 피해 도망하거나 원종과 애노처럼 봉기를 일으켰다. 아하! ① 7세기 ② 9세기 초 ③ 주로 내물계 자손들이 왕위에 올랐다. ⑤ 6세기

6. ④ 바로 정리 : **금관가야의 약화 배경**
(가)의 전후 내용을 통해 볼 때 전기 가야 연맹의 중심이었던 금관가야의 쇠퇴 배경이 (가)에 들어가야 한다. 전기 가야 연맹은 5세기 무렵 왜군을 격퇴하며 신라를 지원해 온 고구려군의 공격을 받아 쇠퇴했고 이후 고령의 대가야를 중심으로 후기 가야 연맹이 형성되었다.

7. ④ 바로 정리 : **발해 문왕 재위 기간의 사실**
자료는 문왕의 넷째 딸이었던 정효 공주의 묘에서 발견된 묘지석 내용을 담고 있다. 정효 공주는 문왕이 사망하기 1년 전인 대흥 56년(792)에 사망했다. 문왕은 재위 기간 중 당의 제도와 문물을 수용하여 3성 6부의 지배 체제를 정비했고, 상경 천도(755) 이후 동경 천도(785)까지 두 번에 걸쳐 천도했다. 정효 공주의 사망 시기는 동경 천도 후였다.

8. ⑤ 바로 정리 : **무열왕(김춘추)의 활동**
자료에서 '김용춘의 아들, 고구려에 동맹을 요청, 왕위에 오름' 등의 내용을 통해 김춘추, 즉 무열왕의 활동 내용임을 알 수 있다. 김춘추는 648년 당 태종으로부터 백제를 공격하기 위한 군사 지원 약속을 받아냈다. 이는 곧 삼국 통일을 향한 나당 연합의 시작이었다. 아하! ① 신문왕 ②, ③, ④ 문무왕

9. ④ 바로 정리 : **신라 하대의 정치·경제**
편지의 내용 중 '엔닌'은 당을 오가던 일본의 구법승이었다. 편지는 엔닌이 자신에게 도움을 주었던 장 대사, 즉 장보고에게 쓴 것이다. 장보고가 활동하던 시기에는 신라 하대로서 진골 귀족들 간의 왕위 쟁탈전이 빈번하게 일어났다. 김헌창의 난은 왕위 쟁탈전 중에 일어난 사건이었다. 아하! ㄱ. 삼국 통일 직후인 신문왕 때의 사실이다. ㄷ. 삼국 통일 직전인 문무왕 때의 사실이다.

10. ② 바로 정리 : **신라 하대의 정치·경제**
사료에서 원종과 애노가 반란을 일으켰다는 내용을 통해 신라 하대(진성 여왕 재위 기간)의 상황임을 알 수 있다. 그 당시는 왕위 쟁탈전으로 인한 왕권의 약화, 중앙 정부의 지방 통제력 약화와 호족들의 등장, 기근과 전염병으로 인한 재정 부족, 농민 봉기의 발발 등으로 혼란한 시기였다. 아하! ② 중대 말기(경덕왕)에 녹읍이 부활되고 문무 관료전이 폐지되었다.

11. ④ 바로 정리 : **고구려를 계승한 발해**
그림 속 주장은 조선 후기 유득공이 지은 《발해고》 서문의 일부이다. 발해가 고구려를 계승했다는 주장이므로 그 근거를 찾아야 한다. 모줄임천장 구조를 가진 정혜 공주의 묘나 궁궐이나 사원 터에서 나온 벽돌과 기와무늬에는 고구려 문화의 요소가 나타나 있다. 또 일본에 보낸 국서에 발해 왕을 고려 국왕으로 표현한 것은 발해가 고구려를 계승했음을 보여 주는 근거로 들 수 있다. 아하! ㄱ, ㄷ은 당의 영향

12. ④ 바로 정리 : **광개토 대왕의 한강 이북 진출**
(가)는 소수림왕 때 고구려에 불교가 전래된 사실, (나)는 광개토 대왕 때 왜군을 물리쳐 신라를 지원한 사실이다. 두 사건 사이에 일어난 주요 사건은 고국양왕 때 요동과 백제를 공격한 일과 광개토 대왕 때 한강 이북의 백제 지역을 공격하여 차지한 일 등이다. 관미성 전투가 그 대표적인 사건이다. 아하! ①, ② 장수왕 ③, ⑤ 미천왕

13. ④ 바로 정리 : **금관가야의 정치·경제·사회**
대성동 고분군에서 발견된 철제 갑옷과 파형 동기를 통해서 지도는 전기 가야 연맹의 중심이었던 금관가야가 있던 김해 지역임을 알 수 있다. 낙동강 하류에 위치한 금관가야는 해상 활동에 유리하여 낙랑, 왜와 교류했으며 철을 생산하여 수출하기도 했다. 아하! ① 고구려, 한성 시기의 백제 ② 신라 ③ 대가야 ⑤ 금관가야는 고구려 광개토 대왕의 공격으로 약화되었다.

14. ⑤ 바로 정리 : **신라 법흥왕의 업적**
그림은 이차돈의 순교를 통해 불교를 공인했던 신라 법흥왕 때의 상황을 보여 준다. 법흥왕은 율령 반포, 17관등제 시행, 공복 제정 등을 통해 통치 질서를 확립했고 병부를 설치하여 군사 지휘권을 확립했다. 아하! ① 성덕왕 ②, ③ 진흥왕 ④ 내물왕~지증왕

15. ③ 바로 정리 : **7세기 삼국의 역사적 사실**
7세기는 삼국 통일을 전후한 시기로서 돌궐, 고구려, 백제, 왜가 남북으로 외교축을 이루고, 이에 대해 수·당과 신라가 동서로 외교축을 형성하고 있었다. 660년 사비성 함락으로 백제가 멸망한 후 왜의 지원병과 백제의 부흥군은 힘을 합하여 백강에서 나당 연합군과 전투를 벌였으나 패하고 말았다. 아하! ① 안시성 전투는 645년 ② 관산성 전투는 554년 ④ 후백제 건국은 900년 ⑤ 안동 도호부 설치는 나당 전쟁 전인 668년

16. ④ 바로 정리 : **신문왕 재위 기간의 역사적 사실**
사료의 ㉠은 김흠돌의 난을 진압한 사실, ㉡은 고구려의 왕족으로서 고구려가 멸망한 후 고구려 부흥 운동을 일으킨 검모잠에 의해 왕으로 추대된 인물, ㉢은 녹읍 폐지 이후 문무 관리들에게 지급한 토지, ㉣은 수조권과 더불어 노동력을 징발할 수 있는 권리를 부여한 토지를 말한다. 아하! ㄱ. 왕권이 강화되었다. ㄷ. 고려 시대 공음전에 해당한다.

17. ⑤ 바로 정리 : **신라 하대 호족들의 활동**
제시된 인물들은 신라 하대 각 지역에서 활동하던 유력한 호족들이었다. 그들은 당시의 혼란을 이용하여 독자 세력을 형성했다. 지속된 진골 귀족 간의 왕위 쟁탈전, 농민 봉기 등은 혼란을 가중시켰고 6두품 세력과 선종 승려들은 골품제 사회를 비판하며 개혁을 주장했다. 아하! ㄱ. 신라 중대 ㄴ. 고려 시대의 불교 통합 운동

18. ② 바로 정리 : **5세기 삼국의 정세**
자료 글의 박제상은 신라 눌지왕 때의 인물이었으며 당시 고구려의 왕은 장수왕이었다. 따라서 5세기 삼국의 정세를 찾으면 된다. 5세기는 평양으로 천도한 고구려의 남진 정책과 그에 대응하여 백제와 신라 사이에 체결된 나제 동맹이 대표적인 사건이다. 아하! ㄴ. 7세기(보장왕), ㄹ. 4세기(내물왕)

19. ⑤ 바로 정리 : **신라 6두품의 활동**
사료 속 상황과 출신지, 이름을 통해 (가)는 강수임을 알 수 있다. 강수는 외교 문서를 잘 지어 삼국 통일에 기여한 뛰어난 문장가였으며 6두품이었다. 6두품은 골품제로 인해서 정치 활동에 제한이 있었기 때문에 종교나 학문 분야에서 주로 활동했다. 신라 하대에는 골품제를 비판하며 개혁을 추구했다. 아하! ①, ②, ③ 귀족 ④ 신라 하대의 호족

20. ④ 바로 정리 : **보덕국, 원종과 애노의 난 발생지**
(가)는 고구려 유민들이 세운 보덕국의 위치인 금마저(오늘날의 전북 익산), (나)는 신라 하대 원종과 애노의 난이 발생한 상주이다. 지도에 표시한 A는 안시성, B는 평양성, C는 서울, D는 익산, E는 상주이다.

21. ② 바로 정리 : **신라 민정 문서의 성격과 내용**
자료 글의 내용을 통해 '이 문서'는 신라 민정 문서임을 알 수 있다. 민정 문서는 촌주가 세금 수취를 위해 촌락 내의 인구 수, 토지의 크기, 소와 말의 수, 토산물의 증감을 3년마다 새롭게 작성했다. 아하! ① 유네스코 세계 기록 유산으로 등재되지 않았다.

22. ① 바로 정리 : **7~9세기 동북아시아의 정세**
지도의 (가)는 당, (나)는 발해, (다)는 신라, (라)는 일본이다. 신라는 나당 전쟁 이후 당과 교역을 중단했으나 점차 관계를 회복하여 사신뿐만 아니라 유학생, 승려, 상인의 왕래가 활발했다. 발해 역시 주변 나라들과 활발하게 교류했고, 문왕 이후 당과 친선 관계를 맺고 적극적으로 교류했다. 아하! ㄷ. 신라방과 신라촌은 당에 형성 ㄹ. 장보고가 법화원을 세운 곳은 당의 산둥 반도

23. ④ 바로 정리 : **발해의 경제**
사료의 북국은 남북국 시대의 발해를 가리킨다. 발해는 육로와 해로를 통해 당, 신라, 거란, 일본 등과 활발하게 무역하며 성장했다. 특히 당은 산둥 반도에 발해관을 설치하여 발해인들이 이용할 수 있도록 했다. 아하! ④ 통일 신라

24. ③ 바로 정리 : **신라 진흥왕의 업적**
비문의 내용 중 '순수', '한성'을 통해 북한산 순수비의 내용임을 알 수 있다. 따라서 (가)는 신라의 진흥왕이다. 진흥왕은 화랑도를 국가 조직으로 개편했으며, 영토를 확장하여 한강 유역, 낙동강 유역, 함흥 평야까지 진출했다. 아하! ①, ② 지증왕 ④ 원성왕 ⑤ 문무왕

기억하라! 유물

이차돈 순교비

신라 법흥왕 14년(527) 불교 공인을 위해 순교한 이차돈을 추모하고자 건립한 비석으로 이차돈의 순교 모습을 새겨 놓았다(통일 신라).

임신서기석

신라의 청년 두 명이 나라에 대한 충성과 학문에 힘쓸 것을 맹세하는 내용이 기록되어 있어 당시에 유학 교육이 이루어졌음을 알 수 있다.

핵심주제 01 고대의 종교·사상·학문

(1) 불교의 전래와 발전

전래	고구려	소수림왕 때, 중국 전진에서 전래(순도)
	백제	침류왕 때, 중국 동진에서 전래(인도 승려 마라난타)
	신라	눌지왕 때, 고구려에서 전래(묵호자) → 이차돈의 순교를 계기로 법흥왕 때 공인
영향		사상 통합, 왕권을 사상적으로 뒷받침, 왕실 주도의 불교 문화 발전
사상	원효	•화쟁 사상, 일심 사상 → 종파 간의 사상적 대립 해소 노력 　모든 진리는 결국 하나라는 사상 •무애 사상 •**불교 대중화 운동** : 아미타 신앙, 정토 신앙 •저술 : 《대승기신론소》, 《금강삼매경론》
	의상	•화엄 사상 정립(《화엄일승법계도》), 신라 화엄사 개창, 부석사 설립 •관음 신앙
	혜초	인도와 주변 지역 순례 → 《왕오천축국전》 저술

(2) 유학·교육·역사서 편찬

유학	강수	6두품, 외교 문서 작성에 능한 문장가
	설총	6두품, 이두 정리, 유교 경전 풀이
	최치원	•6두품, 당의 빈공과에 합격, 문장가(《토황소격문》 지음) • 진성 여왕에게 개혁안 제시 : 시무 10조, 《계원필경》 저술
	김대문	진골 출신, 《화랑세기》·《고승전》 저술
교육	고구려	•**태학(소수림왕)** : 귀족 자제들의 유학 교육 •**경당** : 지방 교육 기관, 유학·무술 교육
	백제	오경박사, 의박사, 역박사를 둠
	신라	**임신서기석** : 청소년의 유교 경전 교육 사실 확인
	통일 신라	•**신문왕** : 국학 설치 •**원성왕** : 독서삼품과 실시(국학 졸업자들의 유교 경전 이해 수준을 평가하여 등급에 따라 관리 등용 → 유학 보급과 학문의 발전에 기여)
	발해	•**주자감** : 귀족 자제들의 유학 교육 •**문적원** : 궁궐의 도서·문서 관리, 외교 문서 작성
역사서		•고구려 : 영양왕 때, 이문진이 《유기》 100권을 《신집》 5권으로 간추려 편찬 •백제 : 근초고왕 때, 고흥이 《서기》 편찬 •신라 : 진흥왕 때, 거칠부가 《국사》 편찬

(3) 도교 : 노장 사상 + 신선 사상, 중국으로부터 전래, 귀족 사회에 유행 → 고구려(고분 벽화의 신선 그림, 강서대묘의 사신도), 백제(산수무늬 벽돌, 백제 금동 대향로, 무령왕릉 지석의 토지신으로부터 묘지를 매입했다는 내용), 신라(화랑도)

산수무늬 벽돌

백제 금동 대향로

강서대묘의 사신도(현무도)

(4) 선종과 풍수지리설

① 선종
- 신라 말에 확산
- 참선 수행을 통해 누구나 깨달음을 얻을 수 있음을 강조(호족, 백성 호응)
- 지방 호족의 지원을 받아 지방에 근거지 마련 → 9산 선문의 성립
  신라 말 고려 초기에 성립한 선종 각 파에 대한 총칭

② 풍수지리설
- 신라 말기에 보급(선종 승려 도선)
- 호족 수용, 금성(경주)의 운수가 다했음을 주장 → 지방의 독자성과 중요성 강조

기억하라! 표

교종	• 경전·교리 중시 • 왕실·귀족 지원 • 신라 중대 • 조형 미술 발달 (탑·사원 건축, 동종 제작)
선종	• 참선·수행 중시 • 지방 호족 • 신라 말 • 승탑 제작

핵심주제 02 · 고대인의 과학 기술

천문학	• 농경, 왕의 권위 강화와 연관 • **고구려** : 천문도 제작, 고분 벽화 천장의 별자리 그림 • **신라** : 첨성대 설치 • 역법 발달에 영향 → 농사에 도움
수학	• 고분·탑 등의 건축에 활용 • 고구려 고분의 모줄임천장 구조, 신라의 황룡사 9층 목탑과 다보탑 축조에 이용
인쇄술·제지술	**목판 인쇄술** : 무구정광대다라니경(통일 신라, 불국사 3층 석탑에서 발견, 세계에서 가장 오래된 목판 인쇄물, 닥나무 종이에 기록)
금속 기술	• **백제** : 칠지도, 백제 금동 대향로 • **신라** : 고분에서 출토된 금관과 장신구 • **통일 신라** : 성덕 대왕 신종

강서대묘 모줄임천장(고구려)

첨성대(신라)

다보탑(통일 신라)

성덕 대왕 신종 (통일 신라)

기억하라! 유물

칠지도(백제)

백제에서 일본에 선물한 것으로, 현재 일본 이소노카미 신궁에 보관되어 있다. 당시 백제와 일본의 관계를 알 수 있는 유물이다.

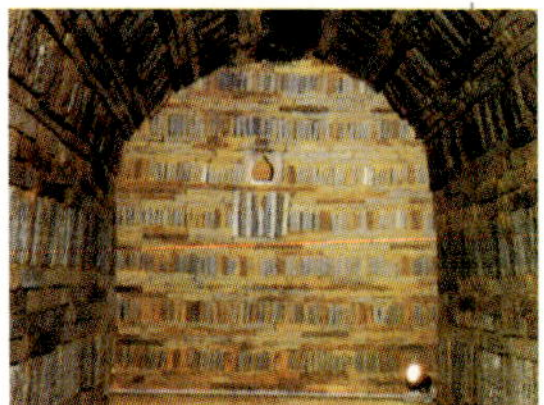

무령왕릉

굴식 돌방무덤 내부에는 벽으로 둘러싸인 공간이 있기 때문에 당시 사람들의 생활 모습이나 사상과 관련된 벽화가 그려져 있다.

발해의 이불 병좌상

핵심주제 03 고대인의 생각과 멋이 담긴 예술품

(1) 고분

고구려	돌무지무덤(초기) → 굴식 돌방무덤(천장과 벽의 벽화 : 생활 모습, 사신도)
백제	• 한성 시기 : 돌무지무덤(고구려 돌무지무덤과 비슷한 양식) • 웅진 시기 : 굴식 돌방무덤, 벽돌무덤(무령왕릉, 중국 남조의 영향) • 사비 시기 : 굴식 돌방무덤
신라	규모가 큰 돌무지덧널무덤 → 굴식 돌방무덤(삼국 통일 무렵)
통일신라	규모 축소, 불교식 화장 유행, 봉토 주변에 둘레 돌을 두르고 그 위에 12지 신상 조각
발해	• 정혜 공주 묘 : 굴식 돌방무덤, 모줄임천장(고구려 양식 수용) • 정효 공주 묘 : 벽돌무덤, 묘지석과 벽화 발굴, 고구려 양식 + 당 양식

고분 벽화

굴식 돌방무덤

돌무지덧널무덤(신라)

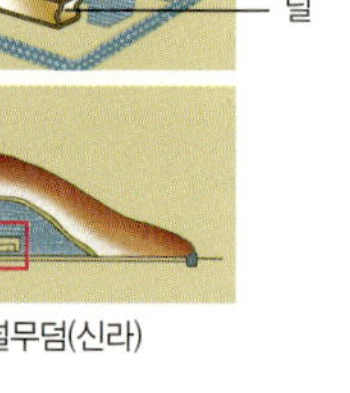

석수(백제, 무령왕릉)　　호우명 그릇(신라 호우총)　　천마도(신라 천마총)　　돌사자상(발해, 정혜 공주 묘)

(2) 예술

불상 조각	삼국 시대	• 미륵 신앙 유행 → 미륵보살 반가 사유상 다수 제작 • 금동 연가 7년명 여래 입상(고구려), 서산 용현리 마애 여래 삼존불 입상(백제), 경주 배동 석조 여래 삼존 입상(신라)
	남북국 시대	• 통일 신라 : 석굴암 본존 불상　　• 발해 : 이불 병좌상(고구려의 전통 계승)
글씨		김생(통일 신라)
그림		고분 벽화, 천마도(경주 천마총, 장니에 그린 그림), 솔거(화가, 통일 신라)
음악·무용		왕산악(고구려, 거문고), 백결 선생(신라, 방아타령), 우륵(가야, 가야금, 12악곡 제작, 신라에서 활동)

말을 탄 사람에게 흙이 튀지 않도록 하기 위해 안장 양쪽에 달아 늘어뜨려 놓은 기구, 말다래

금동 연가 7년명 여래 입상
(고구려)

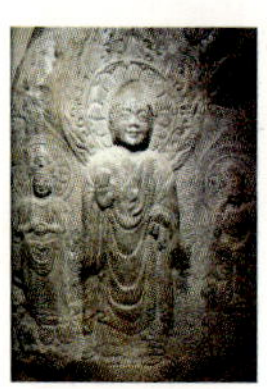

서산 용현리 마애 여래
삼존불 입상(백제)

경주 배동 석조 여래 삼존 입상
(신라)

경주 석굴암 본존 불상
(신라)

(3) 건축과 탑

삼국 시대		• 건축 : 황룡사(신라, 진흥왕), 미륵사(백제, 무왕) • 탑 : 목탑(황룡사 9층 목탑) 제작 → 석탑 제작(익산 미륵사지 석탑, 부여 정림사지 5층 석탑, 경주 분황사 모전 석탑)
남북국 시대	**통일 신라**	• 건축 : 불국사·석굴암(불국토의 이상을 반영), 안압지 • 탑 : 감은사지 3층 석탑·불국사 3층 석탑·양양 진전사지 3층 석탑(이중 기단 위에 3층으로 쌓은 석탑 양식), 불국사 다보탑, 화엄사 4사자 3층 석탑, 승탑(신라 말기, 쌍봉사 철감 선사 승탑) 신라 말기에는 선종이 유행하면서 고승의 사리를 봉안하는 승탑이 많이 만들어졌어.
	발해	• 상경성 조성(당의 장안성 모방), 영광탑(5층 전탑)

기억하라! 유물

발해 영광탑

정림사지 5층 석탑

진전사지 3층 석탑

감은사지 3층 석탑

익산 미륵사지 석탑

불국사 3층 석탑 (석가탑)

다보탑

불국사

쌍봉사 철감 선사 승탑

화엄사 4사자 3층 석탑

분황사 모전 석탑

안압지

핵심주제 04 고대의 문화 교류

중국과의 교류	• **고구려** : 북방 민족, 중국의 남북조와 교류 • **백제** : 중국 남조와 활발히 교류 • **신라** : 고구려 통해 문화 수용
서역과의 교류	• **고구려** : 각저총 벽화의 서역인 그림과 우즈베키스탄 아프라시압 궁전 벽화에서 고구려 사신 그림 발견 • **신라** : 경주에서 서역 유리 제품과 금제 장식 보검 등이 출토
일본과의 교류	• **고구려** : 승려 혜자(쇼토쿠 태자의 스승), 담징(종이와 먹 제조법 전파) • **백제** : 아직기·왕인(한자, 《천자문》·《논어》 전파), 노리사치계(불경·불상을 통한 불교 전파), 오경박사·의박사·역박사 등 파견 • **신라** : 조선술과 제방 쌓는 기술 • **가야** : 철기 문화, 일본 토기에 영향 → 일본 스에키 토기에 영향 • **통일 신라** : 원효, 강수, 설총의 불교와 유교 전파 → 하쿠호 문화 성립에 영향

WHY   고대 문화 교류

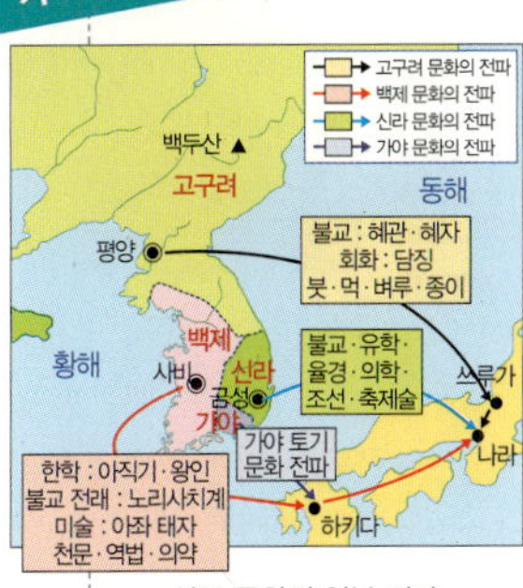

고구려 수산리 고분 벽화

일본 다카마쓰 고분 벽화

두 벽화 속 여인들이 입고 있는 저고리와 치마의 모양이 비슷하여 문화 교류가 있었음을 알 수 있다.

기억하라! 지도

삼국 문화의 일본 전파

상 중 하 22회

01 (가)~(다)에 대한 설명으로 옳은 것을 〈보기〉에서 고른 것은?

〈보기〉
ㄱ. (가) - 무구정광대다라니경이 발견되었다.
ㄴ. (나) - 신라 말기에 유행한 선종의 영향을 받았다.
ㄷ. (다) - 백제의 탑 중에서 유일하게 대리석으로 만든 탑이다.
ㄹ. (다) - (나) - (가)의 순으로 만들어졌다.

① ㄱ, ㄴ   ② ㄱ, ㄷ   ③ ㄴ, ㄷ
④ ㄴ, ㄹ   ⑤ ㄷ, ㄹ

상 중 하 22회

02 (가)에 들어갈 내용으로 옳은 것을 〈보기〉에서 고른 것은?

사이버 유적 답사 보고서
• 주제 : 사신도가 그려진 강서대묘
• 조사 날짜 : 201○○. ○○. ○○
• 조사 방법 : 인터넷 뉴스, 인터넷 백과사전
• 조사 내용

(가)

〈보기〉
ㄱ. 모줄임천장 구조로 되어 있다.
ㄴ. 부여 송국리 유적에서 발견되었다.
ㄷ. 벽에 그려진 사신도는 도교의 영향을 받았다.
ㄹ. 봉분 주위에 12지 신상이 조각된 둘레돌이 있다.

① ㄱ, ㄴ   ② ㄱ, ㄷ   ③ ㄴ, ㄷ
④ ㄴ, ㄹ   ⑤ ㄷ, ㄹ

상 중 하 21회

03 (가), (나)에 들어갈 문화 전파의 내용으로 옳은 것은?

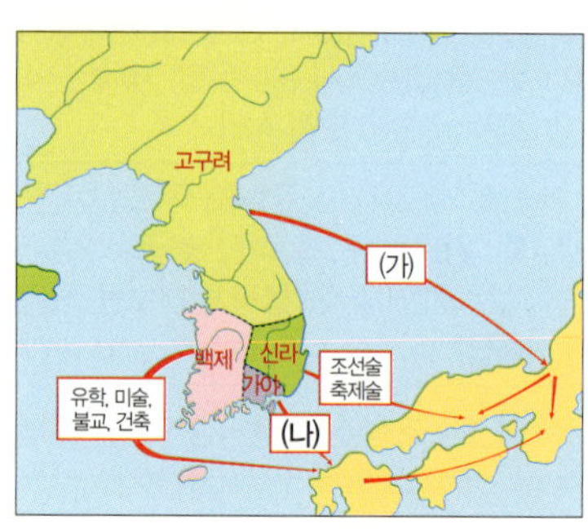

① (가) - 스에키 토기의 제작에 영향을 주었다.
② (가) - 혜자는 쇼토쿠 태자의 스승이 되었다.
③ (나) - 담징은 호류 사의 금당 벽화를 그렸다.
④ (나) - 왕인을 보내 천자문과 논어를 가르쳤다.
⑤ (가), (나) - 일본의 하쿠호 문화 발전에 영향을 주었다.

상 중 하 20회

04 (가)에 들어갈 문화유산으로 옳은 것은?

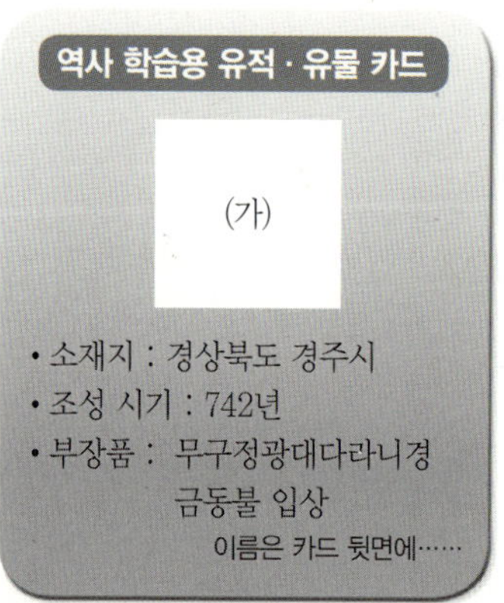

①  ②  ③ 

④  ⑤ 

05 (가)에 들어갈 교육 기관에 대한 설명으로 옳은 것을 〈보기〉에서 고른 것은?

공 고

[(가)]에서 공부할 학생들을 모집합니다.

- 입학 자격 : 대사(大舍, 12관등) 이하부터 관등이 없는 자
- 나이 : 15~30세
- 학업 연한 : 9년
- 유의 사항 : 학문을 더 이상 할 수 없을 정도로 노둔하여 학업에 성취가 없는 자는 퇴학될 수 있음. 아직 학업을 이루지는 못하였지만 재능이 있다고 판단되는 경우는 9년이 넘어도 재학이 허용될 수 있음.

〈보기〉

ㄱ. 대사성이라는 책임자를 두었다.
ㄴ. 논어와 효경을 필수 과목으로 가르쳤다.
ㄷ. 국자학, 태학, 사문학의 유학부가 있었다.
ㄹ. 박사와 조교를 두고 유교 경전을 가르쳤다.

① ㄱ, ㄴ   ② ㄱ, ㄷ   ③ ㄴ, ㄷ
④ ㄴ, ㄹ   ⑤ ㄷ, ㄹ

06 (가) 시기와 관계있는 문화유산으로 옳지 않은 것은?

혁거세	지증왕	법흥왕	진덕왕	무열왕	혜공왕	선덕왕	경순왕
				(가)			
상대				중대		하대	

① 
감은사지 3층 석탑

② 
성덕 대왕 신종

③ 
불국사

④ 
석굴암

⑤ 
분황사 모전 석탑

07 (가)~(다) 고분에 대한 설명으로 옳은 것은?

① (가)는 중국 남조의 영향을 받았다.
② (나)의 천장은 모줄임 구조로 되어 있다.
③ (다)는 고구려가 한강 이남 지역을 차지했음을 보여 준다.
④ (가)와 (나)에는 도교적 요소가 반영되어 있다.
⑤ (나)는 (다)보다 앞선 시기에 만들어졌다.

08 (가)에 해당하는 문화유산으로 옳은 것은?

역 사 신 문   2013년 11월 26일

[(가)]의 복원 공사 착수식 열려

현존하는 최고(最古)의 석탑인 [(가)]이/가 일제 강점기였던 지난 1915년에 콘크리트로 보수된 이후 약 100여 년 만에 다시 제 모습을 찾게 된 것이다. 지난 2009년에 석탑 1층 심주석에서 사리장엄이 발견되어 구체적인 석탑의 건립 시기(639)가 밝혀지기도 했다. 한편, 이번 복원 공사는 오는 2016년까지 마무리될 예정이다.

① 

② 

③ 

④ 

⑤ 

상 중 **하** 17회

09 다음 문화유산에 대한 설명으로 옳은 것은?

① 선종의 영향을 받아 제작되었다.
② 삼국 시대 초기에 주로 제작되었다.
③ 석가모니의 진신사리가 발견되었다.
④ 무구정광대다라니경이 내장되어 있었다.
⑤ 목탑이 석탑으로 변화는 과정을 보여 주고 있다.

상 **중** 하 17회

10 다음 지역에 대한 답사 계획으로 옳은 것을 〈보기〉에서 고른 것은?

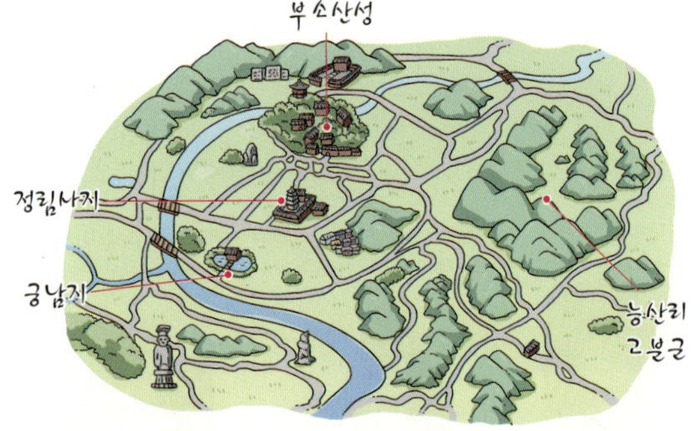

〈보기〉

ㄱ. 백제의 5층 석탑 관람
ㄴ. 남조의 영향을 받은 왕릉 방문
ㄷ. 국보로 지정된 금동 대향로 출토지 방문
ㄹ. 돌무지덧널무덤에서 출토된 금관 관람

① ㄱ, ㄴ　　　② ㄱ, ㄷ　　　③ ㄴ, ㄷ
④ ㄴ, ㄹ　　　⑤ ㄷ, ㄹ

상 중 **하** 16회

11 다음과 관계있는 불교 종파에 대한 설명으로 옳은 것을 〈보기〉에서 고른 것은?

> 도의가 지장의 깊은 뜻을 보고 심인(心印)을 취하여 당에서 돌아와 처음으로 선(禪)을 말하였다. …… 도의와 홍척의 뒤를 이어 혜철 국사, 현욱, 혜소, 도윤, 범일, 무염 등이 중국에서 선을 배우고 돌아왔다. 이들은 진리의 종조(宗祖)로서, 덕(德)이 두터워 중생의 아버지가 되고, 도(道)가 높아 왕의 스승이 되었다.
> – 봉암사 지증 대사비

〈보기〉

ㄱ. 삼국 통일 후 왕권 강화에 기여하였다.
ㄴ. 신라 말기 호족 세력과 연결되기도 하였다.
ㄷ. 지방 각지에 사찰을 세워 선문 9산을 형성하였다.
ㄹ. 의상은 화엄일승법계도로 이 종파를 체계화하였다.

① ㄱ, ㄴ　　　② ㄱ, ㄷ　　　③ ㄴ, ㄷ
④ ㄴ, ㄹ　　　⑤ ㄷ, ㄹ

상 **중** 하 16회

12 밑줄 친 '그'에 대한 설명으로 옳은 것은?

> 그는 우연히 광대들이 춤출 때 사용하는 큰 박을 얻었는데 그 모양이 괴상하였다. 그래서 그 모양에 따라 도구를 만들어 화엄경의 한 구절인 '일체 무애인(無碍人)은 한 번에 생사에서 벗어난다.'라는 구절에서 따 무애(無碍)라 이름 짓고, 노래를 지어 세상에 퍼뜨렸다. 일찍이 이 무애를 가지고 수많은 마을에서 노래하고 춤추며 교화시키고 읊조리며 다녔으니, 가난한 사람들과 산골에 사는 무지몽매한 자들까지도 모두 다 부처의 이름을 알게 되었고 모두들 '나무아미타불'을 부르게 되었으니……
> –《삼국유사》

① 화쟁 사상을 주장하였다.
② 신라의 불교 공인에 기여하였다.
③ 황룡사에 9층탑을 세울 것을 건의하였다.
④ 교관겸수를 주장하며 교·선 통합을 주장하였다.
⑤ 불교 본연의 자세를 확립하자는 결사 운동을 펼쳤다.

13 다음 자료에 나타난 사상과 관련된 설명으로 거리가 **먼** 것은?

도선이 말하기를, "이 땅의 지맥은 북방 백두산 수모 목간(水母木幹)으로부터 내려와서 마두 명당(馬頭名堂)에 떨어졌다. 당신은 또한 수명(水命)이니 마땅히 물의 대수(大數)를 따라서 36구(區)의 집을 지으면 천지의 대수에 부합하여 다음 해에는 반드시 슬기로운 아들을 낳을 것이니, 그에게 왕건이라는 이름을 지어야 한다."라고 하였다. ―《고려사》

① 고구려의 평양 천도에 영향을 주었다.
② 조선의 도읍지 선정에 영향을 주었다.
③ 조선의 산송 문제가 발생하는 원인이었다.
④ 고려 전기에 서경 길지설의 바탕이 되었다.
⑤ 신라 말기에 지방 호족의 성장에 기여하였다.

14 교사의 물음에 대한 설명으로 옳은 것은?

① 의상의 건의로 축조되었어요.
② 선종 사찰에서 발견되었어요.
③ 불국사 3층 석탑의 축조에 영향을 주었어요.
④ 신라의 전제 왕권 강화를 위해 축조되었어요.
⑤ 진골 귀족들의 경제적 지원을 받아 축조되었어요.

15 (가) 나라에서 제작한 유물로 옳은 것은?

3월에 왕이 순행을 하다가 낭성에 이르러서 우륵과 그의 제자 이문이 음악을 잘한다는 말을 듣고 특별히 불렀다. 왕이 하림궁에 머무르며 음악을 연주하게 하였는데, 두 사람이 각각 새로운 노래를 지어 연주하였다. 이보다 앞서 [(가)]의 가실왕이 12줄 현금(弦琴)을 만드니, 그것은 12달의 음률을 본뜬 것이었다. 우륵이 가실왕의 명을 받아 곡을 만들었는데, 나라가 어지러워지자 악기를 가지고 우리에게 귀의하였다. ―《삼국사기》

①  ②  ③ 
④  ⑤ 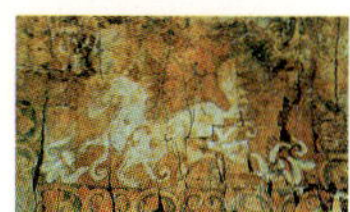

16 다음 자료와 관계된 내용으로 옳은 것을 〈보기〉에서 고른 것은?

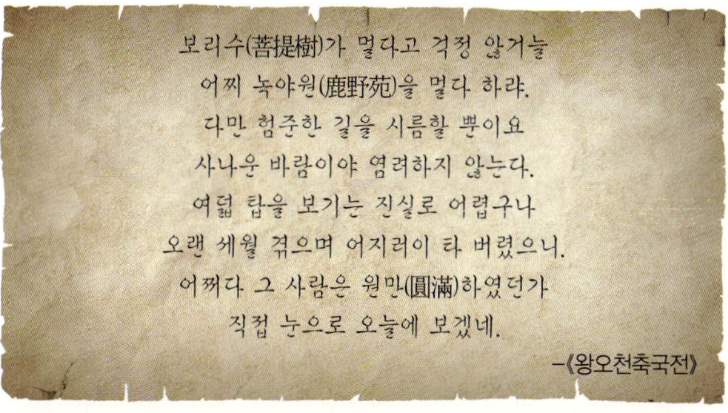

보리수(菩提樹)가 멀다고 걱정 않거늘
어찌 녹야원(鹿野苑)을 멀다 하랴.
다만 험준한 길을 시름할 뿐이요
사나운 바람이야 염려하지 않는다.
여덟 탑을 보기는 진실로 어렵구나
오랜 세월 겪으며 어지러이 타 버렸으니.
어쩌다 그 사람은 원만(圓滿)하였던가
직접 눈으로 오늘에 보겠네.
―《왕오천축국전》

〈보기〉
ㄱ. 작가는 당의 빈공과에 합격하였다.
ㄴ. 일본의 국립 도서관에 보관되어 있다.
ㄷ. 중국 둔황의 천불동 동굴에서 발견했다.
ㄹ. 비단길과 바닷길을 통해 여행한 기록이 남아 있다.

① ㄱ, ㄴ　　② ㄱ, ㄷ　　③ ㄴ, ㄷ
④ ㄴ, ㄹ　　⑤ ㄷ, ㄹ

상 중 **하** 13회

17 지도에 표시된 지역에서 볼 수 있는 문화유산으로 옳지 <u>않은</u> 것은?

① 
② 
③ 
④ 
⑤ 

상 중 **하** 11회

18 (가)에 들어갈 내용으로 가장 적절한 것은?

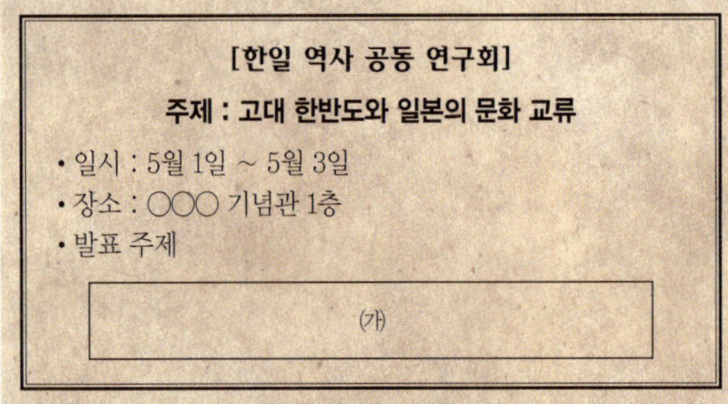

① 빗살무늬 토기의 영향을 받은 조몬 토기
② 가야 토기와 일본 아리타 자기의 비교·분석
③ 경주 고분에서 출토된 황금 장식 보검의 양식 분석
④ 다카마쓰와 수산리의 고분 벽화에 그려진 복식 비교
⑤ 전방후원분이 고구려 영역에서 집중적으로 발견되는 이유

상 중 **하** 12회

19 (가), (나) 인물에 대한 설명으로 옳은 것을 〈보기〉에서 고른 것은?

〈보기〉

ㄱ. (가) – 정혜쌍수를 주장하였다.
ㄴ. (가) – 아미타 신앙을 전파하였다.
ㄷ. (나) – 부석사 등 여러 사원을 세웠다.
ㄹ. (나) – 십문화쟁론을 저술하였다.

① ㄱ, ㄴ　　② ㄱ, ㄷ　　③ ㄴ, ㄷ
④ ㄴ, ㄹ　　⑤ ㄷ, ㄹ

상 중 **하** 11회

20 (가), (나), (다)에 대한 설명으로 옳은 것은?

① (가)는 당의 영향을 받은 고구려 불상이다.
② (나)를 통해 도교 사상이 널리 퍼져 있었음을 알 수 있다.
③ (다)에서 금제 사리 항아리가 발견되었다.
④ (가)가 (다)보다 앞선 시기에 만들어졌다.
⑤ (가), (나)는 현재 일본 박물관에 소장되어 있다.

21 (가)에 들어갈 고분에 대한 설명으로 옳은 것은?

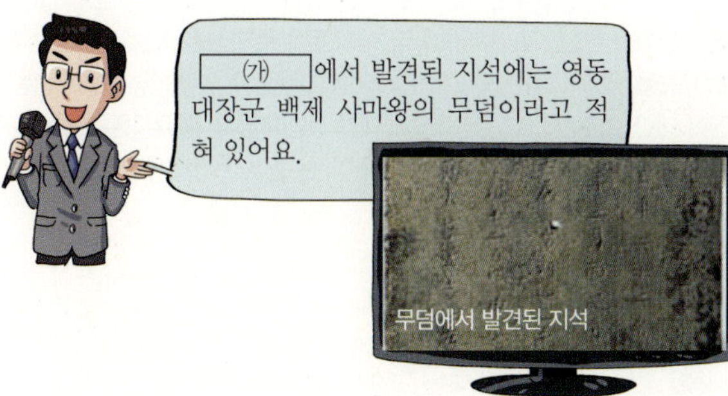

① 돌사자상이 발견되었다.
② 벽에 사신도가 그려져 있다.
③ 천장에 별자리를 새긴 흔적이 남아 있다.
④ 웅진 천도 후에 만들어진 백제의 무덤이다.
⑤ 고구려와 당의 양식이 결합된 벽돌무덤이다.

22 그림과 같은 양식의 신라 무덤에서 발견된 문화유산으로 옳은 것은?

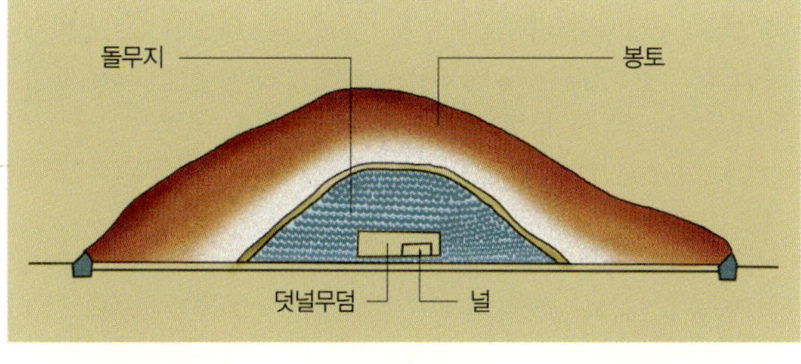

 ①
 ②
 ③

 ④
 ⑤

23 다음 글의 내용과 관련된 인물에 대한 설명으로 옳은 것은?

> 중생들이 …… 비처럼 흩뿌리고 쓸데없는 공론이 구름처럼 흩어졌다. 어떤 사람은 내가 옳고 다른 사람이 그르다 하였으며, 어떤 사람은 내가 그렇고 다른 사람이 그렇지 않다 하여, 말이 한도 끝도 없게 되었다. …… 융통하여 서술하고는 그 이름을 '십문화쟁론'이라 하였다.
>
> – 서당화상 비문

① 관세음보살에 의한 고난 구제를 강조하였다.
② 정토 신앙을 전파하며 불교의 대중화에 힘썼다.
③ 해동 화엄종을 창시하여 많은 제자를 양성하였다.
④ 인도와 서역을 순례한 후 왕오천축국전을 남겼다.
⑤ 교리보다 참선의 수행을 통한 깨달음을 중시하였다.

24 밑줄 친 '이 절'에 대한 설명으로 옳은 것을 〈보기〉에서 고른 것은?

> 이 절은 높은 축대를 쌓아 속세와 불국을 구분하고, 서른세 개의 계단을 통해 불국의 세계에 이를 수 있도록 했다. 석축 위의 경내는 크게 세 부분으로 구분된다. 대웅전을 중심으로 한 영역은 석가모니불이 관장하는 사바 세계, 극락전이 있는 곳은 아미타불이 있는 서방의 극락 세계를 의미하며, 비로자나불을 모신 연화장 세계는 대웅전 영역 뒤편에 위치하고 있다.

〈보기〉

ㄱ. 지방 호족들의 경제적 지원으로 세웠다.
ㄴ. 석가탑에서 무구정광대다라니경이 발견되었다.
ㄷ. 고려 시대 몽골의 침입으로 소실되었다가 복원되었다.
ㄹ. 삼국유사에는 석굴암을 세운 인물이 세웠다고 기록되어 있다.

① ㄱ, ㄴ　　　② ㄱ, ㄷ　　　③ ㄴ, ㄷ
④ ㄴ, ㄹ　　　⑤ ㄷ, ㄹ

1. ① 2. ② 3. ② 4. ⑤ 5. ④ 6. ⑤ 7. ④ 8 ② 9. ① 10 ②
11. ③ 12. ① 13. ① 14. ② 15. ② 16. ⑤ 17. ② 18. ④ 19. ③
20. ③ 21. ④ 22. ⑤ 23. ② 24. ④

1. ① 바로 정리 : 삼국 시대의 탑과 승탑

(가)는 불국사 3층 석탑(통일 신라), (나)는 쌍봉사 철감 선사 승탑(신라 말기), (다)는 정림사지 5층 석탑(백제)이다. 불국사 3층 석탑(석가탑)에서 발견된 무구정광대다라니경은 세계에서 현존하는 가장 오래된 목판 인쇄물이며, 승탑은 선종이 크게 유행한 신라 말기에 승려들의 사리를 봉안하기 위해 많이 지어졌다. 아하! ㄷ. 정림사지 5층 석탑의 재료는 화강암 ㄹ. (다)-(가)-(나)순으로 제작

2. ② 바로 정리 : 고구려 강서대묘의 특징

사신도가 그려진 강서대묘는 6~7세기경에 지어진 것으로 추정되는 고구려의 무덤이다. 굴식 돌방무덤 양식으로 지어진 무덤의 벽에는 벽화가 그려져 있고 천장은 모줄임 구조로 되어 있다. 벽화로 그려진 사신도는 남벽의 주작, 동벽의 청룡, 서벽의 백호, 북벽의 현무를 가리킨다. 아하! ㄴ. 평안남도 강서군에서 발견 ㄹ. 통일 신라의 무덤 양식

3. ② 바로 정리 : 삼국 문화의 일본 전파

삼국과 가야는 왜에 선진 문화를 전해 주어 일본 고대 문화의 형성과 발전에 큰 영향을 미쳤다. 지도의 (가), (나)에는 각각 고구려와 가야에서 왜로 전파된 문화의 내용이 들어가야 한다. 고구려의 담징은 호류 사 금당 벽화를 남겼고, 승려 혜자는 쇼토쿠 태자의 스승이 되기도 했다. 가야는 토기 제작 기술을 전하여 스에키 토기에 영향을 주었다. 아하! ① 가야 ③ 고구려 ④ 백제 ⑤ 통일 신라

4. ⑤ 바로 정리 : 불국사 3층 석탑의 특징

통일 신라 때 지어진 불국사 3층 석탑(석가탑)은 통일 신라 석탑의 전형을 보여 주는 탑이다. 탑에서는 현존하는 세계 최고(最古)의 목판 인쇄물인 무구정광대다라니경과 금동불 입상이 발견되었다. 아하! ① 다보탑 ② 안동 조탑리 5층 전탑 ③ 정림사지 5층 석탑 ④ 분황사 모전 석탑

5. ④ 바로 정리 : 국학의 성격과 운영상의 특징

자료는 《삼국사기》에 기록된 국학에 대한 내용을 바탕으로 만든 가상의 공고문이다. 국학은 신문왕이 만든 유학 교육 기관이었으며, 원성왕 때 시행된 독서삼품과는 국학 학생들의 유교 경전 독해 능력을 시험하여 등급을 나눈 관리 등용 제도였다. 아하! ㄱ. 성균관 ㄷ. 국자감

6. ⑤ 바로 정리 : 신라 중대의 문화유산

연표의 (가) 시기는 신라 중대이다. 이 시기에는 불교가 발달하면서 불교 문화도 크게 발달했다. 불국사, 석굴암, 불국사 3층 석탑(석가탑), 감은사지 3층 석탑, 성덕 대왕 신종 등이 대표적인 문화유산이다. 아하! ⑤ 선덕 여왕 재위 기간 중에 만든 탑이므로 (가)시기 전에 해당된다.

7. ④ 바로 정리 : 삼국 시대 고분의 특징

(가)는 고구려 강서대묘의 현무도, (나)는 백제 웅진 시기의 무령왕릉 내부, (다)는 백제 한성 시기의 석촌동 돌무지무덤이다. (가)는 굴식 돌방무덤 형식으로, 천장은 모줄임 구조로 되어 있으며 돌방의 벽에는 사신도가 그려져 있다. (나)는 중국 남조의 영향을 받은 벽돌무덤이다. 특히 (가)의 사신도와 (나)에서 발견된 돌짐승과 매지권(토지신에게 돈을 주고 능을 조성할 땅을 산다는 내용을 담고 있음)은 도교 사상의 영향으로 볼 수 있다. 아하! ① 무령왕릉에 대한 설명이다. ② 강서대묘에 대한 설명이다. ③ 충주(중원) 고구려비에 대한 설명이다. ⑤ (나)는 웅진 시기 (다)는 한성 시기의 유산이므로, (다)가 먼저 만들어졌다.

8. ② 바로 정리 : 백제 미륵사지 석탑의 특징

신문 내용 중 '현존하는 최고의 석탑, 일제 강점기에 콘크리트로 보수' 등의 내용을 통해 (가)에 들어갈 내용은 전북 익산의 미륵사지 석탑임을 알 수 있다. 현재 해체되어 복원 공사가 진행 중이다. 아하! ① 쌍봉사 철감 선사 승탑 ③ 불국사 3층 석탑 ④ 다보탑 ⑤ 분황사 모전 석탑

9. ① 바로 정리 : 신라 승탑의 제작 배경

사진은 전남 화순에 있는 쌍봉사 철감 선사 승탑이다. 신라 말기 선종이 크게 유행하면서 승려들의 사리를 봉안하는 승탑이 유행했다. 아하! ② 신라 말기에 유행 ③ 승려들의 사리를 봉안 ④ 불국사 3층 석탑 ⑤ 미륵사지 석탑

10. ② 바로 정리 : 부여에서 볼 수 있는 백제의 유적과 유물

지도의 '부소산성, 정림사지, 궁남지' 등의 지명을 통해 충남 부여 지역임을 알 수 있다. 부여는 6세기 이후 백제의 수도였던 사비 지역이다. 이곳에서는 정림사지 5층 석탑, 낙화암 등을 볼 수 있으며 백제 금동 대향로가 발견된 곳도 부여의 능산리 절터이다. 아하! ㄴ. 공주의 무령왕릉 ㄹ. 경주의 금관총

11. ③ 바로 정리 : 선종의 특징

사료의 내용 중 '도의, 선' 등의 내용을 통해 신라 말기에 유행한 선종과 관계있음을 알 수 있다. 선종은 신라 말기에 크게 유행했으며 참선 수행의 실천을 통하여 얻는 깨달음을 중시했다. 선종 승려들은 신라 말기 지방 호족 세력의 적극적인 후원을 받아 9산 선문을 이루었고, 6두품 출신의 유학자들과 함께 개혁 사상의 기반을 형성했다. 아하! ㄱ, ㄹ은 교종

12. ① 바로 정리 : 원효의 사상과 활동

사료에 나타난 무애 사상과 아미타 신앙의 내용을 통해 '그'는 신라의 승려 원효임을 알 수 있다. 원효는 불교의 대중화를 위해 노력했으며 모든 것이 한마음에서 나온다는 일심 사상을 바탕으로 다른 종파와의 사상적 대립을 완화하고자 화쟁 사상을 주장했다. 아하! ② 이차돈 ③ 자장 ④ 의천 ⑤ 지눌, 요세

13. ① 바로 정리 : 풍수지리설의 영향

사료에 나타난 '도선, 명당'을 통해 풍수지리설과 관계있음을 알 수 있다. 신라 말기 도선 등의 선종 승려들이 중국으로부터 받아들인 것으로 자연 지형을 살펴 수도나 택지, 묘지 등을 선정하는 인문 지리학이다. 신라 말기 호족 세력의 근거지 마련에 영향을 주었을 뿐만 아니라 고려의 서경 길지설, 조선의 도읍지 선정 등에도 영향을 주었다. 특히 조선 시대에는 묘지를 두고 갈등이 생겨 산송이 빈번하게 일어나기도 했다. 아하! ① 풍수지리설이 도입되

기 전의 사실이다.

14. ② 바로 정리 : **진전사지 3층 석탑의 특징**
사진은 강원도 양양 진전사지 3층 석탑이다. 진전사는 통일 신라(8세기 말경) 때 지어진 선종 사찰로 선종을 도입한 도의가 머물렀던 곳이다. 진전사지 3층 석탑은 기단과 탑신에 새긴 부조가 특징적이다. 아하! ① 도의 선사로 알려져 있다. ③ 불국사 3층 석탑(석가탑)보다 늦은 시기에 축조되었다. ④, ⑤ 선종계의 사찰에서 발견된 탑으로서 왕권 강화나 귀족들의 지원과는 관계없다.

15. ② 바로 정리 : **가야의 유물**
사료에 나타난 상황은 진흥왕이 대가야를 정복한 후 우륵의 음악적 명성을 듣고 불러서 연주하게 한 장면이다. 사료에서 '우륵, 12줄 현금' 등을 통해 (가)에 들어갈 나라는 가야임을 알 수 있다. 가야의 유적지에서는 금동관, 수레 토기, 철제 갑옷 등이 발견되었다. 아하! ① 발해의 돌사자상 ③ 고구려의 금동 연가 7년명 여래 입상 ④ 신라의 호우명 그릇 ⑤ 신라의 천마도

16. ⑤ 바로 정리 : **혜초의 활동과 《왕오천축국전》**
자료는 신라의 승려 혜초가 저술한 《왕오천축국전》에 기록된 내용으로, 혜초가 바닷길을 통해 인도에 도착한 뒤 얼마 지나지 않아 파라나사국에 이르렀을 때, 구도 여행의 바람이 충족된 것을 기뻐하여 지은 시이다. 《왕오천축국전》은 중국 둔황의 천불동 석굴에서 발견되었고, 현재 파리 국립 도서관에 소장되어 있다. 아하! ㄱ. 최치원 등의 유학자 ㄴ. 파리 국립 도서관에 소장

17. ② 바로 정리 : **경주 지역의 문화유산**
지도에 표시된 지역은 신라의 수도였던 경주이다. 경주에는 남산과 토함산을 중심으로 삼국 시대부터 남북국 시대의 왕릉이나 불교와 관련된 신라의 유물·유적이 많이 남아 있다. ① 안압지 ③, ④ 경주 남산의 배동 삼존 석불 입상과 용장사곡 3층 석탑 ⑤ 포석정 아하! ② 백제의 서산 마애 여래 삼존불 입상

18. ④ 바로 정리 : **고대 한반도와 일본의 문화 교류**
(가)에는 고구려 수산리 고분 벽화와 일본 다카마쓰 고분 벽화처럼 고대 한반도와 일본의 문화 교류 내용이 포함되어야 한다. 한반도의 문화는 일본의 청동기 문화부터 아스카 문화, 하쿠호 문화에 이르기까지 영향을 미쳤다. 아하! ① 조몬 토기는 일본의 독자적인 신석기 시대 토기 ② 아리타 자기는 조선의 영향을 받음 ③ 서역의 영향 ⑤ 전방후원분은 한반도 남부 지역 일부에서 주로 발견

19. ③ 바로 정리 : **원효와 의상의 사상과 활동**
그림 속 인물들의 대사를 통해 (가)는 일심 사상을 주장한 원효, (나)는 《화엄일승법계도》를 편찬한 의상임을 알 수 있다. 원효는 아미타 신앙을 통해서 불교의 대중화를 위해 노력했고, 의상은 화엄 사상을 정립하고 부석사를 비롯한 여러 사원을 세웠다. 아하! ㄱ. 지눌 ㄹ. 원효

20. ③ 바로 정리 : **삼국 시대의 유적·유물**
(가)는 발해의 이불 병좌상, (나)는 신라의 임신서기석, (다)는 백제의 미륵사지 석탑이다. (나)에는 두 청년의 충성과 유교 경전 학습에 힘쓸 것을 맹세한 내용이 기록되어 있고, (다)를 해체 복원하는 과정에서 탑 창건 내력을 밝혀 주는 금제 사리 항아리가 발견되었다. 아하! ① 발해 불상 ② 유교와 관련 ④ (다)-(가) 순으로 제작 ⑤ (가)는 일본 도쿄 박물관, (나)는 경주 박물관에 보관

21. ④ 바로 정리 : **무령왕릉의 특징**
'영동대장군 백제 사마왕'에서 사마는 백제 무령왕의 본명이고, 영동대장군은 무령왕이 521년에 중국 양나라의 무제로부터 받은 직책이었다. 따라서 (가)에 들어갈 말은 무령왕릉이다. 무령왕릉은 웅진 시기에 남조의 영향을 받은 벽돌무덤이다. 아하! ① 발해의 정혜 공주 묘 ② 굴식 돌방무덤 형식의 고분 ③ 고구려의 고분 ⑤ 중국 남조의 영향

22. ⑤ 바로 정리 : **돌무지덧널무덤에서 출토된 문화유산**
그림은 신라의 돌무지덧널무덤 양식을 그린 것으로 천마총, 금령총, 금관총 등에 사용된 축조 양식이다. 이 양식으로 지은 천마총에서는 천마도, 금령총에서는 기마 인물형 토기, 금관총에서는 금관 등이 발견되었다. 아하! ①, ② 백제 무령왕릉 출토 ③ 가야 고령 지산동 고분 출토 ④ 고구려 강서대묘의 벽화

23. ② 바로 정리 : **원효의 활동**
원효는 일심 사상을 바탕으로 화쟁 사상을 주장하고 《십문화쟁론》을 지어 여러 종파의 사상적 대립을 무너뜨렸다. 또 아미타 신앙(정토 신앙)을 직접 전하며 불교의 대중화를 위해 노력했다. 아하! ①, ③ 의상 ④ 혜초 ⑤ 신라 말기의 선종 승려들

24. ④ 바로 정리 : **불국사의 특징**
자료의 내용을 통해 '이 절'은 불국사임을 알 수 있다. 불국사는 불국토의 이상을 현실에 구현한 사찰로서, 이 절의 불국사 3층 석탑(석가탑)에서 무구정광대다라니경이 발견되었다. 《삼국유사》에는 김대성이 불국사와 석굴암을 세웠다고 전해진다. 아하! ㄱ. 왕실과 귀족의 지원을 받았다. ㄷ. 불국사는 임진왜란 때 소실 피해를 입었다.

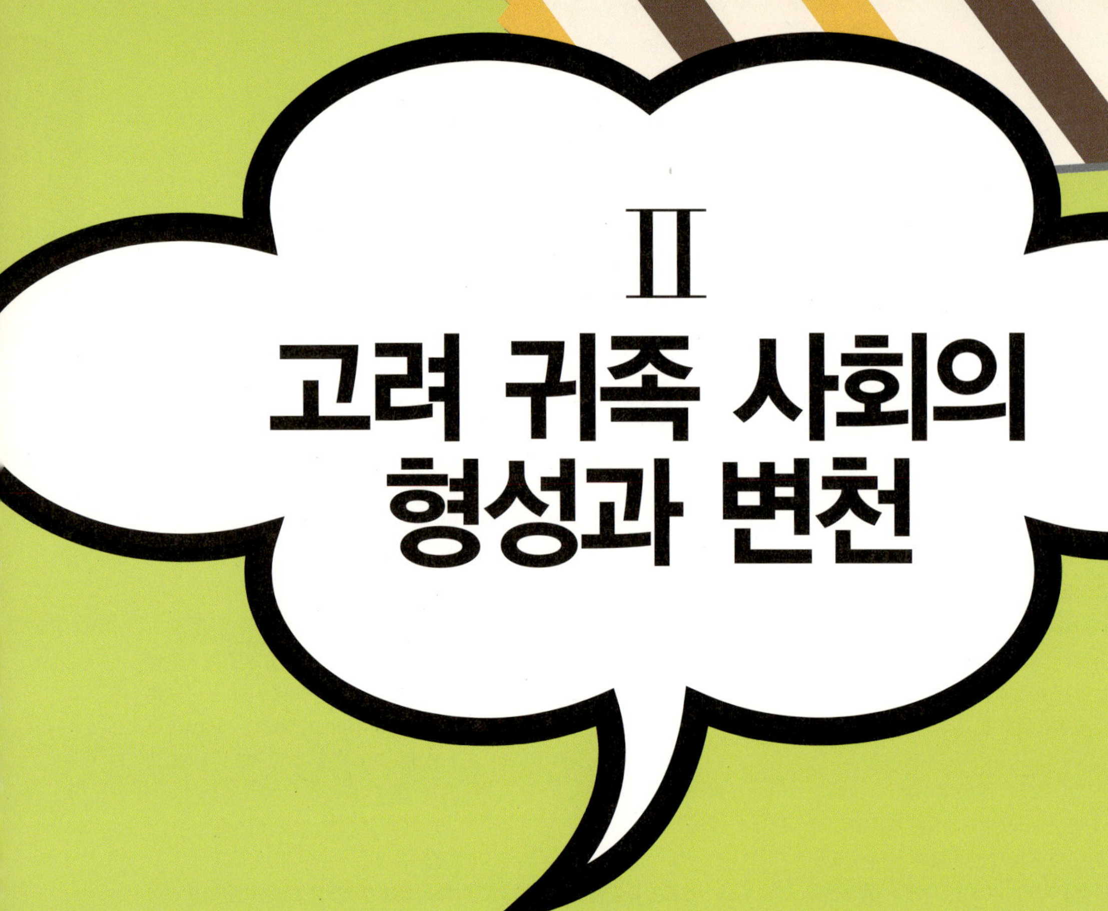

출제 위원 생생 리얼 합격 코칭 100%

고려의 정치, 경제, 사회	**합격 코칭 8**	광종의 노비안검법 등 왕권 강화 정책, 성종의 시무 28조와 관련된 정책, 특히 지방관을 파견한 사실 등이 자주 출제된다. 이자겸의 난과 묘청의 서경 천도 운동 관련 내용, 사료 등도 꼭 공부하자.
	합격 코칭 9	고려가 확보한 영토의 명칭과 위치를 묻는 문제, 원 간섭기에 나타난 특징, 공민왕의 개혁 정치를 묻는 문제가 자주 출제된다. 사료, 지도 등의 자료를 꼭 살펴보자.
	합격 코칭 10	고려의 기틀을 만든 태조, 광종, 성종의 정책과 통치 체제에 대한 문제는 꼭 나온다. 중앙 정치 제도, 과거제와 음서제에 대해 공부하자.
	합격 코칭 11	경제에서는 전시과 제도의 변화 양상과 상업과 수공업의 특징이 조선과 다른 점, 화폐의 주조 시기와 이름 등이 자주 출제되고, 사회에서는 여성의 지위와 가족 제도, 하층민의 봉기 등을 묻는 문제가 자주 출제된다. 종교에서는 의천과 지눌의 사상, 도교의 영향에 대해 공부하자.
고려의 문화	**합격 코칭 12**	도자기 제작 흐름을 묻는 문제, 고려의 불상이나 석탑을 고르는 문제 역시 자주 출제되고 있다. 고려의 불상은 정형화되지 않은 개성적인 모습이 엿보이고, 석탑은 다각 다층 석탑이 많다. 이러한 원리를 이해한 뒤에 고려 유물 사진을 기억하자.

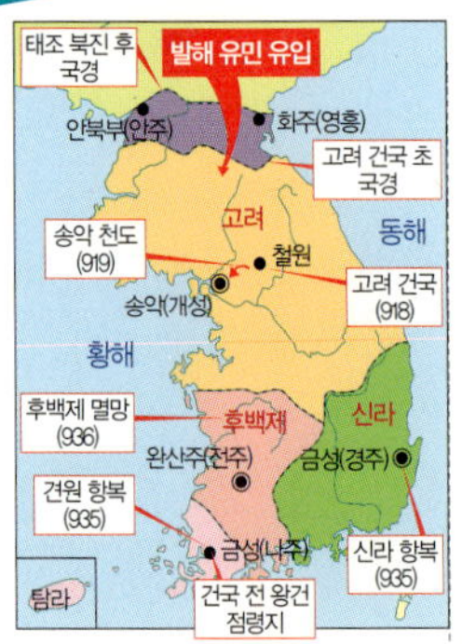

고려의 후삼국 통일

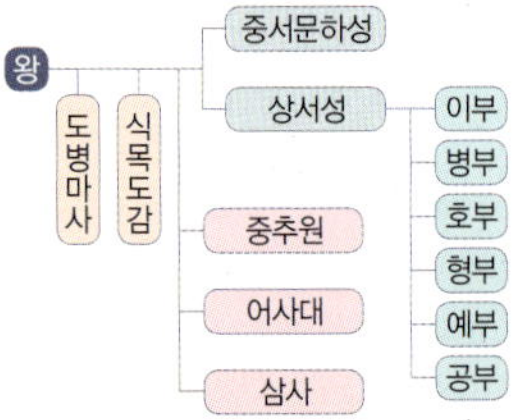

고려의 중앙 관제

고려의 지방 행정 구역

핵심주제 01 고려의 건국과 후삼국 통일

건국	왕건, 궁예의 부하로 들어감 → 궁예의 실정 → 왕건, 왕으로 추대됨 → 고려 건국(918, 송악)
후삼국 통일	발해 멸망(926) 후 유민 포용 → 신라 경순왕의 항복(935) → 후백제 지배층의 내분으로 견훤이 고려에 귀순 → 후백제군 격파 → 후삼국 통일(936)

핵심주제 02 통치 체제의 정비

(1) 통치 기반의 마련

태조	• 민생 안정책 : 지나친 조세 수취 금지, 빈민 구제(흑창 설치) • 호족 융합 노력 : 포용 정책(호족의 딸과 정략결혼, 관직과 토지·성씨 하사), 견제 정책(기인 제도, 사심관 제도) • 북진 정책 : 고구려 계승 의식, 서경(평양) 중시, 청천강~영흥만까지 영토 확장, 거란 배척 • 《정계》, 《계백료서》, 훈요 10조 남김 • 연등회, 팔관회 중시
광종	• 노비안검법 : 공신과 호족의 경제·군사적 기반 약화, 국가 재정의 확보 • 과거제 : 쌍기의 건의 수용, 유교적 소양과 능력을 갖춘 관리를 등용해 신구 세력 교체 목적 • 호족 숙청, 공복 제정(관리 기강 확립 목적), 칭제 건원(준풍, 광덕 등)
성종	• 최승로의 시무 28조 수용 : 유교 정치 이념을 바탕으로 한 중앙 집권적 통치 체제 정비 • 2성 6부의 중앙 관제 수립, 12목에 지방관 파견, 향리 제도 실시, 불교 행사 억제 • 국자감과 과거제 정비, 지방에 경학박사와 의학박사 파견

(2) 중앙 정치 제도 : 당의 3성 6부제 수용 → 고려의 실정에 맞게 2성 6부제 운영

중앙 정치 기구	• 중서문하성 : 국가 정책 결정, 문하시중이 국정 총괄, 재신과 낭사로 구성 • 상서성 : 6부를 관리하며 정책 집행 • 삼사 : 화폐·곡식에 대한 회계 및 재정 담당 • 중추원 : 군사 기밀과 왕명 출납, 궁궐의 숙위 담당, 추밀과 승선으로 구성 • 어사대 : 관리들의 비리 감찰
대간 운영	중서문하성의 낭사와 어사대의 관원으로 구성, 간쟁·봉박·서경 → 정치 운영의 견제와 균형 도모
귀족 회의 (재추 회의)	• 재신(중서문하성의 고관)과 추밀(중추원의 고관)의 합의제 • 도병마사(국방과 군사 문제 논의), 식목도감(국내 정치에 관련된 법률과 시행 규칙 논의)

(3) 지방 행정 제도 : 12목 설치, 지방관 파견(성종) → 경기와 5도·양계로 정비(현종)

5도	일반 행정 구역, 안찰사 파견, 도 아래 주·부·군·현과 향·부곡·소 설치
양계	군사 행정 구역, 병마사 파견, 국방상 요충지에 진 설치
주현·속현	• 주현(지방관 파견), 속현(지방관 파견하지 않음)과 향·부곡·소는 향리가 행정 담당 • 주현보다 속현의 수가 더 많음 → 불완전한 지방 통치

(4) 군역 제도와 군사 조직

중앙군	2군(국왕 친위 부대), 6위(수도·국경 방어) → 대부분 직업 군인(군인전 지급, 역 세습)
지방군	주현군(5도에 주둔), 주진군(양계에 주둔), 16~60세의 양인 장정으로 조직

(5) 관리 등용과 교육 제도

관리 등용	과거	문과(제술과·명경과), 잡과, 승과
	음서	공신·종실·5품 이상 고위 관리의 자손에게는 과거를 거치지 않고 관직을 줌
교육		개경에 국자감, 지방에 향교 설치

 핵심주제 03 문벌 귀족 사회의 성립과 동요

(1) 문벌 귀족 사회의 성립

문벌 귀족	호족 출신, 6두품 계열 유학자들이 귀족 신분 형성 → 여러 대에 걸쳐 높은 관직과 권력 독점
성격	과거·음서를 통한 관직 독점, 과전·공음전을 통한 대토지 소유, 왕실 또는 귀족과 중첩된 혼인 관계 → 사회적 모순과 갈등 발생

(2) 문벌 귀족 사회의 동요

① 이자겸의 난(1126)

원인	이자겸(경원 이씨)의 권력 독점 → 인종과 측근 세력이 이자겸 축출 시도
전개	이자겸이 척준경과 난을 일으켜 권력 장악 → 난 진압 → 중앙 지배층의 분열 심화

② 묘청의 서경 천도 운동(1135)

배경	• 인종의 정치 개혁 추진, 서경 세력과 개경 세력의 대립 • 서경 세력 : 묘청·정지상 등, 풍수지리설, 전통 사상, 고구려 계승 의식, 칭제 건원과 금국 정벌 주장 • 개경 세력 : 김부식, 유교 사상 기반, 사대 정책, 신라 계승 의식, 유교 이론을 통한 사회 질서 확립 추구
경과	인종, 서경에 궁궐 건설 → 김부식(개경 세력)의 천도 반대 → 묘청(서경 세력)의 반란 : 국호 '대위', 연호 '천개'로 정함 → 김부식 측 관군에게 진압됨
성격	문벌 귀족 사회 분열, 지역 세력 간 대립, 풍수지리설이 결부된 자주적 전통 사상과 사대적 유교 정치사상의 충돌, 고구려 계승 이념에 대한 갈등

 핵심주제 04 송·거란·여진과의 관계

(1) 거란의 침입과 격퇴

1차 침입	서희의 외교 담판 → 강동 6주 획득
2차 침입	강조의 정변을 구실로 침략(개경 함락) → 철수(양규 활약)
3차 침입	강감찬이 격퇴(귀주 대첩)

→
• 고려·송·거란, 세력 균형 유지
• 개경의 나성 축조
• 천리장성(압록강~도련포)

(2) 여진과의 관계

윤관의 여진 정벌	12세기 초 여진족의 부족 통일 → 고려와 충돌, 고려군 패배 → 윤관의 건의로 별무반 조직 → 여진 정벌, 동북 9성 축조 → 여진의 요청에 따라 반환
여진의 성장	만주 일대 장악, 금 건국(1115) → 거란 정복 → 고려에 군신 관계 요구 → 이자겸, 정권 유지를 위해 금의 요구 수용

핵심주제 05 무신 정변과 무신 정권의 수립

(1) 무신 정변과 무신 정권의 전개

배경	이자겸의 난 이후 드러난 문벌 귀족 지배 체제의 모순, 의종의 실정, 무신에 대한 차별 대우, 하급 군인들의 불만 고조
과정	정중부·이의방 등 무신들이 의종의 보현원 행차를 계기로 봉기(1170) → 다수의 문신 제거, 의종 폐위 후 명종 옹립, 중방을 중심으로 권력 행사, 주요 관직 독점 → 무신들 간의 권력 투쟁(이의방 → 정중부 → 경대승 → 이의민)
저항 운동	김보당, 조위총 : 무신 정변에 반발

(2) 최씨 무신 정권

최충헌	이의민을 몰아내고 권력 장악(봉사 10조 제시), 교정도감 설치(최고 권력 기구), 도방 확대
최우	정방 설치(인사권 장악), 삼별초 조직, 서방 설치(문신 등용), 강화 천도(몽골에 저항)

기억하라! 사료

서경 전역을 역대의 사가들은 다만 왕사가 반적을 친 전역으로 알았을 뿐이었으나 이는 근시안의 관찰이다. …… 이 전역에서 묘청 등이 패하고 김부식 등이 승리하였으므로 조선사가 사대적·보수적·속박적 사상, 즉 유교 사상에 정복되고 말았스니와 만일 이와 반대로 김부식 등이 패하고 묘청 등이 승리하였더라면 조선사가 독립적·진취적 방향으로 진전하였을 것이니, 이 전역을 어찌 조선 역사상 1천 년래 제일 큰 사건이라 하지 아니하랴.

— 신채호, 《조선사연구초》

기억하라! 지도

거란의 침입과 강동 6주

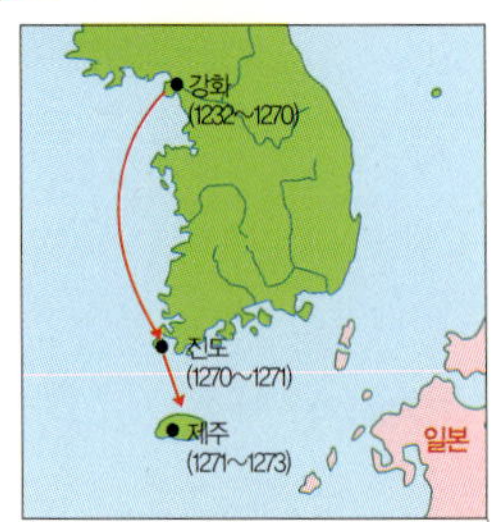

삼별초의 저항

핵심주제 06 몽골의 침입과 원의 내정 간섭

(1) 몽골의 침략과 항쟁

몽골의 침입	• 원인 : 고려에 온 몽골 사신 저고여의 피살을 구실로 침입 • 정부의 대응 : 최씨 정권의 장기 항전을 위한 강화 천도
대몽 항쟁	처인성 전투(김윤후와 부곡민들이 몽골 장수 살리타 사살), 충주성 전투(노비를 중심으로 몽골에 저항)
삼별초의 저항	배중손의 지휘 아래 강화도, 진도, 제주도(김통정)로 옮기며 저항 → 여몽 연합군에 의해 진압
영향	문화재 소실(황룡사 9층 목탑, 초조대장경 등), 국토 황폐화

(2) 원의 내정 간섭

부마국으로 전락	원의 승인을 받아 왕위 계승, 고려 왕은 원의 공주와 결혼, 왕실 호칭·관청 명칭 격하
내정 간섭	다루가치(감찰관) 파견, 정동행성(내정 간섭 기구) 유지, 만호부 설치(군사 조직에 영향)
영토 강탈	쌍성총관부(철령), 동녕부(서경), 탐라총관부(제주) 설치
일본 원정 동원	2차례 동원되었으나 실패, 정동행성 유지(내정 간섭)
수탈	공녀 차출, 특산물(금·은, 베, 인삼, 약재) 징발, 응방 설치(매 징발)
영향	고려에 몽골풍 유행, 원의 지배층에 고려양(고려의 풍속) 전래

(3) 권문세족의 권력 독점

등장	원 간섭기에 원의 세력을 배경으로 등장 → 친원적 성향
특권	음서를 통해 관직 진출, 도평의사사 장악, 대농장 차지

공민왕의 영토 회복

핵심주제 07 공민왕의 개혁 정치와 신진 사대부의 성장

(1) 공민왕의 개혁 정치 : 원·명 교체기 이용

반원 자주 정책	기철 등 친원 세력 숙청, 정동행성 폐지, 왕실 호칭·관제 복구, 쌍성총관부 탈환(철령 이북 영토 회복), 몽골풍 금지
왕권 강화 정책	정방 폐지, 신진 사대부 등용, 전민변정도감 설치(권문세족이 불법적으로 빼앗은 토지를 본래 주인에게 돌려주고, 강제로 노비가 된 사람을 양민으로 해방)

(2) 신진 사대부와 신흥 무인 세력의 성장

① 신진 사대부의 성장

성장	지방 향리 출신 → 과거를 통한 중앙 진출, 성리학 수용 → 이색, 정몽주, 정도전 등 등장
활동	권문세족과 정치적으로 대립, 불교의 부패와 문제점 비판, 유교의 원리에 따라 국가 운영 주장
분열	온건 개혁파(고려를 유지한 채 개혁 요구), 급진 개혁파(고려를 부정하며 역성혁명 요구)

② 신흥 무인 세력의 성장

배경	14세기 한족 농민 반란군인 홍건적 봉기 → 일부가 고려에 침입, 해안 지역에 왜구의 노략질 증가
성장	최영, 이성계 등이 홍건적과 왜구를 여러 차례 격퇴 → 고려 정치의 중심 세력으로 성장

(3) 고려의 멸망

전개	우왕과 최영의 요동 정벌 추진 → 이성계의 위화도 회군(1388) 단행 후 정치·군사적 권력 장악, 최영 제거 → 우왕과 창왕의 연이은 폐위 → 공양왕 추대 → 급진 개혁파 사대부와 연합하여 개혁 추진 → 과전법 실시(1391) → 정몽주 등 온건 개혁파 사대부 제거 → 이성계의 국왕 추대 → 조선 건국(1392)

이성계의 위화도 회군

핵심주제 08 전시과 제도

(1) 역분전 : 후삼국 통일 이후 태조가 공신들에게 지급
(2) 전시과 : 관직 복무 대가로 토지 지급, 전지와 시지를 지급(수조권 행사)

구분	시기	지급 기준	지급 대상
시정 전시과	경종(976)	관직의 고하와 인품 반영	전·현직 관료
개정 전시과	목종(998)	관직만 기준으로 18등급 구분, 지급량 조정	전·현직 관료
경정 전시과	문종(1076)	관직만 기준으로 18등급 구분, 시지 지급량 대폭 감소	현직 관료

(3) 붕괴 : 문벌 귀족의 대토지 확대로 지급할 토지 감소 → 무신 정변 후 심화 → 고려 말에 국가 재정 파탄

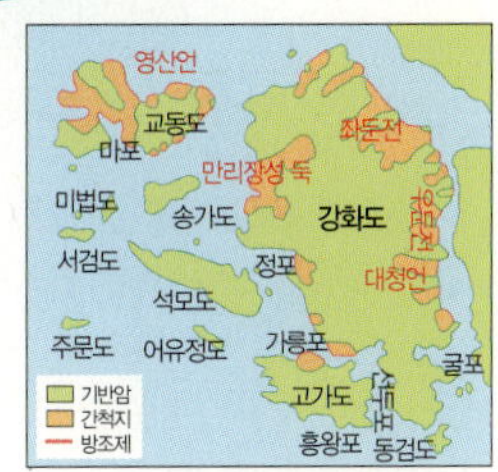

고려 후기 강화도 간척지

핵심주제 09 산업과 화폐 주조

농업	• 경작지 확대 : 황무지 개간, 12세기 이후 연해안의 저습지와 간척지 개간(강화 천도 이후 강화도 간척 사업 활발) • 농법의 발달 : 소를 이용한 깊이갈이의 일반화, 시비법 발달, 2년 3작의 윤작, 고려 말에 모내기법이 남부 일부 지방에 보급 • 원의 《농상집요》 보급, 목화 재배 시작
수공업	전기의 관청 수공업, 소 수공업 → 후기의 민간 수공업, 사원 수공업
상업	• 도시 : 시전 설치(개경, 경시서를 설치하여 상행위 감독), 관영 상점 운영 • 지방 : 일용품 교환 시장 개설, 행상 활동 • 사원 : 사원에서 생산한 곡물과 수공업품 판매 • 무역 : 공무역 중심, 예성강 어귀의 벽란도가 국제 무역항으로 번성(아라비아 상인 활동)
화폐 주조	건원중보(성종), 활구(은병) 제작, 삼한통보·해동통보·해동중보(숙종) → 널리 유통되지 못하고, 여전히 곡식이나 삼베 이용하여 거래

건원중보(성종)

활구(숙종)

핵심주제 10 고려 시대의 생활 모습

(1) 향도 : 불교 신앙에 바탕을 둔 농민 공동 조직 → 마을 공동체 생활을 주도하는 농민 조직으로 변화
(2) 사회 제도

의창	빈민 구제 제도, 봄에 양식이나 종자를 빌려 주고 가을에 갚게 함
상평창	물가 조절 담당, 개경·서경·12목에 설치
의료 기관	동·서 대비원(개경, 환자 치료, 빈민 구제 담당), 혜민국(의약품 제공)
제위보	기금을 마련하여 그 이자로 빈민 구제 및 질병 치료

(3) 가족 제도 : 왕실에서는 친족 간의 혼인 성행, 일부일처제가 일반적
(4) 여성의 지위 : 자녀 균분 상속, 아들·딸 구분 없이 제사 지냄(양자 들이지 않음), 여성 호주 가능, 호적에 연령순 기록, 사위도 처가의 호적에 기록, 사위와 외손자에게 음서 혜택, 비교적 자유로운 여성의 재가

사천 흥사리 매향비

향도가 향나무를 묻은 곳에 세운 비석으로, 이 비석에는 4,100명이 함께 모여 내세의 행운과 왕의 만수무강, 국태민안을 기원한다는 글이 새겨져 있다.

핵심주제 11 무신 집권기 하층민의 봉기

서북 지역 농민 봉기	조위총의 난 때 많은 농민들이 가세
망이·망소이의 봉기	특별 행정 구역인 공주 명학소에서 봉기
김사미와 효심의 봉기	경상도 운문·초전에서 봉기 → 경주·강릉 지방의 세력과 연합 시도
만적의 난	최충헌의 사노비인 만적이 주도(신분 해방 운동의 성격)

상중하 22회

01 다음 사료의 사실이 일어난 시기는?

- 공주 명학소의 백성인 망이(亡伊)와 망소이(亡所伊) 등이 같은 패거리들을 불러 모은 다음 산행병마사를 자칭하며 공주를 공격해 함락시켰다.
- 지후(祗侯) 채원부(蔡元富)와 낭장(郎將) 박강수(朴剛壽) 등을 보내 남적(南賊)들을 잘 설득하게 했으나 거부당하자, 왕은 신하들을 편전으로 불러 적을 토벌할 계책에 대해 물었다.

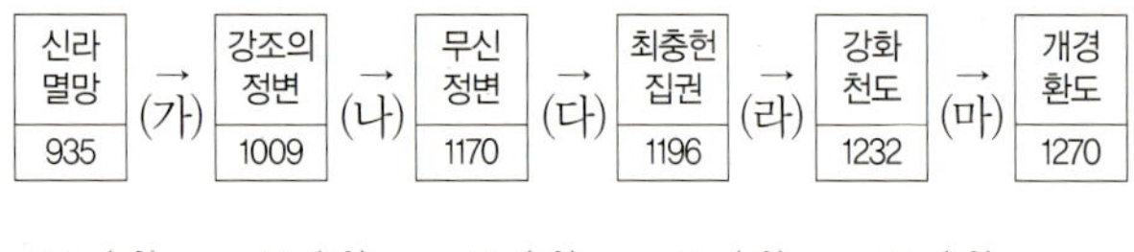

신라 멸망		강조의 정변		무신 정변		최충헌 집권		강화 천도		개경 환도
935	(가)	1009	(나)	1170	(다)	1196	(라)	1232	(마)	1270

① (가) ② (나) ③ (다) ④ (라) ⑤ (마)

상중하 22회

02 밑줄 친 '왕'의 재위 기간에 있었던 사실로 옳은 것은?

왕이 이르기를, "그들은 임금을 능가하는 위세를 빙자하여 나라의 법도를 흔들고, 관리의 임명을 좌우하며 …… 다른 사람의 토지와 노비를 빼앗았다. 다행히 반역의 무리인 기철 등과 간악하고 부정한 무리인 수경 등은 이미 나라의 법대로 처단되었으니, 협박을 받아 그들에게 따른 자는 죄를 묻지 않겠노라. 이제부터는 법령을 준수하고 기강을 정돈하여 온 나라 사람이 모두 새로이 출발할 것을 기약하노라."라고 하였다. —《고려사절요》

① 노비안검법이 시행되었다.
② 전민변정도감이 설치되었다.
③ 사심관 제도가 처음으로 시행되었다.
④ 경기와 5도 양계로 지방 제도가 완성되었다.
⑤ 전시과 제도에 의해 토지가 지급되기 시작하였다.

상중하 22회

03 (가)에 들어갈 인물에 대한 설명으로 옳은 것은?

＿＿(가)＿＿의 건의에 따라 …… 문산관·무산관과 이서로부터 상인과 복예에 이르기까지, 모든 지방 행정 단위에서 말을 소유하고 있는 모든 사람들은 신기군에 소속시키고, 말이 없는 사람들은 신보군·도탕군·경궁군·정노군·발화군 등에 소속시켰다. 20세 이상인 남자로서 과거 공부를 하지 않는 사람은 모두 신보군에 소속시키고, 서반과 각 진·부의 군사는 사시(四時)로 훈련하고, 또한 승도들을 뽑아 항마군으로 삼는 한편 군사를 조련하고 군량을 축적하면서 다시 공격할 전략을 세웠다. —《고려사》

① 강동 6주를 획득하는 데 기여하였다.
② 거란을 물리치고 나성의 축조를 건의하였다.
③ 천민 출신으로서 중서문하평장사에 임명되었다.
④ 처인성에서 부곡민을 이끌고 몽골군을 물리쳤다.
⑤ 여진을 정벌한 후 동북 지방에 9개의 성을 쌓았다.

상중하 21회

04 (가)에 들어갈 내용으로 적절한 것을 〈보기〉에서 고른 것은?

이번 가을에 우리 학회에서는 동아시아 지역의 역사학자들을 모시고 국제 학술 대회를 개최하게 되었습니다. 관심 있는 분들의 많은 참여를 바랍니다.

- 일시 : 11. 25 ～ 11. 26
- 장소 : 전라남도 진도군 OO 도서관
- 주제 : 개경 환도 이후 삼별초의 항몽 투쟁과 관련 유적지의 복원 방안 모색
- 발표 보고서 제목

(가)

〈보기〉

ㄱ. 용장성의 발굴 결과에 따른 복원 방안
ㄴ. 배중손이 이끈 항파두리 항몽 투쟁의 전개
ㄷ. 최씨 무신 정권의 군사적 기반으로서의 삼별초
ㄹ. 청해진의 설치가 한·중·일 삼국의 무역에 끼친 영향

① ㄱ, ㄴ   ② ㄱ, ㄷ   ③ ㄴ, ㄷ
④ ㄴ, ㄹ   ⑤ ㄷ, ㄹ

05 다음 자료와 관계있는 시기의 사회 모습으로 옳은 것을 〈보기〉에서 고른 것은?

이승장은 어려서 아버지를 여의었는데, 의붓아버지가 집이 가난하다며 공부를 시키려 하지 않았다. 하지만 어머니가 이를 반대하면서 "제가 먹고 사는 것 때문에 수절하지 못했음을 부끄럽게 여겼습니다. 그러나 아이가 다행히 학문에 뜻을 두고 있으니, 아이 아버지의 뒤를 따르게 하는 것이 마땅할 것입니다. 만약 그렇게 못한다면 제가 무슨 얼굴로 지하에서 전남편을 다시 보겠습니까?"라고 말하여, 공을 솔성재에 입학시켰다. …… 봄에 과거에 응시하여 김돈중의 문생으로 진사시에 2등으로 합격하였다.

〈보기〉

ㄱ. 솔서혼을 엄격하게 금지시켰다.
ㄴ. 사위와 외손자에게도 음서의 혜택이 주어졌다.
ㄷ. 대를 잇기 위해 양자를 들이는 일이 일반화되었다.
ㄹ. 호적에는 아들·딸 구별 없이 출생 순서대로 기재하였다.

① ㄱ, ㄴ ② ㄱ, ㄷ ③ ㄴ, ㄷ
④ ㄴ, ㄹ ⑤ ㄷ, ㄹ

06 (가)에 들어갈 기구에 대한 설명으로 옳은 것은?

문하부의 낭사는 임금에 대하여 충고를 하며 임금의 명령이 백성에게 불편한 것일 때에는 그것을 고치고 바로잡아 주는 일을 맡는다. 건국 초기에는 내의성이라고 하였는데 성종 원년에 내사문하성이라 고쳤고, 문종 15년에는 ____(가)____(이)라고 고쳤다.

① 군사 기밀과 왕명 출납을 맡았다.
② 원 간섭기에 정동행성으로 개칭하였다.
③ 화폐와 곡식의 출납 및 회계를 담당하였다.
④ 국정을 총괄하고 정책을 심의·결정하였다.
⑤ 재신과 추밀이 모여 국가의 중대사를 결정하였다.

07 다음 작품들이 쓰여진 시기의 사실로 가장 적절한 것은?

• 두레박으로 푸는 우물에 물을 길러 갔더니
 우물의 용이 내 손목을 쥐었습니다.
 이 말씀이 이 우물 밖에 나며 들며 하면
 조그마한 두레박아 네가 퍼뜨린 말이라 하리라.
　　　　　　　　　　　　　　　　　－〈쌍화점〉

• 내 촌집에 들러 늙은 농부에게 물으니
 늙은 농부 나를 보고 자세히 얘기한다.
 요사이 세력 있는 사람들 백성의 토지를 빼앗아
 산이며 내로써 한계 지어 공문서 만들었소.
　　　　　　　　　　　　　　－윤여형의 〈상률가〉

① 몽골의 풍습이 유행하였다.
② 정방이 처음으로 설치되어 인사권을 장악하였다.
③ 묘청은 서경 길지설을 내세워 천도를 주장하였다.
④ 만적을 비롯한 천민들이 신분 해방을 도모하였다.
⑤ 고구려의 옛 땅을 회복하고자 북진 정책을 추진하였다.

08 다음 내용을 받아들인 국왕의 정책으로 옳은 것을 〈보기〉에서 고른 것은?

제7조 국왕이 백성을 다스림은 집집마다 가서 돌보고 날마다 이를 보는 것은 아닙니다. 그런 까닭으로 수령을 보내어 가서 백성의 이익 되는 일과 손해 되는 일을 살피게 하는 것입니다. 청컨대 외관을 두십시오.
제13조 불교는 몸을 닦는 근본이며 유교는 나라를 다스리는 근원이니, 몸을 닦는 것은 내생을 위한 것이며, 나라를 다스리는 일은 곧 오늘의 할 일입니다. 오늘은 극히 가깝고 내생은 지극히 먼 곳이니, 가까운 것을 버리고 먼 것을 구하는 일이 그릇된 일이 아니겠습니까?
　　　　　　　　　　　　　　　　　－〈고려사절요〉

〈보기〉

ㄱ. 정방을 폐지하여 인사권을 장악하였다.
ㄴ. 향리제를 마련하여 지방 세력을 통제하였다.
ㄷ. 국자감을 설치하고 지방에 경학박사를 파견하였다.
ㄹ. 정계와 계백료서를 지어 관리의 규범을 제시하였다.

① ㄱ, ㄴ ② ㄱ, ㄷ ③ ㄴ, ㄷ
④ ㄴ, ㄹ ⑤ ㄷ, ㄹ

상 중 하 20회

09 고려의 (가), (나) 지역에 대한 설명으로 옳은 것을 〈보기〉
에서 고른 것은?

〈보기〉

ㄱ. (가) - 경강 상인들의 주요 활동 근거지였다.
ㄴ. (가) - 국제 무역항으로 아라비아 상인들이 드나들었다.
ㄷ. (나) - 최우가 대몽 항쟁을 위해 옮긴 수도였다.
ㄹ. (나) - 거란의 침입 때 현종이 피란한 곳이었다.

① ㄱ, ㄴ ② ㄱ, ㄷ ③ ㄴ, ㄷ
④ ㄴ, ㄹ ⑤ ㄷ, ㄹ

상 중 하 19회

10 (가)에 들어갈 국왕에 관한 설명으로 옳은 것은?

① 정동행성 이문소를 폐지하였다.
② 전국을 경기, 5도, 양계로 나누었다.
③ 빈민 구제 기관인 흑창을 운영하였다.
④ 교정도감을 설치하여 주요 정책을 결정하였다.
⑤ 북진 정책을 추진하기 위해 별무반을 만들었다.

상 중 하 19회

11 아래 주장을 비판했던 세력에 대한 설명으로 옳은 것
은?

옛날의 금은 소국으로 거란과 우리를 섬겼습니다. 하지만 지금은
갑자기 강성해져서 거란과 송을 멸망시키고, 정치적 기반을 굳건
히 함과 동시에 군사력을 강화하였습니다. 또 우리와 영토가 맞닿
아 있으므로 정세가 사대하지 않을 수 없게 되었습니다. 작은 나
라가 큰 나라를 섬기는 것은 선왕의 법도입니다. 마땅히 먼저 사
신을 보내어 예를 닦는 것이 옳습니다.   -〈고려사〉

① 성리학을 사상적 기반으로 하였다.
② 공민왕의 반원 개혁 정책을 지지하였다.
③ 서경에서 대위국을 세워 반란을 일으켰다.
④ 과거와 음서를 통해 고위 관직을 독점하였다.
⑤ 풍수지리설을 내세워 강화 천도를 주장하였다.

상 중 하 19회

12 (가)에 들어갈 인물이 속한 지배 세력에 대한 설명으로
옳은 것은?

(가) 이/가 자신들이 거느리는 못된 종을 시켜 좋은 토지
를 가진 사람이 있으면 모두 물푸레로 때리고 이를 빼앗았다. 땅
주인이 관가의 문권을 가지고 있더라도 감히 항변하지 못하였다.
이때 사람들이 이것을 물푸레 공문이라 하였다.   -〈고려사절요〉

① 금과 군신 관계 맺을 것을 주장하였다.
② 공민왕의 개혁 정책으로 모두 몰락하였다.
③ 주로 과거를 통해 중앙 정계에 진출하였다.
④ 도평의사사를 장악하여 권력을 독점하였다.
⑤ 노비안검법의 시행으로 경제적 피해를 입었다.

13 다음 제도에 대한 설명으로 옳은 것을 〈보기〉에서 고른 것은?

> 경기는 사방의 근원이니 마땅히 과전을 설치하여 사대부를 우대한다. 무릇 경성에 살면 왕성을 호위하는 자는 직임관과 무직임관을 막론하고, 과(科)에 따라 과전을 받는다. －〈고려사〉

〈보기〉
ㄱ. 전직 관리도 토지 지급 대상이었다.
ㄴ. 신진 사대부의 경제적 기반이 되었다.
ㄷ. 수조권과 노동력 징발권을 함께 인정하였다.
ㄹ. 관등에 따라 전지와 함께 시지를 지급하였다.

① ㄱ, ㄴ　　② ㄱ, ㄷ　　③ ㄴ, ㄷ
④ ㄴ, ㄹ　　⑤ ㄷ, ㄹ

14 (가), (나)와 관계있는 중앙 정치 기구에 대한 설명으로 옳은 것을 〈보기〉에서 고른 것은?

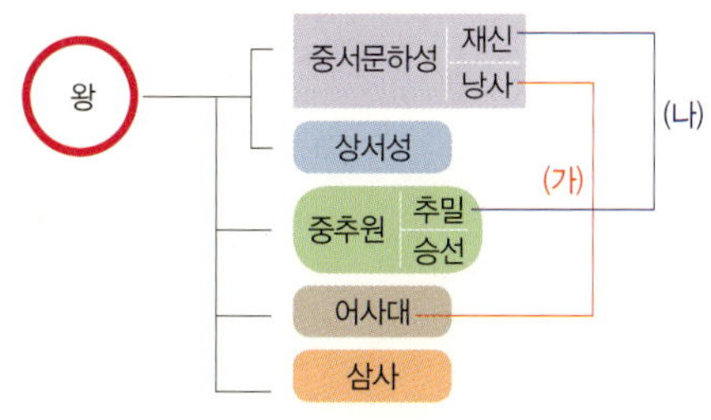

〈고려의 중앙 관제〉

〈보기〉
ㄱ. (가) － 왕의 관리 임명 동의권을 행사하였다.
ㄴ. (가) － 고려 후기에 도평의사사로 개편되었다.
ㄷ. (나) － 국가의 중대사를 결정하는 회의 기구였다.
ㄹ. (나) － 법령의 개정과 폐지에 서경권을 행사하였다.

① ㄱ, ㄴ　　② ㄱ, ㄷ　　③ ㄴ, ㄷ
④ ㄴ, ㄹ　　⑤ ㄷ, ㄹ

15 (가) 제도에 대한 설명으로 옳은 것은?

> 고려의 토지 제도는 크게 보아 당나라의 제도를 모방한 것이다. 개간된 토지의 수를 모두 총괄해 그 비옥도에 따라 구분한 다음 문무백관으로부터 부병(府兵)과 한인(閑人)에 이르기까지 등급에 따라 토지를 주었으며 등급에 따라 땔감을 채취할 땅을 주었는데 이를 ______(가)______(이)라 불렀다. －〈고려사〉

① 과전은 자손에게 세습하도록 허용하였다.
② 직역에 대한 대가로 수조권을 지급하였다.
③ 후삼국 통일 직후 공신들을 위해 마련하였다.
④ 무신 정변 후에 현직 관리에게만 지급하였다.
⑤ 경종 이후 관등만을 기준으로 차등 지급하였다.

16 (가)~(마)의 사실들을 발생한 순서대로 옳게 나열한 것은?

> (가) 강감찬이 귀주에서 거란군을 물리쳤다.
> (나) 이자겸이 척준경과 함께 난을 일으켰다.
> (다) 여진을 몰아내고 강동 6주를 차지하였다.
> (라) 만적이 신분 해방을 주장하며 난을 일으켰다.
> (마) 묘청이 칭제 건원과 금국 정벌을 주장하였다.

① (가)-(라)-(다)-(마)-(나)
② (나)-(라)-(가)-(다)-(마)
③ (나)-(다)-(가)-(마)-(라)
④ (다)-(나)-(마)-(라)-(가)
⑤ (다)-(가)-(나)-(마)-(라)

상 중 **하** 18회

17 밑줄 친 '공'의 신분에 대한 설명으로 옳은 것은?

공에게는 딸이 3명 있는데, 모두 임금에게 시집갔다. 맏딸은 연덕 공주로 왕비이며, 태자와 국원후가 그 아들이다. 둘째는 수령 궁주가 되었으니 조선후가 그 아들이고, 셋째는 승경 궁주이다. 대대로 번성함을 이어서 가문의 명성이 빛난 것은 글자가 생겨난 이래로 공과 비교하여 말할 수 있는 자를 일찍이 보지 못하였다.

－이자연의 묘지명

① 공민왕의 개혁 정책을 추진하였다.
② 성리학을 사상적 기반으로 수용하였다.
③ 대아찬 이상의 고위 관등을 독점하였다.
④ 세습이 허용되는 공음전의 혜택을 받았다.
⑤ 서경 길지설을 주장하여 개경 세력과 대립하였다.

상 **중** 하 15회

18 대화 내용과 관계있는 시기의 모습으로 옳은 것을 〈보기〉에서 고른 것은?

〈보기〉

ㄱ. 권문세족이 농장을 형성하였다.
ㄴ. 정동행성 이문소가 폐지되었다.
ㄷ. 다루가치가 고려의 내정을 간섭하였다.
ㄹ. 집권층은 원 왕실과 중첩적 혼인 관계를 맺었다.

① ㄱ, ㄴ   ② ㄱ, ㄷ   ③ ㄴ, ㄷ
④ ㄴ, ㄹ   ⑤ ㄷ, ㄹ

상 중 **하** 17회

19 다음 자료를 토대로 알 수 있는 사실로 적절한 것은?

"4,100명이 모임을 결성하여 내세의 행운을 기원하며, 나라의 태평함과 백성이 편안하기를 미륵불에게 비옵니다."

사천 흥사리 출토 매향비

① 지방에서 향교의 교육적 기능이 컸다.
② 향리들의 사회 경제적 지위가 높았다.
③ 몽골과의 전쟁 때 승군의 활동이 활발하였다.
④ 불교 신앙을 바탕으로 한 농민 조직이 활동하였다.
⑤ 국가에서 팔관회, 연등회 등의 행사를 장려하였다.

상 중 **하** 15회

20 지도의 빗금 친 영토를 수복한 왕의 업적으로 옳은 것은?

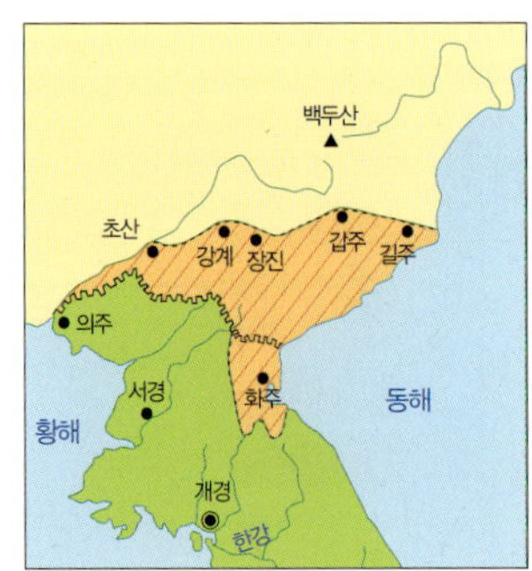

① 위화도 회군 후 친원 세력을 제거하였다.
② 노비안검법을 실시하여 노비를 해방시켰다.
③ 최영으로 하여금 요동을 정벌하도록 하였다.
④ 개혁 세력의 진출을 막고 있던 정방을 폐지하였다.
⑤ 서경에 동녕부를 설치하여 원의 간섭을 견제하였다.

21 다음 역사적 사건과 관계있는 설명으로 옳은 것은?

> 금년 12월 16일에는 수주의 속읍인 처인부곡의 작은 성에서 몽골군과 맞싸우던 중 아군이 적의 괴수인 살리타이를 사살하고 많은 적군을 포로로 사로잡자 그 나머지 군사들은 궤멸해 사방으로 흩어졌습니다.
> — 《고려사》

① 강화 천도의 계기가 되었다.
② 처인부곡이 현으로 승격되었다.
③ 당시 왕은 나주까지 피란하였다.
④ 특수 부대인 별무반이 활약하였다.
⑤ 최충헌 집권기에 일어난 사실이었다.

22 다음 가상 대화가 있었던 시기의 경제 상황으로 옳은 것은?

① 선대제 수공업이 성행하였다.
② 활구를 발행하여 유통시켰다.
③ 광작으로 부를 쌓은 농민들이 증가하였다.
④ 신해통공이 발표되어 자유 상업이 발달하였다.
⑤ 승려와 노비를 중심으로 사원 수공업이 발달하였다.

23 교사의 질문에 대한 답변으로 옳은 것은?

① 만적이 신분 해방 운동을 추진하였어요.
② 묘청이 서경 천도 운동을 전개하였어요.
③ 궁예를 쫓아내고 왕건을 왕으로 추대하였어요.
④ 삼별초가 몽골의 침입에 끝까지 저항하였어요.
⑤ 공민왕이 반원 자주 개혁 정책을 추진하였어요.

24 (가)에 들어갈 행정 구역에서 일어난 사실로 옳은 것을 〈보기〉에서 고른 것은?

> 왕이 명을 내리기를 "구리, 철, 자기, 종이, 먹 등 여러 ☐(가)☐ 에서 별공으로 바치는 물건들을 함부로 징수해 장인들이 살기가 어려워 도망한다. 해당 기관에 연락하여 각 ☐(가)☐ 에서 별공과 상공으로 내는 물건의 많고 적음을 참작하여 결정한 다음 왕에게 아뢰어 재가를 받도록 하라."라고 하였다.
> — 《고려사》

〈보기〉

ㄱ. 김윤후가 적장 살리타를 사살하였다.
ㄴ. 침입해 온 차라대의 몽골군을 물리쳤다.
ㄷ. 금속 활자본인 직지심체요절을 간행하였다.
ㄹ. 무신 집권기에 망이·망소이가 난을 일으켰다

① ㄱ, ㄴ   ② ㄱ, ㄷ   ③ ㄴ, ㄷ
④ ㄴ, ㄹ   ⑤ ㄷ, ㄹ

1. ③ 2. ② 3. ⑤ 4. ② 5. ④ 6. ④ 7. ① 8. ③ 9. ③ 10.
③ 11. ③ 12. ④ 13. ① 14. ② 15. ② 16. ⑤ 17. ④ 18. ②
19. ④ 20. ④ 21. ② 22. ⑤ 23. ② 24. ④

1. ③ 바로 정리 : 무신 집권기 하층민의 봉기
사료는 공주에서 일어난 망이·망소이의 난에 대한 내용을 담고 있다. 무신 정권 초기에는 무신들 간의 권력 다툼으로 정부의 지방 통제력이 약화되었고, 수탈이 강화되자 전국에서 하층민의 봉기가 이어졌다. 망이·망소이, 전주 관노들, 김사미와 효심 등이 봉기를 일으켰다.

2. ② 바로 정리 : 공민왕의 업적
사료에서 '반역의 무리인 기철'이 처단되었다는 내용을 통해 밑줄 친 왕은 공민왕임을 알 수 있다. 공민왕은 원 쇠퇴기를 이용하여 친원파 권문세족들을 제거하고 원의 간섭을 물리치려는 개혁 정치를 추진했다. 전민변정도감을 설치하고, 고려의 관제와 복식을 회복했으며, 쌍성총관부를 공격하여 철령 이북의 땅을 되찾았다. 아하! ① 광종 ③ 태조 ④ 현종 ⑤ 경종

3. ⑤ 바로 정리 : 윤관의 활동
사료에 나타난 '신기군, 항마군' 등을 통해 (가)에 들어갈 인물은 윤관임을 알 수 있다. 윤관은 기병 중심의 여진족을 정벌하기 위해 신기군, 신보군, 항마군으로 편성된 별무반을 조직했다. 여진족을 정벌한 후에는 동북 지방에 9개의 성을 쌓았다. 아하! ① 서희 ② 강감찬 ③ 이의민 ④ 김윤후

4. ② 바로 정리 : 삼별초의 성격과 활동
삼별초는 몽골과의 강화에 반대하며 진도(용장성)로 근거지를 옮겨 저항했으나 여몽 연합군에 패했다. 그 과정에서 삼별초를 이끌었던 배중손은 전사했다. 그 후에는 김통정을 중심으로 제주에서 끝까지 저항했으나 여몽 연합군에 완전히 진압되었다. 아하! ㄴ. 항파두리 유적지는 김통정과 관계있다. ㄹ. 청해진은 장보고의 활동 근거지

5. ④ 바로 정리 : 고려의 사회 모습
자료의 내용 중 '솔성재, 김돈중, 어머니의 재혼 사실' 등을 통해 고려 시대의 사실임을 알 수 있다. 고려 시대는 가족 내에서 남녀의 권리가 동등했다. 아들·딸 구분 없이 제사를 지냈고 호적에도 연령 순서대로 기재했다. 여성이 이혼을 요구할 수도 있었고, 남편이 죽으면 재혼을 할 수 있었다. 사위가 처가로 장가드는 솔서혼도 일반적이었으며 사위와 외손자에게도 음서의 혜택이 주어졌다. 아하! ㄱ. 솔서혼이 일반적이었다. ㄷ. 조선 후기

6. ④ 바로 정리 : 중서문하성의 기능
자료의 내용 중 과거에 '내의성, 내사문하성'으로 불렸다는 사실을 통해 (가)에 들어갈 기구는 중서문하성임을 알 수 있다. 중서문하성은 국정을 총괄하고 정책을 결정했으며 장관은 문하시중이었다. 아하! ① 중추원 ② 정동행성은 원이 일본 원정을 위해 세운 기구 ③ 삼사 ⑤ 도병마사·식목도감

7. ① 바로 정리 : 고려 후기의 사회 모습
제시된 〈쌍화점〉, 윤여형의 〈상률가〉는 고려 후기의 문학 작품들이다. 고려 후기에는 원의 간섭이 지속되었으며 친원적 성향을 가진 권문세족이 지배층

을 이루어 관직을 독점하고 막대한 농장과 노비를 소유했다. 한편, 원 문화의 유입으로 몽골풍이 유행했다. 아하! ②, ④ 무신 집권기 ③ 고려 전기 ⑤ 고려 건국 초기

8. ③ 바로 정리 : 성종의 업적
사료의 내용은 최승로가 성종에게 올린 시무 28조의 일부이다. 성종은 최승로의 건의를 수용하여 12개의 주요 지역에 지방관을 파견하고, 향리 제도를 정비했으며 국자감을 설치하고 과거제를 정비했다. 아하! ㄱ. 공민왕 ㄹ. 태조

9. ③ 바로 정리 : 고려의 벽란도와 강화도
지도의 (가)는 아라비아 상인을 비롯한 외국 상인들이 드나들던 고려의 무역항 벽란도이며, (나)는 무신 집권기(최우 집권기)에 대몽 항쟁을 위해 천도했던 강화이다. 아하! ㄱ. 한강 ㄹ. 나주

10. ③ 바로 정리 : 태조의 업적
사진은 1992년 개성에 위치한 고려 태조 왕건의 능인 현릉 개축 과정에서 발견한 태조 왕건의 동상이다. 따라서 (가)에 들어갈 국왕은 고려의 태조이다. 태조는 고려 건국 후 흑창 운영을 비롯한 민생 안정 정책, 고려의 영토를 회복하려는 북진 정책, 불교 장려 정책 등을 폈다. 아하! ① 공민왕 ② 현종 ④ 최충헌 ⑤ 숙종(윤관)

11. ③ 바로 정리 : 묘청의 서경 천도 운동
사료는 금에 대해 사대론을 주장하고 있다. 이는 이자겸, 척준경 등 고려 전기 보수적인 문벌 귀족의 입장이었다. 이러한 입장에 대해 개혁 세력이었던 묘청, 정지상 등은 수도를 서경으로 옮기고 금을 정벌할 것을 주장했다. 하지만 그 뜻이 이루어지지 않자 묘청은 서경에서 국호를 대위, 연호를 천개로 하여 난을 일으켰다. 아하! ①, ② 신진 사대부 ④ 문벌 귀족 ⑤ 서경 천도 주장

12. ④ 바로 정리 : 고려 후기 권문세족의 성격
사료의 (가)에 들어갈 세력은 일반 백성들이 토지를 빼앗겨도 항변하지 못할 정도의 권력을 가진 이들이라고 볼 수 있다. 고려 우왕 때의 권문세족이었던 임견미, 이인임, 염흥방이 그들이었다. 그들은 도평의사사의 고관을 독점하고 그 지위를 세습했으며, 넓은 농장과 노비를 소유했다. 아하! ① 보수적인 문벌 귀족 ② 개혁이 중단되어 완전히 제거되지 못했다. ③ 신진 사대부 ⑤ 고려 전기 호족과 공신

13. ① 바로 정리 : 과전법의 특징
사료에 나타난 토지 제도는 고려 말에 시행된 과전법으로서 권문세족의 경제적 기반을 약화시키고 신진 관리들의 경제적 기반을 마련하기 위해 시행되었다. 사료의 내용을 통해 과전법에서는 전·현직 관리에게 수조권을 지급했음을 알 수 있다. 아하! ㄷ. 수조권만 지급 ㄹ. 전시과 제도

14. ② 바로 정리 : 고려 중앙 정치 기구의 기능
(가)는 대간에, (나)는 도병마사 또는 식목도감 등의 귀족 회의 기구에 참여했다. 대간은 간쟁, 봉박, 서경권을 행사했고, 도병마사와 식목도감은 각각 국방 문제와 대내적 법률·제도 등을 제정했다. 고려 후기에는 도병마사가 도평의사사로 개편되었다. 아하! ㄴ. 도병마사 ㄹ. 대간

15. ② 바로 정리 : **전시과 제도의 특징**
사료의 내용 중 '땔감을 채취할 수 있는 땅을 주었다'라는 내용을 통해 (가)에 들어갈 제도는 전시과임을 알 수 있다. 전시과 제도는 관리나 직역 담당자에게 전지와 시지를 나누어 주고 수조권을 행사하도록 한 제도였다. 아하! ① 관직에서 물러나거나 사망 후에 반납 ③ 역분전 ④ 문종 이후의 경정 전시과 ⑤ 목종 이후의 개정 전시과

16. ⑤ 바로 정리 : **고려 시대 역사적 사건들의 전개**
(가)는 귀주 대첩(1019), (나)는 이자겸의 난(1126), (다)는 서희의 강동 6주 획득(993), (라)는 만적의 난(1198), (마)는 묘청의 서경 천도 운동(1135)이다.

17. ④ 바로 정리 : **문벌 귀족의 성격**
사료에서 왕실과 중첩된 혼인 관계를 맺었다는 내용과 묘비명의 이름을 통해 밑줄 친 '공'은 고려 전기의 문벌 귀족임을 알 수 있다. 그들은 과거와 음서를 통해 관직을 독점했고, 전시과와 공음전을 경제적 기반으로 삼았다. 아하! ①, ② 신진 사대부 ③ 신라의 진골 귀족 ⑤ 묘청 등의 서경파

18. ② 바로 정리 : **원 간섭기의 정치·사회·경제**
대화 내용을 통해 원의 간섭기임을 알 수 있다. 원은 다루가치를 파견하여 내정을 간섭했고, 고려에 금·은, 베, 인삼, 약재 등을 공물로 요구했다. 또 공녀를 데려가기도 하고, 응방을 설치하여 해동청(매)을 공물로 가져갔다. 한편 친원파 권문세족들은 고위 관직을 독점하고 대규모 농장과 노비를 가지고 있었다. 아하! ㄴ. 공민왕 ㄹ. 고려 왕실이나 유력한 가문과 중첩적 혼인 관계를 맺었다.

19. ④ 바로 정리 : **향도의 활동과 매향비의 의미**
사진은 경남 사천 흥사리에서 출토된 매향비이다. 매향비는 불교 신앙에 바탕을 둔 농민 공동체인 향도가 매향 활동 후 세운 비석이다. 향도는 불상, 범종, 석탑, 사찰 등을 만들 때 노동력과 비용을 제공했다. 후기에는 마을의 공동체 생활을 주도하는 농민 조직으로 변화되었다.

20. ④ 바로 정리 : **공민왕의 업적**
지도의 빗금 친 부분은 철령 이북의 땅으로, 원의 지배를 받았으나 공민왕이 쌍성총관부를 공격하여 되찾았다. 공민왕은 원·명 교체기를 이용하여 반원 정책과 함께 개혁을 추진했다. 이를 위해 정방을 폐지하여 인사권을 장악한 후 신진 사대부를 적극 등용했다. 아하! ① 이성계 ② 광종 ③ 우왕 때 이성계로 하여금 요동을 정벌하도록 했다. ⑤ 동녕부는 원이 설치

21. ② 바로 정리 : **처인성 전투의 결과**
사료는 몽골 침략에 맞서 싸웠던 처인성 전투에 대한 내용이다. 이 전투에서는 김윤후가 부곡민을 이끌고 몽골 장수 살리타를 사살했다. 이 사건의 영향으로 처인부곡이 현으로 승격되는 조치가 내려졌다. 아하! ① 강화 천도 이후의 일이다. ③ 거란의 침입과 관련 있다. ④ 별무반은 여진 정벌 때 활약했다. ⑤ 최우 집권기에 있었던 일이다.

22. ⑤ 바로 정리 : **공민왕 개혁 시기의 사실**
그림 내용을 통해 그림 속 왕은 고려 공민왕임을 알 수 있다. 기철, 권겸 등은 친원 세력으로서 공민왕의 반원 개혁 정치가 진행될 때 숙청되었다. ⑤

고려 전기에는 관청 수공업과 소 수공업을 중심으로 발전했고, 후기 들어 사원 수공업과 민간 수공업이 발달했다. 사원에서는 베, 모시, 술, 소금, 기와 등을 생산했다. 아하! ①, ③, ④ 조선 후기 ② 숙종, 널리 유통되지 못했다.

23. ② 바로 정리 : **신채호가 평가한 서경 천도 운동**
그림의 내용처럼 신채호는 《조선사연구초》에서 '조선 역사상 1천 년래 제일 큰 사건'으로 고려 시대 묘청의 서경 천도 운동을 지목했다. 그는 조선 역사가 사대적, 보수적, 속박적인 유교 사상에 정복된 것은 묘청 등이 패하고 김부식이 승리했기 때문이라고 서술했다.

24. ④ 바로 정리 : **소 수공업의 발달**
사료의 내용 중에 수공업으로 생산한 물건들을 공물로 납부한다는 내용이 있으므로 (가)에 들어갈 행정 구역은 '소'이다. 소는 특수 행정 구역으로서 수공업과 광업을 담당했다. 수탈이 심한 무인 정권기에는 난(공주 명학소, 망이·망소이의 난)을 일으키기도 하고, 몽고 침략에 맞서 싸워 이기기도 했다. 충주 다인철소에서 차라대의 몽골군을 물리친 사건을 예로 들 수 있다. 아하! ㄱ. 특수 행정 구역인 처인 부곡(처인성)과 관계있다. ㄷ. 청주 흥덕사에서 간행했다.

안향

고려 후기 충렬왕 때 성리학을 처음으로 고려에 소개하였다.

핵심주제 01 유학의 발달과 성리학의 수용

초기	• 태조 : 신라 6두품 계열의 유학자들이 활동 • 광종 : 과거제 실시 → 유교적 소양을 갖춘 관리 등용 → 유교 발달에 기여 • 성종 : 최승로의 시무 28조 개혁안 수용 → 유교 정치 이념 확립, 국자감·향교 설치, 12목에 경학박사 파견
중기	• 유학의 보수화, 최충의 9재 학당(해동공자 칭송), 김부식《삼국사기》 저술) 등 • 사학 12도의 발달 → 국자감의 관학 교육 위축 → 관학 진흥책 추진(서적포 설치, 7재 개설, 양현고 설치) ···· 고려 문종 때 개경에 있던 12개의 사립 교육 기관 • 무신 정변의 발생 → 문벌 귀족 세력의 몰락 → 유학 위축
후기	• 성리학 수용 : 충렬왕 때 안향이 소개 → 이제현이 성리학에 대한 이해 심화(원의 수도에 설립된 만권당에서 원 학자들과 교류), 이색 등의 제자 양성 → 신진 사대부(정도전, 권근, 정몽주)에 의해 계승 • 사회 모순 개혁 시도 : 불교 폐단과 권문세족의 횡포 비판, 《소학》과 《주자가례》 보급 • 유교 교육 강화 : 국자감 → 국학 → 성균관으로 개칭, 성균관을 순수한 유학 교육 기관으로 개편(공민왕)

사학 교육의 원조, 고려시대 문신 배출의 산실

충선왕이 원의 수도인 연경에 있을 때(1314) 세운 독서당으로, 귀한 서적을 많이 수집한 후 이제현 등 고려 유학자와 조맹부 등 중국 한족 출신 유학자를 불러 모아 서로 교류하게 하였다.

핵심주제 02 역사서의 편찬

본기(本紀)·열전(列傳)·지(志)·연표(年表) 등으로 나누어 서술하는 방식,
편년체는 시간의 흐름에 따라 서술하는 방식

전기	왕조 실록 편찬 → 거란의 침입으로 소실 → 7대 실록 편찬(현종, 태조~목종, 현존하지 않음)
중기	《삼국사기》(김부식) : 신라 계승 의식 반영, 현존 최고(最古)의 역사서, 유교적 합리주의 사관, 기전체 형식
무신 집권기·원 간섭기	• 몽고의 침략을 겪은 뒤 민족적 자주 의식을 바탕으로 전통 문화를 올바르게 이해하려는 경향 대두 • 《해동고승전》(각훈, 역대 고승의 전기 기록), 《동명왕편》(이규보, 고구려 계승 의식 반영), 《삼국유사》·《제왕운기》(각각 일연·이승휴, 고조선의 단군 이야기 서술)
말기	성리학 수용 → 정통 의식과 대의명분을 강조한 성리학적 유교 사관에 의한 서술, 《사략》(이제현)

대각 국사 의천

문종의 아들로서 천태종을 창시하고 교관겸수를 제창하여 교선 통합을 위해 노력하였다.

핵심주제 02 불교의 발달

(1) 초기의 불교 정책

태조	훈요 10조 : 불교 숭상, 연등회와 팔관회의 성대한 개최 당부
광종	승과 시행 → 승계 부여, 국사·왕사 제도 시행, 사원에 토지 지급, 승려에게 면세와 면역 혜택

국가나 임금의 사표(師表)가 되는
고승에게 임금이 내려 준 칭호

(2) 불교 통합 운동의 전개

분열	고려 초기, 선종의 발달 → 왕실의 지원을 받던 균여의 화엄종과 문벌 귀족의 지원을 받던 법상종 성행 → 11세기 이후 종파 간의 분열 심화(교종 – 화엄종·법상종, 선종)
의천	• 흥왕사를 근거지로 삼아 화엄종을 중심으로 교종 통합 노력, 교정도감 설치 후 교장 간행 • 국청사를 중심으로 천태종 창시 : 교종 입장에서 선종 통합 노력(교관겸수 주장) 대장경에 대한 연구 해석서 • 의천 사후 교단이 분열되고 귀족 중심의 불교 지속

(3) 결사 운동의 전개

조계종	지눌	• 무신 집권기에 활동(선종이 조계종으로 번성) • 돈오점수(불성을 깨달은 후에 점진적인 수행을 하여 깨달음을 확인해야 한다) 주장 • 정혜쌍수(선과 교학을 나란히 수행해야 함을 강조) 내세움 → 선교 일치를 위한 노력 • 수선사 결사 운동(순천 송광사, 산림에 은둔하며 예불·독경·노동에 힘써 승려 본연의 자세로 돌아가자는 개혁 운동) → 개혁적인 승려들과 지방민의 적극적인 호응
	혜심	• 지눌의 제자 • 유불 일치설 : 유교나 불교 모두 도를 추구한다는 점에서 근본이 서로 일치한다는 주장 → 고려 후기 성리학 수용의 사상적 토대 마련
천태종	요세	백련사 결사 운동(강진 백련사) : 자신의 행동을 진심으로 참회하는 법화 신앙에 중점을 둔 결사 운동 → 지방민의 호응을 받음

(4) 원 간섭기 이후의 불교

① 불교 개혁 운동의 약화, 사원의 정치권 결탁 및 상업·고리대를 통한 재산 축적
② 보우 : 원으로부터 임제종 도입 → 교단 정비를 위해 노력하였으나 성과 없었음
③ 신진 사대부의 불교 폐단 비판

핵심주제 04 도교와 풍수지리설

도교	• 불로장생, 현세의 구복 추구 → 나라의 안정과 왕실의 번영 기원 • 초제 거행, 팔관회(도교·불교·민간 신앙이 어우러진 행사), 복원궁 건립(예종, 도교 사원)
풍수지리설	• 땅의 형세나 모양이 국가의 운명이나 개인의 삶에 영향을 준다는 이론 • 영향 : 신라 말 송악 길지설(고려 건국과 후삼국 통일 뒷받침), 서경 길지설(초기 북진 정책의 추진, 전기 묘청의 서경 천도 운동에 이용), 남경(한양) 길지설(중기, 북진 정책 퇴조)

핵심주제 05 인쇄술과 제지술의 발달

목판 인쇄술	• 같은 내용의 책을 대량 인쇄 가능 • 초조대장경 : 거란 침입 시기(현종)에 제작, 몽골 침입 때 소실, 인쇄본 일부만 남아 있음 • 팔만대장경(재조대장경) 제작 : 몽골 침입 때 대장도감을 설치하여 제작(무신 집권기, 고종)
활판 인쇄술 (금속 활자)	• 세계 최초의 금속 활자 인쇄술 발명 • 인쇄물 : 《상정고금예문》(1234, 현존하지 않음), 《직지심체요절》(1377, 청주 흥덕사 인쇄, 현존하는 최고 오래된 금속 활자본)
제지술	전국에 닥나무 재배 장려, 종이 제조 전담 관서 설치

핵심주제 06 화약 무기의 개발

(1) 배경 : 고려 말 왜구의 침입 빈번 → 연안 지역 큰 피해
(2) 개발 : 최무선이 화약 무기 제조법 터득, 정부에서 화통도감 설치 → 화약 및 화포 제작
(3) 성과 : 진포(금강 하구의 군산) 싸움에서 왜구 격퇴

기억하라! 유물·유적

팔만대장경 판목(위, 고려)과 해인사 장경판전의 내부 (아래, 조선 전기)

팔만대장경과 장경판전은 각각 유네스코 지정 세계 기록 유산과 세계 문화유산이다.

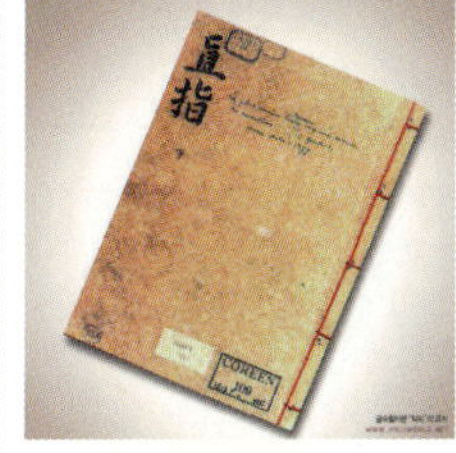

직지심체요절

현존하는 세계 최고(最古)의 금속 활자본으로 프랑스 파리 국립 도서관에 보관되어 있다. 1972년 박병선 박사에 의해 그 존재가 처음 알려졌다.

핵심주제 07 귀족 문화의 발달

(1) 건축과 탑

① 건축
- **특징** : 궁궐과 사원 중심의 건축, 주로 **주심포** 양식(공포가 기둥 위에만 놓인 양식) 유행
- **현존 건축물** : 13세기 이후에 지어진 주심포 양식의 목조 건축물, **안동 봉정사** 극락전(가장 오래된 목조 건물), **영주 부석사 무량수전**, 예산 수덕사 대웅전

주심포 양식   영주 부석사 무량수전   예산 수덕사 대웅전   안동 봉정사 극락전

② 탑
- **특징** : 신라 양식을 일부 계승하면서 독자적인 조형 감각을 가미 → 다양한 형태의 석탑 제작
- **현존 탑** : 개성 불일사 5층 석탑, 개성 현화사 7층 석탑, 평창 월정사 8각 9층 석탑(고려 전기, 송의 영향), 개성 경천사지 10층 석탑(고려 후기, 원의 영향, 조선 세조 때 만들어진 서울 원각사지 10층 석탑에 영향)
- **승탑 제작** : 여주 고달사지 승탑(신라 후기의 팔각 원당형 계승), 원주 법천사지 지광 국사탑

평창 월정사 8각 9층 석탑   개성 경천사지 10층 석탑   원주 법천사지 지광 국사탑   여주 고달사지 승탑

(2) 불상

- **특징** : 시기와 지역에 따라 독특한 모양의 불상 제작
- **고려 초기에 제작된 대형 철불** : 하남 하사창동 철조 석가여래 좌상
- **지역적 특색이 드러난 거대한 불상 제작** : 논산 관촉사 석조 미륵보살 입상, 안동 이천동 마애 여래 입상, 파주 용미리 마애 이불 입상
- **신라 이래의 전통 양식을 계승한 불상** : 영주 부석사 소조 여래 좌상

논산 관촉사 석조 미륵보살 입상   파주 용미리 마애 이불 입상   안동 이천동 마애 여래 입상   영주 부석사 소조 여래 좌상   하남 하사창동 철조 석가여래 좌상

성불사 응진전

고려 후기에 다포 양식으로 지은 건축물이다. 다포 양식은 공포를 기둥과 기둥 사이에도 설치한 건축 방식이다.

고려 불상의 위치

(3) 공예

자기 공예	• 신라와 발해의 전통 기술 + 송의 기술 수용 → 11세기 비취색 청자 제작 • 고려만의 독창적인 기법 개발 → 상감 청자(12세기) • 원 간섭기 이후 원으로부터 북방의 가마 기술 수용 → 청자 퇴조, 분청사기 제작 • 주요 생산지 : 전남 강진, 전북 부안
금속 공예	• 불구를 중심으로 발전 • 은입사 기술 발달 : 청동기 표면을 파내고 실처럼 만든 은을 채워 넣어 무늬 장식
목공예	• 나전 칠기 공예 발달 : 옻칠한 바탕에 자개를 붙여 무늬를 나타냄 → 불경을 넣는 경함, 화장품 갑, 문방구 등으로 사용 • 조선 시대 이후 오늘날까지 기술이 전해짐

청자 칠보 투각 향로

청자 상감 운학문 매병

청동 은입사 포류수금문 정병

나전 칠기 염주합

(4) 서예, 그림, 음악

서예	구양순체 유행(고려 전기, 탄연) → 송설체 유행(고려 후기, 이암)
그림	• 도화원 소속의 화원이나 문인 화가가 주로 활동 • 〈천산대렵도〉(공민왕, 원 화풍의 영향) • 불화 : 고려 후기에 주로 제작, 금가루 많이 사용, 혜허의 〈수월관음도〉, 영주 부석사(조사당 벽화)의 사천왕상과 보살상
음악	• 아악 : 송에서 들여온 대성악이 궁중 음악으로 발전 • 향악(속악) : 당악의 영향을 받아 발달 • 악기 : 전통 악기에 송의 악기가 수입

공민왕의 〈천산대렵도〉

〈수월관음도〉

혜허의 〈수월관음도〉

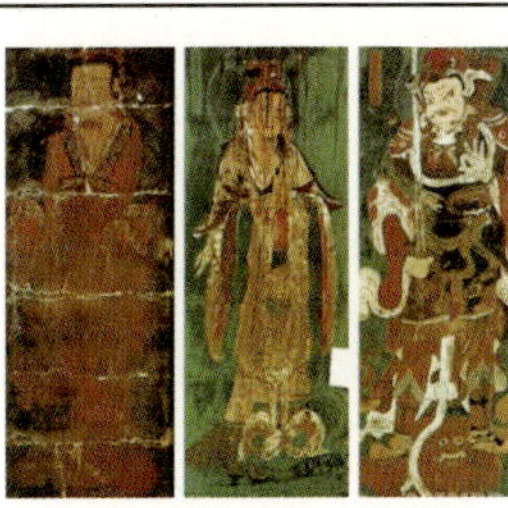

부석사 조사당 벽화의 사천왕상과 보살상

핵심주제 08 의학과 천문학

의학	태의감 : 의학 교육 담당, 의관 선발을 위한 의과 실시, 《향약구급방》 편찬
천문학	사천대(서운관) 설치 → 첨성대에서 천체와 기상을 관찰하여 기록
역법	당의 선명력(초기) → 원의 수시력, 명의 대통력 사용(후기)

고려 시대 청자를 생산하던 강진의 가마터. 《고려사》 식화지와 《신증동국여지승람》 강진현 고적조의 기록에는 강진에 자기소가 있었다고 기록되어 있다.

고려 첨성대

천체 관측을 하던 곳으로 현재는 화강암으로 세운 축대만 남아 있다(신라의 첨성대와 모양이 다름).

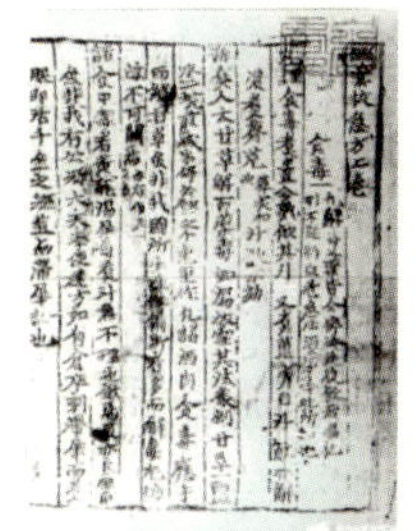

향약구급방

현존하는 우리나라 최고(最古)의 의학 서적으로 여러 질병에 대한 처방과 함께 국산 약재들을 소개하였다.

상 중 **하** 22회

01 두 건축물의 공통점으로 옳은 것은?

부석사 무량수전

수덕사 대웅전

① 원의 건축 양식이 반영되었다.
② 공포를 기둥 위에만 배치하였다.
③ 사림들의 학문적, 정치적 근거지였다.
④ 부농과 상공업자들의 지원을 받아 건축되었다.
⑤ 유네스코가 지정한 세계 문화유산으로 등재되었다.

상 **중** 하 22회

02 밑줄 친 '그'에 대한 설명으로 옳은 것은?

> 그는 불법을 구하기 위해 선종 2년(1085) 4월 몰래 제자 2인과 함께 송나라 상인의 배를 타고 송나라에 갔다. …… 왕이 송나라에 그의 귀국을 요청하자 귀국한 그는 불교와 유교 서적 1천 권을 가져왔다. 흥왕사에 교장도감을 두어 거란과 송나라에서 사 온 4천 권의 책을 모두 간행했다.
> ―〈고려사〉

① 유불 일치설을 주장하였다.
② 백련사 결사 운동을 이끌었다.
③ 재조대장경의 조판을 주도하였다.
④ 국청사를 중심으로 해동 천태종을 창립하였다.
⑤ 선을 중심으로 교학을 포용하려는 정혜쌍수를 주장하였다.

상 **중** 하 21회

03 다음 내용과 관계있는 문화유산으로 옳은 것은?

> 고려 시대는 문벌 귀족 사회가 발달하면서 자기, 금속 공예, 나전 칠기 등 정교하고 세련된 귀족 문화가 화려하게 꽃피었다. 회화에 있어서도 고려 전·후기에 걸쳐 귀족들의 애호품으로서 문인화, 산수화, 화려한 불화가 많이 그려졌다.

①  ②  ③ 

④  ⑤ 

상 **중** 하 20회

04 (가), (나)에 대한 설명으로 옳은 것을 〈보기〉에서 고른 것은?

(가)  (나) 

〈보기〉

ㄱ. (가)는 원의 영향을 받았다.
ㄴ. (가)는 고려 불상의 지방화를 보여 준다.
ㄷ. (나)는 백제의 미소라는 별칭으로 불린다.
ㄹ. (나)에는 고려 선종의 왕자 출생과 관련된 설화가 전해져 온다.

① ㄱ, ㄴ   ② ㄱ, ㄷ   ③ ㄴ, ㄷ
④ ㄴ, ㄹ   ⑤ ㄷ, ㄹ

05 (가)에 들어갈 역사서에 대한 설명으로 옳은 것은?

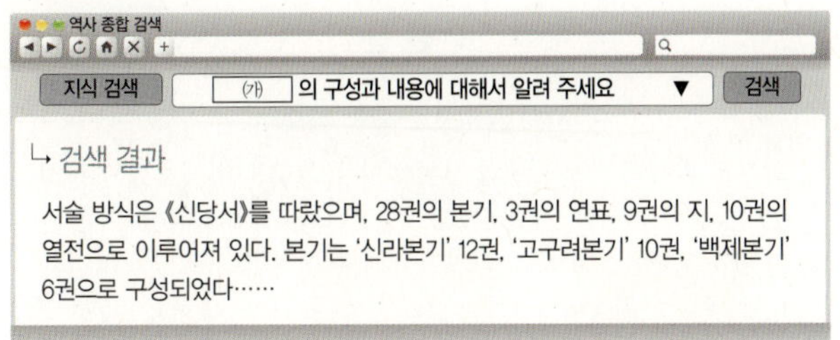

① 편년체 방식으로 서술하였다.
② 고구려 계승 의식이 반영되었다.
③ 성리학적 유교 사관이 반영되었다.
④ 단군의 건국 신화를 처음으로 소개하였다.
⑤ 유교적 합리주의 사관에 입각하여 서술하였다.

06 밑줄 친 내용이 가리키는 문화유산에 대한 설명으로 옳은 것은?

엎드려 바라건대, 존관께서는 다시 전하(세종)께 아뢰어 한자(漢字)로 된 7천 권 경판을 내리시면, 우리 전하께서는 기뻐하고 경사로 생각하여, 기쁨이 측량할 수 없을 것입니다. 이 일이 만약 이루어지지 못하면, 우리들은 무슨 면목으로 다시 본국에 돌아가겠습니까.   −《세종실록》

① 강화도 외규장각에 보관되어 있다.
② 현존 최고(最古)의 금속 활자본이다.
③ 대각 국사 의천이 주도하여 만들었다.
④ 몽골군을 물리치려는 염원이 반영되었다.
⑤ 임진왜란으로 소실되어 흥선 대원군 때 복원하였다.

07 그림 속 인물에 대한 설명으로 옳은 것은?

① 화폐 유통의 필요성을 강조하였다.
② 귀법사를 중심으로 화엄 사상을 정비하였다.
③ 교관겸수를 제창하여 교선의 통합을 추구하였다.
④ 백련결사를 결성하여 불교계의 개혁을 추구하였다.
⑤ 무신 정권의 지원을 받아 수선사 결사 운동을 벌였다.

08 (가)에 들어갈 내용으로 가장 적절한 것은?

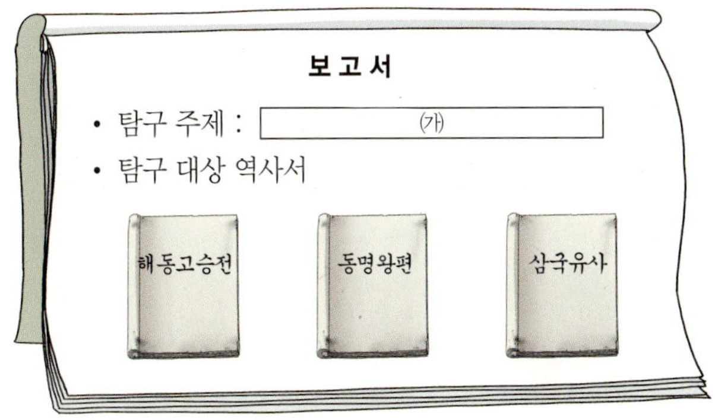

① 기전체로 기록된 역사서
② 단군 신화가 기록된 역사서
③ 역사서 속에 나타난 불교 신앙
④ 무신 집권기에 나타난 민족 자주 의식
⑤ 역사서 속에 반영된 고구려 계승 의식

상 중 하 17회

09 다음 내용과 관계있는 불교 행사에 대한 설명으로 옳은 것을 〈보기〉에서 고른 것은?

고려의 개경에서는 매년 11월 15일에 천령·오악·명산·대천·용신을 섬기는 불교 의식이 개최되었다. 이날 사람들은 밤낮으로 여덟 가지 계율을 지켜 불교 입문의 상징으로 삼았으며 왕은 이 행사를 통해 정치적 권위를 확인하는 계기로 삼았다.

〈보기〉

ㄱ. 고려 시대에 처음 개최하였다.
ㄴ. 태조는 훈요 10조에서 중시할 것을 강조하였다.
ㄷ. 송, 여진 등의 외국 상인들이 와서 무역을 하였다.
ㄹ. 최승로는 시무 28조에서 확대 실시할 것을 건의하였다.

① ㄱ, ㄴ ② ㄱ, ㄷ ③ ㄴ, ㄷ
④ ㄴ, ㄹ ⑤ ㄷ, ㄹ

상 중 하 17회

10 밑줄 친 '이 탑'에 해당하는 것은?

① 
화엄사 4사자 3층 석탑

② 
경천사지 10층 석탑

③ 
월정사 8각 9층 석탑

④ 
정림사지 5층 석탑

⑤ 
법주사 팔상전

상 중 하 19회

11 다음과 같은 현상에 대한 고려의 정책으로 옳은 것은?

○ ○ **신 문**	2000년 00월 00일

사학 융성으로 관학 위축돼

최충은 관직에서 물러난 후 9재 학당을 설립하여 제자를 양성하였다. 이를 계기로 사학 12도가 등장하여 크게 발전했는데, 사학에서 교육받은 학생이 과거에서 좋은 성적을 거두자 국자감의 관학 교육이 위축되었다.

① 독서삼품과를 실시하였다.
② 국자감에 7재를 설치하였다.
③ 12목에 경학박사를 파견하였다.
④ 만권당을 설치하여 학문을 장려하였다.
⑤ 국자감의 명칭을 성균관으로 개칭하였다.

상 중 하 16회

12 (가)에 들어갈 내용으로 옳은 것을 〈보기〉에서 고른 것은?

〈고려 불교의 결사 운동〉

구분	수선사 결사	백련사 결사
중심 인물	지눌	요세
중심 사찰	순천 송광사	강진 백련사
특징	조계종 성립	(가)

〈보기〉

ㄱ. 해동 천태종 설립
ㄴ. 유·불 일치설 주장
ㄷ. 토호와 지방민의 높은 호응
ㄹ. 참회 수행을 중시하는 법화 신앙 강조

① ㄱ, ㄴ ② ㄱ, ㄷ ③ ㄴ, ㄷ
④ ㄴ, ㄹ ⑤ ㄷ, ㄹ

13 교사의 물음에 대한 답변으로 옳은 것은?

① 강화 천도 시기에 간행하였어요.
② 국가에서 주도하여 제작하였어요.
③ 목판 인쇄술을 사용하여 제작하였어요.
④ 현재 프랑스 국립 도서관에 보관되어 있어요.
⑤ 청주 흥덕사에서 백운 화상이 금속 활자로 찍어 냈어요.

14 (가)~(마) 지역을 답사할 때 볼 수 있는 문화유산으로 옳지 않은 것은?

① (가)　② (나)　③ (다)　④ (라)　⑤ (마)

15 (가)를 이용한 문화유산을 〈보기〉에서 고른 것은?

한국 전통 건축물의 공포는 앞으로 내민 처마를 받치며 그 무게를 기둥과 벽으로 전달하는 기능을 한다. ◻◻(가)◻◻ 양식은 그림처럼 공포를 기둥 위에만 두는 방식이다.

〈보기〉

ㄱ. 구례 화엄사 각황전　　ㄴ. 서울 창경궁 명정전
ㄷ. 안동 봉정사 극락전　　ㄹ. 예산 수덕사 대웅전

① ㄱ, ㄴ　　② ㄱ, ㄷ　　③ ㄴ, ㄷ
④ ㄴ, ㄹ　　⑤ ㄷ, ㄹ

16 (가)에 들어갈 내용으로 옳은 것을 〈보기〉에서 고른 것은?

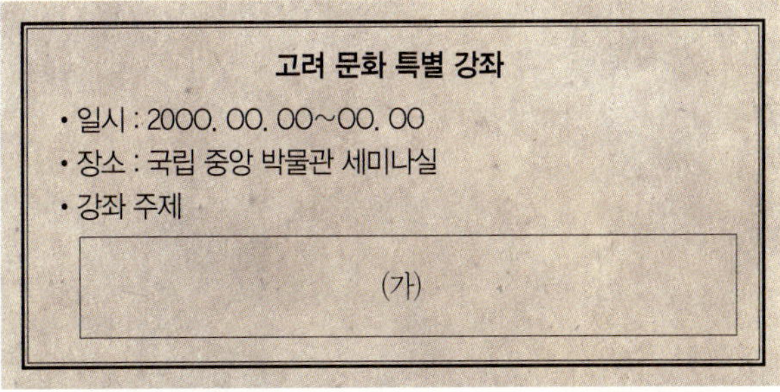

고려 문화 특별 강좌

• 일시 : 2000. 00. 00~00. 00
• 장소 : 국립 중앙 박물관 세미나실
• 강좌 주제

(가)

〈보기〉

ㄱ. 석탑 건축에 있어서 향도의 역할
ㄴ. 지눌과 요세의 불교 개혁 운동 비교
ㄷ. 관학 진흥책으로 설치한 만권당의 의미
ㄹ. 원의 수시력을 바탕으로 제작한 역법서, 칠정산

① ㄱ, ㄴ　② ㄱ, ㄷ　③ ㄴ, ㄷ　④ ㄴ, ㄹ　⑤ ㄷ, ㄹ

상 중 하 13회

17 (가) 시기에 볼 수 있었던 모습으로 옳지 <u>않은</u> 것은?

> [　　(가)　　]에는 고려의 학자, 관리, 승려 등 다양한 사람들이 원에 왕래하였고, 반대로 원이나 이슬람 계통의 사람들이 고려에 귀화하기도 하였다. 이들을 통해 학문과 사상, 건축과 과학 기술 등 폭넓은 문화 교류가 일어났다.

① 주자의 저서를 소개하는 안향
② 목화씨를 시험 재배하는 문익점
③ 만권당에서 학문 연구를 하는 이제현
④ 불교 교리를 담은 보현십원가를 짓고 있는 균여
⑤ 농상집요를 바탕으로 농업 기술을 연구하는 이암

상 중 하 11회

19 다음 내용과 관계있는 나라에서 만든 문화유산은?

> • 송과 해로를 이용하여 활발하게 교류하였다.
> • 은으로 활구라는 화폐를 주조하여 사용하였다.
> • 베, 모시, 기와 등을 만드는 사원 수공업이 발달하였다.

① 　② 　③ 

④ 　⑤ 

상 중 하 12회

18 (가)~(다) 문화유산에 대한 설명으로 옳은 것은?

(가)　　　(나)　　　(다)

① (가) – 공민왕이 그린 불화이다.
② (나) – 나전 칠기 기술을 이용하여 제작하였다.
③ (다) – 통일 신라의 석탑 양식을 계승하였다.
④ (가), (나) – 해외로 반출되었다가 한국으로 반환되었다.
⑤ (가), (다) – 무신 정권의 지원을 받아 제작되었다.

상 중 하 8회

20 밑줄 친 '나'에 대한 설명으로 옳은 것은?

> 나는 옛날 공(公)의 문하에 있었고, 공은 지금 우리 사중(社中)에 들어왔으니 공은 불교의 유생이요, 나는 유교의 불자입니다. 서로 손님과 주인이 되고 스승과 상좌가 되는 것은 예로부터 그러하였고, 현재에서 비롯된 것은 아닙니다.

① 유·불 일치설을 주장하였다.
② 원으로부터 임제종을 도입하였다.
③ 흥왕사를 근거지로 교종을 통합하고자 하였다.
④ 자신의 행동을 참회하는 법화 신앙을 중시하였다.
⑤ 여러 지역에서 수집한 자료를 바탕으로 교장을 편찬하였다.

21 다음 내용과 관계있는 문화유산으로 옳은 것은?

고려 시대에는 뛰어난 공예 기술이 발달하였는데, 그중에서 표면에 홈을 파고 특수한 물질이나 물감을 넣어 아름다운 무늬와 그림을 그린 듯한 효과를 얻어 내는 기법도 널리 활용하였다.

① 
② 
③ 
④ 
⑤ 

22 밑줄 친 '그'에 대한 설명으로 옳은 것은 ?

그는 1360년(공민왕 9)에 시행한 과거에서 제1인으로 뽑혔으며 …… 이때 경서가 고려에 들어온 것은 《주자집주》뿐이었는데, 그가 강설함이 빠르고 사람들의 생각보다 뛰어나므로 듣는 자들이 자못 의심하였다. 그 후에 호병문의 《사서통》을 얻음에 미쳐 그의 말과 합치하지 않음이 없으므로 여러 선비들이 탄복하였다.

① 사학 12도 설립자 중 한 명이었다.
② 이색으로부터 학문적 영향을 받았다.
③ 일본의 성리학 발전에 영향을 끼쳤다.
④ 고려에 처음으로 성리학을 소개하였다.
⑤ 만권당에서 원의 학자들과 교류하였다.

23 (가)~(라)를 만들어진 순서대로 바르게 나열한 것은?

(가)　　　　(나)

(다)　　　　(라)

① (가)-(나)-(다)-(라)　　② (가)-(라)-(다)-(나)
③ (나)-(가)-(다)-(라)　　④ (나)-(가)-(라)-(다)
⑤ (다)-(나)-(가)-(라)

24 다음 문화유산들이 만들어진 시기의 역사적 사실로 옳은 것은?

① 일본의 스에키 토기 제작에 영향을 주었다.
② 백운소설, 역옹패설과 같은 패관 문학이 유행하였다.
③ 대리석을 재료로 한 원각사지 10층 석탑을 만들었다.
④ 중국의 역대 의서를 집대성하여 의방유취를 간행하였다.
⑤ 중국과 아라비아의 역법을 참고하여 칠정산을 만들었다.

1. ② 2. ④ 3. ① 4. ④ 5. ⑤ 6. ④ 7. ⑤ 8. ④ 9. ③ 10. ②
11. ② 12. ⑤ 13. ④ 14. ② 15. ⑤ 16. ① 17. ④ 18. ② 19. ②
20. ① 21. ② 22. ② 23. ② 24. ②

1. ② 바로 정리 : 고려 시대 목조 건축물의 특징
영주 부석사 무량수전과 예산 수덕사 대웅전은 고려 시대에 지어진 목조 건축물로서 주심포 양식을 적용했다. 주심포 양식은 공포를 기둥 위에만 배치한 건축 양식이다. 이외에도 안동 봉정사 극락전이 있다. 아하! ① 경천사지 10층 석탑 ③ 조선 시대의 서원 ④ 조선 후기에 지어진 법주사 팔상전, 화엄사 각황전 ⑤ 세계 문화유산으로 지정되지 않았다.

2. ④ 바로 정리 : 의천의 활동
사료의 내용에서 흥왕사에 교장도감을 설치했다는 사실을 통해 '그'가 의천임을 알 수 있다. 의천은 교장도감을 설치하여 교장을 간행했다. 또 흥왕사를 근거지로 삼아 화엄종을 중심으로 교종을 통합하려 했으며, 국청사를 중심으로 천태종을 창시하여 교종 입장에서 선종을 통합하고자 했다. 아하! ① 혜심 ② 요세 ③ 의천과 관계없다. ⑤ 지눌

3. ① 바로 정리 : 고려 시대의 귀족 문화
제시된 자료에서 고려 시대에 화려한 귀족 문화가 발달했음을 설명하고 있다. 청자, 나전 칠기, 〈수월관음도〉를 비롯한 불화 등은 귀족들의 선호도가 높은 것들이었다. 아하! ② 조선 후기의 청화 백자 ③ 조선 후기 정선의 〈금강전도〉 ④ 조선 전기 강희안의 〈고사관수도〉 ⑤ 신라의 기마형 토기

4. ④ 바로 정리 : 고려 불상의 특징
(가)는 논산 관촉사 석조 미륵보살 입상, (나)는 파주 용미리 마애 이불 입상이다. 고려의 불상은 시기와 지역에 따라 다양한 모습을 나타내고 있는데 (가), (나)를 통해 고려 불상의 지방화를 알 수 있다. (나)에는 고려 선종의 왕자 출생과 관련된 설화가 전해져 온다. 아하! ㄱ. 고려 초에 제작되어 원의 영향으로 볼 수 없다. ㄷ. 백제의 서산 마애 여래 삼존불 입상과 관계있다.

5. ⑤ 바로 정리 : 《삼국사기》의 성격
자료의 내용을 통해 (가)에 들어갈 내용은 고려 시대에 편찬된 《삼국사기》임을 알 수 있다. 삼국사기는 인종의 명을 받아 김부식이 편찬한 것으로 현존하는 우리나라에서 가장 오래된 역사서이다. 유교적 합리주의 사관에 기초하여 기전체 형식으로 쓴 이 역사서는 신라 계승 의식을 반영하고 있다. 아하! ① 기전체 양식 ② 신라 계승 의식 ③ 성리학은 고려 후기에 도입되었다. ④ 《삼국유사》

6. ④ 바로 정리 : 팔만대장경의 특징
사료의 밑줄 친 '7천 권 경판'은 팔만대장경(재조대장경)을 의미한다. 고려 시대 거란의 침입 때 제작된 초조대장경이 몽골의 침입으로 소실되자 다시 대장경을 제작했는데, 그것이 조선 시대를 거쳐 지금까지 전해 오고 있다. 따라서 제시된 사료에서 일본 사신이 조선 정부에 요구한 것은 팔만대장경임을 알 수 있다. 조선 정부에서는 끝내 일본의 요구를 들어주지 않았다. 아하! ① 합천 해인사에 보관 ② 《직지심체요절(직지)》 ③ 교장 ⑤ 경복궁

7. ⑤ 바로 정리 : 지눌의 사상과 활동
그림 속의 내용은 지눌의 〈권수정혜결사문〉의 일부이다. 지눌은 최씨 무신 정권의 지원을 받으며 선종 결사인 수선사를 창립했으며, 선을 중심으로 교학을 포용하자는 '정혜쌍수'와 깨달음 이후의 꾸준한 수행을 강조하는 '돈오점수'를 주장했다. 아하! ①, ③ 의천 ② 균여 ④ 요세

8. ④ 바로 정리 : 민족적 자주 의식을 담은 역사서
제시된 자료에서 탐구 대상으로 삼은 역사서는 《해동고승전》, 《동명왕편》, 《삼국유사》이다. 이 역사서들은 무신 정변과 몽골 침략을 겪으면서 생긴 민족적 자주 의식을 바탕으로 편찬되었다. 아하! ① 《삼국사기》 ② 《삼국유사》 ③ 《해동고승전》, 《삼국유사》 ⑤ 《동명왕편》

9. ③ 바로 정리 : 팔관회의 성격
주어진 자료를 통해 팔관회에 대한 설명임을 알 수 있다. 팔관회는 연등회와 더불어 고려의 큰 국가적 행사로 치러졌으며, 태조는 훈요 10조에서 소홀히 하지 않을 것을 명시했다. 팔관회는 외국 상인들로서는 무역을 할 수 있는 기회였고, 왕으로서는 자신의 정치적 권위를 확인하는 자리가 되기도 했다. 아하! ㄱ. 삼국 시대에 시작되었다. ㄹ. 최승로는 축소를 건의했다.

10. ② 바로 정리 : 경천사지 10층 석탑의 특징
대화 내용을 통해 밑줄 친 '이 탑'은 고려 후기에 제작된 경천사지 10층 석탑임을 알 수 있다. 고려 시대에는 다각 다층탑을 비롯한 다양한 형태의 탑을 제작했다. 아하! ① 통일 신라, 화엄사 4사자 3층 석탑 ③ 고려, 월정사 8각 9층 석탑 ④ 백제, 정림사지 5층 석탑 ⑤ 조선 후기, 법주사 팔상전

11. ② 바로 정리 : 고려 정부의 관학 진흥책
제시된 자료는 최충을 비롯한 사학의 융성과 그에 대비되는 관학의 위축에 대한 내용을 담고 있다. 고려 정부는 관학 진흥을 위해 국자감에 분야별 전문 강좌인 7재를 설치했고, 양현고라는 장학 재단을 설치했다. 아하! ① 통일 신라의 관리 등용책 ③ 지방 교육 진흥책 ④ 고려 후기, 원의 학자들과 학문적 교류를 위해 원의 수도에 설치했다. ⑤ 사학 융성에 대응한 관학의 진흥책과 관계없다.

12. ⑤ 바로 정리 : 백련사 결사의 특징
고려 무신 집권기에 들어와 불교계에서는 불교 본연의 자세 확립을 주창하는 결사 운동이 전개되었다. 지눌의 수선사 결사(조계종)와 요세의 백련사 결사(천태종)가 대표적인 사례이다. 요세는 백련사 결사를 조직하여 자신의 행동에 대한 진정한 참회를 중시하는 법화 신앙을 강조했다. 개혁적인 승려와 지방민의 적극적인 호응을 받았다. 아하! ㄱ. 의천 ㄴ. 혜심

13. ④ 바로 정리 : 《직지심체요절》의 특징
《직지》 또는 《직지심체요절》로 불리는 이 문화유산의 원래 이름은 《백운화상초록불조직지심체요절》이다. 백운 화상이 경전과 다른 승려들의 가르침을 모아 편저한 책을 그의 제자들이 청주 흥덕사에서 1377년 7월에 금속 활자로 인쇄했다. 현재는 하권만 프랑스 파리 국립 도서관에 보관되어 있다. 아하! ① 팔만대장경 ② 백운 화상의 제자들이 인쇄 ③ 금속 활자 이용 ⑤ 백운 화상 입적 후에 인쇄했다.

14. ② 바로 정리 : **삼국과 고려 시대의 지역별 문화유산**
지도는 삼국과 고려 시대의 문화유산을 정리한 것이다. (가)는 백제의 석촌동 돌무지무덤으로 서울에서 볼 수 있다. (다)는 고려의 월정사 8각 9층 석탑으로 평창에서 볼 수 있다. (라)는 백제의 무령왕릉으로 공주에서 볼 수 있다. (마)는 신라 분황사 모전 석탑으로 경주에서 볼 수 있다. 아하! (나)는 관촉사 석조 미륵보살 입상으로 논산에 있다.

15. ⑤ 바로 정리 : **주심포 양식의 건축물**
제시된 그림과 설명을 통해 (가)에 들어갈 내용은 주심포 건축 양식이다. 고려 후기 목조 건축물에 주로 이용된 양식으로 안동 봉정사 극락전, 영주 부석사 무량수전, 예산 수덕사 대웅전이 주심포 양식으로 지어졌다. 아하! ㄱ. ㄴ. 규모가 큰 건물로서 다포 양식을 이용했다.

16. ① 바로 정리 : **고려의 문화**
강좌 주제인 (가)는 고려 문화와 관련된 내용이어야 한다. ㄱ. 불교 신앙 단체이자 농민 조직인 향도는 국태민안을 바라는 매향 행사를 진행했고, 대규모 인력이 동원되는 불상, 석탑, 사찰 건립에 참여했다. ㄴ. 지눌과 요세는 각각 수선사 결사와 백련사 결사를 이끌며 불교계의 개혁 운동을 추진했다. 아하! ㄷ. 만권당은 원의 학자들과 학문 교류를 위해 세운 서재이다. ㄹ. 조선 전기

17. ④ 바로 정리 : **고려 후기의 모습**
제시된 글의 내용을 통해 (가)는 고려 후기, 특히 원 간섭기임을 알 수 있다. 이 시기에는 사람과 물자의 왕래가 빈번하여 이슬람 계통의 사람들이 고려에 귀화하기도 하고 다양한 사람들이 원으로 건너갔다. 그 가운데 고려는 몽골의 풍속, 음식, 과학 기술 등을 받아들였다. 안향, 문익점, 이암은 각각 성리학과 목화씨, 그리고 《농상집요》를 들여왔다. 아하! ④ 〈보현십원가〉는 고려 초에 균여가 지었다.

18. ② 바로 정리 : **고려의 문화유산**
(가)는 혜허의 〈수월관음도〉, (나)는 나전 칠기 염주합, (다)는 경천사지 10층 석탑이다. (나)는 나무로 만든 상자에 자개를 박아 옻칠을 하는 나전 칠기 기술을 이용하여 만든 공예품이다. 아하! ① 혜허의 그림 ③ 원 석탑의 영향 ④ (가)는 일본에, (나)는 미국에 반출되어 있다. ⑤ 무신 정권의 지원과는 무관하다.

19. ② 바로 정리 : **고려의 불교 문화**
제시된 자료는 고려 시대의 경제 상황에 대한 설명이다. ② 〈수월관음도〉는 고려 시대에 제작된 불화로서 귀족들의 수요가 많았다. 아하! ① 조선 후기의 용주사 대웅보전 탱화 ③ 백제의 서산 마애 여래 삼존불 입상 ④ 통일 신라의 석굴암 본존불 ⑤ 발해의 이불 병좌상

20. ① 바로 정리 : **혜심의 유불 일치설**
사료의 내용을 통해 고려의 승려 혜심의 유불 일치설임을 알 수 있다. 유교와 불교의 도가 심성 수양이라는 측면에서 근본적으로 하나라고 주장했다. 이러한 주장은 장차 성리학을 받아들일 수 있는 사상적 토대가 되었다. 아하! ② 보우 ③, ⑤ 의천 ④ 요세

21. ② 바로 정리 : **고려의 은입사 공예 기법**
제시된 자료는 고려 시대의 공예 기법인 은입사 기법을 설명하고 있다. ② 청동 은입사 포류 수금문 정병은 청동기 표면을 파내고 실처럼 만든 은을 채워 무늬를 장식한 공예품이다. 아하! ① 나전 칠기 염주합 ③ 분청사기 ④ 청자 투각 칠보무늬 향로 ⑤ 청화 백자

22. ② 바로 정리 : **정몽주의 성향**
사료의 내용은 정몽주의 학문이 뛰어남을 보여 주는 일화이다. 그는 이색 문하에서 정도전과 함께 학문을 익혔다. 그는 고려 말기, 고려 사회를 개혁하는 데는 뜻을 같이했으나 역성혁명에는 반대했다. 아하! ① 사학 12도는 고려 전기에 설립 ③ 조선 이황의 성리학 ④ 안향 ⑤ 이제현, 백이정 등의 학자들

23. ② 바로 정리 : **삼국 시대와 고려 시대 문화유산의 제작 시기**
(가)는 고구려의 금동 연가 7년명 여래 입상(539), (나)는 고려 후기의 《직지》(1377), (다)는 몽고 침략기의 팔만대장경판(13세기 중반), (라)는 고려 초기의 하남 하사창동 철조 석가여래 좌상(10세기경)이다. (가)-(라)-(다)-(나)의 순으로 제작되었다.

24. ② 바로 정리 : **고려의 문화유산**
자료는 고려의 청자 상감 운학문 매병과 여주 고달사지 승탑이다. 이규보의 《백운소설》과 이제현의 《역옹패설》은 민간에 구전되는 이야기를 일부 고쳐서 한문으로 기록한 패관 문학 작품으로, 고려 시대 문학의 한 장르였다. 아하! ① 가야 ③, ④, ⑤ 조선

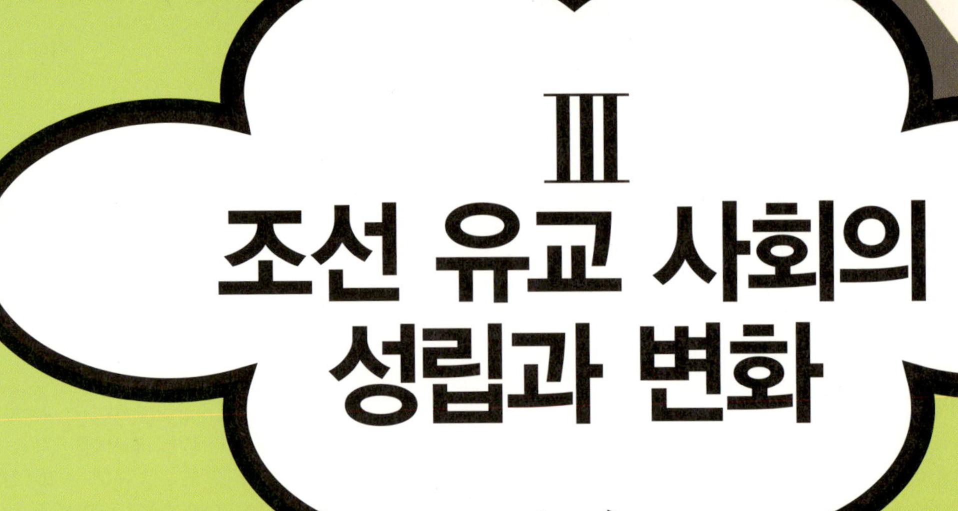

출제 위원 생생 리얼 합격 코칭 100%

조선 전기의 정치, 경제, 사회	**합격 코칭 13**	조선 초기 국왕의 정책과 업적, 중앙 통치 기구와 지방 행정 조직의 특징, 역할 등이 자주 출제된다. 각 국왕의 업적(용어)과 각 기관의 역할에 대해 정확히 알자.
	합격 코칭 14	각종 사화의 원인과 관련 인물 꼼꼼히 체크! 붕당의 형성과 분화 원인도 공부하자.
	합격 코칭 15	토지 제도의 변화 배경, 양상, 영향을 묻는 문제, 수취 제도, 서원과 향약의 특징을 묻는 문제가 자주 출제된다. 토지 제도 용어와 내용을 정확히 이해해야 하고, 16세기에 수취 제도의 문란이 어떠한 방식으로 나타났는지도 공부해야 한다.
조선 전기의 문화	**합격 코칭 16**	15세기와 16세기 문화의 특징을 비교하고, 성리학의 발달 과정에서 이황, 이이의 사상을 정리해야 한다. 또 15세기 과학 기술의 발달 부분은 자주 출제되므로 각별히 신경 써야 한다. 각 시기별 관련 문화재 사진을 잘 기억해 두자.
조선 후기의 정치, 경제, 사회	**합격 코칭 17**	왜란과 호란이 발생한 배경, 전개 과정, 영향이 자주 출제된다. 또, 조선 후기 통치 제도의 변화와 군사 제도의 변화도 중요하다. 비변사의 기능 강화와 훈련도감을 중심으로 한 5군영 체제도 이해해 두어야 한다.
	합격 코칭 18	붕당 정치의 전개 과정과 탕평 정치, 세도 정치를 시기별로 이해하는 것이 중요하다. 특히 영조와 정조의 탕평책 내용을 묻는 문제는 매번 꾸준히 출제되는 핵심 주제이다.
	합격 코칭 19	조선 후기 생산력의 발달, 수취 체제의 변화, 상품 화폐 경제의 발달, 대외 무역의 성장 등을 공부해야 한다. 특히 대동법, 균역법 등 조선 후기 수취 체제의 변화와 관련된 문제는 거의 매년 출제된다. 그 외에도 모내기법을 통한 광작, 부농의 등장, 공인과 사상의 활동도 기억해 두자.
	합격 코칭 20	조선 후기 사회 변동 속에서 신분제가 동요한 모습을 이해해야 한다. 그 과정에서 양반층과 농민층의 분화, 중간 계층의 성장, 새로운 종교(동학과 서학)의 등장, 세도 정치와 농민들의 저항 운동 주제를 정리해 두어야 한다.
	합격 코칭 21	청과의 국경 분쟁(백두산정계비 해석 문제, 간도 귀속 문제), 독도 관련 문제는 꾸준히 출제되는 주제이다. 특히 대한 제국기의 간도와 독도에 대해 정확히 이해해야 한다.
조선 후기 문화의 변화	**합격 코칭 22**	성리학의 절대화 경향에 반대하는 윤휴와 박세당의 사상, 양명학과 강화학파, 실학자의 사상, 국학 내용을 꼼꼼하게 사료를 중심으로 정리해야 한다. 특히 실학 중에서도 농업 중심의 개혁론(경세치용 학파)과 상공업 중심의 개혁론(북학파)의 주장 및 각 학파 학자들 각각의 주장은 매우 중요한 주제이다.
	합격 코칭 23	조선 후기 서민 문화의 발달 배경과 정선, 신윤복과 김홍도의 그림은 꼭 파악하도록 한다.

기억하라! 표

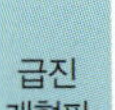

급진 개혁파	•정도전 •새 왕조 개창 •역성혁명 주장 •전제 개혁 주장
온건 개혁파	•이색, 정몽주 •고려 왕조 유지 주장 •점진적 개혁 주장

고려 말 신진 사대부의 분화

기억하라! 표

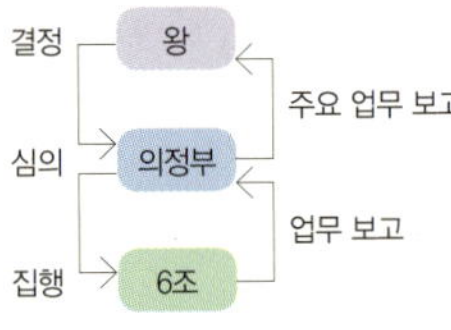

의정부 서사제

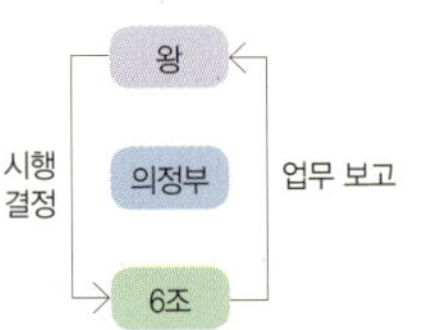

6조 직계제

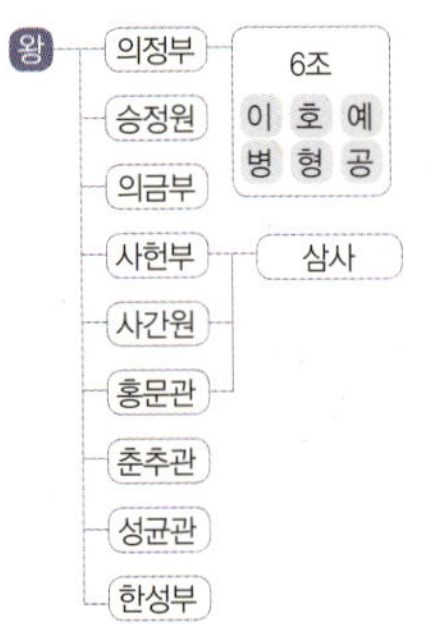

조선의 중앙 정치 기구

핵심주제 01 조선의 건국

(1) 건국 과정

위화도 회군(1388)
이성계와 최영의 갈등 → 명, 철령 이북의 땅 요구 → 최영(우왕)의 요동 정벌 단행 명령 → 이성계의 위화도 회군 → 이성계 세력, 최영 제거 후 실권 장악

→

과전법 실시(1391)
•권문세족과 사원의 농장 혁파 •부족한 국가 재정 확보 •신진 사대부의 경제적 기반 마련

→

조선 건국(1392)
급진 개혁파와 이성계의 연합 → 온건 개혁파 제거 → 이성계를 왕으로 추대, 새 왕조 건국

(2) 국가의 기틀 마련

태조	•국호 '조선', 한양 천도 •성리학을 통치 이념으로 삼음 •**정도전** : 민본적 통치 규범 마련(《조선경국전》 편찬), 재상 중심의 정치 주장
태종	•두 차례에 걸친 왕자의 난을 통해 즉위 •**국왕 중심의 정치 강화** : 사간원을 독립시켜 대신 견제, 6조 직계제·호패법 실시, 공신과 왕족들의 사병 혁파(국왕이 군사 지휘권 장악)
세종	**유교 정치** : 집현전 설치, 경연 활성화, 의정부 서사제 채택(일반 업무는 의정부에서 심의, 인사 및 군사 관련 업무는 국왕이 관장 → 왕권과 신권의 조화 추구)
세조	•**왕권 강화** : 6조 직계제 실시, 집현전과 경연 폐지, 《경국대전》 편찬 시작 •**직전법 실시** : 현직 관리에게만 수조권 지급
성종	•홍문관 설치(집현전 계승), 경연 활성화, 《경국대전》 완성 → 유교적 법치 국가의 통치 체제 확립 •지방 출신의 선비(사림)들을 중요 관직에 등용

핵심주제 02 통치 체제의 정비

(1) 중앙 정치 기구

의정부	재상(3정승)의 합의를 거쳐 국정 총괄
6조	정책 집행, 6조의 장관(판서)은 국가 주요 정책 회의나 경연에 참여
삼사	**언론 담당** : 관리의 비리 감찰(사헌부), 국왕의 정치 비판(사간원), 경연 주관(홍문관) → 권력 독점과 부정 방지
의금부	국왕 직속의 사법 기구, 반역죄를 포함한 국가의 큰 죄인 처리
승정원	왕명 출납, 왕의 비서 기관
기타	한성부(수도의 행정과 치안 담당), 춘추관(역사서 편찬 및 보관), 성균관(최고 국립 교육 기관)

(2) 지방 행정 제도

운영	•전국을 8도로 나눔, 그 아래에 부, 목, 군, 현 설치 •**관찰사 파견(8도)** : 수령을 지휘·감독(감찰권), 각 도의 행정·사법 업무 등을 총괄, 병마절도사 겸함(군사권) •**수령 파견** : 지방의 행정, 사법, 군사 업무 담당, 모든 군·현에 파견(속현 사라짐), 상피제 적용 •**향리** : 수령 보좌, 행정 실무 담당, 신분과 직역 세습, 고려 시대에 비해 지위 낮아짐
유향소 (향청)	•**향촌 자치 기구** : 지방 양반들이 자발적으로 운영, 좌수와 별감 선출, 향회 소집 •수령 보좌, 향리의 비리 감시, 풍속 교정 •서울에 설치된 경재소의 통제를 받음

(3) 관리 등용 제도

과거제	문과	•**소과** : 생원과, 진사과 합격자에게는 성균관 입학 또는 대과 응시 자격 부여, 하급 관리 진출 가능 •**대과** : 초시(각 도의 인구 비례 선발) → 복시(33명 선발) → 전시(왕 앞에서 시행, 최종 순위 결정)
	무과	주로 상민이나 향리의 자제 응시
	잡과	역과·율과·의과·음양과 시행, 주로 기술관이나 향리의 자제 응시
천거		•능력이나 품행이 뛰어난 사람을 관리로 추천, 주로 기존 관리를 대상으로 실시 •사례 : 조광조(중종)의 건의로 실시된 현량과
취재		재주가 부족하거나 나이가 많아 과거 응시가 어려운 사람들을 위한 시험 → 하급 실무직에 임명
음서		•대상 : 고려 시대보다 범위 축소(공신이나 2품 이상 관리의 자제) •문과를 거치지 않으면 고위 관리직 임명이 어려움

기억하라! 표

훈구	사림
•관학파의 학풍 계승 •대지주 •문물제도 정비에 기여 •중앙 집권 체제 및 부국강병 추구 •성리학 외의 사상에 관대	•정몽주와 길재의 학통 계승 •지방 사족 •주로 지방 중소 지주 •향촌 자치와 왕도 정치 추구 •성리학 외의 사상 배척 •경학 중시

훈구 VS 사림

핵심주제 03

사림 세력의 등장과 붕당의 출현

(1) 사림의 성장 과정과 사화의 발생

사화	무오사화 (1498, 연산군)	갑자사화 (1504, 연산군)	기묘사화 (1519, 중종)	을사사화 (1545, 명종)
원인	김종직의 '조의제문'과 김일손의 사초 문제	폐비 윤씨 폐출 및 사사 사건	조광조의 개혁 정치(위훈 삭제, 현량과)	왕실 외척 간의 대립

(2) 사림의 집권과 붕당 정치

① 사림의 분화

사림의 집권	붕당의 발생		
서원·향약을 통해 세력 확대 → 선조 이후 훈구를 대신하여 정치의 주도권 장악	•**원인** : 척신 정치의 청산 문제, 이조 전랑의 임명 문제 •**성격** : 정치 이념과 학문적 경향에 따라 나뉨		
	동인	신진 사림, 척신 정치 청산에 적극적, 이황·조식·서경덕 등의 문인 중심	
	서인	기성 사림, 척신 정치 청산에 소극적, 이이·성혼 등의 문인 중심	

기억하라! 인물

조광조

현량과 실시, 소격서 폐지, 소학과 향약의 보급, 경연 강화, 방납의 폐단 시정, 중종반정 공신들의 위훈 삭제 등 개혁을 추진하였으나 기묘사화로 실패하였다.

② 붕당 정치의 전개

선조	•정여립 모반 사건을 계기로 서인이 실권 장악 •정철의 광해군 왕세자 책봉 건의 → 서인 축출, 동인 우세 •서인 처리에 대한 의견이 달라 동인이 남인(온건파)과 북인(강경파)으로 분화 → 남인이 정국 주도
광해군	북인이 정국 독점(명과 후금 사이의 중립 외교 정책 지지) → 인조반정으로 몰락
인조	인조반정 후 서인이 정국 주도(남인과 연합) → 상호 비판적 공존 체제 형성
현종	효종과 효종 비 사후 각각 1·2차 예송 논쟁 발생 → 서인과 남인의 대립 심화 → 1차 예송은 서인 승리, 2차 예송은 남인 승리
숙종	경신환국 이후 붕당 정치 변질(일당 전제화), 서인이 노론과 소론으로 분화

기억하라! 표

과전	관리들에게 지급
수신전	관리 사망 후 재혼하지 않은 부인에게 지급
휼양전	관리를 지낸 부모 사망 후 미성년 자녀에게 지급
공신전	공신에게 지급

과전법에서 지급한 토지

기억하라! 서적

농사직설

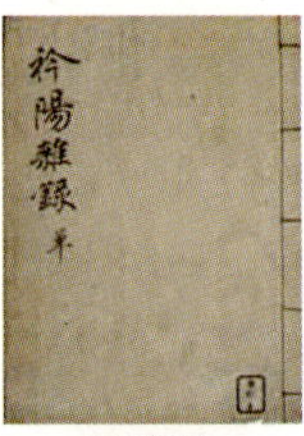

금양잡록

《농사직설》은 세종의 명으로 펴낸 관찬 농서이고, 《금양잡록》은 성종 때 강희맹이 편찬한 사찬 농서이다.

기억하라! 유적

선농단(서울 동대문구)

왕은 농업을 권장하기 위해 적전을 두어 친경을 행하고, 이에 앞서 선농단에서 풍년을 기원하는 제사를 지냈다.

핵심주제 04 토지 제도의 변화와 수취 체제의 정비

(1) 과전법의 시행과 변화

과전법 시행 (고려 말, 1391)	직전법 실시 (세조, 1466)	관수관급제 시행 (성종, 1470)	직전법 폐지 (명종, 1556)
• 목적 : 국가의 재정 기반과 신진 사대부의 경제 기반 확보 • 전·현직 관리에게 수조권 지급, 경기 지역의 토지 지급, 원칙적으로 세습 불가	수신전, 휼양전, 공신전 등의 세습 토지 증가로 과전 부족 현상 → 현직 관리에게만 수조권 지급	수조권을 가진 양반 관료들의 과도한 수취(수조권 남용) → 국가에서 직접 조세를 거두어 양반 관료들에게 지급 → 국가의 토지 지배권 강화, 농민 보호	관리들에게 수조권 대신 녹봉만 지급(녹봉제 실시) → 양반 지주들의 토지 사유 욕구 강화 → 지주 전호제 확산

(2) 수취 체제의 정비

> 거둔 조세를 한성으로 조달하지 않고 현지에서 사용하도록 한 지역

> 토지를 소유한 양반을 지주로 하고 그것을 빌려서 농사를 짓는 농민을 전호로 하는 경제 체제

조세	• 과전법 : 수확량의 1/10 징수(매년 풍흉을 조사하여 수확량에 따라 납부액 조정) • 전분 6등법, 연분 9등법 : 세종, 토지 비옥도와 풍흉의 정도에 따라 1결당 4~20두 징수 • 조운 : 각 군·현에서 거둔 조세를 조창으로 운반 → 바다와 강을 통해 경창으로 운송 • 잉류 지역 : 평안도·함경도의 조세는 군사비·사신 접대로 쓰고 경창으로 운송하지 않음
공납	각 군·현에 물품과 징수액 부과 → 집집마다 할당하여 토산물 징수
역	• 군역 : 정군(실제 군사 복무) 또는 보인(정군의 복무 비용 부담), 현직 관리·서리·향리는 면제 → 실제로 양인 농민들이 군역 전담 • 요역 : 국가의 각종 공사에 동원(연간 6일 이내로 제한)

(3) 수취 체제의 문란(16세기 이후 심화)

> 왕실과 각 관청에 바치는 공납을 쌀로 내게 하던 제도

공납	그 지역에서 생산되지 않는 공물 부과, 과다한 공물 부과, 방납의 폐단 발생 → 유망 농민의 증가 → 수미법 주장(이이, 유성룡 등)
역	군역의 요역화 → 불법적 대립과 방군 수포 → 군적 수포제 시행(중종, 매년 군포 2필 받고 군역 면제) → 군포 부담 증가, 군역 기피 현상 발생
환곡	가난한 농민에게 곡물을 빌려 주고 규정된 이자(1/10가량) 이상을 부과 → 고리대로 변질

→ 임진왜란 이후 수취 제도 개선 필요성 대두 → 영정법, 대동법, 균역법 시행

> 요역 회피로 인해 군역 부담자가 요역 부담까지 겸하는 현상

핵심주제 05 경제생활

(1) 중농 정책의 실시와 농업 기술의 발달

중농 정책	• 목적 : 민생 안정, 국가 재정 확충 • 내용 : 토지 개간 장려, 양전 사업 실시, 수리 시설 확충, 농업 기술 및 농기구 개발, 농서 간행·보급(《농사직설》, 《금양잡록》) • 상공업 통제 및 자급자족적 농업 중심의 경제 → 상공업자 차별, 화폐 유통 부진, 소비 억제
농업 기술 발달	• 조·보리·콩의 2년 3작, 시비법(밑거름, 덧거름)의 발달 → 휴경지 소멸 • 남부 일부 지방에 모내기 확대 보급 → 벼·보리의 이모작 가능 • 목화 재배 확대 → 의생활 개선, 약초·과수 재배 확대
농민의 생활	• 자연재해, 고리대, 세금(또는 소작료) 부담 등으로 생활이 어려움 • 농민 통제 정책 : 농민의 유망 방지, 호패법, 오가작통법

> 일정한 거처 없이 떠돎

> 범죄자 색출과 세금 징수 및 부역 동원 등을 효과적으로 시행하기 위해 다섯 집을 한 통으로 묶던 호적 제도

(2) 수공업과 상업 활동

수공업	• **관영 수공업 발달** : 장인들을 공장안에 등록 → 중앙과 지방 관청에서 필요한 물품 제작, 관청에 동원된 기간 외에는 사적으로 제작한 물건 판매 가능 • 16세기 부역제 해이와 상업의 발전으로 관영 수공업 쇠퇴 • **민영 수공업 미약** : 농기구, 양반의 사치품 생산 • **가내 수공업** : 자급자족 형태로 생활필수품 제작
상업	• **시전 상인** : 종로, 왕실과 관청에 물품 공급, 특정 상품에 대한 독점 판매권 부여 • **경시서(평시서) 설치** : 시전에서의 불법적 상행위 통제, 세금 징수, 도량형과 물가 감독 • **장시의 등장** : 15세기 후반 등장 → 16세기 중엽 전국으로 확대, 보부상의 활동 • **화폐 정책** : 저화, 조선통보 발행 → 여전히 쌀과 면포로 거래 → 화폐 유통 부진 • **무역 정책** : 명(공무역과 사무역 허용), 여진(무역소 설치), 왜(왜관 무역)

보부상(권용정, 간송미술관)

 핵심주제 **06**

신분 제도

(1) 양천제와 반상제

양천제	• 법제적 신분, 갑오개혁으로 신분제가 폐지될 때까지 유지 • 양인(자유민, 조세와 국역의 의무, 관직 진출 가능)과 천민(비자유민, 천역 담당)으로 구분
반상제	• 양인층의 분화 → 지배층과 피지배층을 구분하는 반상제 일반화 → 지배층이 양반과 중인으로 분화 → 양반·중인·상민·천민으로 구분 • 엄격한 신분제 사회였으나 신분 이동 가능

(2) 신분 구조

양반	• **의미** : 문반과 무반의 합칭, 가족과 가문까지 확대 • **특권** : 군역 면제, 과거·음서·천거로 관직 독점, 넓은 토지와 노비 소유 • **기득권 유지 노력** : 문무 양반 관료만 양반으로 인정, 향리와 서리 등 하급 지배 신분을 중인으로 격하, 서얼의 관직 진출 제한
중인	• **의미** : 양반과 상민의 중간 계층, 잡과로 선발된 기술관 • 직역 세습, 같은 신분끼리 혼인, 전문 기술이나 행정 실무 담당, 서얼은 문과 응시 불가
상민	• 농민, 수공업자, 상인, 신량역천(양인의 신분으로 천역을 담당하던 계층) • **농민이 대부분** : 자신의 토지나 양반의 토지 경작, 조세와 군역의 의무 • 법적으로는 과거 응시가 가능했으나, 실질적으로 과거 준비가 어려워 응시 거의 불가능
천민	• 공노비·사노비(솔거 노비, 외거 노비), 매매·상속·증여의 대상, 일천즉천(一賤則賤) 원칙 적용 • 대부분이 노비, 백정·무당·창기·광대 등도 천민 대우

 핵심주제 **07**

사회 제도와 법률 제도

사회 제도	• 환곡제 운영(의창·상평창에서 담당), 재해 발생 시 조세 감면 • **사창 설치** : 양반 지주들의 자치적 구휼 기구 • **의료 및 사회 시설** : 동·서 대비원과 혜민국(도성 부근 서민 환자의 구제와 약재 판매), 제생원(지방민의 구호와 진료), 동·서 활인서(유랑자의 수용과 구휼)
법률 제도	• **형벌** : 《경국대전》과 《대명률》 적용, 반역죄와 강상죄는 연좌제 시행 • **민사** : 지방관(수령, 관찰사)이 관습법에 따라 처리, 초기에는 노비 소송이 잦았으나 중기 이후에는 점차 산송 문제가 주류를 이룸

삼강오륜과 같은 유교 윤리를 어긴 죄

묘지를 둘러싸고 벌어지는 소송

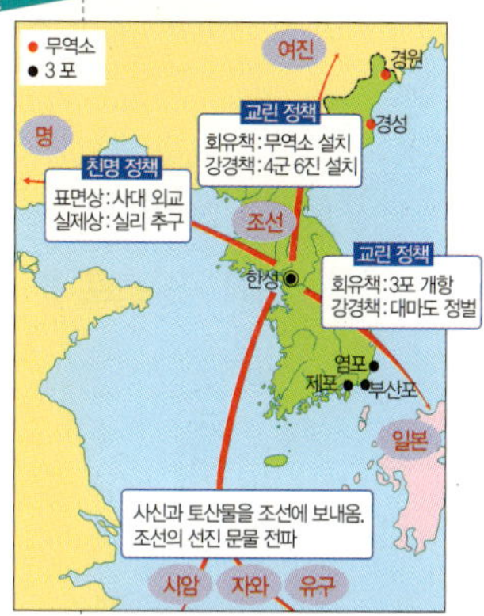

조선 전기의 대외 관계와 무역

기억하라! 표

고려	특정 직역을 가지지 않고 있던 일반 농민층
조선	도살업과 유기업에 종사하던 천민층

고려 vs 조선의 백정

상 중 하 22회

01 다음과 관계있는 조선 시대 수취 제도에 대한 설명으로 옳은 것은?

> 임금이 말하기를, "경무보법(頃畝步法)을 고쳐서 예전대로 결(結)·부(負)·속(束)·파(把)로 하고, 5등전의 1, 2등을 추이(推移)하여 6등으로 하며, 그 6등의 전지는 모두 주척으로 측량하고 토지의 넓고 좁은 것을 따라 동과(同科)로 조세를 거두는 것이 어떻겠는가."

① 전민변정도감을 설치하여 시행하였다.
② 조선경국전에 규정을 기록하여 시행하였다.
③ 전지와 시지에 대한 기준을 다르게 정하였다.
④ 고려 말 신진 사대부의 경제적 기반이 되었다.
⑤ 조세 액은 1결당 최고 20두에서 최하 4두로 정하였다.

상 중 하 22회

02 (가)에 공통으로 들어갈 관직에 대한 설명으로 옳은 것은?

> • 태조 3년 2월 　(가)　에게 수령의 치적을 보고하도록 명하다.
> • 세종 2년 3월 　(가)　이/가 개천 군민이 모두 굶고 있음을 아뢰다.
> • 성종 1년 6월 　(가)　이/가 향교를 진흥시키는 일에 대해 아뢰다.
> • 영조 27년 4월 　(가)　이/가 상서하여 어염선세, 선무군관의 폐단을 아뢰다.

① 병마절도사를 겸하였다.
② 수령의 행정 실무를 보좌하였다.
③ 간쟁, 봉박, 서경권을 가지고 있었다.
④ 수령을 보좌하고 향리를 감찰하였다.
⑤ 왕의 비서로서 왕명의 출납을 맡았다.

상 중 하 21회

03 (가)에 들어갈 제도에 대한 설명으로 옳지 <u>않은</u> 것은?

> 전하께서 만약 　(가)　을/를 급무로 여기지 않으신다면 뒷세상에서 이를 핑계하여 구실로 삼아, 그 유폐는 반드시 학문을 하지 않는 데 이르게 될 것이니 어찌 작은 일이겠습니까? 삼가 원하옵건대, 전하께서는 날마다 　(가)　에 나와서 《대학(大學)》을 가져와 강론하게 하여, 격물치지·성의정심의 학문을 연구하여 수신제가·치국평천하의 효과를 이루게 하소서.　－《태조실록》

① 고려 예종 때 처음 도입하였다.
② 원 간섭기에는 서연으로 격하되었다.
③ 사서와 오경 및 역사책을 교재로 삼았다.
④ 성균관의 대사성이 주관하여 운영되었다.
⑤ 조선 세조와 연산군 때 중단되기도 하였다.

상 중 하 21회

04 밑줄 친 '전하'의 업적으로 옳은 것을 〈보기〉에서 고른 것은?

> 《제가역상집》이 이루어졌다. 동부승지 이순지가 발문을 쓰기를, "제왕의 정치는 역법과 천문으로 때를 맞추는 것보다 더 큰 것이 없는데, 우리나라 일관들이 그 방법에 소홀하게 된 지가 오래인지라 …… 《칠정산》 내외편을 편찬하였는데, 그래도 오히려 미진해서 또 신에게 명하시어, 천문·역법·의상·구루에 관한 글이 여러 전기에 섞여 나온 것들을 찾아내어, 중복된 것은 깎고 긴요한 것을 취하여 부문을 나누어 한데 모아서 1질 되게 만들어서 열람하기에 편하게 하였으니 …… 전하께서 하늘을 공경하고 백성에게 힘쓰시는 정사가 극치에 이르지 않은 것이 없음을 볼 수 있을 것이다."

〈보기〉

ㄱ. 대동법을 실시하였다.
ㄴ. 경국대전을 완성하였다.
ㄷ. 연분 9등법을 실시하였다.
ㄹ. 의정부 서사제를 실시하였다.

① ㄱ, ㄴ　　　② ㄱ, ㄷ　　　③ ㄴ, ㄷ
④ ㄴ, ㄹ　　　⑤ ㄷ, ㄹ

05 밑줄 친 (가)에 들어갈 기구에 대한 설명으로 옳은 것은?

① 상피제를 적용하였다.
② 향리의 비리를 감찰하였다.
③ 선현을 기리며 제사를 지냈다.
④ 조광조에 의해서 처음으로 설치되었다.
⑤ 국가로부터 편액, 토지, 서적, 노비 등을 지급받았다.

06 ㉠~㉢에 대한 설명으로 옳은 것은?

전지하기를, "내가 ㉠ 직전을 혁파하고 ㉡ 과전을 회복하고자 하니, 그것을 원상에게 물어보라." 하였다. 원상 구치관 등이 아뢰기를, "과전을 회복하는 것은 조관(朝官)에게 매우 유익합니다. 그러나 만일 전일에 ㉢ 수신전 · ㉣ 휼양전을 빼앗긴 자를 상고하여 다시 준다면 반드시 일을 맡은 사람의 전지를 빼앗아 직책 없는 사람에게 주어야 하니, 행하기 어려울 듯합니다."

① ㉠ – 생산량의 10분의 1을 조세로 거두었다.
② ㉡ – 현직 관리에게만 전지와 시지를 지급하였다.
③ ㉢ – 죽은 부모의 과전을 세습하도록 하였다.
④ ㉣ – 세조 때 직전법이 실시되면서 폐지되었다.
⑤ ㉠, ㉡ – 관리들에게 토지 소유권을 지급하였다.

07 (가)~(라)에 대한 설명으로 옳은 것을 〈보기〉에서 고른 것은?

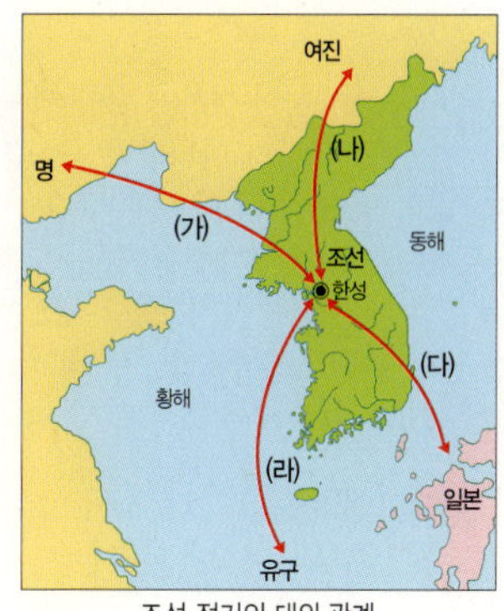

조선 전기의 대외 관계

〈보기〉

ㄱ. (가) – 조공 무역을 통해 경제·문화적 실리를 얻었다.
ㄴ. (나) – 4군과 6진을 설치하여 국경선을 확정하였다.
ㄷ. (다) – 계해약조 이후 일본인을 토관으로 임명하였다.
ㄹ. (라) – 삼포를 개항하여 세견선의 왕래를 허용하였다.

① ㄱ, ㄴ   ② ㄱ, ㄷ   ③ ㄴ, ㄷ
④ ㄴ, ㄹ   ⑤ ㄷ, ㄹ

08 (가)에 들어갈 중앙 정치 기구의 업무로 옳은 것은?

① 과거에 대한 업무를 담당하였다.
② 무관들에 대한 인사 업무를 담당하였다.
③ 조세나 호구 조사의 업무를 담당하였다.
④ 노비 문서와 소송에 관한 업무를 담당하였다.
⑤ 왕의 행차를 뒤따르는 의장 업무를 담당하였다.

상 중 하 81회

09 밑줄 친 '전하'의 재위 기간에 있었던 경제 상황으로 옳은 것은?

우리 전하께서는 명군을 계승하여 정사에 힘을 써 더욱 민사에 마음을 두셨다. 오방의 풍토가 같지 아니하여 곡식을 심고 가꾸는 법이 각기 적성이 있어, 옛 글과 다 같을 수 없다 하여, 여러 도의 감사에게 명하여 주현의 노농들을 방문하게 하여, 농토의 이미 시험한 증험에 따라 갖추어 아뢰게 하시고 …… 그 절요한 것만 뽑아서 찬집하여 한 편을 만들고 제목을 '농사직설'이라고 하였다.

① 소 수공업이 발달하였다.
② 생산력이 향상되어 광작이 성행하였다.
③ 소유한 토지 결 수에 따라 공납액이 달랐다.
④ 연분 9등법을 적용하여 전세를 차등 부과하였다.
⑤ 지주들에게 1결당 미곡 2두의 결작을 부과하였다.

상 중 하 18회

10 다음 사료의 사실이 있었던 시기는?

김효원이 과거에 장원으로 급제하여 전랑의 물망에 올랐으나, 심의겸은 그가 윤원형의 문객이었다 하여 반대하였다. 그 후에 심충겸이 장원 급제하여 전랑으로 천거되었으나, 외척이라 하여 김효원이 반대하였다. 이때 양쪽 사람들이 다른 주장을 내세우면서 서로 배척하였다. — 《연려실기술》

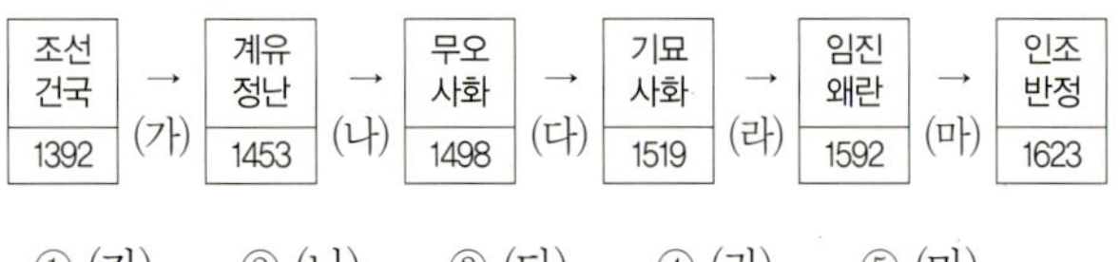

① (가) ② (나) ③ (다) ④ (라) ⑤ (마)

상 중 하 17회

11 지도와 관계있는 시대의 지방 행정에 대한 설명으로 옳지 않은 것은?

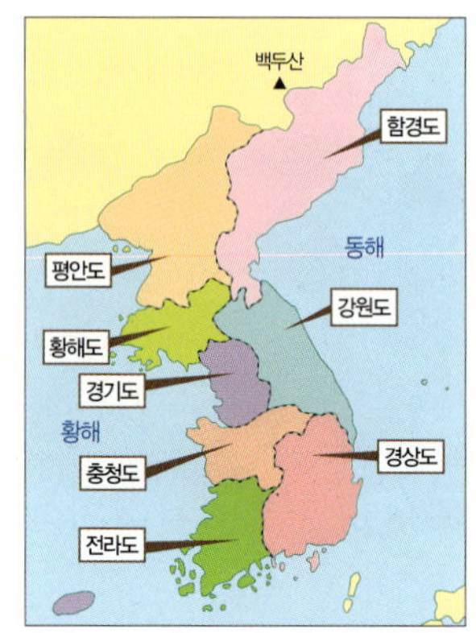

① 향리는 수령의 행정 실무를 보좌하였다.
② 향, 부곡, 소를 일반 군현으로 승격시켰다.
③ 좌수와 별감은 향리의 비리를 고발하였다.
④ 수령은 지방의 행정권, 사법권, 군사권을 가졌다.
⑤ 수령의 부정을 막기 위해 사심관 제도를 실시하였다.

상 중 하 17회

12 (가)에 들어갈 인물에 대한 설명으로 옳은 것은?

아, 이곳은 ___(가)___ 이/가 귀양살이를 하던 집이고 또 생을 마친 곳이다. 아, 지난 기묘년은 지금으로부터 149년이나 되는데, 학사, 대부는 그 학문을 사모하고 백성은 그 혜택을 생각하되, 세월이 오랠수록 더욱 잊지 못하고 …… 이곳을 지나는 사람마다 숙연히 공경하지 않는 이가 없으니. — 《송자대전》

① 최초의 서원인 백운동 서원을 세웠다.
② 남인을 몰아내는 경신환국을 주도하였다.
③ 인조반정에 참여하여 중앙 정계로 진출하였다.
④ 위훈 삭제를 주장하여 공신 세력들의 반발을 샀다.
⑤ 광해군의 중립 외교 정책을 사상적으로 뒷받침했다.

13 다음 조치 이후에 일어난 상황으로 옳은 것은?

> 국가로부터 과전을 지급받은 관리는 더 이상 농민에게서 조(租)를 직접 거둘 수 없다. 이제부터는 관청에서 그해의 생산량을 조사하여 조를 거둔 후 관리에게 지급할 것이다.

① 조세의 금납화가 실현되었다.
② 관리들의 농민에 대한 지배력이 약화되었다.
③ 관리들에게 소유권 대신 수조권을 부여하였다.
④ 전세액을 토지의 비옥도와 관계없이 고정시켰다.
⑤ 도조법으로 소작료를 납부하는 농민들이 늘어났다.

14 (가)에 들어갈 내용으로 옳은 것은 ?

역사 학습용 인물 카드	
1417년(태종 17)	출생
1439년(세종 21)	친시 문과에 합격
1441년(세종 23)	집현전 부수찬으로 임명
1443년(세종 25)	서장관으로 일본에 다녀옴
1453년(단종 1)	(가)
1471년(성종 2)	《해동제국기》 편찬
1475년(성종 6)	사망

① 헌덕 왕후 능의 복위를 상소하였다.
② 한문 소설인 금오신화를 저술하였다.
③ 한강 가에 압구정이라는 정자를 지었다.
④ 계유정난에 참가하여 수양 대군을 도왔다.
⑤ 단종의 복위 계획을 주도하여 관직을 잃었다.

15 다음 주장과 관계있는 인물에 대한 설명으로 옳은 것은?

> 임금의 자질에는 어리석은 자질도 있고 현명한 자질도 있으며, 강력한 자질도 있고 유약한 자질도 있어서 한결같지 않으니, 재상은 임금의 좋은 점은 따르고 나쁜 점은 바로잡으며, 옳은 일은 받들고 옳지 않은 일은 막아서, 임금으로 하여금 가장 올바른 경지에 들게 해야 한다.
> －《조선경국전》

① 4군 6진 개척을 주도하였다.
② 고려 말 역성혁명에 반대하였다.
③ 조선 건국 후 요동 정벌을 주장하였다.
④ 왕에게 6조 직계제의 실시를 건의하였다.
⑤ 왕자의 난에 참여하여 이방원의 집권을 도왔다.

16 다음 임무를 가진 조선 시대의 관직에 대한 설명으로 옳은 것은?

> 1. 농업을 발전시킬 것.
> 2. 유교 경전 등의 교육을 진흥할 것.
> 3. 법을 잘 지켜 백성에게 올바름을 보일 것.
> 4. 간사하고 교활한 무리를 제거할 것.
> 5. 때맞추어 군사 훈련을 실시하고 군기를 엄정히 할 것.
> 6. 백성을 편히 하고 호구를 늘릴 것.
> 7. 부역을 공평하고 균등하게 부과할 것.

① 병마절도사를 겸하였다.
② 사신을 수행하며 대외 무역에 관여하였다.
③ 왕의 대리인으로서 모든 군현에 파견하였다.
④ 출신 지역으로 파견하여 행정의 효율을 높였다.
⑤ 수령에게 자문을 하거나 향리의 비리를 고발하였다.

상 중 하 12회

17 다음과 관계있는 사건에 대한 설명으로 옳은 것을 〈보기〉에서 고른 것은?

> 간사한 신하 김종직은 나쁜 마음을 몰래 품고 그 무리들을 모아 흉악한 계획을 시행하려고 한 지가 오래되었다. 그는 항우가 의제를 죽인 일을 기록하여 세조를 나무라고 헐뜯었다. 이는 하늘에 닿을 만큼 악독한 죄이니 용서할 수 없다.
>
> ―《연려실기술》

〈보기〉
ㄱ. 사초에 기록된 내용이 원인이었다.
ㄴ. 훈구와 사림의 대립으로 발생하였다.
ㄷ. 조광조가 정계에서 물러나게 되었다.
ㄹ. 동인과 서인으로 나뉘는 계기가 되었다.

① ㄱ, ㄴ ② ㄱ, ㄷ ③ ㄴ, ㄷ
④ ㄴ, ㄹ ⑤ ㄷ, ㄹ

상 중 하 13회

18 (가)~(라)에 들어갈 붕당에 대한 설명으로 옳지 <u>않은</u> 것은?

> 기축옥사가 정철의 파직으로 끝난 후 다시 주도권을 쥐게 된 (가) 은 (나) 에 대한 처리를 둘러싸고 온건파와 강경파로 나뉘었다. 이는 이황 계열의 (다) 과 조식 계열의 (라) 으로 다시 분화된 것이다.

① (가)는 선조 때 외척 정치의 청산을 요구하였다.
② (나)는 인조반정 이후 친명 배금 정책을 주도하였다.
③ (가)와 (나)는 김종직의 조의제문을 두고 갈등하였다.
④ (다)는 경신환국으로 정권에서 물러났다.
⑤ (라)는 광해군 때 정국의 주도권을 쥐었다.

상 중 하 11회

19 (가), (나)에 대한 설명으로 옳은 것을 〈보기〉에서 고른 것은?

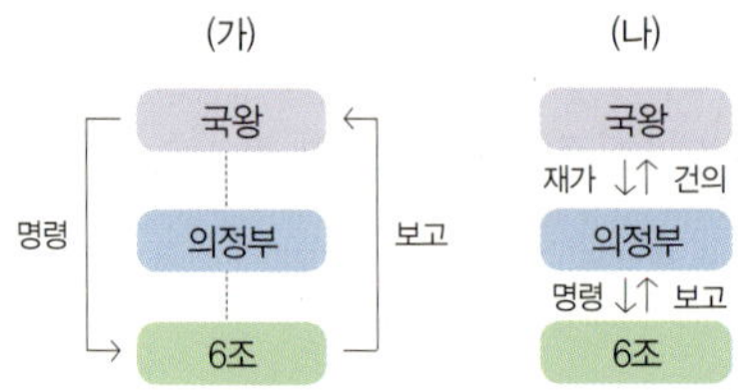

〈조선의 정치 운영 제도〉

〈보기〉
ㄱ. (가) – 왕권과 신권의 조화를 추구하였다.
ㄴ. (가) – 경연을 담당하는 기구의 역할이 축소되었다.
ㄷ. (나) – 태종 때 왕권 강화를 위해 실시하였다.
ㄹ. (나) – 재상들의 합의를 통한 정치를 중시하였다.

① ㄱ, ㄴ ② ㄱ, ㄷ ③ ㄴ, ㄷ
④ ㄴ, ㄹ ⑤ ㄷ, ㄹ

상 중 하 10회

20 그림 속에 그려진 유적지에 대한 설명으로 옳은 것은?

사직단도

① 사림들이 선현에게 제사를 지냈다.
② 토지신과 곡식신에게 제사를 지냈다.
③ 유생들이 모여 공자에게 제사를 지냈다.
④ 역대 왕들의 어진을 보관하고 제사를 지냈다.
⑤ 임진왜란 이후 명나라 신종에게 제사를 지냈다.

21 밑줄 친 '이 조직'에 대한 설명으로 옳은 것을 〈보기〉에서 고른 것은?

이 조직에 가입을 청하는 자는 참가하기를 원하는 뜻을 반드시 단자에 자세히 적어서 모임이 있을 때에 진술하고, 사람을 시켜 약정에게 바치면 약정은 여러 사람에게 물어서 좋다고 한 다음에야 글로 답하고, 다음 모임에 참여하게 한다.

〈보기〉

ㄱ. 경재소에서 운영 실태를 감찰하였다.
ㄴ. 회원은 청금록에 기록하여 관리하였다.
ㄷ. 기묘사화 직후 일시적으로 폐지되었다.
ㄹ. 주민 통제와 교화의 수단으로 이용되었다.

① ㄱ, ㄴ   ② ㄱ, ㄷ   ③ ㄴ, ㄷ
④ ㄴ, ㄹ   ⑤ ㄷ, ㄹ

22 다음 사건이 일어났던 시기의 역사적 사실로 옳은 것은?

임꺽정은 양주골 백정이다. …… 경기에서 황해에 이르는 사이의 아전과 백성들이 그들과 은밀히 결탁하여 관에서 잡으려 하면, 번번이 먼저 알려 주었으므로, 이 때문에 기탄없이 횡행하여 관에서 막지 못하였다. ─《연려실기술》

① 도고들의 활동으로 유통 경제가 활발해졌다.
② 예송 문제를 두고 서인과 남인이 대립하였다.
③ 방납의 폐단으로 농민들의 부담이 가중되었다.
④ 주초위왕 사건이 발생하여 사림들이 화를 당하였다.
⑤ 세도 정치의 폐단으로 인해 농민 봉기가 자주 일어났다.

23 교사의 질문에 대한 답변으로 옳은 것은?

① 왕명의 출납을 담당하였어요.
② 궁내의 경전과 서적을 관리하였어요.
③ 대역모반 등 국가의 중죄인들을 다스렸어요.
④ 모든 관리들을 통솔하고 행정을 총괄하였어요.
⑤ 백관을 규찰하고 풍속의 교정을 담당하였어요.

24 (가) 시기에 볼 수 있는 장면으로 적절한 것은?

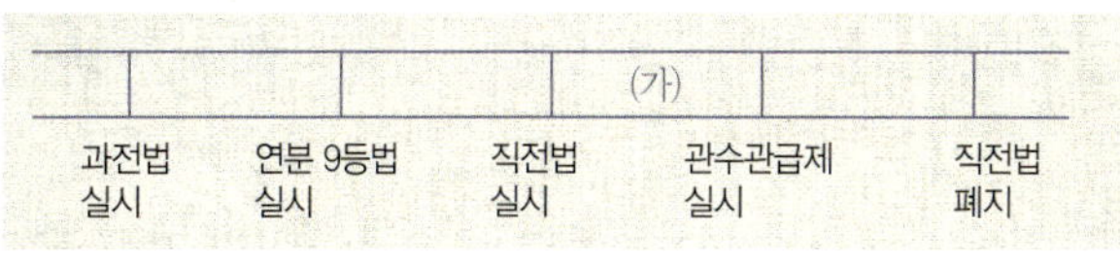

			(가)		
과전법 실시	연분 9등법 실시	직전법 실시	관수관급제 실시	직전법 폐지

① 과전의 수확량을 조사하는 전주
② 대동미를 징수하러 다니는 향리
③ 의주 지역의 과전을 둘러보는 관리
④ 휼양전을 받아 생활하는 전직 관리의 아들
⑤ 시지에서 땔감을 가져올 것을 지시하는 관리

1. ⑤ 2. ① 3. ④ 4. ⑤ 5. ② 6. ④ 7. ① 8. ① 9. ④ 10. ④ 11. ⑤ 12. ④ 13. ② 14. ④ 15. ③ 16. ③ 17. ① 18. ③ 19. ④ 20. ② 21. ⑤ 22. ③ 23. ⑤ 24. ①

1. ⑤ 바로 정리 : 전분 6등법과 연분 9등법

사료는 전분 6등법의 시행과 관련된 내용을 담고 있다. 세종 때 기존 수확량의 10분의 1을 징수하던 방식에서 토지의 비옥도를 6등분으로 나눈 후(전분 6등법), 풍흉의 정도에 따라 9등분(연분 9등법)으로 나누어 최고 20두에서 최하 4두까지 징수하도록 고쳤다. 아하! ① 고려 공민왕 때의 개혁 기구 ② 《경국대전》에 기록 ③ 경작지인 전지만이 대상이었다. ④ 과전법

2. ① 바로 정리 : 관찰사의 역할

자료에서 수령에 대한 감독, 민생에 관한 업무, 지방의 교육, 지방의 징세 현황 등에 관한 업무 등을 맡은 것으로 보아 (가)에 들어갈 관직은 관찰사임을 알 수 있다. 정부는 8도에 관찰사를 파견하여 중앙 정부의 명령을 각 수령에게 알리고 수령을 감독하는 역할을 맡겼다. 성종 이후에는 각 도의 병마절도사를 겸했다. 아하! ② 향리 ③ 대간 ④ 유향소 ④ 승정원

3. ④ 바로 정리 : 경연의 성격

사료에서 '나와서 《대학》을 가져와 강론하게, 학문을 연구'하라는 내용을 통해 (가)에 들어갈 제도는 경연임을 알 수 있다. 고려 예종 때 처음 도입된 후 임금에게 유교 경전과 역사서를 가르쳐 임금이 유교의 이상 정치를 실현하도록 했다. 무신 정권기에 폐지되었다가 다시 부활되었으나 원 간섭기에는 세자를 대상으로 하는 '서연'으로 격하되기도 했다. 아하! ④ 경연관으로는 재상들, 홍문관원들이 주로 참여했다.

4. ⑤ 바로 정리 : 세종의 업적

사료의 《칠정산》 내외편의 편찬 사실을 통해 밑줄 친 '전하'는 세종임을 알 수 있다. 세종은 조선 전기의 안정된 왕권과 경제력을 바탕으로 유교적 민본 정치를 실현했다. 훈민정음 창제, 집현전 설치, 의정부 서사제 실시, 전분 6등법과 연분 9등법 실시, 농서와 병서 편찬 등이 세종의 주요 업적이다. 아하! ㄱ. 광해군 ㄴ. 성종

5. ② 바로 정리 : 유향소의 기능

대화에서 만일 폐단이 발생하면 관찰사나 경재소로 하여금 징계하도록 한다는 내용을 통해 (가)에 들어갈 내용은 유향소임을 알 수 있다. 유향소는 수령과 결탁하여 백성들에게 부정을 저질렀다는 이유로 세조 때 폐지되기도 했다. 유향소는 지방에서 수령을 자문하고 향리들을 감찰했다. 아하! ① 수령 파견 시 적용 ③, ⑤ 서원 ④ 향약

6. ④ 바로 정리 : 조선의 토지 제도

사료의 주된 내용은 현직 관리에게만 수조권을 지급하는 직전법을 폐지하고 과전법을 회복하자는 의견에 대해 반대한다는 주장이다. 그 이유는 죽은 관리의 부인에게 지급하는 수신전과 그 자녀에게 지급하는 휼양전 때문에 관직을 가진 이들에게 줄 토지가 부족하게 된다는 이유에서였다. 수신전과 휼양전은 직전법의 실시로 폐지되었다. 아하! ① 전분 6등법과 연분 9등법 실시 이후이므로 토지 비옥도와 풍흉의 정도에 따라 수취율이 달랐다. ② 고려

의 경정 전시과 ③ 휼양전 ⑤ 수조권 지급

7. ① 바로 정리 : 조선 전기의 대외 관계

조선 전기 대외 정책의 방침은 사대교린이었다. 명과는 태종 이후 우호 관계를 맺은 후 책봉과 조공 무역을 유지했다. 여진과 일본에 대해서는 강경책과 회유책을 병행했다. 여진에 대한 강경책으로는 세종 때 4군 6진 설치, 회유책으로는 무역소 설치 등이 있고, 일본에 대한 강경책으로는 대마도 정벌, 회유책으로는 3포 개항 등이 있다. 그 외에 유구, 시암, 자와와도 교류했다. 아하! ㄷ. 거주민이 토관으로 임명된 것은 여진 ㄹ. 삼포 개항은 일본과의 무역과 관계있다.

8. ① 바로 정리 : 예조의 업무

그림은 경복궁과 광화문 앞 6조 거리를 나타낸 것이다. 6조는 정책을 나누어 집행했는데, 그중 (가)에 들어갈 기구는 예조이다. 예조는 과거 시행을 비롯한 의례, 교육, 외교에 대한 업무를 맡았다. 아하! ②, ⑤ 병조 ③ 호조 ④ 형조

9. ④ 바로 정리 : 세종 재위 기간의 경제 상황

자료의 내용 중 《농사직설》의 편찬 사실을 통해 밑줄 친 '전하'는 세종임을 알 수 있다. 세종 때는 과전법 체제 하의 수취 제도를 개선하여 전분 6등법과 연분 9등법을 실시했다. 그 결과 토지의 비옥도와 풍흉에 따라 차등을 두어 조세를 징수하게 되었다. 아하! ① 고려 ② 조선 후기 ③ 대동법, 광해군 이후 ⑤ 균역법, 영조

10. ④ 바로 정리 : 붕당 정치의 시작 시기

네 차례에 걸친 사화를 겪은 사람들은 선조 때 중앙 정계로 진출하여 주도권을 잡았다. 그 후 척신 정치의 잔재 청산 문제로 사림 내부에서 대립이 발생했다. 제시된 사료는 서로 대립하던 김효원과 심충겸의 이조 전랑직을 놓고 정파 간에 갈등이 발생한 상황을 나타내고 있다. 이 사건들은 동인과 서인으로 붕당이 형성되는 계기가 되었다. 이는 선조 때의 일로, 임진왜란 전인 1575년의 일이다.

11. ⑤ 바로 정리 : 조선의 지방 행정 제도

조선은 전국을 8도로 나누어 행정 구역을 정비했다. 각 도에는 관찰사를 파견했고, 그 아래 각 군현에는 수령을 파견하여 행정권·사법권·군사권을 행사하도록 했다. 향, 부곡, 소는 일반 군현으로 승격시켰다. 수령 아래에는 향리를 두어 수령을 보좌하면서 행정 실무를 보도록 했고, 좌수와 별감을 둔 유향소는 수령을 자문하고 향리의 비리를 감시했다. 아하! ⑤ 수령의 부정을 막기 위해 수령을 자기 출신지로 부임시키지 않는 상피제를 실시했다. 사심관 제도는 고려 태조가 호족 견제를 위해 실시하였다.

12. ④ 바로 정리 : 조광조의 활동과 기묘사화

사료의 '귀양살이하던 집, 기묘년'을 통해 (가)에 들어갈 인물은 조광조임을 알 수 있다. 조광조는 중종 때 등용되어 삼사의 언론 활동 강화, 소격서의 폐지 등 여러 개혁 정책을 추진했다. 하지만 부당하게 공신이 된 자들의 위훈 삭제를 주장하며 기묘사화를 불러일으켜 화를 당했다. 아하! ① 주세붕 ②, ③ 서인 ⑤ 북인

13. ② 바로 정리 : **관수관급제 실시의 영향**
제시된 자료는 조선에서 시행한 관수관급제에 대한 내용이다. 수조권을 가진 관리들이 과도하게 수조권을 행사하자 국가에서 직접 조를 거두어 관리들에게 지급한 것이다. 이후 수조권을 빌미로 한 농민들에 대한 관리들의 지배력이 약화되었다. 아하! ① 대동법 ③ 수조권을 박탈하였다. ④ 조선 후기 영정법 ⑤ 조선 후기의 소작료 납부 모습

14. ④ 바로 정리 : **신숙주의 활동**
제시된 자료의 '집현전 부수찬, 《해동제국기》 편찬'을 통해 신숙주와 관련된 내용임을 알 수 있다. (가)는 단종 1년에 있었던 신숙주의 활동 내용이 들어가야 한다. 그때가 바로 수양 대군이 일으킨 계유정난에 참여한 시기였다. 아하! ① 남효온 ② 김시습 ③ 한명회 ⑤ 사육신

15. ③ 바로 정리 : **정도전의 활동**
사료에서 재상의 역할을 강조한 점과 출처인 《조선경국전》을 통해 관계있는 인물이 정도전임을 알 수 있다. 정도전은 고려 말 역성혁명과 조선 건국에 참여했으며 요동 정벌을 주장했으나 이방원이 일으킨 왕자의 난으로 제거되었다. 아하! ① 김종서, 최윤덕 ② 정몽주를 비롯한 온건 개혁파 ④ 정도전은 재상 중심의 정치 주장

16. ③ 바로 정리 : **수령의 임무와 특징**
제시된 자료는 《성종실록》에 기록된 수령 7사의 내용이다. 조선 시대의 수령은 전국의 모든 군현에 파견되었으며 왕의 대리인으로서 사법권, 행정권, 군사권을 행사했다. 아하! ① 관찰사 ② 역관 ④ 권한 남용과 부정을 막기 위해 출신 지역에 부임할 수 없도록 했다(상피제). ⑤ 유향소

17. ① 바로 정리 : **무오사화의 성격 및 영향**
사료에서 김종직이 '세조를 나무라고 헐뜯었다'는 내용으로 볼 때 '조의제문'과 관계있는 것임을 알 수 있다. 김종직의 제자인 김일손이 '조의제문'을 사초에 기록함으로써 훈구와 사림 사이에 일어난 무오사화 발생의 빌미가 되었다. 아하! ㄷ. 기묘사화 ㄹ. 척신 정치 잔재 척결과 이조 전랑 임명 문제가 원인이었다.

18. ③ 바로 정리 : **각 붕당의 성격**
제시된 자료의 내용을 통해 (가) 동인, (나) 서인, (다) 남인, (라) 북인임을 알 수 있다. 동인은 신진 사림들로서 외척을 중심으로 한 척신 정치의 청산을 요구했으며 기축옥사(정여립의 모반 사건)를 계기로 남인과 북인으로 나뉘었다. 그 후 남인은 경신환국으로 약화되었고, 북인은 광해군 때 주도권을 쥐었다. 아하! ③ 조의제문으로 인한 무오사화는 사림과 훈구 간의 대립 속에서 발생했다.

19. ④ 바로 정리 : **의정부 서사제와 6조 직계제**
(가)는 6조 직계제, (나)는 의정부 서사제를 나타낸 모식도이다. (가)는 6조에서 의정부를 거치지 않고 곧바로 왕에게 재가를 받도록 함으로써 왕권은 강화되고 의정부의 권한과 기능은 약화시킨 제도이다. 태종과 세조 때 시행되었다. (나)는 6조가 모든 직무를 의정부를 거쳐 왕에게 재가를 받도록 함으로써 왕권과 신권의 조화를 추구한 제도이다.

20. ② 바로 정리 : **사직단 설치의 목적**
그림은 정선이 그린 〈사직단도〉의 일부로서, 경복궁의 서쪽에 위치한 사직단을 그린 것이다. 사직단은 농업을 중시한 조선에서 토지신인 국사신과 곡물신인 국직신에게 제사를 지내기 위해 만든 제단이다. 아하! ① 서원 ③ 향교, 성균관의 문묘 ④ 창덕궁의 이문원 ⑤ 만동묘

21. ⑤ 바로 정리 : **향약의 성격**
제시문의 내용 중 '약정'을 통해 밑줄 친 '이 조직'이 향약임을 알 수 있다. 향약은 사림들이 만든 향촌의 자치 규약으로서 조광조가 처음 시행한 이후 전국으로 확산되었다. 사림들은 향약을 통해 향촌의 농민들을 교화하고 향촌의 질서를 유지했다. 기묘사화로 조광조가 물러난 뒤 일시적으로 폐지되기도 했다. 아하! ㄱ. 유향소 ㄴ. 향교 또는 서원

22. ③ 바로 정리 : **조선 중기(명종) 때의 역사적 사실**
사료에 나타난 임꺽정은 조선 중기 명종 때의 인물이었다. 그 당시에는 방납이 성행해 농민들의 부담이 커서 도망하는 농민들이 많았다. 그러한 농촌 사회의 혼란을 배경으로 임꺽정이 활동했다. 아하! ① 조선 후기 ② 현종 재위 기간 ④ 중종 재위 기간 ⑤ 순조, 헌종, 철종 재위 기간

23. ⑤ 바로 정리 : **사헌부 관원의 역할**
해치 그림의 흉배는 사헌부의 수장인 대사헌의 관복에 붙었던 것이다. 대사헌이 속한 사헌부는 관리들의 비리를 감찰하고 풍속의 교정을 담당한 기구였다. 아하! ① 승정원 ② 홍문관 ③ 의금부 ④ 의정부

24. ① 바로 정리 : **직전법 실시의 영향**
(가)는 직전법을 실시한 시기를 가리킨다. 직전법은 휼양전이나 수신전을 폐지하고 현직 관리에게만 토지를 지급하도록 한 토지 제도였다. 과전을 받은 관리가 전주로서 수확량을 조사하는 장면을 볼 수 있었다. 아하! ② 대동법이 실시된 광해군 이후의 장면이다. ③ 함경도와 평안도 지역은 과전으로 지급하지 않았다. ④ 휼양전은 직전법이 실시되면서 폐지되었다. ⑤ 시지는 지급하지 않았다.

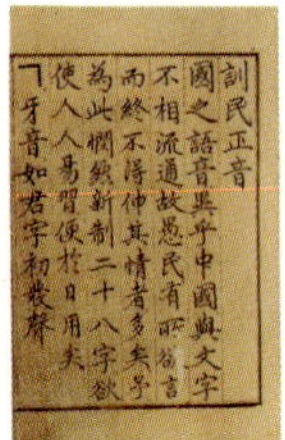

훈민정음 해례본

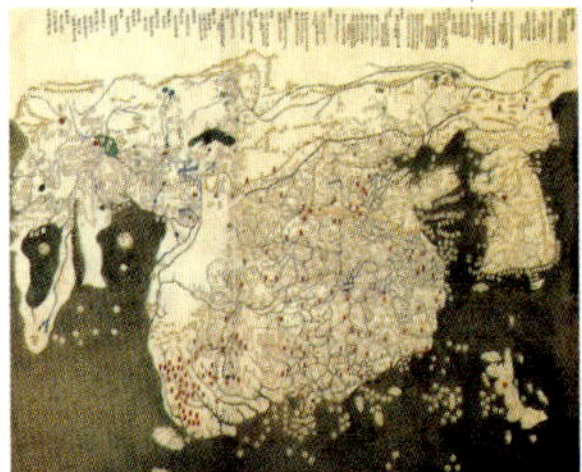

혼일강리역대국도지도

안견의 〈몽유도원도〉

강희안의 〈고사관수도〉

분청사기

핵심주제 01 · 15세기 관학파 vs 16세기 사림파

15세기 관학파	• 정도전, 권근(혁명파 신진 사대부 계승) • 부국강병과 민생 안정 중시(중앙 집권 체제 선호) • 성리학 이외의 사상과 학문에 상대적으로 관대 불교, 도교, 풍수지리설, 훈고학 등 • 《주례》를 국가 통치 이념으로 중요하게 여김 중국 주나라의 제도(통치)를 기록한 책 • 과학 기술 중시
16세기 사림파	• 지방 중소 지주 출신의 양반(길재, 이색 등 온건파 신진 사대부 계승) • 성리학의 대의명분 강조(왕도 정치, 향촌 자치 중시) • 성종 때 김종직을 시작으로 중앙 정계에 본격 진출 • 형벌보다는 교화에 의한 통치 강조 • 과학 기술 무시

핵심주제 02 · 15세기 민족 문화의 발달

(1) 민족 문화의 융성

한글 창제	• 피지배층을 도덕적으로 교화하려는 목적 → 《훈민정음》 반포(1446) • 불경, 농서, 윤리서, 병서 등을 한글로 편찬(《용비어천가》, 《월인천강지곡》) • 서리 채용 시 훈민정음 시험 중앙 관청의 하급 관리
관학	• 성균관(최고 학부) : 입학 자격은 생원, 진사가 원칙 • 4학(중등 교육 기관) : 중학, 동학, 남학, 서학 한양 안에 있는 중등 교육 기관 • 향교(지방) : 부·목·군·현에 하나씩 설립, 성현에 대한 제사와 유생 교육, 지방민 교화 목적
법전	《조선경국전》과 《경제문감》(정도전), 《경제육전》(조준), 《경국대전》(세조 때 편찬 시작, 성종 때 완성, 6전으로 구성된 조선의 기본 법전)
지리	• 태종 : 〈혼일강리역대국도지도〉(동양에서 가장 오래된 세계 지도) • 세종 : 〈팔도도〉 현재 일본 박물관에 보관 • 세조 : 〈동국지도〉(양성지 등이 완성) • 성종 : 〈동국여지승람〉(군현의 연혁, 지세, 인물, 풍속) → 중종 때 보충
그림	• 중국 역대 화풍을 선택적으로 수용, 우리의 독자적인 화풍 개발 • 일본 무로마치 시대의 미술에 많은 영향을 줌 • 안견(화원 출신) : 〈몽유도원도〉(안평 대군의 꿈을 그림으로 표현, 현실 세계와 이상 세계를 능숙하게 처리) • 강희안(문인 화가) : 〈고사관수도〉(간결하고 과감한 필치로 인물의 내면세계를 느낄 수 있게 표현)
분청사기	고려 말에 등장, 청자에 백토의 분을 칠한 그릇, 15세기에 유행, 16세기에는 분청사기 생산 감소
음악	• 백성을 교화하는 수단, 국가의 각종 의례와 밀접하게 관련되었기 때문에 중시 • 세종 스스로 〈여민락〉 등 악곡을 지음, 〈정간보〉 창안 소리의 장단과 높낮이를 표현할 수 있는 악보 • 세종 때 박연이 악기를 개량하고, 아악을 체계화하여 궁중 음악으로 발전 • 성종 : 《악학궤범》(성현) 편찬(전통 음악의 유지와 발전에 기여) • 민간에서도 당악과 향악을 속악으로 발달시킴 → 민요에 활용
의례서	세종 때 《삼강행실도》(모범이 될 만한 충신, 효자, 열녀의 행적을 그림으로 그리고 설명), 성종 때 《국조오례의》(국가의 행사에 필요한 의례를 정비)

(2) 과학 기술의 발달

인식	• 세종 때를 전후한 이 시기의 과학 기술이 매우 뛰어남 • 당시 집권층은 부국강병과 민생 안정을 위하여 과학 기술의 중요성 인식 • 우리나라의 전통적 문화를 계승하면서 서역과 중국의 과학 기술을 수용하여 훌륭한 업적을 남김
과학 기구	• 시간 측정 기구 : 자격루(물시계, 장영실 제작), 앙부일구(해시계) • 세계 최초 측우기 제작(1441) : 전국 각지의 강우량 측정 • 토지 측량 기구 : 인지의, 규형 제작 → 지도 제작에 활용
천문학	• 태조 : 고구려의 천문도를 바탕으로 〈천상열차분야지도〉를 돌에 새김 • 천체 관측 기구 : 혼의와 간의
역법	• 《칠정산》 : 세종 때 만든 역법서, 중국의 수시력과 아라비아의 회회력을 참고로 하여 만든 역법서, 우리나라 역사상 최초로 서울을 기준으로 천체 운동을 정확하게 계산 └ 해, 달, 화성, 수성, 목성, 금성, 토성 등 7개 천체의 위치를 계산하는 역법서
의학	• 《향약집성방》 : 우리 풍토에 알맞은 약재와 치료 방법을 개발, 정리(세종) • 《의방유취》 : 의학 백과사전
인쇄	• 태종 : 주자소 설치 → 구리로 계미자를 주조 • 세종 : 구리로 갑인자를 주조, 밀랍 대신 식자판을 조립하는 방법 창안(종전보다 2배 빠름) • 조지서(세종) : 종이를 전문적으로 생산하는 관청 → 다양한 종이를 대량으로 생산 가능 → 수많은 서적 간행
무기 제조	• 화약 무기 제조 : 최해산이 활약 → 태종 때 특채, 화약 무기 제조 담당 └ 최초로 화약을 도입한 최무선의 아들 • 화포 : 사정거리가 최대 1000보 • 신기전 : 화살 100개를 잇따라 발사 • 태종 : 거북선, 비거도선 제작 → 수군 전투력 향상 └ 작고 빠른 병선
농서	• 《농사직설》 : 세종 때 편찬, 중국의 농업 기술을 수용하면서 우리의 실정에 맞는 독자적인 농법 정리 • 《금양잡록》 : 성종 때 강희맹 편찬, 경기 금양(지금의 시흥) 지역 농사법 정리

(3) 역사서

건국 초기	• 왕조의 정통성, 성리학적 통치 규범 확립 • 태조 : 정도전 – 《고려국사》 편찬(조선 건국의 정당성 확보)
15세기	• 민족적 자각을 일깨우고 왕실과 국가의 위신을 높이는 역사 편찬 시도 • 정인지의 《고려사》(기전체), 김종서의 《고려사절요》(편년체) 편찬 └ 연도 순서로 기록한 역사 서술 방식 • 《동국통감》 : 성종 때 서거정 등이 편찬, 고조선부터 고려 말까지 서술한 편년체 통사(단군 기록)
왕조 실록 편찬	• 편찬 기관 : 국왕 사후 춘추관에 실록청 설치 • 편찬 내용 : 《조선왕조실록》(태조~철종) └ 고종~순종 실록은 일제 치하에 편찬되어 포함되지 않음 • 보관 : 4대 사고에 보관 → 왜란 이후 5대 사고로 정비 • 사초(史草), 시정기 등을 종합, 정리하여 실록 편찬(편년체) • 유네스코 세계 기록 문화유산에 등재

└ 각 관청의 문서를 모아 만든 책

└ 사관이 국왕 앞에서 기록한 글

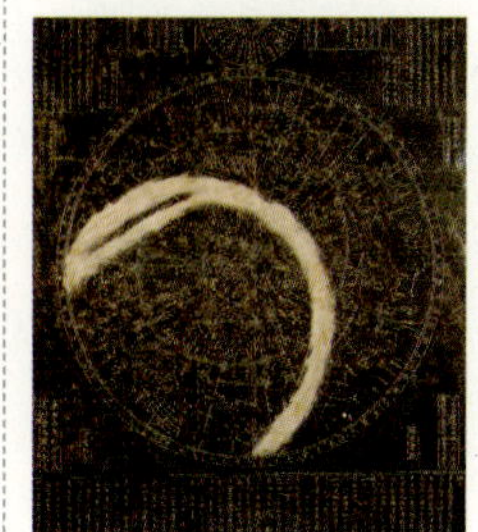

천상열차분야지도

화차(신기전)

WHY 실록과 사고

실록은 편년체로 정리한 것으로, 《태조실록》에서 《철종실록》까지 편찬하였다. 사고는 실록을 보관한 곳으로 4곳이 있었는데 임진왜란으로 전주 사고만 남았다. 조선 후기에는 사고를 5곳으로 늘려 춘추관, 태백산, 정족산, 적상산, 오대산 등에 분산, 보관하였다.

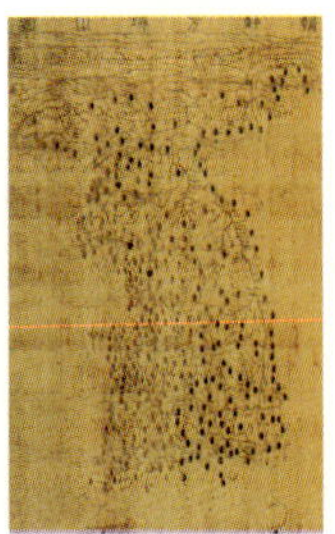

조선방역지도

이상좌의 〈송하보월도〉

《성학십도》는 이황이 쓴 책으로 군주 스스로 성학을 따를 것을 제시하였고, 《성학집요》는 이이의 책으로 현명한 신하가 군주에게 성학을 가르쳐야 한다고 주장하였다.

성학십도

핵심주제 03 16세기 사림 문화의 발전

(1) 사림 문화의 융성

서원 설립	• 중종 때 풍기 군수 **주세붕**이 세운 백운동 서원이 시초 • 이황의 건의에 따라 백운동 서원이 사액을 받아 '**소수 서원**'으로 이름을 바꿈(국가로부터 토지와 노비 받음) 왕이 현판(편액)를 내려주는 일 • **국가에서 서원 설립 장려** → 전국에 사액 서원 증가
역사서	• 사림의 역사 의식(존화주의, 왕도 정치)을 반영한 역사서 편찬 • 《**기자실기**》(이이), 《**동국사략**》(박상) 등 편찬 중국인 기자가 고조선에 와서 예법을 가르쳤다는 이야기를 적은 역사책
지도	〈**조선방역지도**〉(현존)
그림	• 15세기의 전통을 토대로 다양한 화풍 발달 • 강한 필치의 **산수화**를 이어 가기도 하고, 선비의 정신세계를 사군자로 표현 • **이상좌(노비 출신)** : 색다른 분위기의 그림을 그려 명성을 떨침 → 〈**송하보월도**〉(바위틈에 뿌리박고 모진 비바람을 이겨 내고 있는 늙은 소나무를 통해 강인한 정신과 굳센 기개 표현)
백자	• 16세기부터 세련된 백자가 본격적으로 생산 • 백자가 청자보다 깨끗하고 담백하며 순백의 고상함을 풍겨 **선비의 취향**과 어울렸기 때문에 널리 이용
의례서	• 〈소학〉과 〈주자가례〉의 보급과 실천 • 《**이륜행실도**》(연장자와 연소자, 친구 사이에 지켜야 할 윤리 강조), 《**동몽수지**》(어린이가 지켜야 할 예절 기록) 편찬

(2) 성리학의 융성 : 사림은 도덕성과 수신 중시, 인간 심성에 대한 깊은 관심

성리학의 융성	주기론	• **서경덕** : 기(氣)를 중심으로 세계 이해, 불교와 노장사상에 개방적인 태도
		• **조식** : 노장사상에 포용적, 학문의 실천성 강조(북인이 계승)
		• **이이**
		  – 이황에 비해 상대적으로 기의 역할 강조
		  – 현실적이며 개혁적인 성격
		  – 《**동호문답**》, 《**성학집요**》 등 저술
		  – 16세기 조선 사회의 모순을 극복하는 방안으로 통치 체제의 정비와 수취 제도의 개혁 등 다양한 개혁 방안 제시(수미법 주장) 공납을 쌀로 거두자는 주장

	주리론	• **이언적** : 이(理)를 중심으로 자신의 이론 전개
		• **이황** 기가 존재할 수 있는 근거이자 운동 법칙
		  – 《**주자서절요**》, 《**성학십도**》 등 저술
		  – 주자의 이론에 조선의 현실을 반영시켜 체계를 세우려고 함
		  – 도덕적 행위의 근거로서 **인간의 심성 중시**
		  – 근본적이며 이상주의적인 성격이 강함
		  – 임진왜란 후 일본에 전파되어 **일본 성리학 발전에 영향**

	학파의 형성과 예학	• 선조 때 동인(서경덕, 이황, 조식의 학파)과 서인(이이와 성혼의 학파) 형성 • 광해군 때 북인은 중립 외교를 취하는 등 성리학적 의리 명분론에 크게 구애받지 않음 • 인조반정으로 서인이 정국 주도 → 서경덕과 조식의 사상, 양명학, 노장사상 배척 → 주자 중심의 성리학만 확고한 우위 차지 • 병자호란 이후 척화론과 의리명분론이 대세 • 조선 후기에는 예학이 발달(왜란 이후 흐트러진 유교적 질서 회복을 강조하면서 더욱 중시 → 예송 발생)

핵심주제 04 · 15세기, 16세기의 건축

15세기 (조선 초기)	• 궁궐, 관아, 성문, 학교 등이 건축의 중심이 됨 • 건물주의 신분에 따라 크기와 장식에 일정한 제한을 둠 → 국왕의 권위를 높이고, 신분 질서 유지가 목적 • **숭례문(도성의 정문)** : 고려의 건축 기법과는 다른 방식을 채택 → 조선 전기의 건축을 대표 • **남대문(개성), 보통문(평양)** : 고려 시대 건축의 단정하고 우아한 모습을 지니면서 조선 시대 건축으로 발전해 나가는 형태를 보여 줌 • 왕실의 비호를 받은 불교와 관련된 건축물 　→ **무위사 극락전** : 검박하고 단정한 특징 　→ **해인사 장경판전** : 팔만대장경을 보관하고 있는 건물 　→ **원각사지 10층 석탑** : 세조 때 대리석으로 건립 　　고려 말 경천사지 10층 탑의 영향을 받음
16세기 (조선 중기)	• 사림의 진출과 함께 서원 건립 활발(16세기에 첫 건립) • 서원은 산과 하천이 가까이 있어 자연의 이치를 탐구할 수 있는 마을 부근의 한적한 곳에 위치, 교육 공간인 강당을 중심으로 사당과 기숙 시설인 동재와 서재를 갖춤 • 서원 건축은 가람 배치 양식과 주택 양식이 실용적으로 결합된 독특한 아름다움을 지님(경주 옥산 서원, 안동 도산 서원) 　사찰 건축 양식

핵심주제 05 · 불교와 도교, 민간 신앙

(1) 불교

억불 정책	• 성리학이 주도 이념이었던 조선 시대에는 불교계가 크게 위축 • 조선 초기 사원이 소유한 막대한 토지와 노비 회수(태종) • **도첩제 실시** : 출가 제한 　승려의 수를 제한하기 위해 승려가 되려는 사람에게 돈을 받고 출가를 허락해주던 제도 • **세종** : 교단 정리 → 선종과 교종을 합쳐 36개의 절만 인정
불교 중흥	• 사람들의 신앙에 대한 욕구를 완전히 억제하지 못함 • 왕실의 안녕을 기원하고 왕족의 명복을 비는 행사를 자주 시행 • **세조** : 간경도감 설치 → 불교 경전을 한글로 번역, 간행 → 일시적으로 불교 중흥 • 성종 이후 사림의 비판으로 불교가 산간 불교로 변화 • 명종 때 문정 왕후의 지원 아래 일시적으로 회복 → 보우가 중용되고 승과가 부활하기도 함 • 임진왜란 때 승병이 크게 활약 → 불교의 위상을 새롭게 정립(조선 후기)

(2) 도교와 민간 신앙

조선 시대 도교의 제사를 거행하기 위해 설치했던 관청

도교	• 도교 역시 크게 위축되어 사원이 정리되고 행사가 줄어듦 • 제천 행사가 국가의 권위를 높이는 점이 인정됨 → 소격서 설치, 참성단에서 일월성신에 제사 지내는 초제 시행(중종 때 조광조의 건의로 소격서 폐지)
풍수지리설과 도참사상	• 조선 초기 이래 중요시, 한양 천도에 반영 • 양반 사대부의 묘지 선정에도 작용(산송 문제) 좋은 무덤 자리를 놓고 소송을 벌이며 대립한 일 • 무격신앙, 산신 신앙, 삼신 숭배, 촌락제 등이 백성들 사이에 깊이 자리 잡음 • 불교식으로 화장하던 풍습이 묘지를 쓰는 방식으로 바뀌면서 명당 선호 경향이 두드러짐 　환인, 환웅, 단군 숭배 사상

무당을 신과 인간의 매개체로 생각하는 신앙

기억하라! 유물·유적

원각사지 10층 석탑

도산 서원

WHY 참성단 초제

강화도 마니산 꼭대기에 있는 참성단에서 지내는 가장 큰 도교 행사로, 도교가 국가 의식 강화 방법에 이용되었음을 알 수 있다.

01 다음 인물에 대한 설명으로 옳은 것은?

- 사단(四端)은 이의 발이고 칠정(七情)은 기의 발이라는 이기호발설(理氣互發說)을 주장하였다.
- 도덕적 행위의 근거로서 인간의 심성을 중시하고, 근본적이며 이상주의적인 성격이 강하였다.

① 예학을 하나의 학문으로 발전시켰다.
② 군주 스스로가 성학을 따를 것을 제시하였다.
③ 농민 생활을 안정시키기 위해 정전론을 제시하였다.
④ 6경과 제자백가에서 모순 해결의 실마리를 찾으려 하였다.
⑤ 현명한 신하가 군주의 기질을 변화시켜야 한다고 주장하였다.

02 다음 글을 적은 인물에 대한 설명으로 옳은 것은?

> 신(臣)이 상고하건대, 도(道)는 오묘하여 형체가 없기 때문에 문자(文字)로써 나타낸 것입니다. 사서(四書)와 육경(六經)은 이를 분명하고도 자세하게 밝혔으니, 글로 인하여 도를 찾는다면 이치가 모두 나타날 것입니다. …… 이상을 합하여 '성학집요(聖學輯要)'라 이름 짓고 전하에게 올립니다.

① 상대적으로 기의 역할을 강조하였다.
② 군주 스스로가 성학을 따를 것을 제시하였다.
③ 나라를 좀먹는 여섯 가지 폐단을 지적하였다.
④ 학문의 실천성을 강조하고 노장사상에 포용적이었다.
⑤ 일반민을 도덕 실천의 주체로 인정하고 신분제 폐지를 주장하였다.

03 다음 지폐 도안에 나오는 인물 ㉠ ~ ㉣에 대한 설명으로 옳은 것은?

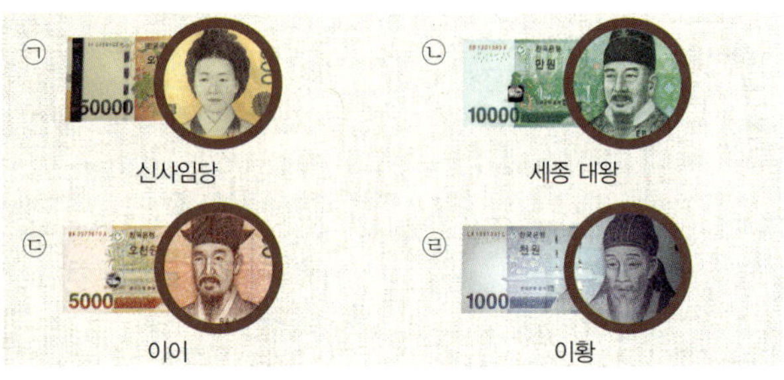

① ㉠ - 연장자와 연소자, 친구 사이의 윤리를 강조한 이륜행실도를 편찬하였다.
② ㉡ - 선종과 교종 두 종파에 모두 36개 절만 인정하였다.
③ ㉢ - 교화보다는 형벌에 의한 통치를 강조하였다.
④ ㉣ - 주례를 국가의 통치 이념으로 중요하게 여겼다.
⑤ 태어난 순서대로 정리하면 ㉡ - ㉢ - ㉠ - ㉣이다.

04 밑줄 친 '이 학문'에 대한 설명으로 옳은 것을 〈보기〉에서 고른 것은?

> 이 학문은 인의를 해치고 천하를 어지럽히는 것이다. 심즉리(心卽理)라는 말을 만들어 내 "천하의 이(理)는 내 마음속에 있지 밖의 사물에 있는 것이 아니니, 다만 마음을 보존하여 기르는 데 힘쓸 뿐 사물에서 이(理)를 구해서는 안 된다."라고 한다.
>
> － 〈퇴계집〉

〈보기〉

ㄱ. 중종 때 전래되었던 새로운 유학 사상이다.
ㄴ. 사단 칠정 논쟁을 통해 심성론적 측면에서 발전하였다.
ㄷ. 성혼의 사상을 계승한 소론 계열의 일부 학자가 받아들였다.
ㄹ. 주자 중심의 성리학으로 이황의 학문과 함께 조선 시대 사상계를 이끌었다.

① ㄱ, ㄴ　　　② ㄱ, ㄷ　　　③ ㄴ, ㄷ
④ ㄴ, ㄹ　　　⑤ ㄷ, ㄹ

05 다음 기구를 처음 제작한 국왕 대의 문화에 관한 설명으로 옳을 것을 〈보기〉에서 고른 것은?

한성에서는 쇠를 부어 그릇을 만들어 …… 길이는 1자 5치, 직경은 7치로 하여 주척(周尺)을 쓴다. 비가 그칠 때마다 본관 관원이 직접 강우 상태를 살피는데, 주척으로써 수심을 재고, 아울러 비 내린 일시와 갠 일시, 수심의 치수를 모두 기록하여 바로 보고하고 장부에 적어 둔다.

〈보기〉
ㄱ. 계미자가 주조되어 다양한 서적이 인쇄되었다.
ㄴ. 국어에 대한 관심이 높아져 훈민정음운해가 간행되었다.
ㄷ. 경험 많은 농부의 농사 기술을 모은 농사직설이 편찬되었다.
ㄹ. 우리 풍토에 맞는 약재 등을 정리한 향약집성방이 편찬되었다.

① ㄱ, ㄴ   ② ㄱ, ㄷ   ③ ㄴ, ㄷ
④ ㄴ, ㄹ   ⑤ ㄷ, ㄹ

06 다음 글의 내용을 입증할 수 있는 문화유산으로 옳지 않은 것은?

15세기 문화를 주도한 관학파 계열의 관료와 학자들은 성리학을 지배 이념으로 내세웠으나, 성리학 이외의 학문과 사상이라도 중앙 집권 체제의 강화나 민생 안정과 부국강병에 도움이 되는 것은 어느 정도 받아들였다.

① 
② 
③ 
④ 
⑤ 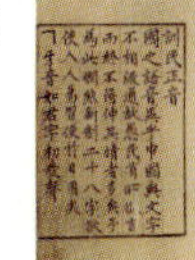

07 다음 농서가 편찬된 시기의 역사적 사실이 <u>아닌</u> 것은?

하삼도의 관찰사가 자신의 지역에서 활용되고 있는 농사 관행을 조사하여 보고서를 올렸으며 이를 바탕으로 정초와 변효문이 체제를 갖추고 순서를 정리하여 만들어 낸 농서였다. 이는 농사에 경험이 많은 농민의 실제 경험을 바탕으로 우리 풍토에 맞는 농법을 보급하기 위해 편찬되어 지방 권농과의 지침서가 되었다. 종자의 선택과 저장, 논밭갈이뿐 아니라 벼·기장·조·수수 등의 재배법이 서술되어 있다.

① 임원경제지라는 농촌 생활 백과사전을 편찬하였다.
② 식자판 조립 방법을 개발하고 갑인자를 주조하였다.
③ 비격진천뢰와 신기전 등 다양한 무기들을 만들었다.
④ 한양을 기준으로 천체 운동을 계산한 칠정산을 편찬하였다.
⑤ 충신, 효자, 열녀의 행적을 정리한 삼강행실도를 편찬하였다.

08 다음과 같은 과학 기술이 발전된 시기에 볼 수 있는 것을 〈보기〉에서 고른 것은?

• 갑인자를 주조하여 인쇄술을 크게 향상시켰다.
• 신기전 등의 무기를 제작하여 국방력을 강화하였다.
• 한양을 기준으로 한 역법서인 《칠정산》을 편찬하였다.

〈보기〉

① ㄱ, ㄴ   ② ㄱ, ㄷ   ③ ㄴ, ㄷ
④ ㄴ, ㄹ   ⑤ ㄷ, ㄹ

09 다음 신문 기사에 소개된 그림과 같은 시기의 작품은?

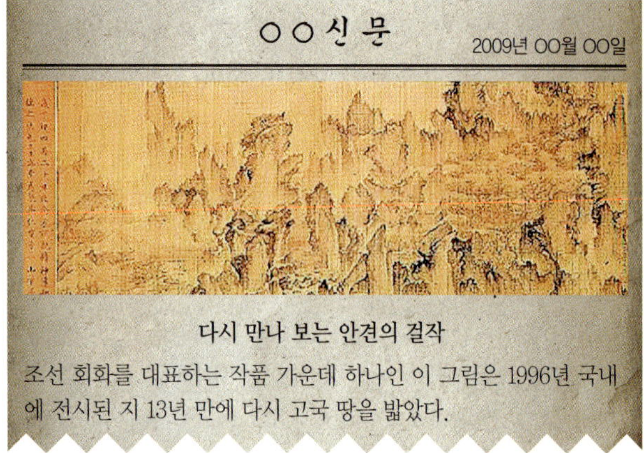

①  ②  ③

④  ⑤ 

10 다음 글에서 소개하는 문화재를 옳게 찾은 것은?

> 고려 도자기의 전통을 잇고 명나라 도자기의 영향을 받아 깨끗하고 담백하며 고상함을 풍겨 선비들의 취향과 어울리는 16세기 조선의 대표적인 자기이다. 탁자 위에 올려놓고 바라보는 거울이라고 생각될 만큼 옆에 두고 보기 위한 형식을 갖추고 있다.

①  ②  ③ 

④  ⑤ 

11 (가), (나)에 대한 설명으로 옳은 것을 〈보기〉에서 고른 것은?

(가) 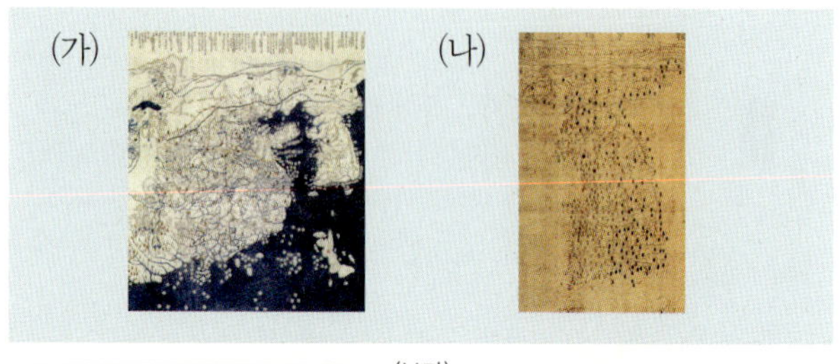 (나)

〈보기〉
ㄱ. (가)-사림 세력의 세계관과 역사의식을 잘 보여 주는 지도이다.
ㄴ. (가)-현존하는 세계 지도 중 동양에서 가장 오래된 것으로 현재 일본에 보관되어 있다.
ㄷ. (나)-전국 8도의 군현과 병영, 수영이 표시되었고 조선 전기의 영토 의식을 보여 준다.
ㄹ. (나)-도로망의 표시가 정밀하고 거리를 알 수 있도록 10리마다 눈금이 표시되어 있다.

① ㄱ, ㄴ ② ㄱ, ㄷ ③ ㄴ, ㄷ
④ ㄴ, ㄹ ⑤ ㄷ, ㄹ

12 (가)~(라) 지도가 제작된 순서가 바르게 연결된 것은?

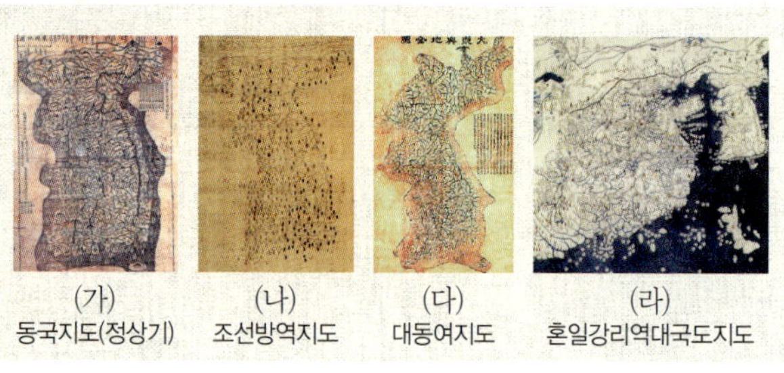

① (가) - (나) - (다) - (라)
② (나) - (가) - (라) - (다)
③ (가) - (라) - (나) - (다)
④ (라) - (나) - (가) - (다)
⑤ (라) - (가) - (나) - (다)

13 다음 서문이 들어 있는 책은?

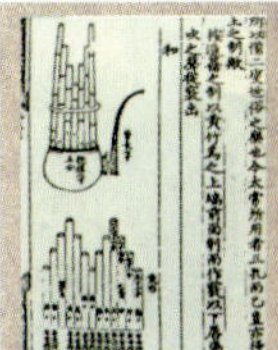

다른 소리를 합하여 하나로 하는 것은 임금이 위에서 어떻게 이끄느냐에 달려 있다. 바르게 이끄는 것과 거짓되게 이끄는 것에 따라 커다란 차이가 나며 풍속이 번영하고 쇠퇴하는 것도 모두 여기에 달려 있다.

① 동문선　　② 경국대전　　③ 동국통감
④ 악학궤범　　⑤ 국조오례의

14 다음 서문이 들어 있는 책에 관한 설명으로 옳은 것은?

일찍이 세조께서 말씀하셨습니다. "우리 동방은 비록 역사책이 있으나 《자치통감》처럼 장편으로 된 통감이 없다." …… 삼국부터 여러 역사책에서 사실을 뽑고 중국의 역사 서적들을 모아 편년체를 사용하였습니다. 범례는 《자치통감》에 따랐습니다.

① 현존하는 우리나라 최고의 역사서이다.
② 본기, 세가, 열전 등으로 구성되어 있다.
③ 고조선부터 고려 말까지를 연대순으로 정리하였다.
④ 유교적 통치 질서와 문물 제도의 완비를 의미하는 법전이다.
⑤ 고려 시대의 역사를 정리하고 조선 건국의 정당성을 밝히려 하였다.

15 다음은 어느 역사서의 서문이다. 이 역사서에 대한 설명으로 가장 적절한 것은?

"대개 지난 시기의 흥망은 앞날의 교훈이 되기에 이 역사책을 편찬하여 올리는 바입니다. …… 이 책을 편찬하면서 범례는 사마천의 《사기》를 따랐고, 기본 방향은 직접 왕께 여쭈어서 결정했습니다. '본기'라고 하지 않고 '세가'라고 한 것은 대의명분의 중요함을 밝힌 것입니다. 신우, 신창을 세가에 넣지 않고 열전으로 내려놓은 것은 왕위를 도적질한 사실을 엄히 밝히려 한 것입니다."

① 고조선부터 고려 말까지를 연대순으로 정리하였다.
② 현존하는 역사서 중 최초로 단군신화가 기록되어 있다.
③ 조선 건국의 정당성 확보를 목적으로 쓰인 역사서이다.
④ 중국 중심의 역사관을 벗어나 우리 역사의 체계화를 주장하였다.
⑤ 실록청에서 사초와 각 관청의 기록 등을 종합하여 편찬하였다.

16 다음 문화유산과 관련된 설명으로 옳지 <u>않은</u> 것은?

• 국왕이 죽으면 사관의 사초와 시정기 등을 종합·정리하여 편찬한 것으로, 유네스코 세계 기록 유산으로 등재되었다.
• 조선 후기 세도 정치기로 갈수록 분량이 축소되어 다양성을 잃고 내용이 부실해졌다는 평가를 받고 있다.

① 춘추관 내 상설 기관인 실록청에서 제작하였다.
② 편찬 과정에 후임 국왕의 정치관을 반영하였다.
③ 태조에서부터 철종까지 왕별로 기록한 편년체 역사서이다.
④ 국정 전반에 걸친 매일매일의 일기를 날짜순으로 정리한 책이다.
⑤ 임진왜란 이전에는 4곳에 보관했다가 이후 5곳에 나누어 보관하였다.

17 다음 문화유산에 대한 설명으로 옳은 것은?

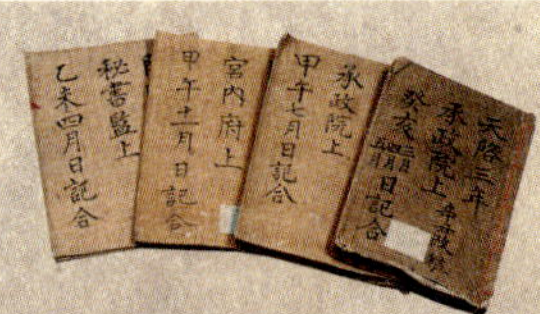

조선 시대 왕명 출납을 담당하던 관청에서 편찬한 일기로 필사본이며, 3,243책이다. 한 달에 한 권 작성하는 것을 원칙으로 하되 사건이 많을 경우에는 두 권 이상으로도 작성하였으며, 반드시 그다음 달 안으로 완성하여 보존하였다. 원래 조선 개국 초부터 있었으나, 임진왜란 때에 소실되어 1623년(인조 1)부터 1894년(고종 31)까지 270여 년간의 기록만이 현존한다.

① 사초, 시정기 등을 종합, 정리하여 편찬하였다.

② 정조 시기에 규장각의 관원들이 주로 기록하였다.

③ 국왕에게 보고한 것은 모두 기록하는 것이 원칙이다.

④ 이전, 호전, 예전, 병전, 형전, 공전의 6전으로 구성되었다.

⑤ 국가의 여러 행사(길례, 가례, 빈례, 군례, 흉례)가 정리되어 있다.

18 다음 신문에 나오는 밑줄 친 석탑을 만든 국왕의 불교 정책으로 옳은 것은?

○○신문　　　　○○○○년 ○○월 ○○일

…… 불교를 배척하고, 유교를 숭상하던 조선 시대 한양의 중심지에 국가 수호 사찰 원각사는 비록 폐사되고 없지만, 《석보상절》을 썼던 왕이 즐겨 나들이했던 사찰을 지켰던 이 석탑을 보면 스스로 등불을 들고 부지런히 정진하라는 부처님의 가르침을 들을 수 있을 것만 같았다.

① 불교 행사를 주관하는 소격서가 설치되었다.

② 도첩제를 실시하여 승려 출가를 제한하였다.

③ 왕실의 후원 아래 승과가 부활되기도 하였다.

④ 사원이 소유한 막대한 토지와 노비를 회수하였다.

⑤ 간경도감을 설치하여 불교 경전을 한글로 번역하였다.

19 다음에 설명하는 문화유산에 해당되는 것은?

국보 제224호인 이곳은 외국 사신을 접견하기 위해 만들어졌지만, 임금과 신하가 덕으로써 만난다는 뜻에 맞게 임금과 신하들이 함께 연회를 여는 공간으로도 자주 활용되었다. 이 건물은 1412년(태종 12)에 처음 지어졌으며, 임진왜란 때 불에 탄 후 1867년(고종 4)에 다시 지어졌다.

① 경복궁 근정전　　② 경복궁 사정전　　③ 경복궁 경회루

④ 창덕궁 주합루　　⑤ 창덕궁 연경당

20 다음 자료에서 설명하는 궁궐을 지도에서 옳게 찾은 것은?

제1차 역사 동아리 답사

주제: 조선의 궁궐을 찾아서

1483년(성종 14)에 세조 비 정희 왕후, 예종 비 안순 왕후, 덕종 비 소혜 왕후 세 분의 대비를 모시기 위해 옛 수강궁 터에 창건한 궁이다. 1592년(선조 25) 임진왜란으로 모든 전각이 소실됐고, 1616년(광해군 8)에 재건됐다. 그러나 1624년(인조 2) 이괄의 난과 1830년(순조 30) 대화재로 인해 내전이 소실됐다. 화재에서 살아남은 명정전, 명정문, 홍화문은 17세기 조선 시대 건축 양식을 보여 주며, 정전인 명정전은 조선 궁궐 전각 중에서 가장 오래된 건물이다.

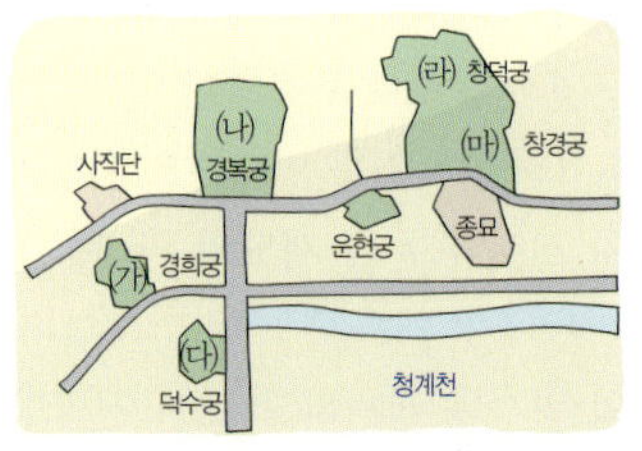

① (가)　② (나)　③ (다)　④ (라)　⑤ (마)

21 다음은 조선 시대 큰 건축물 기와지붕 위에 있는 잡상이다. 잡상을 두는 위치와 그 명칭이 바르게 연결된 것은?

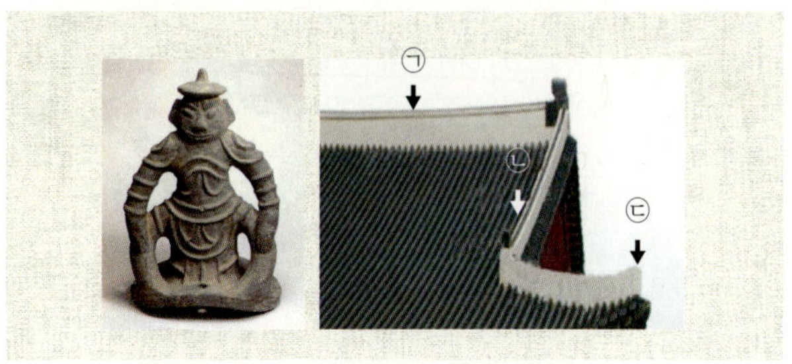

① ㉠ - 용마루
② ㉡ - 내림마루
③ ㉡ - 추녀마루
④ ㉢ - 추녀마루
⑤ ㉢ - 내림마루

22 자료와 관련된 궁궐에 대한 설명으로 옳은 것은?

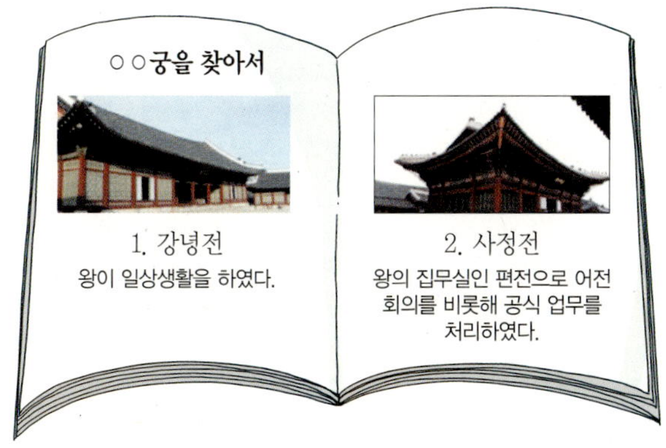

① 1997년 세계 문화유산으로 등재되었다.
② 고종이 강제 퇴위한 뒤 머물렀던 궁궐이다.
③ 일제에 의해 동물원, 식물원, 박물관이 만들어졌다.
④ 임진왜란 때까지 조선 왕조의 정궁으로 사용되었다.
⑤ 이 궁궐의 정문이 이토 히로부미의 사당 정문으로 사용되기도 하였다.

23 그림은 조선 시대 건축물의 구조를 나타낸 것이다. 이와 연관된 설명으로 가장 적절한 것은?

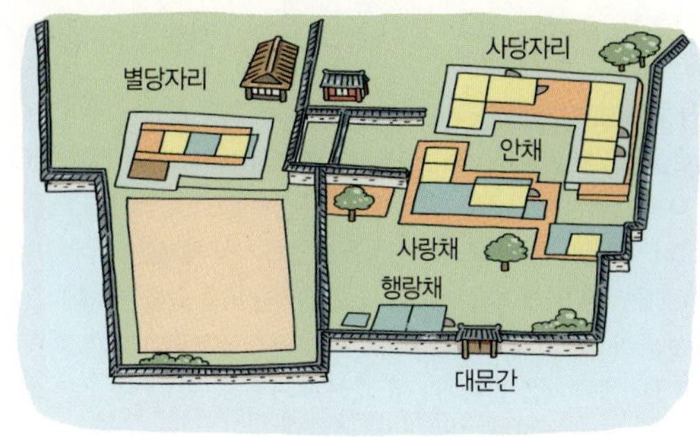

① 하인들의 거처는 가옥 뒤편에 두었다.
② 조상을 숭배하는 정신이 잘 드러나 있다.
③ 양반들의 개방적인 자세를 엿볼 수 있다.
④ 자연과의 조화를 추구하는 교육 기관이다.
⑤ 건물 구조상 남녀의 구분이 심하지 않음을 알 수 있다.

24 밑줄 친 '본 협약'에 의해 등재된 우리나라의 문화유산으로 옳지 <u>않은</u> 것은?

문화유산 및 자연유산의 일부는 현저한 가치를 지니고 있고, 따라서 인류 전체의 세계 유산의 일부로서 보존될 필요가 있음을 고려하고 …… 현저한 보편적 가치를 지닌 문화유산 및 자연유산을 공동으로 보호하기 위한 효과적인 체제를 확립하는 새로운 규정들을 협약의 형식으로 채택하는 것이 긴요함을 고려하고, 16차 총회에 이 문제가 국제 협약의 대상으로 될 것을 결정한바, 1972년 11월 16일 <u>본 협약</u>을 채택한다.

① 	② 	③ 
불국사	창덕궁	종묘

④ 	⑤ 
사직단	수원 화성

1. ② 2. ① 3. ② 4. ② 5. ⑤ 6. ② 7. ① 8. ① 9. ② 10. ④
11. ③ 12. ④ 13. ④ 14. ③ 15. ③ 16. ④ 17. ③ 18. ⑤ 19. ③
20. ⑤ 21. ④ 22. ④ 23. ② 24. ④

1. ② 바로 정리 : 이황의 사상

'이기호발설, 인간의 심성 중시, 근본적이고 이상주의적 성격' 등을 통해 이황에 대한 설명임을 알 수 있다. 이황은 《주자서절요》, 《성학십도》 등을 저술했으며, 주자의 이론에 조선의 현실을 반영해 사상 체계를 세우려고 했다. 특히 이황은 《성학십도》에서 군주 스스로 성학을 따를 것을 제시했다. 아하! ① 조선 중기 예학의 대가인 김장생, 정구 등에 대한 설명이다. ③ 조선 후기 실학자 정약용에 대한 설명이다. ④ 조선 후기 윤휴, 박세당에 대한 설명이다. ⑤ 이이가 쓴 《성학집요》에 나오는 주장이다.

2. ① 바로 정리 : 이이의 사상

제시문은 《성학집요》로, 이 글을 쓴 인물이 이이임을 알 수 있다. 이이는 이황에 비해 상대적으로 '기(氣)'의 역할을 강조했으며, 현실적이고 개혁적인 면이 있었다. 이이는 이(理)와 기(氣)는 분리되어 있지 않다는 주장을 폈다. 즉 이와 기는 하나이면서 둘이요, 둘이면서 하나라고 했다. 아하! ② 이황의 《성학십도》에 나오는 내용이다. ③ 조선 후기 이익에 대한 설명이다. ④ 조식에 대한 설명이다. ⑤ 조선 후기 강화학파 정제두에 대한 설명이다.

3. ② 바로 정리 : 조선 전기의 역사 인물

㉠은 5만 원 권 화폐 도안에 나오는 이이의 어머니인 신사임당이고, ㉡은 1만 원 권 화폐 도안에 나오는 세종 대왕이다. ㉢은 5천 원 권 화폐 도안에 나오는 이황이고, ㉣은 1천 원 권 화폐 도안에 나오는 이이다. 세종 때 불교 교단을 정리하면서 선종과 교종 두 종파 총 36개 절만 인정했다. 아하! ① 《이륜행실도》는 16세기 사림이 간행하여 보급한 윤리서이다. ③ 이황, 이이 등 사림 세력은 형벌보다는 교화에 의한 통치를 강조한다. ④ 정도전, 권근 등 관학파에 대한 설명이다. ⑤ 태어난 순서는 ㉡-㉣-㉠-㉢이다.

4. ② 바로 정리 : 조선 전기 사상의 흐름

제시문의 심즉리(心卽理)는 양명학의 명제로, 성리학에서 말하는 성즉리(性卽理)에 대비되는 개념이다. 따라서 퇴계가 비판하고 있는 이 학문은 양명학이다. 양명학은 조선 중종 때 전래되었으며, 성혼의 사상을 계승한 소론계 학자들이 일부 수용했다. 정제두를 중심으로 강화도 지역에서 활발하게 연구되고 학파가 형성되었다고 하여 강화학파라고 불리기도 했다. 아하! ㄴ은 이황의 사상이고, ㄹ은 이이의 학문을 설명하고 있다.

5. ⑤ 바로 정리 : 세종 대 과학 기술의 발전

제시된 사진과 강우량을 측정하는 관원의 이야기를 통해 세종 대에 만들어진 측우기임을 알 수 있다. 세종 대에는 다양한 분야에서 기술적인 발전이 있었는데, 농업에서는 《농사직설》이, 의학에서는 《향약집성방》이 간행되었으며, 역법으로 《칠정산》이 만들어지기도 했다. 아하! ㄱ. 계미자는 태종 때 제작되었다. ㄴ. 신경준의 《훈민정음운해》는 조선 후기에 간행되었다.

6. ② 바로 정리 : 15세기 과학 기술의 발달

① 화차 ③ 측우기 ④ 앙부일구 ⑤ 《훈민정음 해례본》은 모두 세종 때의 문

화유산이다. 그에 비해 ② 거중기는 조선 후기 정조 때 수원 화성 축조를 위해 정약용이 제작한 기기이다.

7. ① 바로 정리 : 조선 전기의 과학 기술

제시된 자료에 '농민의 실제 경험, 우리 풍토에 맞는 농법, 하삼도의 관찰사' 등의 표현으로 보아 15세기 세종 때 만들어진 《농사직설》을 설명하는 내용임을 알 수 있다. 아하! ① 《임원경제지》는 조선 후기 실학자 서유구가 지은 농촌 생활 백과사전이다 .

8. ① 바로 정리 : 15세기 문화와 예술

갑인자, 신기전, 《칠정산》 모두 15세기 과학 기술의 상징이다. ㄱ은 태조 때 만들어진 〈천상열차분야지도〉로, 고구려 평양 성도(星圖) 비석의 탁본을 바탕으로 돌에 새긴 천문도이다. ㄴ은 문인 화가 강희안의 〈고사관수도〉로, 15세기를 대표하는 그림이다. 아하! ㄷ. 조선 후기 진경산수화인 정선의 〈인왕제색도〉 ㄹ. 조선 후기 김홍도의 풍속화 〈무동〉

9. ② 바로 정리 : 15세기 조선의 회화

자료의 그림은 15세기 도화서 출신의 화가 안견이 그린 〈몽유도원도〉이다. 〈몽유도원도〉는 계유정란 때 사라졌다가 1890년대에 일본에서 발견된 것으로 알려져 있다. 아하! ① 정선의 〈인왕제색도〉 ② 강희안의 〈고사관수도〉 ③ 정선의 〈금강전도〉 ④ 김정희의 〈세한도〉 ⑤ 18세기 서양화 기법을 반영한 강세황의 〈영통골입구도〉

10. ④ 바로 정리 : 16세기 조선의 백자

16세기를 대표하는 도자기는 선비들의 고상한 취향을 잘 드러내는 순백자이다. 아하! ① 고려 시대 청자 진사 연화문 주자(국보 제133호) ② 조선 후기 청화 백자 대나무무늬 각병 ③ 15세기 분청사기 조화 어문 편병(국보 제178호) ⑤ 고려 시대 청자 칠보 투각 향로(국보 제95호)

11. ③ 바로 정리 : 조선 전기의 지도

(가)는 현존하는 세계 지도 중 동양 지도로는 가장 오래된 〈혼일강리역대국도지도〉로 현재 원본이 아닌 사본이 존재한다. (나)는 〈조선방역지도〉로 명종 때 제작되었다고 추정되며, 8도의 군현과 수영 및 병영이 표시되어 있다. 또한 만주와 대마도를 우리 영토로 명기하고 있는 점으로 보아 조선 전기의 영토 의식을 엿볼 수 있다. 아하! ㄱ. 〈혼일강리역대국도지도〉는 태종 때 제작되었으며, 사림 세력은 성종 때 처음 중앙 정계에 진출했다. ㄹ. 목판으로 제작된 조선 후기 김정호의 〈대동여지도〉에 대한 설명이다.

12. ④ 바로 정리 : 조선 시대 지도

(가)는 영조 때 정상기가 제작한 〈동국지도〉로, 최초로 100리 척을 활용하여 만들었다. 세조 때 양성지가 만든 〈동국지도〉와는 다른 지도이다. (나)는 16세기 명종 때 만든 〈조선방역지도〉이다. (다)는 19세기 김정희가 제작한 〈대동여지도〉로 10리마다 눈금이 표시되어 있다. (라)는 15세기 태종 때 제작한 〈혼일강리역대국도지도〉로, 동양에서 제작된 세계 지도 중 현존하는 가장 오래된 지도이다. 지도 제작 순서는 (라)-(나)-(가)-(다)이다.

13. ④ 바로 정리 : 조선 전기의 음악

제시된 자료는 조선 성종 때 성현이 편찬한 《악학궤범》의 서문이다. 이 책은

음악의 원리와 역사, 악기, 무용, 의상 및 소도구까지 망라하여 전통 음악을 유지하고 발전시키는 데 큰 도움이 되었다.

14. ③ 바로 정리 : 조선 전기의 역사서

제시된 자료는 서거정의 《동국통감》 서문 중 일부이다. 성종 때 간행된 《동국통감》은 고조선부터 고려 말까지의 역사를 정리한 편년체 통사이다. 아하! ① 《삼국사기》 ② 《삼국사기》, 《고려사》 ④ 《경국대전》 ⑤ 정도전의 《고려국사》

15. ③ 바로 정리 : 조선 전기 역사서 편찬

제시된 자료에 신우, 신창이라는 인물이 나오는데, 이들은 왕우, 왕창으로 고려 국왕인 우왕과 창왕을 말한다. 우왕과 창왕이 왕씨 자손이 아니라 신돈의 자식이라고 규정하며 역성혁명의 정당성을 주장하고 있다. 또한 사마천의 《사기》를 따랐다는 것으로 볼 때 본기, 열전, 세가의 형식으로 만들어진 기전체 역사서인 《고려사》임을 추정해 볼 수 있다. 아하! ① 서거정이 쓴 《동국통감》이다. ② 일연의 《삼국유사》이다. ④ 조선 후기 실학자 이익의 주장이다. ⑤ 조선 시대 《조선왕조실록》이다.

16. ④ 바로 정리 : 《조선왕조실록》의 편찬

제시된 내용을 볼 때 이 문화유산은 《조선왕조실록》이다. 《조선왕조실록》은 국왕이 죽은 후 춘추관 내 임시 기관인 실록청에서 제작되었다. 태조부터 철종 때까지 국왕별로 기록해 놓은 편년체 역사서이다. 고종과 순종 때의 기록은 일제에 의한 왜곡이 많아 정식 《조선왕조실록》으로 인정하지 않는다. 아하! ④ 《승정원일기》에 대한 내용이다.

17. ③ 바로 정리 : 조선 시대 《승정원일기》

조선 시대 왕명 출납을 담당하던 관청은 승정원이므로 제시된 책은 《승정원일기》이다. 《승정원일기》는 국왕에게 아뢴 것을 모두 기록하게 되어 있는 일기 형식의 1차 사료이다. 《승정원일기》는 《직지심체요절》, 《일성록》과 함께 2001년 세계 기록 문화유산으로 등재되었다. 아하! ① 《조선왕조실록》에 대한 설명이다. ② 조선 후기 《일성록》에 대한 설명이다. ④ 《경국대전》에 대한 설명이다. ⑤ 성종 때 편찬된 《국조오례의》에 대한 설명이다.

18. ⑤ 바로 정리 : 조선 전기의 불교

밑줄 친 석탑은 현재 탑골공원, 옛 원각사 터에 세워진 원각사지 10층 석탑으로, 조선 초 세조가 세운 것이다. 세조는 원각사지 10층 석탑을 세우고, 간경도감을 설치하여 불교 경전을 한글로 번역하기도 했다. 아하! ① 소격서는 고려에서 계승된 것으로 태조 때부터 존재했다. ② 도첩제는 태조 때 처음 실시되었다. ③ 승과가 부활한 것은 불교에 우호적이었던 문정 왕후가 섭정했던 명종 때의 일이다. ④ 태종 때의 일이다.

19. ③ 바로 정리 : 조선의 궁궐

고종 4년, 즉 흥선 대원군 집권기에 다시 중건된 건물이라는 표현에서 경복궁임을 알 수 있고, 임금과 신하가 함께 연회를 여는 공간이라는 점에서 경회루임을 추정해 볼 수 있다. 아하! ① 근정전은 경복궁의 중심 건물로 정전이라고 한다. 주로 외국 사신을 접견하거나 국가 의식을 거행하던 공간이었다. ② 사정전은 국왕이 사무를 보던 곳이다. ④ 창덕궁 주합루는 창덕궁 후원에 있는 건물로 규장각이 이곳에 위치하고 있었다. ⑤ 연경당은 순종이 사

대부 주택 형식으로 지은 건물이다.

20. ⑤ 바로 정리 : 조선의 궁궐

제시된 자료에 명정전, 명정문, 홍화문이라는 건물명이 나오는 것으로 보아 창경궁에 해당된다. 경복궁 정문은 광화문, 창덕궁 정문은 돈화문, 경희궁 정문은 흥화문, 경운궁(현재의 덕수궁) 정문은 인화문, 창경궁 정문은 홍화문이다. 인화문은 화재 후 재건되면서 이름이 대안문을 거쳐, 대한문으로 바뀌었다.

21. ④ 바로 정리 : 조선 시대의 건축

궁궐 전각과 문루의 추녀마루 위에 올려놓는 조각(10신상)을 잡상이라고 한다. 액운을 막기 위한 것에서 유래된 것으로 추정된다. 아하! ㉠ 용마루 ㉡ 내림마루 ㉢ 추녀마루

22. ④ 바로 정리 : 조선의 궁궐

강녕전과 사정전은 모두 경복궁 안에 있는 건축물이다. 경복궁은 조선의 정궁이자 도성의 북쪽에 위치한다 하여 북궐이라고 불렸다. 태조가 세워 정궁으로 사용되다가 임진왜란 때 소실되었고, 흥선 대원군이 중건했다. 아하! ① 1997년 세계 문화유산으로 등록된 궁궐은 창덕궁이다. ② 고종이 대한 제국 시절 머물던 궁궐은 경운궁(현 덕수궁)이다. ③ 창경궁에 대한 설명이다. ⑤ 경희궁 정문인 흥화문에 관한 설명이다.

23. ② 바로 정리 : 조선의 가옥

제시된 자료는 조선 시대 사대부 주택의 가옥 구조이다. 가옥 뒤편에 사당을 두어 조상의 위패를 모셔 둔 것으로 볼 때, 가옥 구조만으로도 조선 시대 사대부들의 조상 숭배 정신을 쉽게 유추해 볼 수 있다. 아하! 노비들이 거주하는 행랑채는 가옥 앞편에 있고, 남성들의 공간인 사랑채와 여성들의 공간인 안채가 구분되어 있는 것으로 보아, 남녀 내외법이 철저히 지켜졌음을 알 수 있다. 산과 하천 가까이 세워 자연과 조화를 추구한 교육 기관은 서원이다.

24. ④ 바로 정리 : 우리나라의 세계 문화유산

제시된 협약은 유네스코 세계 문화유산에 대한 것이다. 이 협약에 따라 지정된 우리나라의 세계 문화유산에는 창덕궁, 수원 화성, 석굴암과 불국사, 경주 역사 유적, 고인돌 유적, 조선왕릉, 해인사 장경판전, 종묘 등이 있다. 아하! ④ 종묘는 세계 문화유산으로 등재되었으나 사직단은 등재되지 않았다. 사직단은 토지신인 국사신(國社神)과 곡물신인 국직신(國稷神)에게 제사를 드리기 위한 제단이다.

왜의 침입과 관군, 의병의 활약

정묘호란과 병자호란

임진왜란 해전도

핵심주제 01 왜란과 호란

(1) 조선의 대외 관계

사대		• 태조 때 정도전의 요동 정벌과 여진 문제로 대립 → 태종 이후 관계 개선 • 사대 외교 : 자주적 실리 외교, 명의 간섭 반대, 사절 교환, 일종의 공무역
교린	여진	• 강경책 : 4군 6진 개척(세종) • 온건책 : 무역소 설치(교역)
	일본	• 강경책 : 쓰시마 섬 정벌(세종, 이종무) • 온건책 : 3포 개항, 제한된 무역 허용

조선 전기에는 사무역이 철저히 통제되었어.

세종 때 부산포, 염포(울산), 제포(진해) 개항

(2) 왜란

왜란 직전	3포 왜란(중종), 을묘왜변(명종), 비변사 상설 기구화
임진왜란 (1592)	초반 열세(선조의 의주 피란, 평양 함락) → 이순신의 활약, 의병의 활약 → 조명 연합군(평양 탈환), 행주산성 전투 승리(권율) → 휴전 협상 진행(훈련도감 설치, 속오군)
정유재란 (1597)	휴전 협상 결렬 → 명량 해전, 노량 해전
왜란의 영향	조선의 피해(농경지 황폐화, 호적과 토지 대장 소실, 경복궁 소실), 일본의 성리학 수용과 도자기 기술 발달(이삼평), 명의 약화, 여진의 성장(후금의 건국)

임진왜란 중 설치된 부대로 포수, 사구, 살수 등 삼수병으로 구성된 군대(직업 군인)

왜란의 마지막 전투, 이순신 전사

(3) 호란

명나라와 친하고 후금을 배척하는 정책

정묘호란 (1627)	광해군의 명과 후금 간 신중한 중립 외교 → 인조반정으로 서인 정권 장악(친명배금 정책) → 후금의 침입(정묘호란), 화의 성립
병자호란 (1636)	청의 군신 관계 요구 → 주전론과 주화론 대립, 남한산성에서 항전 → 삼전도에서 항복, 북벌론 주장(효종)

광해군은 강홍립 장군에게 후금에 항복할 것을 지시했어.

핵심주제 02 통치 체제의 변화

(1) 정치 구조의 변화

비변사 강화	• 정승과 판서(공조 제외), 5군영 대장 등 고위 관리 참여 • 임진왜란 이후 최고 기구(군사, 외교, 재정, 사회, 인사 등 총괄) → 의정부 약화, 왕권 약화
견제 약화	• 삼사 언론 기능 변질, 공론보다는 각 붕당의 이해관계 대변 • 이조 전랑의 추천권을 이용하여 각 붕당이 자기 세력 확대 노력

(2) 군사 제도

중앙군	• 5군영 설치(직업 군인 중심) : 훈련도감(왜란 중 설치), 어영청, 총융청, 수어청, 금위영(숙종 때 설치) • 서인의 군사적 기반
지방군	• 속오군 체제 : 양반에서 노비까지 지방군 편성, 평상시에는 생업에 종사하고 유사시 동원 • 임진왜란 후 진관 복구

나중에는 양반들이 속오군에 나오지 않았어.

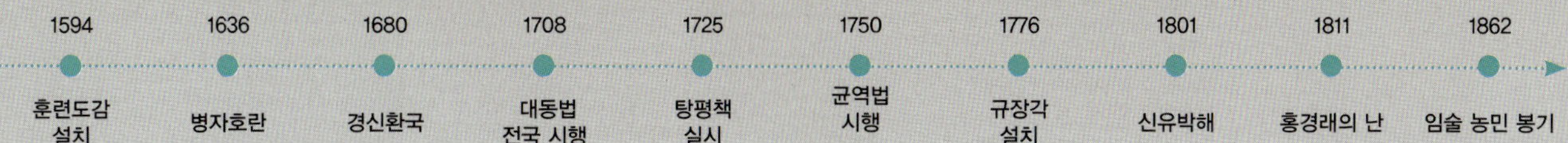

 **핵심주제 03**

붕당 정치의 변질과 탕평책

(1) 붕당 정치의 전개

동인의 분열	정여립 모반 사건(정철 처벌 문제)을 계기로 남인과 북인으로 분열
북인 집권	임진왜란 이후 북인 집권(광해군), 명과 후금 사이의 중립 외교 정책
공존 시기	인조반정 이후 서인과 남인의 붕당 정치(공존) → 예송 논쟁(효종의 정통성을 두고 서인과 남인의 대립 격화)

효종과 효종 비가 죽은 후 새어머니인 인조의 계비 자의 대비의 상복 입는 기간을 둘러싼 대립
서인의 송시열과 남인의 윤휴가 대립

(2) 붕당 정치의 변질과 탕평론 대두

나이 많은 서인 중심, 송시열의 학통 계승
젊은 소장파 서인 중심, 성혼과 윤증의 학통 계승

환국 발생	숙종 때 경신환국 발생(경신환국 이후 서인이 노론과 소론으로 분화) → 균형이 깨지고 특정 붕당이 정권 독점(일당 전제화) → 왕권 약화 → 탕평론 대두
숙종의 탕평	인사 관리를 통한 탕평(환국 초래)
영조의 탕평	탕평파 중심으로 정국 운영, 균역법 시행, 서원 정리(산림의 존재 부정), 이조 전랑의 특권 약화(삼사 관리 선발권 폐지), 가혹한 형벌 금지, 사형수에 대한 3심제, 《속대전》 편찬
정조의 탕평	규장각·장용영(수원 화성 건설) 설치, 초계문신제 실시, 수령의 권한 강화(향약 주관), 신해통공(육의전을 제외한 시전 상인의 금난전권 폐지), 서얼 차별 완화, 《대전통편》 편찬

각 붕당의 최고 지도자를 말해.
왕이 스승의 입장에서 신진 관리나 중하급 관리를 공부시키는 제도
서얼 출신의 박제가, 유득공, 이덕무가 규장각 검서관에 등용됐어.

 **핵심주제 04**

세도 정치와 대외 관계

(1) 세도 정치의 전개 : 왕의 외척 안동 김씨, 풍양 조씨 등이 권력 독점

성립	탕평 정치로 국왕에게 권력 집중 → 정조 사망 후 정치 세력 간 균형 붕괴(붕당 약화), 외척 가문에 권력 집중(세도 정치)
폐단	• 세도 가문이 비변사의 요직 독점, 왕권 약화 • 정치 기강 문란 : 비판 세력 몰락, 과거 시험 부정, 매관매직 만연 • 탐관오리의 농민 수탈(삼정의 문란) → 농민의 부담 증가 → 농민 봉기 　3가지 세금 제도(전정, 군정, 환곡)의 문란
종교	• 사회 불안 고조(수탈, 이양선 출현), 예언 사상 유행(《정감록》 유행) • 서학의 확산(평등사상, 남인 계열 일부 수용)　서양의 침투와 서학에 맞선다는 의미로 동학이라고 칭하였어. • 경주의 몰락한 양반 최제우가 동학을 창시, 2대 교주 최시형 때 교세 크게 확대
농민 봉기	• 홍경래의 난(1811) : 평안도에 대한 차별, 몰락한 양반과 농민, 광산 노동자 등이 참여, 한때 청천강 이북 지역 장악 • 임술 농민 봉기(1860) : 삼정의 문란으로 시작되어 전국으로 확산, 정부에서 삼정 이정청 설치(미봉책)　임술 농민 봉기 때 삼정의 문란을 시정하기 위해 설치한 관청

(2) 조선 후기 대외 관계의 변화

대청 관계	• 북벌론 : 효종 때 청나라 정벌 주장　• 북학론 : 청을 배우자는 주장 • 백두산정계비 건립(숙종) : 토문강 해석 문제로 간도 영유권 분쟁
대일 관계	• 기유약조 체결 : 국교 재개, 왜관 설치 • 통신사 파견 : 막부의 요청, 선진 문화를 일본에 전파 • 안용복 : 일본에 건너가 울릉도와 독도가 우리 영토임을 확인

기억하라! 유물

탕평비

신의가 있고 아첨하지 않는 것은 군자의 마음이요, 아첨하고 신의가 없는 것은 소인의 사사로운 마음이다.

기억하라! 사료

그러나 조정에서는 관서를 버림이 분토(糞土)와 다름없다. 심지어 권세 있는 집의 노비들도 서토의 사람을 보면 반드시 '평안도 놈'이라고 말한다. 어찌 억울하고 원통하지 않은 자 있겠는가. …… 지금, 임금이 나이가 어려 권세 있는 간신배가 그 세를 날로 떨치고, 김조순·박종경의 무리가 국가 권력을 오로지 갖고 노니, 어진 하늘이 재앙을 내린다.

　　　　　　－ 홍경래의 격문, 〈패림〉

기억하라! 지도

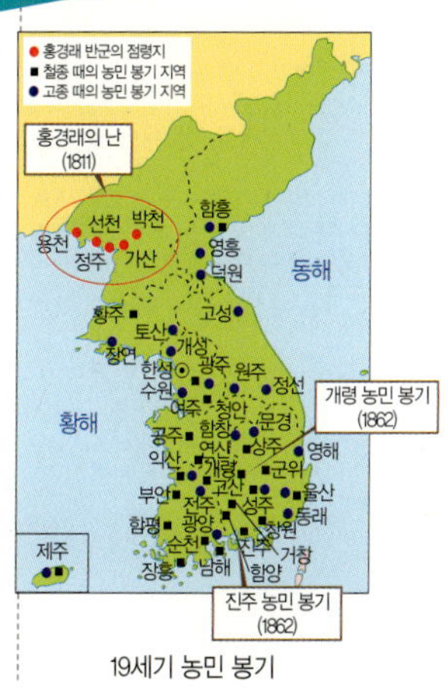

19세기 농민 봉기

모내기

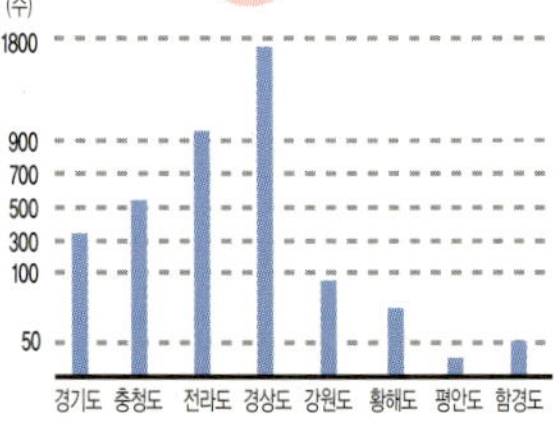

19세기 초 도별 저수지 수

> 부유한 백성은 토지를 겸병하여 한꺼번에 많은 농사를 짓고 있는데, 적게는 3, 4석씩, 많게는 6, 7석씩 모를 한꺼번에 뿌리고 모내기를 하여 노동력을 절약하고 수고를 덜고 있습니다.
> — 부농의 성장, 《정조실록》

> 조정에서 은이 나는 곳에 은점 설치를 허가해 주면 돈 많은 장사꾼은 재물을 내어 일꾼을 모집할 것입니다. 땅이 없어 농사 짓지 못하는 백성은 점민이 되어 그곳에 모여 살며 은을 캐서 호조와 각 영, 고을에 세를 바치고 남은 것은 물주에게 돌릴 것이니 공사 간에 좋은 일입니다.
> — 광업의 발달, 《경제야언》

> 허생이 과일을 도거리로 사 두자, 온 나라가 잔치나 제사를 치르지 못할 지경에 이르렀다. 따라서 과일 값이 크게 폭등하였다. 허생은 이에 10배의 값으로 과일을 되팔았다.
> — 사상의 성장, 박지원, 《허생전》

핵심주제 05 수취 체제의 개편

(1) 배경 : 왜란과 호란 이후 농민의 유망(농촌의 황폐화)

(2) 정부의 대책 양반 지배 체제 유지를 위한 미봉책에 불과하므로 사회 동요는 계속될 수밖에 없었어.

대책		내용	결과
조세	영정법	풍흉에 관계없이 1결당 미곡 4두의 전세로 고정	전세 이외의 비용, 수수료 부과로 농민 부담 증가
공납	대동법	• 토지 1결당 12두 납부(쌀, 삼베, 무명, 동전 등으로 납부) • 광해군 때 시작되어 숙종 때 전국적으로 시행(지주의 반발)	• 농민 부담의 일시적 경감 • 공인의 등장(상품 화폐 경제의 발달) 대동법의 시행으로 나라가 필요로 하는 물품을 구해 오는 어용상인
역	균역법 (영조)	• 상민만 1년에 군포 1필 부과 • 부족한 재정은 결작(1결 2두)과 어장세, 선박세, 선무군관포로 충당	• 일시적으로 부담 경감 • 결작을 소작농에게 전가

일부 상류층에 선무군관의 명예직을 주고 군포 1필을 내게 한 제도

핵심주제 06 서민 경제의 발전

(1) 농촌 경제의 변화

지주 전호제 확산	• 양반 지주의 토지 확대 • 소작료는 일정 비율을 내던 정률 지대(타조법)에서 일정 액수를 내는 정액 지대(도조법)로 변화 정해진 소작료 외의 수확량은 소작농이 가질 수 있어 소작농에게 유리
모내기법 확대	모내기의 확산(수리 시설 확대) → 노동력 감소, 생산량 증가 → 광작 가능 → 농민층의 분화(부농 등장, 다수의 농민 몰락, 임노동자) 한 사람이 넓은 경작지를 농사짓는 것
상품 작물 재배	쌀, 목화, 채소, 담배, 약초 등 판매 목적의 작물 재배

모내기법은 가뭄에 취약하여 반드시 수리 시설(저수지)을 확보해야 함

(2) 민영 수공업과 광업의 발달

수공업자가 공인(상인)에게 물품 생산에 필요한 자금과 원료를 미리 받아 제품을 생산하는 방식

민영 수공업	관영 수공업 쇠퇴, 상업 자본의 지배를 받는 선대제 성행, 농촌 수공업 발달
민영 광산	17세기 민간인에게 광산 채굴 허용, 청나라의 무역 확대로 은광 개발 활기, 잠채 성행, 광산 경영의 분업화(전문 경영인 덕대가 채굴업자와 제련 노동자 등을 데리고 광산 개발)

국가의 허락 없이 몰래 채굴하는 것

핵심주제 07 상품 화폐 경제의 발달

(1) 사상의 대두 : 농업 생산력 증가, 인구 증가, 부세 및 소작료의 금납화, 상품 화폐 경제로 진전

(2) 조선 후기 상인

관허 상인	시전 상인	종로에 근거지, 국가에 필요한 물품을 납품하고 독점 판매권인 금난전권을 부여받음
	공인	대동법 시행 후 등장한 어용상인으로, 독점적 도매상인으로 성장
	보부상	지방 장시를 연결, 보부상단이라는 조합 결성
사상(私商)		정조 때 신해통공(금난전권 폐지) 이후 활동 활발해짐, 송상(개성 중심, 인삼 재배 유통, 전국에 지점), 만상(의주 중심, 대청 무역), 내상(동래 중심, 대일본 무역), 포구의 객주와 여각(금융, 숙박, 창고, 중개), 경강 상인(한강 중심, 운송업)

(3) 시장권의 확대

장시	15세기 말 처음 등장, 16세기에 전국 확산, 조선 후기인 18세기 전국에 1천여 개소 개설, 보통 5일장(일부는 상설 시장화), 지방민의 교역 장소, 상업 중심지로 성장, 보부상의 활동 활발
포구	• 상업 활동의 중심지로 성장(강경포, 원산포 등) • 선상 : 선박을 이용하여 각 지방 물품을 포구에서 거래(경강 상인) • 객주, 여각 : 포구에서 선상의 상품 매매·중개업, 운송, 보관, 숙박, 금융에도 관여
대외 무역	• 국경 지대를 중심으로 공무역인 개시와 사무역인 후시로 구분 • 대청 무역 : 비단, 약재 문방구(수입), 은, 종이, 무명, 인삼(수출) • 대일 무역 : 왜관 개시를 통해 인삼, 쌀, 무명 수출
화폐	상공업의 발달로 동전(상평통보)의 전국적 유통, 전황 발생(동전 부족 현상), 신용 화폐(환, 어음) 사용 지주, 대상인의 동전 축적·고리대 때문이야.

조선 후기의 상업과 무역

핵심주제 08 신분제의 동요

(1) 신분제의 동요

양반	양반층의 분화(몰락한 양반인 잔반 등장), 양반의 권위 하락
중인	중간 계층의 신분 상승 운동, 서얼의 차별 완화, 중인의 소청 운동은 실패
상민	부농층의 등장, 신분 상승(납속, 족보 위조), 상민의 감소, 몰락 농민은 광산이나 포구로 이동
노비	노비의 감소(도망, 납속), 상민 확보 노력(공노비 해방, 노비종모법)

순조 때 중앙 관청의 공노비를 많이 해방했어.   아버지가 노비라도 어머니의 신분(양인)을 따르게 하는 제도

(2) 가족 제도의 변화

조선 전기	남녀 균분 상속, 처가살이, 형제가 돌아가며 제사
조선 후기	• 부계 중심의 가부장적 가족 제도 일반화 • 장자 중심의 상속, 제사(양자 입양이 일반화), 결혼하고 곧장 남자 집에서 생활하는 친영 제도

(단위 %)

시기	양반호	상민호	노비호
1729년	26.29	59.78	13.93
1765년	40.98	57.01	2.01
1804년	53.47	45.61	0.92
1867년	65.48	33.96	0.56

양반 중심 신분 체제의 변화

(3) 향촌 질서의 변화

배경	사족 양반의 향촌 지배 약화, 몰락 양반의 등장, 부농 등장
부농층 활동	• 관권 결탁 : 정부의 부세 제도 운영에 참여, 향임직에 진출 향청의 직원 • 향촌 질서에 도전 : 향안 등록, 향회 장악 시도, 기존 세력과 타협 지방 양반들의 명단 지방 양반들의 총회
관권 강화	관권과 부농층의 결탁, 향전이 발생하며 재지사족들의 지배력 약화, 수령 중심의 관권 강화, 향리의 역할 증대, 향회는 부세 자문 기구화, 세도 정치기 수령과 향리가 농민을 수탈하는 원인으로 작용 해당 지역에 오래도록 뿌리를 내리고 살아오던 양반 지식인

기존 양반들과 새로운 부농층 사이의 다툼   수령이 고을에 세금을 부과할 때 자문을 해 주는 기구

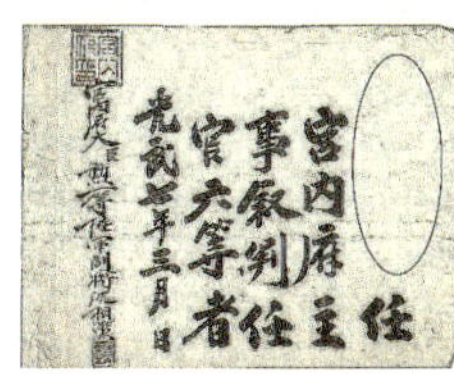
공명첩

이름이 비워져 있는 임명장으로, 정부에서 곡식을 받은 대가로 주었던 관직 임명장이다.

상 중 하 17회

01 다음 자료에 해당하는 기구에 대한 설명으로 옳은 것은?

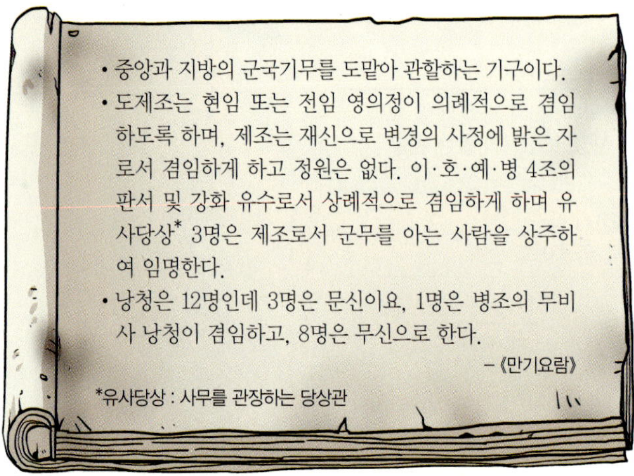

① 경연에 참여하여 세종의 통치를 자문하였다.
② 정사를 비판하고 관리들의 비리를 감찰하였다.
③ 정조 때 왕권을 뒷받침하는 기구로 창설되었다.
④ 19세기 세도 가문이 권력 기반으로 활용되었다.
⑤ 6조에서 올라오는 일들을 재상들이 중심이 되어 심의하였다.

상 중 하 18회

02 (가)에 대한 설명으로 옳은 것은?

조선 전기의 중앙 군사 조직인 5위는 16세기 말에 그 조직이 유명무실해졌다. 임진왜란 때 왜군에게 참패하자, 군사 조직의 재정비가 불가피하였다. 이에 따라 왜란 중에 새로운 중앙 군사 조직으로 [　(가)　] 가(이) 설치되었다.

① 1907년 일제에 의해 강제 해산되었다.
② 16세에서 60세까지 모든 남자가 편제되었다.
③ 정군을 중심으로 갑사나 특수병으로 구성되었다.
④ 양반부터 노비까지 편제되어 있는 예비군 체제였다.
⑤ 이 군대를 운영하기 위해 새로운 조세 항목이 신설되었다.

상 중 하 19회

03 다음 상소문을 활용한 역사 다큐멘터리를 만들고자 한다. 제목으로 가장 적절한 것은?

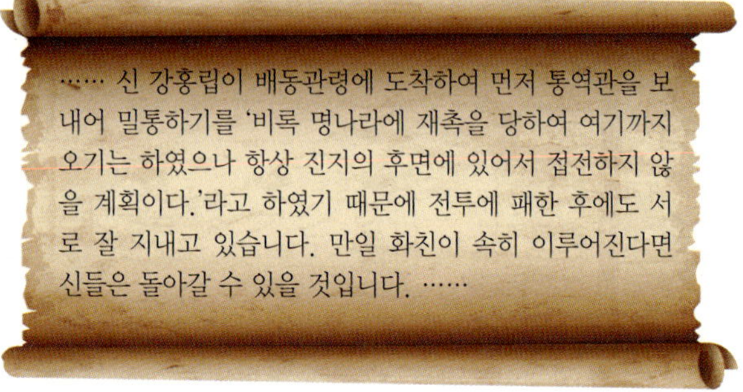

① 효종의 북벌 정책
② 광해군의 중립 외교
③ 세종의 4군 6진 개척
④ 인조와 삼전도의 굴욕
⑤ 탄금대에 펼친 배수의 진

상 중 하 21회

04 다음 전쟁에 대한 탐구 활동으로 적절하지 <u>않은</u> 것은?

① 삼전도비의 건립 배경을 조사한다.
② 인조반정의 배경에 대해 알아본다.
③ 강화 천도의 원인에 대해서 조사한다.
④ 청이 건국할 무렵의 정세를 파악한다.
⑤ 주전파와 주화파의 주장에 대해 알아본다.

05 (가)에 들어갈 내용으로 옳지 <u>않은</u> 것은?

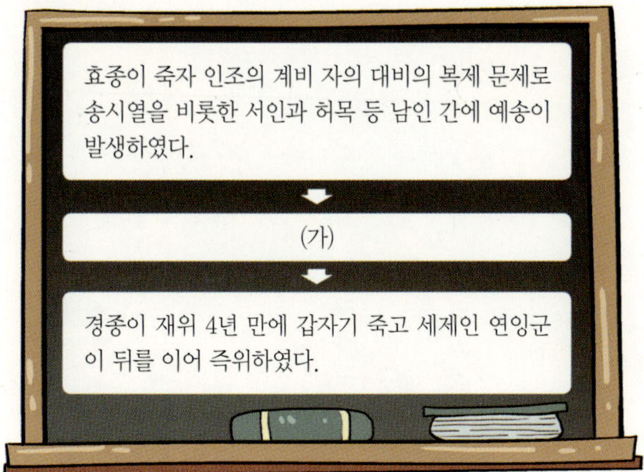

① 붕당 간의 갈등이 극심해졌다.
② 일당 전제화의 추세가 나타났다.
③ 정국이 급격하게 전환하는 환국이 자주 일어났다.
④ 사도 세자의 죽음에 대해 시파와 벽파가 대립하였다.
⑤ 외척이나 종실 등 왕과 직결된 집단의 정치적 비중이 커졌다.

06 (가), (나)를 주장한 붕당에 대한 설명으로 옳지 <u>않은</u> 것은?

① (가) - 1차 예송에서 승리하였다.
② (가) - 경신환국으로 정권을 장악하였다.
③ (나) - 이후 노론과 소론으로 분열되었다.
④ (나) - 이황의 사상을 학문적 기반으로 삼았다.
⑤ (가), (나) 모두 광해군의 외교 노선에 반대하였다.

07 밑줄 친 '왕'이 추진한 정책으로 옳은 것은?

왕은 무신년에 일어난 이인좌의 난을 진압한 후 붕당 간의 다툼을 금하고자, '두루 원만하여 한 곳으로 치우쳐 편을 가르지 않음이 군자의 공변된 (공평한) 마음이요. 반대로 한 곳으로 치우쳐 편을 가르고 공변되지(공평하지) 못한 것은 소인의 사사로운 마음이다(周而弗比 乃君子之公心 比而弗周 寔小人之私意)' 라는 내용의 친필 비석을 성균관에 세웠다.

① 초계문신제를 실시하여 인재를 양성하였다.
② 균역법을 실시하여 백성들의 군포 부담을 줄였다.
③ 친위 부대인 장용영을 설치하여 왕권을 강화하였다.
④ 대전통편 등 법전을 편찬하여 국가의 기강을 바로 세웠다.
⑤ 신해통공을 실시하여 시전 상인들의 금난전권을 폐지하였다.

08 다음 행차를 실시했던 '왕'의 정책과 관련된 설명으로 옳은 것은?

시흥환어행렬도

① 4군 6진을 개척하여 영토를 확장하였다.
② 청나라를 정벌하기 위해 어영청을 설치하였다.
③ 군포의 부담을 줄이기 위해 균역법을 실시하였다.
④ 억울한 노비를 조사하여 양인으로 해방시켜 주었다.
⑤ 지방 사림의 영향력을 줄이고 수령의 권한을 강화하였다.

상 중 하 21회

09 (가) 제도를 처음 실시한 국왕의 업적으로 옳은 것은?

> (가) 은(는) 신진 인물이나 중하급 관리 중에서 유능한 인사를 재교육하는 제도였다. 37세 이하의 당하관 중에서 유능한 자를 선발하여 본래의 직무를 면제하고 연구에 전념하도록 하여 그 성과를 평가하였다. 졸업하면 익힌 바를 국정에 적용하게 하였다. 이 제도는 붕당의 비대화를 막고 왕의 권력과 정책을 뒷받침하기 위한 것이었다.

① 어영청을 설치하여 북벌을 준비하였다.
② 대전통편을 편찬하고 수원에 화성을 세웠다.
③ 영정법을 실시하여 농민의 조세 부담을 줄였다.
④ 균역법을 보완하기 위해 선무군관포를 거두었다.
⑤ 서울을 기준으로 천체 운동을 계산한 역법서를 간행하였다.

상 중 하 16회

10 (가) 사건에 대한 설명으로 옳은 것을 〈보기〉에서 고른 것은?

> 1811년(순조 11) (가) 가(이) 일어났을 때 평안도 정주성을 점령한 봉기군과 이를 진압하기 위해 온 순무영군*이 대치하고 있는 모습을 그린 그림이다. 이 그림에는 순무영군이 봉기군의 공격에 대비해 목책을 세우고 진을 치고 있는 모습이 잘 묘사되어 있다.

*순무영군 : 전쟁이나 반란이 일어났을 때 임시로 설치되었던 군대

〈보기〉
ㄱ. 신분 해방을 목표로 일어난 봉기이다.
ㄴ. 서북 지역의 차별 대우가 계기가 되었다.
ㄷ. 삼정이정청이 설치되어 민심을 수습하였다.
ㄹ. 몰락한 양반이 주도하고 영세 농민 등이 참여하였다.

① ㄱ, ㄴ　　② ㄱ, ㄷ　　③ ㄴ, ㄷ
④ ㄴ, ㄹ　　⑤ ㄷ, ㄹ

상 중 하 14회

11 다음 자료에 나오는 조선의 사신에 대한 설명 중 옳은 것은?

① 조선 후기에는 단교되면서 이들이 파견되지 않았다.
② 일본의 문호 개방을 직접 시찰하기 위해 파견되었다.
③ 이들이 일본으로 가는 선상에서 태극기를 처음 사용하였다.
④ 일본에서 보고 들은 것을 기록하여 해동제국기를 편찬하였다.
⑤ 일본 막부에서 자신들의 권위를 국제적으로 인정받기 위하여 파견을 요청하였다.

상 중 하 20회

12 밑줄 친 '이 법'에 대한 설명으로 옳지 않은 것은?

> 선조 때 문성공 이이가 수미법을 시행하기를 청하였으며, 이후에는 우의정 유성룡이 역시 미곡으로 거두기를 청하였으나, 모두 성취되지 못하였다. 무신년(1608)에 이르러 좌의정 이원익의 건의로 이 법이 시행되어 토지에서 미곡을 거두었다.
> ―《만기요람》

① 수취 기준은 소유한 토지의 면적이었다.
② 미곡 이외에 옷감이나 화폐로도 수취하였다.
③ 이 법을 시행하는 관청으로 선혜청을 두었다.
④ 방군수포의 폐단을 해소하기 위해 실시하였다.
⑤ 공물을 전담하여 구입하는 직업이 등장하게 되었다.

13 밑줄 친 '대책'으로 옳은 것은?

① 원납전을 징수하도록 하였다.
② 토지 1결당 2두의 결작미를 거두게 하였다.
③ 상민 이상 모든 장정에게 군포를 부과하였다.
④ 특산물을 현물 대신 쌀로 납부하도록 하였다.
⑤ 토지 비옥도에 따라 1결당 최대 20두의 조세를 거두었다.

14 교사의 질문에 대한 학생의 답변으로 옳은 것은?

① 정부의 통제를 전혀 받지 않았어요.
② 상권 수호를 위해 황국 협회를 조직하였어요.
③ 통공 정책으로 독점 판매권을 갖게 되었어요.
④ 전국 주요 상업 지역에 송방을 설치하였어요.
⑤ 육의전 상인들의 금난전권은 폐지되지 않았어요.

15 (가) 농법이 전국에 확산된 시기에 대한 설명으로 옳은 것을 〈보기〉에서 고른 것은?

> • ______(가)______(은)는 본래 그 금령이 지극히 엄한데, 최근 소민들이 농사를 게을리하고 이익을 탐하여 광작을 하며, 그 형세가 늘어나 지금은 여러 도에 두루 퍼져 있으니 모두 금지하기 어렵다.
> • 이른바 ______(가)______의 이(利)라는 것은 봄보리를 갈아먹고 다시 수확을 하니 1년에 두 번 농사짓는 그것이다.

〈보기〉

ㄱ. 2년 3작의 윤작이 가능하게 되었다.
ㄴ. 깊이갈이가 일반화되면서 확산되었다.
ㄷ. 노동력이 절감되고 경작지의 규모는 확대되었다.
ㄹ. 단위 면적당 생산량이 증가하여 농가 소득이 증대되었다.

① ㄱ, ㄴ   ② ㄱ, ㄷ   ③ ㄴ, ㄷ
④ ㄴ, ㄹ   ⑤ ㄷ, ㄹ

16 다음 자료를 통해 알 수 있는 시기의 경제 상황으로 옳은 것은?

> 놀부는 부모께서 물려주신 많은 논과 밭을 혼자 차지하고 농사짓기를 일삼는다. 물 좋은 논에 모를 심고 …… 살찐 밭에 면화하기, 자갈밭에 서숙(조) 갈고, 황토밭에 참외 심고, 비탈밭에 담배하기……

① 도성에 관영 상점이 설치되었다.
② 광산은 정부가 독점하여 채굴하였다.
③ 광작과 상품 작물의 재배가 확대되었다.
④ 남부 지방에 장시가 개설되기 시작하였다.
⑤ 대부분의 소작농이 도조법으로 소작료를 납부하였다.

상 중 하 18회

17 다음 글의 빈칸에 들어갈 조선 후기의 국경 무역 장소로 옳은 것은?

…… 사상(私商)이 따라가는 것은 일절 허락하지 않았다. 그런데 국법으로 금하는 것이 점점 해이해져서 사상들이 함부로 따라가 저희 마음대로 교역했는데, 이것을 중강 후시(中江後市)라 하였다. 후에 　　　　(이)가 점점 성해짐에 따라 사행(使行)이 있을 때마다 우리나라 상인이 화물을 휴대하고 입시(入市)하니 청나라 사람들은 앉아서 이익을 보았고, 다시 화물을 싣고 오지는 않았다. 숙종 26년에 예부에 요청하여 중강 후시를 혁파하였으나, 　　　　(은)는 지금까지 행한다. - 《만기요람》

동해
황해

① ㉠　　② ㉡　　③ ㉢　　④ ㉣　　⑤ ㉤

상 중 하 18회

19 다음 백과사전의 유물 설명에 들어갈 사진으로 옳은 것은?

① 상평통보　② 조선통보　③ 대동이전　④ 전환국 발행 1환　⑤ 건원중보

상 중 하 14회

18 다음과 같은 상업 활동이 이루어진 시기의 경제 상황으로 적절하지 <u>않은</u> 것은?

근래에 무뢰한 자들이 작당해서 남문 밖 칠패에 마음대로 난전을 개설하여 아침에 모였다가 저녁에 흩어집니다. 인마(人馬)가 숲을 이루며, 무수한 물종을 매매하고 있습니다. 이들이 거래하는 어물의 양은 어물전의 거래량보다 10배나 많습니다. 또한 이들은 누원점의 도매 상인들과 결탁하여 도성으로 들어오는 동서 어물을 모두 사들여 쌓아 두었다가 이현, 칠패에 보내 제멋대로 팔고 있습니다.

① 광산 개발에서 분업 형태가 나타났다.
② 정액지대의 소작료 납부 방식이 등장하였다.
③ 부역제의 해이로 관영 수공업이 무너져 갔다.
④ 시전 상인들에게 난전을 단속할 수 있는 권리가 강화되었다.
⑤ 모내기법이 확산되자 농업용수 관리를 위해 제언절목이 반포되었다.

상 중 하 16회

20 밑줄 친 '이 전쟁' 이후 조선의 변화로 옳은 것은?

○○신문　　○○○○년 ○○월 ○○일

지난 ○○일, 이 전쟁 때 충주 탄금대에서 배수진을 치고 싸우다 순절한 신립 장군과 8천여 장졸들의 넋을 위로하는 위령제가 열렸다. 이와 함께 이 전쟁 발발 420주년을 맞아 한·중·일 삼국의 역사학자가 참석하는 국제 학술회의가 개최되었다.

① 북벌론이 크게 대두되었다.
② 비변사의 기능이 약화되었다.
③ 삼사의 언론 기능이 강화되었다.
④ 지배층의 분열로 사화가 발생하였다.
⑤ 전후 수습 과정에서 신분제가 동요되었다.

21 다음 자료의 모습이 나타난 시기의 사회 현상을 〈보기〉에서 고른 것은?

• 옷차림은 신분의 귀천을 나타내는 것이다. 그런데 어찌 된 까닭인지 근래 이것이 문란해져 상민·천민들이 갓을 쓰고 도포를 입는 것을 마치 조정의 관리나 선비와 같이 한다. 진실로 한심스럽기 짝이 없다. 심지어 시전 상인들이나 군역을 지는 상민들까지도 서로 양반이라 부른다.
• 근래 아전의 풍속이 나날이 변하여 하찮은 아전이 길에서 양반을 만나도 절을 하지 않으려 한다.

〈보기〉
ㄱ. 정부는 경재소를 설치하여 유향소를 통제하였다.
ㄴ. 수령을 중심으로 한 관권이 강화되고 향리의 역할이 커졌다.
ㄷ. 향촌 지배권을 두고 구향과 신향이 갈등하는 향전이 발생하였다.
ㄹ. 향회의 기능이 강화되어 향촌의 가장 강력한 통치 기관으로 부상하였다.

① ㄱ, ㄴ   ② ㄱ, ㄷ   ③ ㄴ, ㄷ
④ ㄴ, ㄹ   ⑤ ㄷ, ㄹ

22 다음 자료에 해당되는 시기의 모습으로 적절하지 <u>않은</u> 것은?

근래 세상의 도리가 점점 썩어 가서 돈 있고 힘 있는 모든 백성이 군역을 피하고자 간사한 아전과 한통속이 되어 뇌물을 쓰고 호적을 위조하여 유학(幼學)이라고 거짓으로 올리고 면역하거나 다른 고을로 옮겨 가서 스스로 양반 행세를 한다. 호적이 밝지 못하고 명분이 문란함이 지금보다 심한 적이 없었다.   – 《일성록》

① 남귀여가혼 제도가 일반화되었다.
② 서얼들이 규장각 검서관에 등용되었다.
③ 공명첩이 남발되어 신분 질서가 동요되었다.
④ 중인이 시사를 조직하여 문예 활동을 하였다.
⑤ 백성들의 생활을 그림으로 표현하는 화풍이 유행하였다.

23 밑줄 친 '이들'에 대한 설명으로 옳은 것은?

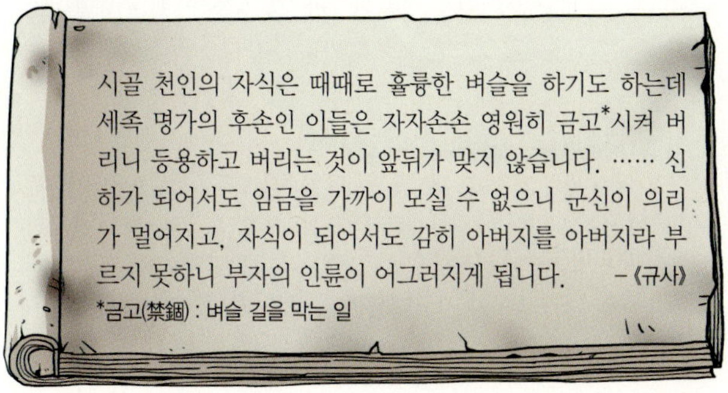

시골 천인의 자식은 때때로 훌륭한 벼슬을 하기도 하는데 세족 명가의 후손인 <u>이들</u>은 자자손손 영원히 금고*시켜 버리니 등용하고 버리는 것이 앞뒤가 맞지 않습니다. …… 신하가 되어서도 임금을 가까이 모실 수 없으니 군신이 의리가 멀어지고, 자식이 되어서도 감히 아버지를 아버지라 부르지 못하니 부자의 인륜이 어그러지게 됩니다.   – 《규사》

*금고(禁錮) : 벼슬 길을 막는 일

① 법적으로 과거 시험에 응시할 수 없었다.
② 신분 해방을 위하여 형평 운동을 일으켰다.
③ 임진왜란 이후 신분 제약이 더욱 강화되었다.
④ 각 관아에 차출되어 일정 기간 노역에 종사하였다.
⑤ 영조와 정조 때 청요직 진출을 요구하는 상소를 올렸다.

24 다음은 특정 시기를 주제로 한 가상의 역사 신문이다. 이 신문에 나올 내용으로 적절한 것을 〈보기〉에서 고른 것은?

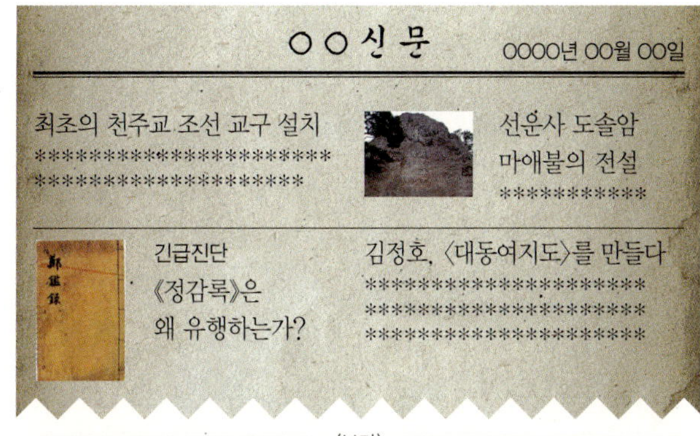

〈보기〉
ㄱ. 최근 이양선이 자주 출몰하였다.
ㄴ. 공물을 대신 납부하는 방납이 등장하였다.
ㄷ. 군역의 요역화로 대립(代立)이 발생하였다.
ㄹ. 수해와 전염병으로 많은 사람이 목숨을 잃었다.

① ㄱ, ㄴ   ② ㄱ, ㄹ   ③ ㄴ, ㄷ
④ ㄴ, ㄹ   ⑤ ㄷ, ㄹ

1. ④ 2. ⑤ 3. ② 4. ③ 5. ④ 6. ③ 7. ② 8. ⑤ 9. ② 10. ④ 11. ⑤ 12. ④ 13. ② 14. ⑤ 15. ⑤ 16. ③ 17. ① 18. ④ 19. ① 20. ⑤ 21. ③ 22. ① 23. ⑤ 24. ②

1. ④ 바로 정리 : 비변사의 특징
군국기무를 맡은 기구이고 재신과 판서와 유수가 모두 포함되는 것을 볼 때, 제시된 자료는 비변사에 관한 설명이라고 유추해 볼 수 있다. 비변사는 변방에 문제가 발생할 때 소집된 임시 기구였으나, 전란 이후 상설 기구화되어 최고 권력 기관이 되었다. 세도 정치가들은 비변사를 장악하여 권력을 행사했다. 아하! ① 집현전 ② 사헌부 ③ 규장각과 장용영 ⑤ 의정부

2. ⑤ 바로 정리 : 훈련도감 설치
왜란 중에 왜군을 효과적으로 방어하기 위해 만든 중앙군은 훈련도감이다. 훈련도감은 포수, 사수, 살수 삼수병을 두었고 국가에서 보수를 지급했다. 이들에게 보수를 지급하기 위해 새롭게 토지 1결당 2.2두를 걷는 삼수미세를 신설했다. 아하! ① 대한 제국의 군대 ③ 5위 ④ 속오군

3. ② 바로 정리 : 광해군의 중립 외교
제시된 자료는 강홍립이 적과 밀통하여 접전을 하지 않겠다고 약속하는 내용이다. 강홍립은 명에 파병되었지만 광해군의 중립 외교 정책에 따라 후금(청)과 전투를 하지 않았다. 아하! ④ 삼전도는 병자호란 때 남한산성이 함락되면서 인조가 청군에게 항복한 곳이다. ⑤ 탄금대에 펼친 배수의 진은 임진왜란 때 신립 장군이 실시한 작전이었다.

4. ③ 바로 정리 : 병자호란의 배경과 결과
지도에 표기된 화살표의 방향과 전쟁에 참여한 인물을 보고 병자호란(청의 침입)임을 알 수 있다. 조선의 대외 정책이 인조 때 친명배금 정책으로 변화한 것이 큰 원인이 되었다. 아하! ③ 강화 천도는 고려 시대 몽골의 침략으로 고려의 도읍을 강화도로 옮긴 사건을 말한다.

5. ④ 바로 정리 : 붕당 정치의 변질
(가)는 현종 때의 예송 논쟁 이후부터 영조 즉위 사이의 시기로 주로 숙종과 경종 때이다. 숙종 때는 정국을 주도하는 붕당과 견제하는 붕당의 교체를 국왕이 직접 나서서 주도하는 환국 정치가 이루어짐에 따라 붕당 간의 갈등이 극심해졌고 왕과 왕실 외척, 종실들의 정치적 입지가 커졌다. 아하! ④ 시파와 벽파의 대립은 정조 때의 일이다.

6. ③ 바로 정리 : 예송 논쟁과 붕당의 폐단
적장자가 아니라는 이유를 강조하는 (가)는 서인이고, 그 상대 당인 (나)는 남인이다. 효종 사후 1차 예송에서는 서인이 이겼고, 효종 비 사후 2차 예송은 남인이 이겨 정권을 장악했다. 이후 서인은 경신환국으로 다시 정권을 탈환했다. 아하! ③ 노론과 소론으로 분열된 것은 경신환국 이후 서인 내부의 분열이다.

7. ② 바로 정리 : 영조의 정책
공평한 마음을 강조한 글을 비석에 세운 것으로 보아 탕평책을 실시한 영조임을 알 수 있다. 영조는 정치적으로 탕평책을 실시하여 붕당 정치의 폐단을 막으려 했고, 《속대전》·《속오례의》·《동국문헌비고》 등을 편찬하여 시대에 맞는 문물 제도를 정비했으며, 균역법을 실시하여 백성들의 군포 부담을 줄여 주었다. 아하! 초계문신제, 장용영 설치, 《대전통편》 편찬, 신해통공 실시는 모두 정조

8. ⑤ 바로 정리 : 정조의 정책
〈시흥환어행렬도〉는 정조의 화성 행차를 그린 그림이다. 정조는 화성 행차를 통해 백성들을 직접 만나기도 하고, 화성에 행궁을 지어 그곳에 장용영을 설치해 왕권을 강화했다. 수령의 권한을 강화하여 왕명이 향촌에 직접 전달될 수 있도록 하는 구조를 만들었고, 상공업 장려를 위한 통공 정책을 펼치는 등 개혁 정치를 실시했다. 아하! ① 세종 ② 효종 ③ 영조 ④ 태종

9. ② 바로 정리 : 정조의 정책
제시문의 (가) 제도는 신진 인물이나 중하급 관리 중 유능한 인사를 재교육시키는 정조 때의 초계문신 제도이다. 정조는 법전으로 《대전통편》을 편찬하고, 장용영과 규장각을 설치하여 왕권을 강화했으며, 수원에 화성을 세워 국방 강화에도 힘썼다. 아하! ① 효종 ③ 인조 ④ 영조 ⑤ 세종

10. ④ 바로 정리 : 세도 정치와 홍경래의 난
순조 때 평안도에서 발생한 봉기는 홍경래의 난이다. 몰락 양반 출신 홍경래를 중심으로 영세 농민, 상인, 광산 노동자 등이 대거 참가했던 봉기로, 세도 정치의 부정부패와 서북 지역 차별 대우가 그 원인이 되었다. 아하! ㄱ. 홍경래의 난은 신분 해방 운동이 아니다. ㄷ. 삼정 이정청은 임술 농민 봉기(1862) 이후 세운 기구이다.

11. ⑤ 바로 정리 : 조선 통신사
지도를 보면 도착 장소가 에도임을 알 수 있다. 에도는 지금의 도쿄로 도쿠가와 이에야스가 세운 도쿠가와 막부의 중심지이다. 도쿠가와 막부는 선진 문물을 받아들이고 막부의 권위를 위해 조선에 통신사 파견을 요청했다. 아하! ① 개화기 이전까지 파견 ② 1881년(고종 18) 조사 시찰단 ③ 개항 이후 ④ 해동제국기는 세종 때 신숙주가 편찬

12. ④ 바로 정리 : 대동법의 실시
대동법은 조선 전기 이이와 유성룡이 주장한 것을 임진왜란 이후 실시한 수취 정책이다. 대동법은 공물(토산물) 대신 토지 1결당 미곡 12두 또는 그 값어치에 해당하는 옷감이나 동전으로 내는 제도이다. 이 법 실시 이후 왕실과 정부에 물건을 공급하는 공인이라는 상인이 성장했다. 아하! ④ 방군수포제는 군역 대신 옷감을 납부하여 군역을 면제받는 제도로 군역과 관련이 있다.

13. ② 바로 정리 : 조선 후기 수취 체제의 변화
양역을 절반으로 줄여 군포를 1필로 줄인 것은 균역법이다. 균역법 실시로 인한 부족한 세수는 결작(1결당 2두)을 거두고, 어장세와 선박세로 충당했다. 또한 일부 상류층에 선무군관포를 부과시켰다. 아하! ① 원납전은 흥선 대원군 때 경복궁 중건을 위해 받았던 돈이다. ③ 양반까지 군포를 부과한 것은 흥선 대원군 때의 호포법이다. ④ 조선 후기 대동법에 대한 설명이다. ⑤ 세종 때 연분 9등법에 대한 설명이다.

14. ⑤ 바로 정리 : 조선 후기 상업의 발달
제시된 자료에서 빗금 친 지역은 지금 서울의 종로이다. 이 지역은 조선 시대 왕실이나 관청에 물품을 공급하고 그 대신 특정 상품에 대한 독점권을 인정받았던 시전 상인들의 지역이다. 시전 상인들의 독점권인 금난전권은 조선 후기 사상이 성장함에 따라 육의전(시전 중 명주, 종이, 어물, 모시, 삼베, 무명을 팔던 상점)을 제외하고 모두 폐지되었다. 이를 신해통공(정조)이라고 한다.

15. ⑤ 바로 정리 : 조선 후기의 농업 기술
(가)를 하면서 광작을 하고 벼와 보리의 이모작을 한다는 표현이 있는 것으로 보아 (가)는 이앙법(모내기법)이다. 이앙법이 전국에 확산된 시기는 조선 후기이다. 이앙법이 보급되자 제초 작업에 투여되는 노동력이 절감되어 농민들의 경작지가 늘어나는 광작 현상이 일어났고, 한 논에 보리와 벼를 두 번 경작하는 이모작이 가능해져 단위 면적당 생산량이 증가했다. 아하! ㄱ, ㄴ. 소를 이용한 깊이갈이가 일반화되고 2년 3작의 윤작법이 도입된 것은 고려 시대이다.

16. ③ 바로 정리 : 조선 후기의 경제 상황
제시문에 '모를 심고, 담배하기' 등의 표현이 나온 것으로 볼 때, 조선 후기 모습임을 추론할 수 있다. 조선 후기에는 모내기법(이앙법)이 확산되어 광작이 유행했고, 담배와 고추 등 상품 작물의 재배가 확대되었다. 아하! ① 관영 상점이 개설된 것은 고려 시대의 일이다. ② 광업에서는 민영 광산이 개발되고 전문 광산 경영인인 덕대가 등장하기도 했다. ④ 장시가 개설되기 시작한 것은 15세기의 일이다. ⑤ 타조법은 정률지대이고 도조법은 정액지대이다. 조선 후기에 도조법이 점차 확산되었으나, 여전히 타조법 방식이 더 많이 사용되었다.

17. ① 바로 정리 : 사상(私商)의 성장
ㄱ은 책문 후시, ㄴ은 중강 개시와 후시, ㄷ은 경원 개시, ㄹ은 회령 개시, ㅁ은 동래의 개시와 후시이다. 조선 후기 청과의 무역이 활발해지면서 국경 지대를 중심으로 개시(공적인 무역)와 후시(사적인 무역)가 이루어졌다. 1700년(숙종 26) 중강 후시가 혁파되었으나, 압록강 건너 청나라 영토에서 책문 후시는 계속되었다.

18. ④ 바로 정리 : 조선 후기의 경제 상황
제시된 자료는 칠패(지금의 남대문 시장)와 이현(지금의 동대문 시장)에 사상(私商)들이 난전을 만들어 막대한 이익을 얻고 있는 모습을 그리고 있다. 따라서 사상이 성장하는 이 시기는 조선 후기이다. 아하! ④ 조선 후기에는 육의전을 제외한 시전 상인들의 금난전권이 모두 폐지되었다.

19. ① 바로 정리 : 조선 후기 화폐의 유통
조선 후기 상품 화폐 경제의 발달을 의미하는 화폐이자 조선 화폐를 대표하는 화폐는 상평통보이다. 아하! ② 15세기 세종 때 발행된 조선통보 ③ 1882년 발행된 은전 대동이전 ④ 1888년 전환국에서 발행된 1환 ⑤ 고려 성종 때 제작된 건원중보

20. ⑤ 바로 정리 : 임진왜란 이후의 사회 변화
신립 장군은 임진왜란에 참전한 장군이다. 따라서 이 전쟁은 임진왜란이다. 임진왜란은 단순히 일본이 조선을 침략한 것에 그치지 않고 16세기에서 17세기로 넘어가는 전환기 한·중·일 모두 각각 내적인 변화를 겪는 역사적인 전쟁이었다. 조선은 전후 수습 과정에서 신분제의 동요를 비롯하여 정치, 사회, 경제, 문화에 커다란 변화를 맞았다. 아하! ① 북벌론은 병자호란 직후 ② 비변사의 기능 강화 ③ 삼사의 언론 기능 약화 ④ 사화는 임진왜란 이전

21. ③ 바로 정리 : 양반의 향촌 지배 질서 약화
조선 후기 농민층이 분화되고, 납속책, 공명첩 등 신분 상승의 여지가 생기면서 향촌 사회에 신분 제도가 동요되는 모습이 나타났다. 원래 양반이었던 구향과 새롭게 양반이 된 신향 사이에 향전이 발생하면서, 향촌 사회 내 양반의 지배력은 약해지고 대신 수령의 권한이 강화되었다. 아하! ㄱ. 경재소는 선조 때 폐지되었다. ㄹ. 향회는 수령의 부세 자문 기관으로 전락했다.

22. ① 바로 정리 : 조선 후기 사회의 모습
돈 있는 백성이 뇌물을 써서 호적을 위조하고 다른 고을로 옮겨 양반 행세를 한다는 표현으로 볼 때, 군포에 대한 부담이 신분제 동요에 영향을 끼친 조선 후기의 사회상을 보여 주고 있다. 아하! ① 남귀여가혼은 소위 처가살이로, 조선 전기까지의 풍습이다. 조선 후기가 되면 성리학의 영향으로 친영 제도가 일반화된다.

23. ⑤ 바로 정리 : 중간 계층의 신분 상승 운동
명문가의 후손이나 벼슬길이 막힌 사람들은 서얼이다. 이들은 과거 시험 제한(문과 금지), 승진 제한 등 차별을 받았다. 조선 후기에는 신분 상승을 위한 상소 운동을 펼치기도 했고, 정조는 이들 중 인재를 선발하여 규장각 검서관으로 등용하기도 했다. 아하! ① 법적으로는 과거 응시 가능(무과 가능, 문과 금지) ② 백정에 관한 설명 ③ 전란 이후 신분 제약 완화 ④ 일반 양인에 관한 설명

24. ② 바로 정리 : 예언 사상과 미륵 사상의 유행
제시된 자료를 통해 19세기 세도 정치 시기의 상황임을 알 수 있다. 대내적으로는 탐관오리의 부정부패와 흉년, 대외적으로는 이양선 출몰 등으로 사회적 불안이 매우 커진 시기이다. 아하! ㄴ. 방납의 등장은 조선 전기 16세기의 일이다. ㄷ. 대립(代立)은 군역을 대신 지게 하는 것으로 16세기에 이미 시작되었다.

핵심주제 01 성리학의 변화

(1) 성리학의 교조화 경향 어떠한 상황에서도 절대로 변치 않는 진리인 듯 믿고 따르는 것

성리학의 절대화	•집권 세력인 서인의 의리 명분론 강화 → 주자 중심의 성리학 절대화 •윤휴, 박세당을 사문난적으로 규정 　주자의 성리학을 다르게 해석했던 선비를 비난하기 위해 사용한 말이야.
성리학의 상대화	•6경과 제자백가 등에서 모순 해결의 사상적 기반을 찾으려 함 　고대 유교의 경전 •윤휴(남인) : 서경덕의 영향, 유교 경전에 대해 주자와 다른 독자적인 해석 •박세당(소론) : 양명학과 노장사상의 영향, 주자의 학설 비판

(2) 성리학의 발달

서인의 분화	•노론(송시열 계열) : 이이의 사상 계승, 주자 중심의 성리학 절대화 •소론(윤증 계열) : 성혼의 사상 계승, 절충적 성격, 성리학 이해에 탄력성, 양명학에 대한 관심
호락논쟁	•노론 내의 논쟁(서울 노론 vs 충청도 노론) •호론 : 충청 지역의 노론, 인물성이론(人物性異論) → 위정척사 사상에 영향 •낙론 : 서울·경기 지역의 노론, 인물성동론(人物性同論) → 북학사상과 개화사상에 영향

핵심주제 02 양명학의 수용, 서학과 동학의 확산

(1) 양명학의 수용

수용	중종 때 전래, 이황에 의해 이단으로 배격, 조선 후기 소론 학자들이 본격적으로 연구
주장	성리학의 교조화와 형식화를 비판하고 실천성 강조 → 심즉리(心卽理), 치양지(致良知), 지행합일(知行合一) 　지(知)와 행(行)이 모두 마음의 활동으로서 하나라는 뜻　　'마음이 곧 이치이다'라는 의미야.　만인의 선천적, 보편적 마음의 본체인 양지를 실현하는 일
발전	•정제두 : 일반 백성을 도덕 실체의 주체로 상정, 양반 신분제 폐지 주장 •강화학파 형성 : 강화도에서 정제두가 수많은 제자 양성 → 소론 계열 학자 집안을 중심으로 가학(家學) 형태로 계승 •박은식, 정인보 등에 영향

(2) 서학의 수용과 동학의 발생

서학	•17세기 서양의 학문으로 유입, 18세기 후반 신앙으로 수용(남인 계열 실학자) •유교의 제사 의식 거부, 인간 평등 주장, 양반 중심의 신분 질서 부정 등의 이유로 사교(邪敎)로 규정, 탄압받음.
동학	•1860년 경주의 몰락한 양반 출신 최제우가 동학 창시(서학에 반대) •유교, 불교, 도교를 바탕으로 민간 신앙 요소 결합, 시천주, 인내천, 보국안민, 제폭구민 등 주장 　마음속에 하느님을 모신다는 뜻　사람이 곧 하느님이라는 뜻 •정부에 의해 최제우가 처형되고, 2대 교주 최시형에 의해 교리 정리(《동경대전》, 《용담유사》 편찬), 포접제 정비

포교를 위해 각 지방에 만든 동학의 조직을 말해.

기억하라! 윤휴의 사상

천하의 허다한 이치를 어찌 주자만 알고 나는 모르겠는가. 주자가 다시 온다면 곧 나의 학설이 억눌리겠지만 모름지기 공자(孔子)와 맹자(孟子)가 다시 돌아온 연후에는 나의 학설이 이길 것이다.

– 《백호집》

WHY 호락논쟁

인간과 사물의 본성이 다르다는 인물성이론(人物性異論)을 주장한 충청도 지역의 호론(湖論)과 인간과 사물의 본질은 같다는 인물성동론(人物性同論)을 주장한 서울·경기 지역의 낙론(洛論) 사이의 논쟁을 말한다.

기억하라! 강화학파 계보

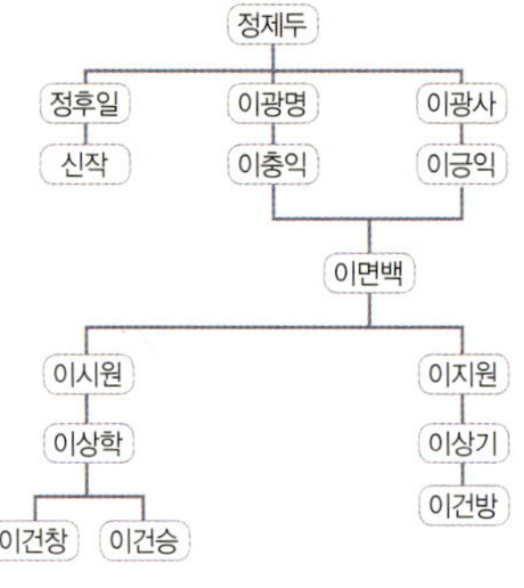

핵심주제 03 실학의 발달

(1) 실학의 의미 : 조선 후기 사회·경제적 변동에 따른 사회 모순을 해결하기 위해 대두한 사회 개혁론(민족적, 실증적, 근대 지향적 학문)

배경	통치 질서의 약화, 성리학의 한계, 사회 경제적 변화, 신분제의 동요, 고증학과 서양 과학(서학)의 영향
발전	민생 안정과 부국강병 추구, 비판적이며 실증적인 논리, 18세기에 가장 활발

(2) 농업 중심의 개혁론(경세치용 학파) : 농촌 사회의 안정을 위해 토지 제도 개혁 주장

유형원	• **균전론** : 직업별(사·농·공·상) 토지 차등 분배를 통해 자영농 육성 　양반에게는 좀 더 많은 토지를 지급했어. • 농병 일치(군사)와 사농 일치(교육)의 확립 주장 • 농업 중심 개혁론의 선구자, 《반계수록》 저술
이익	• **한전론** : 매매할 수 없는 토지(영업전)를 지급해 자영농 육성 • 나라를 좀먹는 6가지 폐단(노비제, 과거제, 문벌, 사치와 미신, 승려, 게으름) 지적 • 수많은 제자를 키워 성호 학파 형성, 화폐 폐지 주장, 《성호사설》 저술, 중국 중심의 역사관 탈피 주장
정약용	• 여전론(일종의 공동 농장 제도)을 주장했다가 나중에 정전제 주장 • 백성의 의사가 반영될 수 있는 정치 제도의 개선 주장 • 수원 화성 설계와 거중기 사용, 한강 배다리 설계, 《마과회통》 편찬, 《목민심서》와 《경세유표》 저술, 실학 집대성　홍역에 대한 의서

(3) 상공업 중심의 개혁론(이용후생 학파, 북학파) : 청의 문물 수용을 통한 상공업 진흥과 기술 혁신 주장 → 19세기 후반 개화사상으로 계승

유수원	• 상공업 진흥과 기술 혁신 주장, 사농공상의 직업적 평등과 전문화 주장 • 북학파의 선구자, 《우서》 저술
홍대용	• 문벌 제도 철폐, 성리학 극복이 부국강병의 근본이라고 강조 • 지전설 주장(중국 중심의 세계관 극복), 《담헌서》 저술 　지구가 하루 한 번씩 돈다는 주장
박지원	• 수레와 선박의 이용, 화폐 유통의 필요성 주장, 양반 문벌 제도의 비생산성 비판, 농업 생산성 향상에 관심(영농 방법의 혁신, 상업적 농업 장려, 수리 시설 확충 등) • 《열하일기》, 《양반전》, 《허생전》 집필
박제가	• 청 문물 적극 수용, 상공업의 발달, 청과의 통상 강화, 수레와 선박의 이용 등 주장 • 근검절약보다 소비 권장(우물에 대한 비유), 《북학의》 저술

(4) 국학 연구의 확대

배경	실학의 발달, 민족의 전통과 현실에 대한 관심 → 국학 발달
역사	안정복의 《동사강목》, 이긍익의 《연려실기술》, 한치윤의 《해동역사》, 이종휘의 《동사》, 유득공의 《발해고》　최초로 100리 척(척)을 사용한 지도　고구려의 역사 서술
지리	• 한백겸의 《동국지리지》, 정약용의 《아방강역고》, 이중환의 《택리지》 사람이 살 만한 곳을 논한 인문 지리서 • 정상기의 〈동국지도〉, 김정호의 《대동여지도》 10리마다 눈금 표시
국어	신경준의 《훈민정음운해》, 유희의 《언문지》), 이의봉의 《고금석림》
백과사전	이수광의 《지봉유설》, 이익의 《성호사설》, 이덕무의 《청장관전서》, 서유구의 《임원경제지》, 이규경의 《오주연문장전산고》, 《동국문헌비고》 영조·정조 때 국가적 사업으로 편찬된 한국학 백과사전

기억하라! 사료 – 개혁론

국가는 마땅히 일가의 생활에 맞추어 재산을 제산해서 한전 몇 부를 한 가구의 영업전으로 하여 당나라의 제도처럼 한다. 그러나 땅이 많다고 해서 빼앗아 줄이지 않으며, 못 미친다고 해서 더 주지 않는다. 돈이 있고 사고자 하는 자는 비록 천백 결이라도 허락해 주고, 땅이 많아서 팔고자 하는 자는 영업전 몇 부 외에는 허락하여 준다.

－이익의 한전론, 〈곽우록〉

1여마다 여장을 두며 무릇 1여의 인민이 공동으로 경작하도록 한다. 여장은 매일 개개인의 노동량을 장부에 기록하여 두었다가 가을이 오면 오곡의 수확물을 모두 여장의 집에 가져온 다음 분배한다. 이때 국가에 바치는 세와 여장의 봉급을 제하며, 그 나머지를 가지고 노동 일수에 따라 여민에게 분배한다.

－정약용의 여전론, 〈여유당전서〉

비유하건대 재물은 대체로 샘과 같은 것이다. 퍼내면 차고, 버려두면 말라 버린다. 비단옷을 입지 않아서 비단 짜는 사람이 없게 되면 여공이 쇠퇴하고……

－박제가의 개혁론, 〈북학의〉

기억하라! 사료

부여씨가 망하고 고씨(고구려)가 망한 다음, 김씨(신라)가 남방을 차지하고 대씨(발해)가 북방을 차지하고는 발해라 하였으니, 이것을 남북국이라 한다.

－ 유득공, 〈발해사〉

기억하라! 지도

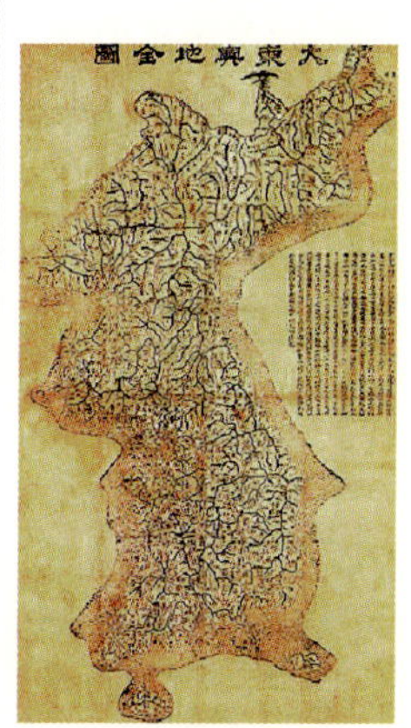

대동여지도

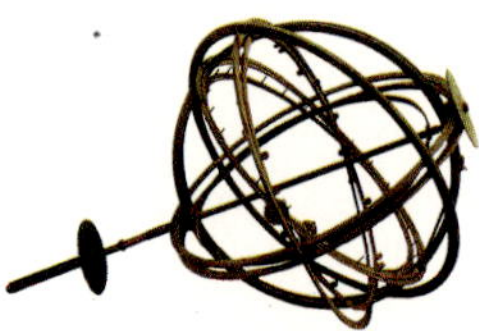

홍대용의 혼천의

한강주교환어도

정조는 정약용에게 배다리를 설계하도록 하였다.

핵심주제 04 과학 기술의 발달

서양 문물 전래	17세기경부터 중국을 왕래하던 사신들이 소개, 베이징에 있는 서양 선교사들과 접촉
천문학	• 이익 : 서양 천문학에 관심을 갖고 연구 • 김석문 : 우리나라 최초로 지전설 주장 → 우주관의 전환을 가져옴 • 홍대용 : 과학 연구, 지전설 주장, 무한 우주론 주장 → 전통적 우주관에서 벗어나 근대적 우주관으로 접근 지구가 하루 한 번씩 돈다는 주장
역법	김육의 노력으로 청의 시헌력 도입 태음력에 태양력의 원리를 부합시켜 만든 역법
세계 지도	〈곤여만국전도〉 전래 → 조선인의 세계관 확대에 도움을 줌
의학	• 허준의 《동의보감》 : 전통 한의학을 체계적으로 정리 • 정약용의 《마과회통》 : 마진(홍역) 연구, 박제가와 함께 종두법 연구 • 이제마의 《동의수세보원》 : 사상 의학 확립 4가지 체질 의학
농업 서적	• 신속의 《농가집성》 : 벼농사 중심의 농법 소개, 이앙법 보급에 공헌 • 서유구의 《임원경제지》 : 농촌 생활 백과사전
기술의 발달	• 정약용이 중국의 기기도설을 참조하여 거중기를 설계하고 수원 화성 축조에 이용 • 배다리 설계 : 정조의 화성 행차 때 한강을 건너는 데 이용

핵심주제 05 서민 문화의 발달

(1) 서민 문화의 등장

배경	상공업 발달, 농업 생산력 증대, 양반 중심의 신분 질서 동요, 서민 의식의 성장(서당 교육의 보급, 장시의 활성화 → 서민의 신분적·경제적 지위 향상)
특징	중인층과 서민층의 참여 확대, 감정의 적나라한 묘사, 양반들의 위선 비판, 사회의 부정과 비리를 풍자하고 고발

(2) 서민 문화의 내용

한글 소설	• 허균의 《홍길동전》 : 탐관오리의 응징을 통한 이상 사회 건설, 현실을 날카롭게 비판 • 《춘향전》 : 신분 차별의 비합리성 비판, 대표적인 한글 소설 • 《별주부전》, 《심청전》, 《장화홍련전》 등 유행
사설시조	• 서민들의 감정 표현, 남녀 간의 사랑이나 현실에 대한 비판 • 형식과 격식에 구애됨 없이 자유롭게 표현
판소리	• 창과 사설(아니리)로 감정을 직접적이고 솔직하게 표현, 서민 문화의 중심 • 신재효 : 19세기 후반 판소리 사설을 창작하고 정리
탈놀이· 산대놀이	지배층과 승려들의 부패와 위선 풍자, 하층 서민인 말뚝이와 취발이 등장(양반의 허구 폭로)
민화	민중의 미적 감각 표현, 해·달·나무·꽃·동물·물고기 등이 소재 → 소원을 기원하고 생활공간 장식

(3) 한문학(서민 문화 아님) : 정약용(삼정의 문란을 폭로한 한시), 박지원(《양반전》, 《허생전》, 《호질》 저술, 문체 혁신을 주장하여 문체 반정의 원인 제공)

(4) 시사 조직 : 중인층과 서민층의 문학 창작 활동 활발

WHY   한글 소설

서민들이 자신과 사회를 되돌아보는 기회를 제공하였고, 사회의식이 성장하는 데 공헌하였다.

WHY   문체 반정

조선 후기 박지원을 비롯한 진보적 문인들이 정통적인 문체를 벗어나 패사소품체(稗史小品體), 즉 현대 소설과 같이 인물과 이야기를 생동감 있게 표현하는 문체를 구사해서 글을 쓰자 정조가 이를 바로잡으려 한 것을 말한다.

그림과 서예

(1) 진경산수화 : 우리 자연을 사실적으로 표현, 정선의 〈인왕제색도〉, 〈금강전도〉는 산수화의 새로운 경지 개척

서울 근교와 강원도의 명승지를 두루 답사하고 그림

바위산은 선으로 묘사하고, 흙산은 묵으로 묘사하는 기법 사용

정선의 〈인왕제색도〉

정선의 〈금강전도〉

(2) 풍속화(김홍도, 신윤복) : 당시 사람들의 생활 정경과 일상적인 모습을 생동감 있게 표현

주로 부녀자의 생활과 남녀 사이의 애정 등을 묘사

김홍도의 〈무동〉

신윤복의 〈월하정인〉

(3) 개성적 화풍 : 강세황(서양화 원근법), 장승업(강렬한 필법, 채색법)

(4) 서예 : 이광사(동국진체), 김정희(추사체 창안)

우리의 정서와 개성을 추구하는 단아한 글씨 느낌

김정희의 추사체

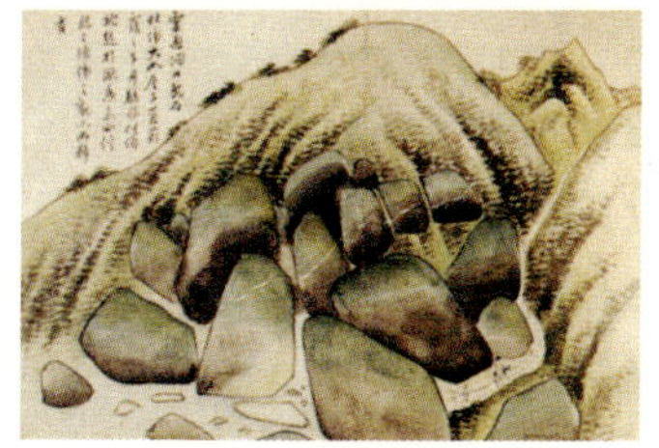
강세황의 〈영통동구도〉

건축, 공예, 음악

(1) 건축의 변화

17세기	• 불교의 사회적 지위 향상과 양반 지주층의 경제적 성장을 반영 → 내부는 하나로 통하는 구조의 큰 다층 건물(금산사 미륵전, 화엄사 각황전, 법주사 팔상전)
18세기	• 부농과 상인의 지원을 받아 그들의 근거지에 장식성 강한 사원 건립 → 논산 쌍계사, 부안 개암사, 안성 석남사 • 정조 때 문화적인 역량을 집약시켜 새롭게 수원 화성 축조(정치적 기능과 군사적 기능, 생활과 경제적 터전까지 고려한 종합적 도시 계획 아래 건설) 방어뿐만 아니라 공격을 겸한 성곽 시설
19세기	경복궁의 근정전과 경회루(흥선 대원군 시기)

(2) 공예와 음악

자기 공예	백자가 민간에까지 널리 사용, 청화 백자 유행, 서민들이 주로 옹기 사용
음악	양반(가곡, 시조 애창), 서민(민요), 기생과 광대들의 창작(판소리, 산조와 잡가 등)

코발트를 안료로 사용한 백자

법주사 팔상전

화엄사 각황전

청화 백자

달 항아리

기억하라! 민화

민화 〈호랑이와 까치〉

대체로 작가를 알 수 없는 경우가 많다.

기억하라! 수원 화성

수원 화성 공심돈

공심돈은 성문과 가까운 곳에 건물을 올리되 그 속은 비워 놓고 계단을 설치해서 그 계단을 오르내리며 적을 공격할 수 있게 하는 시설물이다. 공심돈 꼭대기는 돈대로서 적들을 감시하고 아군에 신호를 보내는 공간으로 사용하게 했다. 화성에는 북쪽을 제외한 동서남쪽에 공심돈이 3개 있다.

WHY 산조와 잡가

산조는 남도 소리의 시나위와 예인 광대들의 음악인 판소리를 바탕으로 하여, 이들 음악을 기악 독주곡의 형태로 발전시킨 음악이다.
잡가는 조선 후기 평민들이 지어 부르던 노래를 총칭하는 말이다.

상 중 하 8회

01 다음 자료의 서원에 대한 설명으로 옳은 것은?

왼쪽 그림은 정선이 한강 부근의 풍경을 그린 〈석실서원도〉이다. 그림 속의 이 서원은 17세기 중엽에 세워져 안동 김씨 가문의 김상헌, 김상용 형제가 배향되었다. 김상헌의 후손인 김원행은 이 서원에서 홍대용 등 많은 제자들을 양성하였다.

① 위정척사 사상의 발생에 기여하였다.
② 위항(委巷) 문학 운동의 중심지가 되었다.
③ 병자호란 때 주화파였던 신하를 기린 곳이다.
④ 한양 부근에 사는 양반 자제들이 공부한 곳이었다.
⑤ 인물성이론(人物性異論)을 강조한 호론의 진원지였다.

상 중 하 5회

02 다음 글의 취지와 입장이 동일한 주장은?

> 그러나 경(經)에 실린 말이 그 근본은 비록 하나이지마는 그 실마리는 천 갈래 만 갈래이니, 이것이 이른바 하나로 모이는데 생각은 백이나 되고, 같이 돌아가는데 길은 다르다는 것이다. …… 이는 선유(先儒)들이 세상을 깨우치고 백성을 도와주는 뜻에 티끌만한 도움이 없지 않기를 바란 것이니, 이론(異論)하기를 좋아하여 하나의 학설을 수립하려는 의도에서 나온 것은 아니다.
>
> — 박세당, 《사변록》

① 비유하건대 재물은 대체로 샘과 같다. 퍼내면 차고, 버려두면 말라 버린다.
② 어찌 주자만이 진리를 안단 말인가? 공자가 다시 살아나면 내 학설이 옳다고 할 것이다.
③ 고구려의 강대하고 현저함은 백제에 비할 바가 아니며 신라가 차지한 땅의 일부는 남쪽에 불과할 뿐이다.
④ 저 대씨가 어떤 사람인가? 바로 고구려 사람이다. 그들이 차지하고 있던 땅은 어떤 땅인가? 바로 고구려 땅이다.
⑤ 여장은 매일 개개인의 노동량을 장부에 기록하여 두었다가 가을이 되면 수확물을 모두 여장의 집에 가져온 다음 분배한다.

상 중 하 12회

03 (가), (나)를 주장한 인물에 대한 설명으로 옳은 것은?

> (가) 중국과 서양은 180도 정도 차이가 난다. 중국인은 중국을 중심으로 삼고 서양을 변두리로 삼으며, 서양인은 서양을 중심으로 삼고 중국을 변두리로 삼는다. 그러나 실제는 …… 중국도 변두리도 없이 모두가 중심이다.
> (나) 농사에 힘쓰지 않는 것은 여섯 가지 좀 때문인데, 장사꾼은 그 가운데 들어 있지 않다. 첫째가 노비 제도이고, 둘째가 과거 제도이고, 셋째가 문벌 제도이고, 넷째가 사치와 미신 숭배이고, 다섯째가 승려이고, 여섯째가 게으름이다.

① (가)−토지 소유 상한선을 설정해야 한다고 주장하였다.
② (가)−중상학파 또는 이용후생 학파로 분류되는 인물이다.
③ (나)−반계수록을 쓰고 제자를 길러 냈다.
④ (나)−자영농 육성을 통한 군사 제도 재정비를 주장하였다.
⑤ (가), (나)−화폐 유통에 비판적이었다.

상 중 하 14회

04 다음은 어느 인물의 연보이다. 이 인물에 대한 설명으로 옳은 것은?

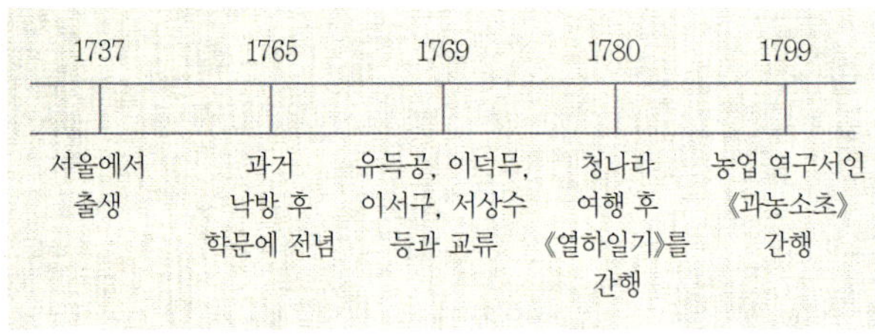

1737	1765	1769	1780	1799
서울에서 출생	과거 낙방 후 학문에 전념	유득공, 이덕무, 이서구, 서상수 등과 교류	청나라 여행 후 《열하일기》를 간행	농업 연구서인 《과농소초》 간행

① 지전설을 주장하며 양반들의 중화사상을 비판하였다.
② 혁신적인 문체의 글을 써서 문체 반정의 표적이 되었다.
③ 토지를 국유화하여 분배한 뒤 공동 경작할 것을 제안하였다.
④ 홍길동전 등 한글 소설을 지어 양반 사회의 모순을 비판하였다.
⑤ 발해사를 연구하여 고대사 연구의 시야를 만주 지방까지 확대하였다.

05 다음과 같이 주장한 학자에 대한 설명으로 옳은 것은?

> 비유하건대, 재물은 대체로 샘과 같다. 퍼내면 차고, 버려두면 말라 버린다. 그러므로 비단옷을 입지 않아서 나라에 비단 짜는 사람이 없게 되면 여직공이 쇠퇴하고, 찌그러진 그릇을 싫어하지 않고 기술을 숭상하지 않아서 장인이 도야하는 일이 없게 되면 기예가 망하게 된다.

① 일종의 공동 농장 제도를 주장하였다.
② 19세기 후반 개화사상에 영향을 주었다.
③ 혼천의를 제작하고 지전설을 주장하였다.
④ 사농공상의 직업 평등과 전문화를 주장하였다.
⑤ 권력은 백성들의 합의에 의해 나온다고 하였다.

06 다음 시를 지은 작가에 대한 설명으로 옳지 <u>않은</u> 것은?

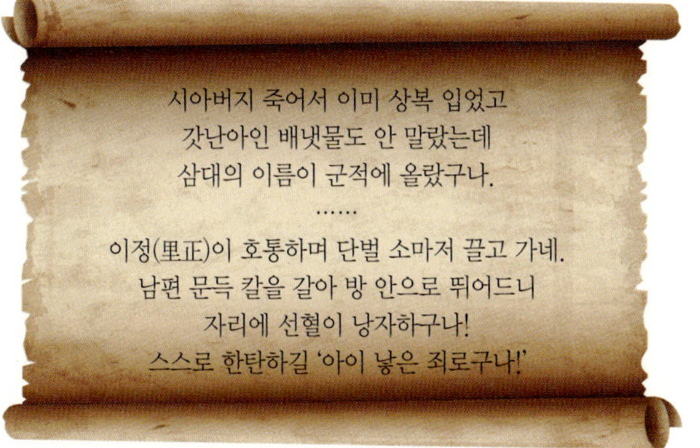

① 한강에 놓았던 배다리를 설계하였다.
② 형법을 다룬 흠흠신서를 저술하였다.
③ 마과회통을 지어 종두법을 소개하였다.
④ 역사 지리서인 아방강역고를 저술하였다.
⑤ 정조의 특별 지시에 따라 과농소초를 저술하였다.

07 신문 기사에 소개된 인물을 조사하기 위해 답사를 가고자 한다. 반드시 답사해야 할 장소를 〈보기〉에서 고른 것은?

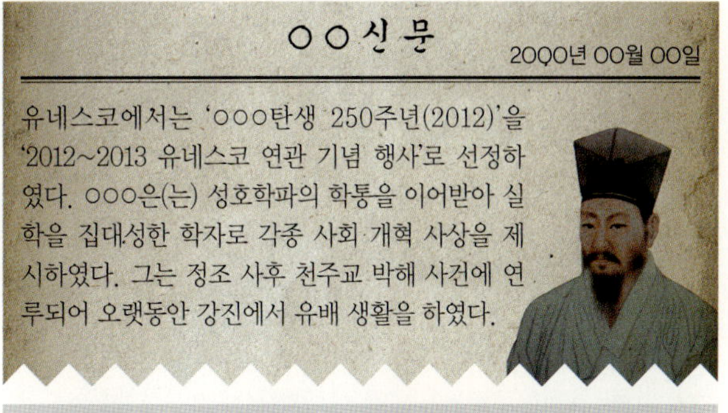

ㄱ. 법주사　　ㄴ. 수원 화성　　ㄷ. 도산 서원　　ㄹ. 다산 초당

① ㄱ, ㄴ　　　② ㄱ, ㄷ　　　③ ㄴ, ㄷ
④ ㄴ, ㄹ　　　⑤ ㄷ, ㄹ

08 다음을 주장한 인물에 대한 설명으로 옳은 것은?

> 천자(天子)는 어찌하여 존재하게 되었는가? …… 여러 현장(縣長)들이 공동으로 추대한 사람이 제후가 되고, 제후들이 공동으로 추대한 사람이 천자가 된다. 따라서 천자란 여러 사람들의 추대에 의해 세워진 것이다. -《탕론》

① 북학의를 저술하여 청 문물을 적극적으로 수용할 것을 주장하였다.
② 청나라 사신 경험을 바탕으로 임하경륜과 의산문답 등을 저술하였다.
③ 농업의 상업적 경영과 기술 혁신을 통해 생산성을 높여야 한다고 주장했다.
④ 상공업 진흥을 주장하며 수레와 선박의 이용, 화폐 유통의 필요성을 강조하였다.
⑤ 지방 행정의 개혁에 관한 목민심서, 중앙 행정 개혁에 관한 경세유표를 남겼다.

상 중 하 17회

09 다음과 같이 주장한 인물에 대한 설명을 〈보기〉에서 고른 것은?

국가에서 한 집의 재산을 올바로 측량하고 농토 몇 부(負)를 한정하여 한 집의 영업전으로 만들어 주되, 당나라의 조세 제도처럼 운영한다. …… 농토가 많아서 팔려고 하는 사람에게도 영업전 몇 부를 제외하고는 역시 허락한다.

– 〈곽우록〉

〈보기〉

ㄱ. 안정복, 이중환 등이 그의 사상을 계승하였다.
ㄴ. 상공업 진흥을 위하여 화폐 유통을 강조하였다.
ㄷ. 사회의 폐단을 6가지 좀으로 규정하여 비판하였다.
ㄹ. 지전설과 무한 우주론을 제시하며 중화사상을 비판하였다.

① ㄱ, ㄴ　　② ㄱ, ㄷ　　③ ㄴ, ㄷ
④ ㄴ, ㄹ　　⑤ ㄷ, ㄹ

상 중 하 13회

10 다음 사상을 중심으로 형성된 학파에 대한 설명을 〈보기〉에서 고른 것은?

• 격물치지(格物致知)에서 격물은 사물에 이끌리는 마음속의 부정을 바로잡는 것이며, 치지는 치양지(致良知)로서 마음속의 도덕적 의지인 양지를 남김없이 발현하는 것이다.
• 인간의 마음이 오욕칠정에 의해 흐려질지라도 인간의 마음속에 이미 양지에 의거한 행위인 이(理)가 구현되어 있기 때문에 이러한 심즉리(心卽理)를 구현하도록 실천하는 것이 중요하다.

〈보기〉

ㄱ. 강화도를 중심으로 학파를 형성하였다.
ㄴ. 인간과 사물의 본성이 다르다는 인물성이론을 주장하였다.
ㄷ. 백성을 도덕 실천의 주체로 상정해야 한다고 주장하였다.
ㄹ. 현명한 신하가 성학을 군주에게 가르쳐야 한다고 주장하였다.

① ㄱ, ㄴ　　② ㄱ, ㄷ　　③ ㄴ, ㄷ
④ ㄴ, ㄹ　　⑤ ㄷ, ㄹ

상 중 하 7회

11 (가)에 들어갈 종교에 대한 설명으로 옳지 <u>않은</u> 것은?

죽은 사람 앞에 술과 음식을 차려 놓는 것은 　(가)　에서 금하는 바입니다. …… 먹고 마시는 것은 육신의 입에 공급하는 것이요, 도리와 덕행은 영혼의 양식입니다. …… 사람의 자식이 되어 어찌 허위와 가식의 예로서 이미 돌아간 부모를 섬기겠습니까?

– 〈상재전서〉

① 안정복은 천학문답을 통하여 이 종교를 비판하였다.
② 안동 김씨의 세도기에 신유박해 등 극심한 탄압을 받았다.
③ 이수광의 지봉유설에서 이 종교와 관련된 서적이 소개되었다.
④ 우리나라 최초로 이 종교의 성직자가 된 사람은 김대건이었다.
⑤ 남인 계열의 일부 실학자들이 관련 서적을 통해 신앙생활을 하게 되었다.

상 중 하 9회

12 다음 자료에 나타난 예언 사상에 관한 설명으로 옳은 것은?

장래 임자년에 사변이 있어서 도적이 일어나며, 그 뒤에 마땅히 셋으로 갈라졌다가 다시 합쳐서 하나로 된다고 합니다. 셋으로 갈라진다는 성씨는 정가, 유가, 김가이지만, 필경에는 정가가 합하여 하나로 만든다고 합니다. 임자년에 정가가 먼저 해도에서 군사를 일으키면, 유가와 김가가 그 뒤를 이어 일어난다고 합니다.

– 〈정조실록〉

① 동학사상으로부터 영향을 받았다.
② 신유박해가 일어나는 배경이 되었다.
③ 유교적 명분론에 입각하여 쓰인 예언서이다.
④ 조선 후기 붕당 정치의 미래를 예언한 책이다.
⑤ 조선 왕조가 멸망할 것이라는 내용을 담고 있다.

13 다음 기구들이 제작되었던 시기의 문화에 대한 설명으로 옳은 것은?

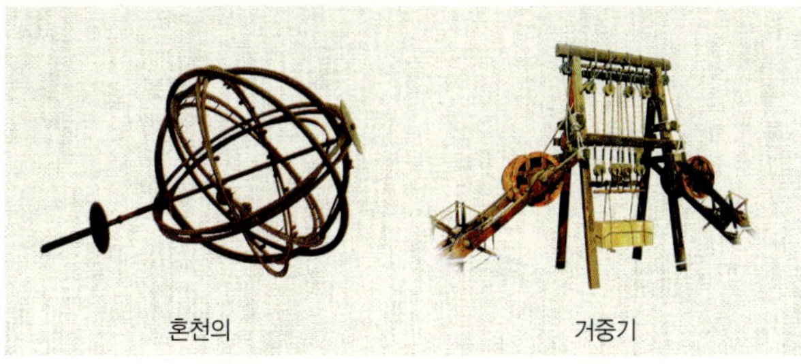

① 동국여지승람과 같은 지리서가 편찬되었다.
② 독창적인 상감 기법을 이용한 청자가 많이 제작되었다.
③ 서울을 기준으로 천체 운동을 계산한 역법서가 간행되었다.
④ 국어학에 대한 관심이 높아져 훈민정음운해 등이 출간되었다.
⑤ 관동 지역의 아름다움과 임금에 대한 충성심을 표현한 문학 작품이 나왔다.

14 다음은 특정 질병과 관련된 것이다. 이 질병과 관련이 없는 것은?

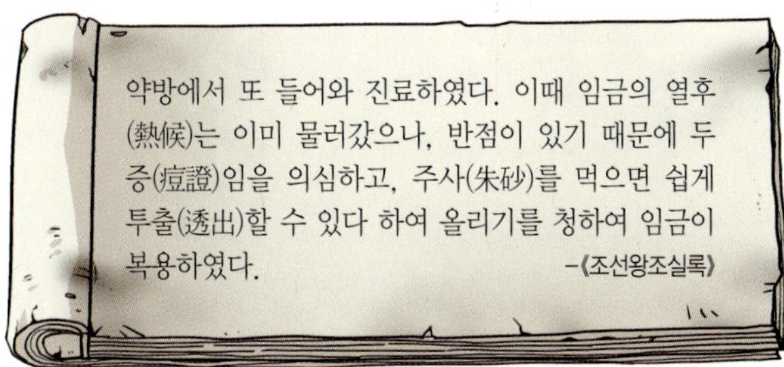

약방에서 또 들어와 진료하였다. 이때 임금의 열후(熱候)는 이미 물러갔으나, 반점이 있기 때문에 두증(痘證)임을 의심하고, 주사(朱砂)를 먹으면 쉽게 투출(透出)할 수 있다 하여 올리기를 청하여 임금이 복용하였다.
－〈조선왕조실록〉

① 박제가는 이 질병을 연구하고 실험하였다.
② 이 병의 퇴치를 위해 민간에서는 배송굿을 벌였다.
③ 허준은 광해군이 이 병에 걸렸을 때 치료한 것으로 알려져 있다.
④ 이 병이 유행하면 국가에서는 사람들을 모아 대규모 제사를 지냈다.
⑤ 국왕이 이 병에서 회복하면, 이를 기념하는 과거 시험을 거행하기도 하였다.

15 다음과 같은 주장을 한 학자에 대한 설명으로 옳은 것은?

천체가 운행하는 것이나 지구가 자전하는 것은 그 세(勢)가 동일하니 분리해서 설명할 필요가 없다. 다만 9만 리의 둘레를 한 바퀴 도는 데 이처럼 빠르며, 저 별들과 지구와의 거리는 겨우 반경(半徑)밖에 되지 않는데도 몇천만억의 별들이 있는지 알 수 없다. …… 칠정(七政 : 태양, 달, 화성, 수성, 목성, 금성, 토성)이 수레바퀴처럼 자전함과 동시에 맷돌을 돌리는 나귀처럼 둘러싸고 있다.

① 박제가와 함께 종두법을 연구하여 실험하기도 하였다.
② 주해수용을 저술하여 수학의 연구 성과를 정리하였다.
③ 사람의 체질을 4가지로 구분하는 치료법을 이론화시켰다.
④ 조선 시대 정치와 문화를 정리하여 연려실기술을 저술하였다.
⑤ 고대사 연구의 시야를 확대시켜 한반도 중심의 협소한 사관을 극복하였다.

16 밑줄 친 '이 도서들'에 대한 설명으로 적절하지 않은 것은?

○○신문　　0000년 00월 00일

프랑스가 5월 말까지 모두 반환키로 한 1차분 75권이 14일 한국에 돌아왔다. 지난달 프랑스 국립 도서관과 도서 환수 약정에 서명한 국립 중앙박물관은 어제 오후 2시에 1차분이 항공편으로 인천공항에 도착했다고 밝혔다. 이 도서들은 오는 7월 국립 중앙박물관 특별 전시회를 통해 일반에 공개될 예정이다.

① 약탈된 것은 어람용 의궤이다.
② 강화도에 있는 행궁에 보관되어 있었다.
③ 소유권이 한국으로 영구 반환된 것은 아니다.
④ 병인양요 때 직지심체요절과 함께 약탈되었다.
⑤ 고속 철도 협상 과정에서 프랑스가 협상용으로 일부 돌려주었다.

상 중 하 13회

17 다음 주제를 갖고 발표 수업을 하려고 한다. 모둠의 발표 내용으로 적절하지 <u>않은</u> 것은?

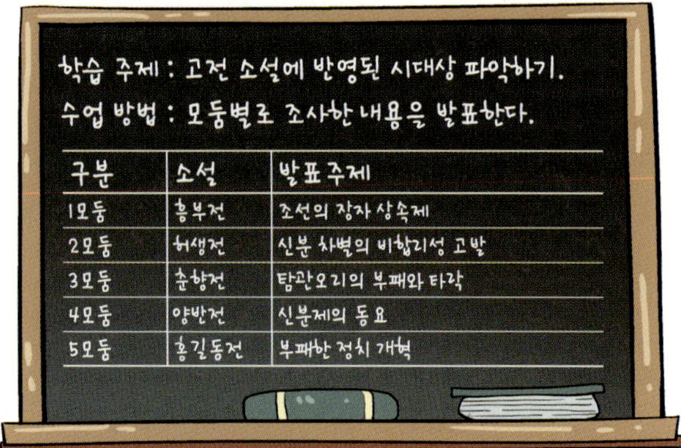

① 1모둠　　② 2모둠　　③ 3모둠
④ 4모둠　　⑤ 5모둠

상 중 하 15회

18 다음 소설이 등장한 시기에 볼 수 있는 모습으로 옳지 <u>않은</u> 것은?

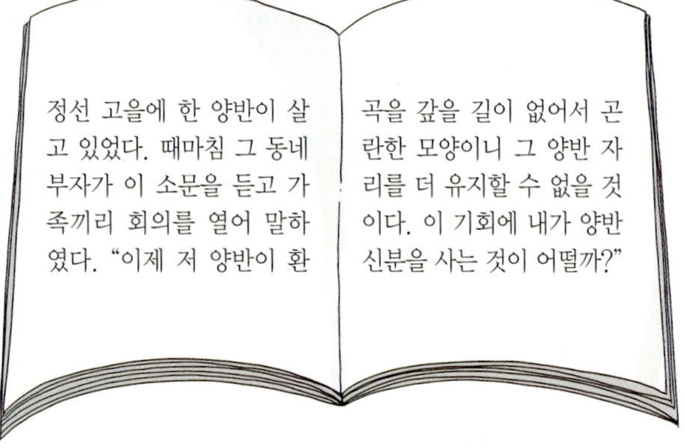

① 시대정신과 서민의 생활을 표현한 그림이 유행하였다.
② 감정 표현이 직접적이고 솔직한 공연 문화가 나타났다.
③ 음악의 원리와 역사가 총정리된 악학궤범이 편찬되었다.
④ 백자에 푸른색으로 그림을 그려 넣은 청화백자가 만들어졌다.
⑤ 남녀 간 사랑이나 현실에 대한 비판을 담은 시조가 유행하였다.

상 중 하 11회

19 다음의 경제 상황이 전개된 시기의 문화에 대한 설명 중 옳지 <u>않은</u> 것은?

서울 안팎과 번화한 큰 도시 주변의 파밭, 마늘밭, 배추밭, 오이밭 따위는 10묘의 땅에서 돈 수만을 헤아리게 된다. 서도의 연초밭, 북도의 삼밭, 한산의 모시밭, 강진의 고구마밭, 황주의 지황밭은 모두 최상의 논과 비교해도 이익이 열 배나 된다.

① 시조의 격식에 구애됨 없는 사설시조가 유행하였다.
② 도시 상인이나 중간층의 지원으로 탈놀이가 성행하였다.
③ 강세황은 서양화의 원근법을 도입한 그림을 제작하였다.
④ 중인층이 중심이 된 위항(委巷) 문학이 등장하기 시작하였다.
⑤ 어숙권은 패관잡기를 통해 문벌 제도와 적서 차별을 비판하였다.

상 중 하 19회

20 다음과 같은 그림이 유행하던 시기의 문화 현상을 〈보기〉에서 고른 것은?

까치와 호랑이　　　　　문자도

〈보기〉

ㄱ. 문화의 주체가 다양해졌다.
ㄴ. 아악이 체계적인 궁중 음악으로 발전하였다.
ㄷ. 우리 자연과 인물을 주제로 한 그림이 유행하였다.
ㄹ. 청자에 백토의 분을 칠한 분청사기가 널리 유행하였다.

① ㄱ, ㄴ　　　　② ㄱ, ㄷ　　　　③ ㄴ, ㄷ
④ ㄴ, ㄹ　　　　⑤ ㄷ, ㄹ

21 다음과 같은 화풍이 유행할 당시의 문화계 동향으로 옳은 것은?

> • 중국 남종과 북종 화법을 고루 수용하여 우리의 고유한 자연과 풍속에 맞춘 새로운 화법이다. 자연을 사실적으로 그려 회화의 토착화를 이룩하였다.
> • 새로운 학술과 사상으로 인식된 서양 문화에 대한 반응에서 유래한 화풍이다.

① 귀족의 사치품으로 볼 수 있는 청자가 발달하였다.
② 국한문 혼용체의 문장으로 쓰인 서유견문이 간행되었다.
③ 사회 교화에 필요한 서적들이 집현전 학사들에 의해 편찬되었다.
④ 민족의식이 자연스럽게 문학에도 반영되어 이규보의 동명왕편이 나왔다.
⑤ 문학에서는 춘향전 등의 한글 소설이나 사설시조 등의 작품이 쏟아져 나왔다.

22 (가)에 들어갈 그림으로 옳은 것은?

〈○○미술관 개관 50주년 특별전 진경산수대전〉
• 기간 : 2013.11.1~12.31
• 송도의 명승고적을 돌아보며 그린 진경산수화이다.
• 남종화와 서양화풍이 혼합된 작품이다.
(가)

①  ②  ③ 
④  ⑤ 

23 다음은 어느 그림의 제화시(題畵詩)이다. 해당되는 그림은?

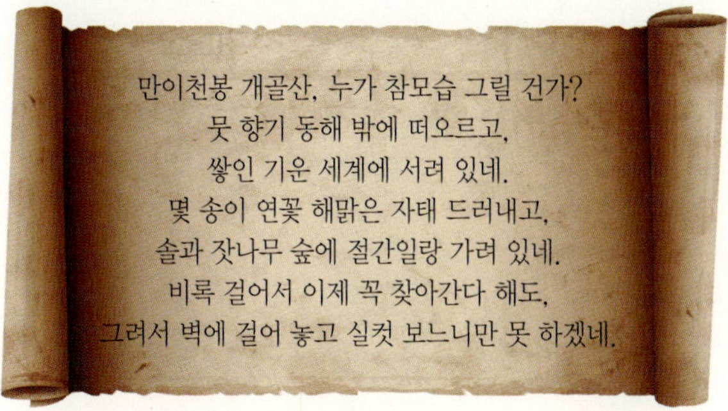

①  ②  ③ 
④  ⑤ 

24 (가), (나) 건축물에 대한 설명으로 옳지 않은 것은?

(가) 화엄사 각황전　　(나) 법주사 팔상전

① (가) – 기둥 사이사이에도 공포가 있는 다포 양식이다.
② (가) – 불교의 사회적 지위 향상을 보여 주는 건물이다.
③ (나) – 18세기를 대표하는 건축물에 해당한다.
④ (나) – 현존하는 조선 시대 유일의 목조 5층탑이다.
⑤ (가), (나) – 모두 내부가 하나로 통하는 구조로 되어 있다.

1. ② 2. ② 3. ② 4. ② 5. ② 6. ⑤ 7. ④ 8. ⑤ 9. ② 10. ②
11. ② 12. ⑤ 13. ④ 14. ④ 15. ② 16. ④ 17. ② 18. ② 19. ⑤
20. ② 21. ⑤ 22. ④ 23. ④ 24. ③

1. ② 바로 정리 : 호락논쟁
석실 서원은 경기도 남양주에 있으며, 병자호란 때 주전파였던 김상헌과 김상용이 배향되었다. 이 서원은 서울 근교에 있어 서울 지역 선비들이 공부하던 곳으로 인물성동론(人物性同論)을 주장한 낙론(洛論)의 진원지였다. 인물성동론은 북학파와 개화사상에 영향을 끼친 사상이다. 아하! ① 위정척사 사상은 개항 직전에 등장했다. ③ 위항 문학은 중인 출신의 하급 관리와 평민들의 문학을 말한다.

2. ② 바로 정리 : 새로운 학문 경향의 대두
제시문은 유교 경전의 해석이 다양할 수 있다고 주장하는 박세당의 글이다. 박세당은 양명학과 노장사상의 영향을 받아 주자의 학설을 비판했다. 윤휴 역시 공자가 다시 살아나면 내 학설이 옳다고 할 것이라며 유학의 다양한 해석을 주장했다. 그러나 박세당과 윤휴는 노론들에게 사문난적으로 몰렸다. 아하! ① 박제가의 《북학의》 ③ 안정복의 《동사강목》 ④ 유득공의 《발해고》 ⑤ 정약용의 여전제

3. ② 바로 정리 : 실학사상의 발달
(가)는 중국 중심의 화이관을 극복하고자 하는 홍대용의 주장이고, (나)는 이익이 주장한 나라를 좀먹는 6가지 폐단이다. 홍대용은 이용후생 학파 또는 중상학파로 불렸던 인물로 북학파 형성에 영향을 끼쳤다 이익은 중농학파 또는 경세치용 학파로 토지 개혁을 강조했는데, 영업전을 두어 국가가 토지 소유를 통제하는 한전제를 주장했다. 아하! ① 이익의 한전론 ③, ④ 유형원 ⑤ 이익은 화폐 유통 반대

4. ② 바로 정리 : 북학파 실학자 박지원
청나라 여행 후 견문록인 《열하일기》를 쓰고, 농업 연구서인 《과농소초》를 쓴 것을 볼 때 제시된 인물은 연암 박지원이다. 박지원은 박제가, 유득공 등 서얼들과 교류하며 국가가 서자들을 적극적으로 등용할 것을 건의했고, 홍대용·박제가와 함께 청나라의 선진 기술을 수용해야 한다고 주장했다. 또한 《양반전》을 비롯하여 사회를 비판하고 풍자하는 글을 많이 남겼는데, 파격적인 문체를 사용하여 이후 문체 반정의 표적이 되기도 했다. 아하! ① 홍대용 ③ 정약용 ④ 허균 ⑤ 유득공

5. ② 바로 정리 : 이용후생 학파의 사상
생산과 소비, 즉 경제 활동의 원리를 우물과 비교한 인물은 박제가이다. 서자 출신으로 박지원의 문하에서 이덕무, 유득공 등과 실학을 연구했다. 청나라에 다녀온 후 저술한 《북학의》를 통해 청 문물 적극 수용, 청과 통상 강화, 수레와 선박 이용, 신분제 타파 등을 주장했다. 아하! ① 정약용의 여전제 ③ 홍대용의 지전설 ④ 유수원 주장 ⑤ 정약용의 탕론

6. ⑤ 바로 정리 : 정약용의 행적
제시된 자료는 조선 후기 백성들의 고달픈 삶을 잘 표현한 정약용의 《애절양(哀絕陽)》이다. 정약용은 기기도설을 참고하여 거중기를 설계했고, 정조의 화성 행차 시 편의를 위해 배다리를 설계했다. 박제가와 함께 종두법을 연구하여 《마과회통》을 지었고, 역사 지리서인 《아방강역고》, 지방 행정을 다룬 《목민심서》, 중앙 행정을 다룬 《경세유표》, 형법을 다룬 《흠흠신서》 등 총 500여 권의 책을 저술했다. 아하! ⑤ 《과농소초》는 박지원이 저술한 농업 연구서이다.

7. ④ 바로 정리 : 실학자 다산 정약용
제시된 자료는 이익을 계승하여 실학을 집대성한 학자라는 점과 오랜 기간 강진에서 유배 생활을 했다는 점으로 볼 때 정약용임을 쉽게 파악할 수 있다. 다산 정약용은 수원 화성을 건축할 때 거중기를 설계했고, 강진에서는 다산초당에 머물며 500여 권의 책을 저술했다.

8. ⑤ 바로 정리 : 실학사상
탕론은 "탕(湯)왕이 걸(桀)왕을 쫓아낸 것이 옳은가?"라는 질문에서 시작하는 정약용의 정치사상으로, 역성혁명을 옹호하고 아래로부터의 정치를 강조하는 주장이다. 정약용은 18년간 귀양살이를 하면서 《목민심서》(지방관), 《경세유표》(중앙 행정), 《흠흠신서》(형법), 《아방강역고》(역사 지리서), 《마과회통》(종두법) 등 500여 권의 저술을 남겼다. 아하! ① 박제가 ② 홍대용 ③ 유수원 ④ 박지원

9. ② 바로 정리 : 성호 이익의 사상
제시된 자료에 따르면 한 집의 토지 소유를 한정하자는 주장이 나온다. 토지 소유의 상한선과 하한선을 두자고 한 주장을 한전론이라고 하며, 한전론을 주장한 대표적인 인물은 이익이다. 이익은 한전론과 함께 노비제, 과거제, 양반 문벌제, 사치와 미신, 승려, 게으름을 나라를 좀먹는 6가지 폐단이라고 주장했다. 이익의 사상은 안정복, 이중환, 정약용에게 이어졌다. 아하! ㄴ. 박지원 ㄹ. 홍대용

10. ② 바로 정리 : 양명학
격물치지, 치양지, 심즉리는 인간 행동의 중요성을 강조한 표현으로 실천을 중시하는 양명학의 주장이다. 양명학은 16세기 들어와 서경덕 학파가 일부 연구했고, 소론 학자들의 연구로 그 명맥이 이어졌다. 18세기 초 정제두가 강화도에서 양명학 연구와 제자 양성에 힘써 강화 학파라고 불렸다. 아하! ㄴ. 인물성이론(人物性異論)으로 충청도 노론의 주장인 호론이다. ㄷ. 이이가 《성학집요》에서 주장한 내용이다.

11. ② 바로 정리 : 천주교의 전파
죽은 사람 앞에 술과 음식을 차린다는 말은 제사를 의미한다. 따라서 제사를 금하는 사상이나 종교를 말하기 때문에 (가)는 천주교이다. 우리나라 천주교는 16세기 말에서 17세기 초 중국을 왕래하던 사신들에 의해 전파되었다. 이수광이 《지봉유설》에서 소개했고, 유몽인이 《어우야담》에서 교리를 설명했다. 이승훈이 최초로 세례를 받았고, 김대건은 최초로 신부가 되었다. 아하! ② 안동 김씨 세도기에 천주교 탄압이 약화되어 그사이 교세가 확장되었다.

12. ⑤ 바로 정리 : 예언 사상의 대두
밖으로는 이양선이 출몰하고 내부로는 재난과 질병이 창궐해 사회 불안이 심화되면서 백성들 사이에 조선 왕조가 교체될 것이라는 예언 사상이 유행했다. 《정감록》과 미륵불 신앙이 그것인데, 자료는 정씨가 하나로 만든다는

표현이 있는 것으로 보아 《정감록》이다. 아하! ① 동학사상에 영향을 주었다. ② 신유박해는 천주교에 해당된다.

13. ④ 바로 정리 : 조선 후기 과학과 기술의 발달
제시된 자료의 혼천의는 홍대용이 제작한 것이고, 거중기는 서양인이 쓴 《기기도설》을 참고하여 정약용이 설계한 것이다. 두 기구 모두 조선 후기 과학 기술의 수준과 관심도를 보여 주는 증거라고 볼 수 있다. 한편 조선 후기에는 우리 것에 대한 관심도가 높아지면서 국어학도 크게 발전했는데, 대표적인 것이 1750년(영조 5) 신경준이 지은 《훈민정음운해》이다. 아하! ① 성종 때 《동국여지승람》② 고려 시대 ③ 세종 때 《칠정산》⑤ 16세기 정철의 〈관동별곡〉

14. ④ 바로 정리 : 천연두의 치료와 연구
제시된 자료는 열, 반점 등의 증세와 두증이라는 말을 통해 천연두임을 알 수 있다. 천연두는 사망률이 높아 조선 시대 가장 무서운 중병에 해당되는 것으로, 조선 후기에 정약용은 박제가와 함께 이를 연구하여 《마과회통》을 지었다. 광해군도 이 병에 걸린 기록이 남아 있고, 국왕이나 세자가 이 병에 걸렸다가 회복하면 경과(慶科)라고 하여 기념하는 과거 시험이 열렸다. 아하! ④ 이 병이 창궐하면 전염성 때문에 국가에서는 대규모 제사를 금지했다.

15. ② 바로 정리 : 홍대용의 사상과 업적
지구가 자전한다는 표현으로 볼 때, 이 자료를 통해 알 수 있는 인물은 홍대용이다. 홍대용은 중상주의 실학자로 수학과 과학에 관심이 많았는데 우리 나라, 서양, 중국의 수학을 연구하고 정리한 《주해수용》을 지었고, 혼천의도 직접 제작했다. 아하! ① 정약용 ③ 이제마 ④ 이긍익 ⑤ 이종휘의 《동사》, 유득공의 《발해고》

16. ④ 바로 정리 : 조선 왕조 의궤 반환
프랑스가 우리나라에서 약탈한 문화재 중 2011년에 반환한 것은 '조선 왕조 의궤'이다. 의궤란 조선 시대 왕실이나 국가 행사가 끝난 뒤 논의, 준비 과정, 의식 절차, 진행, 행사, 논공행상 등에 관하여 기록한 책을 말한다. 1866년 병인양요 때 프랑스는 강화도 외규장각에서 어람용 의궤를 약탈해 갔다가 145년 만인 2011년에 장기 임대 형식으로 반환했다. 아하! ④ 현존 최고 금속 활자본인 《직지심체요절》은 한말에 주한 프랑스 대리 공사 플랑시가 구입해 프랑스로 가져갔다.

17. ② 바로 정리 : 고전 소설을 통한 조선 후기 시대상
《흥부전》을 통해서는 조선의 장자 상속제를 살필 수 있고, 《춘향전》에서는 변 사또를 통해 당시 탐관오리들의 부정부패를, 《양반전》은 양반 사회에 대한 풍자와 조선 후기 신분제가 어떻게 흔들리고 있는지를 파악할 수 있으며, 《홍길동전》에서는 적서 차별과 관리들의 부정부패를 엿볼 수 있다. 아하! ② 《허생전》은 매점매석과 무역 등을 주 내용으로 다루고 있어 신분 차별의 비합리성과는 부합하지 않는다.

18. ③ 바로 정리 : 조선 후기 문화의 변동
동네 부자가 양반 신분을 산다는 표현으로 볼 때 신분제의 동요가 나타났던 조선 후기의 모습임을 알 수 있다. 조선 후기에는 상공업이 발달하기 시작하면서 문화의 저변이 양반에서 평민으로 확대되었고, 평민들의 솔직한 감정들을 가감 없이 표현하는 문화들이 발달했다. 아하! ③ 《악학궤범》은 성종 때 성현이 편찬했다.

19. ⑤ 바로 정리 : 조선 후기의 문화와 예술
연초(담배), 고구마 등은 임진왜란 이후 우리나라에 유입된 작물이다. 특히 파밭, 마늘밭, 모시밭, 삼밭 등 상품 작물 재배가 성행한 것은 조선 후기의 모습이다. 이 시기에는 사설시조, 판소리, 탈놀이, 위항 문학 등이 유행했다. 아하! ⑤ 어숙권의 《패관잡기》는 조선 명종 때 쓰였다.

20. ② 바로 정리 : 조선 후기 예술의 경향
제시된 자료는 민화다. 민화는 조선 후기 민중의 소박한 정서를 잘 드러내는 그림으로, 문화의 주체가 양반만이 아니라 서민들에게까지 확대되었음을 의미한다. 아하! ㄴ. 아악이 체계적인 궁중 음악으로 발전한 것은 조선 초기의 일이다. ㄹ. 분청사기가 유행한 것은 15세기, 즉 조선 초기이다.

21. ⑤ 바로 정리 : 조선 후기 문화계의 동향
제시된 글은 각각 진경산수화와 강세황의 원근법에 대한 설명이다. 모두 조선 후기를 대표하는 화풍이다. 조선 후기에는 문화의 주체가 다양해지고 민중의식, 사회 비판 등을 담은 작품들이 성행했다. 아하! ① 고려 귀족 문화 ② 개항 이후 ③ 조선 초기 ④ 고려 후기

22. ④ 바로 정리 : 조선 후기의 진경산수화
송도의 풍경을 그렸고, 서양식 원근법을 도입한 진경산수화는 강세황의 〈영통동구도〉이다. 아하! ① 김정희의 〈세한도〉 ② 안견의 〈몽유도원도〉 ③ 정선의 〈인왕제색도〉 ⑤ 강희안의 〈고사관수도〉

23. ④ 바로 정리 : 조선 후기의 회화
만이천봉 개골산이라는 표현을 볼 때 금강산이다. 금강산은 계절마다 봄은 금강산, 여름은 봉래산, 가을은 풍악산, 겨울은 개골산 또는 설봉산으로 불린다. 아하! ① 정선의 〈인왕제색도〉 ② 강세황의 《송도기행첩》 중 태종대 ③ 정선의 〈박연폭포〉 ④ 정선의 〈금강전도〉 ⑤ 김정희의 〈세한도〉

24. ③ 바로 정리 : 조선 후기의 건축물
제시된 건축물은 모두 17세기에 제작된 것이다. 다포 양식의 규모가 큰 불교 건축물인 것으로 볼 때, 조선 전기와 달리 불교의 사회적 지위가 향상되었음을 알 수 있다. 겉으로 보이는 모습은 다층 구조지만 내부는 하나의 통으로 되어 있다. 아하! ③ 18세기를 대표하는 건축물은 부농층과 상인의 지원을 받아 세워진 논산 쌍계사, 부안 개암사, 안성 석남사 등이 있다.

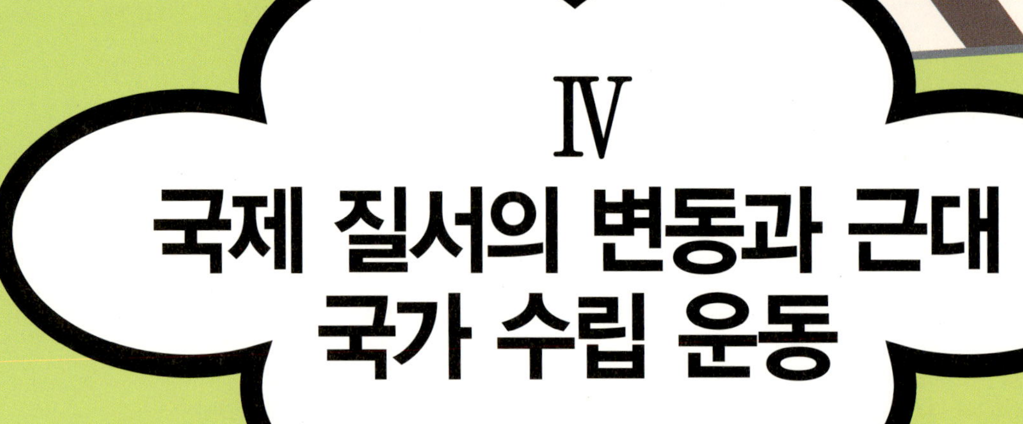

출제 위원 생생 리얼 합격 코칭 100%

근대의 정치 1 (흥선 대원군~ 갑신정변)	**합격 코칭 24**	흥선 대원군의 개혁 정책과 통상 수교 거부 정책으로 인한 여러 사건은 출제에서 빠진 적이 거의 없을 정도로 빈번하게 출제되는 주제이다. 특히 흥선 대원군의 개혁 정책의 내용과 영향, 병인양요와 신미양요를 사료를 통해 파악하는 문제가 자주 나온다. 강화도 조약과 이후 체결되는 불평등 조약의 내용도 꼼꼼히 정리해 두자.
	합격 코칭 25	개화파와 척사파의 흐름이 개항기부터 일제 강점기까지 연결된다는 사실을 반드시 기억해야 한다. 개화파는 주로 실력 양성 운동 계열로, 척사파는 항일 의병, 무장 독립운동 계열로 이어진다. 개화파의 분화 과정, 위정척사 운동의 시기별 주장도 중요하다.
	합격 코칭 26	매년 출제되는 임오군란과 갑신정변의 원인, 전개 과정 및 결과는 꼭 정리해야 하는 핵심 주제이다. 이 주제를 정리하지 못한다면 한국사능력검정시험을 준비했다고 할 수 없다.
근대의 정치 2 (동학 농민 운동~ 대한 제국)	**합격 코칭 27**	교조 신원 운동의 전개, 동학 농민 운동의 전개 과정을 정확하게 공부하자. 특히 동학 농민 운동 중에서 1차 봉기 시기, 전주 화약 직후 집강소 설치 시기, 2차 봉기 시기로 나누어 사건 순서별로 정리하는 것이 중요하다.
	합격 코칭 28	제1차, 제2차 갑오개혁과 을미개혁의 내용을 정확히 구분할 수 있어야 한다. 동학 농민 운동과 갑오개혁, 을미개혁, 청일 전쟁을 함께 흐름으로 정리할 수 있다면 최고의 한국사 실력을 갖추었음을 의미한다.
	합격 코칭 29	독립 협회의 성립과 활동 내용, 해산 과정을 대한 제국 초기 상황과 연결하여 정리해 두도록 하자. 대한 제국 시기 광무개혁의 특징과 내용은 자주 출제되는 주제이다. 특히 독립 협회의 헌의 6조, 의회 설립 운동, 해산 과정을 꼼꼼히 정리해야 한다. 광무개혁에서는 지계 발급과 상공업 진흥 정책을 잘 정리하자. 신민회의 활동 내용도 꼭 정리해 두자.
근대의 경제, 사회, 문화	**합격 코칭 30**	열강의 경제적 침탈과 경제적 구국 운동의 내용을 연결시켜 기억하도록 하자. 특히 거류지 무역 시기와 외국 상인의 내륙 진출 이후 시기 비교, 일본의 화폐 정리 사업과 국채 보상 운동 등이 자주 출제되는 주제이다.
	합격 코칭 31	근대 문물의 수용 시기는 고난이도 문제에 나오는 문제 유형이다. 특히 전차와 철도, 중요 병원과 건축물 등의 수용 시기를 잘 기억해 두어야 한다.
	합격 코칭 32	신채호와 박은식의 역사 연구, 국문 연구소의 활동, 개항 이후 여러 종교의 활동 내용, 근대 교육 기관의 설립 시기와 교육 내용 등은 매우 중요한 출제 주제이다.

당백전

척화비

서양 오랑캐가 침범함에 싸우지 않음은 곧 화의하는 것이요, 화의를 주장함은 나라를 파는 것이다.

핵심주제 01 흥선 대원군의 개혁 정치와 통상 수교 거부 정책

(1) 개혁 정치

정치 개혁	안동 김씨 일족 제거(능력에 따른 인재 등용), 비변사 권한 축소(의정부, 삼군부 기능 부활), 법전 편찬(《대전회통》, 《육전조례》), 서원 철폐(47개 제외, 양반의 반발, 국가 재정 확충과 양반의 횡포 감소)
삼정의 개혁	• 양전 사업과 토지 대장에서 누락된 은결 색출(전정 개혁) • 양반과 상민의 구분 없이 호(戸)를 기준으로 군포를 징수하는 호포법 시행(군정 개혁) • 사창제 실시(가장 폐단이 심했던 환곡 제도 폐지)
경복궁 중건	왕실의 위엄 회복 목적, 원납전 강제 징수, 당백전 발행(인플레이션 유발), 양반의 묘지림 벌목, 농민 노동력 강제 징발 → 양반과 백성 모두에게 원성

민간 자치적으로 운영되는 곡물 대여 기관

원래는 기부금 형식이었으나 나중에는 집집마다 강제로 징수한 돈

양인에게만 부과하던 군포를 양반에게도 호당 2냥씩 부과하여 징수한 제도

호포제 실시로 나타난 부담층 변화(경상도 영천 지방)

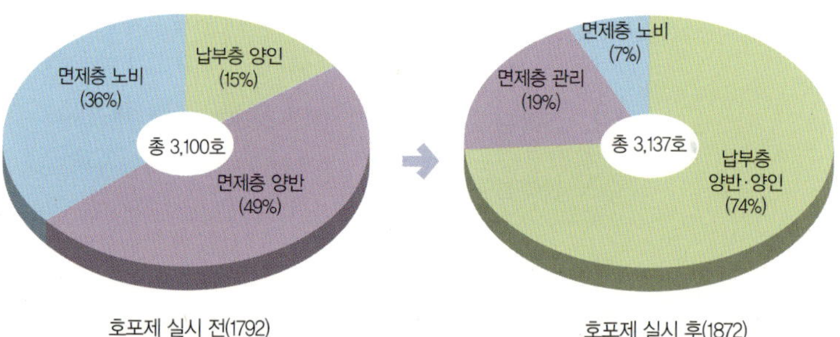

호포제 실시 전(1792)　　　호포제 실시 후(1872)

(2) 통상 수교 거부 정책과 양요

배경	서양의 통상 요구, 영프 연합군의 베이징 점령, 러시아의 연해주 차지 → 흥선 대원군이 통상 수교 거부 정책을 추진(강화도 포대 설치)
병인박해 (1866. 2)	흥선 대원군이 러시아 견제를 위해 프랑스와 교섭 시도(실패) → 유생과 양반들의 천주교 금지 주장 → 프랑스 선교사와 천주교도 처형(병인박해)
제너럴셔먼호 사건(1866. 8)	미국 상선 제너럴셔먼호가 평양(대동강)에 와서 통상을 요구하며 약탈 자행 → 평양 군민의 공격으로 침몰(평안도 관찰사 박규수)
병인양요 (1866. 9)	병인박해를 이유로 프랑스군(로즈 제독)이 강화도 침략 → 강화읍 점령 → 문수산성(한성근), 정족산성(양헌수)에서 조선군의 승리 → 외규장각 도서 약탈, 프랑스 군대 퇴각 규장각의 부속 도서관으로 왕실 문서와 의궤 등을 보관
오페르트 도굴 사건(1868)	통상 요구를 거부당한 독일 상인 오페르트가 흥선 대원군의 아버지 남연군 묘(충남 덕산) 도굴 시도 → 서양에 대한 경계심 고조, 통상 수교 거부 정책 강화
신미양요(1871)	제너럴셔먼호 사건을 구실로 미국 함대(로저스 제독)가 강화도 침략(초지진과 덕진진 점령) → 어재연의 항전(광성보 전투) → 미국 군대 퇴각(서울 종로 거리와 전국 각지에 척화비 건립)

병인양요와 신미양요

핵심주제 02 강화도 조약(1876)

배경	• 최익현의 상소로 **흥선 대원군 하야**(1873, 민씨 정권 성립) • 통상 개화론의 대두(박규수, 오경석, 유홍기) • 일본의 새로운 외교 문서(서계)가 전통적인 격식과 다르다는 이유로 접수 거부 → 일본에서 **정한론 대두**　　개항 이전 조선과 일본 사이의 외교 문서 　　조선을 정벌하자는 주장
과정	일본 **운요호**가 강화도 초지진과 영종진 공격(1875) → 1876년 군함을 이끌고 온 일본 대표단이 조선에 문호 개방 요구 → **강화도 조약** 체결(1876)
내용	• 외국과 체결한 최초의 근대적 조약, 불평등 조약 • **청의 종주권 부인**(조선 = 자주국), 부산·인천·원산 등 3개 항구 개항, 해안 측량권, 일본인이 저지른 범죄는 일본법으로 재판할 것을 규정한 **영사 재판권 허용**(치외 법권 인정) → 조선의 주권 침해 • 강화도 조약 체결 이후 일본에 수신사 파견(1차 김기수, 2차 김홍집)
부속 조약	• **수호 조규 부록** : 일본 외교관의 내륙 여행 허용, 개항장에 **일본인 거류 지역 설정**, 개항장에서 일본 화폐 유통 • **조일 무역 규칙**(→ **조일 통상 장정**) : 일본의 수출입 상품에 대한 **무관세**, 일본 선박의 무항세, 양곡의 **무제한 유출 허용** • 일본의 경제적 침략 발판 마련, 조선 정부와 상인에게 큰 피해

기억하라! 사진

운요호

무력시위를 하면서 문호 개방을 요구하였다.

기억하라! 사료

…… 러시아를 막을 수 있는 조선의 책략은 무엇인가? 오직 중국과 친하고, 일본과 맺고, 미국과 연합함으로써 자강을 도모하는 길뿐이다……

– 《조선책략》

2차 수신사로 일본에 간 김홍집이 청나라 외교관 황쭌센이 쓴 《조선책략》을 가져왔다. 이 책에는 중국, 일본뿐만 아니라 미국과의 연대(수교)를 주장하는 내용이 담겨 있다.

핵심주제 03 다른 나라와의 조약 체결

(1) 조미 수호 통상 조약(1882)

배경	• 미국의 수교 요청, 황쭌센의 《조선책략》 유포 • 조선에 대한 종주권을 국제적으로 과시하기 위한 청나라의 알선 　　일본에 대한 견제 목적이었지.
내용	서양과 최초의 조약, 불평등 조약(치외 법권, **최혜국 대우 조항**), 낮은 관세 조항(최초), 거중 조정 조항(유사시 미국의 개입 또는 중재)　다른 나라와 조약을 맺을 때, 이전에 자국과 맺은 조약보다 더 유리한 내용이 있을 경우 자동으로 적용받게 되는 것
영향	보빙사 파견(1883), 다른 서양 열강과 조약 체결

미국에 파견된 조선의 외교 사절

(2) **조청 상민 수륙 무역 장정**(임오군란 직후) : 조선이 청의 속방임을 명시, 청 상인들이 서울과 양화진에서 상업할 수 있는 내지 통상권 허용(최혜국 대우 조항에 의해 다른 나라들에게도 적용되어 **외국 상인의 내륙 진출 허용**)

법적으로는 독립국이지만 실제로는 정치, 경제, 군사, 문화 면에서 다른 나라의 지배를 받은 나라

(3) 서양과의 조약

청의 알선	영국(1883), 독일(1883), **프랑스(1886, 천주교 포교 인정)** 등과 통상 조약 체결
독자적 수교	**러시아**(1884, 묄렌도르프의 도움으로 독자적 조약 체결)

기억하라! 표

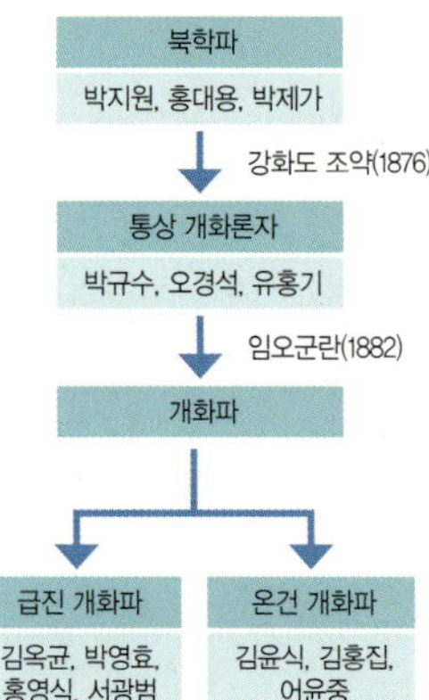

개화파의 형성과 분화

기억하라! 사료

핵심주제 04 개화파 vs 위정척사파

서양에 문호를 개방하여 통상을 하자고 주장했지.

(1) 개화사상의 형성 : 북학파 계승 → 통상 개화론(박규수, 오경석) → 개화파

역관 출신으로 중국에서 《해국도지》, 《영환지략》 등 서적 도입

외교와 통상, 외국어 교육 등을 담당

개화 정책 추진	• 대외 관계 변화에 대응하기 위해 **통리기무아문**과 **12사** 설치 1880년(고종 17)에 개항 후의 대외 통상에 대응하여 외교·군사 제도의 근대적 개혁을 위해 설치한 관청 • 일본인 교관의 훈련을 받는 신식 군대 별기군 설치(기존의 5군영은 무위영과 장어영의 2영으로 통합) • 일본에 **조사 시찰단(1881) 파견** : 4개월여 동안 학교, 공장 등 근대 시설과 근대 제도를 살펴보고 국왕에게 보고서(문견 사건) 제출 • 청에 **영선사(1881) 파견** : 청에 유학생과 기술자 파견, 정부의 재정 지원 부족과 임오군란으로 1년 만에 귀국 • 전환국(화폐), 박문국(신문), 기기창(무기) 설치 〈한성순보〉를 발간한 곳

(2) 개화파의 분화(1880년대 초 개화 정책 추진 과정에서 분화)

구분	온건 개화파(수구당, 사대당)	급진 개화파(개화당, 독립당)
중심인물	김홍집, 김윤식, 어윤중	김옥균, 박영효, 서광범, 홍영식
개혁 방향	**동도서기론**에 바탕을 둔 점진적 개혁 추구 동양의 정신을 유지하면서 서양의 기술만 수용하자는 주장	의식·제도 개혁까지 포함하는 급진적 개혁 추구(문명 개화론)
개혁 모델	청의 양무운동	일본의 메이지 유신
외교	대청 사대 외교 인정	대청 사대 외교 반대
활동	민씨 정권과 결탁	갑신정변의 주역

(3) 위정척사 운동(양반 유생 층 중심) : 정학(正學)을 지키고 사학(邪學)을 배격하는 사상

시기	주장	대표 인물
1860년대	통상 반대, 척화주전론	이항로, 기정진
1870년대	개항 반대, **왜양일체론** 왜와 서양이 같다는 주장	최익현
1880년대	개화 반대, 〈영남 만인소〉	이만손, 홍재학
1890년대	항일 의병 운동	유인석, 이소응

핵심주제 05 임오군란(1882)의 발발

원인	정부의 **개화 정책에 대한 불만**(별기군과 구식 군대에 대한 차별), 양곡 유출 등 **일본의 경제 침탈**(물가 폭등, 하층민의 불만)
경과	구식 군대와 하층민이 정부 고관의 집과 **일본 공사관 습격**, 경복궁 점령(명성 황후 피신) → **대원군의 재집권**(개화 정책 중단, 5군영 부활) → 청의 군대가 진압(군란의 책임자로 흥선 대원군을 지목하여 청으로 압송, 민씨 정권 재집권)
결과	• 청의 내정 간섭 강화(서울에 청나라 군대 주둔, **마젠창과 묄렌도르프를 고문으로 파견**) • 조청 상민 수륙 무역 장정 체결(외국 상인의 내륙 진출 허용, 청 상인 성장) • 일본과 **제물포 조약** 체결(배상금 지급, 일본 공사관 경비 병력의 주둔 허용)

갑신정변(1884)

(1) 갑신정변의 전개

배경	• 청의 내정 간섭 심화, 친청 세력의 개화당 탄압, 급진 개화파가 주도한 일본 차관 도입 실패 • 청프 전쟁 발발로 조선에 주둔한 청나라 군대 일부 철수 베트남 문제로 청과 프랑스 사이에 일어난 전쟁 • 일본 공사의 군사적 지원 약속
과정	우정국 개국 축하연 때 수구당 요인을 살해하고 개화당 정부 수립 → 14개조 개혁 정강 발표 → 청군의 개입으로 3일 만에 실패, 백성들이 일본 공사관 습격 우편 업무를 담당하는 관청
결과	• 청의 간섭 심화, 개화 세력 약화 • 한성 조약(조·일) : 일본 공사관 신축비, 배상금 • 톈진 조약(청·일) : 청과 일본 양국 군대 철수, 이후 군대 파견 시 사전 통보
의의	• 근대 국민 국가 건설을 목표로 한 최초의 정치 개혁(위로부터의 개혁) • 입헌 군주제 지향, 인민 평등권을 확립하고자 한 사회 개혁 운동 • 민중의 지지를 얻지 못함(토지 제도 개혁에 소홀, 외세 의존)

(2) 14개조 개혁 정강의 주요 내용

정강 내용	의미
청에 대한 조공 폐지	자주독립 선언(청에 대한 사대 관계 폐지)
문벌 폐지, 인민 평등권 확립	신분제 폐지 지향
지조법 개혁 토지의 시세대로 세금을 걷는 조세 제도	국가 재정 기반 확보(조세 제도 개혁)
모든 재정의 호조 관할	재정의 일원화
의정부에서 회의 결정	내각 중심의 정치 시행 왕권을 제한하는 정치
혜상공국 폐지	자유로운 상업 발전 추구

보부상을 관리하는 관청

(3) 갑신정변 이후 국내외 정세

거문도 사건(1885)	청의 내정 간섭 심화 → 청을 견제하기 위해 조러 비밀 협약 추진 → 러시아의 남하를 견제한다는 이유로 영국이 거문도 불법 점령(1885) → 청의 중재로 영국 군대 철수(1887) 러시아에 영흥만을 조차해 주는 대가로, 조선에 군사 훈련을 담당할 군사 교관을 파견한다는 비밀 조약
한반도 중립화론 대두	• 독일 부영사 부들러 : 조선을 영세 중립국으로 만들자고 건의 • 유길준 : 열강이 보장하는 중립 국가 구상을 제시

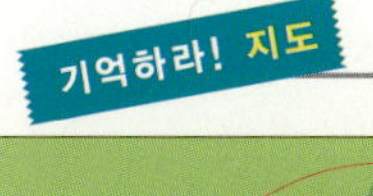

갑신정변 흐름도

 WHY

김옥균의 차관 도입 실패

재정 문제 해결을 위해 민씨 정권은 묄렌도르프의 제안에 따라 당오전 주조를 주장하였으나, 개화당은 일본으로부터 차관을 도입하자고 주장하였다. 김옥균이 직접 일본에 가서 차관 도입을 시도하였으나 실패하여 개화당의 정치적 입지가 약화되었다.

01 다음 시에 나타난 폐단을 시정하기 위해 흥선 대원군이 실시한 정책으로 옳은 것은?

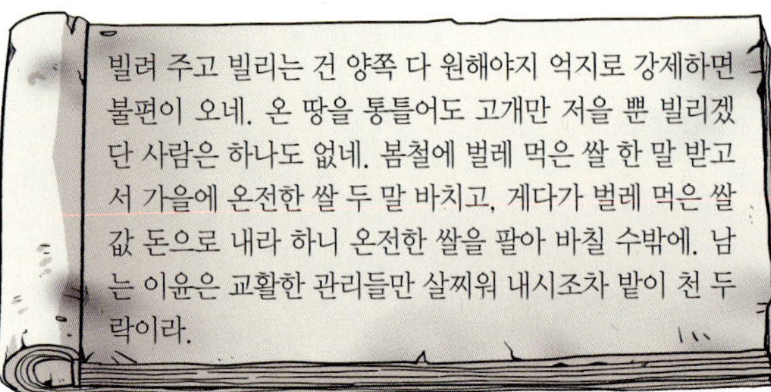

① 경복궁 중건을 위해 당백전을 발행하였다.
② 비변사를 축소하고 의정부와 삼군부의 기능을 강화하였다.
③ 세수 확보를 위해 은결을 찾아내는 양전 사업을 실시하였다.
④ 모든 양인 남자들에게 군포를 부과하는 호포제를 시행하였다.
⑤ 리(里) 단위로 사창을 설치하여 마을의 덕망 있는 자에게 운영을 맡겼다.

02 (가)에 대한 설명으로 옳은 것을 〈보기〉에서 고른 것은?

> 대원군이 명령을 내려 나라 안 □□(가)□□ 을(를) 모두 허물고 유생들을 쫓아 버리도록 하였다. 감히 항거하는 자는 반드시 죽이라 하니, 사족들이 크게 놀라서 온 나라 안이 물 끓듯 하고 대궐 문간에 나가 울부짖는 자도 수만이나 되었다. …… 그러나 백성들은 춤추고, 칭송하는 소리가 천지에 진동하였다.
> – 《근세조선정감》

〈보기〉

ㄱ. 붕당 정치의 근원지였다.
ㄴ. 막대한 면세 토지와 노비를 갖고 있었다.
ㄷ. 수령을 보좌하고 향리를 감찰하는 향촌 자치 기구였다.
ㄹ. 유학을 교육하기 위하여 설립된 관학 교육 기관이었다.

① ㄱ, ㄴ   ② ㄱ, ㄹ   ③ ㄴ, ㄷ
④ ㄴ, ㄹ   ⑤ ㄷ, ㄹ

03 다음 서신의 내용이 발단이 되어 발생한 사건에 대한 설명 중 옳은 것을 〈보기〉에서 고른 것은?

> 조선 국왕이 우리 주교와 선교사, 그리고 조선인 신도 다수를 살해했다고 한다. 이런 잔인한 행위는 패망을 자초하는 것이다. …… 전에 수차례 우리 선교사에게 호조(護照 : 여권)를 발급해 줄 것을 요청했으나, 귀 아문은 모두 거절하였다. 그 이유는 조선이 비록 중국의 조공 국가이지만, 모든 국사를 자주로 처리한다는 것이다.
> – 벨로네가 청 정부에 보낸 항의 서신

〈보기〉

ㄱ. 프랑스 군대가 양화진까지 침입하였다.
ㄴ. 양헌수 부대가 정족산성 전투에서 승리하였다.
ㄷ. 외규장각에 있던 직지심체요절 등을 약탈당하였다.
ㄹ. 서신의 사건은 평양 대동강에서 발생한 국제적인 사건이다.

① ㄱ, ㄴ   ② ㄱ, ㄷ   ③ ㄴ, ㄷ
④ ㄴ, ㄹ   ⑤ ㄷ, ㄹ

04 다음 상황을 이해하기 위한 탐구 활동으로 가장 적절한 것을 〈보기〉에서 고른 것은?

〈보기〉

ㄱ. 운요호 사건이 끼친 영향을 살펴본다.
ㄴ. 외규장각 도서가 약탈된 과정을 조사한다.
ㄷ. 오페르트 도굴 미수 사건의 전말을 파악한다.
ㄹ. 프랑스에 맞서 싸운 양헌수 부대의 활동을 알아본다.

① ㄱ, ㄴ   ② ㄱ, ㄹ   ③ ㄴ, ㄷ
④ ㄴ, ㄹ   ⑤ ㄷ, ㄹ

05 다음 사건에 관한 설명 중 옳은 것은?

외국 상선이 통상과 교역을 강요하며 백령도, 초도, 곶석도를 거쳐, 대동강을 거슬러 평양까지 올라왔다. …… 상륙하여 약탈을 자행하고 장수 이현익을 납치하는 등 난폭한 행위를 서슴지 않았다. 때마침 대동강의 수위가 줄어들어 배가 움직일 수 없게 되니, 박규수가 화공(火攻)으로 배를 불태웠다.

① 이 사건으로 어재연 장군이 전사하였다.
② 이 사건 직후 전국에 척화비가 세워졌다.
③ 이 사건을 구실로 프랑스 군대가 강화도에 상륙하였다.
④ 이 사건을 구실로 미국이 통상 조약 체결을 요구하였다.
⑤ 이 사건으로 외규장각에 있던 왕실 의궤 및 각종 문화유산을 약탈당했다.

06 다음 자료의 사건에 대한 설명으로 옳지 <u>않은</u> 것은?

그토록 짧은 시간에, 그토록 많은 탄환과 포연이 집중되는 것은 남북 전쟁의 고참들도 일찍이 본 적이 없었다. …… 그들은 난간에 올라서서 용맹스럽게 싸웠다. 그들은 미군에게 돌멩이를 던졌다. 그들은 창과 칼로써 미군을 대적했다. 손에 무기가 없는 그들은 흙가루를 집어 침략자들에게 던져 앞을 보지 못하게 했다.
– 그리피스, 《은자의 나라 한국》

① 미군은 평양에서 발생한 사건을 침략의 구실로 삼았다.
② 미군은 강화 읍성을 점령한 후에 조선 정부와 협상하였다.
③ 미군은 강화도의 초지진, 덕진진, 광성보를 잇달아 공격하였다.
④ 흥선 대원군은 이 사건 직후 전국 각지에 척화비를 건립하였다.
⑤ 미군이 빼앗아 간 어재연 장군의 기가 일시 귀환되어 전시되었다.

07 (가), (나), (다)에 대한 설명 중 옳은 것은?

(가) 20일, <u>이곳</u>에 정체를 알 수 없는 군함이 접근하였다. 음료수를 찾는다는 구실로 보트에서 사람들이 내렸다. 이들이 제지 명령을 듣지 않고 함부로 접근하자, <u>이곳</u>을 지키던 조선군 포대에서 사격을 하였다. 군함에서도 곧바로 조선군 포대를 향해 대포로 응사하였다.
(나) 일본국의 항해자가 자유로이 해안을 측량하도록 허가하여, 그 위치와 깊이를 상세히 조사하여 지도를 만들어 양국의 선객들이 위험을 피하고 안전을 도모할 수 있게 한다.
(다) 일본국 인민이 지정된 조선국 각 항구에 머무르는 동안 죄를 범할 경우, 조선국 인민에게 관계되는 사건일 때에는 모두 일본 관원이 심판할 것이다.

① (가)를 계기로 우리나라 최초의 근대적 조약이 체결되었다.
② (가)의 밑줄 그은 '이곳'은 과거 제너럴셔먼호가 방문한 곳이다.
③ (나)는 조선 정부의 요청으로 넣은 조항이었다.
④ (다)는 재외 국민 보호를 위한 조항으로 양국 사이에 평등하게 적용되었다.
⑤ (나), (다) 조항은 갑신정변 후 체결된 조약으로 없어졌다.

08 (가), (나) 나라에 대한 설명으로 옳은 것은?

[　(가)　]은(는) 우리가 신하로서 섬기어 속방의 직분에 충실한 지가 벌써 2백 년이나 되었는데, 이제 무엇을 더 친할 것이 있겠습니까?
[　(나)　]은(는) 본래 우리와는 혐의(嫌疑)가 없는 나라입니다. 공연히 남의 이간을 듣고 원교(遠交)를 핑계로 근린을 배척하였다가, 만일 이것을 구실 삼아 분쟁을 일으키면 전하께서는 장차 어떻게 이를 구제하시겠습니까?
–《일성록》

① (가) – 해안 측량권을 허용하는 조약을 체결하였다.
② (가) – 이이제이 정책으로 한반도에 미국을 끌어들였다.
③ (나) – 천주교 포교 문제로 조약 체결이 늦어졌다.
④ (나) – 조선이 서양과 근대적 조약을 체결한 최초의 국가이다.
⑤ (가), (나) – 삼국 간섭 후 조선에 대한 영향력을 확대하였다.

상 **중** 하 11회

09 다음은 고종이 어느 나라에 파견한 사절단의 모습이다. 이에 대한 설명으로 옳은 것은?

① 귀국하여 일동기유를 지었다.
② 영선사라는 명칭으로 파견되었다.
③ 근대 무기 제조 기술을 배우고 왔다.
④ 미국 공사 파견에 대한 답례로 파견되었다.
⑤ 일제의 침략 만행을 전 세계에 알리고자 했다.

상 중 **하** 10회

10 (가) 나라에 대한 설명으로 옳은 것은?

제1관	만약 타방 체약국이 어떤 불공평하고 경시당하는 일이 있으면, 한 번 통지를 거쳐 반드시 서로 도와주며 중간에서 잘 조정해 두터운 우의와 관심을 보여 준다.
제14관	현재 양국이 의논해 정한 이후 대조선국 군주가 어떤 혜택·은전의 이익을 타국 혹은 그 나라 상인에게 베풀면 바다를 건너 배를 운항해 통상·무역·왕래하는 일을 막론하고 해당국과 그 나라 상인이 종래 점유하지 않고 이 조약에 없는 것은 (가) 의 관리와 백성들이 일체 균점하도록 승인한다.

① 조선 정부에 황무지 개간권을 요구하였다.
② 베베르를 파견하여 비밀 협약을 체결하였다.
③ 조선책략에서 견제해야 할 국가로 언급되었다.
④ 천주교 포교 문제로 통상 조약 체결이 늦어졌다.
⑤ 조선의 관세권이 인정된 최초의 조약을 체결하였다.

상 **중** 하 17회

11 다음 주장이 바탕이 된 역사적 사실을 〈보기〉에서 옳게 고른 것은?

> 군신, 부자, 부부, 붕우, 장유의 윤리는 하늘에서 얻은 것이고 인간의 본성에서 부여된 것으로서 천지를 통하는 만고불변의 이(理)입니다. 그리고 위에 존재하는 것으로서 도(道)가 됩니다. 이에 대하여 선박, 수레, 군대, 농업, 기계가 백성을 편하게 하고 나라를 이롭게 하는 것은 외형적인 것으로서 기(器)가 되는 것입니다. 신(臣)이 변혁을 꾀하고자 하는 것은 기이지 도가 아닙니다.
>
> – 윤선학의 상소

〈보기〉

ㄱ. 연무 공원을 설치하였다.
ㄴ. 광혜원을 설립하여 운영하였다
ㄷ. 독립 협회가 의회 설립 운동을 하였다.
ㄹ. 군국기무처가 설치되어 개혁을 시도하였다.

① ㄱ, ㄴ   ② ㄱ, ㄹ   ③ ㄴ, ㄷ
④ ㄴ, ㄹ   ⑤ ㄷ, ㄹ

상 중 **하** 6회

12 다음 사건에 관한 설명 중 옳지 **않은** 것은?

반란을 일으킨 군졸들이 군영에 들이닥쳐 각종 창고를 부수고 군용 검과 비옷을 탈취한 후 이어 군기고를 부수고 조총과 군용검을 또한 탈취해 갔습니다.

① 대원군이 청으로 끌려가게 되었다.
② 개화 정책이 일시적으로 중지되었다.
③ 구식 군대에 대한 차별 대우가 원인이 되었다.
④ 민겸호의 비리가 사건이 촉발되는 계기가 되었다.
⑤ 이 사건으로 청과 일본은 동등한 파병권을 갖게 되었다.

13 다음 개혁안이 제시된 사건에 대한 설명으로 옳은 것은?

① 온건 개화파가 주도하였다.

② 아래로부터의 개혁 운동이다.

③ 한성 조약이 체결되는 계기가 되었다.

④ 구본신참을 개혁의 원칙으로 표방하였다.

⑤ 일본군이 조선에 주둔하는 결과를 가져왔다.

14 (가)~(라)와 관련된 설명으로 옳은 것을 〈보기〉에서 고른 것은?

계기	상대국	조약
운요호 사건	일본	(가)
임오군란	일본	(나)
	청	(다)
(라)	일본	한성 조약

〈보기〉

ㄱ. (가) – 최혜국 대우가 포함된 불평등 조약이다.

ㄴ. (나) – 일본 공사관의 호위병 주둔이 허용되었다

ㄷ. (다) – 청나라 상인의 내지통상이 허용되었다.

ㄹ. (라) – 사태 수습을 위임받은 흥선 대원군이 재집권하였다.

① ㄱ, ㄴ   ② ㄱ, ㄹ   ③ ㄴ, ㄷ

④ ㄴ, ㄹ   ⑤ ㄷ, ㄹ

15 지도는 어느 사건의 전개 과정을 나타낸 것이다. 이 사건에 관한 설명 중 옳지 <u>않은</u> 것은?

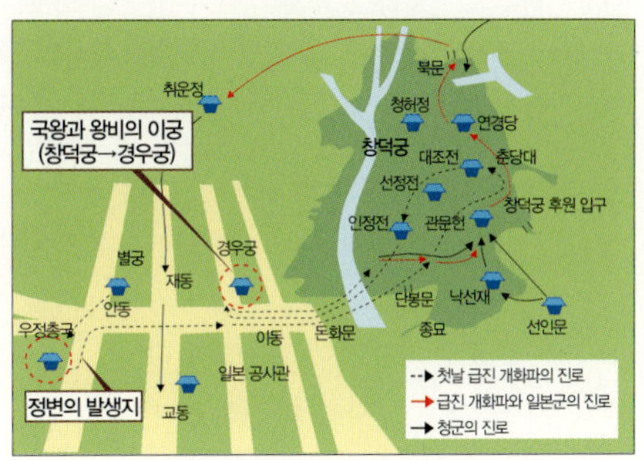

① 청일 전쟁의 직접적인 계기가 되었다.

② 일본 군대가 국왕의 창덕궁 환궁을 호위하였다.

③ 청나라와 일본은 톈진 조약을 체결하고 철군하였다.

④ 급진 개화파와 일본은 이 사건을 사전에 모의하였다.

⑤ 이 사건 직전, 청나라와 프랑스 간에 전쟁이 일어났다.

16 다음 검색한 인물의 활동으로 옳은 것은?

① 철종의 부마로 관직에 올랐다.

② 한성주보의 발간을 주도하였다.

③ 한반도의 중립화 방안을 구상하였다.

④ 민영익을 수행하여 미국을 방문하였다.

⑤ 2차 수신사가 되어 일본을 방문하였다.

상 중 하 8회

17 밑줄 친 '작년의 거사'에 대한 결과 중 옳은 것은?

> 작년의 거사가 너무 급격하다고 논하는 자가 있으나 폐하는 그윽이 성찰하소서. …… 폐하께서 긴밀히 신에게 말씀하시어 민씨 일족을 제거할 계획을 꾸미시고 신도 또한 감읍하여 상주한 바 있나이다. …… 국가를 위하여 신명을 던져 작년의 거사를 일으켰거늘, 지금 도리어 신을 역적이라 함은 무슨 까닭이옵니까?
> ─〈동경매일신문〉

① 청나라의 외교 고문 마젠창이 파견되었다.
② 조선이 일본에 3차 수신사를 파견하였다.
③ 조선과 일본이 제물포 조약을 체결하였다.
④ 조선이 일본 공사관의 신축 비용을 부담하였다.
⑤ 일본이 공사관 경비를 구실로 군대를 주둔시켰다.

상 중 하 6회

18 밑줄 친 '우리 당'이 발표한 개혁안을 〈보기〉에서 고른 것은?

> 우리는 돈 없이는 아무것도 할 수 없다. 지금 빈손으로 돌아가면 집권 사대당이 나를 비판하며 궁지에 몰아넣을 것이다. 어쨌든 우리 당이 심한 타격을 받을 것이며, 우리 개혁안도 없어질 것이다. 조선은 영구히 청의 속국이 될 수밖에 없다. 우리 당과 사대당은 공존할 수 없기 때문에 최후의 선택을 할지도 모르겠다.

〈보기〉
ㄱ. 죄인 자신 이외 일체의 연좌율을 폐지할 것.
ㄴ. 총명한 젊은이들을 파견하여 외국의 문물을 견습시킬 것.
ㄷ. 4영을 1영으로 합하되, 장정을 뽑아 근위대를 설치할 것.
ㄹ. 재정은 모두 호조에서 관할하게 하고, 그 밖의 재무 관청을 폐지할 것.

① ㄱ, ㄴ ② ㄱ, ㄷ ③ ㄴ, ㄷ
④ ㄴ, ㄹ ⑤ ㄷ, ㄹ

상 중 하 18회

19 밑줄 친 ㉠, ㉡에 대한 설명으로 옳은 것은?

> 귀국의 제주 동북쪽 100여 리 떨어진 곳에 섬이 있는데, 서양 이름으로는 해밀턴 섬이라고 합니다. 영국은 ㉠이 나라가 남하하여 홍콩을 침략할까 봐 ㉡이 섬에 군사와 군함을 주둔시키고 그들이 오는 길을 막고 있습니다. 귀국이 이 섬을 영국에 빌려 준다면 도적을 안내하여 문으로 들이는 것입니다.

① ㉠ ─ 조선으로부터 최초로 최혜국 대우를 받았다.
② ㉠ ─ 청나라의 알선으로 조선과 조약을 체결하였다.
③ ㉠ ─ 조선책략에서 견제해야 하는 나라로 지목되었다.
④ ㉡ ─ 양헌수 부대가 프랑스군과 격전을 벌인 곳이다.
⑤ ㉡ ─ 일본이 불법적으로 영유권을 주장하는 우리나라 섬이다.

상 중 하 13회

20 다음 자료는 19세기 후반 어느 인물의 여행 경로와 저서를 보여 준다. 이 인물에 대한 설명으로 옳은 것을 〈보기〉에서 고른 것은?

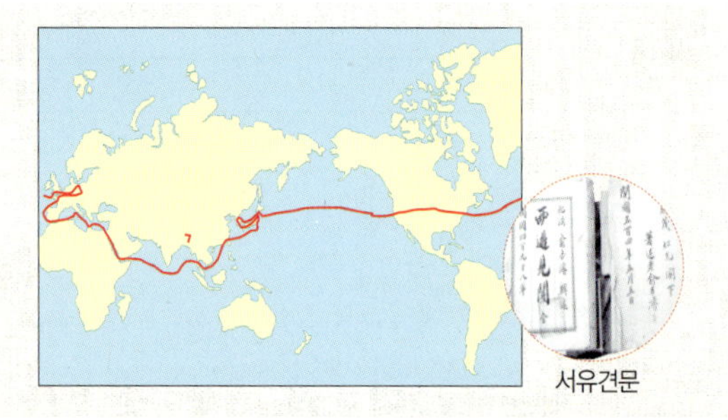

서유견문

〈보기〉
ㄱ. 독립신문의 경영을 맡아 일간지를 발행하였다.
ㄴ. 국민 교육 사업으로 흥사단 창단에 관여하였다.
ㄷ. 거문도 사건 이후 한반도 중립화론을 주장하였다.
ㄹ. 미국에서 귀국하여 민씨 정권의 핵심 관료로 참여하였다.

① ㄱ, ㄴ ② ㄱ, ㄷ ③ ㄴ, ㄷ
④ ㄴ, ㄹ ⑤ ㄷ, ㄹ

21 다음에 언급 중인 '책'에 관한 설명으로 옳은 것은?

① 전국에 척화비를 세우는 계기가 되었다.
② 1880년대 개화 반대 운동이 일어나는 원인이 되었다.
③ 조선과 러시아를 수교하게 하려는 의도가 반영되었다.
④ 최익현이 왜양일체론을 주장한 직접적인 원인이 되었다.
⑤ 급진 개화파가 거사를 계획하는 이론적 근거를 제공했다.

22 다음 상소문의 주장으로 적절한 것은?

> 미국은 우리가 본래 모르던 나라입니다. 돌연히 타인의 권유로 불러들였다가 그들이 우리의 허점을 보고 어려운 요구를 강요하면 장차 이에 어떻게 대응할 것입니까? …… 러시아는 본래 우리와는 싫어하고 미워할 처지에 있지 않은 나라입니다. 러시아, 미국, 일본은 같은 오랑캐입니다. 그들 중 누구는 후하게 대하고 누구는 박하게 대하기는 어려운 일입니다.

① 국모의 원수를 갚아야 한다.
② 일본에 개항을 해서는 안 된다.
③ 지금 당장 개화 정책을 중단해야 한다.
④ 서양 세력의 무력 침략을 막아야 한다.
⑤ 한반도의 중립화 정책을 선언해야 한다.

23 다음 내용이 서술된 책과 관련된 설명으로 옳은 것을 〈보기〉에서 고른 것은?

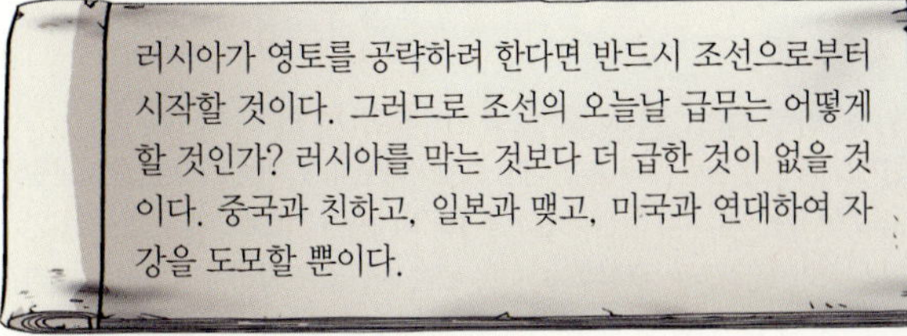

> 러시아가 영토를 공략하려 한다면 반드시 조선으로부터 시작할 것이다. 그러므로 조선의 오늘날 급무는 어떻게 할 것인가? 러시아를 막는 것보다 더 급한 것이 없을 것이다. 중국과 친하고, 일본과 맺고, 미국과 연대하여 자강을 도모할 뿐이다.

〈보기〉

ㄱ. 후쿠자와 유키치의 책략이 담겨 있다.
ㄴ. 미국과의 조약 체결을 주장하고 있다.
ㄷ. 1차 수신사에 의해 조선에 반입되었다.
ㄹ. 개화 정책에 대한 유생들의 반발을 가져왔다.

① ㄱ, ㄴ   ② ㄱ, ㄷ   ③ ㄴ, ㄷ
④ ㄴ, ㄹ   ⑤ ㄷ, ㄹ

24 (가)~(다)의 주장을 제기된 순서대로 옳게 나열한 것은?

> (가) 양이의 화가 오늘에 이르러 홍수나 맹수의 해로움보다도 더 심합니다. 전하께서는 …… 안으로 관리들로 하여금 사학(邪學)의 무리를 잡아 베게 하시고 밖으로 장병들로 하여금 바다를 건너오는 적을 정벌하게 하소서.
> (나) 미국은 본래 우리가 모르던 나라입니다. 잘 알지 못하는데 공연히 남의 권유로 불러들였다가 그들이 재물을 요구하고 우리의 약점을 알아차려 어려운 청을 하거나 과도한 부담을 떠맡긴다면 장차 이에 어떻게 대응할 것입니까?
> (다) 저들이 비록 왜인이라고 하나 실은 양적이옵니다. 강화가 한번 이루어지면 사학의 서적과 천주의 초상화가 교역하는 속에 들어올 것입니다.

① (가) – (나) – (다)   ② (가) – (다) – (나)
③ (나) – (가) – (다)   ④ (나) – (다) – (가)
⑤ (다) – (나) – (가)

1. ⑤ 2. ① 3. ① 4. ④ 5. ④ 6. ② 7. ① 8. ② 9. ④ 10. ⑤ 11. ① 12. ⑤ 13. ③ 14. ③ 15. ① 16. ④ 17. ④ 18. ⑤ 19. ③ 20. ③ 21. ② 22. ③ 23. ④ 24. ②

1. ⑤ 바로 정리 : 흥선 대원군의 개혁 정치

강제로 곡식을 빌려 주고 높은 이자로 갚아야 한다는 내용으로, 환곡의 문란을 보여 주는 시이다. 흥선 대원군은 환곡의 문란을 바로잡기 위해 마을 안에 덕망이 있으면서 경제적으로 여유 있는 사람을 선발하여 운영하는 사창제를 실시했다. 아하! ① 왕실 권위 회복 ② 왕권 강화 ③ 전정의 문란 개선 ④ 군정의 문란 개선

2. ① 바로 정리 : 흥선 대원군의 서원 철폐 정책

대원군의 명령으로 유생이 쫓겨난 상황을 볼 때, 대원군의 서원 철폐 정책에 해당하는 내용이다. 대원군은 붕당의 근원이자 면세 혜택을 누리며 지역 농민을 수탈하여 원성을 사고 있던 서원을 47개만 남기고 모두 철폐했다. 아하! ㄷ. 수령을 보좌하고 향리를 감찰하는 향촌 자치 기구는 유향소이다. ㄹ. 유학 교육을 위한 관학 교육 기관은 성균관, 향교이다.

3. ① 바로 정리 : 병인박해와 병인양요

제시된 서신의 내용 중 '주교, 선교사, 조선의 신도 등이 살해되었다'라는 것으로 볼 때, 조선 정부의 천주교 탄압 사건임을 추정해 볼 수 있다. 천주교 탄압이 발단이 되어 일어난 역사적 사건은 병인양요이다. 아하! ㄷ.《직지심체요절》은 병인양요 때 약탈당한 문화재가 아니라, 프랑스 공사가 수집해 가져간 것이다. ㄹ. 평양에서 발생한 사건은 제너럴셔먼호 사건이다.

4. ④ 바로 정리 : 병인박해와 병인양요

'조선 국왕이 천주교 신부를 살해한 것'은 병인박해이고, '강화도에 적들이 침입한 것'은 병인양요이다. 병인양요는 병인박해를 구실로 프랑스 군대가 강화부를 점령하고 양화진까지 침입한 사건이다. 이 당시 프랑스 군대는 외규장각을 불태우고 의궤 등 각종 문화유산을 약탈해 갔다. 아하! ㄱ. 운요호 사건은 강화도 조약과 관련되어 있다. ㄷ. 오페르트 도굴 사건은 독일 상인 오페르트가 대원군의 아버지 남연군 묘를 도굴한 사건이다.

5. ④ 바로 정리 : 제너럴셔먼호 사건

대동강에 상륙하여 약탈적 행위를 하다가 평양 군민들의 공격으로 배가 불탄 것은 1866년에 발생한 제너럴셔먼호 사건이다. 미국은 이 사건을 구실로 배상금 지불과 통상 조약 체결을 요구했으나 대원군은 이를 거부했다. 아하! ①, ② 신미양요 ③, ⑤ 병인양요

6. ② 바로 정리 : 신미양요

제시된 자료를 통해 미국이 조선을 침략했음을 추론할 수 있다. 미국이 조선을 침략한 사건은 제너럴셔먼호 사건을 구실로 일으킨 신미양요이다. 아하! 미군이 초지진, 덕진진, 광성진을 일시적으로 점령했으나 곧 조선군이 이들을 패퇴시켜 강화 읍성을 점령하지 못했고, 조선 정부는 끝까지 미군과 협상하지 않았다.

7. ① 바로 정리 : 운요호 사건과 강화도 조약

제시된 자료 중 (가)는 운요호 사건이고, (나)와 (다)는 강화도 조약 중 일부 조항으로 각각 해안 측량권과 치외 법권에 해당되는 내용이다. (나)와 (다)는 일본의 약탈적인 접근을 보여 주는 대표적인 불평등 조항이다. 아하! ② 운요호 사건은 강화도 앞바다에서 일어났고 평양 대동강에 와서 통상을 요구한 것은 제너럴셔먼호이다. ③ 일본 정부가 강요한 것이다. ④ 일본인에게만 적용했다.

8. ② 바로 정리 : 각국과의 불평등 조약 체결

(가)는 우리가 '속방'이었다는 표현이 있는 것으로 보아 청나라이고, (나)는 본래 우리와 혐의가 없는 나라이면서 근린에 있는 나라라는 점으로 보아 러시아이다. 러시아의 남하를 막기 위해 청나라는 이이제이 정책에 따라 조선으로 하여금 서양 각국과 불평등한 조약을 체결하도록 했다. 아하! ① 일본 ③ 프랑스 ④ 미국 ⑤ 러시아만 해당

9. ④ 바로 정리 : 조미 수호 조규 체결과 보빙사

제시된 그림은 미국의 아서 대통령을 방문한 보빙사 일행을 미국의 한 신문사가 기사화하여 보도한 것이다. 보빙사는 미국과 수교한 이후 미국의 공사 파견에 대한 답례로 파견한 사절단이다. 민영익을 중심으로 홍영식, 서광범, 유길준 등이 파견되었는데, 이 중 유길준은 귀국하지 않고 미국에 남아 학교에 입학했다. 아하! ① 1차 수신사 ② 청나라 파견 ③ 영선사 ⑤ 헤이그 특사

10. ⑤ 바로 정리 : 미국과의 수교

제시된 글의 제관은 거중 조정 조항으로, 제3국으로부터 부당한 일이 발생하면 서로 돕는다는 규정이다. 제14관은 최혜국 대우 규정이다. 거중 조정과 최혜국 대우는 조미 수호 통상 조약에서 최초로 언급된 규정이다. 이 조약에서 조선의 관세권이 최초로 인정되었다. 아하! ① 일본 ②, ③ 러시아 ④ 프랑스

11. ① 바로 정리 : 동도서기론

제시문에 '변혁을 꾀하고자 하는 것은 기이지 도가 아닙니다.'라는 문장을 통해 동도서기론임을 추정해 볼 수 있다. 동양의 도리는 지키고 서양의 기술만 갖고 온다는 의미의 동도서기론은 1880년대 조선 개화 정책의 방향이자 사상적인 기반이 되었다. 관립 학교 육영 공원 설립, 사관 육성 학교 연무 공원 설립, 광혜원(제중원), 광무국과 전보국 설치 등이 동도서기론에 따른 것이다. 아하! 독립 협회와 갑오개혁은 사상적인 면이나 신분 제도의 개혁을 의미한다.

12. ⑤ 바로 정리 : 임오군란의 발생

제시된 글의 '반란을 일으킨 군졸들'에서 임오군란임을 알 수 있다. 임오군란은 개화 정책에 대한 반발과 관리들의 부정이 원인이 되어 발생했다. 군란 세력들이 일본 공사관을 습격하고 비리의 온상이었던 민겸호를 제거하자 명성 황후는 피신했고, 이 과정에서 일시적으로 대원군이 재집권하여 개화 정책을 중단시켰다. 아하! ⑤ 청과 일본이 동등한 파병권을 갖게 된 것은 갑신정변 후 체결된 텐진 조약이다.

13. ③ 바로 정리 : 갑신정변의 원인과 결과

'흥선 대원군 귀국, 재정의 호조 관할' 등을 통해 갑신정변 때 발표된 14개조 정강의 일부임을 알 수 있다. 갑신정변은 대청 외교에서 자주적인 면모를 보

이면서, 호조를 통한 재정 일원화를 꾀한 개혁이다. 아하! ① 급진 개화파가 주도했다. ② 위로부터의 개혁 운동이다. ④ 구본신참은 광무개혁의 원칙이다. ⑤ 임오군란 이후 체결된 제물포 조약의 내용이다.

14. ③ 바로 정리 : 청·일과의 조약 체결
(가) 강화도 조약 (나) 제물포 조약 (다) 조청 상민 수륙 무역 장정 (라) 갑신정변이다. 아하! ㄱ. 강화도 조약에는 최혜국 대우 규정이 없다. ㄹ. 갑신정변 당시 흥선 대원군은 이미 청나라에 압송된 상태였다. 흥선 대원군은 임오군란 때 납치되었다.

15. ① 바로 정리 : 갑신정변의 전개
발생 장소가 우정총국인 것으로 추정해 볼 때, 이 사건은 갑신정변이다. 갑신정변은 김옥균, 박영효, 홍영식, 서광범 등 급진 개화파가 개화당 정부를 수립한 사건이다. 청나라의 내정 간섭과 민씨 정권의 친청 정책으로 개화 정책이 지연되자, 일본 공사관의 군사 지원 약속과 청프 전쟁으로 청나라의 간섭이 약화된 틈을 이용하여 급진 개화파들이 정변을 일으켰다. 아하! ① 청일 전쟁은 1894년에 발생했다.

16. ④ 바로 정리 : 갑신정변과 개화당 홍영식
'1881년 조사 시찰단, 우정국 총판, 정변 때 피살'로 고려해 볼 때, 검색된 인물은 급진 개화파인 홍영식임을 알 수 있다. 홍영식은 조미 수호 통상 조약 이후 민영식, 서광범, 유길준 등과 함께 보빙사로 미국을 방문하기도 했다. 아하! ① 박영효 ② 김윤식 ③ 유길준 ⑤ 김홍집

17. ④ 바로 정리 : 갑신정변과 그 결과
〈동경매일신문〉에 보도된 글이고 작년의 거사라고 했으니, 갑신정변 실패 후 일본으로 망명한 김옥균 일파에 의해 작성된 글임을 추정해 볼 수 있다. 따라서 작년의 거사는 갑신정변이다. 갑신정변 직후 체결된 한성 조약에 갑신정변 때 파손된 일본 공사관 신축 비용을 조선 정부가 부담한다고 명시되었다. 아하! 나머지는 모두 임오군란에 관한 설명이다.

18. ⑤ 바로 정리 : 개화당의 개혁 정강
사대당, 즉 온건 개화파와 공존할 수 없다는 말이 있는 것으로 볼 때, 밑줄 친 우리 당은 급진 개화파, 즉 개화당이다. 개화당은 갑신정변을 통해 14개의 개혁 정강을 발표였는데, 이를 통해 문벌 타파, 재정 일원화 등 근대 국가 건설을 주장했다. 아하! ㄱ. 제1차 갑오개혁에 해당한다. ㄴ. 제2차 갑오개혁, 홍범 14조에 해당한다.

19. ③ 바로 정리 : 거문도 사건
아시아 방향으로 남하 정책을 펼쳤던 나라 ㉠은 러시아이다. 영국이 러시아의 남하 정책을 견제하기 위해 ㉡을 점령했는데, 이 섬이 바로 거문도이다. 거문도 사건 이후 조선에서는 부들러와 유길준에 의해 한반도 중립화론이 제기되었다. 아하! ① 미국 ② 러시아를 제외한 서양 국가 ④ 강화도 ⑤ 독도

20. ③ 바로 정리 : 개화 사상가 유길준
19세기 미주 지역과 유럽 일대를 모두 돌아본 인물은 유길준이다. 유길준은 보빙사로 미국을 방문했다가 미국 유학을 하게 되었으나, 1884년 갑신정변 직후 조선으로 돌아왔다. 유길준은 유럽을 거쳐서 돌아왔는데, 이때 쓴 책이

《서유견문》이다. 유길준은 1885년 거문도 사건 직후 한반도 중립화론을 주장했고, 1907년에는 계몽 단체인 흥사단을 조직하기도 했다. 이후 흥사단은 안창호에 의해 재설립되었다. 아하! ㄱ. 유길준은 〈독립신문〉과 관계없다. 다만 〈한성순보〉 발간에 참여했다. ㄹ. 유길준은 개화당과 교류했다는 이유로, 민씨 정권 하에서 7년간 가택 연금 생활을 했다.

21. ② 바로 정리 : 《조선책략》과 개화 반대 운동
수신사가 일본에서 가져온 책으로, 내용이 러시아의 남하를 막아 내는 것과 관련 있다면 《조선책략》이다. 《조선책략》은 2차 수신사 김홍집이 가져온 책으로, 러시아의 남하를 막기 위해 조선은 일본과 결합하고 미국과 연대해야 한다는 내용이다. 이에 반대하여 이만손 등은 〈영남 만인소〉 사건을 일으켰다. 아하! ① 척화비는 신미양요 이후 세워졌다. ③ 조선과 미국 수교의 의도가 반영되었다. ④ 강화도 조약에 해당하는 내용이다. ⑤ 갑신정변을 일으킨 개화파와는 관련이 없다.

22. ③ 바로 정리 : 《조선책략》 유포와 〈영남 만인소〉 사건
미국과 러시아, 일본과의 외교 정책에 대해 반박하는 이 글은 이만손의 〈영남 만인소〉이다. 〈영남 만인소〉 사건은 1880년대 대표적인 위정척사 운동으로, 정부의 개화 정책에 대한 반발로 영남의 유생 1만여 명이 낸 상소이다. 아하! ① 1890년대 항일 의병 운동 ② 1870년대 개항 반대 운동 ④ 1860년대 척화주전론 ⑤ 1885년 한반도의 중립화론

23. ④ 바로 정리 : 《조선책략》의 유입
이 글은 청나라 사람 황쭌셴이 쓴 《조선책략》의 일부이다. 《조선책략》은 러시아의 남하를 대비하여 조선이 어떻게 대응해야 하는지를 담은 책이다. 이 책은 큰 반향을 일으켰는데, 그 대표적인 사건이 〈영남 만인소〉 사건이다. 아하! 《조선책략》은 2차 수신사로 청나라에 다녀온 김홍집이 들여왔다.

24. ② 바로 정리 : 위정척사 운동의 전개
(가) 1860년대 이항로의 척화주전론 (나) 1880년대 이만손의 개화 반대 상소 (다) 1870년대 최익현의 개항 반대 상소(왜양일체론)로, 주장이 제기된 순서는 (가)-(다)-(나)이다.

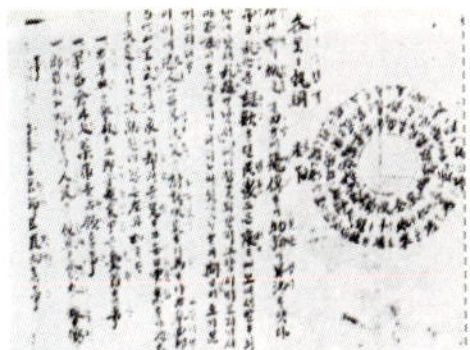

사발통문

주모자가 누구인지 알 수 없도록 사발 모양으로 둥그렇게 서명했다.

장태

동학 농민군이 사용한 신무기이다.

WHY 집강소

농민 대표인 집강들의 회의로, 농민 자치 조직을 의미한다. 원래 집강소는 농민군이 점령지에서 자체적으로 설치하여 실시하였으나, 전주 화약 이후 전라 감사 김학진의 허용으로 공식 기구가 되었다.

기억하라! 사료

1. 각 도인과 정부 사이에는 묵은 감정을 씻어 버리고 서정(庶政)에 협력할 것.
2. 탐관오리의 그 죄목을 조사하여 하나하나 엄징할 것.
3. 횡포한 부호들을 엄징할 것.
4. 불량한 유림과 양반들을 징벌할 것.
5. 노비 문서는 태워 버릴 것.
6. 칠반천인(七班賤人)의 대우를 개선하고 백정 머리에 씌우는 평량갓을 벗게 할 것.
7. 청춘과부의 재혼을 허락할 것.
8. 무명잡세는 모두 폐지할 것.
9. 관리 채용은 지벌을 타파하고 인재 위주로 할 것.
10. 왜와 내통하는 자는 엄징할 것.
11. 공사채를 막론하고 지난 것은 모두 무효로 할 것.
12. 토지는 평균으로 분작하게 할 것.
－ 폐정 개혁안

핵심주제 01 동학 농민 운동

(1) 농민층의 동요와 동학의 성장

동학 교단이 교세 확장을 위해 실시한 조직이야. 일단의 교인 집단인 포의 책임자를 접주, 대접주라고 했어.

농민층의 동요	정치 기강의 문란(농민 수탈), 농민의 조세 부담 증가, 일본의 경제적 침투로 농촌 사회 동요, 동학의 교세 확산(포접제)
교조 신원 운동	삼례 집회(1892) → 복합 상소(1893) → 보은 집회, 금구 집회(1893, '척왜양창의' 등의 정치적 구호 등장)

일본과 서양을 배척하고 의병을 일으키자는 주장

처형당한 동학의 창시자(교조) 최제우의 억울함을 풀고 동학교도에 대한 탄압을 중지해 줄 것을 요구한 종교 집회야.

(2) 동학 농민 운동의 전개(1984)

고부 봉기	고부 군수 조병갑의 수탈 → 전봉준의 봉기(사발통문 사용) → 신임 군수 박원명의 무마로 농민군 자진 해산 강제로 농민들을 동원하여 만석보를 쌓고 물세를 징수했지.
1차 봉기	안핵사 이용태의 농민 탄압 → 무장 봉기 → 백산 집결(보국안민, 제폭구민), 농민군 격문과 농민군 4대 강령 발표 → 황토현 전투 → 전주성 점령 → 조선 정부가 청에 원군 요청 → 청군 아산만 상륙 → 일본군 인천 상륙 → 전주 화약(폐정 개혁안 제시), 전라도 일대 집강소 설치, 서울에 교정청 설치
2차 봉기	일본이 철병 요구 거부, 경복궁 점령 후 조선에 내정 간섭 → 교정청 폐지, 군국기무처 설치(제1차 갑오개혁) → 농민군 재봉기, 남접(전봉준)과 북접(손병희) 연합 부대 결성(논산 집결) → 공주 우금치에서 관군과 일본군에게 패배 → 전봉준, 김개남, 손화중 체포 및 처형

(3) 동학 농민 운동의 성격

성격	반봉건·반외세 운동, 아래로부터의 혁명
한계	근대적 개혁 방안 미제시, 농민군 간의 연대 부족, 농민 이외 지지 기반 부족
영향	봉건 질서의 붕괴 촉진(갑오개혁에 영향), 항일 의병 운동에 가담(활빈당)

무장 민중 봉기를 시도했던 단체로 반제국, 반봉건 운동을 계승했어.

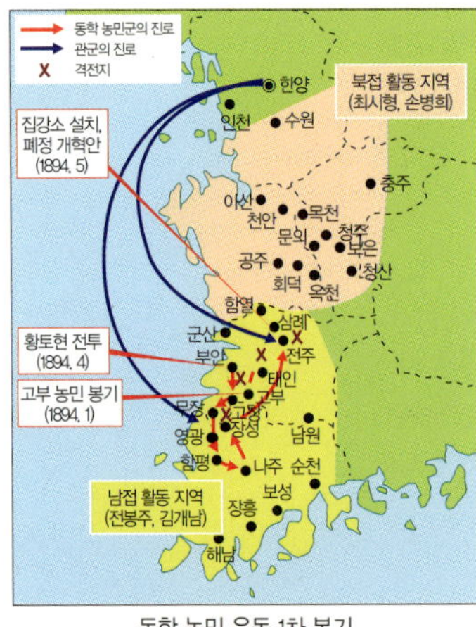

동학 농민 운동 1차 봉기

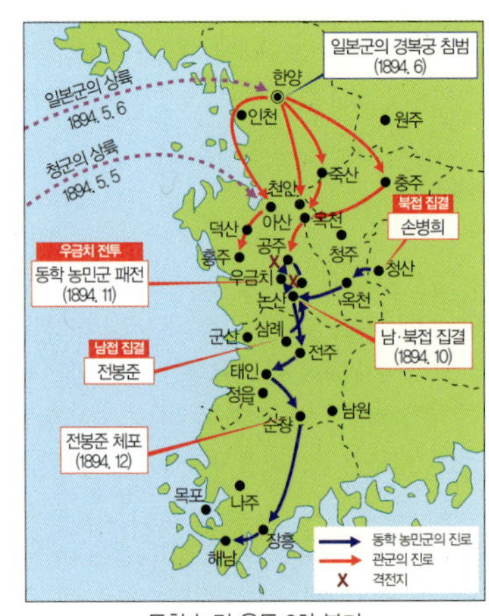

동학 농민 운동 2차 봉기

핵심주제 02 갑오개혁의 추진

(1) 제1차 개혁(1894, 제1차 김홍집 내각)

과정	일본군의 경복궁 점령 → 제1차 김홍집 내각(흥선 대원군 섭정), 군국기무처 설치, 1차 개혁 추진
내용	개국 연호 사용(청 연호 폐지), 왕실과 정부의 사무 분리(궁내부 설치), 과거제 폐지, 재정 일원화(탁지아문), 은 본위 화폐 제도, 조세의 금납화, 도량형 통일, 신분제 철폐(공·사 노비 제도 폐지), 조혼 금지, 과부 재가 허용, 고문과 연좌 폐지

(2) 제2차 개혁(1894, 제2차 김홍집 내각)

과정	청일 전쟁에서 우세해진 일본의 조선에 대한 내정 간섭 강화 → 제2차 김홍집 내각(박영효 세력 강화), 군국기무처 폐지, 고종이 종묘에서 홍범 14조 및 독립 서고문 발표, 2차 개혁 추진 1895년 고종이 세자, 대원군, 종친 및 백관을 거느리고 종묘에 나가 선포한 일종의 독립 선언문이야.
내용	의정부와 8아문을 각각 내각과 7부로 개편, 지방을 8도에서 23부로 개편, 훈련대와 시위대 설치, 사법권 분리(재판소 설치, 지방관의 사법권 폐지), '교육입국 조서' 반포→ 한성 사범 학교 관제, 소학교 관제, 외국어 학교 관제, 유학생 파견

(3) 을미개혁(1895, 제3차 갑오개혁, 제4차 김홍집 내각)

과정	청일 전쟁 후 시모노세키 조약(요동 할양) → 3국(러시아, 독일, 프랑스) 간섭(요동 반도 반환) → 일본 세력 약화, 박영효 실각 → 제3차 김홍집 내각(친러 성향) → 을미사변(1895. 8, 명성 황후 시해) → 제4차 김홍집 내각(친일), 을미개혁 추진
내용	건양 연호 제정(태양력 사용), 서울에 친위대, 지방에 진위대 설치, 종두법과 단발령 시행, 우편 사무 시작, 소학교 설립, 을미 의병과 아관 파천(1896)으로 개혁 중단

(4) 갑오·을미개혁의 의의

긍정적 측면	• 갑신정변과 동학 농민 운동의 개혁안 수용 • 정치, 경제, 사회, 문화 등 전 분야에 걸친 근대적 개혁
부정적 측면	• 일본의 강요, 개혁 주도 세력의 일본 의존도가 높았던 타율적 개혁 • 일본의 침략 정책에 용이하고 일본 상인에게 유리한 개혁 • 위로부터의 개혁으로, 민중과는 다소 유리된 개혁
개혁의 한계	토지 제도 개혁 외면, 상업 발전과 국방 강화 관련 개혁 소홀

기억하라! 사진

군국기무처

제1차 갑오개혁을 이끈 초정부적 회의 기구였다.

독립문

조선 시대 중국 사신을 맞이하던 영은문을 헐고 세웠다.

원구단(환구단)

고종은 원구단을 세우고 천자(황제)가 되었음을 알리는 제천 의식을 거행하였으며, 황궁우를 세워 하늘과 땅의 신과 태조의 위패를 모셨다.

기억하라! 사료

1. 외국인에게 의지하지 말고 관민이 합심하여 황제권을 공고히 할 것.
2. 외국과의 이권에 관한 계약과 조약은 각 부대신과 중추원 의장이 함께 날인하여 시행할 것.
3. 재정은 탁지부에서 전담하여 맡고 예산과 결산은 국민에게 공포할 것.
4. 중대한 범죄는 공판하고, 피고의 인권을 존중할 것.
5. 칙임관은 정부에 그 뜻을 물어 과반수가 동의하면 임명할 것.
6. 정해진 규정을 실천할 것.
－관민 공동회의 〈헌의 6조〉(1898)

제1조 대한국은 세계 만국이 공인한 자주 독립 제국이다.
제2조 대한국의 정치는 만세불변의 전제 정치이다.
제3조 대한국의 대황제는 무한한 군권을 누린다.
－대한국 국제(1899)

핵심주제 03 독립 협회의 활동

창립	•아관 파천 후 러시아 등 열강의 이권 침탈 심화 •서재필 귀국, 〈독립신문〉 발간 → 독립 협회 창립(지식인, 정부 관료, 시민 등 전 계층 참여) •독립문 건립, 강연회와 토론회 개최, 민중에게 근대 지식과 민권 사상 소개
주요 활동	•**자주 국권 운동** : 외국의 내정 간섭, 이권 침탈에 반대 •**자유 민권 운동** : 국민의 신체 자유, 재산권을 확보하기 위한 운동 •**자강 개혁 운동** : 민의를 국정에 반영하여 근대 개혁을 추진하려 노력(의회 설립), 〈독립신문〉 발간, 토론회와 강연회, 만민 공동회와 관민 공동회 개최 　　　　　우리나라 최초의 근대적 민중 대회지.　　만민 공동회에 정부 관료가 참가했어.
만민 공동회	러시아 절영도 조차 요구 저지, 한러 은행 폐쇄, 러시아 재정 고문, 군사 고문 철수 → 수구파 내각 퇴진, 박정양 내각 수립 → 관민 공동회 개최, 헌의 6조 채택 → 정부와 협상 통해 의회식 중추원 관제 반포 중추원 의관의 관선 의원과 민선 의원의 수를 같게(각각 25인을 선출) 하는 의회 설립과 관련된 법률을 반포했어.
해산	왕정을 폐지하고 공화정을 실시하려 한다는 모함 → 주요 간부 체포 → 황국 협회 동원 만민 공동회 습격 → 고종이 군대 동원하여 강제 해산　　　　보부상으로 구성된 어용 단체

핵심주제 04 대한 제국과 광무개혁

(1) 대한 제국의 성립과 개혁

배경	•아관 파천 직후 독립 협회, 정부 관리, 유생들의 고종 환궁 요구 •한반도를 둘러싸고 러시아와 일본의 세력 균형
성립	•경운궁(덕수궁)으로 환궁 후 국호는 대한 제국, 연호는 광무로 칭함 •원구단에서 황제 즉위식 거행
광무개혁	•구본신참의 개혁(갑오·을미개혁의 급진성 비판, 점진적 개혁, 위로부터의 개혁) 옛것을 근본으로 삼고 새로운 것을 수용한다는 의미의 점진적 개혁론 •황제권 강화 : 대한국 국제(1899) 제정, 원수부 설치, 무관 학교 설립 대한 제국의 최고 군령 기관으로 황제가 직접 군대를 장악했어. •식산흥업 정책(상공업 진흥 정책) : 실업·기술 교육 기관 설립, 유학생 파견, 근대 시설 도입 •지방을 23부에서 13도로 개편, 울릉도를 군으로 승격(독도 관할), 양전 사업 실시, 지계 발급(근대적 토지 소유권)
한계	열강의 내정 간섭, 정권 내부 파쟁, 진보적 정치 개혁 운동 탄압

(2) 간도와 독도

간도	19세기 후반 백두산정계비 해석을 둘러싸고 조선과 청의 간도 귀속 문제 발생 → 대한 제국 시기 간도 관리사 이범윤을 파견하고 간도를 함경도로 편입 → 1909년 간도 협약, 일본이 만주 안봉선 철도 부설권을 얻는 조건으로 청의 간도 영유권 인정
독도	울릉군에서 독도를 관할(1900), 러일 전쟁 중 일제가 독도를 불법적으로 자국 영토로 편입(1905)

항일 의병 전쟁의 전개

을미 의병 (1895)	• 배경 : 을미사변과 단발령 • 양반 유생(유인석, 이소응)이 주도, 동학 농민군 잔여 세력 가담 • 친일 관리 처단, 지방의 일본군 공격 • 아관 파천 이후 국왕의 해산 권고 및 단발령 철회로 해산, 일부 농민은 활빈당으로 활동
을사 의병 (1905)	• 배경 : 을사늑약 체결 • 민종식, 최익현 등의 의병장 • 신돌석과 같은 평민 출신 의병장 등장
정미 의병 (1907)	• 배경 : 고종 강제 퇴위와 군대 해산 • 해산 군인들이 가담하여 의병 전쟁으로 발전(전투력 강화) • 이인영, 허위의 13도 연합 의병 구성(양주에 집결, 평민 의병장 배제) → 서울 진공 작전 전개(1908), 각국 영사관에 의병을 국제법상 교전 단체로 인정할 것을 요구, 양반 출신 의병장의 봉건적 의식 한계
호남 의병	서울 진공 작전 이후 의병 활동의 중심, 유격 전술 전개 → 일제의 이른바 '남한 대토벌 작전(1909)'으로 활동 위축, 이후 간도와 연해주로 이동
개인 의거	나철·오기호의 오적 암살단 조직, 전명운·장인환의 스티븐스 사살(1908, 미국), 안중근의 이토 히로부미 사살(1909, 하얼빈)

애국 계몽 운동의 전개

특징	사회 진화론의 영향, 지식인과 관료 중심, 교육과 산업을 통해 국권 회복 추구(국민 계몽, 경제적 실력 양성 노력), 여러 학회(서북 학회, 기호 흥학회, 호남 학회) 조직, 대체로 의병 투쟁 비판
보안회(1904)	일본의 황무지 개간권 요구를 저지
헌정 연구회 (1905)	의회 설립을 통한 입헌 정체 수립 추구, 일진회 규탄
대한 자강회 (1906)	지회 설치, 월보 간행, 고종의 강제 퇴위 반대 운동으로 해산
신민회(1907)	• 안창호, 양기탁, 이동휘 등을 중심으로 조직된 비밀 결사 • 국권 회복과 공화정체의 국민 국가 수립을 도모 • 국외 독립운동 기지 건설 추진(남만주의 삼원보, 신흥 강습소), 민족 교육 실시(대성 학교, 오산 학교), 민족 산업 육성(평양 자기 회사, 태극 서관), 강연회 활동, 애국 계몽 운동 세력이 의병 부대와 연대하는 계기 마련 • 105인 사건으로 해체(1911) 우리 역사상 최초로 공화정을 추구했어.

신민회는 남만주 삼원보에 신한민촌을 건설, 경학사를 조직하고 신흥 강습소(→신흥 무관 학교)를 세웠어.

기억하라! 최익현

> 오호라, 작년 10월에 저들이 한 행위는 만고에 일찍이 없던 일로서, 억압으로 한 조각의 종이에 조인하여 5백 년 전해 오던 종묘사직이 드디어 하룻밤 사이에 망했으니, 천지신명도 놀라고 조종의 영혼도 슬퍼하였다. 우리 의병 군사의 올바름을 믿고 적의 강대함을 두려워하지 말자. 이에 격문을 돌리니 의연히 일어나라.
>
> — 최익현의 을사 의병 격문, 《면암집》

기억하라! 사진

정미 의병

1907년 군대가 해산되자 각 지방의 일부 군인들이 의병 부대에 합류하였다. 해산된 군대의 참여로 신식 무기가 의병에 투입되고 의병 부대의 전술과 전투력이 보다 향상되었다.

01 밑줄 친 ㉠에 대한 설명으로 옳은 것은?

> ㉠ 반민들의 형세가 날로 확대되어 성읍이 연이어 함락되어도 백성들은 도리어 기뻐하는 기색을 띠고 오직 관군이 패한 것만 말하였다. …… 왕과 왕비가 크게 노하여, "반민들을 빨리 평정하지 못하면 불순한 소문이 점점 퍼져 나갈 염려가 있다. 전보를 보내 청국에 원병을 청하라." 하였다.
>
> -《매천야록》

① 주로 한반도 서북 지역 출신들이다.
② 단발령 실시에 대한 불만을 표출하였다.
③ 제폭구민과 보국안민을 주장한 사람들이다.
④ 신식 군대에 대한 차별 대우에 불만을 품었다.
⑤ 병인박해를 구실로 삼아 침략한 외국 군대이다.

02 (가)와 (나) 사이 시기에 들어갈 역사적 사실로 옳지 않은 것은?

> (가) 이용태가 고부로 내려와 모두 동학당의 행위라 하며 동학 교도를 잡아 살육을 자행하였다. 이에 전봉준은 그 무리 4천여 명을 이끌고 전라도 무장에서 일어나 고부, 태인, 원평, 금구 등을 점령했다.
> (나) 공주에 들어가 대치하고자 하였더니, 일본 병이 먼저 공주에 자리 잡고 있었다. 형세가 접전하지 아니할 수 없는 까닭에 세 차례 접전 후 군병을 점검하니 1만여 명 중에 남아 있는 자가 불과 5백여 명이었다.

① 일본 군대가 경복궁을 점령하였다.
② 남접과 북접의 연합이 이루어졌다.
③ 정부가 청나라에 원병을 요청하였다.
④ 교정청이 설치되어 자주적 개혁을 준비하였다.
⑤ 조병갑의 폭정에 항거하여 관아를 공격하였다.

03 다음은 어느 인물에 대한 심문 기록이다. (가), (나) 봉기에 관한 설명 중 옳지 않은 것은?

> ### ○○○ 공초
>
> (가) 물음 : 작년(1894) 1월, 고부 등지에서 민중을 크게 모은 것은 무슨 까닭인가?
> 답변 : 고부 군수의 가렴주구에 백성들이 억울하게 여겨 의거하였다.
> 물음 : 해산한 뒤에는 무슨 일로 다시 봉기했는가?
> 답변 : 안핵사 이용태가 봉기에 가담한 이들을 찾아내 보복하여 해쳤기 때문에 다시 일어났다.
> (나) 물음 : 7월에 또다시 난을 일으킨 것은 무슨 이유인가?
> 답변 : 일본이 개화를 구실로 군대를 이끌고 왕궁을 점령하였다. 이에 백성들이 충군애국의 마음으로 일어나 그 책임을 묻고자 함이었다.

① (가) - 사발통문을 돌려 봉기를 호소하였다.
② (가) - 관군과 협상을 하여 자진 해산하였다.
③ (나) - 황토현 전투에서 크게 패배하였다.
④ (나) - 남접과 북접이 연합하여 봉기하였다.
⑤ (가), (나) - 반외세 반봉건 투쟁이었다.

04 다음 자료와 관련된 개혁 운동에 대한 설명으로 옳지 않은 것은?

사발통문　　　　장태

① 탐관오리의 처벌을 요구했다.
② 지조법의 개혁을 주장하였다.
③ 일제의 경복궁 점령에 반발하였다.
④ 반봉건 반외세 투쟁의 성격이 강하였다.
⑤ 집강소를 통해 폐정 개혁안을 시행하였다.

05 밑줄 친 '이 기구'에서 만든 개혁에 대한 설명 중 옳은 것을 〈보기〉에서 고른 것은?

- 전교하기를, "이 기구의 처소(處所)를 차비문(差備門) 근처에 정하라."라고 하였다.
- 이 기구는 국내의 크고 작은 일을 전적으로 의논한다. 총재 1인은 총리대신이 겸임하고, 부총재 1인은 의원 중에서 품계가 높은 사람이 겸임하며, 회의원은 10인 이상 20인 이하이고, 서기관은 3인인데 1인은 총리대신의 비서관을 겸임한다.

〈보기〉
ㄱ. 지방관의 사법권을 제한하였다.
ㄴ. 퇴직한 관리들의 상업 경영을 허가하였다.
ㄷ. 흥선 대원군을 섭정으로 하는 내각이 주도하였다.
ㄹ. 동학 농민군의 개혁 요구를 수용하기 위해 고종이 직접 만들었다.

① ㄱ, ㄴ ② ㄱ, ㄷ ③ ㄴ, ㄷ
④ ㄴ, ㄹ ⑤ ㄷ, ㄹ

06 (가)에 들어갈 기사 제목으로 적절한 것은?

○ ○ 신 문   0000년 00월 00일

(가)
개혁의 주요 내용은 다음과 같다.
- 청에 의존하는 생각을 버리고 자주독립의 기초를 세운다.
- 왕실 사무와 국정 사무를 나누어 서로 혼동하지 않는다.
- 조세의 징수와 경비 지출은 모두 탁지아문이 관할한다.
- 민법, 형법을 제정하여 국민의 생명과 재산을 보전한다.
- 문벌을 가리지 않고 인재 등용의 길을 넓힌다.

① 독립 협회, 의회 설립 주장!
② 군국기무처, 개혁을 주도하다!
③ 개화당, 개혁 정강 14조 선언!
④ 흥선 대원군, 통상 수교 거부 강화 발표!
⑤ 박영효와 서광범, 그들의 개혁은 이제 시작!

07 다음 두 장면에서 공통적으로 제기된 주장으로 가장 적절한 것은?

① 자유 민권 보장, 의회 설립
② 황제권 강화, 자주 국권 확립
③ 토지 균등 분배, 노비 문서 소각
④ 옛것을 근본 삼아 근대 문물 수용
⑤ 상하 귀천 신분 차별 없는 사회 구현

08 다음은 근대에 추진된 개혁 내용이다. (가)~(라)를 시기 순으로 옳게 나열한 것은?

(가) 원수부를 설치하고 서울의 시위대와 지방의 진위대 군사 수를 대폭 증가시켰으며 장교 양성을 위한 무관 학교를 세웠다.
(나) 의정부와 각 아문의 명칭이 내각과 부로 바뀌고, 농상아문과 공무아문이 농상공부로 통합되어 모두 7부로 개편되었다.
(다) 중앙 관제를 의정부와 궁내부로 나누고 종래의 6조를 8아문으로 개편하여 의정부 직속으로 하였다.
(라) 음력을 폐지하고 양력을 사용하도록 하였으며 소학교령을 공포하여 서울에 관립 소학교를 설립하였다.

① (가) – (나) – (다) – (라)
② (다) – (라) – (나) – (가)
③ (다) – (나) – (가) – (라)
④ (다) – (나) – (라) – (가)
⑤ (라) – (다) – (나) – (가)

09 (가) 시기에 있었던 일을 〈보기〉에서 옳게 고른 것은?

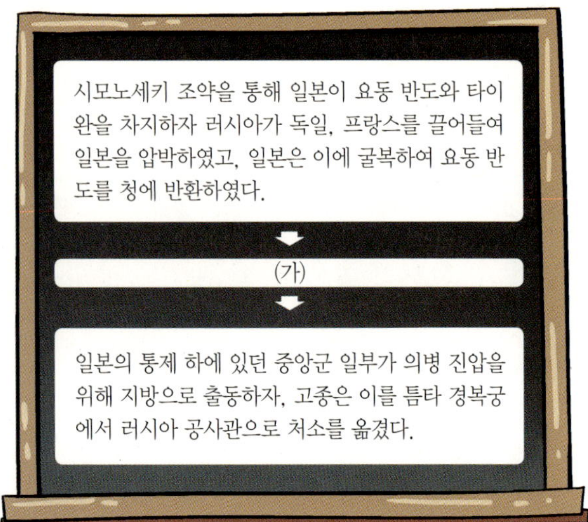

〈보기〉

ㄱ. 고종이 국외 중립을 선언하였다.
ㄴ. 양반 유생들을 중심으로 의병이 일어났다.
ㄷ. 조선 정부는 청나라에 파병을 요청하였다.
ㄹ. 미우라 공사가 일본 낭인들을 동원하여 명성 황후를 시해하였다.

① ㄱ, ㄴ　　　　② ㄱ, ㄷ　　　　③ ㄴ, ㄷ
④ ㄴ, ㄹ　　　　⑤ ㄷ, ㄹ

10 밑줄 친 '이 단체'에 대한 설명으로 옳은 것은?

<u>이 단체</u>는 서재필, 윤치호 등 근대적 개혁 사상을 가진 지식인들의 주도로 창립되었다. 강연회와 토론회를 개최하고 신문과 잡지를 발간하는 등 민중을 일깨우기 위한 계몽 운동을 벌였으며, 이를 통하여 근대적 지식과 자주 국권, 자강 개혁, 자유 민권 사상을 고취시키려 하였다.

① 일본의 황무지 개간권 요구를 저지시켰다.
② 고종 강제 퇴위 반대 운동을 펼치다 해산되었다.
③ 중추원을 근대적 의회로 개편할 것을 주장하였다.
④ 국민 계몽을 위해 민립 대학 설립 운동을 추진하였다.
⑤ 국권 회복과 공화정 체제의 국민 국가 건설을 주장하였다.

11 교사의 질문에 대해 바르게 대답한 학생을 〈보기〉에서 옳게 고른 것은?

〈보기〉

갑 : 동학 농민 2차 봉기의 원인이 되었어요.
을 : 이 사건 이후 개화 정책이 중단되었어요.
병 : 이후 제4차 김홍집 내각이 수립되었어요.
정 : 일본이 삼국 간섭 이후 약화된 세력을 만회하기 위해 일으켰어요.

① 갑, 을　　　　② 갑, 정　　　　③ 을, 병
④ 을, 정　　　　⑤ 병, 정

12 다음과 같이 군제를 개편한 내각이 추진한 개혁의 내용에 해당되는 것은?

• 칙령 제169호로 훈련대를 폐지하다.
• 칙령 제170호 '육군 편제 강령'을 반포하다.
　그 내용은 다음과 같다.
　1. 국내 육군을 2종으로 나눈다. (1) 친위 (2) 진위
　2. 친위는 경성에 주둔하여 왕성 수위를 전임한다.
　3. 진위는 부, 혹은 군의 중요한 지방에 주둔하여 지방 진무와 변경 수비를 전임한다.

① 도량형을 통일하였다.
② 태양력을 사용하였다.
③ 지방관의 권한을 축소하였다.
④ 은 본위 화폐 제도를 실시하였다.
⑤ 아문의 명칭을 내각과 부로 하였다.

13 밑줄 친 내용에 해당되는 개혁과 관련된 사실을 〈보기〉에서 옳게 고른 것은?

OO 신문
OOOO년 OO월 OO일

112년 만에 고국으로 나들이 온 악기

당시 고종이 1897년 자주 주권 국가임을 대내외적으로 선포하기 위해 자주독립 국가의 면모를 국제 사회에 알리기 위해 1900년 파리 만국 박람회에 참가하였고, 악기와 도자기 등을 출품하였다. 박람회를 마친 뒤 프랑스에 기증되었던 악기들이 112년 만에 고국으로 돌아와 특별전을 통해 일반인에게 공개되고 있다.

〈특별전에 공개된 북〉

〈보기〉

ㄱ. 독립 서고문 반포
ㄴ. 대한국 국제 반포
ㄷ. 왕실 사무와 국정 사무 분리
ㄹ. 근대적 토지 소유권 증서 발급

① ㄱ, ㄴ ② ㄱ, ㄷ ③ ㄴ, ㄷ
④ ㄴ, ㄹ ⑤ ㄷ, ㄹ

14 다음 자료를 통해 알 수 있는 개혁에 대한 설명으로 옳지 <u>않은</u> 것은?

① 만국 공법에 근거한 자주국임을 선포하였다.
② 상공업 진흥을 내세운 개혁 추진을 표방하였다.
③ 일본, 중국, 러시아, 프랑스 등의 열강으로부터 승인받았다.
④ 교육입국 조서를 반포하여 실업 학교와 의학교를 설립하였다.
⑤ 군주권 강화를 위해 원수부를 설치하고 시위대와 진위대를 증강시켰다.

15 그림과 같이 능(陵)의 구조가 바뀌게 된 직접적인 계기로 옳은 것은?

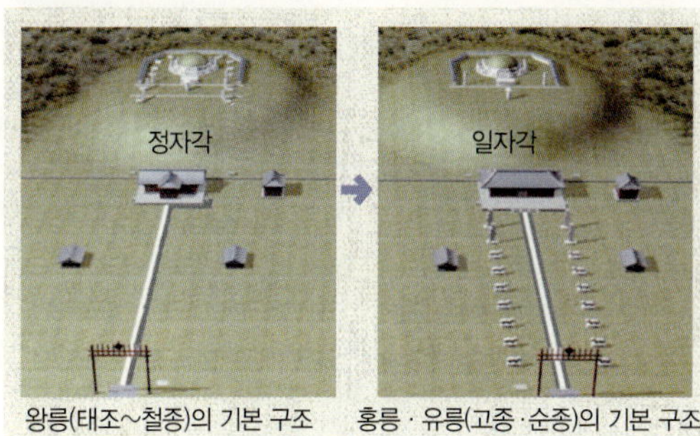

① 영은문을 독립문으로 바꾸었다.
② 고종이 독립 서고문을 반포하였다.
③ 일본과 강화도 조약을 체결하였다.
④ 원구단에서 대한 제국이 선포되었다.
⑤ 청일 전쟁에서 청나라가 패배하였다.

16 밑줄 친 '이 계획'이 실행된 직후의 정세로 옳은 것을 〈보기〉에서 고른 것은?

나는 대신들을 권력으로부터 몰아낼 가장 간단한 방법은 고종이 비밀리에 궁궐을 떠나 우리 공사관으로 오는 것이라고 생각했다. 나는 이 계획을 직접 고종에게 털어놓았지만, 그는 이 일의 감행을 주저하였다. 그가 결심을 굳히기까지 나는 수차에 걸쳐 고종이 암담한 처지에 있으며 더 이상 궁궐에 머물러 있으면 매일 암살의 위협에 처하게 될 것이라고 설득하였다. 결국 그는 나의 주장에 응하여 이 계획을 실행하기로 결정하였다.
― 스페이에르

〈보기〉

ㄱ. 영국이 거문도를 불법 점령하였다.
ㄴ. 프랑스가 경의철도 부설권을 허가받았다.
ㄷ. 김홍집이 살해되고 친러 내각이 수립되었다.
ㄹ. 고종은 미국에 특사로 헐버트를 파견하였다.

① ㄱ, ㄴ ② ㄱ, ㄷ ③ ㄴ, ㄷ
④ ㄴ, ㄹ ⑤ ㄷ, ㄹ

17 다음 질문에 대한 학생의 대답으로 적절한 것을 〈보기〉에서 모두 고른 것은?

〈보기〉
ㄱ. 입헌 군주제의 통치 체제를 지향하였어요.
ㄴ. 양전 사업을 실시하여 지계를 발급하였어요.
ㄷ. 간도 관리사를 파견하여 교민을 보호하였어요.
ㄹ. 울릉도를 군으로 승격시켜 독도까지 관할하게 하였어요.

① ㄱ, ㄷ   ② ㄷ, ㄹ   ③ ㄱ, ㄷ, ㄹ
④ ㄴ, ㄷ, ㄹ   ⑤ ㄱ, ㄴ, ㄷ, ㄹ

18 다음 자료의 민족 운동에 대한 설명으로 옳은 것을 〈보기〉에서 고른 것은?

우리 국모의 원수를 생각하며 이미 이를 갈았는데 참혹한 일이 더하여 우리 부모에게서 받은 머리털을 풀 베듯이 베어 버리니 이 무슨 변고란 말인가. …… 말의 피를 입에 바르고 맹세하매 …… 무릇 우리 각도 충의의 인사들은 모두가 임금의 보살핌을 받은 몸이니 환난을 회피하기란 죽음보다 더 괴로우며 멸망을 앉아서 기다릴진대 싸워 보는 것만 같지 못하다.

〈보기〉
ㄱ. 평민 출신의 의병장이 등장하였다.
ㄴ. 단발령 실시에 반발하여 일어났다.
ㄷ. 국왕의 권고 조칙으로 스스로 해산하였다.
ㄹ. 해산된 군인의 참여로 전투력이 향상되었다.

① ㄱ, ㄴ   ② ㄱ, ㄷ   ③ ㄴ, ㄷ
④ ㄴ, ㄹ   ⑤ ㄷ, ㄹ

19 다음 자료와 관련된 의병 운동에 대한 설명으로 옳은 것은?

해외 동포에게 보내는 격문

동포들이여! 우리는 야만적인 일본인의 잔혹한 만행과 불법 행위를 전 세계에 호소해야 한다. 우리는 최선을 다해 모든 일본인과 그들의 첩자, 그들의 동맹국과 야만적인 군대를 모조리 죽이는 데 힘을 다해야 한다.
－ 광무 11년 9월 25일 대한관동창의대장 이인영

① 을미사변과 단발령이 계기가 되었다.
② 의병장 최익현이 대마도로 압송되었다.
③ 평민 출신 의병장이 처음으로 등장하였다.
④ 국왕의 해산 권고 조칙으로 자진 해산하였다.
⑤ 국제법상 교전 단체로 인정해 줄 것을 요구하였다.

20 다음에서 설명하고 있는 단체의 활동으로 옳은 것은?

애국 계몽 운동을 전개한 이 단체는 한성부에서 평안도, 황해도, 함경도 출신의 인사들이 조직하였으며, 기존의 서우 학회와 한북 학회를 통합하여 창설하였다. 대중 계몽 운동을 위해 월보를 간행하고 강연회, 토론회, 청소년 지도 활동 등을 하였다.

① 국채 보상 기성회를 조직하였다.
② 고종의 해산 권고 조칙에 따라 해산되었다.
③ 안창호, 이동휘 등이 이 단체를 주도하였다.
④ 관민 공동회를 개최하고 헌의 6조를 채택하였다.
⑤ 고종 강제 퇴위 반대 운동을 펼치다가 해체되었다.

21 다음은 어떤 단체가 발행한 월보의 표지이다. 이 단체가 활동했던 시기를 연표에서 옳게 고른 것은?

(가)	(나)	(다)	(라)	(마)
한일 의정서	제1차 한일 협약	제2차 한일 협약	기유각서	한일 병합

① (가)　② (나)　③ (다)　④ (라)　⑤ (마)

22 다음과 관련된 단체에 대한 설명으로 옳지 <u>않은</u> 것은?

> 조선 본토에서 재력이 있는 사람들을 그곳에 이주시켜 토지를 사들이고 촌락을 세워 새 영토로 삼고 …… 나아가 무관 학교를 설립하여 문무를 겸하는 교육을 실시하면서 기회를 엿보아 구한국의 국권을 회복하려고 하였다.

① 105인 사건으로 국내 조직이 와해되었다.
② 실력 양성과 무장 투쟁을 함께 준비하였다.
③ 태극 서관, 평양 자기 회사 등을 설립하였다.
④ 일제가 조선 지배를 강화하자 친일 단체로 전락하였다.
⑤ 공화 정체의 근대 국민 국가를 지향하는 비밀 결사였다.

23 밑줄 친 '이 조약'에 관한 설명 중 옳은 것은?

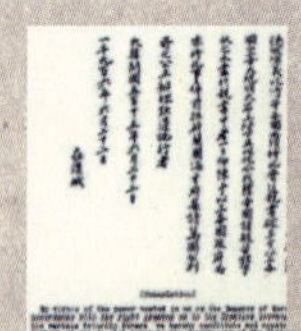
그는 <u>이 조약</u> 체결 이후 고종의 특명을 받고 루스벨트 대통령을 만나기 위해 미국으로 갔다. 그러나 루스벨트가 가쓰라·태프트 밀약에 의한 자국의 이익 때문에 만나 주지 않아 실패하였다.

헐버트 파견 위임장

① 각 부처에 일본인 차관을 임명하게 되었다.
② 대한 제국을 일본의 보호국으로 전락시켰다.
③ 대한 제국의 사법권을 일본 정부에 위탁하게 하였다.
④ 일본이 대한 제국 영토를 군사 용지로 활용할 수 있었다.
⑤ 재정과 외교 분야에 일본이 추천한 외국인 고문이 들어왔다.

24 (가) 지역에 대한 탐구 활동으로 가장 적절한 것을 〈보기〉에서 고른 것은?

> 　　(가)　　에 關한 協約
> 大日本國政府 及 大淸國政府는 善隣의 交誼에 鑑하여 圖們江이 淸·韓 兩國의 國境된 事를 互相確認하고 竝安協의 精神으로서 一切의 辦法을 商定함으로써 淸·韓 兩國의 邊民으로 하여금 永遠히 治安의 慶福을 享受케 하고저 하여 左의 條款을 訂立함.
> 第1條 日·淸 兩國政府는 圖們江을 淸·韓 兩國의 國境으로하고 江源 地方에 在하여는 定界碑를 起點으로 하여 石乙水로써 兩國의 境界로 함을 聲明함.

〈보기〉
ㄱ. 안용복의 활약에 대해 조사해 본다.
ㄴ. 남만주 철도 부설권에 대하여 조사해 본다.
ㄷ. 관리사로 파견된 이범윤의 역할을 알아본다.
ㄹ. 한일 의정서의 군사 용지 사용권에 대해 알아본다.

① ㄱ, ㄴ　　② ㄱ, ㄷ　　③ ㄴ, ㄷ
④ ㄴ, ㄹ　　⑤ ㄷ, ㄹ

1. ③ 2. ⑤ 3. ③ 4. ② 5. ③ 6. ⑤ 7. ⑤ 8. ④ 9. ④ 10. ③ 11. ⑤ 12. ② 13. ④ 14. ④ 15. ④ 16. ③ 17. ④ 18. ③ 19. ⑤ 20. ③ 21. ④ 22. ④ 23. ② 24. ③

1. ③ 바로 정리 : 동학 농민 운동 1차 봉기
밑줄 친 반민들이 관군을 이겼고, 이러한 상황에 다급해진 왕과 왕비가 청나라에 원병을 요청했다는 점으로 볼 때, 여기서 반민들은 동학 농민군이다. 동학 농민군들은 제폭구민, 보국안민의 내용이 담긴 격문을 발표하고, 탐관오리 제거, 조세 수탈 시정 등을 요구했다. 아하! ① 홍경래의 난 ② 을미 의병 ④ 구식 군대 ⑤ 프랑스 군대

2. ⑤ 바로 정리 : 동학 농민 운동의 전개
(가)는 고부 민란으로 파견된 안핵사 이용태가 민란 수습 직후 농민들을 다시 탄압하여 동학 농민 운동 1차 봉기의 직접적인 계기가 된 사건이다. (나)는 동학 농민군이 2차 봉기 때 공주 우금치에서 마지막까지 싸우다가 패하는 장면이다. 아하! ⑤ 조병갑은 고부 군수로 동학 농민 운동의 단초가 되는 고부 민란의 원인 제공자이다.

3. ③ 바로 정리 : 동학 농민 운동의 전개
(가)는 동학 농민 1차 봉기이고 (나)는 동학 농민 2차 봉기에 해당한다. 1차 봉기는 남접이 중심이 되었고, 관군을 격파하면서 전주성까지 점령했다. 정부로부터 개혁을 약속받고 전주 화약을 맺어 스스로 해산했다. 동학 농민 2차 봉기는 일본이 경복궁을 점령하고 내정을 간섭하자 다시 일어난 봉기이다. 남접과 북접이 합세하여 서울로 진격하던 중 공주 우금치에서 관군과 일본군에게 패했다. 아하! ③ 2차 봉기에서 패배한 전투는 우금치 전투이다. 황토현 전투는 1차 봉기 때 승리한 싸움이다.

4. ② 바로 정리 : 동학 농민 운동
장태는 동학 농민군들이 사용하던 신무기이다. 내부에 볏짚단을 가득 넣어 굴리면서 경군과 싸웠다고 한다. 동학 농민 운동은 반봉건 반외세 투쟁으로 봉건적 신분 차별 철폐와 일제에 대한 반감을 표출했다. 특히 동학 농민 2차 봉기는 전주 화약을 했음에도 불구하고 일본 군대가 철군하지 않고 오히려 경복궁을 점령하면서 일어난 사건이다. 아하! ② 지조법은 새로운 세금 부과 방식이다. 생산량을 기준으로 부과하는 방식이 아닌 토지 가격에 따라 부과하는 방식으로, 삼정의 문란을 막기 위해 갑신정변 때 나온 조세 개혁안이다.

5. ③ 바로 정리 : 군국기무처와 제1차 갑오개혁
제시된 자료에서 차비문은 궁궐의 정전(正殿) 앞의 문이다. 따라서 이 기구는 근정전 근처에 있었다는 이야기. 근정전 서쪽에 고종 때 중건한 수정전이 있는데, 이 수정전에 군국기무처가 있었다. 군국기무처는 제1차 갑오개혁을 주도한 기구로 초정부적 회의 기관이었다. 아하! ㄱ. 지방관의 사법권과 군사권을 배제한 것은 제2차 갑오개혁에 해당된다. ㄹ. 동학 농민군의 개혁 요구를 수용하기 위해 고종이 직접 설치한 기구는 교정청이다.

6. ⑤ 바로 정리 : 제2차 갑오개혁
제시된 자료에 보면, 왕실 사무와 국정 사무를 나눈다는 규정과 재정을 탁지아문이 관할한다는 규정을 볼 때, 제2차 갑오개혁 때 홍범 14조의 내용임을 추정할 수 있다. 제2차 갑오개혁은 군국기무처를 해체하고 일본에 있던 박영효와 서광범이 참여한 개혁으로, 홍범 14조를 반포했다. 아하! ② 군국기무처는 제1차 갑오개혁 후 해체되었다. ③ 개화당이 주도한 사건은 갑신정변이다.

7. ⑤ 바로 정리 : 갑신정변, 갑오개혁
제시된 자료는 각각 갑신정변, 제1차 갑오개혁에 해당된다. 갑신정변은 급진 개화파가 주도했던 위로부터의 개혁이다. 이들의 요구는 신분 사회 철폐였고, 이 요구들은 갑오개혁에 반영되었다. 아하! ① 독립협회에 해당한다. ②, ④ 광무개혁에 해당한다. ③ 토지 균등 분배와 노비 문서 소각은 동학 농민군이 요구한 내용이다.

8. ④ 바로 정리 : 갑오·을미개혁과 광무개혁
제시된 자료를 분류해 보면 (가) 1897년 광무개혁 (나) 1894년 제2차 갑오개혁 (다) 1894년 제1차 갑오개혁 (라) 1895년 을미개혁이다. 개혁 순서는 (다)-(나)-(라)-(가)이다.

9. ④ 바로 정리 : 을미사변과 을미 의병
러시아가 일본이 차지한 요동을 반환하게 만든 사건은 1895년 삼국 간섭이고, 고종이 처소를 러시아 공사관으로 옮긴 것은 1896년 아관 파천이다. (가)는 명성 황후가 친러 정책으로 일본을 견제하자, 일본이 명성 황후를 시해한 을미사변과 을미개혁이 있었던 시기이다. 유생들은 을미사변과 을미개혁에 반발하여 의병을 일으켰다. 아하! ㄱ. 국외 중립 선언은 러일 전쟁 직전의 일이다. ㄷ. 동학 농민 운동 1차 봉기 때의 일이다.

10. ③ 바로 정리 : 독립 협회의 활동
자주 국권, 자강 개혁, 자유 민권은 독립 협회가 추구했던 운동 방향이다. 독립 협회는 이를 위해 강연회, 토론회 등을 통해 국민 계몽 활동을 펼쳤고, 우리나라 최초 근대적 대중 집회인 만민 공동회를 개최하여 국권 수호 운동을 했다. 특히 만민 공동회에 정부 관료들을 참여시킨 관민 공동회에서는 헌의 6조를 채택하여 의회 설립을 주장했고, 이에 고종은 의회식 중추원 관제를 제정·공포했다. 아하! ① 보안회 ② 대한 자강회 ④ 1920년대 민립 대학 설립 운동 ⑤ 신민회

11. ⑤ 바로 정리 : 을미사변
삼국 간섭으로 러시아가 동북아시아에서 영향력을 강화하자, 명성 황후는 러시아를 이용하여 일본의 간섭으로부터 벗어나고자 했다. 이에 일본은 조선에서 약화된 영향력을 만회하고자 명성 황후를 시해하는 만행을 저질렀다. 아하! 갑 : 동학 제2차 봉기의 계기는 일제의 경복궁 점령이다. 을 : 임오군란으로 인해 대원군이 잠시 재집권하면서 개화 정책이 중단되었다.

12. ② 바로 정리 : 을미개혁
중앙군인 친위대와 지방군인 진위대를 설치한 것으로 볼 때, 제시된 자료는 을미개혁을 의미한다. 을미개혁과 청일 전쟁 승리 이후 일본이 강요한 개혁은 건양이라는 연호를 사용하고, 태양력을 사용하게 한 것이다. 관립 소학교 설립, 단발령 시행도 모두 을미개혁 때의 일이다. 아하! ① 도량형 통일은 제1차 갑오개혁 ③ 지방관 권한 축소는 제2차 갑오개혁 ④ 은 본위 화폐 제도는 제1차 갑오개혁 ⑤ 8아문을 7부로 바꾼 것은 제2차 갑오개혁

13. ④ 바로 정리 : 광무개혁
제시된 기사의 내용처럼 1897년 자주국임을 선포한 대한 제국의 개혁은 광무개혁이다. 광무개혁은 구본신참이라는 개혁의 방향에 따라 점진적인 개혁을 추구하였고, 근대적 토지 소유 증서인 지계를 발급하였다. 아하! ㄱ, ㄷ 모두 홍범 14조를 반포한 제2차 갑오개혁 때의 개혁 내용이다.

14. ④ 바로 정리 : 대한 제국과 광무개혁
제시된 사진은 고종과 고종이 황제로 즉위한 원구단(환구단)으로, 대한 제국 선포와 광무개혁을 상징한다. 대한 제국은 만국 공법에 의거하여 자주국임을 선포했고 열강들로부터 자주국임을 승인받았다. 전제 군주제를 표방하며 원수부를 설치했다. 아하! ④ 교육입국 조서는 제2차 갑오개혁 직후 박영효의 건의에 따라 고종이 선포한 것이다.

15. ④ 바로 정리 : 대한 제국 선포
철종 때까지 조선의 왕릉 구조는 정자각이었는데, 고종과 순종의 능은 명나라 황제릉 양식인 일자각이다. 이렇게 바뀐 이유는 대한 제국 선포로 고종이 왕에서 황제로 격상되었기 때문이다. 따라서 원구단에서 하늘에 제사를 지내고 국호를 대한 제국으로 선포한 것이 무덤 양식 변화의 결정적인 이유라고 할 수 있다. 아하! ① 독립 협회 ② 제2차 갑오개혁

16. ③ 바로 정리 : 아관 파천 이후의 정세
제시된 이 계획은 고종의 처소를 러시아 공사관으로 옮긴 아관 파천이다. 아관 파천은 조선의 자주성을 크게 손상시키고 경제적으로 열강들에게 많은 이권을 침탈당한 사건이다. 아관 파천으로 친일 내각이 붕괴되고 친러 내각이 수립되었는데, 이 과정에서 총리대신 김홍집이 군중에게 살해되었다. 프랑스가 경의철도 부설권을 얻은 시기는 아관 파천 직후인 1896년이다. 아하! ㄱ. 거문도 사건은 1885년 사건으로, 1896년 아관 파천과는 직접적인 관련이 없다. ㄹ. 고종이 미국에 헐버트를 파견한 것은 1905년 을사조약 직후의 일이다.

17. ④ 바로 정리 : 대한 제국의 정책
제시된 자료는 대한 제국의 헌법인 대한국 국제 중 일부이다. 고종은 구본신참이라는 기조를 바탕으로 광무개혁을 실시하여 근대적 토지 소유권 제도인 지계 발급, 상공업 장려 정책, 근대 문물 수용을 위한 학교 설립 등을 실시했다. 간도와 독도에도 관심을 갖고 간도에는 이범윤을 파견했으며, 독도를 지키기 위해 칙령 41호를 발표하여 울릉도를 군으로 승격시키고 독도를 관할하도록 했다. 아하! 내용상 황제에게 법률 제정, 집행, 조약 체결 등의 모든 권리가 집중되어 있는 것으로 볼 때, 입법·사법·행정권이 황제에게 집중된 전제 군주정임을 알 수 있다.

18. ③ 바로 정리 : 항일 의병 운동의 전개
제시된 자료에 '국모의 원수, 머리털을 풀 베듯이'라는 표현이 있는 것으로 보아 을미 의병의 격문임을 알 수 있다. 을미 의병은 을미사변과 을미개혁에 대한 반발로 유생들을 중심으로 일어났으나 국왕이 단발령을 철회하고 해산 권고 조칙을 내리자 자진 해산했다. 아하! ㄱ. 을사 의병에서 처음으로 평민 출신 의병장이 등장했다. ㄹ. 해산 군인이 가담한 의병은 정미 의병이다.

19. ⑤ 바로 정리 : 항일 의병 운동의 전개
광무 11년, 즉 1907년에 활약한 의병이므로 정미 의병이다. 정미 의병은 해산 군인들이 가담하면서 전투력이 강화되고, 국권 회복 투쟁도 더욱 치열하게 전개되었다. 의병 전쟁이 확산되면서 의병 간 연합 전선을 모색하기도 했다. 이에 양반 의병장을 중심으로 13도 연합 의병 부대, 즉 13도 창의군이 결성되었다. 이들은 이인영을 총대장으로 추대하고 경기도 양주에 집결하여 서울 진공 작전을 펼치는 한편, 각국 영사관에 서신을 보내어 자신들을 국제법상 교전 단체로 인정해 줄 것을 요구했다. 아하! ①, ④ 을미 의병 ②, ③ 을사 의병

20. ③ 바로 정리 : 서북 학회의 활동
평안도, 황해도, 함경도 출신들로 이루어진 학회라는 점과 서우와 한북이 합쳐진 학회라는 점으로 볼 때 서북 학회임을 알 수 있다. 서북 학회는 안창호, 이동휘, 유동열 등이 주도했고 〈서북학회월보〉를 간행했다. 아하! ① 국채 보상 운동 단체 ② 을미 의병 ④ 독립 협회 ⑤ 대한 자강회

21. ④ 바로 정리 : 애국 계몽 운동의 전개
'대한자강회보'라는 명칭으로 볼 때, 이 단체는 대한 자강회이다. 대한 자강회는 헌정 연구회를 모체로 1906년에 결성되었고, 교육과 산업 육성을 통한 애국 계몽 운동과 국권 회복 운동을 펼쳤다. 1907년 고종의 강제 퇴위에 항의하다가 통감부에 의해 강제 해산되었다.

22. ④ 바로 정리 : 신민회의 활동
국내에서는 사회·경제적 실력 양성 운동을 하고 국외에서는 독립운동 기지를 건설하여 무장 투쟁을 준비했던 단체는 신민회이다. 신민회는 비밀 결사로 국권 회복과 공화정체 국민 국가 건설을 지향했고, 교육과 산업 육성을 위해 오산 학교, 대성 학교, 평양 자기 회사, 태극 서관 등을 설립했다. 아하! ④ 친일 단체로 전락한 애국 계몽 운동 단체는 대한 협회이다.

23. ② 바로 정리 : 일제의 국권 피탈
헐버트가 고종의 특사로 미국에 파견된 이유는 을사조약의 부당성을 알리기 위해서이다. 을사조약은 보호국이라는 명목으로 대한 제국의 외교권을 빼앗아 갔고 통감부를 설치하여 한국의 식민지화를 준비한 조약이었다. 아하! ① 1907년 한일 신협약(정미 7조약) ③ 1909년 기유각서 ④ 1904년 한일 의정서 ⑤ 1904년 제1차 한일 협약(재정 및 외교 고문 용빙에 관한 한일 각서)

24. ③ 바로 정리 : 간도 협약
일본 정부와 청국 정부가 한국과 청나라의 국경을 두만강으로 확정한 협약은 1909년 간도 협약이다. 19세기 후반 백두산정계비의 '동위토문(東爲土門)'을 한국은 토문강으로 청나라는 두만강으로 해석하여 간도 지역에 영토 분쟁이 발생하였다. 그 때문에 대한 제국 시기에 이범윤을 간도 관리사로 파견하고 간도를 함경도로 편입하였다. 그러나 을사조약으로 불법적으로 한국의 외교권을 강탈했던 일본이 안봉선 철도 부설권을 얻는 조건으로 청나라의 편을 들어 청의 간도 영유권을 인정했다. 따라서 (가)에 해당하는 지역은 간도이다. 아하! ㄱ. 안용복은 일본으로부터 독도가 우리 땅임을 확인한 인물이다. ㄹ. 한일 의정서를 통해 강제로 약탈한 영토는 독도다.

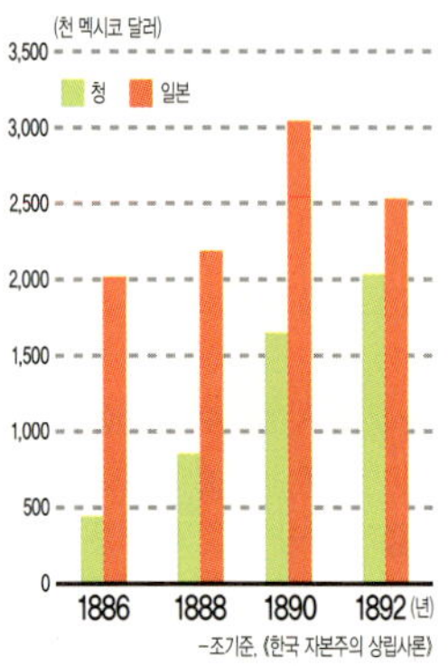

개항 이후 무역의 변화(수입액)

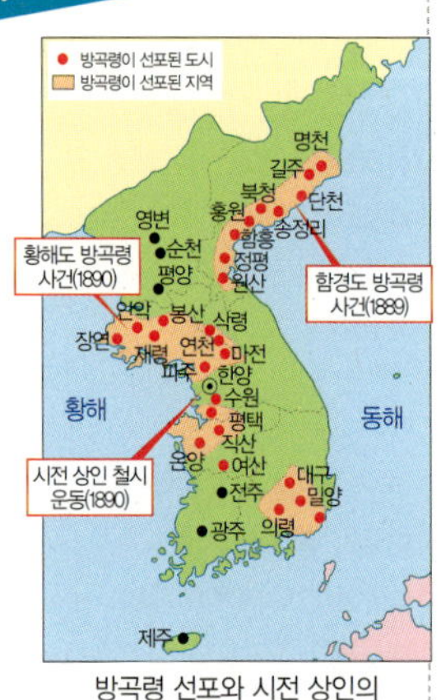

방곡령 선포와 시전 상인의
철시 운동

핵심주제 01 열강의 경제적 침탈

거류지 무역	• 외국 상인의 활동 범위를 개항장 10리로 제한(거류지 무역) → 국내 상인(보부상, 객주, 여각)이 중계 무역으로 부 축적　개항장 외국인이 있는 지역(거류지)에서 이루어지는 무역 형태. 개항장 밖으로 나갈 수 없는 외국 상인을 대신해 국내 상인이 내륙으로 판매하면서 부를 축적하였어(중계 무역). • 일본 상인이 약탈 무역, 치외 법권, 일본 화폐 사용, 무관세 무역 등의 혜택으로 성장　일본은 불평등 조약을 바탕으로 조선의 쌀, 콩 등을 가져갔어. • 수입 : 영국산 면제품(국내 면직물 산업에 타격) • 수출 : 쇠가죽, 곡물(쌀, 콩)이 일본으로 반출(곡물 가격 폭등)
외국 상인의 내륙 진출	• 임오군란 직후 청의 영향력 강화 → 조청 상민 수륙 무역 장정(1882) 체결 → 청 상인의 내륙 진출 허용(최혜국 대우를 내세워 다른 나라 상인도 내륙 진출) → 국내 상인에 큰 타격 • 청의 지원 속에 청나라 상인의 성장 → 조선 상권을 두고 기존의 일본 상인과 상권 경쟁 심화(청일 전쟁의 배경) → 청일 전쟁 이후 일본이 조선 무역 독점
조일 통상 장정 개정(1883)	낮은 관세 설정, 최혜국 대우 조항 삽입, 방곡령 선포 한 달 전에 미리 통보해야 하는 규정 마련
이권 침탈	아관 파천 이후 열강의 이권 침탈 심화
토지 약탈	러일 전쟁 전후 일본이 군용지 명목으로 토지 약탈
화폐 정리 사업	• 재정 고문 메가타를 중심으로 화폐 정리 사업(1905) 추진 → 상평통보와 백동화를 일본제일은행권으로 교환 → 조선인 은행과 상공업자 몰락 제1차 한일 협약으로 임명된 대한 제국의 일본인 재정 고문 • 차관 제공으로 경제적 예속 심화

핵심주제 02 경제적 구국 운동의 전개

상권 수호 운동	• 외국 상인의 내륙 진출에 대항하여 객주 등 국내 상인이 상회사 설립 개항장에 설립된 객주 동업 조합 • 시전 상인이 철시를 통해 상권 수호 운동 전개, 황국 중앙 총상회(1898) 조직
방곡령 선포	• 배경 : 일본으로 조선 곡물이 대량 유출되어 곡물 가격 급등 • 조일 통상 장정 규정에 따라 방곡령 선포(1889, 함경도) 관찰사 조병식이 함경도 밖으로 곡물 유출을 금지시켰어. • 일본이 한 달 전 통보 규정을 구실로 항의, 배상금 지불하고 방곡령 철회
경제 자주권 수호 운동	• 독립 협회의 이권 수호 운동(러시아의 절영도 조차 저지) 현재의 부산 영도 • 보안회(1904)의 일본 황무지 개간권 요구 저지(농광회사 설립) 조선 정부가 직접 황무지를 개간하기 위해 세운 회사
국채 보상 운동	일본의 빚을 갚자는 국채 보상 운동(1907)이 대구에서 시작(서상돈) → 언론 기관과 계몽 단체의 지원, 금주·단연·가락지 모으기 등 모금 운동 → 통감부의 탄압으로 실패

핵심주제 03 민권 의식의 성장과 의식주의 변화

평등 사회로의 이행	갑신정변 때 급진 개화파의 인민 평등권 주장, 동학 농민 운동 때 폐정 개혁안의 노비 문서 소각, 갑오개혁 때 평등 사회의 제도적인 기틀 마련
근대적 사회의식의 확산	독립 협회의 만민 공동회, 애국 계몽 운동 단체의 근대 의식 전파, 항일 의병 활동에 평민과 천민 등이 참여, 여성의 사회 진출('여권통문', 찬양회 등) ← 한국 최초의 여성 단체 1898년 서울 양반 부인 수백 명이 여학교를 설립해야 한다고 주장한 글
의식주의 변화	신분에 따른 의복 구분 폐지, 서양식 복장, 커피와 홍차 보급, 서양식 건물 등장(1898년 명동 성당, 1910년 덕수궁 석조전)

핵심주제 04 근대 문물 및 시설의 도입

통신	전보 업무를 관장하는 관청 • **전신** : 서울 – 인천, 서울 – 의주 가설(1885), 전보사 설치 • **전화** : 서울 – 인천 처음 연결, 경운궁 가설(1898), 이후 서울 시내 민가에 가설, 1902년부터 시내 전화 업무 시작 • **우편** : 우정총국(1884), 을미개혁 때 우편 업무 재개, 만국 우편 연합에도 가입(1900)

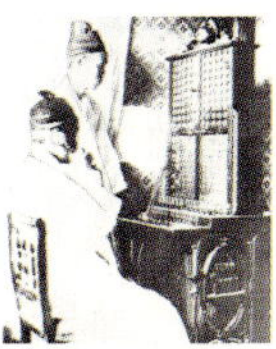

전화를 연결하는 교환수

우정총국

교통	• **전차** : 한성 전기 회사가 서대문 – 청량리 구간에 가설(1898) • **철도** : 1899년 경인선 개통(노량진 – 제물포), 러일 전쟁 중 군사적 목적으로 공사가 시작된 경부선(1905), 경의선(1906) 개통 └ 열강의 이권 침탈 경쟁 과정에서 부설이 진행됨

전차의 개통

경인선의 개통식

군용 철도 파괴 혐의로 처형되는 조선인

전기	• **전등** : 1887년 경복궁 건천궁에 최초로 가설 • **한성 전기 회사 설립(1898)** : 황실과 미국인 콜브란 합작, 전차 운영, 가로등 설치
의료	• **광혜원(제중원)** : 1885년 알렌이 세운 최초의 근대식 병원 • **세브란스 병원(1904)** : 개신교에서 설립 • **관립 병원** : 광제원(1900), 대한 의원(1907, 중앙), 자혜 의원(1909, 지방)

2층 건물의 등장

명동 성당(1898, 고딕 양식)

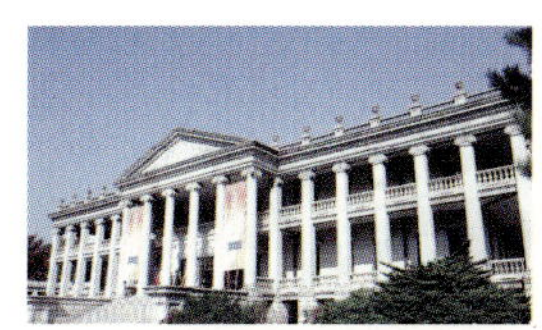

덕수궁 석조전(1910, 르네상스 양식)

기억하라! 자료

관민 공동회

만민 공동회의 의장은 시전 상인이었고, 백정 박성춘은 관민 공동회에서 연설을 하였다.

나는 대한의 가장 천한 사람이고 무지몰각합니다. 그러나 충군애국의 뜻은 대강 알고 있습니다. 이에 이국편민의 길인즉, 관민이 합심한 연후에야 가하다고 생각합니다. 저 차일에 비유하건대, 한 개의 장대로 받치면 역부족이나, 많은 장대를 합치면 그 힘이 공고합니다. 원컨대, 관민이 합심하여 우리 황제의 성덕에 보답하고, 국운이 만만세 이어지게 합시다.

– 백정 박성춘의 관민 공동회 연설문(1898)

기억하라! 신문

한성순보

독립신문

황성신문

제국신문

대한매일신보

핵심주제 05 근대 교육의 전개

근대 교육의 시작	• **원산 학사(1883)** : 함경도 덕원 주민 중심, **최초의 근대 교육 기관**(사립), 근대 학문과 외국어, 무술 교육 • **동문학(1883)** : 정부가 세운 영어 강습 기관 • **배재 학당(1885)** : 미국인 선교사가 세운 사립 학교 • **육영 공원(1886)** : 관립 학교, **양반 자제와 관리**를 학생으로 선발, **미국인 교사**(헐버트, 길모어 등)를 초빙하여 근대 학문 교육 • **연무 공원(1888)** : 미국인 교관을 초빙, 근대식 사관 학교
갑오개혁 시기	• 학무아문 설치, '**교육입국 조서**' 발표 　국가의 부강함이 교육에 달려 있다는 내용 • 소학교, 사범 학교, 외국어 학교 등 관립 학교 설립
대한 제국 시기	• 관립 **중학교** 설립 　최초의 중학교는 대한 제국 때 설립된 한성 중학교 • **광무 학교, 상공 학교** 등 각종 실업 학교 설립 • 신민회의 대성 학교(평양), 오산 학교(정주) 설립 • 민족주의 교육을 위한 사립 학교 설립 활성화(《유년필독》과 같은 민족주의적 성격의 교과서 사용) → **1908년 사립 학교령**을 통한 일제의 탄압

통감부는 1908년 사립 학교령을 발표하여
사립 학교의 설립과 운영을 통제했어.

핵심주제 06 언론 기관의 발달

(1) 근대 신문의 창간

	문체	특징
한성순보(1883)	한문	박문국에서 발간, 정부의 **개화 정책 홍보**(관보의 성격), 갑신정변 때 발행 중단
한성주보(1886)	국한문 혼용	〈한성순보〉를 복간해서 펴낸 정부의 관보, **최초의 상업 광고 게재**, 1주일 간격으로 발행, 경영난으로 폐간
독립신문(1896)	**한글+영문**	서재필, **최초의 민간 신문**, 국민 계몽에 기여
제국신문(1898)	**한글**	이종일, 민중 계몽, **서민층과 부녀자층이 주된 독자층**
황성신문(1898)	**국한문 혼용**	남궁억, 점진적 개혁 제시, **유생층이 주된 독자층**, 의병에 비판적, 장지연의 논설 '**시일야방성대곡**'(을사조약의 부당성 주장) 　을사조약의 불법성을 고발하고 을사 5적을 비난하였어.
대한매일신보 (1904)	한글판, 국한문판, 영문판	영국인 베델과 양기탁, 강력한 반일 논조로 폭넓은 지지, **의병 운동에 호의적**, 통감부의 탄압(베델을 추방하고 양기탁을 횡령 혐의로 구속) 러일 전쟁 취재 때문에 조선을 방문한 베델은 〈대한매일신보〉의 발행인으로 활동
만세보(1906)	국한문 혼용	손병희, **천도교 기관지**, 여성 교육과 여권 신장 관심, 1907년 폐간
경향신문(1906)	한글	천주교 기관지

(2) 국외의 신문 : 〈신한민보〉(미주), 〈해조신문〉(연해주)

(3) 일제의 언론 탄압 : 신문지법(1907)을 제정하여 반일 논조의 신문을 탄압, 1910년에는 한글 신문 모두 폐간

핵심주제 07 국학 연구

배경	• 을사조약 이후 국권 상실의 위기감 고조 • 민족의식 고취, 민족 문화 수호를 위해 국학 연구 활발
국사	• **계몽 사학** : 애국심 고취, 민중 계몽, 위인전, 외국 흥망사 저술 　민중 계몽이 주된 목적인 역사학 • **신채호** : 근대 민족주의 역사학의 연구 방향 제시, 《독사신론》·《이순신전》·《을지문덕전》 등 저술 　　　역사를 읽는 새로운 방법이라는 의미로 신채호는 이 글을 통해 역사 서술의 주체를 　　　민족으로 설정하고 화이론과 일제의 고대사 왜곡을 비판했어. • **박은식** : 최남선과 함께 조선 광문회 조직(민족 고전 정리) 　　　《춘향전》, 《동국통감》 등을 간행
국어	• **국한문체 보급** : 유길준의 《서유견문》 • **순 한글 신문 간행** : 〈독립신문〉, 〈제국신문〉 등 • **국문 연구소(1907)** : 정부 기관, 주시경·지석영, 국문 정리
문화	전형필 : 오세창의 지도, 일본으로 넘어간 문화재 수집(간송미술관에 소장)

신채호

주시경

나철

오기호

핵심주제 08 문예와 종교의 새 경향

(1) 문학, 예술계의 새로운 변화

문학	• 언문일치의 신소설(《혈의 누》, 《자유종》, 《금수회의록》), 신체시(최남선의 〈해에게서 소년에게〉), 　번역 문학(《성경》, 《천로역정》)　　　　　1908년 잡지 《소년》 창간호에 실린 신체시 • 근대 의식과 민족의식을 높이는 데 기여
음악	• **창가** : 우리말 가사에 서양 악곡(〈권학가〉, 〈학도가〉, 〈독립가〉) • **판소리** : 신재효가 판소리 6마당 정리
연극	• **창극** : 전통적인 판소리를 1인 1역의 공연 형태로 변화 • **신극** : 신소설을 각색하여 연극으로 공연, 1908년 최초의 서양식 극장 원각사에서 〈은세계〉, 　〈치악산〉 등을 공연

(2) 종교의 새 경향

개신교	서양 의술의 보급, 교육에 기여
천주교	고아원과 양로원 건립, 교육과 언론 활동
동학	• 동학 농민 운동의 실패로 약화 • 이용구가 친일 조직인 일진회로 동학을 흡수 시도 → 손병희가 동학을 천도교로 개명(동학의 　전통 계승, 〈만세보〉 발간)
대종교	• 나철·오기호 등이 단군 신앙을 발전시켜 창시 • 간도·연해주 등지의 해외 항일 운동(중광단, 북로 군정서) 　　　대종교 교인으로 이루어진 만주의 독립군 부대
유교	• 유학의 쇠퇴, 민중에 대한 영향력 감소 • 박은식의 유교구신론(양명학에 바탕을 둔 실천 유교 주장)
불교	일본 불교의 침투 → 한용운의 불교유신론(조선 불교의 자주성 회복, 미신적 요소 제거 주장)

금수회의록

1908년 안국선의 신소설로, 개화기 인간 사회와 인간의 행위에 대해 동물들의 입을 빌려 신랄하게 비판하는 내용이다. 특히 여우의 입을 통해 제국주의에 빌붙는 세력을 비판하였다.

상 중 하 21회

01 다음과 같은 수입량의 변화에 대한 설명으로 옳은 것은?

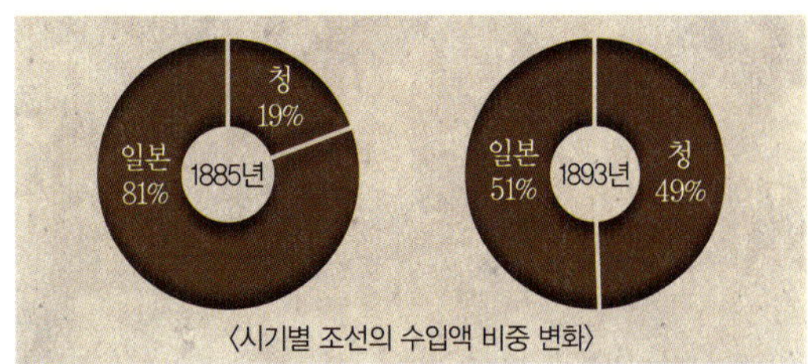

① 청나라 수입액이 증가한 것은 톈진 조약 때문이다.
② 조청 상민 수륙 무역 장정으로 거류지 무역이 확대되었다.
③ 청일 상인들의 경쟁으로 조선인 지주들이 몰락하게 되었다.
④ 청일 상인들의 경쟁으로 시전 상인들은 성장할 수 있었다.
⑤ 청일 상인들의 경쟁 속에서 조선의 면직물 산업은 타격을 입었다.

상 중 하 21회

02 자료와 관련된 정책에 대한 설명으로 옳은 것을 〈보기〉에서 고른 것은?

〈구 백동화 무효에 관한 고시〉

구 백동화는 지난 융희 2년 11월 말로써 일반 통용을 금지하고 다만 공납에 한하여 올해 12월 말까지 사용함을 허용하였으나, 내년 1월 1일부터는 결코 통용함을 금지할 터이니, 인민들은 가진 구 백동화를 올해 안으로 공납에만 사용하되 오히려 남은 것이 있거든 역시 본 기한 내로 매수함을 청구하여 의외의 손해를 당하지 않도록 조심함이 가함.

– 융희 3년 11월 1일

〈보기〉

ㄱ. 전환국 설치의 계기가 되었다.
ㄴ. 시행 직후 인플레이션이 발생하였다.
ㄷ. 재정 고문 메가타의 주도로 시행되었다.
ㄹ. 일제가 한국 금융과 재정을 장악하기 위한 정책이었다.

① ㄱ, ㄴ　　　　② ㄱ, ㄷ　　　　③ ㄴ, ㄷ
④ ㄴ, ㄹ　　　　⑤ ㄷ, ㄹ

상 중 하 18회

03 다음 자료에 나타난 시기의 경제 상황으로 옳지 <u>않은</u> 것은?

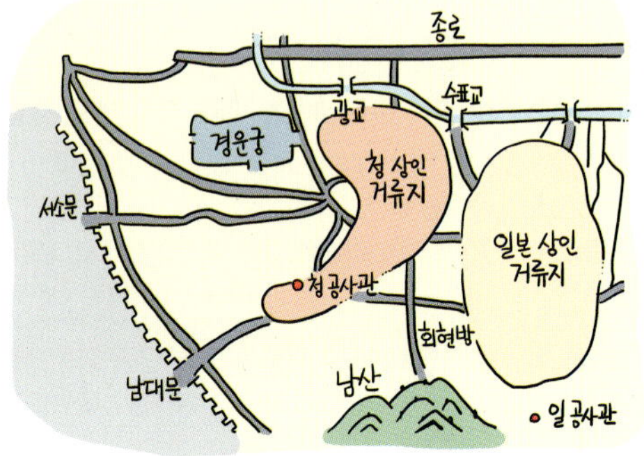

① 면직물을 생산하는 가내 수공업이 위축되었다.
② 조청 상민 수륙 무역 장정 체결 이후의 모습이다.
③ 객주, 여각 등 중간 상인들의 상권이 침탈당하였다.
④ 조선 상품의 수출보다 외국 상품 수입이 더 많았다.
⑤ 외국 상인 거류지가 넓어지면서 거류지 무역이 활성화되었다.

상 중 하 17회

04 다음 자료의 민족 운동에 대한 설명으로 옳지 <u>않은</u> 것은?

• 대저 2천만 중 여자가 1천만이요, 1천만 중에 가락지 있는 이가 반은 넘을 터이오니 가락지 매 쌍에 2원씩만 셈하고 보면 1천만 원이 여인 수중에 있다 할 수 있습니다.
• 우리 동경 유학생으로 말하더라도 근 800인이라. …… 우리는 일제히 담배를 끊어 국채를 1만분의 1이라도 갚고자 결심 동맹하였다.

① 평양에서 시작되어 전국적으로 확산되었다.
② 1997년 금 모으기 운동과 그 성격이 유사하다.
③ 대한매일신문의 주도로 모금 운동을 전개하였다.
④ 일제의 방해와 탄압으로 목표를 달성하지 못하였다.
⑤ 김광제, 서상돈 등이 발기인인 단체에서 시작되었다.

05 다음과 같은 이권이 열강에 넘어간 시기를 표에서 옳게 고른 것은?

1876	1882	1884	1894	1896	1905
(가)	(나)	(다)	(라)	(마)	
강화도 조약	임오군란	갑신정변	갑오개혁	아관 파천	을사조약

① (가)　　② (나)　　③ (다)　　④ (라)　　⑤ (마)

06 밑줄 친 '이들'과 관련된 설명으로 옳은 것은?

이들의 무리는 여러 곳을 부평초같이 떠돌아다니면서 그 삶을 도모하는 자들이다. 도로에 오랫동안 돌아다니며, 의식(衣食)을 팔방에서 얻는다. 두목을 선택하여 뽑고, 공원과 집사를 뽑아 술주정을 하거나 잡기에 물드는 폐단을 막는다. ─《임홍청금록》

지금 혜상공국을 설치함은 특별히 임금님께서 이들을 가엾게 보시고 보호하는 것이니 그 감사하고 축하함이 과연 어떠하리오. ─《혜상공국 절목》

① 관허 상인으로 금난전권을 행사하였다.
② 전국에 지점을 설치하여 활동 기반을 강화하였다.
③ 황국 협회를 중심으로 독립 협회 탄압에 앞장섰다.
④ 황국 중앙 총상회를 조직하여 상권 수호 운동을 전개하였다.
⑤ 외국 상인들의 내지통상 허용에 항의하여 철시 투쟁을 하였다.

07 다음 그림의 배경이 된 조약으로 옳은 것은?

① 톈진 조약　　　　　② 한성 조약
③ 제물포 조약　　　　④ 조청 상민 수륙 무역 장정
⑤ 조일 수호 조규

08 다음 이 회사의 설립과 가장 관련 깊은 단체에 관한 설명으로 옳은 것은?

1. 본사의 자본은 주식 금액으로 성립할 것.
2. 주주는 본국인만으로 허용할 것.
3. 주가는 1주에 50원으로 정하고, 5년간에 걸쳐 5원씩 총 10회 나누어 낼 것.
4. 본사는 국내의 진황지 개간 및 관개 사무와 산림·천택·식양·채벌 등의 사무 외에 금·은·동·철·석유 등의 각종 채굴 사무에 종사할 것.

① 고종의 강제 퇴위 반대 운동을 펼쳤다.
② 을사조약 체결 지지 선언을 발표하였다.
③ 일제의 황무지 개간권 요구를 좌절시켰다.
④ 민족주의 교육과 민족 산업 육성을 주장하였다.
⑤ 공화정에 바탕을 둔 근대 국민 국가 건설을 지향하였다.

상 중 하 19회

09 다음과 같은 집회를 주관한 단체가 펼쳤던 이권 수호 운동을 〈보기〉에서 옳게 고른 것은?

〈보기〉

ㄱ. 한러 은행을 폐쇄하는 데 성공하였다.
ㄴ. 프랑스의 광산 채굴 요구를 저지하였다.
ㄷ. 일본의 황무지 개간권 요구를 저지하였다.
ㄹ. 방곡령을 실시하여 곡식 수탈을 막아 내었다.

① ㄱ, ㄴ 　② ㄱ, ㄷ 　③ ㄴ, ㄷ
④ ㄴ, ㄹ 　⑤ ㄷ, ㄹ

상 중 하 13회

11 다음 선언문에 대한 설명으로 옳지 <u>않은</u> 것은?

> 슬프다! 돌이켜 전일을 생각하면 사나이의 위력으로 여편네를 누르려고 구설을 빙자하여 여자는 안에 있어 밖의 일을 말하지 않으며 오로지 밥하고 옷 짓는 것만 알라 하니 어찌하여 신체수족이목이 남자와 다름없는 한 가지 사람으로 깊은 방에 처하여 다만 밥과 술이나 지으리오. 도금에 구규를 진폐하고 신학을 시행함이 우리도 옛것을 버리고 새것을 따라 타국과 같이 여학교를 설치하고 각각 여아들을 보내어 각항 재주와 규칙과 행세하는 도리를 배워 일후에 남녀가 일반 사람이 되게 할 차.
> — 1898년 9월 1일

① 찬양회의 첫 공식 집회에서 낭독되었다.
② 장옷 안 쓰기, 가마 안 타기 운동 등을 펼쳤다.
③ 우리나라 최초의 근대적 여권 선언으로 평가된다.
④ 서울 북촌 양반 부인들이 뜻을 일으켜 발표하였다.
⑤ 우리나라에서 최초로 여학교가 세워지는 배경이 되었다.

상 중 하 14회

10 수업 시간 판서 내용이다. (가)~(마)에 들어갈 내용으로 옳지 <u>않은</u> 것은?

① (가) – 문벌 폐지, 인민 평등권 확립 주장
② (나) – 노비 문서 소각, 천인 차별 개선 주장
③ (다) – 문벌 타파 주장
④ (라) – 신체의 자유 주장
⑤ (라) – 신분제 폐지 주장

상 중 하 19회

12 다음 기사를 볼 수 있었던 시기의 사실로 옳은 것은?

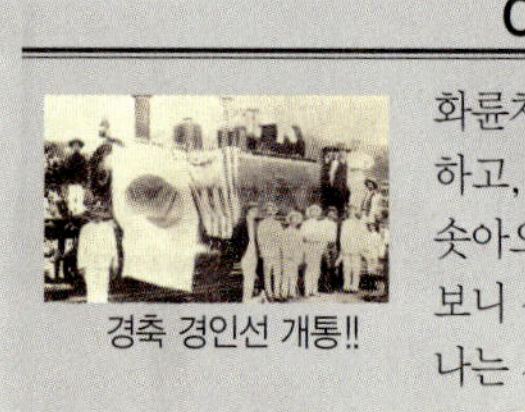

OO 신문 ○○○○년 ○○월 ○○일

화륜차 소리는 우레와 같아 천지가 진동하고, 기관차의 굴뚝 연기는 하늘 높이 솟아오르더라. 차창에 앉아서 밖을 내다보니 산천초목이 모두 움직이는 것 같고, 나는 새도 미처 따르지 못하더라.

경축 경인선 개통!!

① 경부철도가를 부르고 있는 악극단원들
② 배재 학당에서 수업을 받고 있는 학생들
③ 나운규의 아리랑을 보고 나오는 청춘 남녀
④ 시일야방성대곡을 읽으며 분노하는 시민들
⑤ 어린이날 기념 행사를 준비하는 천도교도들

13 (가) 시기에 있었던 역사적 사실을 〈보기〉에서 옳게 고른 것은?

최초의 우정총국 개국 ▶ (가) ▶ 전화 교환수 등장

〈보기〉

ㄱ. 광혜원이 문을 열었다.
ㄴ. 건천궁에 전등이 설치되었다.
ㄷ. 만국 우편 연합에 가입하였다.
ㄹ. 정동에 손탁 호텔이 신축되었다.

① ㄱ, ㄴ   ② ㄱ, ㄷ   ③ ㄴ, ㄷ
④ ㄴ, ㄹ   ⑤ ㄷ, ㄹ

15 다음 건축 완공 순서를 바르게 나열한 것은?

① (가) – (나) – (다) – (라)
② (가) – (나) – (라) – (다)
③ (나) – (가) – (다) – (라)
④ (나) – (가) – (라) – (다)
⑤ (라) – (가) – (나) – (다)

14 다음과 같은 장면을 목격할 수 있었던 시기에 서울에서 볼 수 있던 건축물이 <u>아닌</u> 것은?

①

②

③

④

⑤

16 다음 신문에 대한 설명으로 옳지 <u>않은</u> 것은?

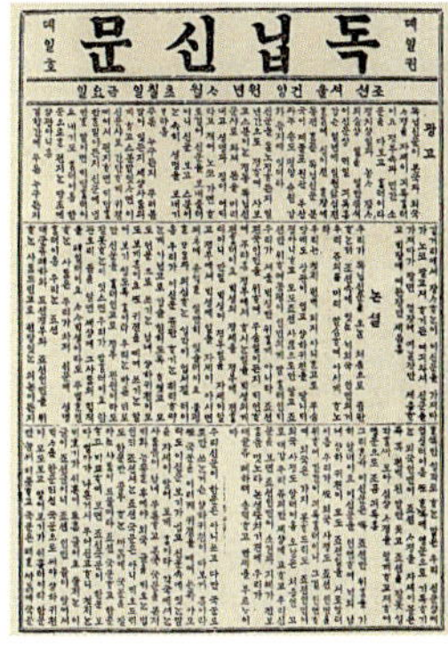

① 국민 계몽적인 성격이 강하였다.
② 독립 협회의 기관지로 발간되었다.
③ 우리나라 최초의 민간 신문이었다.
④ 한글과 영문 두 종류로 발간되었다.
⑤ 정부의 지원을 받아 창간할 수 있었다.

상 중 하 15회

17 (가), (나) 신문에 대한 설명으로 옳지 <u>않은</u> 것은?

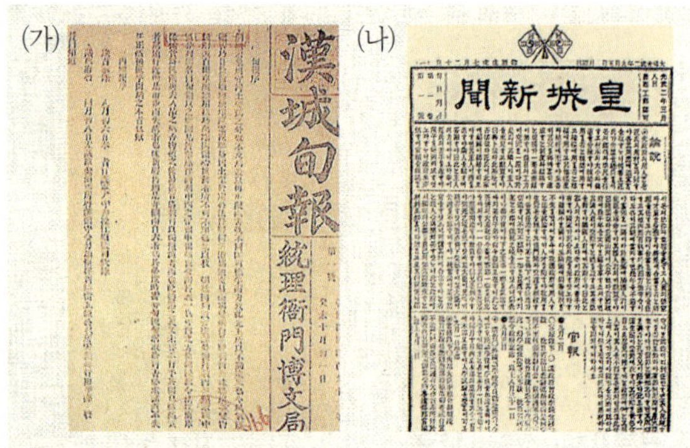

① (가) – 정부의 정책을 알리는 관보적 성격을 가졌다.
② (가) – 최초로 상업 광고(세창양행)가 실린 신문이었다.
③ (나) – 장지연의 시일야방성대곡을 실어서 유명하다.
④ (나) – 양반 지식인을 주 독자층으로 하는 국한문 혼용체
　　　　신문이다.
⑤ (가), (나) – 근대적인 지식 보급에 크게 이바지하였다.

상 중 하 15회

18 밑줄 친 '일개 외국인'에 대한 설명으로 옳은 것은?

나의 백 마디 말보다 신문의 일 필이 한국인을 감동케 하는 힘이
크다. 그중에도 일개 외국인의 신문이 일본 시책을 반대하고 한국
인을 선동함이 계속되고 끊임이 없으니 통감으로서 가장 힘든 일
이 아닐 수 없다.

① 최초의 서양식 병원인 광혜원을 설립하였다.
② 헤이그 만국 평화 회의에 특사로 파견되었다.
③ 배재 학당을 설립하여 근대 교육을 보급하였다.
④ 서재필 등과 함께 정부 지원으로 신문사를 창간하였다.
⑤ 양기탁과 함께 신문을 발행하고 민족의식을 고취시켰다.

상 중 하 12회

19 다음 신문에 대한 설명으로 옳은 것은?

• 1898년에 창간된 신문으로 초대 사장은 이종일이고 순 한글을
사용하였다.
• 하층민과 부녀자를 주된 독자층으로 삼았으며, 주로 법률 지식
과 풍속 개량을 통해 국민을 계몽하고자 하였다.

① 신문지법에 의해 탄압을 받았다.
② 항일 의병 운동을 자세히 보도하였다.
③ 손병희, 오세창 등이 주필로 참여하였다.
④ 박문국에서 간행하여 관보적 성격을 띠었다.
⑤ 국권 강탈 후 총독부의 기관지로 전락하였다.

상 중 하 9회

20 다음은 어느 신문의 창간사이다. 이 신문에 대한 설명으
로 옳은 것은?

(광무 2년 9월) 대황제 폐하께서 갑오중흥지회(甲午中興之會)를
만나서 자주독립하는 기초를 정립하시고 일신경장하시는 정령을
반포하실 새 특히 기자의 유전하신 문자와 선왕의 창조하신 문자
로 병행코저 하셔 공사문첩(公私文牒)을 국한문으로 혼용하라신
칙교를 내리시니 모든 벼슬아치가 이를 받들어 직책을 행하느라
분주하니 근일에 관보와 각 부군의 훈령지령과 각 군에 청원서
보고서가 이것이라. 본사에서도 신문을 확장하는 데 먼저 국한문
을 함께 사용하는 것은 전혀 대황제 폐하의 성칙을 따르는 것이
본의요. 그다음은 고문(古文)과 금문(今文)을 함께 전하고자 함이
로다.

① 천주교 기관지로 발행하였다.
② 영국인이 발행인으로 참여하였다.
③ 처음으로 상업 광고를 게재하였다.
④ 국권 침탈을 비판하는 글을 실었다.
⑤ 여성과 하층민을 주 독자층으로 삼았다.

21 다음은 어느 지역의 연표이다. 이 지역에서 있었던 사실로 옳은 것은?

연도	내용
고대	삼국 시대 미추홀이라 칭함
1018	고려 현종 9년 수주군으로 개칭
1096	고려 숙종 때 인주로 개편
1390	고려 공양왕 때 경원부로 개편
1392	조선 태조 원년 인주로 환원

① 일본과의 개시 무역과 후시 무역이 열렸다.
② 오페르트의 남연군 묘 도굴 사건이 있었다.
③ 우리나라 최초의 근대적 사립 학교가 세워졌다.
④ 국채 보상 운동이 전국에서 처음으로 일어났다.
⑤ 병자 수호 조규 이후 일본인 거류지가 만들어졌다.

22 다음 (가)와 (나) 사이 시기에 볼 수 있었던 모습으로 옳은 것은?

(가) 아관 파천 직후 제국주의 열강은 두만강 삼림 벌채권, 울릉도 삼림 벌채권, 경의선 부설권, 경인선 부설권, 운산 금광 채굴권 등 국가의 각종 이권을 침탈하였다.
(나) 독립 협회는 구국 선언 상소문을 국왕에게 올렸고, 열강의 이권 침탈에 반대하는 자주 국권 운동을 전개하였다.

① 원각사에서 은세계를 관람하는 학생
② 기차를 타고 인천으로 가고 있는 여성
③ 한성 사범 학교에서 수업을 하는 선생님
④ 금수회의록을 읽고 독후감을 쓰는 학생
⑤ 고종 황제의 강제 퇴위에 항의하는 단체

23 밑줄 친 '종교'에 관한 사실을 〈보기〉에서 고른 것은?

1909년 나철은 동지 오기호 등 10명과 함께 '단군대황조신위(檀君大皇祖神位)'를 모시고 '단군교포명서(檀君敎佈明書)'를 공포함으로써 국조 단군을 숭앙하는 '종교'를 창시하였다. 포교한 지 1년 만에 교도 수는 2만여 명으로 늘었고, 교명을 개칭하였다. 1916년 나철이 죽자, 제2대 교주로 김교헌이 취임하였다.

〈보기〉

ㄱ. 무장 조직으로 중광단을 조직하였다.
ㄴ. 민중 계몽을 위해 만세보를 발행하였다.
ㄷ. 한일 병합 후 총본사를 간도로 옮겨 활동하였다.
ㄹ. 간척 사업을 추진하고 새생활 운동을 전개하였다.

① ㄱ, ㄴ   ② ㄱ, ㄷ   ③ ㄴ, ㄷ
④ ㄴ, ㄹ   ⑤ ㄷ, ㄹ

24 다음과 같이 주장한 인물의 활동 〈보기〉에서 옳게 고른 것은?

무릇 동양의 수천 년 교화계(敎化界)에서 바르고 순수하며 광대 정미하여 많은 성인이 뒤를 이어 전하고 많은 현인이 강명(講明)하는 유교가 끝내 인도의 불교와 서양의 기독교와 같이 세계에 대 발전을 하지 못함은 어째서이며, 근세에 이르러 침체 부진이 극도에 달하여 거의 회복할 가망이 없는 것은 무슨 까닭이뇨. …… 그 원인을 탐구하여 말류(末流)를 추측하니 유교계에 3대 문제가 있는지라. 그 3대 문제에 대하여 개량(改良) 구신(求新)을 하지 않으면 우리 유교는 흥왕할 수가 없을 것이며 …… 여기에 감히 외람됨을 무릅쓰고 3대 문제를 들어서 개량 구신의 의견을 바치노라.
– 서북 학회 월보

〈보기〉

ㄱ. 민족지인 만세보를 발행하였다.
ㄴ. 대동사상을 핵심으로 대동교를 창건하였다.
ㄷ. 황성신문의 주필로 민중 계몽 운동에 나섰다.
ㄹ. 독사신론을 저술하여 역사학의 방향을 제시하였다.

① ㄱ, ㄴ   ② ㄱ, ㄷ   ③ ㄴ, ㄷ
④ ㄴ, ㄹ   ⑤ ㄷ, ㄹ

1. ⑤ 2. ⑤ 3. ⑤ 4. ① 5. ⑤ 6. ③ 7. ④ 8. ③ 9. ① 10. ⑤ 11. ⑤ 12. ② 13. ① 14. ③ 15. ④ 16. ② 17. ② 18. ⑤ 19. ① 20. ④ 21. ⑤ 22. ③ 23. ② 24. ③

1. ⑤ 바로 정리 : 청일 상인들의 상권 경쟁
1882년 임오군란 직후 체결된 조청 상민 수륙 무역 장정과 1883년 조일 통상 장정 개정으로 조선 내에 청일 간 상권 경쟁이 치열해졌다. 이 두 조약으로 외국 상인들의 내지 통상이 허용되면서, 거류지 무역은 쇠퇴하고 서울 시전 상인들의 상권마저 위협을 받게 되었다. 특히 청일 상인들에 의해 면직물이 수입되면서 국내 면직물 산업은 직접적인 타격을 받았다. 아하! ① 청나라 무역이 성장할 수 있었던 것은 조청 상민 수륙 무역 장정 때문이다. ②조청 상민 수륙 무역 장정 이후 외국 상인의 국내 진출이 가능해졌다. ③ 일본 상인들의 쌀 수입으로 조선인 지주들이 이익을 얻을 수 있었다. ④ 청일 상인들의 경쟁으로 국내 상인들은 타격을 받았다.

2. ⑤ 바로 정리 : 화폐 정리 사업
제시된 자료에서 구 화폐 백동화를 사용하지 못하게 하는 것으로 볼 때, 1905년 일본인 재정고문 메가타가 주도하여 실시한 화폐 정리 사업이다. 화폐 정리 사업은 일제가 한국을 경제적으로 예속시키기 위해 실시한 정책이다. 아하! 구 화폐 사용이 중단되고 신 화폐가 사용될 경우, 신 화폐가 완전히 보급될 때까지 시중에 통화량이 부족해지는 디플레이션이 일어나는 것이 일반적인 현상이다.

3. ⑤ 바로 정리 : 청 상인과 일본 상인의 상권 경쟁
청 상인과 일본 상인이 한양 도성 안에서 경쟁하는 구도로 볼 때, 제시된 자료는 1883년 이후의 지도이다. 임오군란 이후 청 상인이 조청 상민 수륙 무역 장정을 통해 내지 통상권을 얻었고, 이후 체결된 일본과의 조일 통상 장정 개정안에서 최혜국 대우가 보장되면서 서울에서 청 상인과 일본 상인의 상권 경쟁이 심화되었다. 아하! ⑤ 일본 상인들에게 거류지 제한이 없어지면서 조선과 일본 상인 간 중계 무역인 거류지 무역은 쇠퇴할 수밖에 없었다.

4. ① 바로 정리 : 국채 보상 운동의 전개
제시문에 담배를 끊어서 국채를 갚자는 표현이 있는 것으로 보아 국채 보상 운동임을 알 수 있다. 국채 보상 운동은 1907년 대구에서 김광제, 서상돈 등에 의해 시작된 한말 대표적 경제 구국 운동이다. 이와 유사한 운동으로 일제 강점기 물산 장려 운동과 IMF 때 금 모으기 운동을 꼽을 수 있다. 아하! ① 평양에서 시작된 대표적인 경제 구국 운동은 물산 장려 운동이다.

5. ⑤ 바로 정리 : 아관 파천 이후 열강의 이권 침탈
제시된 지도는 열강의 이권 침탈을 표기한 것이다. 열강의 이권 침탈은 열강의 세력 균형을 이용하여 독립을 유지하고자 시행했던 시기, 즉 고종이 거처를 러시아 공사관으로 옮겼던 아관 파천 이후부터 본격적으로 나타나기 시작했다.

6. ③ 바로 정리 : 보부상의 활동
부평초같이 떠돌아다니는 사람들이고 혜상공국이 설치되어 이들을 보호한다는 점으로 볼 때 보부상임을 유추해 볼 수 있다. 고종은 이들 보부상을 이

용하여 황국 협회라는 어용 단체를 만들어 독립 협회를 탄압하는 데 이용했다. 아하! ① 시전 상인에 해당한다. ② 전국에 지점을 설치한 상인은 개성의 송상이다. ④, ⑤ 모두 시전 상인에 관한 설명이다.

7. ④ 바로 정리 : 청일 상인의 상권 경쟁
개항장에서 내륙 장시로 상권이 확대되고 청 상인과 일본 상인 간 경쟁이 치열해진 것을 볼 때 외국 상인에게 내지 통상이 허용된 시점 이후라고 볼 수 있다. 외국 상인에게 내지 통상이 허용된 것은 임오군란 이후 청의 내정 간섭이 강화된 상태에서 체결된 조청 상민 수륙 무역 이후다. 그 후 조일 통상 장정의 개정과 서양 열강과의 조약 체결에서 상대국에 대한 최혜국 대우가 보장되면서 조선의 내륙 시장은 개방되고 말았다.

8. ③ 바로 정리 : 애국 계몽 단체의 활동
진황지 개간, 즉 황무지 개간과 채벌, 채굴 사무를 표방하는 이 회사는 농광회사이다. 농광회사는 일제의 황무지 개간권 요구를 저지시킨 보안회가 1904년 황무지를 우리 손으로 개간할 것을 주장하면서 만든 회사이다. 아하! ① 고종의 강제 퇴위 반대 운동을 펼치다 해산된 단체는 대한 자강회이다. ② 을사조약 체결 지지 선언을 발표한 것은 일진회이다. ④, ⑤는 신민회에 관한 설명이다.

9. ① 바로 정리 : 독립 협회의 이권 수호 운동
제시된 그림은 독립 협회가 주관한 관민 공동회의 한 장면이다. 독립 협회는 다양한 토론회, 강연회를 열어 외세의 이권 침탈을 저지하는 이권 수호 운동을 펼쳤다. 특히 대규모 군중 집회인 만민 공동회를 개최하여 반러 운동을 전개해 나가면서, 러시아의 절영도 조차 요구와 한러 은행 설치 등을 좌절시켰고, 프랑스와 독일의 광산 채굴권 요구도 저지시켰다. 아하! ㄷ. 황무지 개간권 요구를 저지시킨 단체는 보안회이다. ㄹ. 방곡령은 함경도 관찰사 조병식이 1889년에, 황해도 관찰사 한장석이 1890년에 선포했으나 일본 측의 항의로 오히려 조선 정부가 배상했다.

10. ⑤ 바로 정리 : 근대적 사상의 등장
갑신정변과 동학 농민 운동의 공통적인 요구 사항은 신분제 타파이다. 갑오개혁은 이러한 갑신정변과 동학 농민 운동의 요구들을 수용하여 법적으로 신분제를 철폐했다. 아하! ⑤ 독립 협회가 활동한 시기, 즉 1896년에는 이미 법적으로 신분제가 철폐된 상태였다.

11. ⑤ 바로 정리 : 찬양회와 '여권통문'
제시된 자료는 '여권통문'으로, 1898년에 찬양회에서 발표한 우리나라 최초의 여성 인권 선언이다. 찬양회는 북촌 양반 부인들 400여 명이 설립한 우리나라 최초의 여성 운동 단체로 여성의 권익 신장과 개화 운동을 주도했다. 아하! ⑤ 찬양회가 세운 순성 여학교(1899년)는 한국이 세운 최초의 여학교이지만, 우리나라 최초는 아니다. 우리나라 최초의 여학교는 1886년 미국인 선교사 스크랜튼이 세운 이화 학당이다.

12. ② 바로 정리 : 근대 문물의 수용
제시된 자료는 〈독립신문〉에 실린 경인선 개통식 기사와 관련된 사진이다. 경인선은 처음에는 미국이 건설하기 시작했으나 일본이 넘겨받아 1899년에 완공했다. 한편 배재 학당은 기독교 선교사 아펜젤러가 1885년에 설립했다.

아하! ① 경부 철도는 1905년 개통되었다. ③ 나운규의 〈아리랑〉은 1926년 개봉되었다. ④ '시일야방성대곡'은 1905년 〈황성신문〉에 게재된 논설이다. ⑤ 어린이날은 1923년 시작되었다.

13. ① 바로 정리 : 근대 과학 기술 문명의 도입
우정총국은 1884년에 만들어졌고, 전화 교환수가 등장한 것은 1898년 경운궁에 전화가 설치되면서부터이다. **아하!** ㄱ. 광혜원은 1885년에 세워졌다. ㄴ. 건청궁에 전등을 설치한 것은 1887년이다. ㄷ. 1900년에는 만국 우편 연합에 가입하여 외국과 우편물을 교환하게 되었다. ㄹ. 독일 여성 손탁이 세운 손탁 호텔은 1902년 지어졌으며, 서울의 외교 중심지 역할을 했다.

14. ③ 바로 정리 : 근대 건축
경복궁 근정전에 일장기가 걸려 있는 것으로 볼 때, 1910년 8월 체결된 한일 병합 조약임을 알 수 있다. ① 1908년 완공된 동양 척식 주식회사 경성 본부 ② 1896년 세워진 독립문 ④ 1897년 고종이 황제 즉위식을 했던 원구단 ⑤ 1898년 완공된 명동 성당 **아하!** ③ 조선 총독부는 1910년에 설치되었지만, 건물은 1920년에 완공되었다.

15. ④ 바로 정리 : 서울의 근대 건축물
(가) 명동 성당은 1898년 완공되었다. (나) 러시아 공사관은 1890년에 만들어졌다. (다) 덕수궁 석조전은 1910년 완공되었다. (라) 동양 척식 주식회사는 1908년에 경성 본부가 만들어졌다. 건축 순서는 (나) – (가) – (라) – (다)이다.

16. ② 바로 정리 : 〈독립신문〉 창간
1896년 서재필 등이 정부의 지원을 받아 창간한 최초의 민간 신문인 〈독립신문〉은 우리나라 인민들에게는 계몽을, 외국 인민들에게는 우리나라의 사정을 알리기 위해 한글과 영문 두 가지로 발간했다. **아하!** ② 독립 협회의 기관지는 〈대조선 독립 협회 회보〉이다.

17. ② 바로 정리 : 언론 기관의 발달
(가)는 우리나라 최초의 근대적인 신문인 〈한성순보〉이다. 〈한성순보〉는 정부 시책을 알리는 관보적 성격이 강하고 서양 문물에 대한 소개를 실어 근대적인 지식 보급에 기여했다. (나)는 〈황성신문〉으로 양반 지식인들을 대상으로 삼았다. 을사조약 때 장지연의 항일 논설인 '시일야방성대곡'이 실린 것으로 유명하다. **아하!** ② 독일계 회사인 세창양행 광고는, 1886년 〈한성주보〉에 처음 실린 최초의 상업 광고이다.

18. ⑤ 바로 정리 : 〈대한매일신보〉와 베델
제시된 자료는 이토 히로부미가 〈대한매일신보〉의 항일 논조에 대한 불만을 표현한 글이다. 〈대한매일신보〉는 양기탁 등 애국지사가 운영했으나, 영국인인 베델이 발행에 참여함으로써 일제의 검열을 피할 수 있었다. **아하!** ① 최초의 서양식 병원인 광혜원을 설립한 인물은 알렌이다. ② 헤이그 만국 평화 회의에 특사로 파견된 외국인은 헐버트이다. ③ 배재 학당을 설립한 인물은 아펜젤러이다. ④ 서재필 등과 함께 정부 지원으로 제작된 신문은 〈독립신문〉이다.

19. ① 바로 정리 : 대한 제국 시기의 신문들
제시된 자료에 초대 사장이 이종일이고, 주 독자층이 하층민과 부녀자이라

는 점을 통해 〈제국신문〉임을 알 수 있다. 〈제국신문〉은 〈황성신문〉과 함께 1910년까지 발간했는데, 1907년 신문지법에 의해 검열 등 탄압을 받았다. **아하!** ② 〈대한매일신보〉 ③ 〈만세보〉 ④ 〈한성순보〉 ⑤ 〈대한매일신보〉

20. ④ 바로 정리 : 언론 기관의 발달
황제에 대한 각별한 예의를 보이고, 국한문 혼용체를 사용한 것으로 볼 때, 양반 지식인을 대상으로 한 신문이라는 점을 유추할 수 있다. 양반 지식인들을 주 독자로 하는 신문은 〈황성신문〉이고, 〈황성신문〉은 장지연의 '시일야방성대곡'이라는 논설을 실어 국권 피탈을 비판했다. **아하!** ① 천주교 기관지는 〈경향신문〉 ② 영국인 베델이 참여한 신문은 〈대한매일신보〉 ③ 처음으로 상업 광고를 게재한 신문은 〈한성주보〉 ⑤ 여성과 하층민을 주 독자층으로 한 신문은 〈제국신문〉

21. ⑤ 바로 정리 : 근대 인천의 역사
제시된 연표에 미추홀과 인주라는 지명이 있는 것으로 보아, 인천 지역임을 알 수 있다. 인천은 강화도 조약 이후 개항된 3개 항구 중 하나이며, 일본인 거류지가 만들어진 곳이다. 고구려에서 비류가 내려와 도읍을 정한 곳이라고 알려져 있으며, 고려 때는 경원 이씨 집안의 본관으로 이자겸과 관련이 깊은 지역이다. **아하!** ① 부산 동래 왜관에 관한 설명 ② 남연군 묘 도굴 사건은 충남 덕산 ③ 최초의 근대적 사립 학교가 세워진 곳은 원산(덕원) ④ 국채 보상 운동이 시작된 곳은 대구이다.

22. ③ 바로 정리 : 근대 문물의 수용
아관 파천은 1896년이고, 구국 선언 상소문은 1898년의 일이다. 따라서 여기서 말하는 시기는 1896년에서 1898년까지를 말한다. 한성 사범 학교는 1895년 교육입국 조서에 입각하여 세워진 교사 양성 기관이다. **아하!** ① 원각사는 1908년 ② 경인선은 1899년 ④ 《금수회의록》은 1908년 ⑤ 고종 강제 퇴위는 1907년

23. ② 바로 정리 : 민족 종교인 대종교
대종교는 천도교와 함께 대표적인 민족 종교로, 5적 암살단을 조직했던 나철과 오기호가 1909년 단군 신앙을 체계화하여 세웠다. 한일 병합 이후 교단의 총본사를 간도 지방으로 옮겨 반일 운동을 전개해 나갔다. 특히 무장 조직으로 중광단을 조직했고, 이후 북로 군정서로 발전하여 청산리 전투에 참여했다. **아하!** ㄴ. 〈만세보〉는 천도교에서 발행했다. ㄹ. 새생활 운동을 추진한 것은 일제 강점기 원불교이다.

24. ③ 바로 정리 : 박은식과 유교구신론
유교가 구신을 하지 않으면 발전할 수 없다고 지적하는 표현으로 볼 때, 박은식의 유교구신론임을 알 수 있다. 박은식은 독립운동가, 유학자, 역사학자, 국어학자, 언론인으로 활동했다. 〈황성신문〉의 주필로 활약했고, 양명학에 영향을 받아 실천을 강조하는 유교, 즉 대동교를 창건했다. **아하!** ㄱ. 〈만세보〉는 천도교에서 간행한 신문으로, 손병희가 주도했다. ㄹ. 《독사신론》은 민족 사관에 기초가 된 신채호의 저서이다.

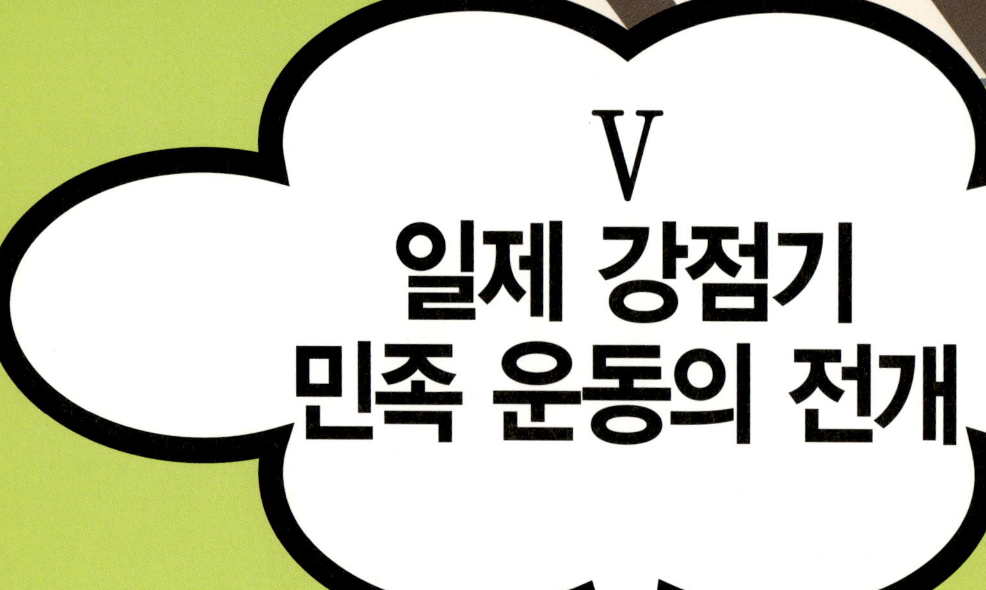

V
일제 강점기
민족 운동의 전개

핵심주제 01 일제의 침략과 국권 피탈

(1) 일제의 국권 침탈

한일 의정서	군사 거점 지역 임의로 사용, 일본의 동의 없이 제3국과 조약 체결 불가
제1차 한일 협약	외교와 재정 분야에 일본이 추천하는 고문 파견(스티븐스, 메가타)
제2차 한일 협약 (을사조약)	• 통감부 설치(1906. 2) → 통감의 내정 간섭 강화 • 5적 암살단 조직(나철, 오기호), '시일야방성대곡'(장지연, 〈황성신문〉), 자결(민영환, 조병세), 을사 의병
헤이그 특사 파견	이상설, 이준, 이위종 파견 → 고종의 강제 퇴위 계기가 됨
한일 신협약 (정미7조약)	일본인 차관 임명(→ 내정 장악), 군대 해산(1907) → 정미 의병
국권 피탈	한일 병합 조약(1910. 8. 29) : 조선 총독부 설치

핵심주제 02 1910년대 일제의 식민 통치

(1) 일제의 식민 통치 기구

조선 총독부	• 식민 통치 최고 기구, 일왕 직속 기구 • 총독 : 현역 대장 임명, 입법·행정·사법권, 군대 통수권 등 행사
중추원	명목상 총독부 자문 기구, 형식적으로 한국인도 참여

(2) 무단 통치(헌병 경찰 통치, 1910년대)

헌병 경찰 제도	• 헌병이 일반 경찰 업무와 행정 업무 담당 → 첩보 수집, 독립운동가 색출 • 범죄 즉결례, 경찰범 처벌 규칙, 태형 제도 부활(조선 태형령, 1912)
무단 통치 실시	• 보안법, 신문지법, 출판법 : 언론·집회·출판·결사의 자유 박탈 • 관리, 교원까지 칼을 차고 제복 착용, 105인 사건으로 신민회 탄압 • 우민화 교육 : 제1차 조선 교육령(1911)으로 일본인과 차별 교육 실시

충성스러운 제국 신민으로 만드는 것이 목표, 보통 교육과
실업 교육 위주, 한국인의 보통학교 수업 연한을 4년으로 제한했어.

(3) 1910년대 경제 수탈

① 토지 조사 사업(1912~1918)

목적	지세의 안정적 확보, 토지 수탈과 일본인의 토지 투자 증대
방법	토지 소유권자가 기한 내 총독부에 직접 신고, 증거주의 원칙
결과	• 토지 약탈 : 미신고 토지, 공공 기관 소유지, 소유자가 불분명한 토지를 총독부가 차지 (농경지의 40%) → 동양 척식 주식회사나 일본인 지주에게 헐값으로 불하 • 농민 몰락 : 지주의 소유권만 인정, 소작인의 관습적인 경작권(도지권) 박탈

② 산업과 자원 수탈

회사령 (1910)	• 목적 : 한국인의 회사 설립 억제와 민족 자본 성장 저지 • 내용 : 회사 설립 시 조선 총독의 허가를 받도록 함, 조선 총독이 회사 폐쇄 가능
기타	• 자원 침탈 : 삼림령(1911), 어업령(1911), 지세령(1914), 광업령(1915), 임야 조사령(1918) 등 제정 • 전매 사업 : 담배, 인삼, 소금 전매 → 재정 수입 확대, 민족 자본 성장 억제 • 금융·산업 침탈 : 한국은행을 조선은행으로 고침, 조선식산은행 설립 • 기간 시설 정비 : 철도(호남선·경원선)·도로, 항만 정비 → 자원 수탈에 이용

한일 의정서	1904. 2
제1차 한일 협약	1904. 8
가쓰라 · 태프트 밀약	1905. 7
제2차 영일 동맹	1905. 8
포츠머스 조약	1905. 9
제2차 한일 협약 (을사조약)	1905. 11
헤이그 특사 파견	1907. 6
한일신협약 (정미7조약)	1907. 7
국권 피탈	1910. 8

기억하라! 자료

제복을 입고 칼을 찬 교원들

태형 도구

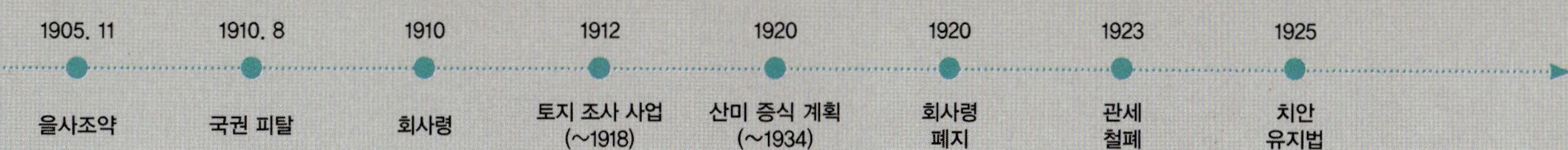

핵심주제 03 1920년대 일제의 식민 통치

(1) 1920년대 일제의 민족 분열 통치

① 문화 통치 표방

배경	3·1 운동으로 무단 통치의 한계 인식, 국제적 비난 여론 심화
목적	기만적 유인책으로 민족의 이간과 분열 도모 → 우리 민족의 항일 의식을 무마하고자 함

② 문화 통치의 내용과 실상

구분	표면적 내용	실제 내용
조선 총독	문관 총독 임명 가능	실제로는 군인 출신 총독만 임명(문관 출신 총독 임명된 적 없음)
경찰 제도	헌병 경찰을 보통 경찰로 전환	경찰 예산과 경찰관의 수 증가, 치안 유지법 제정(1925)
언론 정책	언론·집회·결사의 자유 부분 허용, 한글 신문(《조선일보》·《동아일보》) 발행 허가	검열 강화, 정간과 폐간 등 언론의 자유 무시
교육 정책	교육 기회 확대 선전(제2차 조선 교육령) → 보통학교 교육 연한 연장(6년), 대학 설립 규정 마련	초등 교육과 기술 분야의 교육만 확대, 한국인의 취학률 저조, 한국인 대학 설립 억제
지방 제도	도 평의회와 부·면 협의회 설치 표방	실권 없는 자문 기관에 불과, 친일파 양성 목적

③ 문화 통치의 본질

내용	친일파를 양성하여 민족 내부의 분열 조장
영향	일부 인사들은 일제와 타협하여 민족성 개조·자치 운동을 주장해 민족 운동 분열

(2) 1920년대 경제 수탈

① 산미 증식 계획(1920~1934)

배경	일본의 급속한 공업화 정책에 따른 도시화로 식량 부족 발생 → 1918년 일본에서 쌀 폭동 발생 → 부족한 쌀을 한국에서 확보하려는 목적
목표	1920년부터 15년간 920만 석 증산, 500만 석 수탈 계획 추진
방법	• 각지에 수리 조합 조직, 농지 확장(개간·간척 사업) • 토지 개량 사업(논의 비중 증대와 수리 시설 개선), 비료 공급 확대, 종자 개량
결과	• **국내 식량 사정 악화** : 수탈량 증가(증산 목표 실패, 수탈은 목표대로 진행) → 국내 식량 사정 악화 → 부족한 식량 보충을 위해 만주에서 잡곡 수입 • **농민 생활 악화** : 쌀 증산에 드는 비용(수리 조합비, 종자 개량비, 비료 대금), 고율의 소작료, 지세 등 부담 → 화전민이 되거나 도시 빈민 등으로 전락, 만주·연해주·일본 등으로 이주 • **식민지 지주제 강화** : 쌀 수출로 지주들 부 축적 → 농민의 곤궁한 처지를 이용하여 대농장 확대 → 농업 구조 변화(쌀 중심의 단작형 농업 구조 형성)

② 산업 무역 정책

회사령 철폐 (1920)	허가제에서 신고제로 완화 → 일본 기업의 진출을 지원하기 위한 목적
일본 상품의 관세 폐지(1923)	제1차 세계 대전 후 수출 시장 축소 → 다른 나라 상품에는 관세 부과, 일본 상품은 무관세, 일본 상품의 수입 증가 도모
신 은행령(1927)	한국인 소유 은행을 조선은행에 강제 합병 → 일제의 금융 지배 강화

기억하라! 자료

총독부의 검열로 기사가 삭제된 신문

기억하라! 표

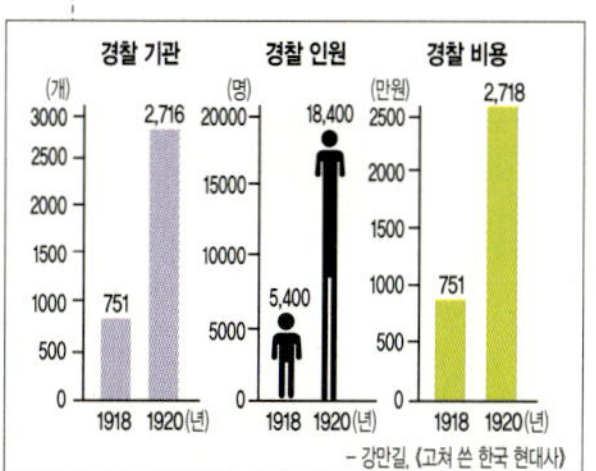

경찰력의 변화

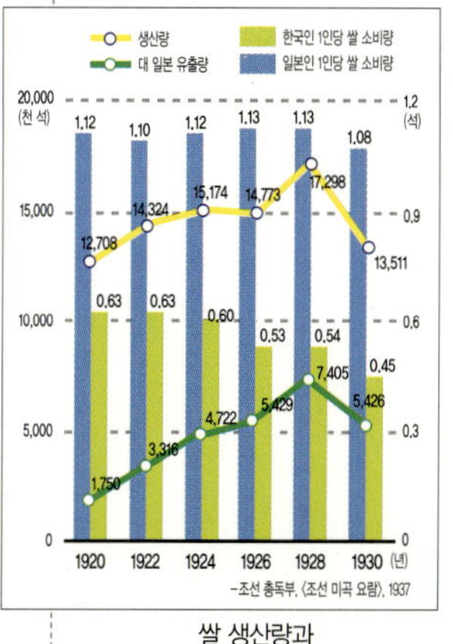

쌀 생산량과 일본으로의 유출량

국외 독립운동 기지

3·1 운동 당시 봉기 지역

대한민국 임시 정부의 통합과 이동 경로

핵심주제 04 1910년대 민족 운동

(1) 국내 비밀 결사 : 독립 의군부(1914, 복벽주의 표방), 대한 광복회(1915, 공화정 지향)

독립 후 왕조 국가로 다시 회복하려는 주의 / 국민에 의한 정부

(2) 국외 독립운동 기지 건설

지역	서간도	북간도	연해주	미주
기지	삼원보	명동, 용정, 밀산	신한촌	
자치 조직	경학사(부민단)	중광단	성명회, 권업회	대한인 국민회
교육 기관	신흥 무관 학교	서전서숙, 명동 학교	한민 학교	
독립군	서로 군정서군	북로 군정서군	대한 광복군 정부, 대한 국민 의회	대조선 국민군단

1914년에 결성, 대통령은 이상설, 부통령은 이동휘

(3) 3·1 운동

배경	민족자결주의, 대한 독립 선언서(1918, 만주), 2·8 독립 선언서(1919, 도쿄)
전개	•1단계 : 대도시 시위 시작, 종교계·학생 중심 •2단계 : 중소 도시로 전파, 동맹 휴학, 상인 철시, 노동자(파업) 동참 •3단계 : 농촌 지역으로 확산, 농민의 적극 참여, 무력 투쟁 전개 •4단계 : 국외로 확산, 만주·연해주·미주·일본 등지에서 만세 시위 동참
의의	대한민국 임시 정부 수립 계기, 일제의 통치 방식 변화

핵심주제 05 대한민국 임시 정부의 수립

(1) 임시 정부의 수립과 통합

배경	3·1 운동 이후 임시 정부의 필요성 대두
전개	•상하이의 임시 정부, 연해주의 대한 국민 의회, 서울의 한성 정부 등이 통합 논의 •통합 : 한성 정부 법통 계승 → 상하이에서 대한민국 임시 정부 출범(1919. 9)
체제	•삼권 분립의 민주 공화정 : 임시 의정원(입법), 법원(사법), 국무원(행정) •대통령 지도제(대통령제와 의원 내각제 절충) → 대통령 이승만, 국무총리 이동휘

(2) 대한민국 임시 정부의 활동

연통제, 교통국	독립운동 자금 모집, 국내 항일 세력들과의 연락망 구축 목적
독립운동 자금	이륭양행(만주), 백산 상회(부산)를 중심으로 군자금 모금, 애국 공채 발행, 국민 의연금 모금 → 연통제, 교통국을 통해 전달
무장 활동	•서간도에 직할 부대 설치(광복군 사령부, 광복군 총영), 육군 주만 참의부 •한국광복군 창설(1940), 한인 비행사 양성소 설치
외교 활동	파리 위원부 설치(파리 강화 회의에 김규식 파견), 제2인터내셔날 대회(만국 사회당 회의) 참가(조소앙), 구미 위원부 설치(이승만 중심)
기타 활동	한일 관계 사료집 간행, 〈독립신문〉 발행, 인성 학교, 삼일 중학 설립

각 도·군·면 단위별로 설치되어 임시 정부의 법령이나 문서 전달, 군자금 조달 등의 업무를 맡았어.

(3) 국민 대표 회의(1923)와 임시 정부의 변화

창조파 : 임시 정부 해체 주장 / 개조파 : 임시 정부 체제 개편 주장

국민 대표 회의	•배경 : 연통제·교통국 마비, 외교 활동 성과 미약 → 노선 갈등 심화 •경과 : 국민 대표 회의 개최 → 창조파와 개조파 대립 → 회의 결렬
임시 정부의 변화	•1925년 이승만 탄핵·파면, 박은식을 제2대 대통령으로 추대 •국무령제(1925) → 국무 위원 집단 지도 체제(1927) → 한인 애국단 조직(1931) •상하이 점령 이후 중국 국민당 정부를 따라다니다 충칭에 정착(1940)

핵심주제 06 학생 운동과 의열 투쟁

(1) 6·10 만세 운동(1926)

배경	순종의 서거, 일제의 경제 수탈과 민족 차별 교육, 사회주의 세력의 성장
전개	• 학생 단체와 사회주의 계열 각자 준비 → 사회주의 계열은 사전에 발각, 학생들 주도
의의	• 민족주의와 사회주의 계열의 대립 극복 계기 → 신간회 창립 • 학생 운동이 대중적 차원의 항일 민족 운동으로 발전

(2) 광주 학생 항일 운동(1929)

배경	일제의 민족 차별과 식민지 차별 교육, 학생들의 항일 의식 고조, 신간회의 활동
전개	광주에서 한일 학생 간 충돌 → 일본 경찰의 민족 차별적 조치 → 학생들의 시위와 시민 참여 → 신간회의 지원으로 전국 확산 → 만주와 일본 지역까지 확산
의의	학생과 시민이 합세한 3·1 운동 이후 최대 규모의 항일 민족 운동

(3) 의열단의 활동

결성	1919년 김원봉이 만주에서 결성, 조선 혁명 선언(1923, 신채호)을 행동 강령으로 함
활동	박재혁(1920, 부산 경찰서 투척), 김익상(1921, 조선 총독부 투척), 김상옥(1923, 종로 경찰서 투척), 김지섭(1924, 일본 황궁 투척), 나석주(1926, 동양 척식 주식회사 투척)
변화	개별적 폭력 투쟁 한계 인식 → 조직적 무장 투쟁 준비 → 황포 군관 학교 입교, 조선 혁명 간부 학교 설립, 조선 민족 혁명당(1935) 결성, 조선 의용대 창설(1938)

핵심주제 07 1920년대 국외 무장 독립 전쟁

(1) 봉오동 전투와 청산리 전투

봉오동 전투 (1920. 6)	• 참가 부대 : 대한 독립군(홍범도), 군무 도독부군, 국민회군 등 연합 부대 • 전개 : 독립군 본거지 봉오동을 기습해 온 일본군 격파(일본군 사망자 157명)
청산리 전투 (1920. 10)	• 참가 부대 : 북로 군정서군(김좌진), 대한 독립군(홍범도) 등의 연합 부대 • 전개 : 훈춘 사건 조작, 독립군 압박 → 백운평 전투, 어랑촌 전투 등 청산리 일대에서 6일간 10차례에 걸친 전투로 일본군 대파

(2) 독립군의 시련

1920년 일제가 만주의 독립군 탄압 구실을 만들기 위해 중국 마적과 내통하여 일본 공관을 습격하게 한 간도 사건(훈춘 사건)을 계기로 일어났어.

간도 참변 (1920)	봉오동·청산리 전투 패배에 대한 보복으로 간도 지역 동포들을 무차별 학살
독립군의 이동 (1921. 6)	독립군 주력 부대들이 러시아와 만주 국경의 밀산부에 모여 대한 독립 군단 조직(1920. 12) → 러시아의 자유시에 집결　　　　　총재 서일, 부총재 홍범도, 김좌진
자유시 참변 (1921)	독립군 내 지휘권 분쟁, 러시아 내전 연루 → 적색군이 일본과 마찰을 우려하여 독립군의 무장 해제 요구 → 독립군 희생과 무장 해제 → 만주로 귀환

(3) 독립군의 재정비

3부 성립	• 배경 : 자유시 참변 이후 독립군의 정비 필요성 대두 • 참의부(1923), 정의부(1925), 신민부(1925) → 민정과 군정 업무 담당
미쓰야 협정	일제와 만주 군벌이 미쓰야 협정(1925)으로 독립군 탄압
3부 통합 운동	• 남만주 : 국민부(조선 혁명당과 조선 혁명군 결성) • 북만주 : 혁신 의회(한국 독립당과 한국 독립군 조직)

봉오동 전투와 청산리 전투

독립군의 이동

간도 참변으로 가족을 잃은
부녀자들의 모습

상 중 하 10회

01 다음 자료와 관련된 설명으로 옳은 것은?

> 제1조 대한 제국 정부는 일본 정부가 추천하는 일본인 1명을 재정 고문에 초빙하여 재무에 관한 사항은 모두 그의 의견을 들어 시행할 것.
>
> 제2조 대한 제국 정부는 일본 정부가 추천하는 외국인 1명을 외교 고문으로 외부에서 초빙하여 외교에 관한 중요한 업무는 일체 그 의견을 물어 시행할 것.

① 대한 제국의 외교권이 박탈되었다.
② 재정 고문으로 메가타가 임명되었다.
③ 고종의 헤이그 특사 파견 배경이 되었다.
④ 장지연은 시일야방성대곡 논설로 저항하였다.
⑤ 러일 전쟁에서 승리한 일본의 강요로 체결되었다.

상 중 하 6회

02 자료의 밑줄 친 '조약 체결'에 대한 저항으로 옳지 <u>않은</u> 것은?

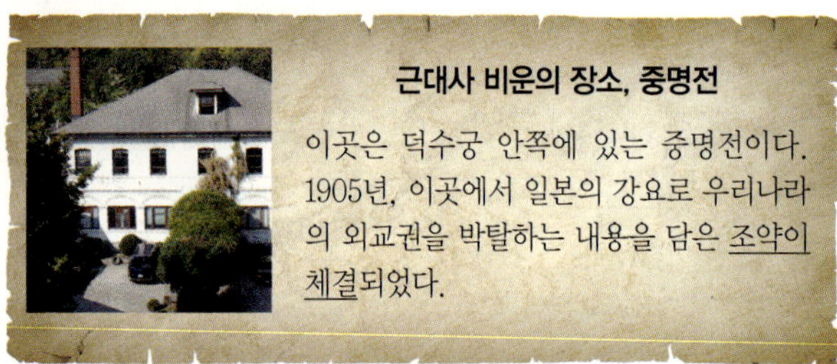

근대사 비운의 장소, 중명전

이곳은 덕수궁 안쪽에 있는 중명전이다. 1905년, 이곳에서 일본의 강요로 우리나라의 외교권을 박탈하는 내용을 담은 <u>조약이 체결</u>되었다.

① 민영환과 조병세가 자결하였다.
② 나철이 5적 암살단을 조직하였다.
③ 장지연이 항일 논설을 게재하였다.
④ 해산된 군인들이 의병에 가담하였다.
⑤ 고종이 헤이그에 특사를 파견하였다.

상 중 하 7회

03 다음 도표의 (가)에 들어갈 내용으로 옳은 것은?

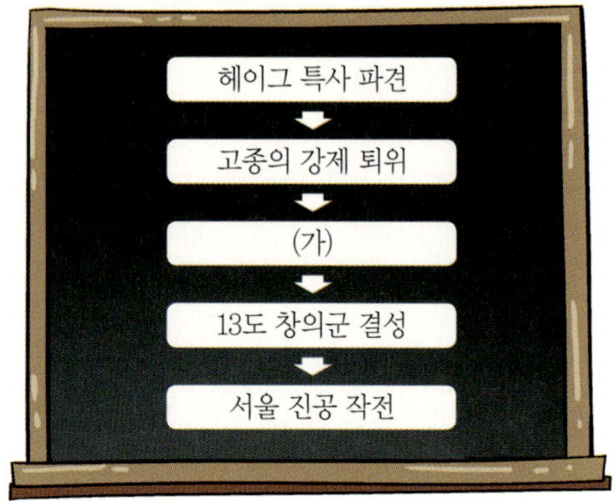

① 단발령이 시행되었다.
② 5적 암살단이 조직되었다.
③ 평민 의병장이 등장하였다.
④ 대한 제국의 군대가 해산되었다.
⑤ 명성 황후 시해 사건이 일어났다.

상 중 하 13회

04 다음 법령이 시행되었던 시기의 경제 정책으로 옳은 것은?

> 제1관 토지의 조사 및 측량은 본령에 의한다.
>
> 제4관 토지 소유자는 조선 총독이 정하는 기간 내에 주소, 씨명, 명칭 및 소유지의 소재, 지목, 자번호, 사표, 등급, 지적, 결수를 임시 토지 조사 국장에게 신고해야 한다.

① 산미 증식 계획을 실시하였다.
② 농촌 진흥 운동을 전개하였다.
③ 한국과 일본 사이의 관세를 철폐하였다.
④ 물자 수탈을 위해 국가 총동원법을 공포하였다.
⑤ 회사를 설립할 때 총독의 허가를 받도록 하였다.

05 다음 자료에 나타난 시기의 일제 통치 정책으로 옳은 것은?

연도	처벌 총인원	징역·금고·구류	벌금·과료	태형
19○○	36,159	2,274	15,451	18,434
19○○	45,848	2,569	23,320	19,959
19○○	94,546	4,528	51,335	38,683
19○○	71,984	4,809	32,242	34,933

〈19**년대 범죄 즉결 사건 처벌 현황(단위: 명)〉

① 민족 운동을 탄압하고자 치안 유지법을 공포하였다.
② 교사에게 제복을 입고 칼을 착용하도록 강요하였다.
③ 공업 원료 확보를 위해 남면북양 정책을 실시하였다.
④ 한반도의 경제 체제를 군수 산업 위주로 개편하였다.
⑤ 토지 수탈을 위해 동양 척식 주식회사를 설립하였다.

06 자료의 사업에 대한 설명으로 옳지 않은 것은?

제1조 토지의 조사 및 측량은 본령에 의한다.
제4조 토지 소유자는 조선 총독이 정하는 기간 내에 주소, 씨명 또는 명칭 및 소유지의 소재, 지목, 자번호(字番號), 사표(四標), 등급, 지적, 결수를 임시 토지 조사 국장에게 신고해야 한다. 단, 국유지는 보관 관청이 임시 토지 조사 국장에게 통지해야 한다.
제6조 토지의 조사 및 측량을 할 때, 조사 측량 지역 내 2인 이상의 지주로 총대를 선정하고 조사 및 측량에 관한 사무에 종사하게 할 수 있다.

① 일본인들의 한국 농업 이민이 늘어났다.
② 미신고 토지는 총독부 소유로 편입되었다.
③ 소작 농민의 관습적인 경작권은 부정되었다.
④ 식민지 지주제가 약화되는 결과를 가져왔다.
⑤ 동양 척식 주식회사의 소유 토지가 증가하였다.

07 다음 자료와 관련된 설명으로 옳은 것은?

| (가) | 은(는) 지세의 부담을 공평히 하고 지적을 명확히 하여 그 소유권을 보호하고, 그 매매·양도를 간편·확실하게 함으로써 토지의 개량 및 이용을 자유롭게 하고 또 그 생산력을 증진시키려는 것으로서 조선의 긴요한 시책이라는 것은 말할 필요도 없다.
– 조선 총독부 시정 연보

① 공업 원료 부족에 대비하고자 하였다.
② 상품 및 자본 시장을 확대하고자 하였다.
③ 일본 자국의 부족한 쌀을 확보하고자 하였다.
④ 식민 통치에 필요한 재정을 확보하고자 하였다.
⑤ 쌀 중심의 단작형 농업 구조를 정착시키려 하였다.

08 (가), (나)에 대한 설명으로 옳은 것을 〈보기〉에서 고른 것은?

(가) 대한 제국 인민으로 전답, 산림, 천택, 가옥을 가진 자는 이 관계(官契 : 관청에서 증명한 문서)를 반드시 갖되, 구권(舊券)은 하나도 빠짐없이 감리소에 납부할 것.

(나) 토지 소유자는 조선 총독이 정하는 기간 내에 주소, 씨명, 명칭 및 소유지의 소재, 지목, 자번호, 사표, 등급, 지적, 결수를 임시 토지 조사국장에게 신고해야 한다. 단, 국유지는 보관 관청이 임시 토지 조사국장에게 통지해야 한다.

〈보기〉

ㄱ. (가) – 전국의 토지를 대상으로 시행되었다.
ㄴ. (가) – 토지 소유 문서인 지계를 발급하였다.
ㄷ. (나) – 소작농 보호를 위해 도지권을 인정하였다.
ㄹ. (나) – 역둔토, 미간지 등이 조선 총독부에 의해 점유되었다.

① ㄱ, ㄴ   ② ㄱ, ㄷ   ③ ㄴ, ㄷ
④ ㄴ, ㄹ   ⑤ ㄷ, ㄹ

상 중 하 8회

09 다음 주제로 역할극을 하고자 할 때 등장인물의 대사로 적절하지 <u>않은</u> 것은?

〈역할극 만들기〉
• 주제 : 일제 강점기 무단 통치의 실상
• 시기 : 국권 피탈 ~ 3·1 운동
• 등장인물 : 학생, 소작인, 독립운동가, 경찰, 기업인

① 학생 : 일본어 위주로 교과목이 편성되었군.
② 기업인 : 총독부 허가를 얻어 회사를 설립했지.
③ 경찰 : 즉결 처분권으로 한국인을 태형에 처했지.
④ 소작인 : 경작권을 보장받지 못하다니, 어찌 이럴 수가?
⑤ 독립운동가 : 봉오동 전투 승리 소식을 들으니 가슴이 시원하군.

상 중 하 11회

11 (가), (나)에 대한 설명으로 옳은 것을 〈보기〉에서 고른 것은?

(가) 제7조 태형은 태 30 이상일 경우에는 이를 한 번에 집행하지 않고 30을 넘을 때마다 횟수를 증가시킨다.
　　 제11조 태형은 감옥 또는 즉결 관서에서 비밀리에 행한다.
(나) 제1조 국체를 변혁 또는 사유 재산 제도를 부인할 목적으로 결사를 조직하거나 그 사정을 알고 이에 가입한 자는 10년 이하의 징역 또는 금고에 처한다.

〈보기〉
ㄱ. (가) - 조선인에게만 적용하였다.
ㄴ. (가) - 문화 통치 시기에 폐지되었다.
ㄷ. (나) - 회사 설립 시 총독부의 허가를 받도록 하였다.
ㄹ. (나) - 3·1 운동 참여자를 처벌하기 위해 제정되었다.

① ㄱ, ㄴ　　　② ㄱ, ㄴ　　　③ ㄴ, ㄷ
④ ㄴ, ㄹ　　　⑤ ㄷ, ㄹ

상 중 하 6회

10 다음 의견을 반영한 일제 식민 통치의 내용으로 옳은 것은?

생각건대, 장래의 운동은 지난봄에 일어난 만세 소요처럼 어린애 장난 같은 것이 아니다. 그 근저에는 앞으로 실력을 갖춘 조직적 운동으로 발전할 가능성이 있음을 예상하고 이에 대한 각오를 다져 두지 않으면 안 된다. 그러나 여기에 압박을 가해 질식시킨다는 것은 결코 바람직한 일이 아니다. …… 그 방책은 위력 있는 문화 운동뿐이다 …… 이와 같은 견지에서 나는 별지에 시국에 대한 대책을 강구하여 기재하니 조금이라도 참고가 된다면 다행이겠다.
－ 야마나시 한조(山梨半造)의 조선 통치에 관한 의견서

① 치안 유지법을 폐지하였다.
② 경찰 인원과 비용을 축소하였다.
③ 문관을 조선 총독으로 임명하였다.
④ 보통학교의 재학 연한을 6년으로 연장하였다.
⑤ 조선 내 모든 학교의 수업을 일본어로 진행하게 하였다.

상 중 하 5회

12 다음 자료의 밑줄 친 '새로운 지배 정책'이 시행된 시기에 일어난 사실로 옳은 것은?

일제는 헌병 경찰 통치 대신 <u>새로운 지배 정책</u>을 내세웠다. 그러나 언론·출판의 자유 허용도 기만 정책의 표면적 구호에 그쳤다. 일제는 신문·잡지에 대한 사전 검열을 강화하였고, 기사를 마음대로 삭제하거나 신문의 정간과 폐간도 서슴지 않았다. 결사나 집회의 허용도 친일 단체를 조직하는 데 이용되었다. 즉 친일 단체나 자산가·종교인의 집회는 인정하고, 노동자·농민·학생의 조직이나 집회는 가차 없이 탄압하였다.

① 농촌 진흥 운동을 전개하였다.
② 제1차 조선 교육령을 공포하였다.
③ 회사령을 철폐하고 관세를 폐지하였다.
④ 총독 자문 기구로 중추원을 설치하였다.
⑤ 전국을 13도 12부 220군으로 개편하였다.

13 다음과 같은 대책이 제시된 시기에 지어진 건축물로 옳은 것은?

> 1. 핵심적 친일 인물을 골라 그 인물로 하여금 귀족, 양반, 유생, 부호, 교육가, 종교가에 침투하여 그 계급과 사정을 참작하여 각종 친일 단체를 조직하게 한다.
> 2. 친일적인 민간 유지들에게 편의와 원조를 주고, 수재 교육의 이름 아래 많은 친일 지식인을 긴 안목으로 키운다.
> — 조선 민족 운동에 대한 대책

① 
명동 성당

② 
한국은행 본관

③ 
구 러시아 공사관

④ 
독립문

⑤ 
경성 제국 대학

14 일제 강점기에 선언된 다음 자료들을 선포한 시기순으로 옳게 나열한 것은?

> ㄱ. 조선 청년 독립단은 아(我) 2,000만 민족을 대표하야 정의와 자유의 승리를 득(得)한 세계 만국의 전(前)에 독립을 기성(旣成)하기를 선언하노라.
> ㄴ. 조선 민중아! 우리의 철천지 원수는 자본·제국주의 일본이다. 2,000만 동포야! 죽음을 각오하고 싸우자!
> ㄷ. 오등(吾等)은 자(自)에 아(我) 조선의 독립국임과 조선인의 자주민임을 선언하노라. 이로써 세계만방에 고(告)하여 인류 평등의 대의(大義)를 극명(克明)하며……
> ㄹ. 400의 용사! 우리들의 투쟁이 점점 전개되어 가나. 투쟁은 단순히 전남에만 한정한 일이 아니다. …… 전 조선 수백만의 학생 대중은 우리들의 승리를 기다리고 2,000만 민족은 우리들의 성공을 눈물을 머금고 갈망하고 있다.

① ㄱ － ㄴ － ㄷ － ㄹ   ② ㄱ － ㄷ － ㄴ － ㄹ
③ ㄴ － ㄷ － ㄹ － ㄱ   ④ ㄴ － ㄹ － ㄱ － ㄷ
⑤ ㄷ － ㄱ － ㄴ － ㄹ

15 다음 자료와 관련된 민족 운동에 대한 설명으로 옳은 것은?

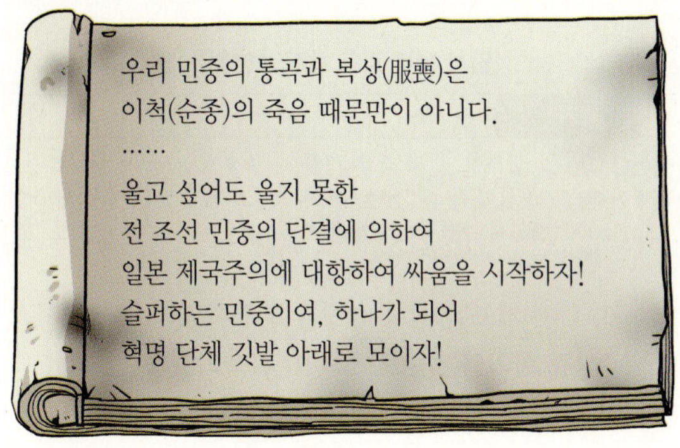

① 신간회의 지원 활동이 있었다.
② 일제의 요인 암살을 목표로 하였다.
③ 약소 민족의 독립운동에 영향을 주었다.
④ 만주·일본 등지의 유학생들이 동참하였다.
⑤ 일제가 치안 유지법을 적용하여 탄압하였다.

16 다음과 같은 강령을 발표한 단체에 대한 설명으로 옳은 것은?

> 1. 부호의 의연(義捐) 및 일본인이 불법 징수하는 세금을 압수하여 무장을 준비한다.
> 2. 남북 만주에 사관 학교를 설치하여 독립 전사를 양성한다.
> 7. 무력이 준비되는 대로 일본인 섬멸전을 단행하여 최후 목적을 달성한다.

① 공화 정체의 국가 건설을 지향하였다.
② 조선 혁명 선언을 행동 지침으로 삼았다.
③ 봉오동 전투에서 일본군을 크게 격파하였다.
④ 국권 반환 요구서를 조선 총독부에 제출하였다.
⑤ 고종의 비밀 지령으로 의병들을 모아 조직하였다.

상 중 하 20회

17 다음 도표의 (가) 시기에 들어갈 대한민국 임시 정부의 활동으로 옳은 것은?

〈임시 정부 지도 체제의 변화〉

(가)				〉
대통령 중심제 개헌	국무령 중심 내각 책임제 개헌	국무 위원 집단 지도제 개헌	주석 중심제 개헌	주석·부주석 중심제 개헌

① 삼균주의에 기초한 건국 강령을 발표하였다.
② 국민 대표 회의의 결렬로 활동이 위축되었다.
③ 미국의 지원을 받아 국내 진공 작전을 준비하였다.
④ 지청천을 총사령관으로 하는 한국광복군을 창설하였다.
⑤ 항일 투쟁 활로 모색을 위해 한인 애국단을 조직하였다.

상 중 하 10회

18 (가), (나)의 주장에 대한 설명으로 옳은 것을 〈보기〉에서 고른 것은?

(가) 국제적으로 열강이 우리 독립운동에 주목하지 않고 내적으로도 독립운동 단체의 움직임이 위축되고 있는 것은 단체들이 통일되지 못했기 때문이다. 지금 임시 정부는 이러한 사태에 어떠한 대응도 하지 못하고 다시금 무장 운동을 준비할 책임 있는 독립운동 기관을 하나 세워야 할 것이다.

(나) 우리는 불과 2천만 동포를 통합하지 못하고 무슨무슨 계열이니 하여 나뉘어 있다. 단체 불통일과 주도권 싸움 때문에 …… 우리 정부는 마치 빈집과 같아서 이런 사태에 제대로 대응하지 못하고 있다. 그렇다고 해도 지난 5년 동안 활동한 역사가 있으니 이를 없애지 말고 고칠 것은 고쳐서 계속 유지하는 것이 가하다.

〈보기〉

ㄱ. (가)는 이승만의 독립운동 노선을 지지하였다.
ㄴ. (가)는 새로운 임시 정부 수립을 주장하였다.
ㄷ. (나)는 무장 투쟁론자들이 중심을 이루었다.
ㄹ. (가), (나)의 대립으로 독립운동 세력이 약화되었다.

① ㄱ, ㄴ　　② ㄱ, ㄷ　　③ ㄴ, ㄷ
④ ㄴ, ㄹ　　⑤ ㄷ, ㄹ

상 중 하 13회

19 다음은 어느 독립운동의 공판을 다룬 기사이다. 이 운동에 대한 설명으로 옳은 것은?

① 일제의 식민 통치 기관을 파괴하였다.
② 민족 유일당 운동이 일어나는 계기가 되었다.
③ 신간회에서 진상 조사단을 파견하여 후원하였다.
④ 신채호의 조선 혁명 선언을 행동 강령으로 삼았다.
⑤ 광주 지역의 각 학교 독서회가 중심이 되어 일어났다.

상 중 하 17회

20 (가), (나) 민족 운동의 공통점으로 옳은 것은?

(가) 조선 민중아!
　　우리의 철천지 원수는 자본·제국주의 일본이다.
　　이천만 동포야! 죽음을 각오하고 싸우자!
　　만세 만세 조선 독립 만세!

(나) 학생·대중이여 궐기하라!
　　검거된 학생은 우리 손으로 탈환하자.
　　사회 과학 연구의 자유를 획득하자.
　　식민지적 노예 교육 제도를 철폐하라!

① 국왕의 죽음을 계기로 일어났다.
② 일제의 민족 차별 교육에 항거하였다.
③ 해외 동포들이 적극적으로 참여하였다.
④ 사회주의 운동이 확산되는 계기가 되었다.
⑤ 대한민국 임시 정부가 수립되는 바탕이 되었다.

21 다음 선언문을 지침으로 삼아 활동한 단체에 대한 설명으로 옳은 것을 〈보기〉에서 고른 것은?

내정 독립이나 참정권이나 자치를 운동하는 자, 누구이냐? 너희들이 '동양 평화', '한국 독립 보전' 등을 담보한 맹약이 먹도 마르지 아니하여 삼천리 강토를 집어먹던 역사를 잊었느냐? …… 이상의 이유에 의거하여 우리는 우리의 생존의 적인 강도 일본과 타협하려는 자나 강도 정치 하에서 기생하려는 주의를 가진 자나 다 우리의 적임을 선언하노라. …… 민중 직접 혁명의 수단을 취함을 선언하노라.

〈보기〉
ㄱ. 중국 국민당 정부의 지원을 이끌어 냈다.
ㄴ. 임시 정부의 침체를 극복하기 위해 결성되었다.
ㄷ. 김원봉, 윤세주 등이 만주 지린성에서 조직하였다.
ㄹ. 조선 혁명 간부 학교를 설립하여 혁명 투사를 양성하였다.

① ㄱ, ㄴ ② ㄱ, ㄷ ③ ㄴ, ㄷ
④ ㄴ, ㄹ ⑤ ㄷ, ㄹ

22 다음 전투와 관련된 설명으로 옳은 것은?

〈각 부대의 임무와 전투 구역〉
제1연대 : 봉오골 상촌 부근 연병장에 집합, 작전 명령으로 각 부대의 전투 구역 및 임무 하달
• 제1중대 중대장 이천오 : 봉오골 상촌 서북단
• 제2중대 중대장 강상모 : 동산
……
• 연대장 홍범도, 2개 중대 : 서산 중북단
• 사령관 최진동, 부관 안무 : 동북산 최고봉의 독립수 아래에서 지휘

① 3부가 통합되는 배경이 되었다.
② 북로 군정서군이 10여 차례 참전하였다.
③ 일본이 날조한 훈춘 사건으로 발생하였다.
④ 대한 독립군이 주축이 되어 승리를 거두었다.
⑤ 중국 의용군과 연합하여 일본군을 격퇴하였다.

23 일제 강점기 (가), (나) 지역 국외 동포의 활동으로 옳은 것을 〈보기〉에서 고른 것은?

〈보기〉
ㄱ. (가) – 한인 자치 기구인 경학사를 결성하였다.
ㄴ. (가) – 서전서숙, 명동 학교 등을 건립하였다.
ㄷ. (나) – 해조신문, 권업신문 등을 발간하였다.
ㄹ. (나) – 대한인 국민회를 중심으로 외교 활동을 전개하였다.

① ㄱ, ㄴ ② ㄱ, ㄷ ③ ㄴ, ㄷ
④ ㄴ, ㄹ ⑤ ㄷ, ㄹ

24 (가)~(라) 사건을 일어난 순서대로 옳게 나열한 것은?

(가) 동지대 부대는 독립군을 토벌하기 위해 용정과 대굴구 지역 등으로 진군해 왔다. 제2제대 독립군은 적을 기습하기에 적당한 지형인 백운평 바로 위쪽 골짜기 길목에 잠복하여 6일간 치열한 전투를 펼쳤다.

(나) '불령선인 취체 방법에 관한 조선 총독부와 봉천성 간의 협정'이 미쓰야와 우진 간에 체결되었다. 내용은 "한인의 무기 휴대와 조선 내 침입을 엄금하며, 위반자는 검거하여 일본 경찰에 인도한다." 등이었다.

(다) 일제의 만주 침략으로 인한 불리한 상황을 극복하기 위해 다음과 같이 합의가 이루어졌다.
• 중동 철로를 경계로 하여 서부 전선은 중국 구국군이 맡고, 동부 전선은 한국군이 담당한다.

(라) 분산되어 있던 독립군 부대들이 단일한 조직 아래 대일 항전을 전개하려고 조직한 대한 독립군단은 이르쿠츠크파 고려 공산당과 상하이파 고려 공산당 간의 대립으로 분열되었다. 이러한 분열 속에서 독립군들은 무장 해제를 요구하는 적색군의 공격으로 큰 피해를 입었다.

① (가) – (나) – (라) – (다) ② (가) – (다) – (나) – (라)
③ (가) – (라) – (나) – (다) ④ (라) – (가) – (나) – (다)
⑤ (라) – (나) – (가) – (다)

1. ② 2. ④ 3. ④ 4. ⑤ 5. ② 6. ④ 7. ④ 8. ④ 9. ⑤ 10. ④ 11. ① 12. ③ 13. ⑤ 14. ② 15. ⑤ 16. ① 17. ② 18. ④ 19. ② 20. ② 21. ⑤ 22. ④ 23. ② 24. ③

1. ② 바로 정리 : 제1차 한일 협약
자료는 러일 전쟁에서 승기를 잡은 일본의 강요로 체결된 제1차 한일 협약(1904)이다. 이 협약으로 이른바 고문 정치가 시작되었는데, 재정 고문에 메가타와 외교 고문에 스티븐스가 파견되어 내정을 간섭했다. 재정 고문으로 파견된 메가타는 1905년에 화폐 정리 사업을 단행했다. 아하! ①, ③, ④, ⑤는 을사늑약(제2차 한일 협약)에 해당된다.

2. ④ 바로 정리 : 을사조약의 체결과 저항
일제가 우리나라의 외교권을 박탈한 을사늑약(1905)을 체결하자 각계각층의 사람들이 다양한 형태로 저항했으며, 고종은 미국과 헤이그에 특사를 파견하는 등 이 조약의 무효를 알리기 위해 노력했다. 아하! ④ 해산 군인들의 의병 가담은 정미 의병과 관련이 있다. 을사조약 체결에 대한 저항으로 일어난 의병은 을사 의병이다.

3. ④ 바로 정리 : 후기 의병 활동
일제가 1905년 강제로 을사조약을 체결하여 대한 제국의 외교권을 박탈하자 고종은 헤이그에서 열린 만국 평화 회의에 특사를 파견하여 그 부당성을 국제 사회에 호소하고자 했다. 일제는 헤이그 특사 파견을 구실로 고종을 강제 퇴위시키고 대한 제국의 군대를 강제로 해산시켰다. 해산된 군인들은 정미 의병(1907)에 가담했으며, 의병 부대의 연합(13도 창의군)을 형성했다. 아하! ① 단발령은 을미 의병의 배경 ② 나철, 오기호가 결성한 5적 암살단은 을사조약 반대 투쟁에 해당 ③ 신돌석 등과 같은 평민 의병장의 등장은 을사의병 시기에 해당 ⑤ 명성 황후 시해 사건은 1895년에 발생

4. ⑤ 바로 정리 : 1910년대 일제의 경제 수탈
제시된 자료는 토지 조사령(1912)이다. 일제는 1912년 토지 조사령 발표와 더불어 토지 조사 사업(1912~1918)을 실시했다. 한편 회사령을 공포(1910)하여 회사 설립 시 총독의 허가를 받도록 하여 우리 민족 자본의 성장을 억압했다. 아하! ① 1920년부터 1934년에 걸쳐 시행 ② 1930년대에 시행 ③ 1923년에 시행 ④ 1938년에 해당

5. ② 바로 정리 : 1910년대 일제의 통치 정책
구류, 벌금, 태형 등 범죄 즉결 처분 내용으로 1910년대임을 추론할 수 있다. 일제는 1910년대에 강압적인 무단 통치를 실시했는데 일반 관리와 학교 교원들에게도 제복과 칼을 착용하도록 했다. 아하! ① 1925년 ③, ④ 1930년대 ⑤ 동양 척식 주식회사는 1908년에 설립

6. ④ 바로 정리 : 토지 조사 사업 실시
자료는 토지 조사령(1912)의 일부이다. 토지 조사 사업 실행 과정에서 지주들의 소유권만 인정하고 소작 농민들의 관습적인 경작권은 부정되었다. 또한 일본인의 한국으로의 농업 이민이 촉진되었고, 한국 농민들의 몰락은 심화되었다. 미신고 토지는 총독부 소유로 편입되고 이를 동양 척식 주식회사와 일본인에게 헐값에 양도했다. 아하! ④ 토지 조사 사업으로 인해 식민지 지주제 강화

7. ④ 바로 정리 : 토지 조사 사업의 목적
토지 조사 사업의 명분은 근대적 토지 소유권을 확립하는 것이었으나 실제 목적은 지세 수입의 확보, 식민지 통치의 재정 기반 마련, 일본인의 토지 투자 확대 등이었다. 아하! ① 1930년대의 남면북양 정책과 관련이 있다. ② 1930년대 조선 공업화 정책에 해당되는 내용이다. ③, ⑤ 산미 증식 계획(1920~1934)과 관련이 있다.

8. ④ 바로 정리 : 대한 제국의 양전 사업과 일제의 토지 조사 사업
(가)는 1901년 대한 제국에서 실시한 지계 발급 내용이다. 지계는 근대적 토지 소유권을 확립하기 위해 발행된 문서이다. (나)는 토지 조사 사업(1912)이다. 토지 조사 사업으로 소유자가 불분명한 토지는 총독부가 차지했다. 아하! ㄱ. 1899년부터 1903년까지 전국 토지의 2/3 정도에 걸쳐 지계가 발급되었으나 완성하지 못하고 중단되었다. ㄷ. 토지 조사 사업으로 일제는 소작농의 도지권을 부정하고 지주의 소유권만 인정하여 지주의 권한이 강화되었다.

9. ⑤ 바로 정리 : 일제의 무단 통치
1910년대 일제의 통치 정책은 억압적인 무단 통치였다. 학교에서는 일본어 위주의 교과목이 편성되고, 한국인은 실업 교육과 초급 교육만을 받았다. 소작 농민들은 경작권을 인정받지 못하고 기한부 소작농으로 전락했다. 헌병 경찰들은 즉결 처분권을 가지고 있었다. 회사를 설립하려면 회사령에 의해 총독부의 허가를 얻어야만 했다. 아하! ⑤ 봉오동 전투는 1920년에 일어난 무장 항일 투쟁이다.

10. ④ 바로 정리 : 1920년대 일제의 통치 정책
일제는 3·1 운동 이후 소위 문화 통치를 시행했다. 문관 총독의 임명 가능, 보통 경찰 제도, 민족 신문 발간 허용, 대학 설립 규정 마련, 조선어 교과 필수 지정, 언론·출판 등 기본권의 부분적 허용, 조선인의 정치 참여 확대, 보통학교의 재학 연한을 4년에서 6년으로 연장 등을 내세웠으나 실상은 민족을 기만하고 분열시키기 위한 정책이었다. 아하! ① 1925년 ② 경찰 인원과 비용을 오히려 강화했다. ③ 문관은 단 한 명도 임명된 적이 없다. ⑤ 1930년대 후반 이후의 모습이다.

11. ① 바로 정리 : 1910~1920년대 일제의 식민 통치 정책
(가) 조선 태형령(1912) 내용의 일부이다. 일제는 1910년대 태형을 부활시켜 조선인에 한해서만 적용했다. 태형령은 3·1 운동 이후인 1920년에 폐지되었다. (나) 치안 유지법(1925) 내용의 일부이다. 일제는 3·1 운동 이후 증가하고 있던 사회주의 세력을 탄압하고 사상 전향을 강요하기 위해 치안 유지법을 제정했다. 아하! ㄷ. 회사령에 해당되는 내용이다. ㄹ. 3·1 운동은 1919년에 일어났으며, 치안 유지법은 1925년에 제정되었다.

12. ③ 바로 정리 : 1920년대의 식민 통치 정책
일제의 헌병 경찰 통치 정책 대신 실시한 새로운 지배 정책은 소위 문화 통치를 말한다. 일제는 3·1 운동 이후 조선인의 문화 창달과 민력 증진을 위한다는 명목으로 문화 통치를 내세웠으나 실상은 민족을 기만하고 분열하는

정책에 불과했다. 회사령 철폐는 1920년, 관세 폐지는 1923년에 해당된다. 아하! ① 1930년대 ② 1910년대 ④ 1910년대 ⑤ 1910년대

13. ⑤ 바로 정리 : 1920년대 일제의 통치 정책
일제의 민족 분열 정책은 1920년대 문화 통치에 해당된다. 이 시기 민립 대학 설립 운동을 억압하고 그 불만을 잠재우기 위해 경성 제국 대학을 설립했다. 아하! ① 1898년 완공 ② 1912년 완공 ③ 1890년 완공 ④ 1897년 완공

14. ② 바로 정리 : 1910~1920년대 민족 운동
ㄱ. 1919년 일본 도쿄 유학생들이 발표한 2·8 독립 선언 내용 ㄴ. 1926년 순종의 인산일을 기해 학생들이 주도한 6·10 만세 운동 시기 격문 ㄷ. 1919년 3·1 운동 시기 민족 대표 33인이 발표한 기미 독립 선언서의 내용 ㄹ. 1929년 광주에서 일어난 광주 학생 항일 운동 시기의 격문. 즉 선포 순서는 ㄱ-ㄷ-ㄴ-ㄹ이다.

15. ⑤ 바로 정리 : 6·10 만세 운동
순종의 죽음, 제국주의에 대항 등의 내용으로 6·10 만세 운동(1926) 시기의 격문임을 파악할 수 있다. 일제는 1925년 치안 유지법을 제정하여 사회주의 사상과 독립운동을 탄압했는데 6·10 만세 운동 참가자들에 대해서도 치안 유지법을 적용하여 탄압했다. 아하! ①, ④ 광주 학생 항일 운동과 관련 ② 의열단 활동에 해당 ③ 3·1 운동과 관련

16. ① 바로 정리 : 1910년대의 국내 민족 운동
제시된 자료에서 친일 부호 처단과 독립군 양성을 통한 무장 독립 전쟁 수행 등의 내용을 통해 대한 광복회임을 알 수 있다. 대한 광복회(1915)는 비밀 결사로서 공화 정체의 국가 건설을 지향했다. 아하! ② 김원봉이 주도한 의열단의 행동 지침이다. ③ 홍범도의 대한 독립군 활동에 대한 내용이다. ④, ⑤ 독립 의군부에 대한 내용이다.

17. ② 바로 정리 : 임시 정부의 활동
국무령 중심의 내각 책임제로 전환된 것은 1925년으로, 국민 대표 회의(1923)가 창조파와 개조파의 분열로 성과 없이 결렬되고 난 이후이다. 아하! ① 1941년에 발표했다. ③ 일제의 패망 직전인 1940년대에 해당된다. ④ 한국광복군은 1940년에 창설되었다. ⑤ 1931년에 조직되었다.

18. ④ 바로 정리 : 임시 정부와 국민 대표 회의
(가)는 임시 정부를 해체하고 새로운 정부를 수립하자고 주장한 창조파, (나)는 임시 정부를 유지하되 조직을 개혁하자고 주장한 개조파의 내용이다. 국민 대표 회의는 (가)와 (나)의 대립으로 결렬되고 창조파가 대거 이탈하면서 대한민국 임시 정부는 세력이 약화되었다. 아하! ㄱ. 이승만은 외교 독립론을 주장했고, 창조파는 무장 투쟁론을 주장했다. ㄷ. 개조파는 실력 양성론자들이 중심을 이루었다.

19. ② 바로 정리 : 6·10 만세 운동
'기미 운동 이후 제2차 만세 사건'이라는 내용을 통해 6·10 만세 운동임을 파악할 수 있다. 순종의 인산일을 기해 일어난 6·10 만세 운동은 학생들의 주도로 일어났으며 식민지 차별 교육에 대해 반발했다. 이 운동 이후 학생 운동이 대중적 차원의 항일 민족 운동으로 발전하는 계기가 되었으며 민족주

의 계열과 사회주의 계열 사이의 민족 유일당 운동이 전개되는 데 영향을 주었다. 아하! ①, ④ 의열단 활동 ③, ⑤ 광주 학생 항일 운동

20. ② 바로 정리 : 1920년대의 민족 운동
(가) 6·10 만세 운동(1926) 시기의 격문이다. (나) 광주 학생 항일 운동(1929) 시기의 격문이다. 두 민족 운동의 공통점은 학생들이 중심이 되어 전개된 것으로, 일제의 민족 차별 교육에 대한 반발이었다. 아하! ① 6·10 만세 운동 ③, ④, ⑤는 3·1 운동과 관련

21. ⑤ 바로 정리 : 의열단의 활약
자료는 신채호가 작성한 조선 혁명 선언(1923)으로, 의열단의 행동 강령이 되었다. 의열단은 김원봉, 윤세주 등이 만주 지린 성에서 조직했다(1919). 이후 1930년대 들어 개별적 폭력 투쟁의 한계를 인식하고 조직적인 군사 활동을 준비하기 시작했다. 김원봉 등은 황포 군관 학교에 입교하여 교육을 받고 조선 혁명 간부 학교를 설립(1932, 난징)했으며, 독립운동의 통일 전선 형성을 모색하여 1935년 민족 혁명당을 결성하고, 1938년에는 조선 의용대를 창설했다. 아하! ㄱ, ㄴ. 김구의 한인 애국단과 관련된 설명이다.

22. ④ 바로 정리 : 봉오동 전투
제시된 자료는 봉오동 전투에 대한 것이다. 봉오동 전투는 홍범도의 대한 독립군이 주축이 된 독립군 연합 부대가 일본군을 격퇴한 전투이다. 아하! ① 3부 통합은 미쓰야 협정(1925)으로 독립군 활동이 위축되면서 전개되었다. ② 청산리 전투와 관련된 설명이다. ③ 훈춘 사건은 청산리 전투의 배경에 해당된다. ⑤ 1930년대 한중 연합 작전에 해당된다. 조선 혁명군이 중국 의용군과 연합하여 영릉가·흥경성 전투에서 일본군을 격퇴했다.

23. ② 바로 정리 : 일제 강점기 국외 동포의 활동
(가) 삼원보에는 신민회의 이동녕, 이회영 등 주요 간부들이 이주하여 경학사와 부민단 등 한인 자치 단체를 결성하고, 신흥 강습소를 세워 독립군을 양성했다. (나) 블라디보스토크에서는 〈해조신문〉, 〈권업신문〉 등이 발행되어 민족의식을 고취시켰다. 한편 대한 광복군 정부를 수립(1914)하고 대통령에 이상설, 부통령에 이동휘를 선출했다. 그 외에도 권업회(1911), 대한 국민 의회(1919) 등이 수립되었다. 아하! ㄴ. 서전서숙, 명동 학교 등은 북간도 지역에 해당된다. ㄹ. 대한인 국민회(1910)는 미주 지역과 관련이 있다.

24. ③ 바로 정리 : 1920년대 국외 무장 독립 전쟁
(가) 백운평 전투와 6일간의 전투를 통해 청산리 전투(1920. 10)임을 알 수 있다. (나) 미쓰야와 우진 간에 체결되었다는 것을 통해 일제가 만주의 독립군을 소탕하기 위해 만주 군벌과 체결한 미쓰야 협정(1925)임을 알 수 있다. (다) 한국 독립군과 중국 호로군의 연합 작전(1931)에 해당되는 내용이다. (라) 독립군들이 적색군의 공격으로 피해를 입었다는 것을 통해 자유시 참변(1921)임을 파악할 수 있다. 즉 사건 순서는 (가)-(라)-(나)-(다)이다.

'황국 신민 서사' 암송

신사 참배 강요

금속류 강제 공출

기억하라! 자료

핵심주제 01 일제의 대륙 침략과 조선 공업화 정책

(1) 일제의 대륙 침략 : 대공황(1929) → 일본의 경제 위기 심화 → 침략 전쟁을 위한 군수 산업 육성 → 만주 사변(1931, 만주국 수립)

> 일본이 1931년 9월 18일 만철 폭파 사건을 조작해 일으킨 만주 침략 전쟁

(2) 조선 공업화 정책

내용	• 중화학 공업 육성 : 지하자원이 풍부한 북부 지방에 공업 육성 • 남면북양 정책(1932) : 공업 원료 확보를 위해 남부 지방에 면화 재배, 북부 지방에 양 사육 강요 • 농촌 진흥 운동(1932) : 농민들의 반발을 무마하고 농촌 통제를 강화하기 위한 기만책
결과	한국의 값싼 노동력과 자원 수탈, 침략 전쟁에 필요한 군수 물자 공급 → 한국이 병참 기지로 전락, 공업 구조의 지역 불균형 초래

핵심주제 02 전시 동원 체제

(1) 병참 기지화 정책 : 한국을 대륙 침략 전쟁에 필요한 물자와 인력을 공급하는 병참 기지로 삼고자 함

(2) 인적 · 물적 자원 수탈

① **배경 :** 중일 전쟁(1937), 태평양 전쟁(1941)으로 전선 확대 → 인력과 물자 부족 → 국가 총동원법 제정(1938)

② **인적 자원 수탈**

병력 동원	• 지원병제(1938), 학도 지원병제(1943), 징병제(1944) 등 → 청년들을 전쟁에 동원
노동력 동원	• 국민 징용령(1939) → 광산, 공장, 전쟁 시설 등에 동원 • 여성 동원 : 여자 정신대 근로령(1944), 젊은 여성들이 '일본군 위안부'로 희생

③ **물적 자원 수탈 :** 지하자원 약탈, 각종 세금 징수, 위문 금품 모금, 국방 헌금 강요, 미곡 공출 제도 실시, 산미 증식 계획 재개(1940~1945), 식량 배급제 실시, 쇠붙이 공출, 가축 증식 계획 등

> 농가당 쌀 공출량을 할당하여 수탈했어. 총생산량의 절반 정도를 수탈했지.

핵심주제 03 민족 말살 정책

(1) 목적 : 인적 · 물적 자원의 수탈을 위해 한국인의 민족의식 말살 시도 → 한국인을 침략 전쟁에 효율적으로 동원하고자 함

(2) 내용 : 황국 신민화 정책 실시(중일 전쟁 이후 본격화)

① 내선일체 · 일선동조론 강조, '황국 신민 서사' 암송, 신사 참배, 궁성 요배 강요

② 조선어 · 조선사 과목 폐지, 우리말 사용 금지, 소학교 명칭을 국민학교로 변경(1941), 수신(도덕) 교과 강화

③ 일본식 성명 강요(1939), 〈조선일보〉 · 〈동아일보〉 폐간(1940), 조선 사상범 보호 관찰령 제정(1936)

④ **조선 사상범 예방 구금령 제정(1941) :** 독립운동가들을 재판 없이 구금하고 친일 강요

> 일본과 조선은 하나라는 주장
> 일본인과 한국인이 같은 뿌리에서 나왔다는 이론
> 아침마다 일본 왕이 거처하는 도쿄를 향해 절을 하도록 강요

핵심주제 04 의열 투쟁의 전개

기억하라! 사진

(1) 한인 애국단(1931)

배경	1920년대 중반 이후 임시 정부의 활동 침체, 중국인들의 반일 감정 고조(<u>만보산 사건</u>, 만주 사변)
결성	김구가 침체된 임시 정부의 활로를 찾기 위해 1931년 조직 1931년 7월 2일 중국 지린 성 만보산 지역에서 한·중 두 나라 농민 사이에 일어난 분쟁
활동	• **이봉창 의거(1932)** : 도쿄에서 일본 국왕에게 폭탄 투척 → 항일 민족 운동의 활력소 역할, 이 사건의 중국 신문 보도를 트집 잡은 일제에 의해 상하이 사변 발생 • **윤봉길의 상하이 훙커우 공원 의거(1932)** : 상하이 사변 전승 기념식장에 폭탄을 던져 일본군 장성과 고관들 처단 → 중국 국민당 정부가 임시 정부의 활동 적극 지원

(2) 개별 의거 : 강우규(사이토 총독에게 폭탄 투척), 조명하(타이완에서 일본 육군 대장 처단)

의거 직전에 김구와 함께 촬영한 윤봉길

핵심주제 05 1930년대 국외 무장 독립 전쟁

(1) 한중 연합 작전 : 만주 사변과 중국 내 항일 감정 고조

배경	• 만주 사변(1931), 만주국 수립 등으로 중국 내 항일 감정 고조 • 한인 애국단의 활동으로 한국에 대한 중국의 태도 변화
한국 독립군	• 총사령관 지청천, 북만주 일대 활동 → 중국 호로군과 연합 작전 • 쌍성보, 경박호, 사도하자, 동경성, 대전자령 전투 → 1930년대 중반 이후 일제의 탄압 강화로 세력 약화, 지청천은 중국 본토로 이동 → 한국광복군 창설에 기여
조선 혁명군	• 총사령관 양세봉, 남만주 일대 활동 → 중국 의용군과 연합 작전 • 영릉가 전투, 흥경성 전투 → 1934년 양세봉 피살 후 세력 약화, 1930년대 후반까지 만주에서 항일 투쟁 전개, 일부는 동북 항일 연군에 가담

기억하라! 지도

(2) 만주 지역의 항일 유격 투쟁(1930년대 후반)

배경	사회주의 사상의 확산, 중국 공산당의 항일 유격대 조직 지원 → 만주의 한인 사회주의자들이 무장 투쟁 전개
동북 인민 혁명군(1933)	• **결성** : 만주의 사회주의 계열 무장 독립군이 중국 공산당 유격대와 결성 • **활동** : 자치 정부를 세우고 토지 개혁을 비롯한 사회 개혁 실시
동북 항일 연군(1936)	• **결성** : 동북 인민 혁명군이 동북 항일 연군으로 개편(1936) • **특징** : 반일 민족 통일 전선 형성 → 국내 세력과 연합하여 조국 광복회 조직(1936) • **조국 광복회** : 이념 및 노선을 초월하여 연합, 국내의 민족주의자 및 공산주의자들과 함께 함경도 일대까지 조직 확대 → 국내 진공 작전 단행(보천보 전투, 1937) • **보천보 전투** : 동북 항일 연군 내의 한인 항일 유격대가 함경남도 갑산의 보천보에 들어와 경찰 주재소, 면사무소 파괴 → 관동군의 대토벌 작전으로 타격 → 소련으로 이동

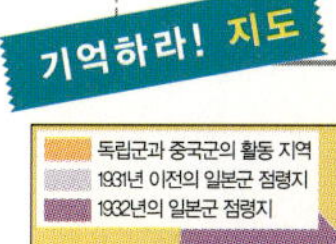

조선 혁명군 (총사령관 양세봉)	① 영릉가 전투(1932)	② 흥경성 전투(1933)
한국 독립군 (총사령관 지청천)	③ 쌍성보 전투(1932)	④ 경박호 전투(1932)
	⑤ 사도하자 전투(1933)	⑥ 동경성 전투(1933)
	⑦ 대전자령 전투(1933)	
동북 항일 연군(2군 6사)	⑧ 보천보 전투(1937)	

1930년대 전반 만주의 무장 독립 투쟁

조선 의용대의 활동

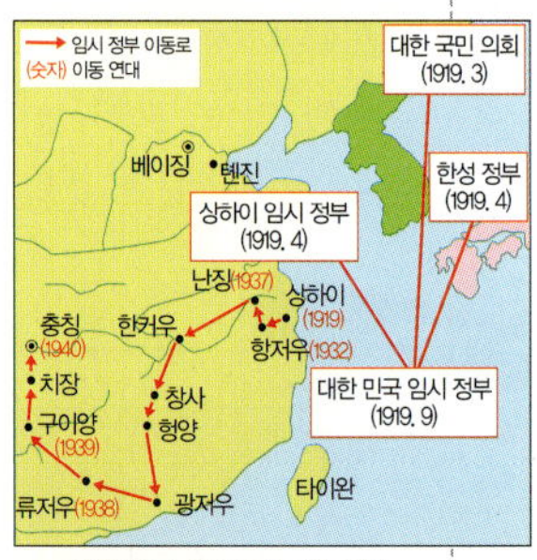

대한민국 임시 정부의 이동

(3) 1930년대 중반 이후의 모습(중국 본토 중심) – 민족 연합 전선의 형성

민족 혁명당(1935)	• **결성** : 민족주의 진영과 사회주의 진영이 참여한 중국 관내 최대 규모의 통일 전선 정당 • **참여 세력** : 김원봉의 의열단, 조소앙의 한국 독립당, 지청천의 조선 혁명당 등 참여 → 김구 등 임시 정부 세력은 불참 • **변화** : 김원봉 등 의열단이 당을 주도하자 조소앙, 지청천 등 민족주의 세력들이 탈퇴 → 조선 민족 혁명당으로 개편
조선 민족 전선 연맹 (1937, 사회주의 계열 통합)	김원봉의 조선 민족 혁명당이 다른 단체들과 연합하여 결성, 산하에 조선 의용대 편성(1938)
조선 의용대	• **결성** : 중국 국민당 정부의 지원을 받아 중국 본토에서 결성된 최초의 독립군 한인 부대 • **활동** : 정보 수집·포로 심문·후방 교란 등 중국군 지원 → 호가장 전투 등에서 활약 • **변화** : 일부 세력이 화베이 지역으로 이동, 지도부를 제외한 세력이 1941년 조선 의용대 화북 지대로 개편(호가장 전투, 반소탕전에 참가) → 조선 의용군 합류 • 김원봉 등 일부 지도부 세력은 1942년 한국광복군에 합류
한국 국민당(1935)	김구 중심의 대한민국 임시 정부 인사들이 창당, 낙양 군관 학교(1933년 중국 국민당 정부의 지원을 받아 김구가 조직한 군관 학교) 운영
한국 광복 운동 단체 연합회(1937)	김구의 한국 국민당, 조소앙의 한국 독립당, 지청천의 조선 혁명당 등 민족주의 계열 단체들의 통합
전국 연합 전선 협회(1939)	김원봉 중심의 조선 민족 전선 연맹과 김구 중심의 한국 광복 운동 단체 연합회 통합 → 좌우 통합 단체 결성

핵심주제 06 1940년대 국외 무장 독립 전쟁

(1) 대한민국 임시 정부의 활동(1940년 충칭 정착 이후)

① **이동** : 윤봉길 의거 후 난징, 한커우, 창사 등 이동 → 중국 국민당 정부를 따라 충칭 정착(1940. 9)

② **체제 정비** : 국무 위원 중심의 집단 지도 체제 → 1940년 주석 중심제(단일 지도 체제, 김구를 주석으로 선출) → 1944년 주석·부주석 체제 수립(주석 : 김구, 부주석 : 김규식)

③ **통일 정부 구성** : 민족주의 계열의 한국 국민당, 한국 독립당, 조선 혁명당이 통합하여 한국 독립당 결성(1940. 9) → 1942년 김원봉의 조선 민족 혁명당 합류 → 좌우 합작에 의한 민족 통일 전선 형성

③ **건국 강령 발표(1941. 11)** : 조소앙의 삼균주의에 바탕 → 민주 공화정 수립, 토지와 대기업의 국유화, 보통 선거 실시, 무상 교육 실시 등 제시  쑨원의 삼민주의와 사회주의의 영향을 받았어. 삼균은 개인, 민족, 국가 간의 균등을 의미해.

(2) 한국광복군의 창설과 활동

창설 (1940)	•중국 국민당 정부의 지원을 받아 김구·지청천이 충칭에서 창설 •신흥 무관 학교 출신 중심, 총사령관 지청천
전력	•'한국광복군 행동 준승 9개 항'에 의해 중국 군사 위원회의 간섭을 받음 •김원봉의 조선 의용대 일부 세력의 합류로 군사력 증강(1942)
활동	•한인 청년을 포섭하는 초모 공작과 적군에 대한 정보 수집 및 교란 활동, 기습 공격 등 전개 •중국 정부와 맺은 군사 협정에 따라 독자적인 작전 수행권을 행사하지 못함 → 1944년부터 임시 정부가 한국광복군의 지휘권 확보 → 독자적 군사 활동 가능 •태평양 전쟁 발발 직후 대일·대독 선전 포고(1941) → 영국군과 연합 작전 전개, 연합군의 일원으로 인도·미얀마 전선에 공작대 파견(1943, 포로 심문, 정보 수집, 선전 활동 등 담당) •국내 진입 작전 준비 : 미국 전략 정보국(OSS)의 도움으로 국내 정진군의 특수 훈련 실시 → 일제의 패망으로 실현하지 못함

(3) 화북 조선 독립 동맹(1942)

창설(1942)	옌안 지방에서 김두봉의 주도로 사회주의 계열 통합
강령	일본 제국주의 타도, 보통 선거에 의한 민주 공화국 수립, 남녀평등권 확립, 토지 분배, 의무 교육 실시 등 제시
군사 조직	조선 의용군이 조선 의용대 화북 지대 흡수, 중국 공산당의 팔로군과 함께 항일 독립 전쟁 전개 → 일제가 망한 뒤 중국의 국공 내전에 참여하였다가 북한 인민군으로 편입

(4) 조선 건국 동맹

결성	1944년 8월 여운형·안재홍 등 중도파를 중심으로 민족 지도자들이 국내에서 비밀리에 결성 → 민족주의 계열과 사회주의 계열이 함께 참여 → 광복 이후 조선 건국 준비 위원회로 개편
강령	일본 제국주의 타도를 위한 대동단결, 민주주의 원칙에 의한 국가 건설 등 제시
전국	•전국 10개 도에 지방 조직 설치, 농민 동맹 조직(→ 일제의 징용, 징병, 식량 공출, 군수 물자 수송 방해), 군사 위원회 설치(일본군 후방 교란, 노농군 편성 추진) •국외 독립운동 세력(조선 독립 동맹, 대한민국 임시 정부)과의 연계 모색

핵심주제 07 국외 동포들의 삶

만주	•19세기부터 농민들이 이주 → 신민회의 독립운동 기지 건설(삼원보의 신흥 무관 학교에서 군사 교육 실시) •한인 집단촌 형성(용정촌, 명동촌), 자치 단체(간민회), 학교 설립(서전서숙, 명동 학교)
연해주	•19세기부터 이주 → 한인 집단촌 형성(신한촌) 권업회, 대한 광복군 정부, 대한 국민 의회 조직 •소련 정부에 의해 한인들이 중앙아시아로 강제 이주(1937)
일본	•19세기 말 유학생 이주 → 제1차 세계 대전 이후 노동자 이주 → 1930년대 일제의 강제 동원 정책으로 끌려감 •관동 대지진(1923) 당시 6천여 명의 동포 학살
미주	•정부가 하와이 노동 이민 사업 시작(1903) •대한인 국민회, 대조선 국민군단 조직

1. 한국광복군은 중국의 항일 작전 기간에 중국 군사 위원회에 직할 예속하여 참모 총장이 장악하여 운용한다.
2. 중국의 군령을 받는 기간에 한국광복군과 한국 독립당 임시 정부와의 관계는 고유한 명의 관계를 보류한다.
3. 중국 군사 위원회에서 한국광복군을 원조하여 한국 혹은 한국 국경에 인접한 지역을 향하여 …… 활동하게 하여 군사 훈련을 허락하되 우리 군 사령관의 통제를 받아야 한다.

—한국광복군 행동 준승 9개 항(일부 요약)

인도 방면으로 파견된
한국광복군

광복 직전 항일 단체

상 중 하 8회

01 다음 자료와 관련된 시기의 일제 식민 정책으로 옳은 것을 〈보기〉에서 고른 것은?

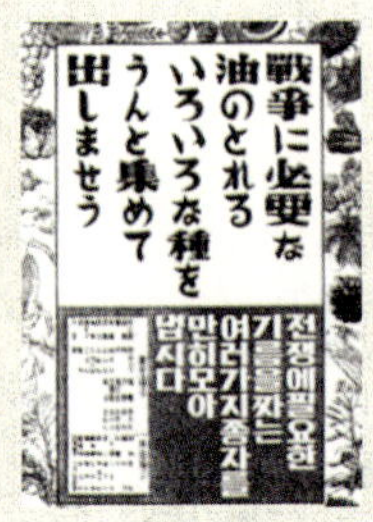

〈보기〉

ㄱ. 치안 유지법을 제정하여 사상 탄압을 강화하였다.
ㄴ. 신문지법을 제정하여 신문에 대한 검열을 강화하였다.
ㄷ. 한국인의 성과 이름을 일본식으로 바꿀 것을 강요하였다.
ㄹ. 국가 총동원법을 제정하여 인적·물적 자원을 수탈하였다.

① ㄱ, ㄴ   ② ㄱ, ㄷ   ③ ㄴ, ㄷ
④ ㄴ, ㄹ   ⑤ ㄷ, ㄹ

상 중 하 18회

02 다음 정책에 대한 설명으로 옳은 것은?

- 농촌 진흥 개선에 뜻을 가진 자는 적절하고 철저하게 지도 계발에 나서야 한다.
  – 조선 총독 우가키 가즈시게의 연설, 1932년

- 농가 갱생책
  – 각 농가의 경제 갱생을 위한 구체적 방책의 수립을 중심으로 하고, 정신 자세의 중요성도 충분히 천명할 것.
  – 지방의 실정에 따라 식량의 충실, 금전 경제의 수지 균형, 부채 근절을 목표로 하여 연차 계획을 수립할 것.
  – 농가 경제 갱생 계획 수립에 관한 방침. 1933년

① 농민의 관습적인 경작권을 부정하였다.
② 쌀농사 위주의 농업 구조로 재편되었다.
③ 식민지 지주제가 강화되는 결과를 가져왔다.
④ 농민을 회유하고 통제하기 위해 실시하였다.
⑤ 일본 농민의 한국으로의 농업 이민이 늘었다.

상 중 하 7회

03 자료의 밑줄 친 '이 정책'으로 옳은 것은?

이 정책은 체제 안정책의 일환이었으며, 빈농을 중심으로 한 농민 일반을 체제에 순응시키는 것을 목표로 한 것이었다. 이 정책의 시행 배경으로 이해되고 있는 농촌 내 활성화는 거꾸로 말하면 일제와 민족 운동 세력 간의 '농민 획득 경쟁'으로도 표현할 수 있는 성질의 것이었다. …… 일제 스스로는 '농가 갱생 계획' 실시 이후에 '식량의 충실', ' 부채 상환', '현금 수지 개선'이라는 이른바 '갱생 계획의 3요점'은 많은 실적을 거두었다고 평가하고 있다.

① 소작 조정령   ② 수리 조합령
③ 토지 조사 사업   ④ 산미 증식 계획
⑤ 국가 총동원법 제정

상 중 하 13회

04 다음 장면의 배경이 된 시기의 사회 모습으로 옳은 것은?

이시다 선생은 수업에 앞서 시국(時局) 얘기를 시작하였다. "전선에서는 매일매일 천황 폐하를 위하여 대일본 제국의 남아들이 죽어 가고 있다……." 일본 아이들은 엄숙한 표정으로 감격해 있었지만 조선 아이들은 말똥말똥, 더러는 웃음을 참느라 애를 쓰는 것이었다. 낄낄낄, 아주 낮은 웃음소리가 났다. "다레카(누구냐)?" 바로 옆에 앉은 옥선자가 웃었던 것이다. "데테고이(나와라). *다마카와, 오마에다로(너지)!"
※다마카와 : 옥선자(玉仙子)의 창씨이다.
– 박경리, 《토지》

① 조선 태형령이 적용되었다.
② 동아일보와 조선일보가 창간되었다.
③ 총독부의 허가를 얻어 회사를 설립하였다.
④ 조선인이 다니는 사립 학교의 수가 증가하였다.
⑤ 쌀을 강제로 공출하고 식량 배급제를 실시하였다.

05 교사의 질문에 대한 답변으로 옳지 <u>않은</u> 것은?

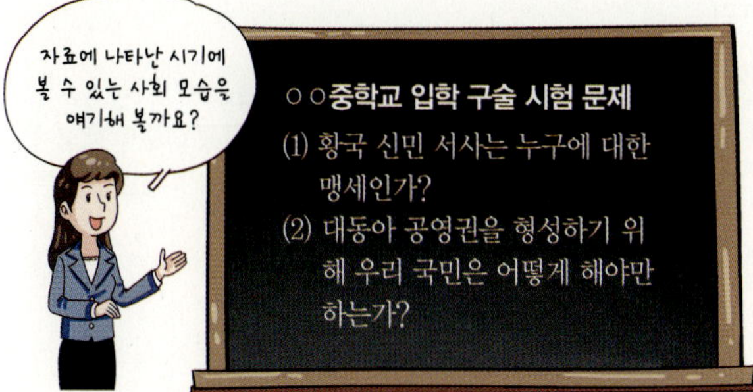

① 궁성 요배에 참여하는 학생
② 공출을 독려하는 애국반 단원
③ 몸뻬를 입고 일터로 향하는 여성
④ 즉결 처분권을 행사하는 헌병 경찰
⑤ 징용령으로 작업장에 동원되는 장정

06 자료와 관련된 사회 모습을 담은 사진으로 가장 적절한 것은?

제1조 국가 총동원이란 전시에 국방 목적을 달성하기 위하여 인적 및 물적 자원을 운용하는 것이다.
제14조 정부는 전시에 국가 총동원상 필요할 때에는 칙령이 하는 바에 따라 물자의 생산·수리·배급·양도 …… 필요한 명령을 내릴 수 있다.

① 
금속 공출

② 
물산 장려 운동

③ 
토지 조사 사업

④ 
암태도 소작 쟁의

⑤ 
제복을 입고 칼을 찬 교직원

07 다음 자료와 관련된 식민지 정책에 대한 설명으로 옳은 것은?

창씨개명 수속을 위해 줄 서 있는 사람들
신사 참배

① 회사령을 폐지하여 일본 자본의 한국 진출을 도왔다.
② 소학교를 황국 신민 학교라는 뜻에서 국민학교로 바꾸었다.
③ 산미 증식 계획을 실시하여 일본의 부족한 식량을 보충하였다.
④ 일본 상품에 대한 관세를 폐지하여 한국인 기업에 타격을 주었다.
⑤ 토지 조사 사업으로 궁방전, 역둔토 등을 일본인 소유로 바꾸었다.

08 다음 법령이 발표된 시기의 항일 무장 투쟁으로 옳은 것은?

제1조 본 법령은 경작을 목적으로 하는 토지의 임대차에 적용한다.
제3조 임대인이 마름 등 소작지의 관리자를 둘 때에는 조선 총독이 정하는 바에 의하여 부윤, 군수에게 신청한다.
제7조 소작지의 임대차 기간은 3년을 내려갈 수 없다. 단, 영년 작물(永年作物) 재배를 목적으로 하는 임대차는 7년을 내려갈 수 없다.
제19조 임대인은 임차인의 배신 행위가 없는 한 임대차의 갱신을 거절할 수 없다. 단, 임대인에게 정당한 사유가 있을 경우에는 이 조항의 적용을 받지 않는다.
– 조선 농지령

① 한중 연합 작전이 전개되었다.
② 신간회가 신흥 무관 학교를 세웠다.
③ 대한 독립 군단이 자유시로 이동하였다.
④ 임병찬이 대한 독립 의군부를 조직하였다.
⑤ 대한 광복회가 간도에 무관 학교를 설립하였다.

상 중 하 10회

09 다음 만평이 나타나게 된 배경으로 가장 적절한 것은?

① 신 은행법을 제정하여 은행 합병을 단행하였다.
② 국가 총동원법을 제정하여 전쟁 물자를 동원하였다.
③ 회사령을 제정하여 우리 민족 자본의 성장을 억압하였다.
④ 농촌 진흥 운동을 시작하여 농촌의 자력갱생을 꾀하였다.
⑤ 조선 관세령을 철폐하여 일본 자본의 조선 진출을 용이
하게 하였다.

상 중 하 17회

10 (가), (나) 독립군의 공통점으로 옳은 것은?

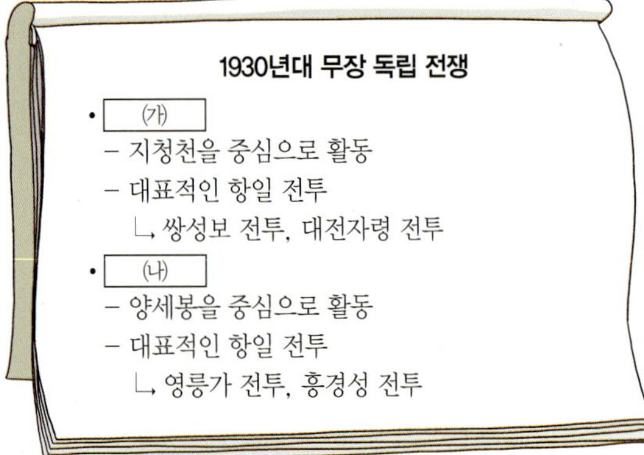

① 민족 혁명당 소속이었다.
② 국내 정진군을 조직하였다.
③ 봉오동 전투에서 활동하였다.
④ 한중 연합 작전을 전개하였다.
⑤ 대한민국 임시 정부 직속 부대였다.

상 중 하 10회

11 다음 설명에 해당되는 독립군에 대한 설명으로 옳은 것은?

1940년 충칭에서 발족되어 3개의 지대로 편성되었다. 《광복》이라는 간행물을 발행했고, 방송과 선전지를 전후방에 살포해 애국 청년은 물론 일본군에 징병되어 온 한국 청년을 유치하는 데 힘썼다. 태평양 전쟁이 발발하자 대일 선전을 포고하였다. 처음에는 중국 군사 위원회에 예속되어 있다가 1944년 8월에 임시 정부 통수부가 통할하기 시작하였다. 광복 직전에는 한미 합동 작전으로 국내 진공 작전을 계획하였으나 일제가 항복하면서 실현하지 못하였고, 광복 후 일부는 귀국했다.

① 호가장 전투, 반소탕전 등에서 일본군을 격파하였다.
② 조선 혁명 간부 학교를 설립하여 군사력을 강화하였다.
③ 조선 의용대 화북 지대가 편입되어 군사력이 증강되었다.
④ 지청천을 총사령관, 이범석을 참모장으로 하여 창설되었다.
⑤ 군대의 행동 준승에 의해 독자적인 군사 작전을 수행하였다.

상 중 하 21회

12 자료의 밑줄 친 '이 부대'로 옳은 것은?

1935년 난징에서 민족 혁명당이 결성되었다. 중일 전쟁이 발발하자 민족 혁명당은 다른 단체들과 연합하여 조선 민족 전선 연맹을 결성하였고, 이듬해 중국 국민당 정부의 지원을 받아 이 부대를 조직하였다.

① 한국광복군　　　　② 한국 독립군
③ 조선 의용대　　　　④ 조선 의용군
⑤ 조선 혁명군

13 (가), (나) 사건에 대한 설명으로 옳은 것은?

> (가) 1월 8일 도쿄에서 일왕이 타고 가는 마차를 향해 수류탄을 던졌다. 중국 신문들은 한국인이 일왕을 저격하였으나 불행히도 성공하지 못하였다고 보도하며 거사의 실패를 아쉬워하였다.
>
> (나) 4월 29일 홍커우 공원에서 열린 일왕의 생일과 상하이 사변 승리를 축하하는 기념식에 폭탄을 던져 일본군 장성과 고관들을 처단하였다.

① (가) – 만주 사변 직전에 일어났다.
② (가) – 3부 통합 운동에 영향을 끼쳤다.
③ (나) – 일제의 상하이 무력 침공의 빌미가 되었다.
④ (나) – 중국 국민당이 대한민국 임시 정부를 지원하는 계기가 되었다.
⑤ (가), (나) – 의열단 소속 단원이 일으켰다.

14 다음 상황을 극복하기 위한 노력으로 가장 적절한 것은?

> 이렇게 하여 정부는 자리가 잡혔으나, 경제 곤란으로 정부의 이름을 유지할 길도 막연하였다. …… 정부의 집세가 30원, 심부름꾼 월급이 20원 미만이었으나, 이것도 지불할 여력이 없어서 집주인에게 여러 번 송사를 겪었다. …… 나는 임시 정부 정청에서 자고, 밥은 돈벌이 직업을 가진 동포의 집으로 이 집 저 집 돌아다니면서 얻어먹었다.
>
> – 《백범 일지》

① 한국광복군 창설
② 파리 위원부 설치
③ 한인 애국단 조직
④ 국민 대표 회의 개최
⑤ 집단 지도 체제 채택

15 (가)~(다)에 관한 설명으로 옳은 것을 〈보기〉에서 고른 것은?

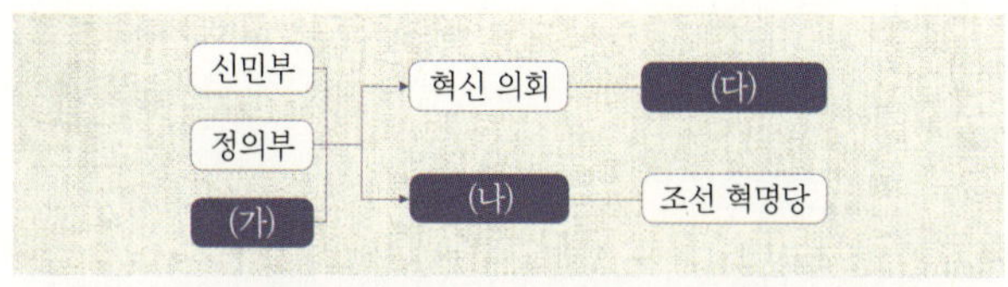

〈보기〉

ㄱ. (가) – 공화주의적 자치 정부였다.
ㄴ. (가) – 민족 유일당 운동으로 결성되었다.
ㄷ. (나) – 미쓰야 협약 체결의 배경이 되었다.
ㄹ. (다) – 산하 군대가 쌍성보·대전자령에서 승전하였다.

① ㄱ, ㄷ 　② ㄱ, ㄹ 　③ ㄴ, ㄷ
④ ㄴ, ㄹ 　⑤ ㄷ, ㄹ

16 ㉠~㉤과 관련된 설명으로 옳지 않은 것은?

> 광복군을 창설할 수 있었던 데는 중국 관내에서 양성되고 있던 군사 간부들과 만주에서 이동해 온 독립군 세력이 주요한 배경이 되었다. 중국 관내에서는 1910년대 이래 운남 강무당, 귀주 강무당, ㉠황포 군관 학교, 중국 중앙 군관 학교를 비롯한 중국의 각종 군관 학교에서, 그리고 1930년대에는 ㉡김구와 ㉢김원봉이 낙양 군관 학교와 조선 혁명 간부 학교를 직접 설립, 운영하면서 군사 인재들을 양성하고 있었다. 또 1930년대 중반에는 만주에서 활동하던 ㉣조선 혁명군, ㉤한국 독립군 등 만주 독립군 세력들이 중국 관내로 이동해 왔다.

① ㉠ – 의열단 단원들이 입학하여 군사 훈련을 받았다.
② ㉡ – 윤봉길 등을 단원으로 한 한인 애국단을 조직하였다.
③ ㉢ – 조선 의용대 일부를 이끌고 한국광복군에 합류하였다.
④ ㉣ – 중국군과 연합하여 쌍성보 전투를 승리로 이끌었다.
⑤ ㉤ – 혁신 의회를 개편하여 결성한 군사 조직이었다.

상 중 하 7회

17 다음은 1930년대 후반 중국에서 발표된 어느 단체의 강령이다. 이 단체에 대한 설명으로 옳은 것을 〈보기〉에서 고른 것은?

- **당의**
  본 당은 혁명적 수단으로써 구적 일본의 침탈 세력을 박멸하고 오천 년 독립 자주해 온 국토와 주권을 확보하고 정치·경제·교육 평등에 기초를 둔 진정한 민주 공화국을 건설하고……

- **강령**
  – 원수 일본의 침략 세력을 박멸하여 우리 민족의 자주독립을 완성한다.
  – 토지는 국유로 하고 농민에게 분급한다.
  – 대규모 생산 기관과 독점적 기업을 국영으로 한다.
  – 국내 혁명 대중을 중심으로 내외 전 민족적 혁명 전선을 결성한다.

〈보기〉
ㄱ. 대한민국 임시 정부의 주도로 조직되었다.
ㄴ. 이 단체의 산하에 조선 의용대가 조직되었다.
ㄷ. 좌우 합작의 성과로 창립 선언문을 발표하였다.
ㄹ. 독립운동 단체들의 통합 움직임 속에서 창립되었다.

① ㄱ, ㄴ ② ㄱ, ㄷ ③ ㄴ, ㄷ
④ ㄴ, ㄹ ⑤ ㄷ, ㄹ

상 중 하 8회

18 연표의 (가)~(마) 시기의 독립운동에 대한 설명으로 옳지 <u>않은</u> 것은?

1919	1920	1925	1931	1937	1945
	(가)	(나)	(다)	(라)	(마)
3·1 운동	간도 참변	미쓰야 협정	만주 사변	중일 전쟁	8·15 광복

① (가)−봉오동·청산리 전투에서 일본군을 격파하였다.
② (나)−일부 독립군이 만주로 이동하여 3부를 조직하였다.
③ (다)−국민부와 혁신 의회가 결성되었다.
④ (라)−한국 독립군은 중국군과 연합 전선을 형성하였다.
⑤ (마)−북로 군정서군이 만주 지역에서 항일 투쟁을 지속하였다.

상 중 하 12회

19 사진 속 인물들이 소속된 군대에 대한 설명으로 옳은 것은?

① 소련에 의해 무장 해제당하였다.
② 중국 공산당과 함께 대일 전투를 수행하였다.
③ 중국 호로군과 연합하여 항일전을 전개하였다.
④ 백운평, 어랑촌, 고동하 전투에서 승리를 거두었다.
⑤ 조선 의용대의 일부 병력을 통합하여 전력을 강화하였다.

상 중 하 13회

20 지도는 어느 독립운동 단체의 이동 경로를 나타낸 것이다. 이 단체가 (가) 지역에서 전개한 활동으로 옳은 것을 〈보기〉에서 고른 것은?

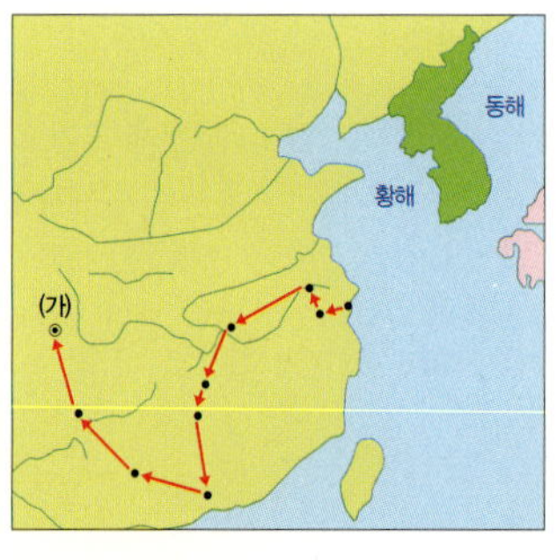

〈보기〉
ㄱ. 비밀 행정 조직인 연통제를 조직하였다.
ㄴ. 활로 모색을 위해 국민 대표 회의를 개최하였다.
ㄷ. 삼균주의를 바탕으로 한 건국 강령을 공포하였다.
ㄹ. 민족 통일 전선을 꾀하고 한국광복군을 조직하였다.

① ㄱ, ㄴ ② ㄱ, ㄷ ③ ㄴ, ㄷ
④ ㄴ, ㄹ ⑤ ㄷ, ㄹ

21 다음을 목표로 삼았던 군대를 창설한 단체로 옳은 것은?

> 우리의 분산된 무장 역량을 총집중하여 조국 광복 전쟁을 전면적으로 전개시킬 것.
> • 중국 항전에 참가하여 중국 항일군과 연합하여 왜적을 박멸할 것.
> • 정치, 경제, 교육을 평등으로 한 신 민주 국가 건설의 무력 기간(基幹)이 될 것.
> • 인류의 화평과 정의를 지지하는 세계 제민족과 함께 인류 발전의 장애물을 소탕할 것.

① 혁신 의회
② 조선 독립 동맹
③ 조선 건국 동맹
④ 조선 민족 혁명당
⑤ 대한민국 임시 정부

22 자료와 관련된 단체에 대한 설명으로 옳은 것을 〈보기〉에서 고른 것은?

> • 피고의 행위는 천황 행차 행렬을 침해한 대죄입니다. 따라서 결코 용서할 수 없는 행위이므로 피고에 대해서는 사형에 처해야 한다고 생각됩니다. —○○○ 공판조서
> • 그가 수류탄을 휴대하고 일본 세관의 검사와 경찰의 감시를 피해 동경까지 잠입한 것은 대단한 기백이 있었기 때문에 가능한 것입니다. …… 우리들이 그의 죽음을 백 번, 천 번 추도하는 것도 그의 유지를 계승하기 위함입니다. —○○○ 의사 추도사

〈보기〉

ㄱ. 105인 사건으로 해체되었다.
ㄴ. 중국 상하이에서 조직되었다.
ㄷ. 조선 혁명 선언을 활동 지침으로 하였다.
ㄹ. 이봉창, 윤봉길 등이 단원으로 활동하였다.

① ㄱ, ㄴ
② ㄱ, ㄷ
③ ㄴ, ㄷ
④ ㄴ, ㄹ
⑤ ㄷ, ㄹ

23 (가)~(라) 지역의 독립운동에 관한 설명으로 옳은 것을 〈보기〉에서 고른 것은?

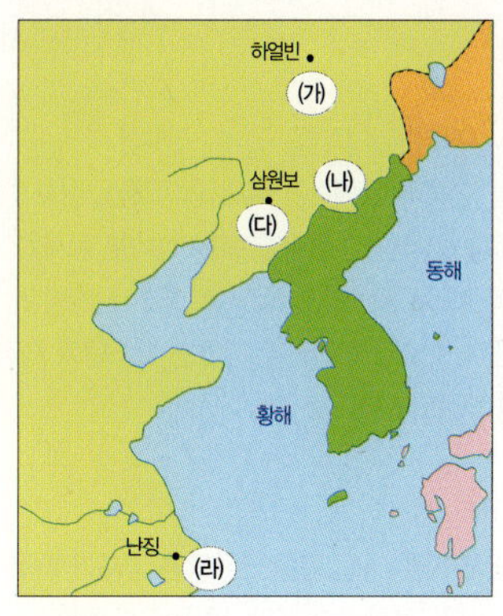

〈보기〉

ㄱ. (가) – 조선 의용대가 창설되었다.
ㄴ. (나) – 청산리 전투에서 승리하였다.
ㄷ. (다) – 쌍성보·동경성 전투가 벌어졌다.
ㄹ. (라) – 윤봉길 의사의 의거가 일어났다.

① ㄱ, ㄴ
② ㄱ, ㄷ
③ ㄴ, ㄷ
④ ㄴ, ㄹ
⑤ ㄷ, ㄹ

24 (가) 단체의 군사 활동에 관한 탐구 활동으로 적절하지 않은 것은?

> **만주 항일 유적지 답사기**　　　○○월 ○○일
> 인천에서 배를 탄 다음 날 아침 중국 단둥(단동)에 도착하였다. 단둥에는 조지 쇼(Show. G. L)가 운영하던 무역 선박 회사인 이륭양행이 있었다. 쇼는 　(가)　이(가) 국내와의 연락을 위해 교통국을 설치할 수 있도록 사무실을 빌려 주었다. 또한 김구를 비롯해 수많은 독립운동가가 상하이로 갈 수 있게 도와주었다.

① 행동 준승 9개 항을 분석한다.
② 영국과의 공동 작전을 알아본다.
③ 국내 진공 작전 계획을 알아본다.
④ 대일 선전 포고 성명을 살펴본다.
⑤ 조선 의용대 화북 지대 활동을 조사한다.

1. ⑤ 2. ④ 3. ① 4. ⑤ 5. ④ 6. ① 7. ② 8. ① 9. ② 10. ④ 11. ④ 12. ③ 13. ④ 14. ③ 15. ② 16. ④ 17. ④ 18. ⑤ 19. ⑤ 20. ⑤ 21. ⑤ 22. ④ 23. ④ 24. ⑤

1. ⑤ 바로 정리 : 일제의 민족 말살 정책
일제는 우리 민족을 전쟁에 동원하기 위해 창씨개명, 신사 참배, 궁성 요배, '황국 신민 서사' 암송 등 민족성 말살을 위한 정책을 실시했다. 또한 1938년 국가 총동원령을 시작으로 지원병제, 징용령, 학도 지원병제, 징병제 등으로 인적 자원을 수탈했다. 아하! ㄱ. 치안 유지법은 1925년에 제정되었다. ㄴ. 신문지법은 1907년에 제정되었다.

2. ④ 바로 정리 : 농촌 진흥 운동
1930년대 초 대공황에 따른 농업 공황으로 농촌 경제가 더욱 어려워지자 농민을 회유하고 통제하기 위해 농촌 진흥 운동을 실시했다. 아하! ①, ③, ⑤ 토지 조사 사업과 관련이 있다. ② 산미 증식 계획과 관련이 있다.

3. ① 바로 정리 : 농촌 진흥 운동
제시된 자료는 농촌 진흥 운동(1932)과 관련된 것으로 당시 증가하고 있던 소작 쟁의를 억제하고 농촌에 대한 통제를 강화하기 위해 실시되었다. 소작 쟁의를 억제하기 위해 1932년 조선 소작 조정령, 1934년 조선 농지령 등을 제정했다. 아하! ②, ④ 수리 조합령은 산미 증식 계획과 함께 실시되었다. ③ 토지 조사 사업은 1910년대에 실시되었다. ⑤ 국가 총동원법은 1938년에 제정되었다.

4. ⑤ 바로 정리 : 일제의 민족 말살 통치
창씨개명이 이루어진 것으로 보아 1940년대임을 알 수 있다. 중일 전쟁 이후 일제는 우리 민족에게 내선일체와 일선동조론을 강요하고 황국 신민 서사, 궁성 요배, 신사 참배, 창씨개명 등을 강요했으며 미곡의 공출제 및 배급제, 금속 공출제 등 경제 수탈도 강화했다. 아하! ①, ③ 1910년대 ② 1920년대 ④ 1908년 사립 학교령 제정 이후 사립 학교는 계속 감소했다.

5. ④ 바로 정리 : 1940년대 일제의 식민 정책
'황국 신민 서사, 대동아 공영권' 등으로 1940년대 일제의 민족 말살 정책에 해당되는 시기임을 알 수 있다. 아하! ④ 1910년대에 해당된다.

6. ① 바로 정리 : 국가 총동원법과 물적 자원 수탈
일제는 국가 총동원법(1938)을 통해 한국인을 전쟁에 동원할 수 있는 근거를 마련하고 전쟁에 필요한 물자를 수탈했다. 아하! ②, ④ 1920년대의 모습이다. ③, ⑤ 1910년대의 모습이다.

7. ② 바로 정리 : 일제의 민족 말살 통치
창씨개명에 대한 신문 기사와 신사 참배에 동원된 학생들의 모습으로 민족 말살 통치에 해당된다. 일제는 1941년 국민학교령을 반포하여 소학교를 국민학교로 개칭했는데, 이는 황국 신민 학교라는 의미이다. 아하! ①, ③, ④ 1920년대 ⑤ 1910년대에 해당된다.

8. ① 바로 정리 : 1930년대 항일 무장 투쟁
자료는 1934년에 일제가 소작 쟁의를 억제하기 위해 발표한 조선 농지령이다. 이 시기에는 한중 연합 작전이 전개되었다. 양세봉의 조선 혁명군은 중국 의용군과, 지청천의 한국 독립군은 중국 호로군과 연합 작전을 펼쳤다. 아하! ②, ⑤ 1910년대 독립운동 기지 건설과 관련이 있다. ③ 1920년대에 해당된다. ④ 대한 독립 의군부는 1912년에 조직되었다.

9. ② 바로 정리 : 인적·물적 자원 약탈
1930년대 후반 이후 자행된 일제의 인적·물적 자원 약탈과 관련이 있다. 일제는 중일 전쟁 이후 대륙 침략을 본격화하면서 미곡 공출제 및 식량 배급제, 조선 증미 계획, 가축 증식 계획, 금속 공출제 등 물적 자원의 수탈도 강화했다. 아하! ① 신 은행법은 1920년대에 제정 ③ 회사령은 1910년 ④ 농촌 진흥 운동은 1932년부터 시작 ⑤ 조선 관세령은 1923년에 제정되어 일본 상품의 관세를 철폐하였다.

10. ④ 바로 정리 : 1930년대 한중 연합 작전 전개
(가)는 한국 독립군, (나)는 조선 혁명군에 해당된다. 이들 독립군은 만주 사변(1931) 이후 한국 독립군은 중국 호로군과, 조선 혁명군은 중국 의용군과 함께 한중 연합 작전을 전개했다. 아하! ① 민족 혁명당 소속 독립군은 조선 의용대 ② 한국광복군 ③ 홍범도의 대한 독립군 ⑤ 육군 주만 참의부 등에 해당된다.

11. ④ 바로 정리 : 한국광복군
한국광복군은 1940년 충칭에서 총사령관에 지청천, 참모장에 이범석으로 하여 창설되었다. 한국광복군은 태평양 전쟁이 발발하자 대일 선전 포고(1941)를 했으며, 김원봉의 조선 의용대 일부가 광복군에 편입되었다(1942). 영국군과의 연합 작전으로 미얀마·인도 전선에 파견(1943)하기도 하고, 미국의 도움으로 국내 정진군 특수 훈련을 받기도 했다. 아하! ① 조선 의용대(조선 의용군) ② 조선 혁명 간부 학교는 김원봉이 설립(1932) ③ 조선 의용대가 편입 ⑤ 한국광복군은 행동 준승 9개 항의 조건에 의해 독자적 군사 작전이 불가능했다.

12. ③ 바로 정리 : 민족 혁명당과 조선 의용대
만주 사변으로 독립군이 중국 관내로 이동하여 반일 통일 전선의 필요성이 대두되었다. 이로 인해 한국 독립당, 의열단, 조선 혁명당, 신한 독립당 등이 참여하여 한국 대일 전선 통일 연맹 전선을 결성하여 민족 혁명당을 창당하고 조선 의용대를 창설했다.

13. ④ 바로 정리 : 한인 애국단의 활동
(가) 도쿄에서 일왕에게 폭탄을 투척한 내용으로 보아 이봉창 의거임을 알 수 있다. (나) 훙커우 공원에서 발생한 윤봉길 의거이다. 이 의거 이후 중국 국민당이 대한민국 임시 정부를 적극적으로 지원했다. 아하! ① 이봉창·윤봉길 의거는 1932년, 만주 사변은 1931년에 발생했다. ② 3부 통합 운동은 1920년대 후반에 전개되었다. ③ 일제가 상하이 무력 침공의 빌미로 삼은 것은 이봉창 의거이며, 상하이 사변 승전 기념식을 하던 훙커우 공원에서 윤봉길이 의거를 일으켰다. ⑤ 이봉창과 윤봉길은 한인 애국단원이었다.

14. ③ 바로 정리 : 임시 정부의 침체
1923년 국민 대표 회의 결렬 이후 임시 정부는 침체에 빠졌다. 김구는 이를 극복하고 임시 정부의 활로를 모색하기 위해 1931년 한인 애국단을 조직하여 의열 투쟁을 전개했다. 아하! ① 한국광복군은 1940년에 창설되었다. ② 파리 위원부는 1919년에 설치했다. ④, ⑤ 국민 대표 회의(1923) 이후 헌법을 개정하여 국무령 중심의 집단 지도 체제를 채택했다.

15. ② 바로 정리 : 1920년대 무장 투쟁
(가)는 참의부, (나)는 국민부, (다)는 한국 독립군에 해당된다. ㄱ. 참의부, 정의부, 신민부 3부는 행정부·입법부·사법부를 구성한 공화주의적 군정부였다. ㄹ. 혁신 의회 산하 한국 독립군은 1930년대 중국 호로군과 연합하여 쌍성보, 사도하자, 대전자령 전투에서 승리를 거두었다. 아하! ㄴ. 민족 유일당 운동 결과 3부가 국민부와 혁신 의회로 통합되었다. ㄷ. 미쓰야 협정은 1925년 일제와 만주 군벌 사이에 체결되었으며 3부 통합에 영향을 주었다.

16. ④ 바로 정리 : 1930년대 무장 투쟁
㉠ 김원봉 등 의열단 단원들은 황포 군관 학교에 입교하여 군사 훈련을 받았다. ㉡ 김구는 임시 정부의 활로를 모색하기 위해 한인 애국단을 조직했다. ㉢ 김원봉은 조선 의용대를 창설하여 후일 일부 세력과 함께 한국광복군에 합류했다. ㉤ 혁신 의회를 개편하여 결성한 한국 독립당 산하의 한국 독립군은 대전자령·사도하자·쌍성보 전투 등에서 활약했다. 아하! ㉣ 조선 혁명군은 남만주 일대의 3부 통합 운동 결과로 만들어진 국민부를 기반으로 조직되었으며 양세봉을 중심으로 영릉가 전투와 흥경성 전투에서 활약했다.

17. ④ 바로 정리 : 민족 혁명당과 조선 의용대
1935년 한국 독립당, 의열단, 조선 혁명당, 신한 독립당 등이 참여하여 결성한 민족 혁명당의 강령이다. 민족 혁명당 산하에 조선 의용대를 창설했다(1938). 아하! ㄱ. 김원봉이 단체 결성을 주도했다. ㄷ. 김구 등 민족주의 계열은 참여를 거부했기 때문에 좌우 합작의 창립 선언문은 발표하지 못했다.

18. ⑤ 바로 정리 : 일제 강점기 무장 투쟁의 전개
(가) 봉오동 전투와 청산리 전투에서 크게 패한 일제는 간도 참변을 일으켜 많은 민간인을 학살했다. (나) 참의부, 정의부, 신민부 등 3부에 대한 탄압을 목적으로 미쓰야 협정이 체결되었다. (다) 3부 통합 운동 결과 국민부와 혁신 의회가 결성되었다. (라) 만주 사변 이후 한중 연합 작전이 전개되었다. 아하! ⑤ 북로 군정서군은 청산리 전투의 주역이었다. 간도 참변 이후 소련으로 이동했다가 무장 해제당하여(1922) 더 이상 무장 독립운동을 하지 못했다.

19. ⑤ 바로 정리 : 한국광복군의 활동
1940년 충칭에 정착한 임시 정부는 중국 정부의 지원을 받아 한국광복군을 창설했다. ⑤ 한국광복군은 1942년 김원봉 등 조선 의용대의 일부 세력이 합류하면서 군사력이 증강되었다. 아하! ① 대한 독립 군단 ② 조선 의용군 ③ 한국 독립군 ④ 북로 군정서군이 중심이 된 청산리 전투에 대한 설명이다.

20. ⑤ 바로 정리 : 대한민국 임시 정부의 활동
대한민국 임시 정부의 이동 경로이다. (가) 지역은 충칭이다. 임시 정부는 1940년 이곳에 정착하여 정부 체제를 주석 중심제로 개편했으며 정치 세력을 재편성하여 한국 독립당을 결성했다. 1941년에는 조소앙의 삼균주의를 바탕

으로 건국 강령을 발표했으며, 중국 정부의 지원을 받아 한국광복군을 창설하여 무장 독립 전쟁을 준비했다. 아하! ㄱ과 ㄴ은 상하이 시절에 해당된다.

21. ⑤ 바로 정리 : 임시 정부와 한국광복군
제시된 자료의 '정치, 경제, 교육을 평등으로 한 신 민주 국가 건설'은 조소앙의 삼균주의의 핵심이다. 이로 보아 대한민국 임시 정부와 관련된 군대임을 추론할 수 있다. 1940년 창설된 한국광복군은 신흥 무관 학교 출신들을 중심으로 창설된 대한민국 임시 정부 산하 군대이다. 아하! ① 한국 독립군을 창설했다. ② 조선 의용군을 창설했다. ④ 조선 의용대를 창설했다. ③ 조선 건국 동맹은 조선 건국 준비 위원회로 발전했다.

22. ④ 바로 정리 : 한인 애국단의 활동
제시된 자료에서 천황 행렬을 침략했다는 것으로 보아 한인 애국단 소속의 이봉창 의사 의거와 관련된 내용임을 알 수 있다. 한인 애국단은 김구가 임시 정부의 침체를 극복하고 활로를 모색하기 위해 상하이에서 조직한 단체이다. 아하! ㄱ. 신민회와 관련이 있다. ㄷ. 의열단에 대한 설명이다.

23. ④ 바로 정리 : 항일 무장 투쟁의 전개
(나)는 북간도 지역으로 봉오동 전투와 청산리 전투에서 일본군을 크게 무찔렀다. (라) 윤봉길 의사는 1932년 상하이 훙커우 공원에서 열린 상하이 사변 축하 기념식에 폭탄을 던져 일본군 장성과 고관들을 처단했다. 아하! ㄱ. 조선 의용대는 중국 관내인 한커우에서 창설되었다. ㄷ. 쌍성보·동경성 전투는 북간도 지역에 해당된다. (다) 지역에서는 영릉가 전투와 흥경성 전투가 벌어졌다.

24. ⑤ 바로 정리 : 대한민국 임시 정부의 군사 활동
교통국, 김구, 이륭양행 등으로 (가)는 대한민국 임시 정부임을 알 수 있다. 대한민국 임시 정부는 1940년 한국광복군을 창설하여 항일 무장 투쟁을 전개했다. 초기에는 행동 준승 9개 항을 수용하여 중국군의 명령과 지휘를 인정했다. 일본에 선전 포고를 하고 영국군과 함께 인도·미얀마 전선에 참여했다. 미국의 지원을 받아 국내 진공 작전을 계획했으나 실행에 옮기기 전에 일제가 패망했다. 아하! ⑤ 조선 의용대 화북 지대는 조선 의용군과 관련이 있다.

물산 장려 운동 포스터

핵심주제 01 일제의 식민지 문화 정책

(1) 식민지 교육 정책

① **기본 목표** : 한국인의 우민화와 황국 신민화 정책
② **내용** : 서당·사립 학교 등 민족 교육 억압, 고등 교육 제한, 초보적 실업 교육에 중점 → 식민 통치에 이용할 노동력 양성

> 서당 개설 시, 도지사의 인가를 받고, 교과서도 총독부가 편찬한 것을 사용하도록 함. 결국 서당의 수 감소

(2) 1910년대 교육 정책(우민화 정책) : 제1차 조선 교육령(1911), 서당 규칙(1918)

(3) 1920년대 교육 정책(유화 정책) : 제2차 조선 교육령(1922), 보통학교 수업 연한 6년

(4) 1930년대 교육 정책(황국 신민화 정책) : 제3차 조선 교육령(1938, 보통학교를 심상소학교로 개칭), 제4차 조선 교육령(1943, 한국어 폐지)

(5) 식민 사관 보급(한국사 왜곡) : 조선사 편수회 중심, 정체성·타율성·당파성 강조

> 근대 사회로의 이행에 필요한 봉건 사회 단계를 거치지 못한 상태에 머물러 있다는 이론

> 식민주의적 한국사상을 구축하기 위해 만들어진 기구

> 한국사의 전개가 외국의 간섭에 의해 타율적으로 이루어졌다는 이론

> 당쟁을 한국 민족 전체의 성격으로 규정, 조선 왕조의 멸망도 그러한 파벌 의식 때문이라는 주장

핵심주제 02 실력 양성 운동

(1) 실력 양성 운동의 추진

배경	사회 진화론 수용, 1920년 회사령 철폐 → 민족 기업 설립 가능
민족 기업 설립	• 대지주와 상인 자본 : 경성 방직 주식회사(김성수) 등 • 서민 출신 기업 : 평양의 메리야스, 고무신 공장 등
의의	민족의 근대적 경제·교육·문화 발전 추구
한계	사회 진화론·문명 개화론에 근거 → 제국주의 침략 합리화 → 타협적 민족주의 세력의 자치 운동 전개, 1930년대 이후 친일화

(2) 물산 장려 운동

배경	일본 기업의 조선 진출 증가, 한국과 일본 사이에 관세 철폐 움직임
전개	• 평양에서 조만식을 중심으로 시작(1920) → 청년·여성 단체 참여 → 전국 확산 • 토산품 애용, 근검, 저축, 금주·단연 운동을 통한 경제적 자립
한계	• 상품 가격 상승, 자본가들의 이윤 추구, 지도부가 일제와 타협, 일제의 방해로 실패 • **사회주의 세력의 반응** : 자본가 계급의 이익만을 추구한다고 반대

핵심주제 03 민립 대학 설립 운동

배경	3·1 운동 이후 민족 역량을 강화하기 위한 고등 교육의 필요성 강조
전개	조선 교육회(1920) 중심, 조선 민립 대학 기성회 조직(1923) → 모금 운동 전개 → 일제의 탄압, 가뭄과 홍수 발생 등 자연재해로 모금 운동 실패
한계	일제의 탄압에 의해 운동 중지 → 경성 제국 대학 설립(1924)으로 한국인들의 불만 무마

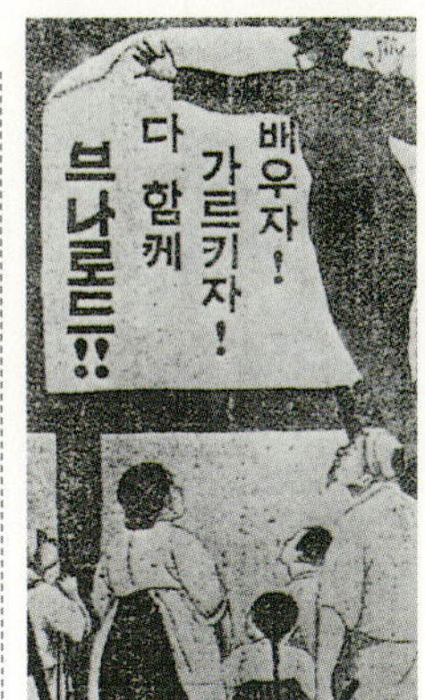

동아일보의 브나로드 운동

핵심주제 04 문맹 퇴치 운동

배경	일제 우민화 정책으로 문맹자 증가(약 80%)
한계	• 도시 지식인과 학생 중심, 문자 보급과 농촌 계몽 운동 병행 • 문자 보급 운동(1929) : 조선일보 주도, 한글 교재 보급, 전국 순회 강연 개최 • 브나로드 운동(1931) : 동아일보 주도, 야학 개설, 한글 보급, 미신 타파·구습 제거 등 농촌 계몽 운동 성격

핵심주제 05 민족 유일당 운동

(1) 독립운동 세력의 분열

① **민족주의 세력** : 자치 운동 전개 → 타협적 민족주의 세력과 비타협적 민족주의 세력으로 분열

② **사회주의 세력** : 3·1 운동 이후 사회주의 세력 확산 → 청년·지식인을 중심으로 확산 → 사회주의 단체 결성, 사회 운동 활성화 → 일제는 치안유지법(1925)으로 탄압

(2) 민족 유일당 운동

① **국외** : 한국 독립 유일당 북경 촉성회 창립, 3부 통합 운동 전개

② **국내** : 조선 민흥회 결성(1926), '정우회 선언' 발표(1926)

(3) 신간회의 결성(1927~1931)

결성	비타협적 민족주의 세력과 사회주의 세력의 결합 → 자치론, 참정론 등 비판
활동	전국 순회 강연 개최, 청년·여성·노동·농민 운동 지원, 광주 학생 운동 지원(조사단 파견 및 민중 대회 계획 → 일제에 의해 무산), 한국인 본위의 교육 실시
해소	민족주의 세력의 우경화, 코민테른의 노선 변화, 일제의 탄압 등으로 해소(1931)
의의	민족 유일당 형성, 일제 강점기 최대 규모의 합법적 항일 운동 단체

1919년에 설립된 각국 공산당들의 연합   단체가 해체됨

기억하라! 자료

1. 우리는 정치적·경제적 각성을 촉진한다.
2. 우리는 단결을 공고히 한다.
3. 우리는 기회주의를 일체 부인한다.
– 신간회 강령

핵심주제 06 다양한 사회 운동

(1) 청년 운동 : 3·1운동 이후 많은 청년 단체 조직

조선 청년 연합회(1920)	실력 양성론, 독립 준비론을 바탕으로 교육 진흥, 산업 진흥, 도덕 수양을 목표로 민족 독립운동 추진
서울 청년회(1921)	사회주의 계열의 청년들이 결성
조선 청년 총동맹(1924)	청년계의 민족 유일당

(2) 소년 운동 : 천도교 계열의 방정환이 시작

① **주장** : 어린이를 어른과 동등한 인격체로 대우

② **주도 단체** : 천도교 소년회(1922), 어린이 호칭 사용 및 어린이날 제정, 잡지 《어린이》 발행 → 조선 소년 연합회(1927), 전국적 조직체로 결성

근우회 회지, 《근우》

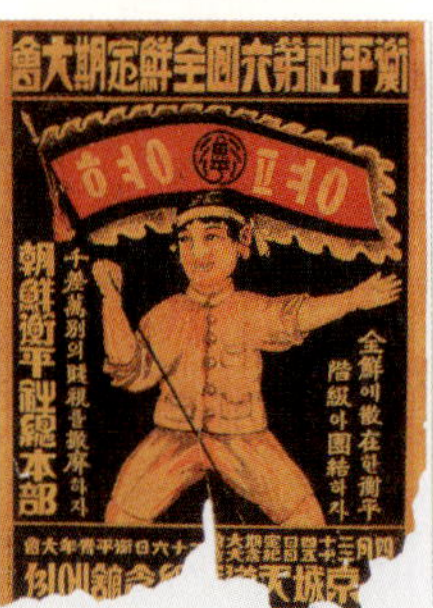

형평 운동

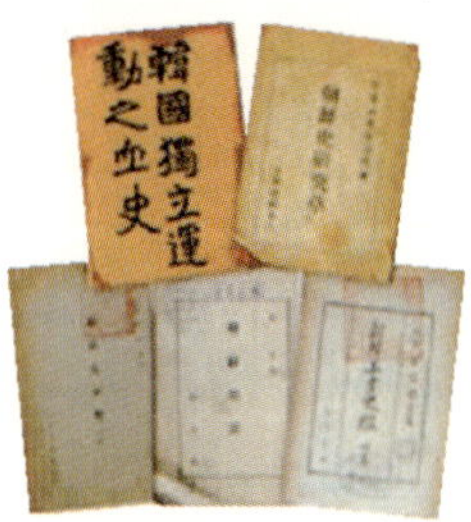

민족주의 사학의 역사책

(3) 여성 운동

① **배경** : 3·1 운동에서 민족 운동의 주역으로 성장
② **활동** : 문맹 퇴치, 구습 타파 등 → 여성 계몽 운동과 실력 양성 운동 전개
③ **근우회(1927~1931)** : 여성계 민족 유일당 운동, 신간회 자매 단체, 여성의 단결과 지위 향상 도모 → 지방 순회 강연회·야학 등 계몽 활동 전개, 회지《근우》발행

(4) 형평 운동

① **배경** : 백정들에 대한 사회적 차별이 여전히 존재
② **전개** : 조선 형평사 창립(1923, 진주) → 백정의 인권 운동뿐만 아니라 여러 사회 운동 단체들과 협력하면서 각종 파업이나 소작 쟁의에 참가, 민족 해방 운동으로 발전
③ **변화** : 내부 갈등, 일제의 탄압으로 약화 → 백정들의 경제적 이익 향상 운동으로 전환

핵심주제 07 민족 문화 수호 운동

(1) 국어 운동

조선어 연구회(1921)	장지연, 이윤재, 최현배 등, 가갸날 제정(1926), 잡지 《한글》 간행
조선어 학회(1931)	조선어 연구회 계승, 한글 맞춤법 통일안·표준어 제정, 외래어 표기법 통일안 마련, 문맹 퇴치 운동, 《우리말 큰 사전》 편찬 시도(일제의 방해로 실현 못함) → 조선어 학회 사건(1942)으로 강제 해산

(2) 한국사 연구

배경	일제가 식민 사관 강요(자율성론, 정체성론, 타율성론 등)
민족주의 사학	• 민족정신과 전통, 자주적 역사 발전 강조, 역사 연구가 곧 민족 운동 • **박은식** : 양명학자, 유교 구신론 주장, 국혼 강조, 《한국통사》와 《한국 독립운동지혈사》 저술 • **신채호** : 조선 혁명 선언 작성, 고대사 연구, 《조선 상고사》와 《조선사 연구초》 저술 • **정인보, 안재홍, 문일평** 등 : 일제의 민족 문화 말살 정책에 맞서 조선학 운동 전개
사회 경제 사학	• 특징 : 유물 사관 바탕, 한국사가 세계사의 보편적 법칙에 따라 발전하였음을 강조 → 식민 사관의 정체론 비판 _{민족주의 사학의 정신주의와 식민 사관의 정체성론 모두 비판} • **백남운** : 《조선사회경제사》 저술
실증 사학	**이병도, 손진태** 등 : 문헌 고증을 통한 객관적 사실 강조, 진단 학회 조직, 《진단 학보》 발행

(3) 종교계의 활동

천도교	청년·여성·소년 운동 전개, 제2의 3·1 운동 계획, 《개벽》 등의 잡지 발행
대종교	단군 신앙 바탕, 일제의 탄압으로 만주로 이동, 중광단·북로 군정서 조직
불교	조선 불교 유신회(1921) 조직, 불교 정화 운동과 사찰령 폐지 운동 전개
원불교	박중빈 창시(1916), 생활 개선 운동 전개 → 개간 사업, 저축 운동 전개, 허례허식 폐지, 남녀평등, 금주·금연 등
개신교	의료·교육 분야에서 많은 활동, 신사 참배 거부로 일제의 심한 탄압
천주교	고아원, 양로원 등 사회사업 전개, 의민단을 조직하여 청산리 전투에 가담

(4) 언론과 교육 활동

언론	3·1 운동 이후 〈동아일보〉·〈조선일보〉 등 한글 신문과 잡지 발행 허가 → 언론 통제(사전 검열, 정간 조치 등) → 1940년 한글 신문·잡지 폐간
민족 교육 운동	사립 학교 중심, 개량 서당과 야학에서 교육 활동 전개

(5) 문학과 예술 분야

① 문학 분야

1910년대	최남선(신체시), 이광수《무정》 활동 → 계몽적 성격
1920년대	• 초반 : 《창조》, 《폐허》, 《백조》 등 동인지 간행 • 중반 : 김소월, 한용운, 이상화 등 • 후반 : 신경향파의 대두, 사실주의·사회주의 문학 → 식민지 현실을 고발하고 계급의식 고취
1930년대 이후	일제의 탄압으로 위축 → 문학계 위축, 친일 문학 등장

② **연극** : 극예술협회·토월회(1920년대) → 극예술 연구회(1930년대) → 친일 연극(1940년대)
③ **영화** : 〈아리랑〉(나운규, 1926) → 일제 강점기 민중의 아픔을 표현
④ **음악** : 〈코리아 환상곡〉(안익태, 1935)

핵심주제 08 농민 운동과 노동 운동의 전개

(1) 농민 운동

① **배경** : 1910년대 토지 조사 사업, 1920년대 이후 산미 증식 계획을 통한 일제의 농촌 수탈(소작농 전락, 식민지 지주제 강화, 고율의 소작료 부담)
② **농민 운동의 활성화** : 3·1 운동 이후 사회주의의 유입과 정치·사회적으로 각성한 농민들이 전국 각지에서 소작인 조합, 농민 조합, 농우회 등 결성
③ **소작 쟁의 전개**

1920년대	• 소작료 인하, 소작권 이동 반대 → 생존권 투쟁 • **암태도 소작 쟁의(1923~1924)** : 대표적 소작 쟁의 • **조선 농민 총동맹 결성(1927)** : 전국적 농민 조합으로, 조직적으로 쟁의 전개 → 산미 증식 계획에 타격
1930년대	• 정치적 운동, 항일 민족 운동으로 변화 • 제국주의 타도와 농민의 토지 소유권 주장 → 정치적 성격 강화, 항일 민족 운동 성격, 농민 조합의 지하 조직화, 비합법적 투쟁 전개 • 일제의 불만 무마책 : 농촌 진흥 운동과 조선 농지령 발표

(2) 노동 운동

① **배경** : 1920년대 회사령 폐지 후 일본 기업의 국내 진출 증가 → 노동자 수 증가, 사회주의의 유입과 노동자들의 각성
② **노동 쟁의의 전개**

1920년대	• 생존권 투쟁 전개(임금 인상, 노동 시간 단축, 작업 환경과 비인간적 대우 개선 요구) • 조선 노동 공제회(1920), 조선 노농 총동맹(1924), 조선 노동 총동맹(1927) • **원산 노동자 총파업(1929)** : 최대 규모의 노동 쟁의
1930년대	노동조합의 지하 조직화 및 비합법적 투쟁, 일본 제국주의 타도 등을 내세움(항일 민족 운동 성격)

기억하라! 표

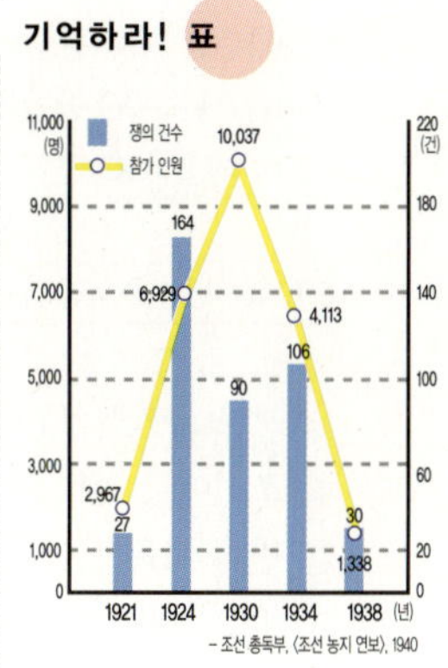

소작 쟁의 발생 추이

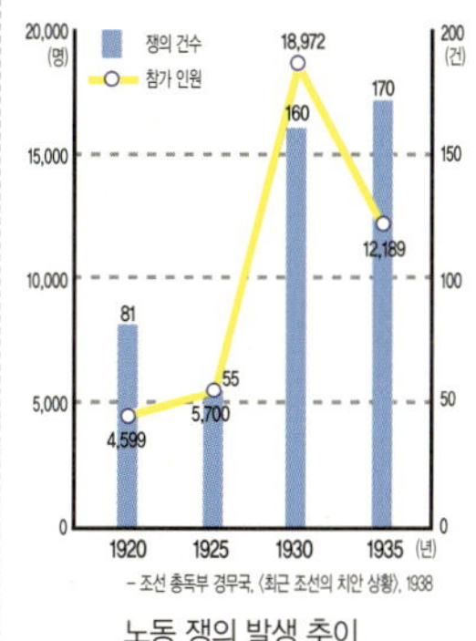

노동 쟁의 발생 추이

상 중 하 10회

01 (가) 시기의 상황으로 옳은 것은?

학교 연혁
19◎◎년 : ○○ 관찰부 공립 소학교로 개교
19△△년 : ○○ 공립 보통학교로 개칭
19□□년 : ○○ 공립 심상소학교로 개칭
(가) ⋮
19◇◇년 : ○○ 공립 국민학교로 개칭

① 보통 교육을 4년으로 하였다.
② 조선어를 선택 과목으로 하였다.
③ 민족 교육 탄압을 위해 서당 규칙을 마련하였다.
④ 민립 대학 설립 운동을 억압하고 경성 제국 대학을 세웠다.
⑤ 교과목을 국민과, 이수과, 체련과, 예능과, 직업과로 통합하였다.

상 중 하 5회

02 다음 연표의 (가)~(라) 시기 일제의 교육 정책이 옳게 연결된 것을 〈보기〉에서 있는 대로 고른 것은?

1910	1919	1937	1941	1945
	(가)	(나)	(다)	(라)
국권 피탈	3·1 운동	중일 전쟁	진주만 공습	일본 패망

〈보기〉

ㄱ. (가) - 서당 규칙을 마련하여 사립 교육을 탄압하였다.
ㄴ. (나) - 경성 제국 대학 설치에 관한 법률을 반포하였다.
ㄷ. (다) - 내선일체를 앞세우고 한국어를 선택 과목화하였다.
ㄹ. (라) - 처음으로 일본과 동일한 학제와 수업 연한을 설정하였다.

① ㄱ, ㄴ   ② ㄴ, ㄹ   ③ ㄱ, ㄴ, ㄷ
④ ㄱ, ㄷ, ㄹ   ⑤ ㄴ, ㄷ, ㄹ

상 중 하 15회

03 자료에 해당하는 사회 운동에 대한 설명으로 옳지 <u>않은</u> 것은?

〈1920년대 신문 만평〉

쟁의 발생 상황		
연도	건수	참가 인원(명)
1921	27	2,967
1923	176	9,060
1927	22	3,285
1931	57	5,486
1933	66	2,492
1937	24	2,234

－조선 총독부 경무국, 〈최근 조선의 치안 상황〉, 1938

① 반일 민족 운동으로 승화되었다.
② 사회주의 사상의 영향을 받았다.
③ 산미 증식 계획으로 더 확산되었다.
④ 민족 실력 양성 운동을 활발히 전개하였다.
⑤ 조선 농민 총동맹의 지도를 받기도 하였다.

상 중 하 16회

04 다음 노래 가사에 나타난 민족 운동에 대한 설명으로 옳지 <u>않은</u> 것은?

조선의 동무들아 이천만민아
두 발 벗고 두 팔 걷고 나아오너라
우리 것 우리 힘 우리 재조(才操)로
우리가 만들어서 우리가 쓰자

① 사회주의 세력의 비판을 받았다.
② 일제의 회사령 철폐가 영향을 주었다.
③ 토산품 가격이 상승하는 결과를 가져왔다.
④ 제국신문, 대한매일신보 등의 적극적인 지원을 받았다.
⑤ 민족 자본과 산업의 육성을 통한 경제 자립을 도모하였다.

05 (가) 단체에 대한 설명으로 옳지 <u>않은</u> 것은?

> 조선인의 대중적 운동의 목표는 정면의 일정한 세력을 향하여 집중되어야 할 것이니 이에서 민족 운동과 계급 운동은 동지적 협동으로 병립·병진하여야 할 것이요……
>
> 1. 조선의 운동은 두 진영의 병립 협동을 가장 동지적으로 지속해야 할 정세에 있고 둘이 서로 대립 배격할 정세를 가지지 않았다. 협동된 전선 전개의 형태에서 두 개 진영의 본질적 차이를 발견하기 어려운 만큼 동지적 관련조차 기할 수 있는 것이다.
> 2. 그러므로 우리는 민족으로서의 ▢▢(가)▢▢ 고수 및 그 성장 발전을 위한 재편성을 강요한다.

① 일제 강점기 최대 규모의 합법적 단체였다.
② 광주 학생 항일 운동 진상 조사단을 파견하였다.
③ 전국 각 군과 해외까지 지회 조직을 확장하였다.
④ 의열단, 한국 독립당 등의 단체들이 모여 결성하였다.
⑤ 민족의 공고한 단결을 추구하고 기회주의를 배격하였다.

06 자료의 (가)~(다) 시기의 노동 운동에 대한 설명으로 옳은 것은?

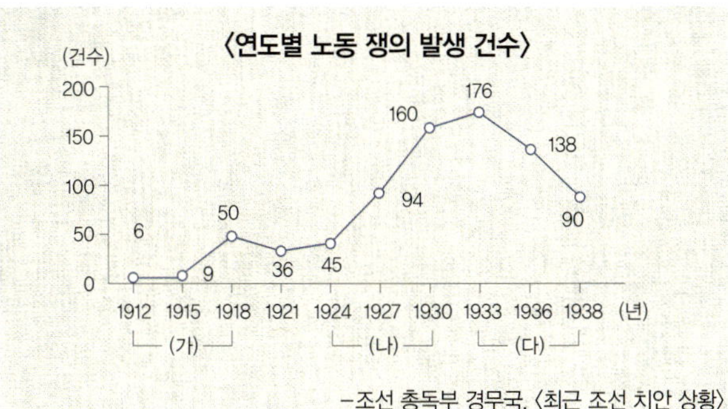

−조선 총독부 경무국, 〈최근 조선 치안 상황〉

① (가) – 사회주의 사상의 영향으로 확산되어 나갔다.
② (가) – 전국적 규모의 노동 운동 단체가 결성되었다.
③ (나) – 혁명적 노동 조합의 형태로 전개되었다.
④ (다) – 폭력적 투쟁으로 발전하였다.
⑤ (다) – 원산 노동자 총파업이 발생하였다.

07 다음과 같은 요구 조건을 내건 시기의 농민 운동에 대한 설명으로 옳은 것은?

> • 조선의 당면 과제는 봉건 잔재의 파괴, 농업 제 관계의 근본적 변혁, 토지 혁명을 목표로 한 부르주아 민족주의 혁명이다.
> • 언론, 출판, 집회, 결사의 자유 획득, 노농 운동 관계 악법 철폐
> • 타도 제국주의 조선 민족 해방 만세, 전 세계 약소 민족 해방 만세
> −지수걸, 《일제하 농민 조합 운동 연구》

① 신간회 결성의 배경이 되었다.
② 암태도 소작 쟁의가 대표적인 사례였다.
③ 일제의 황무지 개간권 요구를 철회시켰다.
④ 비합법적인 농민 조합을 중심으로 펼쳐졌다.
⑤ 조선 노농 총동맹의 지원을 받아 전개되었다.

08 다음 두 주장의 영향으로 나타난 역사적 사실로 옳은 것은?

> • 산업 종사자, 종교인, 학생, 지식인 등 전 국민의 단합과 통일을 주장한다. 민족적 통합의 그 목적은 '조선의 해방'에 있다. …… 최근의 운동에서는 계급 운동의 참여자라 할지라도 연합 민족 운동을 강렬히 요구하고 있다.
> • 민족주의적 세력에 대하여는 그 부르주아 민주주의적 성질을 명백하게 인식하는 동시에 또 과정적 동맹자적 성질도 충분히 승인하여, 그것이 타락하는 형태로 출현되지 아니하는 것에 한하여 적극적으로 제휴하여 대중의 개량적 이익을 위하여서도 종래의 소극적 태도를 버리고 분연히 싸워야 할 것이다.

① 여러 지역의 임시 정부가 상하이로 통합되었다.
② 사회 진화론에 입각한 실력 양성 운동이 전개되었다.
③ 일본 상품을 배척하자는 물산 장려 운동이 전개되었다.
④ 학생과 사회주의 계열이 연대하여 만세 운동이 계획되었다.
⑤ 민족 협동 전선에 의한 합법적 민족 운동 조직이 성립되었다.

상 중 하 18회

09 다음 광고와 관련이 깊은 민족 운동에 대한 설명으로 옳은 것은?

① 조선 형평사의 주도로 전개되었다.
② 열악한 노동 조건의 개선을 요구하였다.
③ 사회주의자들이 적극적으로 참여하였다.
④ 평양에서 시작되어 전국으로 확산되었다.
⑤ 대한매일신보 등 언론 단체들이 참여하였다.

상 중 하 2회

10 다음에서 설명하는 여성 단체에 대한 설명으로 옳은 것은?

○ ○ 신 문 1928년 1월 16일

우리 여성은 각 시대를 통하여 가장 불리한 지위에 서 있어 왔다. …… 조선 여성 운동은 세계 사정 및 조선 사정에 의하여 또 조선 여성의 성숙 정도에 의하여 바야흐로 한 중대한 계급으로 진전하였다. 부분적으로 분산되어 있던 운동이 전선적 협동 전선으로 조직된다. 여성의 각층에 공동되는 당면 운동 목표가 발견되고 운동 방침이 결정된다.

① 조선 여성 동우회이다.
② 어린이날을 제정하였다.
③ 형평 운동을 전개하였다.
④ 잡지 개벽을 발행하였다.
⑤ 민족 협동 전선 조직이었다.

상 중 하 4회

11 다음 자료와 관련된 단체에 대한 설명으로 옳은 것은?

〈강령〉
• 우리는 정치 경제적 각성을 촉진함.
• 우리는 단결을 공고히 함.
• 우리는 기회주의를 일체 부인함.

〈강령 수정안〉
• 우리는 조선 민족의 정치적, 경제적 해방의 실현을 기함.
• 우리는 전 민족의 총역량을 집중하여 민족적 대표 기관이 되기를 기함.
• 우리는 일체 개량주의 운동을 배척하여 전 민족의 현실적 공동 이익을 위하여 투쟁하기를 기함.

① 6·10 만세 운동을 후원하였다.
② 전국 각지에 지회를 설립하였다.
③ 국채를 갚기 위한 모금 운동에 참여하였다.
④ 항일 무장 투쟁을 위한 군사 조직을 갖추었다.
⑤ 3·1 운동 이후 최대 규모의 민족 운동을 주도하였다.

상 중 하 21회

12 다음과 같은 주장이 끼친 영향으로 가장 적절한 것은?

조선 민족은 지금 정치적 생활이 없다. 왜 지금의 조선 민족에게는 정치적 생활이 없나? 일본이 한국을 병합한 이래로 조선인에게는 모든 정치 활동을 금지한 것이 제일의 원인이요. …… 지금까지 해 온 정치적 운동은 모두 일본을 적대시하는 운동뿐이었다. 우리는 조선 내에서 허락되는 범위 내에서 일대 정치적 결사를 조직하여야 한다는 것이 우리의 주장이다.

① 신간회가 해소되었다.
② 자치론이 확산되어 나갔다.
③ 조선 노농 총동맹이 결성되었다.
④ 항일 무장 투쟁이 본격화되었다.
⑤ 대한민국 임시 정부가 조직되었다.

13 다음 자료와 관련된 탐구 활동으로 가장 적절한 것은?

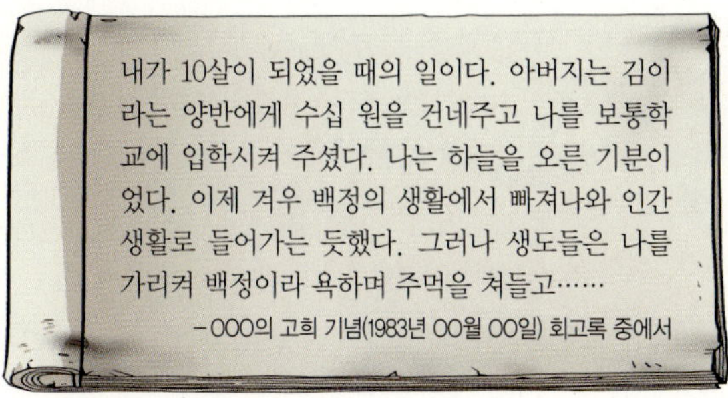

① 형평 운동의 배경을 알아본다.
② 조선 공산당 창립 배경을 조사한다.
③ 조선 노동 총동맹의 강령을 파악한다.
④ 민립 대학 설립 운동의 전개 과정을 알아본다.
⑤ 언론 기관의 문맹 퇴치 운동 지원 활동을 조사한다.

14 (가), (나)와 관련된 운동을 설명한 것으로 옳은 것을 〈보기〉에서 고른 것은?

(가) 소작 문제 해결은 반드시 소작인의 단결이 공고하여야 할 것을 굳세게 신념하고 이를 선언하노니, 조선의 소작인은 단결하라, 단결하여야 살 것이다.
(나) 어두컴컴한 공장에서 감독의 무서운 감시를 받으며 뼈가 으스러지도록 일하는 여성들은 대개 15~16세 전후이고, 대부분 농촌 각지에서 모집되어 왔다. 이들은 하루 최고 15~16전을 받았고……

〈보기〉

ㄱ. (가)는 일제의 산미 증식 계획 실시로 주춤해졌다.
ㄴ. (나)를 주도한 계층이 물산 장려 운동을 추진하였다.
ㄷ. (나)는 1910년대 전반기에는 활발하게 일어나지 않았다.
ㄹ. (가)와 (나)는 1920년대에 사회주의 사상의 영향을 받아 활기를 띠었다.

① ㄱ, ㄴ　　　② ㄱ, ㄷ　　　③ ㄴ, ㄷ
④ ㄴ, ㄹ　　　⑤ ㄷ, ㄹ

15 표는 어느 단체의 회의 내용을 정리한 것이다. 이 단체의 운동이 일어나게 된 배경으로 옳은 것은?

회의	결의와 사업 방안
제1회 총회	• 의복은 두루마기와 치마로 입되 무명을 염색하여 음력 정월 1일부터 실행토록 함 • 음식은 설탕·식염·청량음료를 제외하고는 토산품을 사용
제2회 총회	• 회원에게 연연금(年捐金) 1원씩 수납하기로 결정
임시 총회	• 기관지로 《자활》 발행
제7회 총회	• 간이한 사업을 설계 발표하여 일반 소자본 경영자에게 참고하게 할 것 • 조선인의 생활 향상을 도모하기 위해 생활 개선 운동을 지지하고 적극적으로 후원할 것

① 대일 채무가 늘어 대한 제국의 재정 적자가 심화되었다.
② 일제의 국방 헌금 강요로 민중의 생계가 더욱 곤란해졌다.
③ 일본과 조선 사이의 무역에서 관세 철폐 움직임이 있었다.
④ 일제가 병참 기지화 정책을 추진하여 생필품이 부족해졌다.
⑤ 일제가 회사령을 제정하여 조선인의 회사 설립을 억제하였다.

16 다음 만평에서 풍자하는 정세를 해결하기 위한 노력으로 가장 거리가 먼 것은?

① 신간회 창립　　　　② 근우회 창립
③ 3부 통합 운동　　　④ 조선 민흥회 출범
⑤ 대동 보국회 조직

상 중 하 13회

17 다음 자료와 관련된 민족 운동에 대한 설명으로 옳은 것은?

① 평양에서 시작되어 서울로 확산되었다.
② 조선만의 것을 찾아 학술적으로 체계화하였다.
③ '아는 것이 힘, 배워야 산다'라는 구호를 내걸었다.
④ 우리 민족의 손으로 고등 교육 기관을 설립하려 하였다.
⑤ 여성의 인권을 중시하고 어린이 등의 잡지를 간행하였다.

상 중 하 7회

18 일제 강점기 어느 학교 개교식 참관기의 일부이다. 내용을 통해 추론한 학교로 가장 적절한 것은?

예과와 법문학부, 의학부만 완성하는 데 임시비만 500만 원가량 들었고, 경상비는 매년 40만~50만 원이었다. 조선에 있는 10여 개 전문 학교 경상비를 다 합친 금액보다 많았다. 그 엄청난 경비는 물론 조선인의 고혈을 짜내 벌어들이는 세금으로 충당됐다. 그런데 그 학교에서 가르치는 사람 중에서 조선인은 한 사람도 없었다. 168명 학생 중에서 조선인은 고작 44명이었다. 출입문에서 사무원이 주는 그 학교 일람 비슷한 인쇄물을 읽을 때, 나는 이루 말할 수 없는 서글픈 느낌이 전광같이 머리로 지나가는 것을 느낄 수 있었다.

① 배재 학당
② 보성 전문 학교
③ 신흥 무관 학교
④ 경성 제국 대학
⑤ 한성 사범 학교

상 중 하 17회

19 다음 주장을 한 인물의 활동으로 옳은 것은?

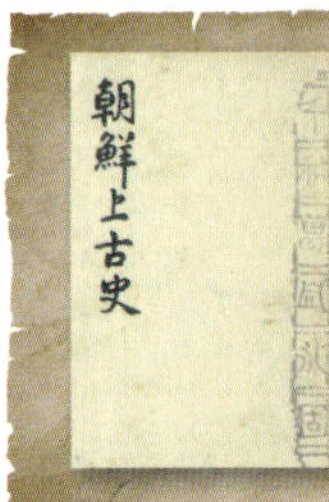

역사란 무엇이뇨? 인류 사회의 아(我)와 비아(非我)의 투쟁이 시간에서 발전하여 공간까지 확대하는 심적 활동의 상태의 기록이니, 세계사라 하면 세계 인류의 그리 되어 온 상태의 기록이며, 조선사라 하면 조선 민족이 그리 되어 온 상태의 기록이니라.

– 《조선상고사》

① 양명학에 기초하여 유교 구신론을 제창하였다.
② 문헌 고증적인 실증주의 역사학을 발전시켰다.
③ 역사 발전의 보편성을 한국사에도 적용하였다.
④ 실학에서 자주적인 근대 사상을 찾으려 하였다.
⑤ 근대 민족주의 역사학의 연구 방향을 제시하였다.

상 중 하 17회

20 다음 주장을 펼친 인물의 활동으로 옳은 것은?

옛사람이 이르기를 나라는 멸할 수 있으나 역사는 멸할 수 없다고 하였으니, 대개 나라는 형체이고 역사는 정신이기 때문이다. 지금 우리나라의 형체는 허물어졌으나 정신만은 살아남아야 할 것이다.

① 신민족주의와 신민주주의를 제창하였다.
② 조선사연구초, 조선상고사 등을 저술하였다.
③ 조선학 운동을 주도하여 여유당전서를 간행하였다.
④ 랑케 사학의 기반 위에서 철저한 고증주의를 표방하였다.
⑤ 한국통사를 저술하여 민족 정신을 '혼'으로 파악하였다.

상 중 하 18회

21 밑줄 친 '이 단체'에 대한 설명으로 옳지 <u>않은</u> 것은?

> **○ ○ 신 문** 　　　　0000년 00월 00일
>
> **민족이 하나 된 '말모이 작전'은 무엇인가?**
>
> 일제 강점기에 세상에 쓰이는 모든 조선말을 모으려는 말모이 작전이 펼쳐졌다. 전국 각지의 사람들은 자신이 쓰고 있는 말을 적어 보냈고, 이를 전달 받은 <u>이 단체</u>는 각 지역에서 쓰이는 어휘를 비교 분석한 후 정리하였다. 이 사업은 일제의 탄압으로 위기를 겪었으나, 광복 후 발견된 일부 원고를 바탕으로 1957년 《우리말 큰 사전》이 간행되면서 결실을 맺었다.

① 잡지 한글을 발행하였다.
② 문맹 퇴치 운동에 참여하였다.
③ 장지연, 이윤재 등이 조직하였다.
④ 민립 대학 설립 운동에 앞장섰다.
⑤ 한글 맞춤법 통일안을 제정하였다.

상 중 하 21회

22 밑줄 친 '이 시기'의 대화 내용으로 적절하지 <u>않은</u> 것은?

> 일제가 이른바 문화 통치를 표방하였던 <u>이 시기</u>에는 다양한 문예 사조가 등장하여 《폐허》, 《백조》 등의 동인지가 발간되었다. 그리고 민족적이고 저항적인 작품도 많이 발표되었는데 대표적인 시로는 이상화의 〈빼앗긴 들에도 봄은 오는가〉, 한용운의 〈님의 침묵〉 등이 있다.

① 처음 개봉된 아리랑을 보고 많은 사람들이 울었어.
② 신극이 공연되면 원각사 앞길이 인산인해를 이루었지.
③ 백정 자녀에 대한 동등한 교육 실시 등이 주장되기도 하였지.
④ 처음 제정된 어린이날 행사에서 소년 운동 선언문이 발표되었어.
⑤ 카프(KAPF)의 결성을 계기로 프로 문학이 관심을 끌기 시작했지.

상 중 하 7회

23 다음에서 소개하는 영화가 처음 개봉되던 시기의 문화계 동향으로 옳지 <u>않은</u> 것은?

영진은 전문 학교를 다닐 때 독립 만세를 부르다가 왜경에게 고문을 당해 정신 이상이 된 청년이었다. 한편 마을의 악덕 지주 천가의 머슴이며, 왜경의 앞잡이인 오기호는 빚 독촉을 하며 영진의 아버지를 괴롭혔다. 더욱이 딸 영희를 아내로 준다면 빚을 대신 갚아 줄 수 있다고 회유하기까지 하였다. …… 영진의 손에 포승이 묶였다. 영진이 일본 순경에 끌려가고, 주제곡이 흐른다.

① 창조, 폐허, 백조 등의 동인지가 발간되었다.
② 조선어 연구회가 가갸날(한글날)을 제정하였다.
③ 조선 영화령이 제정되어 민족 영화가 탄압받았다.
④ 문학의 사회적 실천을 강조한 신경향파가 활동하였다.
⑤ 우리 민족의 정서를 표현한 가곡과 동요가 출현하였다.

상 중 하 17회

24 자료의 밑줄 친 '이 종교'의 활동으로 가장 적절한 것은?

> 이 종교의 간부인 서일이 독립군의 수령으로 그 교도를 이끌고 일본에 항전했으니, <u>이 종교</u>는 곧 반동 군단의 모체로서 종교를 가장한 항일 단체이다. 이 단체가 중국 영토에서 활동하고 있으므로 책임을 지고 이를 해산해야 한다.
>
> ─ 미쓰야 협정, 1925

① 3·1 운동에 참여하고 잡지 개벽을 간행하였다.
② 중광단을 조직하여 항일 독립 전쟁에 참여하였다.
③ 간척 사업을 추진하고 새생활 운동을 전개하였다.
④ 교육 분야 활동 및 신사 참배 거부 운동을 전개하였다.
⑤ 친일 승려를 성토하고 사찰령 폐지 운동을 전개하였다.

1. ② 2. ③ 3. ④ 4. ④ 5. ④ 6. ④ 7. ④ 8. ⑤ 9. ④ 10. ⑤ 11. ② 12. ② 13. ① 14. ⑤ 15. ③ 16. ⑤ 17. ③ 18. ④ 19. ⑤ 20. ⑤ 21. ④ 22. ② 23. ③ 24. ②

1. ② 바로 정리 : 1930년대 일제의 교육 정책

제3차 교육령(1938)에서는 보통학교를 심상소학교로 개칭하고 한국어를 선택 과목으로 하여 사실상 한국어와 한국사 과목을 폐지했다. 1941년에 소학교를 국민학교로 개정했다. 아하! ① 1910년대 제1차 조선 교육령에 해당한다. ③ 서당 규칙은 1918년에 제정되었다. ④ 1920년대에 해당된다. ⑤ 제3차 조선 교육령 개정(1941) 때 교과목을 국민과, 이수과, 체련과, 예능과, 직업과로 통합했다.

2. ③ 바로 정리 : 일제의 교육 정책

제1차 교육령(1911)의 주요 내용은 서당 규칙 마련, 보통학교의 수업 연한 4년 설정, 우민화 교육(보통 교육·기술 교육 위주, 대학 교육 불허) 등이다. 제2차 교육령(1922)의 주요 특징은 일본과 동일한 학제와 수업 연한 설정(초등 교육 연한 6년, 한국어 필수화, 대학 설립 가능), 민립 대학 설립 운동 탄압 등이다. 제3차 교육령(1938)은 황국 신민화 교육(한국어의 선택 과목화), 제4차 교육령(1943)은 한국어·한국사 교육 폐지를 특징으로 한다. 아하! ㄹ. 제2차 교육령(1922)에 해당되는 내용이다.

3. ④ 바로 정리 : 소작 쟁의 운동

제시된 만평을 통해 소작 쟁의임을 알 수 있다. 소작 쟁의 운동은 1920년대에는 생존권 투쟁을 중심으로 한 경제 투쟁이었지만 1930년대 들어서는 혁명적 농민 조합을 중심으로 반일 민족 운동으로 승화되었다. 아하! ④ 민족 실력 양성 운동은 사회 진화론에 입각한 민족주의 계열의 사회 운동에 해당된다.

4. ④ 바로 정리 : 물산 장려 운동

물산 장려 운동은 평양에서 시작되어 전국으로 확산되었다. 일제의 회사령 철폐와 한일 간 무역 관세 철폐 움직임에 영향을 받아 민족 자본과 산업의 육성을 통한 경제 자립을 도모했다. 물산 장려 운동은 언론의 홍보로 전국적으로 확산되었으나, 토산품 가격이 상승하는 결과를 가져왔고, 사회주의 진영에서는 이를 비판했다. 아하! ④ 국채 보상 운동(1907)과 관련이 있다.

5. ④ 바로 정리 : 민족 유일당 운동과 신간회

제시된 자료의 '민족 운동과 계급 운동의 동지적 협동'이라는 내용을 통해 신간회와 관련된 것임을 알 수 있다. 제시된 자료는 신간회의 해소 논의가 이루어지는 과정에서 나온 민족주의자들의 주장이다. 신간회(1927)는 비타협적 민족주의 세력과 사회주의 세력의 통합으로 만들어졌으며 국내외에 지회를 설치한 일제 강점기 최대 규모의 민족 운동 단체였다. 아하! ④ 1935년에 결성된 민족 혁명당과 관련된 설명이다.

6. ④ 바로 정리 : 일제 강점기 노동 운동의 전개

(가) 1910년대는 생존권 중심의 경제 투쟁 성격이 강했다. (나) 1920년대에는 사회주의 사상의 영향을 받아 노동 운동이 활성화되었으며 조선 노동 총동맹(1927)과 같은 전국적 규모의 노동 운동 단체가 결성되었다. (다) 1930년대에는 혁명적 노동조합 형태로 전개되면서 폭력화되기도 했다. 아하! ① 사회주의 사상은 1920년대에 확산되었다. ② 전국 노동 총동맹과 같은 전국적 규모의 노동 운동 단체는 1920년대에 해당된다. ③ 1930년대에 해당된다. ⑤ 원산 노동자 총파업은 1929년에 발생했다.

7. ④ 바로 정리 : 1930년대 농민 운동의 전개

1930년대의 농민 운동은 혁명적 농민 조합을 중심으로 비합법적 투쟁을 전개했으며, 민족 운동의 중심체 역할을 했다. 아하! ① 신간회는 1927년에 결성 ② 암태도 소작 쟁의는 1923년 ③ 보안회 활동 ⑤ 조선 노농 총동맹은 1924년 결성되어 1927년에 조선 노동 총동맹과 조선 농민 총동맹으로 분리되었다.

8. ⑤ 바로 정리 : 민족 유일당 운동과 신간회

첫 번째 자료는 1926년 조선 민흥회 창립, 두 번째 자료는 1926년 정우회 선언과 관련된 것이다. 조선 민흥회를 중심으로 한 비타협적인 민족주의자들과 정우회를 중심으로 한 사회주의자들 간에 민족 유일당 운동이 추진되어 신간회가 창립되었다(1927). 신간회는 합법적인 단체였다. 아하! ① 3·1 운동의 결과에 해당된다. ② 1920년대 전반에 해당된다. ③ 물산 장려 운동은 1923년에 시작되었다. ④ 1926년 6·10 만세 운동에 해당된다.

9. ④ 바로 정리 : 물산 장려 운동

제시된 자료는 물산 장려 운동 시기의 광고이다. 물산 장려 운동은 조만식 등에 의해 평양에서 시작하여 전국으로 확산되었다. 아하! ① 형평 운동 ② 노동 쟁의 ③ 사회주의자들의 비판을 받았다. ⑤ 《대한매일신보》는 1904년에 창간되었다. 일제는 1910년 〈매일신보〉로 이름을 바꾸고 총독부의 기관지로 삼았다.

10. ⑤ 바로 정리 : 근우회 활동

협동 전선의 일환으로 조직된 여성 단체는 근우회이다. 근우회는 신간회의 자매 단체로 회지 《근우》를 발간하고 노동·농민 운동에도 적극 참여했다. 아하! ① 1924년 조직된 사회주의 여성 단체 ②, ④ 천도교 ③ 백정들의 신분 차별 철폐 운동이다.

11. ② 바로 정리 : 신간회 활동

자료는 1927년 결성된 신간회의 강령으로 신간회는 합법적 정치 단체로 활동했으며 전국 각지에 지회를 설립한 일제 강점기 최대 규모의 민족 운동 단체였다. 아하! ① 신간회는 광주 학생 항일 운동을 지원했다. ③ 국채 보상 운동은 1907년에 전개되었다. ④ 신간회와 관련 없는 설명이다. ⑤ 신간회는 3·1 운동 이후 최대 규모의 민족 운동인 광주 학생 항일 운동을 지원했으나 주도했다고 할 수는 없다.

12. ② 바로 정리 : 자치론의 확산

제시된 자료는 1924년 〈동아일보〉에 실린 이광수의 '민족적 경륜'으로 자치론을 주장한 것이다. 자치론이 대두되자 민족주의 진영 내부에서 자치론에 반대하는 비타협적 민족주의 계열과 자치론을 지지하는 타협적 민족주의 계열이 분화되었다. 아하! ① 신간회 해소 투쟁은 1931년경에 해당된다. ③ 조선 노농 총동맹(1924)은 사회주의 사상의 영향을 받은 것이다. ④ 자치론은 무장 투쟁과 거리가 멀다. ⑤ 대한민국 임시 정부는 1919년에 결성되었다.

13. ① 바로 정리 : **형평 운동의 전개**
자료의 고희 기념을 근거로 필자의 출생은 1913년 시점이며, 집필자가 10세라고 했으므로 1923년 상황을 나타낸 것이다. 1923년에는 백정들이 신분 차별에 항거하여 조선 형평사를 창립하고 형평 운동을 전개한 시기이다. 아하! ② 조선 공산당은 1925년에 결성되었다. ③ 조선 노동 총동맹은 1927년에 결성되었다. ④ 민립 대학 설립 운동은 1923년에 전개되었으나 신분 차별 운동과는 거리가 멀다. ⑤ 문맹 퇴치 운동은 1920년대 말 이후 1930년대 초에 해당된다.

14. ⑤ 바로 정리 : **노동 쟁의와 소작 쟁의 운동**
(가)는 소작 쟁의, (나)는 노동 쟁의와 관련된 내용이다. 소작 쟁의는, 1920년대는 주로 소작권 이전 반대, 소작료 인하 등 생존권 투쟁의 성격이 강했는데, 1930년대는 일본 제국주의 타도 등 정치적 투쟁의 성격이 강화되었다. 노동 쟁의 역시 1920년대에는 임금 인상, 노동 환경 개선 등 생존권 투쟁의 성격이 강했다면, 1930년대에는 항일 민족 운동의 성격이 강화되었다. 소작 쟁의와 노동 쟁의는 모두 사회주의 사상의 영향을 많이 받았다. 아하! ㄱ. 산미 증식 계획으로 소작 쟁의는 더욱 증가했다. ㄴ. 물산 장려 운동은 민족주의 세력이 주도했다.

15. ③ 바로 정리 : **물산 장려 운동의 배경**
제시된 자료에서 '토산품 사용, 생활 개선 운동' 등으로 보아 물산 장려 운동임을 알 수 있다. 물산 장려 운동은 일제의 관세 철폐 움직임과 일본 기업의 진출에 대항하기 위해 토산품 애용과 함께 근검·저축, 금주·단연 등의 의식 운동을 전개했다. 아하! ① 국채 보상 운동의 배경이다. ② 1930년대 후반 ④ 1930년대 전반 ⑤ 1910년대

16. ⑤ 바로 정리 : **민족 유일당 운동의 전개**
자료는 민족주의와 사회주의의 분열이 일본에 이익을 준다는 풍자 만평이다. 민족주의와 사회주의의 분열을 극복하기 위해 국내외 각지에서 민족 유일당 운동이 전개되었다. 국외에서는 중국의 독립운동 단체들이 모여 한국 독립 유일당 북경 촉성회를 창립했으며 만주의 참의부, 정의부, 신민부가 통합을 추진했다. 국내에서는 조선 민흥회와 정우회가 결성되고, 1927년 좌우 통합 단체인 신간회가 창립되었다. 근우회는 신간회의 자매 단체이다. 아하! ⑤ 대동 보국회는 1907년 미국 샌프란시스코에서 조직된 독립운동 단체이다.

17. ③ 바로 정리 : **문맹 퇴치 운동**
자료는 문맹 퇴치 운동과 관련이 있다. 〈조선일보〉는 '아는 것이 힘, 배워야 산다.'라는 구호를 내걸고 한글 교재를 발행하여 문자를 보급하는 데 주력했다. 아하! ① 물산 장려 운동 ② 1930년대 중반 조선학 운동 ④ 민립 대학 설립 운동 ⑤ 천도교 활동

18. ④ 바로 정리 : **일제의 교육 정책**
1924년 설립한 경성 제국 대학은 초창기에는 정치·경제 등의 학부를 설치하지 않았고 법학부와 의학부만 설치했다. 아하! ① 배제 학당은 1885년 선교사 아펜젤러가 설립했다. ② 보성 전문 학교는 1905년에 설립되었다. ③ 신흥 무관 학교는 1911년 만주 서간도 지역에 세워진 독립군 양성 학교이다. ⑤ 한성 사범 학교는 1895년에 설립되었다.

19. ⑤ 바로 정리 : **민족주의 역사학의 발전**
《조선상고사》는 신채호가 저술한 것으로 역사를 '아(我)'와 비아(非我)의 투쟁'으로 보았다. 신채호는 우리 민족을 역사 전개의 주체로 강조하여 민족주의 사학 연구 방향을 제시했다. 아하! ① 박은식 ② 이병도 등 실증 사학 ③ 백남운의 사회경제 사학 ④ 안재홍 등의 조선학 운동

20. ⑤ 바로 정리 : **박은식의 민족주의 역사학**
박은식은 국혼을 강조하고 《한국통사》와 《한국독립운동지혈사》를 저술하여 역사 연구를 통해 독립 의식을 고취하고자 한 민족주의 역사학자이다. 아하! ① 안재홍 ② 신채호 ③ 1930년대 정인보, 문일평, 안재홍 등 ④ 이병도 등 실증주의 사학

21. ④ 바로 정리 : **조선어 학회 활동**
자료의 이 단체는 조선어 학회이다. 조선어 학회는 장지연, 이윤재 등이 주시경의 국문 연구소를 계승하여 조직했다(1921). 가갸날을 제정하고, 잡지 《한글》을 간행했으며, 한글 보급 운동에 힘썼다. 아하! ④ 민립 대학 설립 운동은 이상재, 이승훈 등이 중심이 된 조선 교육회가 주도했다.

22. ② 바로 정리 : **1920년대의 사회 모습**
1920년대에는 《창조》, 《폐허》, 《백조》 등의 동인지가 발간되었으며 사회주의 영향으로 신경향파 문학이 등장했다. 영화 〈아리랑〉, 형평 운동, 천도교 소년회의 어린이 날 제정, ⑤ 카프(KAPF) 결성 등도 1920년대에 해당된다. 아하! ② 원각사는 1908년에 설립되어 1909년 폐지되었으며 건물은 1914년 화재로 소실되었다.

23. ③ 바로 정리 : **1920년대 문화계의 동향**
제시된 자료는 1926년에 나운규가 발표한 영화 〈아리랑〉이다. 동인지, 가갸날 제정, 신경향파 문학, 가곡과 동요 출현 등은 1920년대에 해당된다. 아하! ③ 조선 영화령은 1940년에 제정되어 영화 예술을 탄압하고 전쟁 찬양 작품을 강요했다.

24. ② 바로 정리 : **대종교의 무장 활동**
제시된 자료는 대종교와 관련된 설명이다. 대종교는 일제 강점 이후 종단의 중앙 기구를 간도로 옮겼으며, 항일 무장 단체인 중광단을 결성했다. 중광단은 북로 군정서로 개편되어 적극적인 항일 무장 투쟁을 전개했다. 아하! ① 천도교 ③ 원불교 ④ 개신교 ⑤ 불교

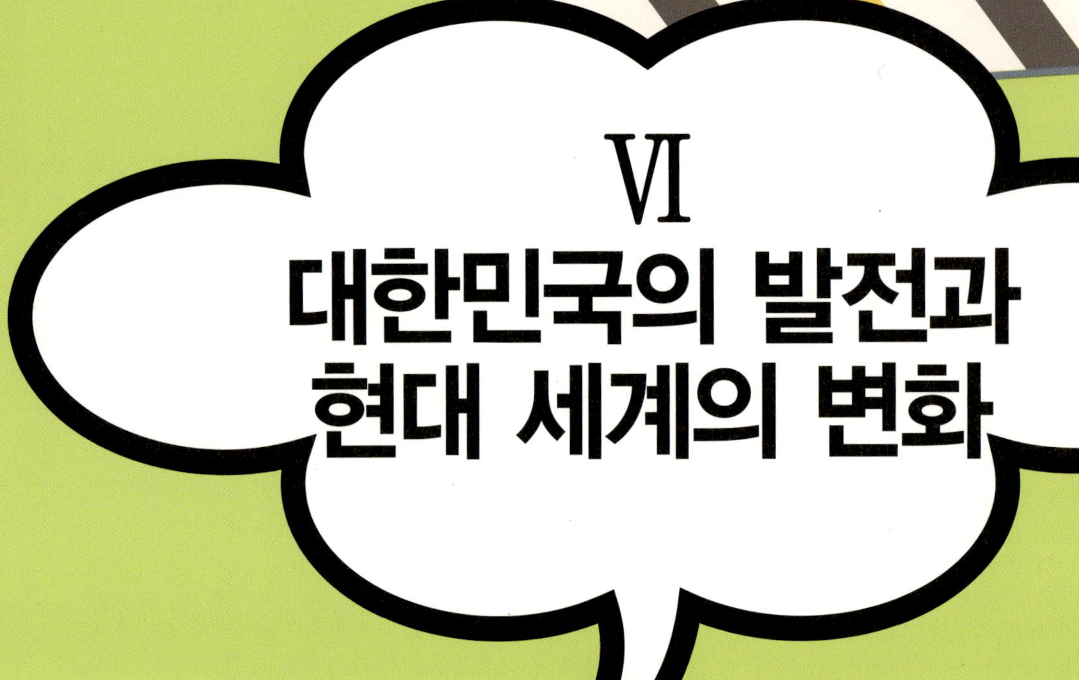

VI
대한민국의 발전과
현대 세계의 변화

38도선

1. 우리는 완전한 독립 국가의 건설을 기한다.
2. 우리는 전 민족의 정치, 경제, 사회적 기본 요구를 실현할 수 있는 민주주의 정권 수립을 기한다.
3. 우리는 일시적인 과도기에 있어서 국내 질서를 자주적으로 유지하여 대중 생활의 확보를 기한다.

– 건국 준비 위원회 강령

핵심주제 01

8·15 광복 이후 국내 정세

(1) 한국의 독립과 관련된 국제 회담

카이로 회담(1943)	미·영·중 대표들이 적당한 시기에 절차를 거쳐 한국 독립 결의 → 한국의 독립 최초 보장
얄타 회담(1945.2)	미·영·소 정상이 얄타에서 회담, 소련의 대일전 참전 결정 → 1945년 8월 8일 소련군 참전, 남북 분단의 계기
포츠담 회담(1945.7)	미·영·소 정상들이 일본의 무조건 항복 요구, 한국의 독립 재확인
38도선의 설정	미·소 군이 38도선을 경계로 각각 남과 북에 진주하여 군정 실시

(2) 광복 직후의 남한 정세

① 조선 건국 준비 위원회

결성	조선 건국 동맹 확대 개편, 여운형·안재홍 중심의 좌우 연합체
활동	전국에 145개의 지부 설치, 실질적인 치안과 행정 업무 담당 → 미군의 진주에 대비하여 조선 인민 공화국 수립 선포(1945. 9)
해체	우익 세력 대거 탈퇴, 미군정의 불인정 → 해체

② 미군정 실시(1945~1948)

미군 진주	1945년 9월 미군의 한반도 상륙 → 조선 총독부로부터 권력 이양
미군정의 정책	• 직접 통치 : 조선 건국 준비 위원회의 활동과 조선 인민 공화국의 수립 부정 • 현상 유지 정책 : 한국 민주당 등 우익 세력 지원, 친일 관리와 경찰 그대로 고용, 공산당의 활동 통제 → 친일파 청산 실패, 좌익들의 반발로 사회 혼란 • 신한공사 설립 : 일본인 소유의 귀속 재산 및 토지 관리

(3) 광복 후 남한의 다양한 정치 세력

우익 세력	• 한국 민주당 : 송진우, 김성수 등 지주와 자본가 출신 인사들이 결성, 임시 정부 지지 선언, 미군정에 적극 참여 • 독립 촉성 중앙 협의회 : 이승만 중심, 한국 민주당과 제휴 • 한국 독립당 : 김구 중심으로 정비 → 대한민국 임시 정부 요인들 참여
중도 우익 세력	안재홍이 국민당 조직, 신민주주의와 신민족주의 표방
중도 좌익 세력	여운형이 조선 인민당 조직, 좌우 합작 운동 전개
좌익 세력	박헌영 중심으로 조선 공산당 재건 → 미군정 탄압으로 세력 약화 → 남조선 노동당으로 개편

해방 직후 남북한에 각각 미군과 소련군이 진주하였다. 미군은 미 군정청을 설치하고 남한 지역을 직접 통치한 데 비해 소련군은 북한 지역을 간접 통치하는 방식을 취하였다. 그러나 미국과 소련 모두 자국의 이익을 우선시했기 때문에 통일 정부 수립은 매우 힘든 상황이었다.

핵심주제 02 정부 수립을 위한 노력

(1) 모스크바 3국 외상 회의와 미소 공동 위원회

① 모스크바 3국 외상 회의(1945. 12)

개최	미·영·소의 외무 장관들이 모스크바에서 전후 처리 문제와 한반도 문제 논의
결정 내용	조선 임시 민주주의 정부 수립, 정부 수립을 지원할 미소 공동 위원회 구성, 최고 5년간 신탁 통치 결정(미·영·소·중), 미·소 사령부 대표 회의 소집
국내 반응	• **우익** : 신탁 통치 반대(김구, 이승만, 한국 민주당 등) • **좌익** : 초기에는 반대 → 회의 결정 사항을 총체적으로 지지(회의의 본질이 임시 정부 수립에 있다고 판단) → 좌우익 대립 심화 • **중도 세력** : 여운형, 김규식 등 → 임시 정부 수립을 위해 미소 공동 위원회에 협조, 신탁 통치는 반대

② 미소 공동 위원회

제1차 미소 공동 위원회(1946. 3)	임시 정부 수립을 위한 협의 단체의 범위를 두고 미국과 소련 의견 대립 → 회의 결렬(1946. 6)
이승만의 정읍 발언(1946. 6)	제1차 미소 공동 위원회 결렬 후 남한만이라도 단독 정부를 수립하자고 주장 → 한국 민주당 등은 단독 정부 수립 지지
제2차 미소 공동 위원회(1947. 5)	미국과 소련은 협의 참여 단체에 대한 이견을 좁히지 못함 → 미국이 한반도 문제를 국제 연합(유엔)에 이관(1947. 9)

핵심주제 03 통일 정부 수립을 위한 노력

(1) 좌우 합작 운동(1946. 10)

배경	제1차 미소 공동 위원회 결렬, 우익 세력의 단독 정부 수립 추진(이승만의 정읍 발언)
전개	• 중도 좌파 여운형(조선 인민당)과 중도 우파 김규식(민족 자주 연맹) 주도 • 미군정의 지원 하에 좌우 합작 위원회 구성, 좌우 합작 7원칙 발표(1946. 10)
결과	좌우 합작 7원칙 중 신탁 통치, 제도 개혁, 친일파 처벌 문제 등에서 좌익과 우익의 의견 대립 → 김구, 이승만, 조선 공산당 등 불참 → 냉전 체제가 격화되어 미군정의 지원 철회, 여운형이 극우 세력에 의해 암살(1947. 7) → 활동 중지

(2) 남북 협상(1948. 4)

배경	• 유엔 한국 임시 위원단의 감시 아래 인구 비례에 의한 남북한 총선거 실시 결정(1947. 11) → 유엔 한국 임시 위원단 파견(→ 북한과 소련은 입북 거부) • **유엔 소총회** : 선거 가능한 지역(남한)에서만 총선거 실시 결정(1948. 2)
과정	• 김구·김규식이 남북 협상(남북한 정치 지도자 회담) 제안 → 평양에서 남북 지도자 회의, 남북 모든 정당·사회단체 연석 회의 개최(1948. 4) → 결의문 채택 • **결의 내용** : 통일 국가 수립을 위한 남한 단독 선거 반대, 미·소 양군 철수 요구 등
결과	김구와 김규식은 5·10 총선거 불참 선언 → 남북한에 각각 정부 수립, 김구 암살(1949. 6) → 남북 협상 실패

(3) 정부 수립을 둘러싼 갈등 : 제주 4·3 사건(1948), 여수·순천 10·19 사건(1948)

제주도의 좌익 세력들이 단독 선거 실시 반대, 미군 철수를 요구하면서 봉기 → 군·경의 초토화 작전으로 수만 명의 제주도민 학살

좌익 – 모스크바 3상 회의
절대 지지

우익 – 신탁 통치 절대 반대

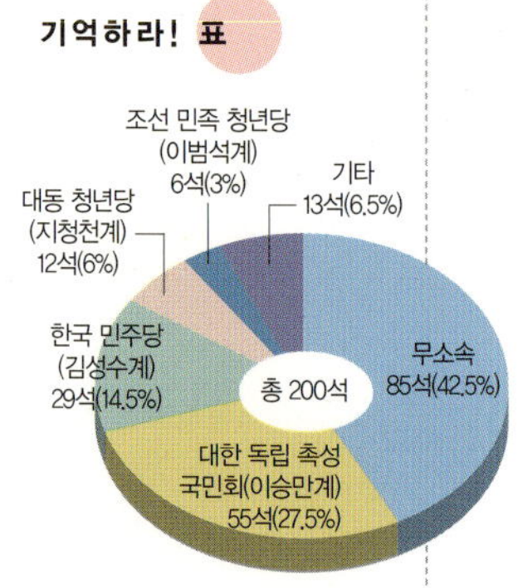

5·10 총선거 실시

핵심주제 04 대한민국 정부의 수립과 활동

(1) 대한민국 정부 수립 과정

5·10 총선거 (1948. 5. 10)	• 의미 : 우리 역사상 최초의 민주적인 보통 선거 • 결과 : 제헌 국회 구성(임기 2년, 단원제 국회) – 국호 '대한민국', 제헌 헌법 제정 • 한계 : 김구, 김규식 등 남북 협상파 불참, 좌익 세력의 총선거 반대 투쟁 → 제주도를 제외한 남한 지역에서 총선거 실시
제헌 헌법 공포 (1948. 7. 17)	• 대한민국 임시 정부의 법통을 계승한 민주 공화국 체제, 삼권 분립, 대통령 중심제 채택 • 제헌 국회에서 임기 4년의 대통령 선출(간선제 방식) → 대통령 이승만, 부통령 이시영 선출
대한민국 정부 수립 선포 (1948. 8. 15)	국내외에 대한민국 정부 수립 선포 → 한반도에서 유일한 합법 정부임을 유엔 총회에서 승인(1948. 12)

(2) 친일파 청산 문제

① **배경** : 광복 후 사회 정의와 민족 정기 확립 요구, 주요 정당·사회단체의 친일파 처단 주장, 미군정의 친일 관료 유지 정책

② **과정**

반민법 제정	제헌 국회에서 반민족 행위 처벌법 제정(1948. 9) → 반민족 행위 특별 조사 위원회 구성 (1948. 10)　　3·1 운동 때의 민족 대표
활동	박흥식, 노덕술, 최린, 최남선, 이광수 등 구속
한계	이승만 정권의 비협조, 정부와 경찰 요직에 자리 잡은 친일파들의 방해 → 국회 프락치 사건(1949. 3)과 경찰의 반민 특위 습격 → 반민법의 시효 축소 및 반민 특위 와해(1949. 8. 31)

핵심주제 05 북한 정부의 수립

(1) 광복 직후 북한의 사정

① **광복 직후** : 조만식을 중심으로 평안남도 건국 준비 위원회 결성 → 소련군 진주 후 평남 건국 준비 위원회 해체 및 인민 위원회 구성

② **소군정 시기** : 인민 위원회에 행정권 이양 → 소련의 지원 하에 김일성 권력 장악, 조만식 등 민족주의 계열 인사 숙청

(2) 북한 정부의 수립

① 북조선 임시 인민 위원회 수립(1946, 김일성을 위원장으로 선출) → 친일파 청산, 토지 개혁 실시(무상 몰수·무상 분배 방식), 주요 산업과 각종 자원의 국유화

② 북조선 인민 위원회 수립(1947) → 조선 민주주의 인민 공화국 수립 선포(1948. 9. 9)

제헌 국회 소속 정당별 의석수

06 6·25 전쟁

(1) **전쟁의 배경** : 남한 사회의 혼란, 냉전의 심화, 북한에 대한 소련과 중국의 지원, 미국의 애치슨 선언 (1950. 1), 남북의 대립 심화(이승만의 북진 통일론과 김일성의 민주 기지론 대립)

(2) 전쟁의 전개 과정

북한의 남침(1950. 6. 25) → 서울 함락 → 유엔 안전 보장 이사회의 군사 지원 결의와 유엔군 참전(1950. 7) → 인천 상륙 작전(1950. 9)과 서울 수복 → 국군과 유엔군 북진(압록강까지 진격, 1950. 11) → 중국군의 참전(1950. 10) → 흥남 철수(1950. 12) → 서울 재함락(1951. 1. 4, 1·4 후퇴) → 서울 재수복(1951. 3) → 38도선 일대에서 교착 상태 → 소련의 휴전 제의(1951. 6)로 휴전 협상 시작(1951. 7) → 휴전 반대 운동 전개와 반공 포로 석방(1953. 6) → 휴전 협정 체결(1953. 7) → 한미 상호 방위 조약 체결(1953. 10)

(3) 전쟁의 결과와 영향

인적·물적 피해	• **인적 피해** : 남북한을 합쳐 500여만 명의 사상자 발생 • **물적 피해** : 남한의 제조업 기반 파괴 → 경제 마비
분단 고착화	• **분단의 고착화** : 남북 간 적대감 심화 • **남한** : 이승만 정부는 반공을 이용하여 독재 정권 유지 • **북한** : 전쟁 복구 과정에서 반대 세력 숙청 등 김일성 권력 강화
사회 변동	• **전통적 사회 구조 붕괴** : 수백만 명의 월남, 농촌 인구의 도시 유입 → 남한 인구 증가로 실업 문제 등 발생 • **전통문화 경시 풍조** : 서구 대중문화의 무분별한 유입, 전통문화와 충돌

07 북한의 정치와 경제

(1) **김일성 독재 체제 강화** : 6·25 전쟁의 책임을 물어 박헌영 등 남로당 세력 축출, 8월 종파 사건(1956) 으로 연안파·소련파 숙청 → 김일성 1인 독재 체제 강화

1956년 북한의 조선 노동당 당 중앙위원회 8월 전원 회의에서 김일성을 중심으로 한 지배 집단과 반대 세력 간에 벌어진 집단적인 권력 투쟁 사건

(2) 사회주의 경제 체제 확립

내용	• 중공업 우선 정책 수립, 전후 복구 3개년 계획(1954~1956) 및 경제 개발 5개년 계획(1957~1960) 실시 • 협동 농장 조직, 생산 수단의 국유화, 천리마 운동(1956, 생산력 향상 도모, 사회주의 사상 강화)
결과	사회주의 경제 체제 확립(사유 재산 제도 부정), 농업과 공업 간 불균형 심화, 공산품·식료품 부족 초래

기억하라! 지도

애치슨 라인

미국 국무장관 애치슨이 한반도와 타이완을 미국의 태평양 방위선에서 제외한다고 발표

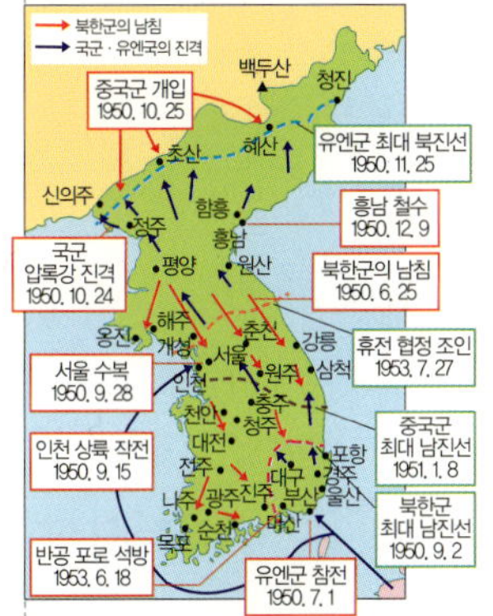

6·25 전쟁의 전개 과정

01 (가), (나)는 우리나라 독립 문제를 논의한 어느 국제회의의 의결 내용이다. 이에 대한 설명으로 옳은 것을 〈보기〉에서 고른 것은?

> (가) …… 앞의 3대국은 조선 인민의 노예 상태에 유의하여 적당한 시기에 한국을 자주독립하게 할 것을 결의한다.
> (나) 공동 위원회의 역할은 한국인의 정치적·경제적·사회적 진보와 민주주의 발전 및 조선 독립 국가 수립을 도와줄 방안을 만드는 것이다. …… 공동 위원회는 미·영·소·중 4국 정부가 최고 5년 기간의 4개국 통치 협약을 작성하는 데……

〈보기〉

ㄱ. (가) – 소련의 대일전 참전을 결정하였다.
ㄴ. (가) – 우리나라의 독립을 최초로 보장하였다.
ㄷ. (나) – 미소 공동 위원회를 설치하기로 하였다.
ㄹ. (나) – 38도선이 확정되어 남북 분단의 계기가 되었다.

① ㄱ, ㄴ　　② ㄱ, ㄷ　　③ ㄴ, ㄷ
④ ㄴ, ㄹ　　⑤ ㄷ, ㄹ

02 다음 연설이 나오게 된 배경으로 가장 적절한 것은?

> 어제 엔도가 나를 불러 "과거 두 민족이 합하였던 것이 조선에 잘못됐던가는 다시 말하고 싶지 않다. 오늘날 나누는 때에 서로 좋게 나누는 것이 좋겠다. 오해로 피를 흘리고 불상사를 일으키지 않도록 민중을 지도하여 주기를 바란다."라고 하였습니다. 나는 다섯 가지 조건을 요구하였습니다. …… 우리가 지난날의 아프고 쓰리던 것을 이 자리에서 다 잊어버리고 이 땅에다 합리적·이상적 낙원을 건설하여야 합니다. …… 물론 우리는 통쾌한 마음을 금할 수 없습니다. 그러나 그들에 대하여 우리들의 아량을 보여 줍시다.
> ― 여운형의 연설, 1945. 8

① 평양에서 남북한 지도자 연석 회의가 열렸다.
② 대한 민국 임시 정부가 건국 강령을 발표하였다.
③ 국내외 독립운동의 결과 8·15 광복을 맞이하였다.
④ 좌우 합작 위원회가 좌우 합작 7원칙을 발표하였다.
⑤ 모스크바 3국 외상 회의에서 한국의 독립 방안을 논의하였다.

03 다음 연표의 (가)에 들어갈 내용으로 옳은 것은?

① 5·10 총선거에 참여
② 좌우 합작 위원회 결성
③ 평양의 남북 협상 회의 참가
④ 남한만의 단독 정부 수립 주장
⑤ 반민족 행위 특별 조사 위원회 구성

04 다음 자료와 관련된 단체에 대한 설명으로 옳지 <u>않은</u> 것은?

> 1. 우리는 완전한 독립 국가 건설을 기함.
> 2. 우리는 전 민족의 정치적·경제적·사회적 기본 요구를 실현할 수 있는 민주주의 정권 수립을 기함.
> 3. 우리는 일시적 과도기에 있어서 국내 질서를 자주적으로 유지하며 대중 생활의 확보를 기함.

① 전국 각지에 설치된 지부가 치안과 행정권을 장악하였다.
② 친일파를 배제한 좌우 정치 세력의 민족 연합 전선을 추구하였다.
③ 민중의 지지를 받으며 미군 진주 이전에 실질적인 행정을 담당하였다.
④ 여운형을 위원장으로 하여 치안의 회복과 질서 유지를 위해 노력하였다.
⑤ 북한의 김일성·김두봉 등과 통일 정부 수립을 위한 남북 협상을 추진하였다.

05 (가), (나) 주장이 제기된 공통의 배경으로 옳은 것은?

(가) 3천만의 총역량을 발휘하여서 신탁 관리제를 배격하는 국민 운동을 전개하여 자주독립을 완전히 획득하기까지 3천만 전 민족의 최후의 피 한 방울까지라도 흘려서 싸우는 투쟁 개시를 선언한다.

(나) 이 신탁이 5개년이란 기간 내에 어느 때든지 우리 민족의 역량에 의하여 철폐할 것을 결정한 것이라고 보아야 한다. …… 따라서 이번 국제적 결정을 총체적인 의미에서 지지한다.

① 남북 협상이 추진되었다.
② 좌우 합작 위원회가 결성되었다.
③ 여수·순천 10·19 사건이 발생하였다.
④ 38도선 이남에서 총선거가 실시되었다.
⑤ 모스크바 3국 외상 회의의 결정이 국내에 알려졌다.

06 다음 원칙이 발표된 시기를 연표에서 옳게 고른 것은?

1. 모스크바 3국 외상 회의의 결정에 따라 남북의 좌우 합작으로 민주주의 임시 정부를 수립할 것.
3. 토지는 몰수, 유조건 몰수, 체감 매상 등으로 회수하여 농민에게 무상으로 분배하고, 중요 산업은 국유화할 것.
4. 친일파 민족 반역자를 처단할 조례를 본 합작 위원회에서 입법 기구에 제안하여 입법 기구로 하여금 결정하게 하여 실시하게 할 것.
7. 언론, 집회, 결사, 출판, 교통, 투표의 자유를 보장할 것.

1945	1946	1947	1948	1949	1950
	(가)	(나)	(다)	(라)	(마)
8·15 광복	이승만의 정읍 발언	유엔 한국 임시 위원단 구성	대한민국 정부 수립	반민특위 활동 개시	6·25 전쟁

① (가)　　② (나)　　③ (다)　　④ (라)　　⑤ (마)

07 (가), (나) 정치 세력에 해당하는 인물로 옳게 짝지어진 것은?

정치 쟁점 ＼ 정치 세력	(가)	(나)
신탁 통치	반대	반대
유엔 감시 하 남한 단독 선거	반대	지지
남북 협상	찬성	반대
미소 양군 철수	찬성	반대
5·10 선거	불참	참여

	(가)	(나)
①	김구	김성수
②	박헌영	김구
③	여운형	김규식
④	이승만	여운형
⑤	김구	박헌영

08 다음은 광복 후 우리나라 문제 해결을 위한 국제 회의의 결정을 요약한 것이다. (가)에 들어갈 내용으로 옳은 것은?

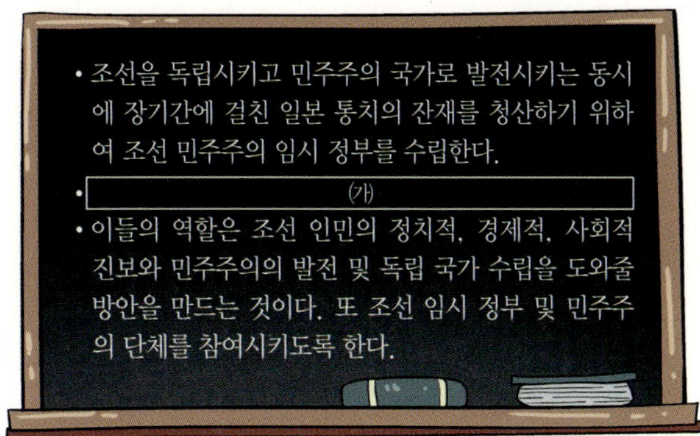

① 대한민국 임시 정부를 승인하는 방안을 논의한다.
② 미국과 소련이 공동으로 참여하는 위원회를 설치한다.
③ 한반도 통일 정부를 구성하는 구체적 절차를 논의한다.
④ 정부 수립을 논의하기 위해 좌우 합작 위원회를 설치한다.
⑤ 일본 군대를 무장 해제한 후 미소 양국 군대 철수를 논의한다.

상 중 하 6회

09 (가), (나) 사이에 있었던 사실로 옳은 것을 〈보기〉에서 고른 것은?

> (가) 휴회된 미소 공동 위원회가 재개될 기색도 보이지 않으며 통일 정부를 고대하나 여의케 되지 않으니, 우리는 남방만이라도 임시 정부 혹은 위원회 같은 것을 조직하여 38도선 이북에서 소련이 철퇴하도록 세계 공론에 호소하여야 될 것이니……
>
> (나) 한국이 있고야 한국 사람이 있고, 한국 사람이 있고야 민주주의도 공산주의도 또 무슨 단체도 있을 수 있는 것이다. …… 나는 통일된 조국을 건설하려다 38도선을 베고 쓰러질지언정 일신에 구차한 안일을 취하여 단독 정부를 세우는 데에는 협력하지 아니하겠다.

〈보기〉

ㄱ. 대한민국 정부 수립
ㄴ. 모스크바 3국 외상 회의
ㄷ. 김구와 김규식의 남북 협상 추진
ㄹ. 유엔 소총회에서 남한만의 단독 선거 결정

① ㄱ, ㄴ   ② ㄱ, ㄷ   ③ ㄴ, ㄷ
④ ㄴ, ㄹ   ⑤ ㄷ, ㄹ

상 중 하 5회

10 다음은 어느 독립운동가의 생애를 정리한 것이다. 이 인물의 활동으로 옳은 것은?

1881년	부산 동래 출생
1918년	신한 청년당 조직
1919년	파리 강화 회의에 한국 대표로 참석
1935년	민족 혁명당 창당, 주석 취임
1942년	대한민국 임시 정부 국무 위원
1950년	납북

① 조선 건국 준비 위원회를 결성하였다.
② 삼균주의를 바탕으로 건국 강령 초안을 작성하였다.
③ 광복 이후 좌우 합작 운동을 전개하였으며, 남북 협상에도 참여하였다.
④ 조선 혁명 선언을 발표하여 독립을 위한 민중의 직접 혁명을 주장하였다.
⑤ 일본인의 무사 귀환을 보장하는 대가로 조선 총독에게 5개 조항을 요구하였다.

상 중 하 2회

11 다음 연설을 했던 인물의 활동으로 가장 적절한 것은?

> 입법 의원의 사명은 최속(最速)한 기간 내에 남북이 통일한 총선거식으로 피선된 확대된 입법 의원을 선출하는 제1계단으로 들어가야 할 것이고, 그 확대 입법 의원은 미소 공동 위원회의 계속 개회가 되면 더욱 좋거니와, 혹 어떠한 변환으로 급히 속개되지 아니하더라도 최소한 기간 내에 우리의 손으로 우리를 위한 우리의 임시 정부를 산출하여, 안으로는 완전 자주독립의 국가를 건설해야 하며, 우리의 주인인 한국 3천만 민중의 복리를 도모할 것이며……
>
> – 남조선 과도 입법 의원 의장의 개회사, 1946. 12

① 조선 건국 준비 위원회를 조직하였다.
② 남한에서 남조선 노동당을 결성하였다.
③ 미군정의 협조로 한국 민주당을 결성하였다.
④ 평양에서 열린 남북 지도자 회의에 참석하였다.
⑤ 대한민국 임시 정부의 구미 위원부 위원장을 맡았다.

상 중 하 16회

12 밑줄 친 '이 단체'에 대한 설명으로 옳은 것은?

> 1946년 중도 좌파와 중도 우파가 중심이 되어 조직된 이 단체는 극좌파와 극우파의 방해로 별다른 성과 없이 1947년에 해체되었다. 이 만평은 당시 활동에 어려움을 겪고 있던 이 단체의 상황을 풍자하고 있다.

① 김구와 김규식이 주도하여 7원칙을 제시하였다.
② 삼균주의를 바탕으로 한 건국 강령을 발표하였다.
③ 무상 몰수·무상 분배에 의한 토지 개혁을 주장하였다.
④ 미군정의 지원이 철회되면서 활동에 어려움을 겪었다.
⑤ 제2차 미소 공동 위원회의 결렬을 배경으로 조직되었다.

13 (가), (나) 장면 사이에 들어갈 내용으로 옳지 <u>않은</u> 것은?

① 제주 4·3 사건이 발생하였다.
② 북한에서 단독 정부가 수립되었다.
③ 유엔 한국 임시 위원단이 구성되었다.
④ 미국이 한반도 문제를 유엔에 이관하였다.
⑤ 김규식 등이 남북 지도자 회의에 참석하였다.

14 밑줄 친 '이 인물'에 대한 설명으로 옳은 것은?

○ ○ 신 문   2011년 ○○월 ○○일

경교장 본모습 내년 광복절에 본다

광복 후 대한민국 임시 정부 첫 국무 회의가 열렸던 경교장(사적 465호)이 복원 공사에 들어가 내년 광복절에 온전히 복원된다. 경교장은 일제 시대에 큰돈을 번 ○○○이 자신의 친일 행적을 반성하는 뜻으로 이 인물에게 제공한 저택이다. 이후 집무실과 숙소로 사용되던 경교장은 이 인물의 서거 후 대사관·병원 등으로 쓰이다가, 2005년에 집무실이 기념실로 단장되었다.

① 독립운동 단체인 한인 애국단을 결성하였다.
② 대한민국 임시 정부의 2대 대통령에 추대되었다.
③ 광복군 창설에 참여하여 광복군 사령관을 지냈다.
④ 국민 대표 회의 예비 회의의 임시 의장직을 맡았다.
⑤ 신한 청년당의 대표로 파리 강화 회의에 참가하였다.

15 (가), (나) 인물에 대한 설명으로 옳은 것을 〈보기〉에서 고른 것은?

(가) 이제 우리는 무기 휴회된 미소 공동 위원회가 재개될 기색도 보이지 않으며, 통일 정부를 고대하나 여의치 않게 되었으니 남쪽만이라도 임시 정부 혹은 위원회 같은 것을 조직하여 38도선 이북에서 소련이 철퇴하도록 세계 공론에 호소하여야 한다.

(나) 현실에 있어서 나의 유일한 염원은 3천만 동포와 손을 잡고 통일된 조국의 달성을 위하여 공동 분투하는 것뿐이다. …… 나는 통일된 조국을 건설하려 38도선을 베고 쓰러질지언정 일신에 구차한 안일을 취하여 단독 정부를 세우는 데에는 협력하지 아니하겠다.

〈보기〉
ㄱ. (가) – 신한 청년단을 조직하였다.
ㄴ. (가) – 조선 건국 준비 위원회를 조직하였다.
ㄷ. (나) – 한국 독립당을 조직하여 이끌었다.
ㄹ. (나) – 5·10 총선거에 불참하였다.

① ㄱ, ㄴ   ② ㄱ, ㄷ   ③ ㄴ, ㄷ
④ ㄴ, ㄹ   ⑤ ㄷ, ㄹ

16 다음 발언이 나온 시기를 연표에서 옳게 고른 것은?

무기 휴회된 공동 위원회가 재개될 기색도 보이지 않으며 통일 정부를 고대하나 여의치 않으니, 우리는 남방만이라도 임시 정부 혹은 위원회 같은 것을 조직하여 38 이북에서 소련이 철퇴하도록 세계 공론에 호소하여야 될 것이니……   – 이승만, 정읍 발언

1945. 8	1945. 12	1946. 3	1946. 10	1947. 5	1948. 8
	(가)	(나)	(다)	(라)	(마)
8·15 광복	모스크바 3국 외상 회의 개최	제1차 미소 공동 위원회 개최	좌우 합작 7원칙 발표	제2차 미소 공동 위원회 개최	대한민국 정부 수립

① (가)   ② (나)   ③ (다)   ④ (라)   ⑤ (마)

상 중 하 9회

17 다음 주장이 제기된 시기를 연표에서 옳게 고른 것은?

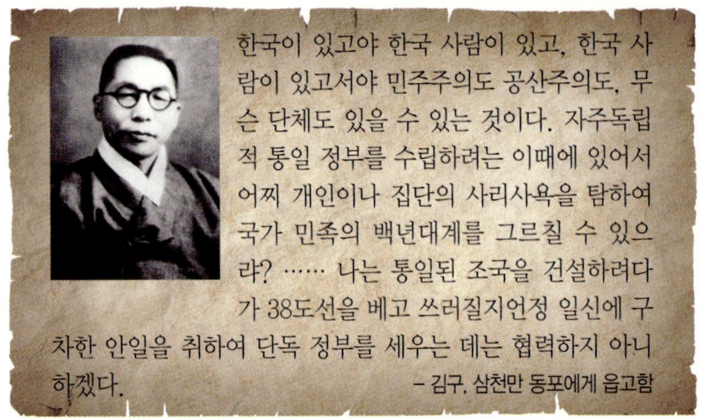

한국이 있고야 한국 사람이 있고, 한국 사람이 있고서야 민주주의도 공산주의도, 무슨 단체도 있을 수 있는 것이다. 자주독립적 통일 정부를 수립하려는 이때에 있어서 어찌 개인이나 집단의 사리사욕을 탐하여 국가 민족의 백년대계를 그르칠 수 있으랴? …… 나는 통일된 조국을 건설하려다가 38도선을 베고 쓰러질지언정 일신에 구차한 안일을 취하여 단독 정부를 세우는 데는 협력하지 아니하겠다.
– 김구, 삼천만 동포에게 읍고함

	제2차 미소 공동 위원회 개최		5·10 총선거 실시		반민족 행위 처벌법 제정
(가)		(나)		(다)	(라)	(마)
제1차 미소 공동 위원회 개최		유엔 한국 임시 위원단 파견		대한민국 정부 수립	

① (가) ② (나) ③ (다) ④ (라) ⑤ (마)

상 중 하 9회

18 다음 편지가 작성된 시기를 연표에서 옳게 고른 것은?

우리가 우리 몸을 반쪽 낼지언정 허리가 끊어진 조국이야 어찌 차마 더 보겠나이까. 우리 문제는 우리 자신만이 해결할 수 있다는 것을 확신하고 남북 지도자 회담을 주창하였습니다. 그리하여 이 글월을 연서로 올리는 것입니다.
– 김구·김규식이 김두봉에게 보낸 편지

1945.8	1945.12		1946.3		1947.5		1947.11		1948.8
		(가)		(나)		(다)		(라)	(마)
광복	모스크바 3국 외상 회의		제1차 미소 공동 위원회		제2차 미소 공동 위원회		국제 연합 (UN) 총회		대한민국 정부 수립

① (가) ② (나) ③ (다) ④ (라) ⑤ (마)

상 중 하 12회

19 다음 글을 발표한 인물에 대한 설명으로 옳은 것은?

○○신문   1949년 3월 9일

민족의 일원으로서 반민족 행위자라고 지목받게 된 것은 참으로 씻기 어려운 치욕이다. 내 이제 마땅히 자회자책(自悔自責)의 성의를 나타내려 한다. …… 십수 년간에 걸쳐 역사 교과서 편수 위원 등을 지냈으며 조선사 편수회 같은 것은 최후까지 참여하여 《조선사》 37권을 완성하였다. 《조선사》 편수의 일이 끝나자 내게는 어느 틈에 중추원 참의라는 직함이 돌아왔다. …… 그 후 소위 대동아 전쟁이 발생하자 나는 학병 권유의 길을 떠나게 되었다.

① 민족 정서를 담은 가곡을 작곡하였다.
② 조선 광문회를 창설하여 고전을 간행하였다.
③ 한국인 자본가로는 최초로 백화점을 세웠다.
④ 국제 연맹에 위임 통치 청원서를 제출하였다.
⑤ 천도교도로 내선일체를 주장하는 시중회를 조직하였다.

상 중 하 20회

20 (가) 위원회에 대한 설명으로 옳지 <u>않은</u> 것은?

(가) 의견서

· 성명 : ○○○
· 범죄 사실 :
피의자는 1921년 순사 시험에 합격한 뒤 인천경찰서 고등경찰로 약 15년간 근무한 자임. 상하이 임시 정부의 해외 독립운동가를 사찰하고, 독립운동가를 체포하기 위해 중국 각지에서 활동한 자로서 …… 민족 정의를 고취하기 위하여 엄중한 처단이 필요하며 △△법 제3조에 해당한다고 사료됨. 위와 같이 결의함.
1949년 5월 20일 위원 김상덕 외 7인
특별검찰관장 귀하

① 반민족 행위자를 조사하였다.
② 국회 의원 10명으로 구성되었다.
③ 제헌 의회에서 관련 법이 제정되었다.
④ 이광수, 최남선, 최린 등을 검거하였다.
⑤ 이승만 정부의 지원으로 소기의 성과를 거두었다.

21 (가)~(라)의 글을 발표된 순서대로 옳게 나열한 것은?

(가) 1) 조선을 독립시키고 …… 조선에 임시 민주주의 정부를 수립한다.
2) 조선 임시 정부 구성을 위해 미소 공동 위원회를 설치한다.
(나) 나는 통일된 조국을 건설하려다 38도선을 베고 쓰러질지언정 일신의 구차한 안일을 취하여 단독 정부를 세우는 데는 협력하지 아니하겠다.
(다) 무기 휴회된 공동 위원회가 재개될 기색도 보이지 않으며 …… 남쪽만이라도 임시 정부 혹은 위원회 같은 것을 조직하여 38도선 이북에서 소련이 철퇴하도록……
(라) 제1조 - 북위 38도선 이남의 조선 영토와 조선 인민에 대한 통치의 모든 권한은 당분간 본관의 권한 하에 시행한다.
제4조 - 주민은 본관의 별도 명령이 있을 때까지 일상적인 직무에 종사하라.

① (가) - (나) - (다) - (라)
② (가) - (다) - (라) - (나)
③ (나) - (가) - (라) - (다)
④ (다) - (나) - (가) - (라)
⑤ (라) - (가) - (다) - (나)

22 밑줄 친 '이 회담'에 대한 설명으로 옳은 것은?

정전 협정 성립 후 3개월 이내에 고위급 정치 회담을 개최할 것을 권고한다. 관계 각국 정부는 이 회담에서 모든 외국 군대를 한국에서 철수시키는 사항과 한국 문제 및 기타 문제를 평화적으로 해결하는 사항을 고려하도록 요청한다.
– 정전 협정 제60조, 1953. 7. 27

① 6·25 전쟁을 종료하기로 합의하였다.
② 적절한 시기에 한국을 독립시킬 것을 결의하였다.
③ 유엔 감시 하의 남북한 자유 총선거를 결정하였다.
④ 한국과 유엔 참전국, 북한, 중국, 소련 등이 참여하였다.
⑤ 포로 송환에 관한 합의가 이루어지지 않아 난항을 겪었다.

23 다음은 6·25 전쟁의 주요 사건이다. (가)~(라)를 일어난 순서대로 옳게 나열한 것은?

① (가) - (나) - (다) - (라)
② (가) - (다) - (나) - (라)
③ (나) - (가) - (라) - (다)
④ (다) - (나) - (가) - (라)
⑤ (다) - (가) - (나) - (라)

24 6·25 전쟁 과정에서 전선이 ㉠에서 ㉡으로 이동한 시기에 있었던 사실로 옳은 것은?

① 반공 포로 석방
② 애치슨 라인 설정
③ 흥남 철수 작전 전개
④ 인천 상륙 작전 전개
⑤ 한미 상호 방위 조약 체결

1. ③ 2. ③ 3. ② 4. ⑤ 5. ⑤ 6. ② 7. ① 8. ② 9. ⑤ 10. ③ 11. ④ 12. ① 13. ② 14. ① 15. ⑤ 16. ③ 17. ③ 18. ⑤ 19. ② 20. ⑤ 21. ⑤ 22. ④ 23. ② 24. ①

1. ③ 바로 정리 : 카이로 회담과 얄타 회담

자료의 (가)는 1943년에 열린 카이로 회담으로 한국의 독립 문제를 처음으로 논의했다. (나)는 1945년 12월에 열린 모스크바 3국 외상 회의이다. (가)에서는 한국을 적당한 시기에 독립시킬 것을 처음 언급했다. (나)에서는 임시 정부 수립을 위해 미소 공동 위원회를 설치하고, 한국에 대한 최고 5년간의 신탁 통치가 결정되었다. 아하! ㄱ. 소련의 대일전 참전을 결정한 것은 1945년에 개최된 얄타 회담이다. ㄹ. 38도선이 확정된 것은 광복 직후 남북한에 각각 미군과 소련군이 진주했기 때문이다.

2. ③ 바로 정리 : 여운형과 조선 총독의 교섭 배경

제시된 자료는 여운형의 연설문이다. 여운형은 일제 패망 직전 조선 총독부와 교섭하여 일본인의 무사 귀환 보장 조건으로 정치·경제범 석방, 치안 유지와 건국 활동 방해 금지 등의 약속을 받았다. 광복 직후 여운형은 조선 건국 준비 위원회를 조직하여 치안 유지 등을 담당했다. 아하! ① 남북 분단이 현실화되자 1948년에 김구, 김규식의 주도로 추진되었다. ② 1941년 건국 강령을 제정했다. ④ 좌우 합작 위원회는 이승만의 정읍 발언 이후 여운형과 김규식에 의해 구성되었다. ⑤ 모스크바 3국 외상 회의는 1945년 12월에 개최되었고, 신탁 통치 문제는 국내 좌우익의 대립을 야기했다.

3. ② 바로 정리 : 여운형의 활동

연보의 인물은 여운형이다. 제1차 미소 공동 위원회가 결렬되자 여운형과 김규식은 미군정의 지원을 받아 1946년 좌우 합작 위원회를 결성했다. 하지만 냉전이 심화되면서 미군정이 지원을 철회했고, 여운형이 암살되면서 좌우 합작 운동은 실패했다. 아하! ① 5·10 총선거는 여운형 암살 이후인 1948년에 실시되었다. ③ 김구, 김규식에 해당한다. ④ 이승만에 해당한다. ⑤ 여운형 암살 이후인 1948년 9월에 결성되었다.

4. ⑤ 바로 정리 : 조선 건국 준비 위원회

제시된 자료는 광복 직후 수립된 조선 건국 준비 위원회(약칭 건준)의 강령이다. 건준은 여운형의 주도로 친일파를 배제한 좌우 정치 세력이 연합하여 만들어졌다. 전국에 치안대와 지부를 설치해 치안과 행정 업무를 담당했으며, 미군의 진주에 대비해 조선 인민 공화국의 수립을 선포했다. 그러나 우익 세력이 대거 탈퇴하고 미군정이 조선 인민 공화국을 인정하지 않아 해체되었다. 아하! ⑤ 남북 협상 추진은 김구와 김규식에 해당된다.

5. ⑤ 바로 정리 : 신탁 통치를 둘러싼 좌우익의 갈등

(가)는 신탁 통치에 반대하는 우익 측의 주장, (나)는 신탁 통치에 찬성하는 좌익 측의 주장이다. 1945년 12월 열린 모스크바 3국 외상 회의에서 민주주의 임시 정부 수립, 미소 공동 위원회 설치, 최고 5년간 신탁 통치 실시 등을 결정했다. 이 결정이 국내에 알려지자 한국인들은 거세게 반발했다. 좌익 세력은 초기에 신탁 통치에 반대했으나, 모스크바 3국 외상 회의 결정 지지로 입장을 바꾸어 좌우 대립이 격화되었다. 아하! ① 분단이 현실화되자 김구 등은 북측과의 남북 협상을 추진했다. ② 제1차 미소 공동 위원회가 결렬되

자 김규식, 여운형을 중심으로 좌우 합작 위원회가 결성되었다. ③ 제주 4·3 사건 진압 명령을 받은 여수·순천 지역 부대의 좌익 세력들이 제주도 출동 반대, 통일 정부 수립 등의 구호를 내세우며 1948년에 반란을 일으켰다. ④ 1948년 5월에 남한에서만 총선거가 치러졌다.

6. ② 바로 정리 : 좌우 합작 7원칙

자료는 좌우 합작 7원칙이다. 제1차 미소 공동 위원회가 결렬되고, 이승만이 남한만이라도 단독 정부 수립을 하자고 주장했다. 이러한 상황에서 여운형, 김규식을 중심으로 좌우 합작 위원회가 결성되어 좌익과 우익의 의견을 절충한 좌우 합작 7원칙(1946. 10)을 발표했다.

7. ① 바로 정리 : 광복 직후의 남한 정세

김구가 주도한 한국 독립당과 김규식을 비롯한 중도파들은 남한만의 단독 선거에 반대하며 남북 협상을 추진했으며, 5·10 총선거에 불참했다. 그러나 이승만, 김성수 등 한국 민주당 세력들은 남한만의 단독 정부 수립에 찬성했다. 아하! ② 박헌영은 신탁 통치에 찬성했다. ③ 김규식은 남북 협상에 찬성했다. ④ 여운형은 1947년에 암살되었다.

8. ② 바로 정리 : 모스크바 3국 외상 회의

제시된 자료에서 조선에 임시 민주주의 정부를 수립한다는 내용을 통해 모스크바 3국 외상 회의라는 것을 알 수 있다. 이 회의에서는 조선 임시 민주주의 정부 수립, 미소 공동 위원회 설치, 최고 5년간 신탁 통치 등을 결정했다. 아하! ① 미군정은 대한민국 임시 정부를 인정하지 않았다. ③ 대한민국 정부 수립 이후의 사실이다. ④ 좌우 합작 운동에 대한 설명이다. ⑤ 남북 협상에 해당한다.

9. ⑤ 바로 정리 : 정읍 발언과 남북 협상

(가)는 이승만의 정읍 발언, (나)는 김구의 '삼천만 동포에게 읍고함(눈물로 고함)'이다. 이승만은 1946년 제1차 미소 공동 위원회가 결렬되자, 정읍에서 남한만의 단독 정부 수립을 주장했다. 1947년 제2차 미소 공동 위원회가 결렬된 후 미국이 유엔에 한국 문제를 상정하고, 1948년에 남한만의 총선거 실시가 결정되자, 김구는 단독 선거에 반대하면서 통일 정부 수립을 위한 남북 협상을 전개했다. 아하! ㄱ. 1948년 5월 10일에 총선거가 실시되어 같은 해 8월 15일 대한민국 정부가 수립되었다. ㄴ. 1945년 12월에 열렸다.

10. ③ 바로 정리 : 김규식의 활동

자료의 인물은 김규식이다. 김규식은 1946년에 좌우의 대립을 해소하기 위해 여운형과 함께 좌우 합작 운동을 전개했고, 1948년에 남한만의 단독 선거가 결정되자 김구와 함께 통일 정부 수립을 위한 남북 협상을 추진했다. 아하! ①, ⑤ 여운형 ② 조소앙 ④ 신채호에 해당한다.

11. ④ 바로 정리 : 김규식의 활동

제시문의 연설자는 남조선 과도 입법 의원 의장 김규식이다. 1948년 남한만의 단독 선거가 결정되면서 통일 정부 수립 논의를 위해 김규식은 김구와 함께 1948년 4월 평양에서 열린 남북 지도자 회의에 참석했다. 아하! ① 여운형 ② 박헌영 ③ 송진우, 김성수 ⑤ 이승만에 해당한다.

12. ④ 바로 정리 : 좌우 합작 위원회
1946년 제1차 미소 공동 위원회가 결렬되면서 여운형, 김규식 등은 좌우 합작 운동을 전개했고, 미군정의 지원을 받았다. 그러나 좌우 합작 운동에는 조선 공산당, 한국 민주당 등이 불참했고, 냉전이 심화되면서 미군정도 지원을 철회하여 어려움을 겪다가 중단되었다. 아하! ① 여운형과 김규식이 주도했다. ② 대한민국 임시 정부에 대한 설명이다. ③ 북한의 토지 개혁에 해당한다. ⑤ 제1차 미소 공동 위원회 결렬과 관계있다.

13. ② 바로 정리 : 대한민국 정부 수립
(가)는 제2차 미소 공동 위원회의 장면이고, (나)는 5·10 총선거에 참여하는 장면이다. 제2차 미소 공동 위원회가 결렬되자 미국은 한국 문제를 유엔에 이관했고, 유엔은 남북한 총선거를 통해 한국에 정부를 수립하기로 결의했다. 그러나 북한과 소련이 이를 거부하자 국제 연합은 소총회를 열어 선거가 가능한 지역에서만 총선거를 실시하기로 했다. ① 제주 4·3 사건은 5·10 총선거를 반대한 것이다. ⑤ 남북 협상은 1948년 4월로 5·10 총선거 이전에 해당된다. 아하! ② 조선 민주주의 인민 공화국은 1948년 9월 9일에 수립되었다.

14. ① 바로 정리 : 김구의 활동
경교장은 1949년 김구가 안두희에게 암살당할 때까지 김구의 집무실로 사용되었던 곳이다. 김구는 임시 정부를 이끌면서 한인 애국단을 조직했으며 광복 후 반탁 운동, 남북 협상을 주도했다. 아하! ② 박은식 ③ 지청천 ④ 안창호 ⑤ 김규식에 해당한다.

15. ⑤ 바로 정리 : 김구와 이승만의 활동
자료의 (가)는 이승만의 정읍 발언, (나)는 김구의 '삼천만 동포에게 읍고함'이다. 김구는 1940년 한국광복군을 창설했고, 군사 특파단을 중국 시안에 파견하여 중국 정부의 양해와 재정 지원을 받으려는 교섭을 했다. 광복 이후 한국 독립당을 이끌고 반탁 운동과 함께 통일 정부 수립을 위해 노력했으며, 김규식과 함께 추진한 남북 협상 실패 후에는 5·10 총선거에 불참했다. 아하! ㄱ. 김규식, 신채호에 대한 설명이다. ㄴ. 여운형에 대한 설명이다.

16. ③ 바로 정리 : 이승만의 정읍 발언
제시된 자료는 이승만의 정읍 발언이다. 이승만은 1946년 3월에 열린 제1차 미소 공동 위원회가 결렬되자 그해 6월 전라북도 정읍에서 남한만이라도 단독 정부를 수립하자는 내용의 연설을 하여 큰 파문을 일으켰다.

17. ③ 바로 정리 : 김구의 남북 협상 추진
자료는 김구가 발표한 '삼천만 동포에게 읍고함'이다. 1947년에 열린 제2차 미소 공동 위원회가 결렬된 후 미국은 한반도 문제를 유엔에 이관했다. 유엔에서는 남북한 총선거 실시를 결정했으나, 북한과 소련의 반대로 남한에서만 총선거가 실시되게 되었다. 김구는 이에 반대하여 김규식과 함께 남북 협상을 추진했으나 실패했다.

18. ⑤ 바로 정리 : 남북 협상 추진
제2차 미소 공동 위원회가 결렬된 후 미국은 한반도 문제를 유엔에 이관했고, 유엔에서는 남북한 총선거를 결정했으나, 북한과 소련의 반대로 남한에서만 선거가 치러지게 되었다. 이것은 남한만의 단독 정부 수립을 의미했다.

이를 막기 위해 김구와 김규식은 1948년 4월 남북 협상에 참여했으나 분단을 막지는 못했다.

19. ② 바로 정리 : 최남선의 활동
제시된 자료는 반민특위에 회부되었던 최남선과 관련된 기사이다. 최남선은 박은식과 함께 1910년 조선 광문회를 조직하여 우리 민족의 고전을 정리했다. 아하! ① 홍난파 ③ 박흥식 ④ 이승만 ⑤ 최린에 해당한다.

20. ⑤ 바로 정리 : 반민족 행위 특별 조사 위원회의 활동
대한민국 정부가 수립되자 제헌 국회는 반민족 행위 처벌법을 제정하고, 국회의원 10인으로 구성된 반민족 행위 특별 조사 위원회(반민특위)를 설치했다. 반민특위는 친일파들을 조사하여 체포했고, 이광수·최남선 등이 체포되어 재판을 받았다. 그러나 이승만 정부는 반민특위의 활동에 비협조적이었고 일부 경찰들이 반민특위를 습격하기도 했다. 결국 반민특위 활동은 큰 성과 없이 종료되었다. 아하! ⑤ 이승만 정부는 반민특위 활동에 비협조적이었다.

21. ⑤ 바로 정리 : 광복 이후 남한의 정세
(가)는 모스크바 3국 외상 회의 결정안(1945. 12), (나)는 '김구의 삼천만 동포에게 읍고함'(1948. 2), (다)는 이승만의 정읍 발언(1946. 6), (라)는 맥아더 포고령(1945. 9)이다. 일어난 순서는 (라)-(가)-(다)-(나)이다.

22. ④ 바로 정리 : 제네바 회의
밑줄 친 '이 회담'은 제네바 회의이다. 1953년 7월 휴전 협정 체결 후 한국 문제를 논의하기 위해 1954년 4월에 제네바 회의가 열렸으며 한국, 미국 등 전쟁에 참여한 16개국과 공산 측에서는 북한, 소련, 중국이 참가했다. 회의에서 남한 측은 남한만의 자유선거 실시를 주장했고, 북한 측은 중립국 감시 위원단 하의 남북한 총선거 실시를 주장했다. 남북한의 의견 대립으로 회의는 성과 없이 끝났다. 아하! ①, ⑤ 휴전 협정에 대한 설명이다. ② 1943년에 열린 카이로 회담에 대한 설명이다. ③ 1947년 11월에 있었던 유엔 총회의 결의 내용이다.

23. ② 바로 정리 : 6·25 전쟁의 전개
(가)는 1950년 6월, (나)는 1950년 10월, (다)는 1950년 9월, (라)는 1951년 1월에 일어났다. 따라서 순서는 (가)-(다)-(나)-(라)이다.

24. ① 바로 정리 : 6·25 전쟁의 전개 과정
지도의 ㉠은 중국군의 최대 남침선, ㉡은 휴전 협정을 통해 설정한 휴전선이다. 1·4 후퇴 이후 전열을 재정비한 한국군은 서울을 재탈환한 뒤 38선 부근에서 북한군과 치열한 교전을 벌였다. 이후 소련의 제안으로 휴전 협상이 시작되었다. 하지만 이승만 정부는 북진 통일을 주장하며 휴전에 반대했고, 반공 포로를 독단적으로 석방하기도 했다. 우여곡절 끝에 1953년 7월 휴전 협정이 체결되었고, 같은 해 12월 한미 상호 방위 조약이 체결되었다. 아하! ② 1950년 1월에 발표되었다. ③ 중국군 개입 이후인 1950년 12월에 이루어졌다. ④ 1950년 9월에 실시되었다. ⑤ 휴전 협정 체결 이후인 1953년 12월에 이루어졌다.

기억하라! **표**

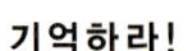

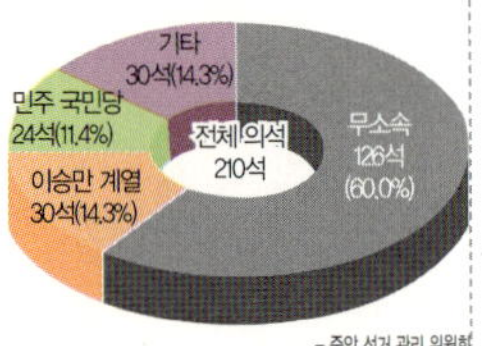

— 중앙 선거 관리 위원회

제2대 국회 의원 선거 결과

기억하라! **사진**

3대 대선 시기 민주당의
정·부통령 후보인 신익회와
장면

서울 지역 대학 교수들의 시위

핵심주제 01 이승만 정부의 독재 체제

(1) 이승만 정부의 독재 체제 강화

이승만 정부의 정치 상황	• 친일파 청산과 농지 개혁에 소극적 → 민심 이탈 초래 • 반공 정책 강화 : 전쟁 이후 반공을 통치 이념화, 반대 세력 탄압
발췌 개헌 (1952)	• 배경 : 제2대 국회 의원 선거(1950)에서 정부에 비판적인 무소속 의원이 대거 당선 → 이승만 지지 세력의 약화, 국회에서 간선제로 이승만 재집권 불가능 • 과정 : 1951년 부산에서 자유당 창당(1951. 12) 후 계엄령 선포 → 군대와 경찰, 폭력배를 동원하여 국회 의원 협박 → 대통령 직선제와 양원제 국회 개헌안 기립 표결로 통과(1952. 7) → 제2대 대통령에 이승만 당선(1952. 8)
사사오입 개헌 (1954)	• 배경 : 장기 집권을 위해 헌법 개헌 필요 • 과정 : 초대 대통령에 한해 중임 제한 규정 철폐한다는 개헌안 제출 → 1표 차로 부결 → 사사오입 논리를 이용해 개헌안 통과 선언(1954. 11) • 영향 : 야당 정치인들이 민주당을 창당하여 이승만 독재에 저항 → 1956년 정·부통령 선거(제3대 대선)에 신익희와 장면을 내세워 '못 살겠다 갈아 보자'라는 구호로 이승만 정권에 도전 → 선거 도중 민주당 대통령 후보 신익희가 갑자기 사망하고 대통령에 이승만, 부통령에 민주당 장면 당선
독재 강화	• 진보당 사건(1958. 1) : 진보당 당수 조봉암을 간첩 혐의로 처형 • 신 국가 보안법 통과, 비판적인 언론 억압(《경향신문》 폐간)

핵심주제 02 4·19 혁명과 장면 정권

(1) 4·19 혁명(1960)

배경	• 이승만 정부의 독재 정치와 부정부패 • 3·15 부정 선거 : 1960년 대선에서 대통령 이승만과 부통령 이기붕을 당선시키기 위해 부정 선거 계획(사전 투표, 3인조·9인조 투표, 대리 투표, 투표함 바꿔 치기 등) → 민주당 후보 조병옥이 미국에서 급서해 이승만이 대통령 당선 → 부통령을 이기붕으로 당선시키기 위해 부정 선거 실시
과정	• 마산 시위 발생(3. 15) → 무력 진압으로 사상자 발생 → 김주열 학생의 주검 발견(4. 11) • 고려 대학교 학생 피습 사건(4. 18) → 서울의 학생과 시민들이 대규모 시위 전개, 경찰의 발포, 이승만 정부의 계엄령 선포(4. 19) → 서울 시내 대학 교수들의 시국 선언(4. 25), 이승만 대통령 퇴진 요구 → 이승만 하야 선언(4. 26)
결과	• 이승만과 자유당 중심의 독재 체제 붕괴 • 양원제 의회(민의원, 참의원) 구성과 내각 책임제를 골자로 한 헌법 개정 → 장면 내각 수립
의의	학생과 시민들이 독재 정권을 타도한 민주주의 혁명, 우리나라 민주주의 발전의 중요한 계기

(2) 장면 내각(1960. 8~1961. 5)

수립	허정 과도 정부의 개헌(양원제 의회, 내각 책임제) → 민주당 총선 압승(대통령 윤보선, 국무총리 장면)
활동	독재 정권 청산·민주주의 실현·경제 개발·남북 관계 개선 제시, 각종 정부 규제 해제, 언론의 활성화, 노동 운동·교원노조 운동·청년 운동·학생 운동 등 활성화, 혁신 세력은 진보적 정치 활동 재개 → 각계각층의 민주화 요구, 통일 운동 활성화
한계	민주당 내분 → 민주화 요구, 부정 선거 책임자 처벌, 통일 논의 등에 소극적 대처

기억하라! 사료

나는 해방 후 본국으로 돌아와서 우리 여러 애국애족하는 동포들과 더불어 잘 지내 왔으니 이제는 세상을 떠나도 한이 없으나, 나는 무엇이든지 국민이 원하는 것이 있다면 민의를 따라서 하고자 하는 것이며 또 그렇게 하기를 원했던 것이다. 보고를 들으면 우리 사랑하는 청소년 학도들을 위시해 우리 애국애족하는 동포들이 내게 몇 가지 결심을 요구하고 있다 …… 국민이 원하면 대통령직을 사임하겠다.
— 이승만 대통령 하야 발표(1960. 4. 26)

핵심주제 03 · 5·16 군사 정변과 박정희 정부의 수립

(1) 5·16 군사 정변(1961)

배경	6·25 전쟁으로 군부 세력 성장, 장면 내각의 군대 감축 추진과 정군 운동의 실패
과정	• 박정희를 중심으로 한 군부 세력이 주요 정부 기관 점령(1961. 5. 16), 계엄령 선포 • 혁명 공약 발표(반공, 경제 개발 강조), 국가 재건 최고 회의(초헌법적 기구) 구성, 반공 정책 강화(반공을 국시로 지정), 언론 탄압과 정치인들의 활동 금지, 부정 축재자 처벌, 농어촌 고리채 정리, 화폐 개혁 실시, 중앙정보부 창설
민정 이양	헌법 개정(대통령제와 단원제 국회), 민주 공화당 창당 → 1963년 10월 제5대 대선에서 박정희 당선

(2) 박정희 정부의 성립

① **박정희 정부** : 조국 근대화와 민족 중흥 표방, 경제 개발 5개년 계획 추진 → 정권의 정당성 확보 목적, 경제 성장 우선 정책 추구

② **한일 국교 정상화(1965)**

배경	미국의 요구(한·미·일 삼각 안보 동맹 구축), 경제 개발에 필요한 자본 확보 필요
전개 과정	한일 회담 추진 → 학생과 시민의 반대 시위(6·3 시위) → 휴교령, 계엄령 선포, 제1차 인혁당 사건 등으로 시위 탄압 → 위수령 선포 후 한일 협정 체결(1965. 6)
영향	경제 개발을 위한 자금 마련, 식민지 지배에 대한 사과 등 과거사 문제 미해결

③ **베트남 파병(1965~1973)**

배경	경제 개발 자금 필요, 미국이 국군의 전력 증강과 경제 개발을 위한 기술 및 차관 제공 약속(브라운 각서)
과정	미국의 차관 제공, 군수품 수출·파병 군인 송금·베트남 건설 사업 진출로 외화 획득, 한미 동맹 강화 → 1965년부터 1973년까지 약 5만 5천여 명 파병
결과	• 외화 획득, 베트남 건설 사업 참여 등 베트남 특수로 경제 발전에 기여 • 파병 군인의 인명 피해 및 부상(고엽제 후유증 등), 베트남 민간인 학살

④ **서독에 광부, 간호사 파견** : 1966년부터 1977년까지 서독으로 광부와 간호사 파견 → 인력 수출로 외화 획득 목적

기억하라! 사진

한일 협정을 반대하는 6·3 시위(1964)

베트남 파병

통일 주체 국민 회의

긴급 조치 선포를 보도한 신문 기사

장발 단속 모습

기억하라! 사진

(3) 박정희 정부의 3선 개헌(1969)

> 일명 김신조 사건. 1968년 1월 21일에 조선 민주주의 인민 공화국 소속의 군인 31명이 대한민국의 청와대를 기습하려던 사건을 말해.

① 집권 연장을 위해 3선 개헌 요구(야당 반발) → 3선 개헌안 변칙 통과
② 1971년 제7대 대선에서 야당인 신민당의 김대중 후보에게 간신히 승리
③ 한반도의 긴장 고조 : 1968년 1·21 사태, 푸에블로호 나포 사건(1968. 1. 23), 울진·삼척 지구 무장 공비 침투 사건(1968. 10) → 한미 공조 강화 및 남북 군비 경쟁 심화

> 1968년 미국의 푸에블로호가 북한에 의해 나포된 사건

핵심주제 04 유신 체제의 성립(1972)

(1) 유신 체제 성립 배경

① 박정희 정부의 위기감 고조

국내	야당 세력의 성장(야당 의석수가 여당 초과)
국외	닉슨 독트린 발표와 미국 대통령의 중국 방문, 베트남에서 미군 철수, 주한 미군 감축 등 → 경제 위기와 함께 반공 체제 동요

> 1969년 7월 25일 닉슨 대통령이 괌에서 기자 회견을 통하여 동아시아 동맹국들의 자주 국방 능력 강화와 미국의 부담 감축 방침을 천명했어.

② 박정희 정부의 대응

대외적	남북 대화 제의 → 남북 적십자 회담과 7·4 남북 공동 성명(1972)
대내적	국가 비상사태 선언(1971. 12), 정치적 통제 강화와 새마을 사업 추진, 국민의 기본권 제한

(2) 유신 체제의 성립

목적	영구 집권과 독재 권력 강화
명분	남북 대화와 지속적인 경제 성장, 평화 통일
성립	비상계엄 선포(1972. 10. 17) → 국회 해산 및 정치 활동 금지, 언론·출판·보도·방송의 사전 검열, 대학교 휴교 조치 → 비상 국무 회의에서 유신 헌법 제정, 국민 투표로 확정

(3) 유신 헌법의 내용 : '한국적 민주주의'라는 명분으로 민주주의 탄압

간선제	대통령 중임 제한 철폐 및 권한 대폭 강화, 통일 주체 국민 회의에서 간접 선출
대통령의 권한 강화	대통령이 국회 의원 3분의 1 임명, 국회 해산권, 법관 인사권 → 의회와 사법부 장악, 긴급 조치권 부여 → 대통령에게 초법적인 권한 부여
성격	의회 민주주의와 삼권 분립의 헌정 질서를 파괴하는 독재 헌법

(4) 유신 체제에 대한 저항과 붕괴

저항	대학생들의 유신 반대 시위 확대(1973) → 긴급 조치 1호 선포로 탄압
탄압	민청학련 사건(1974), 인혁당 사건(1975)
붕괴	민주 회복 국민 회의 결성 → 범민주 진영의 연대 투쟁 기구, 긴급 조치를 발동하여 탄압 → 국제 여론의 악화 및 미·일과의 관계 악화 → YH 무역 사건 → 김영삼 의원 제명 사건 → 부·마 민주 항쟁(1979. 10) → 10·26 사태(1979, 박정희 피살)

> 부산과 마산에서 유신 체제에 저항한 항쟁

핵심주제 05 민주주의의 발전(1980년대 이후)

(1) 신군부의 등장과 5·18 민주화 운동

신군부의 등장	전두환 노태우 등 신군부 세력이 쿠데타로 군사권 장악(12·12 사태, 1979) → 비상 계엄령 유지, 헌법 개정 작업 지연
서울의 봄 (1980. 5)	학생·시민들이 계엄령 철폐, 유신 헌법 폐지, 신군부 퇴진 등 요구 → 신군부 세력의 계엄령 확대(5. 17), 국회 폐쇄, 정치 활동 금지, 대학 폐쇄, 정치 인사 구속
5·18 민주화 운동	• 배경 : 신군부의 비상계엄령 전국 확대(1980. 5. 17) • 발단 : 광주 학생들의 비상계엄 폐지 시위(5. 18) → 계엄군의 무자비한 진압 • 전개 : 계엄군의 발포로 많은 시민 사망 → 시위대 시민군 조직 • 결과 : 계엄군의 무력 진압으로 수많은 사상자 발생(1980. 5. 27) • 의의 : 1980년대 전개된 민주화 운동의 밑바탕

(2) 전두환 정부와 6월 민주 항쟁

① **신군부의 등장** : 국가 보위 비상 대책 위원회 구성(1980. 5) → 7년 단임제의 대통령 간선제를 골자로 헌법 개정 → 대통령 선거인단 투표에서 전두환이 대통령으로 선출(1981. 2)

② **전두환 정부의 통치**

강압 통치	언론 통폐합, 보도 지침 하달, 민주화 운동과 노동 운동 탄압, 삼청 교육대 1980년 국가 보위 비상 대책 위원회(국보위) 사회 정화책의 일환으로 군부대 내에 설치한 기관. 교육 대상자들을 검거하기 위한 군·경 합동 작전의 명칭이 '삼청 작전'이어서 붙은 이름
유화 정책	해외여행 자유화, 고교생 교복 자율화, 야간 통행금지 해제, 프로 스포츠 개막 등

③ **6월 민주 항쟁(1987)**

전개	직선제 개헌 운동 본격화 → 부천 경찰서 성 고문, 박종철 고문치사 사건 → 정부의 개헌 거부(4·13 호헌 조치) → 이한열 군 사망 → 전국적인 민주화 요구 시위(6월 민주 항쟁)
결과	6·29 민주화 선언(노태우) → 5년 단임의 대통령 직선제 개헌(1987)
의의	민주주의 발전의 중요한 계기

(3) 민주주의의 발전

노태우 정부	• 야당이 국회 의석 과반수 확보(여소 야대) → 5공 청문회 → 3당 합당으로 여소 야대 극복(민주 자유당 창당) • 북방 정책 : 동유럽 국가 및 소련과 수교(1990), 남북한 유엔 동시 가입(1991), 중국과 수교(1992)
김영삼 정부	• 고위 공직자의 재산 등록 의무화, 금융 실명제 실시, 지방 자치제 전면 실시, '역사 바로 세우기' 진행 • 외환 위기(1997) → 국제 통화 기금(IMF)의 긴급 구제 금융 지원
김대중 정부	• 최초의 평화적 여야 정권 교체, IMF 관리 체제 조기 극복(기업 구조 조정, 노사정 위원회 설립 등) • 대북 화해 협력 정책(햇볕 정책), 금강산 관광 사업 시작(1998), 최초의 남북 정상 회담(2000. 6. 25), 김대중 대통령 노벨 평화상 수상
노무현 정부	• 권위주의 청산 노력, 과거사 정리 사업, 공공 기관의 지방 이전 추진 • 남북 화해 협력 정책 계승 → 제2차 남북 정상 회담(2007)
이명박 정부	실용주의 표방, 자유 무역 협정(FTA) 등을 통한 열린 시장 추구

기억하라! 사료

우리는 왜 총을 들 수밖에 없었는가? 그 대답은 너무나 간단합니다. 너무나 무자비한 만행을 더 이상 보고 있을 수 없어서 너도나도 총을 들고 나섰던 것입니다. …… 그러나 정부 당국에서는 17일 야간에 계엄령을 확대 선포하고 일부 학생과 민주 인사, 정치인을 도무지 알 수 없는 구실로 불법 연행하였습니다. …… 그러나 아! 이럴 수가 있단 말입니까? 계엄 당국은 18일 오후부터 공수 부대를 대량 투입하여 시내 곳곳에서 학생, 젊은이들에게 무차별 살상을 자행하였으니! …… 민주 시민 여러분! 그런 상황에서 우리가 할 수 있는 일이 무엇이겠습니까?

― 광주 시민 궐기문(1980. 5. 20), 《신동아》(1990)

기억하라! 사진

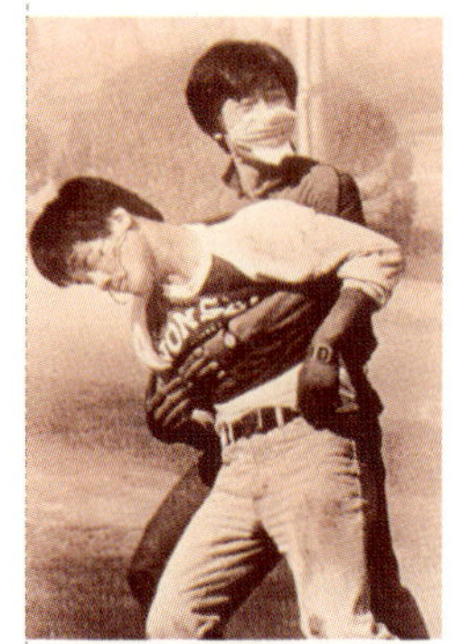

최루탄을 맞고 피를 흘리는 이한열 학생

기억하라! 사료

첫째, 여야 합의 하에 조속히 대통령 직선제 개헌을 하고 새 헌법에 의해 대통령 선거로 1988년 2월 평화적 정부 이양을 실현토록 하겠습니다.
둘째, 최대한 공명정대한 선거 관리가 이루어져야 합니다.
셋째, 극소수를 제외한 모든 시국 관련 사범들은 석방되어야 합니다.

― 6·29 민주화 선언(1987. 6. 29)

상 중 하 10회

01 자료와 관련된 선거에 대한 설명으로 옳은 것은?

① 4·19 혁명 이후 실시되었다.
② 발췌 개헌 헌법에 따라 실시되었다.
③ 진보당 사건이 일어나는 계기가 되었다.
④ 마산 시민들의 반정부 시위를 촉발시켰다.
⑤ 사사오입 개헌이 이루어지는 배경이 되었다.

상 중 하 13회

02 다음 상황과 관련된 개헌에 대한 설명으로 옳은 것을 〈보기〉에서 고른 것은?

임시 수도 부산에서 개헌안에 기립 표결하는 국회 의원들의 모습

국회 의원 40여 명이 탄 통근 버스를 헌병대로 연행하는 모습

〈보기〉
ㄱ. 대통령의 중임 제한을 철폐하였다.
ㄴ. 국회를 단원제로 운영하기로 하였다.
ㄷ. 대통령 선출 방식을 직선제로 바꾸었다.
ㄹ. 6·25 전쟁 중 임시 수도인 부산에서 통과되었다.

① ㄱ, ㄴ ② ㄱ, ㄷ ③ ㄴ, ㄷ ④ ㄴ, ㄹ ⑤ ㄷ, ㄹ

상 중 하 21회

03 (가), (나) 헌법에 대한 설명으로 옳은 것을 〈보기〉에서 고른 것은?

(가) 제31조	입법권은 국회가 행한다. 국회는 민의원과 참의원으로서 구성한다.	
제53조	대통령과 부통령은 국민의 보통, 평등, 직접, 비밀 투표에 의하여 각각 선거한다.	

– 헌법 제2호

(나) 제55조	대통령과 부통령의 임기는 4년으로 한다. 단, 재선에 의하여 1차 중임할 수 있다. 대통령이 궐위될 때에는 부통령이 대통령이 되고 잔임 기간 중 재임한다.
부칙	이 헌법 공포 당시의 대통령에 대하여는 제55조 제1항 단서의 제한을 적용하지 아니한다.

– 헌법 제3호

〈보기〉
ㄱ. (가) – 정부 형태를 내각 책임제로 전환하였다.
ㄴ. (가) – 비상계엄을 선포한 가운데 개정하였다.
ㄷ. (나) – 국가 재건 최고 회의에서 발의·개정하였다.
ㄹ. (나) – 부결된 개정안을 사사오입의 논리를 내세워 통과시켰다.

① ㄱ, ㄴ ② ㄱ, ㄷ ③ ㄴ, ㄷ ④ ㄴ, ㄹ ⑤ ㄷ, ㄹ

상 중 하 22회

04 (가) 민주화 운동에 대한 설명으로 옳은 것은?

사진으로 보는 　(가)

① 유신 체제에 저항하였다.
② 6·29 선언을 이끌어 내었다.
③ 4·3 호헌 조치에 반대하였다.
④ 신군부 세력의 퇴진을 요구하였다.
⑤ 허정 과도 내각이 성립되는 배경이 되었다.

05 다음은 1956년 정·부통령 선거에서 나온 각 정당의 구호이다. (가)~(다) 정당의 후보에 대한 설명으로 옳지 <u>않은</u> 것은?

① (가) – 부통령 후보에 장면을 내세웠다.
② (가) – 선거 직전 갑작스럽게 사망하였다.
③ (나) – 발췌 개헌으로 출마할 수 있었다.
④ (다) – 평화 통일을 주장하며 약 30%를 득표하였다.
⑤ (다) – 선거 이후 진보당 사건에 연루되어 사형당하였다.

06 (가)에 들어갈 내용으로 가장 적절한 것은?

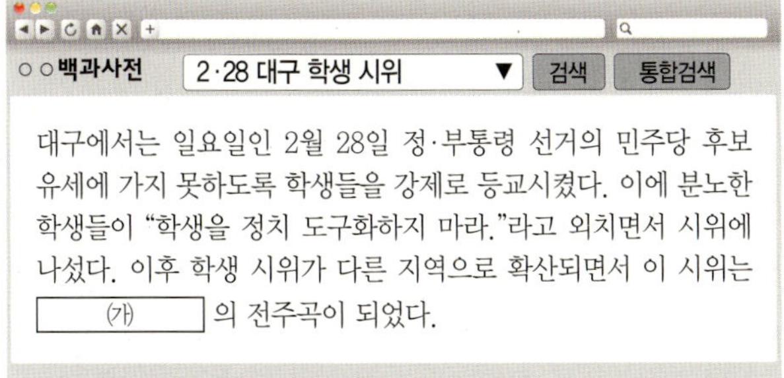

대구에서는 일요일인 2월 28일 정·부통령 선거의 민주당 후보 유세에 가지 못하도록 학생들을 강제로 등교시켰다. 이에 분노한 학생들이 "학생을 정치 도구화하지 마라."라고 외치면서 시위에 나섰다. 이후 학생 시위가 다른 지역으로 확산되면서 이 시위는 ____(가)____ 의 전주곡이 되었다.

① 4·19 혁명
② 6월 민주 항쟁
③ 제주 4·3 사건
④ 5·16 군사 정변
⑤ 부·마 민주 항쟁

07 선생님의 질문에 대한 학생의 답으로 옳은 것을 〈보기〉에서 고른 것은?

〈보기〉

ㄱ. 국회 의원의 임기는 2년이었어요.
ㄴ. 간접 선거로 대통령을 선출하였어요.
ㄷ. 남북 협상파 등 중도 세력이 다수 진출하였어요.
ㄹ. 대통령 직선제와 양원제를 규정한 개헌안을 통과시켰어요.

① ㄱ, ㄴ ② ㄱ, ㄷ ③ ㄴ, ㄷ ④ ㄴ, ㄹ ⑤ ㄷ, ㄹ

08 (가) 정당이 주도한 (나)의 결과로 옳은 것은?

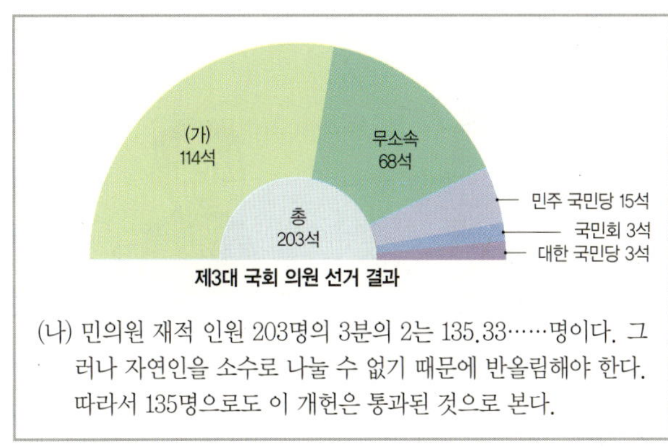

(나) 민의원 재적 인원 203명의 3분의 2는 135.33……명이다. 그러나 자연인을 소수로 나눌 수 없기 때문에 반올림해야 한다. 따라서 135명으로도 이 개헌은 통과된 것으로 본다.

① 제2공화국이 성립되었다.
② 대통령 직선제로 개헌하였다.
③ 대통령의 긴급 조치권을 인정하였다.
④ 국가 보위 비상 대책 위원회를 설치하였다.
⑤ 초대 대통령에 한해 중임 제한을 철폐하였다.

상 중 하 5회

09 다음 선언문이 발표될 당시의 헌법을 설명한 것으로 옳은 것은?

> 민주주의와 민중의 공복이며 중립적 권력체인 관료와 경찰은 민주를 위장한 가부장적 전제 권력의 하수인으로 발 벗었다. 민주주의 이념의 최저 공리인 선거권마저 권력의 마수 앞에 농단되었다. 언론·출판·집회·결사 및 사상의 자유의 불빛은 무식한 전제 권력의 악랄한 발악으로 하여 깜박이던 빛조차 사라졌다.

① 대통령에게 긴급 조치권을 부여하였다.
② 국회 의원의 1/3을 대통령이 선출하였다.
③ 대통령을 국회에서 간선으로 선출하였다.
④ 내각 책임제와 양원제 국회를 규정하였다.
⑤ 임기 4년의 대통령 직선제로 중임이 가능하였다.

상 중 하 17회

10 다음 인터뷰의 (가)에 들어갈 말로 가장 적절한 것은?

① 국민 기초 생활 보장법을 제정하겠습니다.
② 고위 공직자 재산 등록제를 실시하겠습니다.
③ 소련, 중국 등 공산권과 수교를 맺도록 하겠습니다.
④ 공산군과 휴전을 반대하고 반공 포로를 석방하겠습니다.
⑤ 군비 축소과 외자 도입을 통한 경제 개발을 추진하겠습니다.

상 중 하 12회

11 다음 결의문이 발표된 배경으로 가장 적절한 것은?

> **결의문**
> 1. 일본 예속으로 직행하는 매국적 OOO 회담을 전면 중지하라.
> 1. 농민·노동자·소시민의 피눈물을 밟고서 홀로 살쪄만 가는 매판성 악덕 재벌을 처형하고 몰수하라.
> 1. 5월 군사 정부는 5·16 이래의 부정, 부패, 독선, 무능, 극악의 경제난, 민족 분열, 굴욕적 OOO 회담 등 역사적 범죄를 자인하고 국민의 심판에 부쳐라.
> 1. 우리 민족적 양심의 학생과 국민은 우리의 정당한 요구가 관철될 때까지 피의 투쟁을 계속하려 한다.

① 5·16 정변
② 베트남 파병
③ 10월 유신 선포
④ 3·15 부정 선거
⑤ 한일 국교 정상화 추진

상 중 하 7회

12 시간의 흐름으로 볼 때, (가)에 들어갈 사건으로 옳은 것은?

- 일제 35년간의 지배에 대한 보상으로 일본은 3억 달러를 10년간 걸쳐서 지불하되, 그 명목은 '독립 축하금'으로 한다.

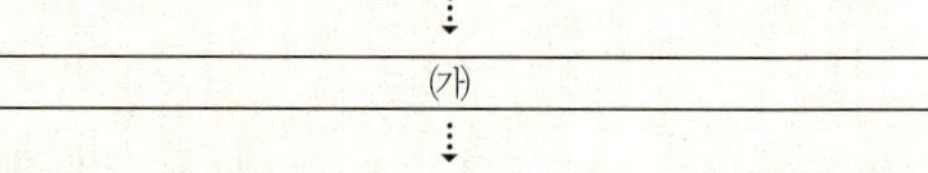

- 미국은 앞으로 베트남 전쟁과 같은 군사적 개입을 피한다.
- 미국은 아시아 각국과의 조약상 약속을 지키지만, 강대국의 핵에 의한 위협의 경우를 제외하고는 내란이나 침략에 대하여 아시아 각국이 스스로 협력하여 그에 대처하여야 할 것이다.

① 10월 유신이 선포되었다.
② 민주 정의당이 창당되었다.
③ YH 무역 사태가 발생하였다.
④ 국가 재건 최고 회의가 구성되었다.
⑤ 미국 첩보함 푸에블로호가 나포되었다.

13 (가)~(마) 헌법에 대한 설명으로 옳지 <u>않은</u> 것은?

구분	주요 특징
(가) 1차 개헌(1952)	발췌 개헌
(나) 3차 개헌(1960)	양원제 채택
(다) 6차 개헌(1969)	대통령 3선 허용
(라) 7차 개헌(1972)	유신 헌법 채택
(마) 9차 개헌(1987)	대통령 직선제

① (가) - 대통령 직선제를 채택하였다.
② (나) - 내각 책임제를 채택하였다.
③ (다) - 통일 주체 국민 회의에서 확정하였다.
④ (라) - 대통령의 임기를 6년으로 하였다.
⑤ (마) - 6월 민주 항쟁의 결과로 이루어졌다.

14 (가), (나) 정부와 관련된 설명으로 옳지 <u>않은</u> 것은?

(가) 7·29 총선 과정에서 있었던 신·구파의 파쟁이 더욱 격화되어, 마침내 구파가 분당하여 따로 신민당을 창당하였다. 이에 정부는 원내 안정 의석을 확보하지 못하였다.

(나) 정부 수립 직후 실시된 4·26 총선에서 여당인 민주 정의당은 소수파 정당으로 전락하였고, 야당이 다수 의석을 차지하였다. 이에 정부는 여소야대의 국회에서 어려움에 직면하였다.

① (가) - 장기적인 경제 개발 계획을 마련하였다.
② (가) - 남북 대화를 통한 평화적 통일 정책을 시작하였다.
③ (나) - 남북한이 동시에 유엔에 가입하였다.
④ (나) - 3개 정당을 합당해 민주 자유당을 창당하였다.
⑤ (가), (나) - 국민의 여론을 반영한 개헌을 통해서 수립되었다.

15 (가)~(라) 사실을 시기순으로 옳게 나열한 것은?

① (가) - (나) - (다) - (라)
② (가) - (라) - (다) - (나)
③ (나) - (가) - (라) - (다)
④ (다) - (나) - (가) - (라)
⑤ (라) - (가) - (다) - (나)

16 다음 대통령 선거로 집권한 정부 시기의 사실로 옳은 것은?

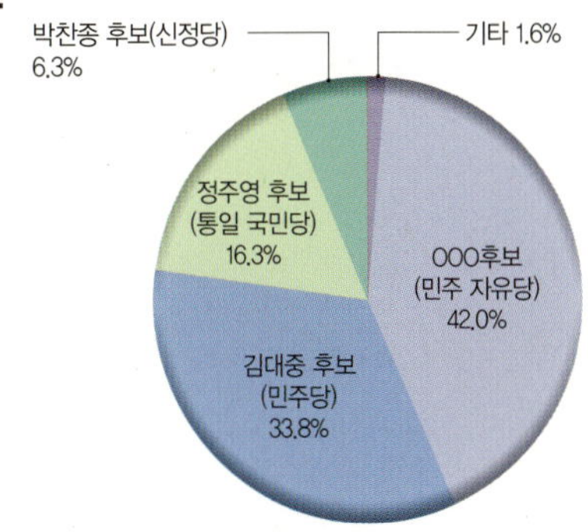

제14대 대통령 선거 득표율

① 노사정 위원회를 설치하였다.
② 야간 통행금지를 해제하였다.
③ 농어촌 고리채 정리법을 제정하였다.
④ 지방 자치제를 부분적으로 실시하였다.
⑤ 금융 실명제와 부동산 실명제를 실시하였다.

상 중 하 17회

17 다음 민주화 운동이 일어나게 된 원인으로 옳은 것은?

우리는 왜 총을 들 수밖에 없었는가? 그 대답은 너무나 간단합니다. 너무나 무자비한 만행을 더 이상 보고 있을 수만 없어서 너도 나도 총을 들고 나섰던 것입니다. …… 시민 여러분! 우리 시민군은 온갖 방해에도 불구하고 여러분의 안전을 끝까지 지킬 것입니다. 또한 협상이 올바른 방향으로 진행되면 우리는 즉각 총을 놓겠습니다.

① 박종철 고문치사 사건이 발생하였다.
② 부산에 계엄령, 마산에 위수령이 발동되었다.
③ 신군부 세력이 비상계엄을 전국으로 확대하였다.
④ 박정희를 중심으로 한 일부 군인이 정변을 일으켰다.
⑤ 이기붕을 부통령에 당선시키기 위해 부정 선거가 자행되었다.

상 중 하 16회

18 다음 결의문과 관련된 민주화 운동의 영향으로 옳은 것은?

4·13 독재 헌법 옹호 선언은 민주 한국의 진정한 건국 정신과 국민의 시대적 절대 요청인 민주화를 부정하는 것이기 때문에 도덕적으로 법률적으로 당연히 무효임을 선언하며 각계의 호헌 반대, 민주 헌법 쟁취 주장을 전폭 지지하고 이를 실현하기 위한 국민적 행동을 조직 전개한다.

① 자유당 정권이 붕괴되었다.
② 조봉암이 진보당을 창당하였다.
③ 반미 운동이 확산되는 계기가 되었다.
④ 유신 체제를 종식시키는 계기가 되었다.
⑤ 대통령 직선제 개헌 약속을 이끌어 내었다.

상 중 하 21회

19 다음 선언문이 발표된 사건에서 제기된 구호로 가장 적절한 것은?

오늘 우리는 전 세계 이목이 우리를 주시하는 가운데 40년 독재 정치를 청산하고 희망찬 민주 국가를 건설하기 위한 대장정을 전 국민과 함께 내딛는다. 국가의 미래요 소망인 꽃다운 젊은이를 야만적인 고문으로 죽여 놓고 그것도 모자라서 뻔뻔스럽게 국민을 속이려 했던 현 정권에 국민의 분노가 무엇인지를 분명히 보여 주고, 국민적 여망인 개헌을 일방적으로 파기한 4·3 폭거를 철회시키기 위한 민주 장정을 시작한다.

① 호헌 철폐! 독재 타도!
② 이 대통령은 즉시 물러나라!
③ 신군부 퇴진, 언론 자유 보장!
④ 반민주적 긴급 조치를 철폐하라!
⑤ 굴욕적인 국교 정상화, 결사 반대!

상 중 하 20회

20 다음 자료에 나타난 민주화 운동에 대한 설명으로 옳지 않은 것은?

상황 일지

제목: 시민 동향
1. ○○○○년 ○○월 ○○일 10:20 현재 도청 앞에 집결한 군중은 약 5만 명으로, 계속하여 도청 공격을 시도 중이며, 군 장갑차 1대를 탈취당하였음.
2. 그들의 요구는 금일 12:00까지 연행자 석방, 공수 부대 철수임.
3. 50여 대에 분승, 차창을 모두 깨고 시가지로 몰고 다니며 '계엄 해제', '전두환 물러가라' 등의 구호를 외치고 있으며, 시민들은 이들에게 음료수 등을 제공하고 있음.

① 신군부의 정권 장악 음모에 저항하였다.
② 계엄군의 발포로 많은 시민이 희생되었다.
③ 5년 단임의 대통령 직선제 개헌을 쟁취하였다.
④ 1980년대 반독재 민주화 운동의 밑바탕이 되었다.
⑤ 관련 기록물이 유네스코 세계 기록 유산으로 등재되었다.

21 밑줄 친 '성명'에 대한 설명으로 옳은 것은?

미국의 닉슨 독트린 발표에 따른 긴장 완화의 국제 정세 속에서 1971년에 대한 적십자사가 이산가족 찾기 운동을 북한에 제의하여 남북 적십자 회담이 진행되었다. 그리고 1972년 7월에는 남북한 정부 당국이 비밀 접촉을 거쳐 공동 <u>성명</u>을 발표하였다.

① 한반도 비핵화에 합의하였다.
② 남북 조절 위원회를 설치하였다.
③ 남북한 유엔 동시 가입을 제시하였다.
④ 한민족 공동체 통일 방안을 제시하였다.
⑤ 민족 화합 민주 통일 방안을 제시하였다.

22 다음 회담이 열렸던 시기의 남북 정세에 대한 설명으로 옳은 것은?

이 회담은 평양과 서울을 오가며 총 8차례 개최되었다. 그중 제3차 회담에서 남북은 각각 불가침 문제를 제기하였고, 이듬해 열린 제4차 회담에서는 남북 기본 합의서에 대한 상당한 의견 접근을 이루었는데, 이 회담에서 북측은 한반도 비핵 지대화 문제를 제기하였다. 12월 서울에서 열린 제5차 회담에서 남북은 마침내 '남북 사이의 화해와 불가침 및 교류 협력에 관한 합의서'에 합의하였고, 12월 말에는 '한반도 비핵화에 관한 공동 선언'으로 이어졌다.

① 최초로 남북 정상 회담이 열렸다.
② 평화 통일 3대 원칙이 발표되었다.
③ 이산가족 찾기 운동이 시작되었다.
④ 북한은 금강산 관광 사업을 수용하였다.
⑤ 공산권과 수교하고 북방 정책이 추진되었다.

23 다음과 같은 남북 합의 사항의 결과로 옳은 것은?

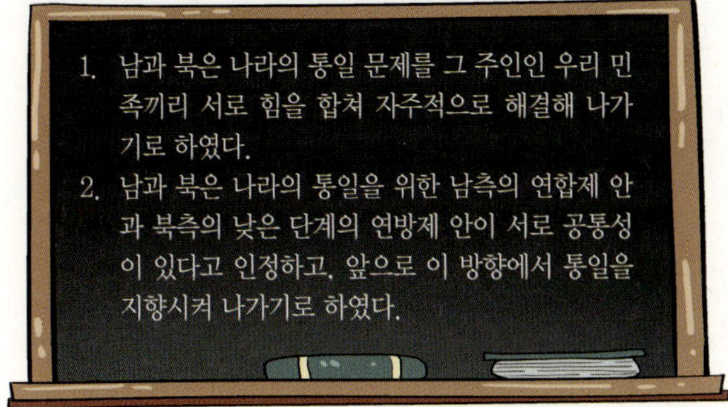

① 남북 학생 회담이 추진되었다.
② 남북 기본 합의서가 채택되었다.
③ 남북 조절 위원회가 구성되었다.
④ 남북 철도 연결 사업이 추진되었다.
⑤ 최초로 이산가족 교환 방문이 실현되었다.

24 (가)에 들어갈 내용으로 옳은 것을 〈보기〉에서 고른 것은?

존경하고 사랑하는 국민 여러분, 역사적인 방북 임무를 대과 없이 마치고 지금 귀국했습니다. 이번 저의 방북이 한반도에서의 평화, 남북 간의 교류, 협력, 그리고 우리 조국의 통일로 가는 길을 닦는 데 첫걸음이 됐으면 더 이상 다행이 없겠습니다. 이제 여러분께 6월 15일에 발표한 남북 공동 선언서에 대해서 간단히 몇 마디 말씀을 드리겠습니다.

(가)

– 대통령 방북 성과 대국민 보고

〈보기〉

ㄱ. 통일 문제를 자주적으로 해결한다.
ㄴ. 미군 철수 후 자유로운 남북한 총선거를 실시한다.
ㄷ. 남북 조절 위원회를 설치하여 실무자 회의를 개최한다.
ㄹ. 남측의 연합제 안과 북측의 낮은 단계 연방제 안의 공통성을 인정한다.

① ㄱ, ㄷ
② ㄱ, ㄹ
③ ㄴ, ㄷ
④ ㄴ, ㄹ
⑤ ㄷ, ㄹ

1. ④ 2. ⑤ 3. ④ 4. ⑤ 5. ③ 6. ① 7. ⑤ 8. ⑤ 9. ⑤ 10. ⑤ 11. ⑤ 12. ⑤ 13. ③ 14. ② 15. ② 16. ① 17. ③ 18. ⑤ 19. ① 20. ③ 21. ② 22. ⑤ 23. ④ 24. ②

1. ④ 바로 정리 : 3·15 부정 선거

자료에서 이승만과 이기붕을 통해 3·15 부정 선거와 관련이 있음을 알 수 있다. 1960년 3월 15일에 치러진 선거에서는 자유당 부통령 후보인 이기붕을 당선시키기 위해 대대적인 부정 선거가 자행되었다. 이에 반발하여 마산에서 시위가 일어났으며, 그 과정에서 발생한 고등학생 김주열의 죽음은 4·19 혁명을 촉발했다. 아하! ① 3·15 부정 선거는 4·19 혁명의 원인이었다. ② 사사오입 개헌에 따라 실시되었다. ③ 진보당 사건은 선거 전인 1958년에 일어났다. ⑤ 사사오입 개헌은 선거 전인 1954년에 이루어졌다.

2. ⑤ 바로 정리 : 제1차 개헌(발췌 개헌)

제시된 자료에서 거수 표결, 국회 의원들이 연행되는 모습을 통해 1952년 발췌 개헌에 대한 것임을 알 수 있다. 제2대 국회 의원 선거에서 이승만에 비판적인 무소속 의원들이 대거 당선되면서, 간선제 방식으로는 이승만의 재선이 어려워졌다. 이에 여당은 대통령 직선제를 골자로 하고 야당의 양원제 안을 발췌한 개헌을 추진했다. 당시 6·25 전쟁을 치르고 있던 이승만 정부는 비상 계엄령을 선포하고 공개 표결을 통해 개헌안을 통과시켰다. 아하! ㄱ. 사사오입 개헌에 해당한다. ㄴ. 발췌 개헌에서는 국회를 양원제로 운영하기로 했다.

3. ④ 바로 정리 : 발췌 개헌과 사사오입 개헌

자료의 (가)는 제1차 개헌인 발췌 개헌, (나)는 제2차 개헌인 사사오입 개헌이다. 발췌 개헌은 대통령 직선제와 양원제를 주요 내용으로 했으며, 부산에서 계엄령을 선포하고 공개 표결로 통과시켰다. 제2차 개헌은 초대 대통령에 한해서 중임 제한이 적용되지 않는다는 것을 주요 내용으로 했으며, 처음에는 부결되었던 개헌안을 사사오입(반올림) 논리를 내세워 통과시켰다. 아하! ㄱ. 4·19 혁명 이후 이루어진 제3차 개헌에 해당한다. ㄷ. 국가 재건 최고 회의에서는 1962년에 내각 책임제를 대통령 중심제와 단원제로 개정했다.

4. ⑤ 바로 정리 : 4·19 혁명의 전개

제시된 사진은 4·19 혁명의 진행 과정을 나타내고 있다. 1960년에 일어난 4·19 혁명으로 이승만 대통령이 하야하고, 외무장관 허정 중심의 과도 정부가 수립되어, 내각 책임제 헌법 개정이 이루어졌다. 아하! ① 1979년에 일어난 부·마 항쟁 ②, ③ 1987년에 일어난 6월 민주 항쟁 ④ 1980년에 일어난 5·18 민주화 운동에 해당한다.

5. ③ 바로 정리 : 1956년 정·부통령 선거

제시된 자료는 1956년에 치러진 대선임을 알 수 있다. (가)는 민주당의 신익희, (나)는 자유당의 이승만, (다)는 진보당의 조봉암이다. 민주당은 대통령 후보로 신익희, 부통령 후보로 장면을 내세웠는데, 대통령 후보인 신익희는 유세 도중 사망했다. 자유당의 이승만은 사사오입 개헌을 통해 대통령 후보로 출마하여, 대통령에 당선되었다. 진보당의 조봉암은 평화 통일을 주장하며 약 30%를 득표했으나, 1958년 진보당 사건으로 처형되었다. 아하! ③ 이승만은 초대 대통령에 한해 중임 제한을 적용하지 않는다는 사사오입 개헌으로 출마할 수 있었다.

6. ① 바로 정리 : 4·19 혁명의 원인

(가)에 들어갈 내용은 4·19 혁명이다. 자유당은 이기붕을 부통령에 당선시키기 위해 부정 선거를 준비했다. 1960년 2월 28일, 대구에서 민주당 후보 유세에 참여하지 못하게 하기 위해 일요일에 고등학생들을 강제 등교시키자 분노한 학생들이 시위에 나섰다. 아하! ② 대통령 직선제 개헌을 요구했다. ③ 남한 단독 정부 수립 반대 등을 주장했다. ④ 1961년 박정희 등 군부 세력이 일으켰다. ⑤ 1979년 부산과 마산에서 유신 체제에 항의하며 일어났다.

7. ⑤ 바로 정리 : 제2대 국회의 활동

자료에서 우리 손으로 제정된 선거법으로 실시되었다는 것을 통해 제2대 국회라는 것을 알 수 있다. 제2대 국회에 5·10 총선거에 참여하지 않았던 남북 협상파들이 대거 무소속으로 진출하자, 이승만 정부는 계엄령을 선포하여 1952년에 대통령 직선제와 양원제 개헌안을 골자로 한 발췌 개헌안을 국회 의원 기립으로 표결하여 통과시켰다. 아하! ㄱ. 제헌 의회에 대한 설명이다. ㄴ. 대통령 직선제 개헌을 통해 직선제로 대통령을 선출했다.

8. ⑤ 바로 정리 : 사사오입 개헌

자료의 (가)는 자유당이다. (나)는 제2차 개헌으로 일명 사사오입 개헌이다. 국회 의원 재적수 203명의 3분의 2는 135.33명으로, 136명이 찬성해야 헌법 개정안이 통과된다. 표결 결과 135표로 부결되었으나, 정부는 사사오입(반올림)의 논리를 내세워 135.33명은 135명이라며 개헌안을 통과시켰다. 개헌 결과 초대 대통령에 한해 중임 제한을 적용하지 않았다. 아하! ① 1960년 장면 내각이 들어서면서 제2공화국이 성립되었다. ② 제1차 개헌인 발췌 개헌에 대한 설명이다. ③ 유신 헌법에 대한 설명이다. ④ 신군부는 1980년 전두환을 상임 위원장으로 하는 국가 보위 비상 대책 위원회를 설치했다.

9. ⑤ 바로 정리 : 사사오입 개헌안(2차 개헌안)의 특징

제시된 자료에서 가부장적 전제 권력의 하수인, 선거권의 농단 등을 통해 3·15 부정 선거와 관련이 있음을 알 수 있다. 당시의 헌법은 1954년 사사오입 개헌을 통해 개정된 헌법으로 초대 대통령에 한해 중임 제한을 철폐했다. 아하! ①, ② 유신 헌법 ③ 제헌 헌법 ④ 제1차 개헌인 발췌 개헌에 해당한다.

10. ⑤ 바로 정리 : 장면 정부의 정책

1960년 내각 책임제 개헌이 이루어지고 실시된 7·29 총선에서 민주당이 압승하여 장면을 국무총리로 하는 민주당 정권이 성립되었다. 장면 정부는 외자 도입과 경제 원조 확대를 통한 경제 개발 계획을 추진하고 군비 축소 등의 시정 방침을 발표했다. 아하! ① 김대중 정부 ② 김영삼 정부 ③ 노태우 정부 ④ 이승만 정부에 대한 설명이다.

11. ⑤ 바로 정리 : 6·3 시위

제시된 자료는 6·3 시위 당시의 결의문이다. 박정희 정부는 경제 개발 자금을 마련하고 한·미·일 3국의 공조 체제를 강화하려는 미국의 요구에 따라 한일 국교 정상화를 추진했다. 그러나 국민들은 1964년 6·3 시위를 통해 강력히 저항했다. 아하! ① 1961년에 일어난 사건이다. ② 베트남 파병에 대한 반대 시위는 아니다. ③ 1972년 10월 박정희 정부는 전국에 계엄령을 선포하고 유신 헌법을 발표했다. ④ 1960년에 일어난 사건이다.

12. ⑤ 바로 정리 : **박정희 정부**
자료의 첫 번째 내용은 1965년 체결된 한일 기본 조약으로, 일제가 3억 달러를 독립 축하금 명목으로 지급한다는 내용을 포함하고 있다. 자료의 세 번째 내용은 1969년에 발표된 닉슨 독트린으로, 미국이 아시아의 일에 개입하지 않겠다는 내용을 포함하고 있다. 1968년 1월 23일 미국 첩보함 푸에블로호가 북한 원산항 앞 공해상에서 나포된 사건이 발생했다. 아하! ① 1972년 ② 1981년 ③ 1979년 ④ 1961년에 해당한다.

13. ③ 바로 정리 : **대한민국 헌법 개정 과정**
(가) 1952년, 대통령 직선제와 양원제를 골자로 하는 발췌 개헌 (나) 1960년, 4·19 혁명 후 허정의 과도 정부에서 마련한 내각 책임제와 양원제 개헌 (다) 1969년, 박정희 정부의 대통령 3선 허용 개헌 (라) 1972년, 박정희 정부의 유신 헌법 개헌 (마) 1987년, 대통령 직선제와 5년 단임제 개헌 아하! ③ 통일 주체 국민 회의는 유신 헌법으로 만들어졌다.

14. ② 바로 정리 : **장면 정부와 노태우 정부**
(가)는 장면 정부 시기의 민주당 구파와 신파의 갈등, (나)는 노태우 정부의 여소야대 상황이다. 장면 정부 시기에는 경제 개발 계획 수립, 학생과 혁신 세력의 통일 논의 활성화 등이 나타났으나 민주당의 분열 등으로 성과를 거두지 못했다. 노태우 정부는 북방 외교, 남북한 유엔 동시 가입, 남북 기본 합의서 채택 등을 이루어 냈다. 민주 정의당은 여소야대 정국을 극복하기 위해 1990년에 민주 정의당, 통일 민주당, 신민주 공화당의 합당으로 민주 자유당을 창당했다. 장면 정부와 노태우 정부는 각각 4·19 혁명과 6·29 선언 이후 추진된 개헌에 의해 수립되었다. 아하! ② 장면 내각은 유엔 감시 하의 남북한 총선거를 주장했다.

15. ② 바로 정리 : **민주주의의 발전**
(가)는 1956년 대통령, 부통령 선거 유세 장면이다. (나)는 1987년 6월 9일 시위 도중 최루탄을 맞고 결국 사망한 대학생 이한열의 영결식 장면이다. (다)는 1979년에 박정희 대통령이 서거한 10·26 사건을 보도한 기사이다. (라)는 1969년 박정희 대통령의 3선 개헌에 반대하는 시위 장면이다. 일어난 순서는 (가)-(라)-(다)-(나)이다.

16. ⑤ 바로 정리 : **김영삼 정부의 정책**
1992년 12월에 치른 제14대 대통령 선거에 민주 자유당 후보로 나와 당선된 인물은 김영삼이다. 김영삼 정부는 금융 실명제와 부동산 실명제, 고위 공직자 재산 등록제, 지방 자치제 전면 실시 등을 추진했다. 아하! ① 김대중 정부 ② 전두환 정부 ③ 박정희 정부 ④ 노태우 정부에 해당한다.

17. ③ 바로 정리 : **5·18 민주화 운동**
제시된 자료는 5·18 민주화 운동에 관한 것이다. 1980년 5월 17일 신군부 세력이 비상계엄을 전국으로 확대하자 전남대 학생들이 저항했고, 신군부가 무자비한 폭력으로 이를 진압했다. 이에 분노한 광주 시민들이 시위에 참여하면서 5·18 민주화 운동이 시작되었다. 아하! ① 6월 민주 항쟁의 원인 ② 부·마 항쟁 ④ 5·16 군사 정변 ⑤ 3·15 부정 선거에 해당한다.

18. ⑤ 바로 정리 : **6월 민주 항쟁**
제시된 자료는 1987년에 일어난 6월 민주 항쟁에 관한 것이다. 6월 민주 항쟁의 결과 6·29 선언이 발표되어 국민들의 대통령 직선제 개헌 요구를 수용하기로 했다. 아하! ① 4·19 혁명의 결과 ② 이승만 정부 시기인 1956년 ③ 5·18 민주화 운동 ④ 10·26 사태에 대한 설명이다.

19. ① 바로 정리 : **6월 민주 항쟁**
제시된 자료에서 고문 살인, 4·13 폭거 등을 통해 1987년에 일어난 6월 민주 항쟁임을 알 수 있다. 6월 민주 항쟁은 대통령 간선제를 유지하기로 한 4·13 호헌 조치를 철폐하고, 전두환 정권의 독재를 타도하라는 구호를 내세웠다. 아하! ② 4·19 혁명 ③ 5·18 민주화 운동 ④ 유신 반대 투쟁 ⑤ 6·3 시위에 해당한다.

20. ③ 바로 정리 : **5·18 광주 민주화 운동**
1980년 5월 18일 광주에서 신군부의 비상계엄 확대에 반대하는 시위가 일어났고, 신군부는 공수 부대를 투입하여 이를 무자비하게 진압했다. 이에 분노한 광주 시민들이 시위에 가담하면서 5·18 민주화 운동이 시작되었다. 5·18 민주화 운동은 신군부의 정권 장악 음모에 저항한 사건으로 1980년대 반독재 민주화 운동의 밑바탕이 되었고, 관련 기록물은 2011년에 유네스코 세계 기록 유산으로 등재되었다. 아하! ③ 6월 민주 항쟁에 대한 설명이다.

21. ② 바로 정리 : **7·4 남북 공동 성명**
1972년 서울과 평양에서 7·4 남북 공동 성명이 동시에 발표되었다. 7·4 남북 공동 성명은 분단 이후 최초로 남북한 당국이 통일과 관련하여 합의 발표한 공동 성명으로, 성명 발표 이후 남북 조절 위원회가 설치되어 실무 회담이 개최되었으나, 1973년 북한이 대화 중단을 선언하면서 중지되었다. 아하! ①, ③, ④ 노태우 정부 ⑤ 전두환 정부에 해당한다.

22. ⑤ 바로 정리 : **노태우 정부의 통일 정책**
남북한 당국은 1991년 12월 서울에서 열린 제5차 남북 고위급 회담에서 '남북 사이의 화해와 불가침 및 교류 협력에 관한 합의서(남북 기본 합의서)'를 채택했다. 당시 사회주의가 몰락하면서 동유럽 사회주의 국가들과 수교하는 북방 정책이 추진되었다. 아하! ① 김대중 정부 시기인 2000년 6월에 이루어졌다. ② 박정희 정부 시기의 7·4 남북 공동 성명에 해당한다. ③ 전두환 정부 시기인 1985년에 시작되었다. ④ 1998년에 금강산 관광이 시작되었다.

23. ④ 바로 정리 : **김대중 정부의 통일 정책**
제시된 자료는 2000년 남북 정상 회담 때 발표된 6·15 남북 공동 선언문의 일부이다. 6·15 남북 공동 선언문 발표 이후 남북 협력과 교류 사업은 더욱 활성화되었다. 경의선과 동해선 철도가 연결되었고, 개성 공단 설치, 이산가족 상봉 및 면회소 설치, 금강산 육로 관광 논의 등이 추진되었다. 아하! ① 장면 정부 ② 노태우 정부 ③ 박정희 정부 7·4 남북 공동 성명의 결과 ⑤ 전두환 정부 시기에 해당한다.

24. ② 바로 정리 : **6·15 남북 정상 회담**
제시된 자료는 '남북 정상 회담 대통령 방북 성과 대국민 보고'(2000. 6. 15)이다. 이 선언에는 남과 북은 통일 문제를 자주적으로 해결한다는 것과 남측의 연합제 안과 북측의 낮은 단계 연방제 안의 공통성을 인정하고 이 방향에서 통일을 지향해 나가기로 했다는 등의 내용이 들어 있다. 아하! ㄴ. 제네바 협정 당시 북한의 주장이다. ㄷ. 1972년 7·4 남북 공동 성명과 관련 있다.

01 산업화와 경제 발전

(1) 1950년대의 경제 상황

이승만 정부의 경제 정책	• 한미 경제 원조 협정 체결(1948. 12) • 귀속 재산 처리법 : 일본인 소유의 재산과 공장 등을 민간인에게 불하
농지 개혁법	• 배경 : 농민의 개혁 요구와 북한의 농지 개혁 실시 • 과정 : 1949년 농지 개혁법 제정 → 1950년 3월에 일부 수정하여 실시 → 6·25 전쟁으로 중단 → 1957년 종결 • 내용 : 3정보 상한, 유상 매수·유상 분배 → 지주 중심의 토지 소유 폐지 • 의의 : 근대적 농민 중심의 토지 소유 확립
6·25 전쟁 이후 경제 재건	• 전개 과정 : 미국 원조에 의존, 삼백 산업(제당, 제분, 면방직) 발달 • 문제점 : 생산재 산업 부진, 미국의 잉여 농산물이 대량 도입되어 국내 곡물 가격이 하락하고 국내 농업 기반 파괴(밀과 면화 생산 타격)

(2) 1960~1970년대의 경제 : 경제 개발 5개년 계획

1, 2차 경제 개발 5개년 계획 (1960년대)	• 경공업, 국가 기간산업 육성 • 울산 공업 단지 조성, 수출 자유 지역(마산) 조성, 포항 종합 제철 공장 착공, 경부 고속 도로 개통(1970), 베트남 특수, 서독에 광부와 간호사 파견 등
3, 4차 경제 개발 5개년 계획 (1970년대)	• 중화학 공업 육성, 수출 주도형 성장 정책, 새마을 운동 추진 등으로 신흥 공업국으로 성장 • 포항·광양 제철소 완공, 울산·거제 등지에 대규모 조선소 건설
1970년대의 문제점	• 외채 증가 및 미·일에 대한 경제 의존도 심화, 중화학 공업에 대한 과잉 투자, 정경 유착 심화 • 저임금 정책 및 노동 운동 탄압(1979년 YH 무역 사건), 제2차 석유 파동(1978~1980) 등으로 경제 위기 발생

(3) 1980년대 이후의 경제 변화

전두환 정부	• 3저 호황(저유가, 저금리, 저달러) → 급속한 경제 성장, 물가 안정 • 반도체, 자동차, 전자 산업 등 기술 집약형 산업 육성, 자본 및 금융 시장 개방
김영삼 정부	• 신자유주의 정책 : 행정 규제 완화, 재벌 개혁, 사회 간접 시설 확충, 공기업 민영화, 우루과이 라운드 타결(1994), 세계 무역 기구(WTO) 가입(1995), 경제 협력 개발 기구(OECD) 가입(1996) • 외환 위기 : 무역 수지 적자, 재벌의 방만한 기업 운영, 외국 자본의 이탈 등으로 외환 위기 발생(1997) → IMF 구제 금융 지원
김대중 정부	노사정 위원회 구성, 기업·금융·공공·노동 분야 개혁, 금 모으기 운동 전개, 벤처 기업 창업 노력 등 → 외환 위기 및 IMF 관리 체제 조기 극복(2001)
노무현 정부	복지 지출 확대, 미국과 자유 무역 협정(FTA) 추진, 독점 기업 규제
이명박 정부	**친기업적 경제 성장 정책** : 부자 감세, 기업 규제 완화

기억하라! 표

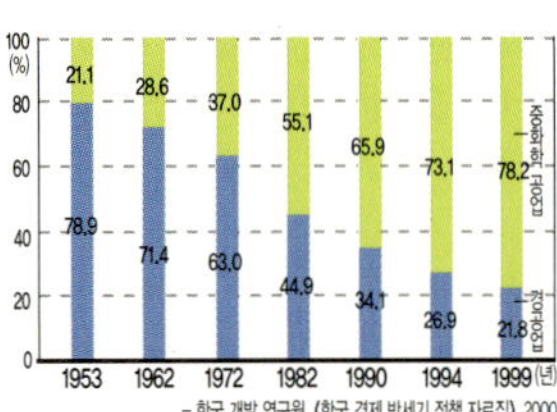

공업 구조의 변화

기억하라! 사진

경부 고속 도로 개통(1970)

WHY 국제 통화 기금(IMF)

환율과 국제 수지를 안정시켜 국제 유동성을 확대하려는 목적으로 설립된 국제 연합의 전문 기구이다. 회원국의 요청이 있을 때는 기술 및 금융 지원을 직접 제공한다. 우리나라도 1997년 외환 보유고 부족으로 국가 부도 위기에 처했을 때 IMF의 긴급 구제 금융 지원을 받았다.

핵심주제 02 현대 사회의 변화와 문화 발달

(1) 도시의 변화 : 경제 개발 계획으로 산업 사회 진입, 도시 인구 급증 → 도시 문제 발생

(2) 농촌의 변화와 농민 운동

농촌 문제	농촌 인구 감소 및 고령화, 저곡가 정책으로 도시와 농촌의 소득 격차 확대
새마을 운동 (1970)	정부 주도 운동, 박정희 정부가 농어촌 근대화와 소득 증대 사업 추진 → 도시로 확대
농민 운동	1970년대부터 농민 단체를 중심으로 본격화(함평 고구마 피해 보상 운동) → 1980년대 이후 농·축산물 수입 개방 반대 운동 → 1994년 우루과이 라운드 협상 타결과 농산물 시장 개방, 농가 부채 증가로 농민 운동 활발히 전개

(3) 노동 운동

① **노동 문제 대두 :** 정부의 저임금, 열악한 노동 조건 → 노동조합 결성
② **1970년대 :** 박정희 정부의 노동 운동 탄압 → 단체 교섭권과 단체 행동권 제한 → 전태일 분신 사건(1970) → 노동 운동 확산 → YH 무역 사건(1979. 8, 유신 체제 몰락에 영향)
③ **1980년대 :** 전두환 정부의 노동 운동 탄압 → 1987년 6월 항쟁 이후 대규모 노동 운동 전개 → 산업 노동자 외에도 사무직 노동자와 정부 투자 기관, 교육계까지 확대 → 민주노총 결성(1995)
④ **오늘날 :** 청년 실업, 비정규직 노동자, 외국인 노동자 문제 등 대두

(4) 여성 운동

배경	출산율 저하, 핵가족화, 독신 가구 증가 → 여성의 지위 향상
내용	남녀 고용 평등법(1987), 가족법 개정(1990), 여성부 출범(2001), 호주제 폐지 → 여성의 사회 참여와 지위 향상

(5) 환경 운동 : 산업화에 따른 환경오염 문제 심각 → 환경부 신설, 환경 운동 연합, 녹색 연합 등 다양한 환경 단체 활동

(6) 시민운동

배경	1980년대 후반 이후 민주화의 진전과 중산층의 형성
내용	사회 개혁·복지·여성·환경 등 다양한 분야에서 활동

(7) 사회 복지와 사회 보장 제도의 확대

배경	산업화·도시화로 인한 소외 계층 증가 → 노인층, 빈곤층, 실업자, 산업 재해자 등
내용	• **사회 복지 법안 :** 생활 보호법(1962), 사회 복지 사업법 • **복지 정책의 확산 :** 1980년대 국민연금제, 국민 의료 보험 제도 등 실시 → 1990년대 사회 보장 기본법 제정, 고용 보험 제도와 기초 생활 보장 제도 등 실시

기억하라! 사료

종업원의 90 % 이상이 평균 연령 18세의 여성입니다. 근로 기준법이 없다고 하더라도 인간으로서 어떻게 여자에게 하루 15시간의 작업을 강요합니까? …… 또한 3만여 명 중 40 %를 차지하는 시다공들은 평균 연령 15세의 어린이들로서 …… 굶주림과 어려운 현실을 이기려고 하루에 70원 내지 100원의 급료를 받으며 1일 15시간의 작업을 합니다. …… 저희들의 요구는 1일 15시간의 작업 시간을 1일 10~12시간으로 단축해 주십시오. 1개월 휴일 2일을 늘려서 일요일마다 쉬기를 원합니다. …… 인간으로서 최소한의 요구입니다.
— 전태일, 〈대통령에게 드리는 글〉, 1969. 11

기억하라! 표

1981	장애인 복지법 제정
1986	최저 임금법 제정
1987	남녀 고용 평등법 제정
1988	국민연금제 시행
1989	전 국민 의료 보험 제도 실시
1995	사회 보장 기본법 제정, 고용 보험 제도 실시
1999	국민 기초 생활 보장법 제정
2008	노인 장기 요양 보험 제도 시행

복지 제도의 확충

(8) 교육의 변화와 문화의 발달

① **교육의 변화** : 국가주의 강조(1960~1970년대), 교육열 상승으로 교육 문제 발생
② **언론과 문화**

	언론	대중문화	문학
1960년대	군사 정부의 언론 통제	영화 유행	신동엽의 시 〈껍데기는 가라〉
1970년대	언론사 통폐합, 프레스 카드제	통기타와 청바지	조세희의 소설 《난장이가 쏘아올린 작은 공》
1980년대	신군부의 언론 통제, 보도 지침	민중가요, 프로 스포츠	민중 문학 형성, 분단 문학
1990년대 이후	인터넷 확산	한류 형성	

1972년 3월 3일부터 발급하기 시작한 기자 등록제로, 사이비 기자를 정리한다는 명분을 내세워 실시되었으나 사실상 정부에 비판적인 기자들의 행정 부처 출입을 금지한 제도

핵심주제 03 통일을 위한 노력

(1) 1950~1960년대의 통일 정책

이승만 정부	북진 통일론 주장 → 평화 통일을 주장한 진보당 탄압(진보당 사건, 1958)
장면 내각	유엔 감시 하 남북한 총선거 제의 → 대학생, 혁신 세력 등 민간의 통일 논의 저지
박정희 정부	•반공 정책 강화, 선 건설 후 통일론 주장 → 민간 통일 논의 탄압 •1960년대 후반 수차례의 북한 무장 게릴라 침투 사건 → 남북 갈등 고조

(2) 1970년대의 통일 정책 : 남북 대화의 시작

① **배경** : 닉슨 독트린 발표(1969) → 냉전 완화 → 8·15 선언(1970, 분단 현실 인정, 평화 공존 지향) → 남북 대화 시작, 남북 적십자 회담 개최(1971)
② **7·4 남북 공동 성명(1972)**

의미	분단 이후 최초로 남북 당국이 통일 원칙 합의
원칙	자주·평화·민족적 대단결 제시, 남북 조절 위원회(남북한 공식 대화 기구) 설치
결과	남북한 독재 체제 강화에 이용, 남한은 1972년 10월에 유신 헌법 제정, 북한은 1972년 12월에 사회주의 헌법 제정 및 국가 주석제 확립

③ **평화 통일 외교 정책 선언(1973, 6·23 선언)** : 남북한 유엔 동시 가입 제안

(3) 1980년대의 통일 정책

전두환 정부	•민족 화합 민주 통일 방안 제시(1982) •남북 적십자 회담 재개(1984) : 1985년 최초의 이산가족 교환 방문 실현, 일회성에 그침 •북한의 통일 방안 : 고려 민주 연방 공화국 창립 방안 발표

(4) 1990년대 이후의 통일 정책

노태우 정부	•북방 정책 : 1988년 7·7 선언 이후 북방 정책 추진 •한민족 공동체 통일 방안(1989), 남북 고위급 회담 시작(1990), 남북한 유엔 동시 가입(1991. 9) •남북 기본 합의서 채택(1991. 12) : 남북 관계를 잠정적 특수 관계로 규정, 남북 화해와 남북 불가침, 남북 교류와 협력 → 남북한 정부 당사자 간에 공식 합의된 최초 문서 •한반도 비핵화 공동 선언 채택(1991. 12)

기억하라! 사 진

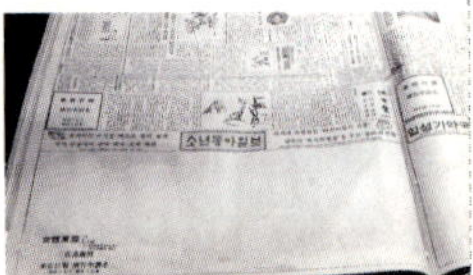

광고란이 비워진 〈동아일보〉

1974년 유신 정부의 긴급 조치에 저항하는 〈동아일보〉 백지 광고 사태는 1974년 말부터 시작하여 1975년까지 계속되었다.

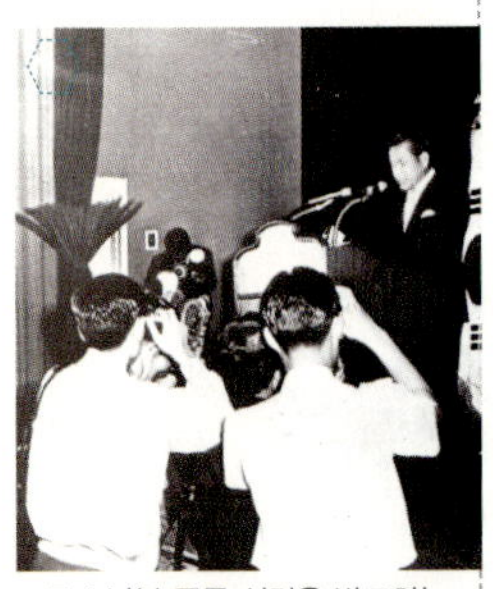

7·4 남북 공동 성명을 발표하는 중앙정보부장 이후락(1972)

2002년 한일 월드컵 대회 당시의 대규모 길거리 응원

김영삼 정부	• 북한의 핵 확산 금지 조약(NPT) 탈퇴, 핵 개발 의혹 → 남북 관계 악화 • **한민족 공동체 건설을 위한 3단계 통일 방안 제시(1993)** : 화해와 협력 → 남북 연합 → 통일 국가 • 남북 정상 회담 개최 합의(1994), 한반도 에너지 개발 기구(KEDO)의 경수로 건설 사업 참여(1996)
김대중 정부	• 대북 화해 협력 정책(햇볕 정책) 추진, 베를린 선언(2000. 3) → 남북 경협 강화, 정주영의 '소 떼 방북'(1998), 금강산 관광 사업 시작(1998) • **남북 정상 회담(2000)** : 6·15 남북 공동 선언(남한의 연합제 안과 북한의 낮은 단계의 연방제 안의 공통점 인정, 남북 교류와 경제 협력 강화 합의) → 이산가족 상봉 재개, 경의선·동해선 철도 연결 추진, 개성 공단 설치

04 동북아시아의 영토와 역사 갈등

(1) 일본과의 갈등

① 독도 영유권 문제

일본의 독도 영유권 주장	• 러일 전쟁 중 독도를 자국 영토에 편입(시마네 현 고시, 1905) • 국제 사법 재판소에 독도 문제 제소(독도 분쟁 지역화) 시도, '다케시마의 날' 제정(2005), 학습 지도 요령 발간(2008), 방위 백서 및 교과서에 독도가 일본 영토라고 명시
독도가 우리나라 영토인 근거	• 우리 사료 : 신라 지증왕 때 우리 영토로 편입(《삼국사기》) → 조선의 안용복이 우리 영토임을 재확인(《숙종실록》) → 고종의 대한 제국 칙령 제41호(1900) → 이승만 정부의 평화선 선언(1952) 등 • 일본 사료 : 《은주시청합기》(1667), 태정관 지령(1877) 등 • 외국 사료 : 연합국 최고 사령관 각서 제677호(1946)

② **일본의 역사 왜곡** : 일본의 우경화 → 한국 식민 지배를 정당화, 침략 전쟁 미화, 왜곡된 역사 교과서 발행, 정치인들의 야스쿠니 신사 참배, '일본군 위안부'에 대한 사과 및 배상 거부 등

(2) 중국과의 갈등

① 중국의 동북 공정

배경	• 소수 민족의 분리 독립 방지 → '통일적 다민족 국가론' 주장 • 북한 붕괴 후 북한 지역에 영향력을 행사하려는 의도
내용	한반도 북부와 만주를 영토로 하는 고조선, 고구려, 발해의 역사를 중국 역사로 인식

② **국경 문제** : 한반도를 둘러싼 논란(간도 협약 무효 주장, 토문강 해석 문제 등 발생), 중국과 북한 간의 조·중 변계 조약(1962)으로 국경 확정

(3) 화해를 위한 노력 : 한·중·일 공동 역사 교과서 편찬, 화해와 협력을 통한 상호 발전 추구 등

제1차 남북 정상 회담(2000)

한·중·일 공동 역사 교재

동북 공정이 진행되고 있는 동북 3성

01 다음 변화를 가져온 개혁에 대한 설명으로 옳은 것을 〈보기〉에서 고른 것은?

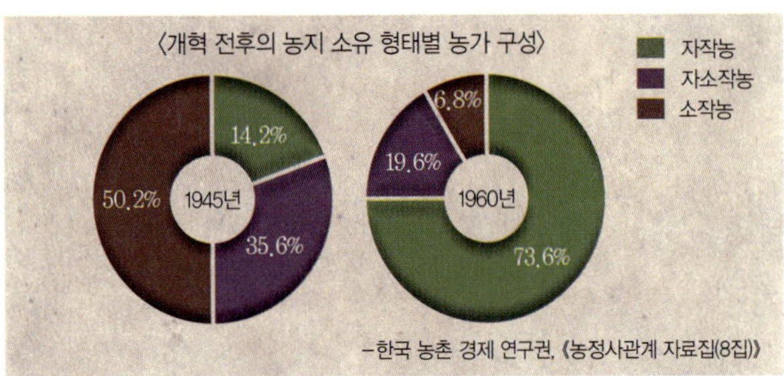

－한국 농촌 경제 연구권, 《농정사관계 자료집(8집)》

〈보기〉

ㄱ. 지주·소작 제도가 소멸되었다.
ㄴ. 북한의 토지 개혁에 영향을 끼쳤다.
ㄷ. 유상 매수, 유상 분배를 원칙으로 하였다.
ㄹ. 개인 토지 소유 상한선을 5정보로 제한하였다.

① ㄱ, ㄴ ② ㄱ, ㄷ ③ ㄴ, ㄷ
④ ㄴ, ㄹ ⑤ ㄷ, ㄹ

02 밑줄 친 ㉠과 관련된 사실로 옳지 <u>않은</u> 것은?

미국의 원조 규모가 줄어들자 한국 경제는 새로운 성장 재원과 시장을 모색하여야 했다. 5·16 군사 정변 이후 정부는 경제 개발에 필요한 자본을 국내에서 모으려고 하였으나 기대만큼의 효과를 거두지 못하자, ㉠외국에서 자본을 끌어들이는 것으로 방향을 바꾸었다.

① 베트남 전쟁에 참여하였다.
② 국제 경제 협정에 가입하였다.
③ 일본과의 국교를 정상화하였다.
④ 서독에 광부와 간호사를 파견하였다.
⑤ 미국과 자유 무역 협정을 체결하였다.

03 (가), (나)에 대한 설명으로 옳은 것은?

(가) 여(閭)에는 여장을 두며 무릇 1여의 토지는 1여의 인민이 공동으로 경작하도록 한다. 내 땅 네 땅의 구별을 없애고 여장의 명령에만 따른다. 여민들이 농경하는 경우, 여장은 매일 개개인의 노동량을 장부에 기록해 둔다. 가을이 되면 수확물을 모두 여장의 집으로 가져온 다음 분배한다. 이때 국가에 바치는 세와 여장의 봉급을 뺀다. 나머지를 가지고 장부에 적힌 노동량에 따라 여민에게 분배한다.

(나) 제5조 정부는 다음에 의하여 농지를 매수한다.
 1. 다음의 농지는 정부에 귀속한다.
  가. 법령 및 조약에 의하여 몰수 또는 국유로 된 농지
  나. 소유권의 명의가 분명하지 않은 농지
 2. 다음의 농지는 본법 규정에 의하여 정부가 매수한다.
  가. 농가 아닌 자의 농지
  나. 자경하지 않는 자의 농지
  다. 본법 규정의 한도를 초과하는 부분의 농지

① (가) － 성호 학파의 주장에 해당된다.
② (가) － 당시 국가 정책에 적극 반영되었다.
③ (나) － 미군정 시기에 제정 및 시행되었다.
④ (나) － 양전 사업을 통해 지계를 발급하였다.
⑤ (가), (나) － 경자유전의 이념이 반영되었다.

04 다음 그림과 관련된 정책을 설명한 것으로 옳지 <u>않은</u> 것은?

① 미군정 시기에 공포되었다.
② 농민적 토지 소유가 실현되었다.
③ 유상 매입, 유상 분배의 원칙이 적용되었다.
④ 법령의 시행 후 자작 농지의 비율이 늘어났다.
⑤ 토지 대금으로 지주들에게 지가 증권을 교부하였다.

05 다음 그래프에 나타난 시기의 경제 상황으로 옳지 <u>않은</u> 것은?

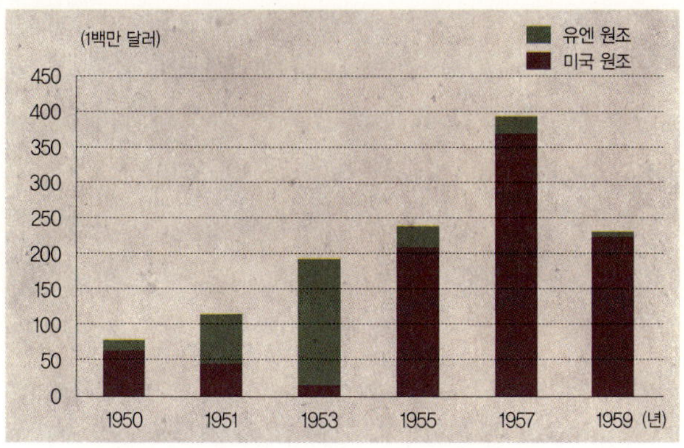

① 농산물 가격이 떨어져 농가 소득이 낮아졌다.
② 삼백 산업을 중심으로 소비재 산업이 발전하였다.
③ 국내의 밀이나 면화 생산 농가는 큰 타격을 입었다.
④ 저유가, 저금리, 저달러 현상으로 경제 호황을 누렸다.
⑤ 원조 물자 배당 과정에서 정부와 유착된 재벌이 생겨났다.

06 다음 경제 개발 계획이 추진된 결과로 옳은 것은?

> **제3차 경제 개발 계획은 다음과 같은 목표를 설정하였다.**
>
> 첫째, 기본 목표를 성장, 안정, 균형의 조화에 두고 안정된 기반에서 성장을 이룩하고 동시에 개발 성과가 농어민과 저소득층을 포함하여 온 국민에게 널리 파급되도록 함으로써 국민의 복지를 향상시킨다.
> 둘째, 산업 구조의 고도화와 국제 수지의 개선 및 주곡의 자급을 실현함으로써 자립적 경제 구조를 이룩한다.

① 무역 수지가 흑자로 전환되었다.
② 농산물에 대한 전면 개방이 이루어졌다.
③ 중화학 공업 중심으로 경제 구조가 변화되었다.
④ 삼백 산업을 중심으로 소비재 산업이 발전하였다.
⑤ 신자유주의를 바탕으로 정부의 규제가 완화되었다.

07 그래프에 나타난 시기의 경제 상황으로 옳지 <u>않은</u> 것은?

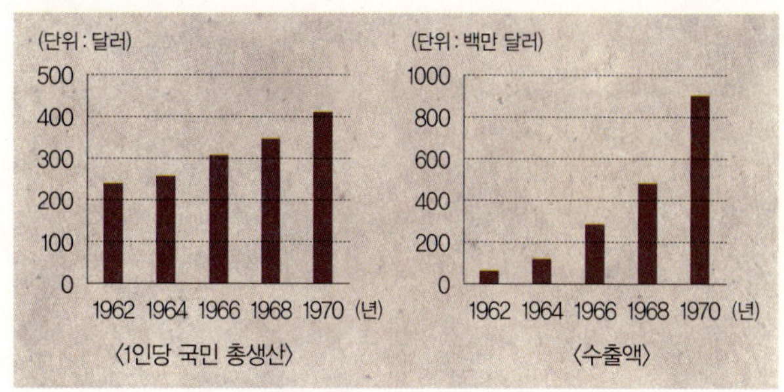

① 저곡가 정책이 추진되었다.
② 제1차 석유 파동이 발생하였다.
③ 경제의 대외 의존도가 심화되었다.
④ 경공업 중심의 수출 정책이 추진되었다.
⑤ 마산 등에 자유 무역 지역이 조성되었다.

08 그래프에 나타난 변화를 알아보기 위한 탐구 활동으로 적절한 것을 〈보기〉에서 고른 것은?

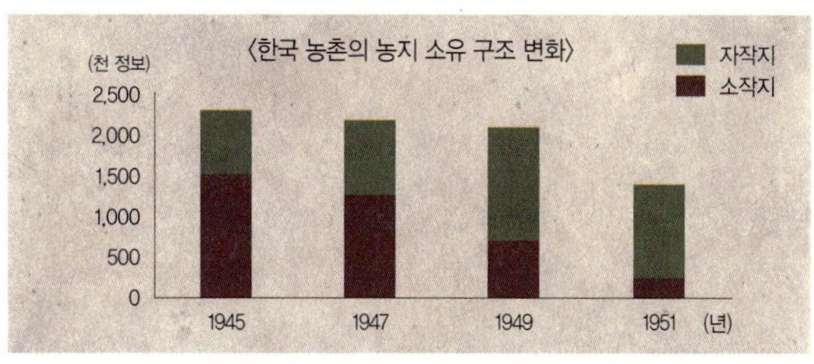

〈보기〉

ㄱ. 농지 개혁에 대한 지주들의 대응을 분석한다.
ㄴ. 제헌 국회가 제정한 농지 개혁법을 찾아본다.
ㄷ. 소작농의 관습적 경작권 상실 배경을 조사한다.
ㄹ. 집단 농장제와 토지의 국유화 과정을 조사한다.

① ㄱ, ㄴ   ② ㄱ, ㄷ   ③ ㄴ, ㄷ
④ ㄴ, ㄹ   ⑤ ㄷ, ㄹ

상 중 하 11회

09 다음 우표들을 발행한 정부 시기에 일어난 사실로 옳은 것은?

100억 불
수출의 날 기념

이산가족 찾기
남북 적십자 회담 기념

서울–부산 간
고속 도로 준공 기념

서울 지하철
(종로선) 개통 기념

① 금융 실명제를 실시하였다.
② 광주 대단지 사건이 일어났다.
③ 세계 무역 기구(WHO)에 가입하였다.
④ 3저 호황으로 수출이 크게 증가하였다.
⑤ 국제 통화 기금의 긴급 금융 지원을 받았다.

상 중 하 15회

10 자료의 (가)에 들어갈 내용으로 가장 적절한 것은?

> 1973년 제4차 아랍·이스라엘 전쟁이 발생하자, 석유 수출국 기구(OPEC)는 원유 가격을 대폭 인상하였다. 그 결과 세계 경제는 커다란 혼란에 빠지게 되었다. 이에 우리나라 경제도 인플레이션과 경제 불황에 직면하였다. 그러나 우리나라는 ⎡ (가) ⎦ 등에 힘입어 경제 불황을 극복할 수 있었다.

① 미국의 경제 원조
② 노사정 위원회 설치
③ 중동 건설 사업 진출
④ 제2차 경제 개발 계획 수립
⑤ 3저 호황으로 인한 수출 증가

상 중 하 22회

11 다음 담화문을 발표한 정부 시기에 있었던 사실로 옳은 것을 〈보기〉에서 고른 것은?

> 저는 오늘 5·18 광주 민주화 운동의 역사적 의미를 되새기면서, 광주의 아픔을 씻어내고 그 명예를 회복하기 위한 정부의 방안을 말씀드리고자 합니다. 분명히 말하거니와 오늘의 정부는 광주 민주화 운동의 연장선 위에 서 있는 민주 정부입니다. 또한 문민 정부의 출범과 개혁은 광주 민주화 운동의 역사적 의미를 실현시켜 나가는 과정입니다. 시대가 남긴 앙금과 한을 훌훌 털고 일어나 신한국 창조의 저 넓고 큰 길로 나섭시다.

〈보기〉

ㄱ. 신자유주의 경제 개혁을 추진하였다.
ㄴ. 경제 협력 개발 기구(OECD)에 가입하였다.
ㄷ. 외환 부족으로 IMF의 긴급 금융 지원을 받았다.
ㄹ. 외환 위기 극복을 위해 금 모으기 운동을 벌였다.

① ㄱ, ㄴ   ② ㄱ, ㄷ   ③ ㄴ, ㄷ
④ ㄴ, ㄹ   ⑤ ㄷ, ㄹ

상 중 하 17회

12 다음 담화문을 발표한 정부의 정책으로 옳은 것은?

> 친애하는 국민 여러분!
> 드디어 우리는 금융 실명제를 실시합니다. 이 시간 이후 모든 금융 거래는 실명으로만 이루어집니다. …… 금융 실명제가 실시되지 않고는 이 땅의 부정부패를 원천적으로 봉쇄할 수가 없습니다. …… 금융 실명제는 '신한국'의 건설을 위해서 그 어느 것보다도 중요한 제도 개혁입니다.

① 포항 제철을 준공하였다.
② 경부 고속 도로를 건설하였다.
③ 전면적인 지방 자치제를 실시하였다.
④ 개성 공단 조성 등 남북 교류를 활성화하였다.
⑤ 농민적 토지 소유를 위한 농지 개혁을 단행하였다.

13 다음 취임사와 함께 출범한 정부 시기의 사실로 옳은 것은?

① 야간 통행금지가 해제되었다.
② 국민 의료 보험 제도를 마련하였다.
③ 저임금·저곡가 정책을 실시하였다.
④ 제2차 석유 파동으로 위기를 맞았다.
⑤ 국민 기초 생활 보장 제도를 실시하였다.

14 (가), (나)는 경제 위기를 극복하기 위한 운동이다. 이에 대한 설명으로 옳은 것을 〈보기〉에서 고른 것은?

구분	(가)	(나)
연도	1907년	1997년
배경	차관 도입	외환 부족
목표액	1,300만 원	250억 달러 상당의 금 모으기
모금액	약 18만 7천 원	21억 7천만 달러 상당

〈보기〉

ㄱ. (가) – 평양에서 시작되어 전국으로 확산되었다.
ㄴ. (가) – 대한매일신보 등 언론이 적극 홍보하였다.
ㄷ. (나) – IMF의 관리 체제에서 벗어나기 위해 전개되었다.
ㄹ. (나) – 김영삼 정부 시기에 국민 운동 차원에서 이루어졌다.

① ㄱ, ㄴ   ② ㄱ, ㄷ   ③ ㄴ, ㄷ
④ ㄴ, ㄹ   ⑤ ㄷ, ㄹ

15 다음 교과서가 발간된 시기의 교육계 상황으로 옳은 것은?

① 국민 교육 헌장이 반포되었다.
② 6·3·3학제가 처음 도입되었다.
③ 중학교 의무 교육이 실시되었다.
④ 고교 평준화 제도가 실시되었다.
⑤ 중학교 무시험 제도가 실시되었다.

16 (가)와 (나) 노래가 등장했던 시기의 사회 모습으로 옳은 것은?

(가) 초가집도 없애고 마을길도 넓히고,
　　 푸른 동산 만들어 알뜰살뜰 다듬세.
　　 살기 좋은 내 마을 우리 힘으로 만드세.
(나) 긴 밤 지새우고 풀잎마다 맺힌
　　 진주보다 더 고운 아침 이슬처럼……

① 과외가 전면적으로 금지되었다.
② 고교 평준화 제도가 실시되었다.
③ 초등학교 의무 교육이 실시되었다.
④ 대학의 졸업 정원제가 실시되었다.
⑤ 대학 입시의 본고사가 폐지되었다.

상 중 하 18회

17 (가), (나) 사건에 대한 설명으로 옳지 <u>않은</u> 것은?

(가) 평화 시장의 재단사로 일하던 전태일은 "근로 기준법을 지켜라", "우리는 기계가 아니다", "노동자들을 혹사시키지 마라."라고 외치며 자기 몸을 불살랐다.
(나) YH 무역 노동자들은 회사의 폐업 조치에 항의하여 회사 정상화와 생존권 보장을 요구하며 신민당사에서 농성을 벌였으나 경찰에 의해 강제로 해산당하였다.

① (가) – 노조 설립 운동 전개에 영향을 주었다.
② (가) – 노동 문제에 대한 사회적 관심을 높였다.
③ (나) – 유신 체제 몰락의 한 원인이 되었다.
④ (나) – 해산 과정에서 여성 근로자가 사망하였다.
⑤ (가), (나) – 유신 체제의 노동 운동 탄압에 대항하였다.

상 중 하 22회

18 다음 정부 시기에 볼 수 있는 장면으로 옳은 것을 〈보기〉에서 고른 것은?

〈수행 보고서 주제〉
○○○ 정부 주요 사건 정하기

베트남 파병 　경부 고속 도로 개통 　유신 헌법 공포
수출 100억 불 달성 　부·마 민주 항쟁 

〈보기〉
ㄱ. YH 무역 사건을 취재하는 기자
ㄴ. 제1차 석유 파동에 놀라는 기업인
ㄷ. 프로 야구 한국 시리즈를 보러 가는 회사원
ㄹ. 전국 민주 노동조합 총연맹에 가입하는 노동자

① ㄱ, ㄴ　　② ㄱ, ㄷ　　③ ㄴ, ㄷ
④ ㄴ, ㄹ　　⑤ ㄷ, ㄹ

상 중 하 16회

19 (가)가 시행되었던 시기의 모습으로 가장 적절한 것은?

○○○ 씨는 유신 체제를 비판하였다가 [(가)] 와(과) 반공법을 위반한 혐의로 유죄를 선고받고 복역하였다. 그는 2009년에 재심을 청구하였고, 2010년에 대법원에서 무죄를 선고받았다. 대법원 재판부는 "[(가)] 1호는 국회의 입법 절차에 따라 만들어진 법률이 아니어서 위헌 여부에 대한 심사권이 대법원에 속한다. 당시 유신 헌법상의 발동 요건조차 갖추지 않았고 한계를 벗어나 국민의 기본권을 침해했기 때문에 위헌이다."라고 밝혔다.

① 금강산 관광을 떠나는 여행객
② 컬러 TV 방송을 시청하는 시민
③ 교복 자율화 조치에 환영하는 학생
④ 스마트폰으로 상품을 주문하는 주부
⑤ 장발과 미니스커트를 단속하는 경찰

상 중 하 20회

20 다음 주장이 제기된 이후 나타난 변화로 옳은 것만을 〈보기〉에서 있는 대로 고른 것은?

〈우리의 주장〉
• 전근대적인 가족법을 개정하고 민주적이고 평등한 남녀 평등권을 쟁취하자.
• 여성 노동자의 모성과 생존을 보장할 수 있는 8시간 노동제와 최저 생계비 환경의 개선과 모성 보호를 위한 제 정책을 수립하라.
• 취업·승진·퇴직에서의 여성 차별을 즉각 시정하라.
－제3회 한국 여성 대회, 1987. 3. 8

〈보기〉
ㄱ. 남녀 고용 평등법이 제정되었다.
ㄴ. 남성 중심의 호주제가 폐지되었다 .
ㄷ. 중앙 부처인 여성가족부가 출범하였다.
ㄹ. 여성 권리 선언문인 여권 통문이 발표되었다.

① ㄱ, ㄴ　　② ㄷ, ㄹ　　③ ㄱ, ㄴ, ㄷ
④ ㄱ, ㄷ, ㄹ　　⑤ ㄴ, ㄷ, ㄹ

21 다음 방안이 추진된 시기의 교육 정책으로 옳은 것은?

> 국가 보위 비상 대책 위원회는 8월 1일부터 과열 과외 추방을 위한 범국민 운동을 전개하기로 하였습니다. 사회 지도급 인사들은 솔선수범하여 자녀에 대한 어떤 형태의 과외 공부도 금하여 주시기 바랍니다. 이를 위반하는 공직자는 사회 정화 차원에서 공직에서 물러나게 할 것이며, 기타 지도급 인사에 대해서도 적절한 조치를 취할 것입니다.

① 국민 교육 헌장이 선포되었다.
② 대학 수학 능력 시험이 도입되었다.
③ 학도 호국단이 처음으로 조직되었다.
④ 피란지에서 천막 교실 수업이 이루어졌다.
⑤ 중·고등 학생 머리 모양 자율화가 이루어졌다.

22 밑줄 친 '이 시기'에 대한 설명으로 가장 적절한 것은?

> 이 시기에는 미국과 유럽의 반전·저항 문화가 유입되어 통기타와 청바지로 상징되는 청년 문화가 널리 퍼졌다. 그러나 당시 유신 정부는 노래나 문학 작품, 영화 등을 검열하여 조금이라도 저항적 분위기를 담고 있거나, 체제를 비판하는 내용이 담겨 있다고 판단되면 금지곡·금서로 지정하였고, 영화는 해당 부분을 삭제하였다. 영화 〈바보들의 행진〉은 당시의 경직된 사회상과 젊은이들의 방황을 그린 청춘 영화인데, 검열에 의해 30분가량 필름이 잘린 채 개봉되었다.

① 민중 예술 활동이 활발하게 일어났다.
② 언론 통폐합과 프레스 카드제가 실시되었다.
③ 제10회 서울 아시아 경기 대회가 개최되었다.
④ 중화학 공업 육성으로 남성 노동자가 급증하였다.
⑤ 세계 탁구 선수권 대회에서 남북 단일 팀이 우승하였다.

23 (가) 시기에 들어갈 상황으로 가장 적절한 것은?

제10회 서울 아시아 경기 대회 개최 ▶ (가) ▶ 제24회 서울 올림픽 경기 대회 개최

① 귀속 재산 불하
② 울산 공업 단지 조성
③ 우루과이 라운드 타결
④ 광주 대단지 사건 발생
⑤ 6월 항쟁 이후 노동자 대투쟁

24 (가)와 (나) 사이에 있었던 사실로 역사 신문을 만들고자 한다. 기사 제목으로 적절하지 않은 것은?

> (가) 현직 대통령으로서 임기가 2차로만 제한되어서는 그 어느 대통령도 소신 있는 국정을 다 할 수 없다는 것이 나의 의견이다. …… 헌법에 주어진 기회를 다 하고 못 하고는 차치하고 적어도 3차에 걸친 임기만큼은 그 기회를 주는 것이 대통령 중심제의 헌정에 있어서 절실히 요청되며, 특히 발전도상에 있는 우리나라 형편으로서는 더욱 절실한 것으로 본다.
>
> (나) 이제 일대 개혁의 불가피성을 염두에 두고 우리의 정치 현실을 직시할 때 나는 정상적인 방법으로는 도저히 이 같은 개혁이 이루어질 수 없다는 판단을 내리게 되었습니다. …… 이에 나는 평화 통일이라는 민족의 염원을 구현하기 위하여 …… 약 2개월간의 헌법 일부 조항의 효력을 중지시키는 비상 조치를 국민 앞에 선포하는 바입니다.

① 정치면 : 7·4 남북 공동 성명
② 경제면 : 경부 고속 도로 개통
③ 사회면 : 와우 아파트 붕괴 현장
④ 과학면 : 인공위성 아리랑 1호 발사
⑤ 문화면 : 영화 월남에서 돌아온 김상사 개봉

1. ② 2. ⑤ 3. ⑤ 4. ① 5. ④ 6. ③ 7. ② 8. ① 9. ② 10. ③ 11. ③ 12. ③ 13. ⑤ 14. ① 15. ② 16. ② 17. ⑤ 18. ① 19. ⑤ 20. ③ 21. ⑤ 22. ② 23. ⑤ 24. ④

1. ② 바로 정리 : 농지 개혁
자료는 남한에서 추진한 농지 개혁법에 대한 것이다. 남한의 농지 개혁법은 1949년에 제정되어 1950년 초에 시행되었다. 유상 매수, 유상 분배를 원칙으로 추진되었고, 3정보 이상의 토지를 정부가 사들여 농민에게 분배함으로써 지주가 사라져 지주·소작 제도가 소멸되었다. 아하! ㄴ. 북한의 토지 개혁은 1946년에 실시되었다. ㄹ. 개인 토지 소유 상한선을 3정보로 제한했다.

2. ⑤ 바로 정리 : 1960년대의 경제 상황
자료의 밑줄 친 내용은 박정희 정부가 외국에서 자본을 도입하기 위해 추진한 정책이다. 박정희 정부는 경제 개발 자금을 마련하기 위하여 1964년 베트남 파병, 1965년 한일 기본 조약 체결, 1968년부터 서독에 광부와 간호사 파견 등을 했다. 아하! ⑤ 2007년 이명박 정부 시기에 한미 자유 무역 협정(FTA)을 체결하였다.

3. ⑤ 바로 정리 : 여전제와 농지 개혁 비교
(가)는 실학자 정약용이 주장한 여전론이고, (나)는 1949년에 제정한 농지 개혁법의 일부이다. 여전론과 농지 개혁법은 모두 경작하는 사람들이 토지를 소유해야 한다는 원칙이 반영되었다. 아하! ① 정약용의 주장이다. ② 국가 정책에 반영되지 못했다. ③ 미군정이 끝난 1949년 6월에 제정되어, 1950년 3월에 시행되었다. ④ 대한 제국의 광무개혁에 대한 설명이다.

4. ① 바로 정리 : 농지 개혁의 전개
농지 개혁은 1949년에 법안이 만들어져 1950년 초부터 시행되었고, 정부는 유상 매입, 유상 분배의 원칙으로 토지를 사들였으며, 토지의 대가로 지주들에게 지가 증권을 교부했다. 농지 개혁 결과 자작농의 비율이 크게 증가하고 지주가 사라졌다. 아하! ① 농지 개혁은 대한민국 정부 수립 이후인 1950년 초부터 시행되었다.

5. ④ 바로 정리 : 이승만 정부의 경제 정책
6·25 전쟁 이후 한국은 미국의 원조에 의존했다. 원조로 들어온 물자는 주로 식료품과 의복 등 생활필수품이나 밀가루, 설탕, 원면 등 농산물이 대부분이었다. 미국의 농산물이 대량으로 유입되면서 제분·제당·면방직의 삼백 산업이 발달했고, 농산물 가격이 떨어졌으며, 국내의 밀이나 면화 생산 농가는 타격을 입었다. 한편, 원조 물자를 배당하는 과정에서 정경유착이 생겨났다. 아하! ④ 1980년대 중반의 경제 상황이다.

6. ③ 바로 정리 : 제3차 경제 개발 5개년 계획
제3차 경제 개발 계획은 1972년부터 1976년까지 추진되었다. 제3차 경제 개발 계획의 추진으로 우리나라는 경공업 중심의 경제 구조에서 중화학 공업 중심 경제 구조로 변화되었다. 아하! ① 전두환 정부, 김대중 정부 시기에 해당한다. ②, ⑤ 김영삼 정부 시기에 해당한다. ④ 이승만 정부 시기인 1950년대에 해당한다.

7. ② 바로 정리 : 1960년대의 경제 상황
그래프는 1960년대 제1·2차 경제 개발 계획 결과로 나타난 1인당 국민 총생산과 수출액을 보여 주는 자료이다. 이 시기에는 저임금, 저곡가 정책이 추진되었고 경공업 중심의 수출을 장려했으며 마산에 수출 자유 지역을 조성했다. 아하! ② 제1차 석유 파동은 1973년에 발생했다.

8. ① 바로 정리 : 농지 개혁
1949년 6월 제헌 국회에 의해 농지 개혁법이 제정되고, 1950년 초부터 농지 개혁이 시행되면서 자작농이 늘어나고 소작농이 급격히 줄어들었다. 농지 개혁 결과 지주 중심의 토지 소유가 폐지되고 농민들은 자작농이 되었지만, 지주들은 법이 시행되기 전에 토지를 미리 처분한 경우가 많았다. 아하! ㄷ. 토지 조사 사업과 관련이 있다. ㄹ. 북한의 토지 개혁과 관련이 있다.

9. ② 바로 정리 : 박정희 정부의 경제 정책
100억 불 수출의 날 기념(1977), 남북 적십자 회담(1971), 경부 고속 도로 개통(1970), 서울 지하철 개통(1974) 등은 박정희 정부 시기인 1970년대의 사실이다. 광주 대단지 사건은 1971년에 일어난 일로, 1960년대 후반에 광주 지역으로 강제 이주한 주민 수만여 명이 정부의 무계획적인 도시 정책 등을 비판하며 시위했다. 아하! ① 1993년의 일이다. ③ 1995년의 일이다. ④ 1980년대 중반에 저금리, 저유가, 저달러 3저 호황이 나타났다. ⑤ 1997년에 국제 통화 기금(IMF)의 긴급 금융 지원을 받았다.

10. ③ 바로 정리 : 1970년대의 경제 상황
1973년에 제1차 석유 파동이 일어났다. 1973년에 아랍·이스라엘 전쟁이 발생하면서 석유 가격이 대폭 인상되었다. 원유를 100% 수입에 의존하던 우리나라도 타격을 받았으나 에너지 소비 절감과 중동의 건설 사업에 국내 업체들이 많이 참여하여 '오일 달러'를 벌어들여 경제 위기를 극복했다. 아하! ① 1950년대의 상황이다. ② 김대중 정부 시기인 1998년에 설치되었다. ④ 1967년부터 1971년까지 추진되었다. ⑤ 1980년대 중반의 상황이다.

11. ③ 바로 정리 : 김영삼 정부의 경제 정책
제시된 자료는 김영삼 대통령이 1993년 발표한 5·18 민주화 운동 담화문이다. 김영삼 정부는 경제 개발 기구(OECD)에 가입하는 등 신자유주의 정책을 추진했으나, 1997년 외환 보유고 부족으로 국제 통화 기금(IMF)의 긴급 금융 지원을 받았다. 아하! ㄱ. 2000년 6·15 남북 공동 선언 발표 이후 추진되었다. ㄹ. 김대중 정부 시기에 추진되었다.

12. ③ 바로 정리 : 김영삼 정부의 경제 정책
제시된 자료에서 금융 실명제 실시를 통해 김영삼 정부의 정책임을 알 수 있다. 김영삼 정부는 부분적으로 시행했던 지방 자치제를 전면적으로 실시했다. 아하! ①, ② 박정희 정부의 정책이다. ④ 김대중 정부의 정책이다. ⑤ 이승만 정부의 정책이다.

13. ⑤ 바로 정리 : 김대중 정부의 경제 정책
자료의 내용 가운데 여야 간 평화적 정권 교체, 금 모으기 등으로 보아 김대중 대통령의 취임사임을 알 수 있다. 김대중 정부 시기인 1999년 국민 기초 생활 보장법이 제정되어 국민 기초 생활 보장 제도가 실시되었다. 아하! ① 전두환 정부 시기 ② 김영삼 정부 시기 ③, ④ 박정희 정부 시기에 해당한다.

14. ③ 바로 정리 : 국채 보상 운동과 금 모으기 운동
(가)는 국채 보상 운동, (나)는 금 모으기 운동이다. 국채 보상 운동은 대구에서 시작되어 〈대한매일신보〉, 〈황성신문〉 등 언론의 적극적인 홍보로 전국으로 확산되었다. 금 모으기 운동은 1997년 국제 통화 기금(IMF)의 구제 금융 지원을 받게 된 상황에서 국제 통화 기금 관리 체제에서 벗어나기 위해 김대중 정부 출범 직후인 1998년부터 시작되었다. 아하! ㄱ. 대구에서 서상돈, 김광제 등의 주도로 시작되었다. ㄹ. 김대중 정부 시기에 시작되었다.

15. ② 바로 정리 : 이승만 정부 시기의 교육
이승만 정부 시기인 1949년 12월 미국식 교육 제도의 영향으로 6·3·3 학제가 도입되어, 1950년부터 실시되었다. 아하! ① 박정희 정부 시기인 1968년의 사실이다. ③ 전두환 정부 시기인 1985년부터 실시되었다. ④ 박정희 정부 시기인 1974년부터 실시되었다. ⑤ 박정희 정부 시기인 1969년에 실시되었다.

16. ② 바로 정리 : 박정희 정부 시기의 사회
(가)는 〈새마을 노래〉이고, (나)는 〈아침이슬〉이다. 새마을 운동은 1970년부터 시작된 농촌 생활 개선 운동으로 박정희 대통령이 직접 〈새마을 노래〉를 작곡, 작사했다. (나)는 1971년에 만들어진 노래이다. 고교 평준화 제도는 1974년에 실시되었다. 아하! ①, ④, ⑤ 전두환 정부 시기인 1980년대의 일이다. ③ 이승만 정부 시기인 1950년대의 일이다.

17. ⑤ 바로 정리 : 박정희 정부 시기의 노동 운동
(가)는 평화 시장의 재단사였던 전태일이 1970년 근로 기준법 준수를 외치며 분신한 사건으로 전태일의 죽음은 노동 문제에 대한 사회적 관심을 높였으며, 노조 설립 운동 등에 영향을 주었다. (나)는 1979년 YH 무역의 여자 노동자들이 야당인 신민당사에서 농성을 벌였으나, 경찰에 강제 해산당한 YH 무역 사건으로, 해산 과정에서 여성 근로자가 사망하는 사건이 벌어졌고, 유신 체제가 무너지는 발단이 되었다. 아하! ⑤ 전태일은 유신 체제가 시작되기 전인 1970년에 스스로 목숨을 끊었다.

18. ① 바로 정리 : 박정희 정부 시기의 사실
제시된 사진은 박정희 정부 시기의 주요 사건이다. 베트남 파병은 1964년부터 시작되었고, 경부 고속 도로 개통은 1970년, 유신 헌법 공포는 1972년, 수출 100억 불 달성은 1977년, 부·마 항쟁은 1979년에 일어났다. 1979년에 일어난 YH 무역 사건은 유신 체제 몰락의 발단이 되었다. 1973년에 아랍·이스라엘 전쟁으로 국제 석유 가격이 크게 오르면서 제1차 석유 파동이 시작되었다. 아하! ㄷ. 프로 야구는 1980년대 초반에 출범했다. ㄹ. 전국 민주 노동조합 총연맹(민주노총)은 1995년에 결성되었다.

19. ⑤ 바로 정리 : 유신 체제 하의 사회 모습
자료의 (가)에 들어갈 내용은 긴급 조치이다. 1972년에 반포된 유신 헌법에는 긴급 조치권이 포함되어 있었다. 1970년대에는 장발과 미니스커트가 유행했으나 정부는 풍기문란이라는 이유로 이를 단속했다. 아하! ① 금강산 관광은 1998년에 처음 시작되어 2008년에 잠정 중단되었다. ② 컬러 TV 방송은 1980년대 초반에 시작되었다. ③ 교복 자율화 조치는 1980년대에 이루어졌다. ④ 스마트폰으로 상품을 주문하는 주부는 2010년 이후의 모습이다.

20. ③ 바로 정리 : 여성의 권리 신장
여성의 권리 향상을 위해 2001년 여성가족부가 출범했고, 2008년 남성 중심의 호주제가 폐지되었다. 또한 1987년 남녀 고용 평등법이 제정된 이래 여러 차례 개정되었다. 아하! ㄹ. '여성 통문'은 1898년에 서울의 양반 부인 수백여 명이 발표한 선언이다.

21. ⑤ 바로 정리 : 전두환 정부 시기의 교육 제도
제시된 자료에서 국가 보위 비상 대책위, 과외 금지 등을 통해 전두환 정부 시기의 교육 정책임을 알 수 있다. 전두환 정부는 1980년대 초반 교복과 두발 자율화를 실시했다. 아하! ① 박정희 정부 시기인 1968년의 일이다. ② 김영삼 정부 시기인 1994년의 일이다. ③ 이승만 정부 시기인 1949년에 처음 조직되었다. ④ 6·25 전쟁 중이던 1950년대의 일이다.

22. ② 바로 정리 : 1970년대의 사회
1970년대에는 정부에 의한 언론 통제가 강화되었고, 프레스 카드제가 실시되었으며, 기자들 중심으로 언론 자유 수호 운동이 전개되었다. 아하! ① 1980년대의 사실이다. ③ 1986년의 사실이다. ④ 1990년대 이후의 사실이다. ⑤ 1991년 지바 세계 탁구 선수권 대회와 관련 있다.

23. ⑤ 바로 정리 : 1980년대의 사회 경제
제10회 서울 아시아 경기 대회는 1986년, 제24회 서울 올림픽 경기 대회는 1988년에 개최되었다. 1987년 6월 민주 항쟁 이후 7~9월에 노동자 대투쟁이 일어났다. 아하! ① 미군정 시기의 사실이다. ② 1970년대의 사실이다. ③ 1993년의 사실이다. ④ 1971년의 사실이다.

24. ④ 바로 정리 : 박정희 정부 시기의 사회 경제
(가)는 1969년의 박정희 정부 시기의 3선 개헌이고, (나)는 1972년에 반포된 유신 헌법이다. 1970년에 서울의 와우 아파트 붕괴 사건, 같은 해 경부 고속 도로 완공, 1971년에 영화 〈월남에서 돌아온 김 상사〉의 개봉이 이루어졌다. 1972년에는 서울과 평양에서 7·4 남북 공동 성명이 발표되었다. 아하! ④ 인공위성 아리랑 1호는 1999년에 발사되었다.

○○○○년도
제○○회 한국사능력검정시험 문제지 고급

성명 [　　　　] 수험번호 [　　　　　　　　]

♣ 자신이 선택한 등급의 문제지인지 확인하시오.

♣ 문제지에 성명과 수험 번호를 정확히 써넣으시오.

♣ 답안지에 성명과 수험 번호를 써넣고, 수험 번호와 답을 정확히 표시하시오.

♣ 시험 시간은 80분입니다

01 (가), (나)에 대한 설명으로 옳은 것을 〈보기〉에서 고른 것은?

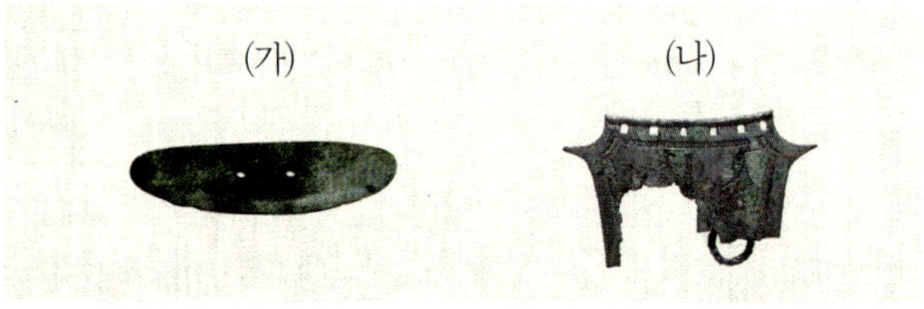

〈보기〉

ㄱ. (가) – 고조선의 문화 범위를 알려 준다.
ㄴ. (가) – 곡식의 이삭을 자를 때 사용하였다.
ㄷ. (나) – 당시의 농경 모습을 확인할 수 있다.
ㄹ. (나) – 청동 농기구를 제작했음을 보여 준다.

① ㄱ, ㄴ　　　② ㄱ, ㄷ　　　③ ㄴ, ㄷ
④ ㄴ, ㄹ　　　⑤ ㄷ, ㄹ

02 (가)~(라)에 해당하는 나라의 모습으로 옳은 것을 〈보기〉에서 고른 것은?

고조선 멸망 전후 성립한 초기 국가

〈보기〉

ㄱ. (가) – 1책 12법이 시행되었다.
ㄴ. (나) – 한의 침입으로 멸망하였다.
ㄷ. (다) – 민며느리제의 풍습이 있었다.
ㄹ. (라) – 8조법을 통해 생활을 통제하였다.

① ㄱ, ㄴ　　　② ㄱ, ㄷ　　　③ ㄴ, ㄷ
④ ㄴ, ㄹ　　　⑤ ㄷ, ㄹ

03 교사의 물음에 대한 대답으로 옳은 것은?

우리나라 선사 시대의 유물

① 일본 조몬 문화의 영향을 받았어요.
② 돌을 갈아서 날카롭게 만든 도구예요.
③ 나무에 고정하여 사냥 도구로 사용하였어요.
④ 경기도 연천 전곡리에서 처음 발견되었어요.
⑤ 한반도의 아슐리안형 도구의 존재를 밝혔어요.

04 (가)~(다)를 수도로 삼았던 시기에 있었던 사실로 옳은 것을 〈보기〉에서 고른 것은?

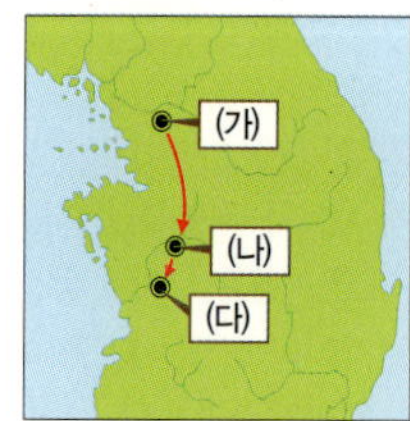

백제의 수도 변천

〈보기〉

ㄱ. (가) – 고구려를 공격하여 고국원왕을 전사시켰다.
ㄴ. (나) – 22담로에 왕족을 파견하였다.
ㄷ. (다) – 마한 전체를 통합하였다.
ㄹ. (나), (다) – 남부여라는 국호를 사용하였다.

① ㄱ, ㄴ　　　② ㄱ, ㄷ　　　③ ㄴ, ㄷ
④ ㄴ, ㄹ　　　⑤ ㄷ, ㄹ

05 (가)~(라) 국가에 대한 설명으로 옳은 것을 〈보기〉에서 고른 것은?

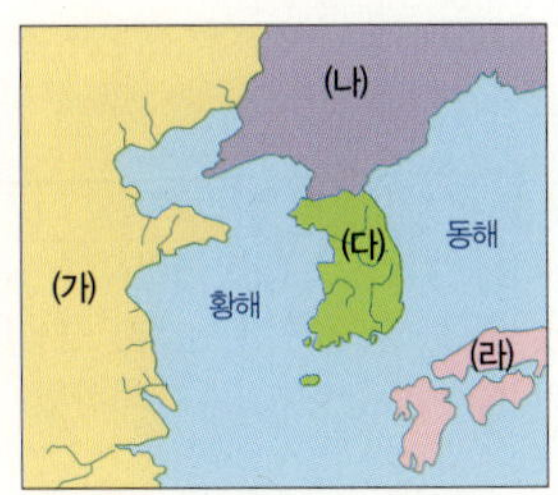

〈보기〉
ㄱ. (가) 출신의 엔닌은 (라)에서 불교를 전파하였다.
ㄴ. (나)는 천문령 전투에서 (가) 군대를 물리친 후 건국되었다.
ㄷ. (다)는 말기에 진골 귀족들의 왕위 쟁탈전이 이어졌다.
ㄹ. (라)는 백강 전투에 군대를 파견하여 (다)를 지원하였다.

① ㄱ, ㄴ　　　② ㄱ, ㄷ　　　③ ㄴ, ㄷ
④ ㄴ, ㄹ　　　⑤ ㄷ, ㄹ

06 지도의 지역을 답사할 때의 계획으로 적절한 것을 〈보기〉에서 고른 것은?

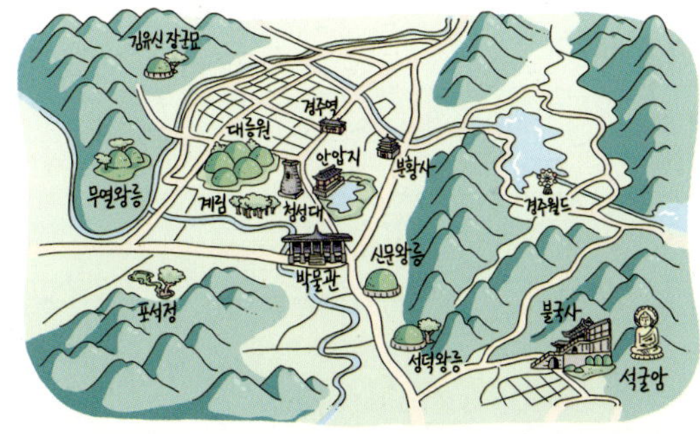

〈보기〉
ㄱ. 왕오천축국전의 발견 장소 견학
ㄴ. 돌무지덧널무덤 양식의 고분 관람
ㄷ. 진흥왕이 세운 순수비의 비문 탁본
ㄹ. 성덕 대왕 신종에 새겨진 비천상 사진 촬영

① ㄱ, ㄴ　　　② ㄱ, ㄷ　　　③ ㄴ, ㄷ
④ ㄴ, ㄹ　　　⑤ ㄷ, ㄹ

07 (가)에 들어갈 문화유산으로 옳은 것은?

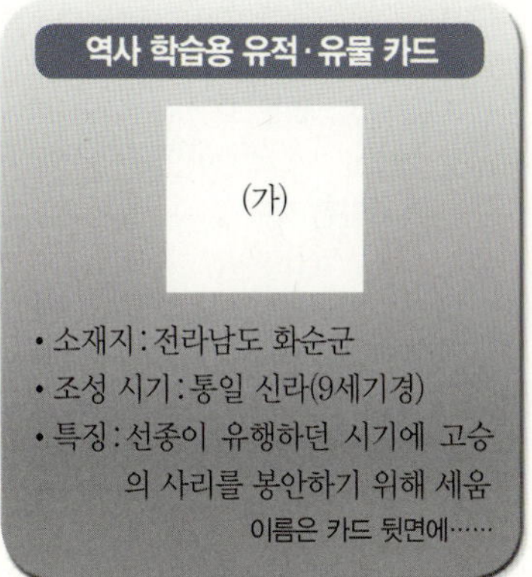

① 　② 　③ 

④ 　⑤ 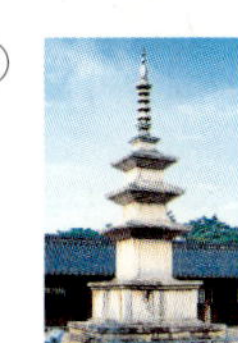

08 (가)~(마) 시기에 각각 발생한 역사적 사실로 옳지 <u>않은</u> 것은?

372		433		538		562		676		822
	(가)		(나)		(다)		(라)		(마)	
태학 설치		나제 동맹 성립		백제의 사비 천도		대가야 멸망		삼국 통일		김헌창의 난

① (가) - 고구려가 평양으로 천도하였다.
② (나) - 신라에서는 이차돈이 순교하였다.
③ (다) - 신라에서는 김흠돌이 난을 일으켰다.
④ (라) - 당은 평양에 안동 도호부를 설치하였다.
⑤ (마) - 신라에서는 백성들에게 정전을 지급하였다.

09 밑줄 친 '그'에 대한 설명으로 옳은 것은?

그는 계율을 어기고 설총을 낳은 이후로는 속인의 옷으로 바꾸어 입고 스스로 소성 거사라고 하였다. 우연히 광대들이 갖고 노는 큰 박을 얻었는데 그 모양이 괴이하였다. 그 모양대로 도구를 만들어 화엄경에 있는 '일체 거리낄 것이 없는 사람은 한결같이 죽고 사는 관념에서 초월한다.'라는 말을 따다가 무애라고 이름 짓고 노래를 지어 세상에 퍼뜨렸다. 일찍이 이것으로 여러 촌을 다니며 노래하고 춤추며 교화하니, 가난하고 무지몽매한 무리까지도 모두 부처라는 이름을 알게 되었고, 모두 나무아미타불을 외게 되었다.

– 《삼국유사》

① 참선을 중시하는 선종을 신라에 도입하였다.
② 천태종을 창시하여 교종과 선종을 통합하려 하였다.
③ 화엄일승법계도를 저술하여 화엄 사상을 정립하였다.
④ 돈오점수를 통해 정혜쌍수를 달성할 것을 주장하였다.
⑤ 모든 것은 한마음에서 나온다는 일심 사상을 제시하였다.

10 (가)에 들어갈 왕의 업적을 〈보기〉에서 옳게 고른 것은?

이 그림은 [　(가)　]이 천산에서의 수렵 장면을 비단 위에 그린 작품으로 원 화풍의 영향을 받았다. 그릴 당시에는 옆으로 긴 두루마리 그림이었던 것으로 보이나 현재는 국립 중앙 박물관에 그 일부만 전해지고 있다.

〈보기〉
ㄱ. 정방을 혁파하였다.
ㄴ. 전민변정도감을 설치하였다.
ㄷ. 철전인 건원중보를 발행하였다.
ㄹ. 원의 연경에 만권당을 설치하였다.

① ㄱ, ㄴ　　　② ㄱ, ㄷ　　　③ ㄴ, ㄷ
④ ㄴ, ㄹ　　　⑤ ㄷ, ㄹ

11 (가)~(라)의 역사적 사실을 발생 순서대로 나열한 것은?

(가) 서경 유수 조위총이 반란을 일으켰다.
(나) 정중부, 이의방 등이 정변을 일으켰다.
(다) 대몽 항쟁을 위해 강화로 수도를 옮겼다.
(라) 삼별초와 여몽 연합군의 전투가 발생하였다.
(마) 최충헌의 사노비인 만적이 봉기를 모의하였다.

① (가)–(라)–(마)–(다)–(나)
② (나)–(라)–(가)–(다)–(마)
③ (나)–(가)–(마)–(다)–(라)
④ (다)–(나)–(마)–(라)–(가)
⑤ (다)–(가)–(나)–(마)–(라)

12 밑줄 친 '이 제도'에 대한 설명으로 옳은 것을 〈보기〉에서 고른 것은?

고려는 중앙 집권 체제가 안정되어 가고 관료 제도가 정비됨에 따라 이 제도를 마련하여 관직 복무와 직역에 대한 대가로 토지를 지급하였다. 문무 관리, 군인, 한인을 18등급으로 나누어 곡물을 수취할 수 있는 전지와 땔감을 얻을 수 있는 시지를 지급하였다.

〈보기〉
ㄱ. 신진 사대부의 경제적 기반이 되었다.
ㄴ. 수조권자는 노동력 징발권까지 행사할 수 있었다.
ㄷ. 관직에서 물러나면 토지를 국가에 반납하도록 했다.
ㄹ. 하급 관리의 자제 중 관직이 없는 자에게 토지를 지급하였다.

① ㄱ, ㄴ　　　② ㄱ, ㄷ　　　③ ㄴ, ㄷ
④ ㄴ, ㄹ　　　⑤ ㄷ, ㄹ

13 (가), (나)에 대한 설명으로 옳은 것은?

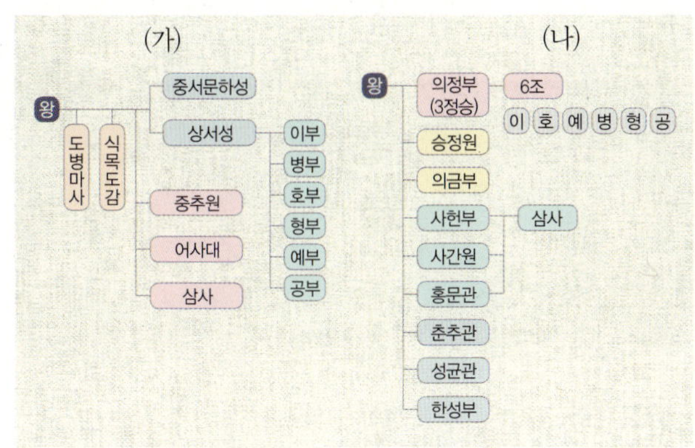

〈보기〉

ㄱ. (가) – 귀족들의 합의 체제가 마련되었다.
ㄴ. (나) – 관리들은 주로 음서제에 의해서 임명되었다.
ㄷ. (가), (나) – 정치 운영의 견제와 균형을 도모하였다.
ㄹ. (가), (나) – 삼사는 재정 운영을 담당한 기구였다.

① ㄱ, ㄴ ② ㄱ, ㄷ ③ ㄴ, ㄷ
④ ㄴ, ㄹ ⑤ ㄷ, ㄹ

14 (가)~(마) 지역을 답사할 때 볼 수 있는 문화유산이 잘못 연결된 것은?

① (가) ② (나) ③ (다) ④ (라) ⑤ (마)

15 (가), (나)에 대한 설명으로 옳은 것을 〈보기〉에서 고른 것은?

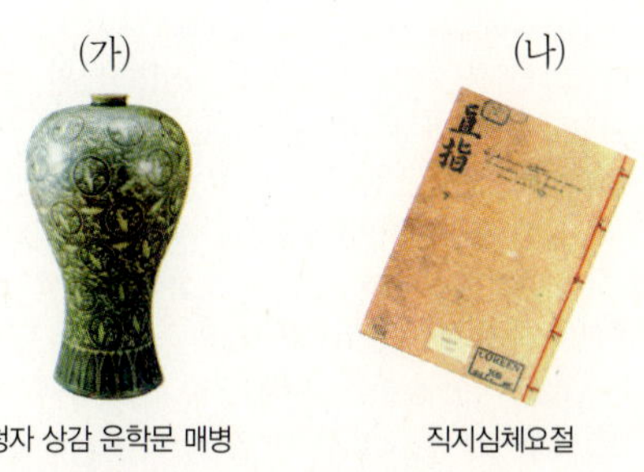

청자 상감 운학문 매병 　　　직지심체요절

〈보기〉

ㄱ. (가) – 전형필의 노력으로 외국 유출을 막았다
ㄴ. (가) – 일본의 아리타 자기 제작에 영향을 주었다.
ㄷ. (나) – 청주 흥덕사에서 인쇄되었다.
ㄹ. (나) – 세계에서 가장 오래된 목판 인쇄물이다.

① ㄱ, ㄴ ② ㄱ, ㄷ ③ ㄴ, ㄷ
④ ㄴ, ㄹ ⑤ ㄷ, ㄹ

16 다음 내용과 관계있는 시기의 사회, 경제 상황으로 옳지 않은 것은?

• 사원의 목조 건축에 주심포 양식이 유행하였다.
• 경전의 내용을 그림으로 설명한 사경화가 유행하였다.
• 불교 관계 저술 목록을 정리한 신편제종교장총록을 펴냈다.

① 벽란도가 국제 무역항으로 번영하였다.
② 경시서를 설치하여 상행위를 감독하였다.
③ 사위나 외손자도 음서의 혜택을 받을 수 있었다.
④ 농민의 지대 납부 방식은 도조법이 일반적이었다.
⑤ 백정 농민은 법적으로 과거 응시 자격을 가지고 있었다.

17 밑줄 친 ㉠이 작성된 시기로 옳은 것은?

김일손은 공초하기를, "사초에 이른바 '노산(魯山)의 시체를 숲 속에 던져 버리고 한 달이 지나도 염습하는 자가 없어 까마귀와 솔개가 날아와서 쪼았는데, 한 동자가 밤에 와서 시체를 짊어지고 달아났으니, 물에 던졌는지 불에 던졌는지 알 수가 없다.'라고 한 것을 최맹한에게 들었습니다. 신이 이 사실을 기록하고 이어서 쓰기를 '김종직이 과거 하기 전에, 꿈속에서 느낀 것이 있어, ㉠조의제문(弔義帝文)을 지어 충분을 부쳤다.' 하고, 드디어 종직의 조의제문을 썼습니다."

—《연산군일기》

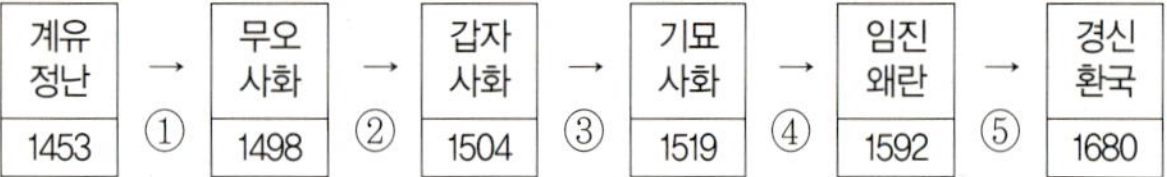

18 밑줄 친 '지도'에 대한 설명으로 옳은 것을 〈보기〉에서 고른 것은?

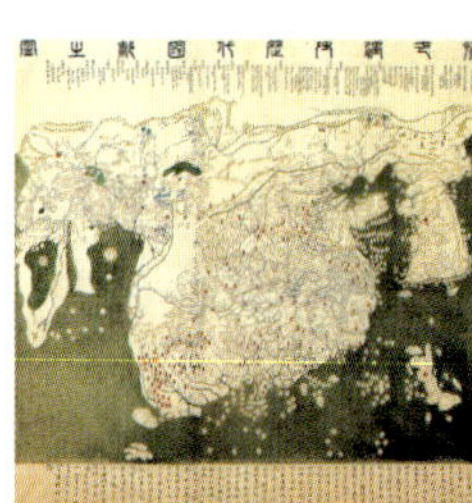

〈보기〉
ㄱ. 태종 때 제작된 것이다.
ㄴ. 현재 일본에 보관되어 있다.
ㄷ. 최초로 100리 척을 사용하였다.
ㄹ. 선조 때 이광정이 국내로 가져왔다.

① ㄱ, ㄴ   ② ㄱ, ㄷ   ③ ㄴ, ㄷ
④ ㄴ, ㄹ   ⑤ ㄷ, ㄹ

19 다음 그림이 그려진 시기에 대한 설명으로 옳지 <u>않은</u> 것은?

① 삼강행실도를 한글로 편찬하였다.
② 한양을 기준으로 한 칠정산이 만들어졌다.
③ 우리 풍토에 맞는 농사직설이 편찬되었다.
④ 부농과 상업 자본가들이 사원 건축을 후원하였다.
⑤ 고구려의 천문도를 참고한 천상열차분야지도가 만들어졌다.

20 다음과 같은 의식이 반영된 정책으로 옳은 것을 〈보기〉에서 고른 것은?

붕당의 폐단이 요즈음보다 심한 적이 없었다. 처음에는 유학으로 소란을 일으키더니, 지금에는 다른 편의 사람들을 모조리 역당으로 몰고 있다. 붕당이 각박하고 또 심각하여져서 유배되어 쫓겨났으니, 그 가운데 어찌 억울한 사람이 없겠는가? …… 한 조정 가운데서 공격을 일삼고 한 집안에서 싸움만을 서로 계속하고 있으니, 이러면 나라가 장차 어떻게 되겠는가? 저 귀양을 간 사람들의 경중을 참작해 대신과 더불어 등용하여 탕평하게 거두어 쓰라.

〈보기〉
ㄱ. 대전회통을 편찬하였다.
ㄴ. 서원을 대폭 정리하였다.
ㄷ. 삼사의 기능을 강화하였다.
ㄹ. 이조 전랑의 권한을 약화시켰다.

① ㄱ, ㄴ   ② ㄱ, ㄷ   ③ ㄴ, ㄷ
④ ㄴ, ㄹ   ⑤ ㄷ, ㄹ

21 (가)~(다)에 해당되는 설명으로 옳지 <u>않은</u> 것은?

수취 제도	변천 과정	개선
전세	연분 9등법 → 왜란 이후 국토 황폐화	(가)
공납	현물 납부 → 방납의 폐단 심화	(나)
군역	군역 부담 → 대립, 방군수포 → 군포 징수제 실시	(다)

① (가) – 전세의 정액화가 이루어졌다.
② (나) – 공인이 최초로 등장하였다.
③ (나) – 토지를 기준으로 부과하였다.
④ (다) – 양반에게도 군포를 징수하였다.
⑤ (다) – 재정 부족을 해결하기 위해 결작이 부과되었다.

22 밑줄 친 '상인들'에 대한 설명으로 옳은 것은?

① 대동법의 시행으로 등장하였다.
② 혜상공국에서 관리하는 상인이었다.
③ 정조 때 육의전의 금난전권이 폐지되었다.
④ 개항 이후 상권 침탈에 항의하여 철시하기도 하였다.
⑤ 포구에서 숙박 및 상품 매매, 운송, 금융업에 종사하였다.

23 다음 자료를 통해 당시의 사회 모습을 분석한 것으로 옳은 것은?

> 옷차림은 신분의 귀천을 나타내는 것이다. 그런데 어찌 된 까닭인지 근래 이것이 문란해져 상민, 천민들이 갓을 쓰고 도포를 입는 것이 마치 조정의 관리나 선비와 같이 한다. 진실로 한심스럽기 짝이 없다. 심지어 시전 상인들이나 군역을 지는 상민들까지도 서로 양반이라 부른다.
>
> — 〈일성록〉

① 재가한 여자에 대한 차별이 없어졌다.
② 신분제가 폐지되어 평등한 사회가 되었다.
③ 양복을 많이 입으면서 관복이 폐지되었다.
④ 신분제의 동요로 양반의 권위가 약화되었다.
⑤ 천민의 신분 상승으로 상민의 수가 증가하였다.

24 다음 주장과 관계있는 인물에 대한 설명으로 옳은 것은?

> 비유하건대 재물은 대체로 샘과 같은 것이다. 퍼내면 차고, 버려두면 말라 버린다. 그러므로 비단옷을 입지 않아서 나라에 비단 짜는 사람이 없게 되면 여공이 쇠퇴하고, 쭈그러진 그릇을 싫어하지 않고 기교를 숭상하지 않아서 장인이 작업하는 일이 없게 되면 기예가 망하게 되며, 농사가 황폐해져서 구제할 수 없게 된다.

① 북벌을 주장하였다.
② 사문난적으로 공격받았다.
③ 수레와 선박의 이용을 주장하였다.
④ 신분에 따른 토지 지급을 주장하였다.
⑤ 나라를 좀먹는 6가지 폐단을 지적하였다.

25 자료의 제도 실시 이후의 변화로 옳은 것을 〈보기〉에서 고른 것은?

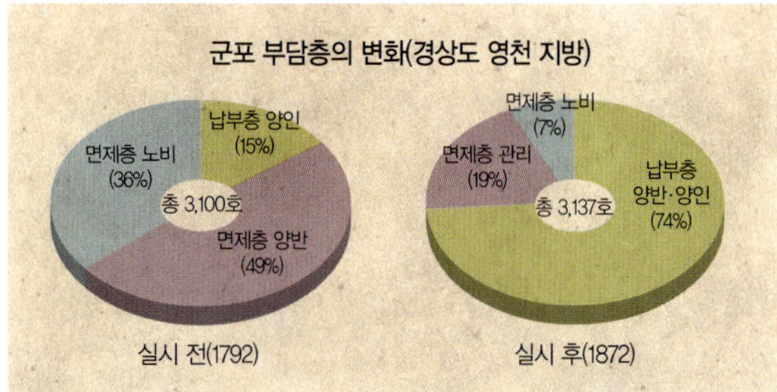

〈보기〉

ㄱ. 방납의 폐단이 없어졌다.
ㄴ. 국가 재정이 확충되었다.
ㄷ. 양반들의 불만이 높아졌다.
ㄹ. 양반의 사회적 지위가 상승하였다.

① ㄱ, ㄴ   ② ㄱ, ㄷ   ③ ㄴ, ㄷ
④ ㄴ, ㄹ   ⑤ ㄷ, ㄹ

26 다음 내용 뒤에 바로 이어질 이야기의 주제로 적절한 것은?

고종 3년 정월 대원군의 천주교 탄압 교령(敎令)이 포고되자, 프랑스 선교사 9명을 비롯해 불과 수개월 동안 국내 천주교 신도 8천여 명이 처형되었다. 산속으로 피신하여 쫓겨 다니다가 병으로 죽고, 굶주림에 쓰러지는 부녀자와 어린이가 부지기수였으며, 신자가 아닌 자가 박해당하기도 하였다. 한편, 프랑스 선교사 중 살아남은 리델 신부는 청나라로 탈출해 프랑스 함대 사령관 로즈에게 조선의 상황을 설명하였다.

① 동학의 확산
② 척화비 건립
③ 운요호 사건
④ 외규장각 약탈
⑤ 임술 농민 봉기

27 다음 ㉠~㉤의 자료에 대한 분석으로 옳지 <u>않은</u> 것은?

제1조 청에 잡혀간 흥선 대원군을 곧 돌아오게 하고 청에 대한 조공의 허례를 폐지한다.·····················㉠
제3조 지조법을 개혁하여 관리의 부정을 막고 백성을 보호하며, 국가 재정을 넉넉하게 한다.·············㉡
제7조 규장각을 폐지한다.·····················㉢
제12조 모든 재정은 호조에서 통합한다.·············㉣
제13조 대신과 참찬은 의정부에 모여 정령을 의결하고 반포한다.·····················㉤

① ㉠ – 임오군란 때 납치된 것이다.
② ㉡ – 농민에게 토지를 분배하는 내용이다.
③ ㉢ – 세도 가문의 기반으로 변질된 곳이다.
④ ㉣ – 재정의 일원화를 의미한다.
⑤ ㉤ – 입헌 군주제를 지향했다고 볼 수 있다.

28 다음 신문의 (가)에 들어갈 기사 제목으로 적절하지 <u>않은</u> 것은?

한국사 신문	0000년 00월 00일
최초의 서양식 병원 광혜원 개원	(가)

미국인 알렌이 한성 재동에 우리나라 최초의 서양식 병원 '광혜원'을 열었다. 알렌은 중상을 입은 고관 민영익을 치료해 준 일이 계기가 되어 임금의 신임을 받았다. 임금께서 그의 서양식 병원 건립 건의를 받아들여 혜민서와 활인서를 없애고 광혜원 설치를 허락하셨다. 알렌의 명성은 날로 높아져 하루에 최고 260여 명의 환자를 보게 된 때도 있었다고 한다.

① [기획] 전환국의 당오전 발행 증가
② [소식] 한성에도 드디어 전차 개통!
③ [사설] 한성 조약의 배상금 적절한가?
④ [세계는 지금] 청과 일본, 톈진 조약을 맺다
⑤ [인터뷰] 한성 상권에 도전장을 낸 청나라 상인

29 다음을 발표한 정부가 추구한 개혁으로 옳은 것을 〈보기〉에서 고른 것은?

> 제1조 대한국은 세계 만국이 공인한 자주독립 제국이다.
> 제2조 대한국의 정치는 만세 불변의 전제 정치이다.
> 제3조 대한국 대황제는 무한한 군권을 누린다.
> 제5조 대한국 대황제는 육·해군을 통솔한다.
> 제9조 대한국 대황제는 각 조약 체결 국가에 사신을 파견하고 선전, 강화 및 제반 조약을 체결한다.

〈보기〉

ㄱ. 교육입국 조서를 발표하였다.
ㄴ. 헌의 6조의 개혁 방향과 일치한다.
ㄷ. 갑오개혁과 을미개혁의 급진성을 비판하였다.
ㄹ. 구본신참(舊本新參)을 개혁의 원칙으로 삼았다.

① ㄱ, ㄴ　　　② ㄱ, ㄷ　　　③ ㄴ, ㄷ
④ ㄴ, ㄹ　　　⑤ ㄷ, ㄹ

30 (가)에 들어갈 주제로 가장 적절한 것은?

> 〈춘계 한국사학회 정기 학술회〉
> ### 근대 사회 의식의 성장
> 갑오개혁과 을미개혁으로 신분제가 법제상으로는 폐지되었으나, 신분 차별 의식이 사라진 것은 아니었다. 차별 의식은 예전의 평민과 천민들이 사회 활동에 적극적으로 참여하면서 점차 극복되어 갔다.
> 사례 발표 : ＿＿＿＿＿＿(가)＿＿＿＿＿＿

① 보안회와 농광회사
② 김옥균과 갑신정변
③ 관민 공동회의 박성춘
④ 13도 연합 의병과 이인영
⑤ 임오군란 때 하층민의 참여

31 다음과 같은 입장에서 추진된 정책의 내용이 <u>아닌</u> 것은?

> 저들의 종교는 사악하다. 하지만 저들의 기술은 이롭다. 잘 이용하여 백성들을 잘살게 할 수 있다면 농업, 양잠, 의약, 병기, 배, 수레에 대한 기술을 꺼릴 이유가 없다. 종교는 배척하되 기술을 본받는 것은 함께 할 수 있다. 결코 충돌하는 것이 아니다. 지금 강약의 형세가 이미 큰 격차로 벌어졌다. 만약 저들의 기술을 본받지 않는다면 어떻게 저들에게 모욕을 받지 않고 저들이 엿보는 것을 막을 수 있겠는가.
> － 〈고종실록〉

① 한성순보를 발간하였다.
② 청에 영선사를 파견하였다.
③ 중추원 관제를 발표하였다.
④ 통리기무아문을 설치하였다.
⑤ 기기창, 전환국 등을 설치하였다.

32 다음 조약이 계기가 되어 일어난 항일 의병 운동에 대한 설명으로 옳은 것은?

> 제2조 일본국 정부는 한국과 타국 간에 현존하는 조약의 실행을 완수하는 임무를 담당하고 한국 정부는 지금부터 일본국 정부의 중개를 거치지 않고서는 국제적 성질을 가진 어떤 조약이나 약속을 맺지 않을 것을 서로 약속한다.
> 제3조 일본국 정부는 그 대표자로 한국 황제 폐하 밑에 1명의 통감을 두되 통감은 오로지 외교에 관한 사항을 관리하기 위하여 경성에 주재하고 친히 한국 황제 폐하를 만날 수 있는 권리를 가진다.

① 해산된 군인들이 합류하였다.
② 한중 연합 작전을 전개하였다.
③ 평민 출신 의병장이 등장하였다.
④ 미쓰야 협정으로 타격을 받았다.
⑤ 국왕의 해산 권고로 대부분 자진 해산하였다.

33 (가) 단체에 대한 설명으로 옳은 것을 〈보기〉에서 고른 것은?

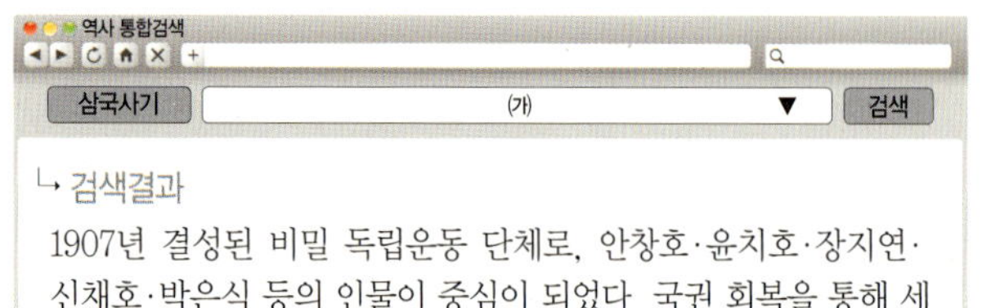

〈보기〉

ㄱ. 기회주의 배격을 내세웠다.
ㄴ. 전국적인 의병 봉기를 준비하였다.
ㄷ. 오산 학교와 대성 학교를 설립하였다.
ㄹ. 국외의 독립운동 기지 건설에 앞장섰다.

① ㄱ, ㄴ   ② ㄱ, ㄷ   ③ ㄴ, ㄷ
④ ㄴ, ㄹ   ⑤ ㄷ, ㄹ

34 다음과 같은 구국 운동이 일어난 시기로 옳은 것을 연표에서 고른 것은?

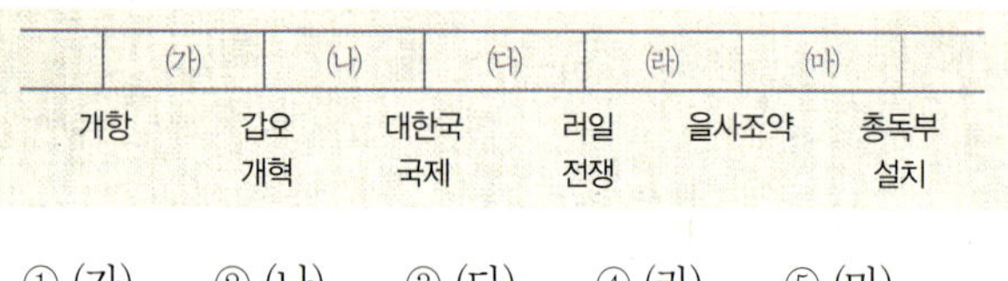

	(가)	(나)	(다)	(라)	(마)	
개항		갑오 개혁	대한국 국제	러일 전쟁	을사조약	총독부 설치

① (가)   ② (나)   ③ (다)   ④ (라)   ⑤ (마)

35 다음과 같은 의석 분포를 보인 의회의 활동으로 옳은 것은?

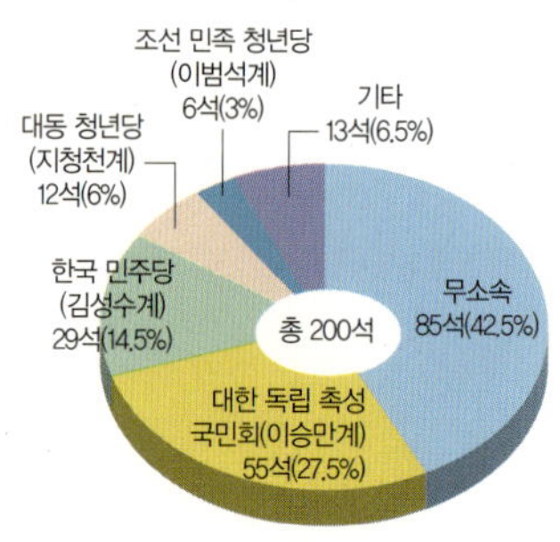

〈제헌 국회 소속 정당별 의석수〉

① 발췌 개헌안 통과
② 농지 개혁법 제정
③ 5·10 총선거 실시
④ 사사오입 개헌안 통과
⑤ 한미 상호 방위 조약 비준

36 다음 자료와 관련이 깊은 시기의 일제 통치 정책으로 옳지 <u>않은</u> 것은?

제11조	태형은 감옥 또는 즉결 관서에서 비밀리에 행한다.
제13조	본령은 조선인에 한하여 적용한다.
시행 규칙 1조	태형은 수형자를 형판 위에 엎드리게 하고 그자의 양팔을 좌우로 벌리게 하여 형판에 묶고 양다리도 같이 묶은 후 볼기 부분을 노출시켜 태로 친다.

① 일본 상품에 대한 관세가 폐지되었다.
② 교원들도 제복을 입고 칼을 착용하였다.
③ 한국인의 고등 교육 기회가 제한되었다.
④ 헌병 경찰이 일반 행정 업무를 담당하였다.
⑤ 회사 설립 시 총독부의 허가를 받아야 했다.

37 (가), (나) 정책의 결과로 옳은 것을 〈보기〉에서 고른 것은?

> (가) 제1조 토지의 조사 및 측량은 본령에 의한다.
>   제4조 토지의 소유자는 조선 총독이 정하는 기간 내에 주소, 씨명, 명칭 및 소유지의 소재, 지목, 자번호, 사표, 등급, 지적, 결수를 임시 토지 조사 국장에게 신고해야 한다.
>
> (나) 제1조 회사의 설립은 조선 총독의 허가를 받아야 한다.
>   제5조 회사가 본령이나 본령에 의거하여 발하는 명령과 허가 조건에 위반하거나 공공 질서와 선량한 풍속에 반하는 행위를 할 때, 조선 총독은 회사의 해산을 명할 수 있다.

〈보기〉

ㄱ. (가) – 식민지 지주제가 소멸되었다.
ㄴ. (가) – 조선 총독부의 지세 수입이 증가하였다.
ㄷ. (나) – 일본 대자본의 조선 진출이 매우 활발해졌다.
ㄹ. (나) – 민족 자본의 결집과 성장을 억제하기 위한 목적이었다.

① ㄱ, ㄴ　　　② ㄱ, ㄷ　　　③ ㄴ, ㄷ
④ ㄴ, ㄹ　　　⑤ ㄷ, ㄹ

38 다음과 같은 대책이 나타나게 된 배경으로 가장 적절한 것은?

> • 친일 인사가 각 종교 단체 지도자가 되도록 후원한다.
> • 수재 교육을 명목으로 친일 지식인을 많이 양성한다.
> • 조선인 부호들과 민중을 대립하게 하고, 이들에게 일본 자본을 공급해 친일화한다.
> • 각종 친일 단체를 조직하고 후원하여 활용한다.
>   －사이토, 〈조선 민족 운동에 관하여〉

① 3·1 운동 발생
② 중일 전쟁 도발
③ 경제 대공황 발생
④ 6·10 만세 운동 발생
⑤ 광주 학생 항일 운동 전개

39 자료와 관련된 운동을 주도한 종교에 대한 설명으로 옳은 것은?

① 신사 참배 거부 운동을 전개하였다.
② 제2의 독립 선언 운동을 계획하였다.
③ 의민단을 조직하여 항일 투쟁을 전개하였다.
④ 저축, 금주·금연 등 새 생활 운동을 전개하였다.
⑤ 중광단, 북로 군정서 등 항일 무장 단체를 결성하였다.

40 자료와 같은 민족 운동이 나타난 시기의 일제 식민 정책으로 옳은 것은?

① 국가 총동원법을 제정하였다.
② 토지 조사 사업을 실시하였다.
③ 한글 신문의 발행을 허가하였다.
④ 병참 기지화 정책을 실시하였다.
⑤ 담배, 인삼의 전매 사업을 시작하였다.

41 다음 주장이 제기된 결과 일어난 것으로 가장 적절한 것은?

> 지금의 조선 민족에게는 왜 정치적 생활이 없는가? …… 일본이 조선을 병합한 이래로 조선인에게는 모든 정치 활동을 금지한 것이 첫째 원인이다. 또 병합 이래로 조선인은 일본의 통치권을 승인해야만 할 수 있는 모든 정치적 활동, 즉 참정권·자활권 운동 같은 것은 물론이요, 일본 정부를 상대로 하는 독립운동조차 원치 아니하는 강렬한 절개 의식이 있었던 것이 둘째 원인이다. …… 지금까지 해 온 정치적 운동은 모두 일본을 적대시하는 운동뿐이었다. 이런 종류의 정치 운동은 해외에서나 할 수 있는 일이고, 조선 내에서는 허용되는 범위 내에서 일대 정치적 결사를 조직해야 한다는 것이 우리의 주장이다.
> — 이광수, 《동아일보》(1924)

① 신간회가 해소되었다.
② 형평 운동이 전개되었다.
③ 사회주의 사상이 확산되었다.
④ 민족주의 세력이 분열되었다.
⑤ 실력 양성 운동이 추진되었다.

42 자료의 역사학에 대한 설명으로 옳은 것을 〈보기〉에서 고른 것은?

> 옛사람이 말하기를 나라는 멸망할 수 있으나 그 역사는 결코 없어질 수 없다고 했으니, 이는 나라가 형체라면 역사는 정신이기 때문이다. 이제 우리나라의 형체는 없어져 버렸지만, 정신은 살아남아야 할 것이다. 이것이 내가 역사를 쓰는 까닭이다. 정신이 살아서 없어지지 않으면 형체도 부활할 때가 있을 것이다.
> — 박은식, 《한국통사》

〈보기〉
ㄱ. 조선학 운동에 영향을 주었다.
ㄴ. 유물 사관을 바탕으로 주장되었다.
ㄷ. 진단 학회를 조직하여 연구를 전개하였다.
ㄹ. 독립운동의 일환으로 한국사를 연구하였다.

① ㄱ, ㄷ　　② ㄱ, ㄹ　　③ ㄴ, ㄷ
④ ㄴ, ㄹ　　⑤ ㄷ, ㄹ

43 다음은 어느 단체의 행동 강령이다. 이 단체의 활동으로 옳지 <u>않은</u> 것은?

> 강도 일본을 쫓아내려면 오직 혁명으로만 가능하며, 혁명이 아니고는 강도 일본을 쫓아낼 방법이 없는 바이다. ……
> 민중은 우리 혁명의 대본영(大本營)이다.
> 폭력은 우리 혁명의 유일한 무기이다.
> 우리는 민중 속으로 가서 민중과 손을 맞잡아 끊임없는 폭력—암살, 파괴, 폭동—으로써 강도 일본의 통치를 타도하고, 우리 생활에 불합리한 일체의 제도를 개조하여, 인류로서 인류를 압박하지 못하며, 사회로서 사회를 박탈하지 못하는 이상적 조선을 건설할지니라.
> — 신채호, 《조선혁명선언》

① 김지섭 – 일본 왕궁에 폭탄 투척
② 김익상 – 조선 총독부에 폭탄 투척
③ 박재혁 – 부산 경찰서에 폭탄 투척
④ 김상옥 – 종로 경찰서에 폭탄 투척
⑤ 이봉창 – 일본 국왕 마차에 폭탄 투척

44 자료와 같은 활동이 이루어지게 된 배경으로 옳은 것은?

> - 중국과 한국 양국의 군민은 한마음 한뜻으로 일제에 대항하여 싸우고, 인력과 물자는 서로 나누어 쓰며, 합작의 원칙 하에 국적에 관계없이 그 능력에 따라 항일 공작을 나누어 맡는다.
> - 1. 한·중 양군은 최악의 상황이 오는 경우에도 장기간 항전할 것을 맹세한다.
> - 2. 중동 철도를 경계선으로 서부 전선은 중국이 맡고, 동부 전선은 한국이 맡는다.
> - 3. 전시의 후방 전투 훈련은 한국 장교가 맡고, 한국군에 필요한 군수품 등은 중국군이 공급한다.

① 만주 사변으로 중국인의 반일 감정이 높아졌다.
② 중일 전쟁으로 일제의 대륙 침략이 본격화되었다.
③ 좌우 합작 운동으로 국내에서 신간회가 결성되었다.
④ 윤봉길 의거로 중국 국민당이 임시 정부를 적극 지원하였다.
⑤ 일제가 태평양 전쟁을 일으켜 제2차 세계 대전이 확산되었다.

45 다음은 어느 단체의 이동 경로이다. 이 단체의 활동으로 옳지 <u>않은</u> 것은?

① 국민 대표 회의를 개최하였다.
② 연통제와 교통국을 조직하였다.
③ 한일 관계 사료집을 간행하였다.
④ 독립 공채를 발행하여 자금을 모금하였다.
⑤ 민중의 직접 혁명을 위해 의열단을 조직하였다.

46 자료의 내용이 국내 정세에 끼친 영향으로 옳은 것은?

1. 한국의 독립을 위하여 한국 임시 민주 정부를 수립한다.
2. 임시 정부 수립을 위하여 미소 공동 위원회를 설치하고 한국 의 정당 및 사회단체와 협의한다.
3. 미소 공동 위원회의 임무는 한국의 자치 정부 수립과 독립 국가 건설을 돕고 지원하는 데 있다. 공동 위원회의 제안은 한국 임시 정부의 자문을 거쳐 미국·소련·영국·중국 정부에 제출되어, 최장 5개년의 4개국 신탁 통치에 관한 협정에 합의하게 될 것이다.

① 좌우 합작 위원회가 조직되었다.
② 여수·순천 10·19 사건이 발생하였다.
③ 좌익과 우익 세력의 대립이 심화되었다.
④ 남북 제 정당 사회단체 연석 회의가 개최되었다.
⑤ 인구 비례에 의한 남북한 총선거 실시가 결정되었다.

47 광복 직후 남한 주요 정치 세력의 성향을 나타낸 가상 포스터이다. 옳게 설명된 것을 고르면?

①

②
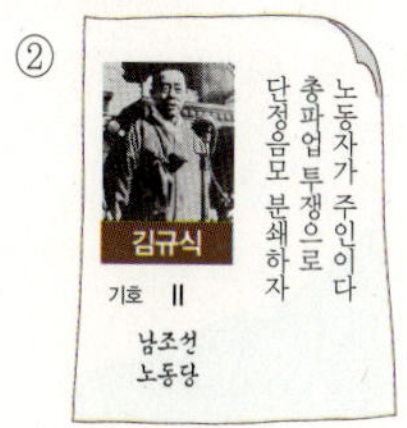

③
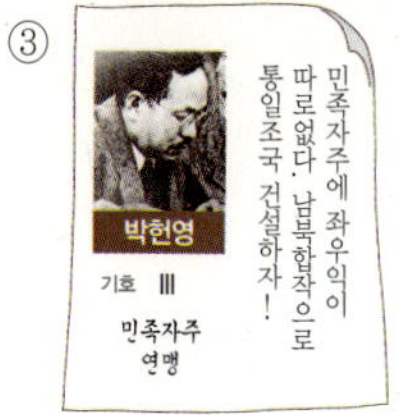

④

⑤

48 다음 자료와 관련된 설명으로 옳지 <u>않은</u> 것은?

제1조 일본 정부와 통모하여 한일 합병에 적극 협력한 자, 한국 의 주권을 침해하는 조약 또는 문서에 조인한 자와 모의 한 자는 사형 또는 무기 징역에 처하고 그 재산과 유산의 전부 혹은 2분지 1 이상을 몰수한다.

제3조 일본 치하 독립운동자나 그 가족을 악의로 살상 박해한 자 또는 이를 지휘한 자는 사형, 무기 또는 5년 이상의 징 역에 처하고 그 재산의 전부 혹은 일부를 몰수한다.

① 제헌 국회에서 제정하였다.
② 친일파 청산을 목적으로 하였다.
③ 반민 특위가 설치되어 활동하였다.
④ 이승만 정부가 적극적으로 지원하였다.
⑤ 친일파 청산이 제대로 이루어지지 못하였다.

49. 자료의 협정을 체결한 정부 시기의 사실로 옳은 것은?

제1조　양 체약 당사국 간에 외교 및 영사 관계를 수립한다. 양 체약 당사국은 대사급 외교 사절을 지체 없이 교환한다. 양 체약 당사국은 또한 양국 정부에 의하여 합의되는 장소에 영사관을 설치한다.

제2조　1910년 8월 22일 및 그 이전에 대한 제국과 대일본 제국 간에 체결된 모든 조약 및 협정이 이미 무효임을 확인한다.

제3조　대한민국 정부가 국제 연합 총회의 결정 제195호(III)에 명시된 바와 같이 한반도에 있어서의 유일한 합법 정부임을 확인한다.

① 베트남 전쟁에 파병하였다.
② 야간 통행금지를 해제하였다.
③ 5·18 민주화 운동이 일어났다.
④ 지방 자치제를 전면 실시하였다.
⑤ 3당 합당으로 민주 자유당을 창당하였다.

50. 자료와 관련된 민주화 운동 시기에 제기된 구호로 가장 적절한 것은?

항의하는 초등학생들

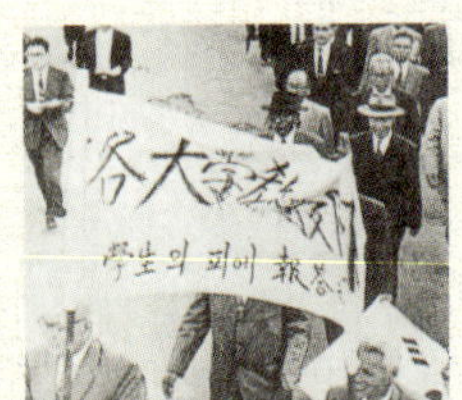

시위 행진하는 대학 교수단

① 신군부는 물러나라!
② 부정 선거 규탄한다!
③ 대통령 직선제 쟁취!
④ 긴급 조치를 해제하라!
⑤ 굴욕적 대일 외교 반대!

1. ③ 2 ② 3 ③ 4 ① 5 ③ 6 ④ 7 ② 8 ③ 9 ⑤ 10 ① 11 ③ 12 ⑤ 13 ② 14 ① 15 ② 16 ④ 17 ① 18 ① 19 ④ 20 ④
21 ④ 22 ④ 23 ④ 24 ③ 25 ③ 26 ③ 27 ② 28 ② 29 ⑤
30 ③ 31 ③ 32 ③ 33 ⑤ 34 ⑤ 35 ② 36 ① 37 ④ 38 ①
39 ② 40 ③ 41 ④ 42 ② 43 ⑤ 44 ① 45 ⑤ 46 ③ 47 ④
48 ④ 49 ① 50 ②

1. ③ 바로 정리 : 선사 시대 유물의 특징

(가)는 반달 돌칼(청동기 시대)로 곡식의 이삭을 자르는 데 사용했던 돌로 만든 농기구였으며, (나)는 농경무늬 청동기(청동기 시대 또는 초기 철기 시대)로서 제작 당시의 농경과 신앙의 모습을 보여 주는 유물이다. 한쪽 면에는 솟대를 연상케 하듯 나뭇가지 위에 새가 새겨져 있고, 반대쪽 면에는 농경의 모습을 단계별로 표현했다. 현재 국립 중앙 박물관에 보관되어 있다. 아하! ㄱ. 탁자식 고인돌, 비파형동검, 미송리식 토기와 관계있다. ㄹ. 청동기 시대에도 석기로 농기구를 만들었다.

2. ② 바로 정리 : 초기 여러 나라의 특징

지도는 고조선 멸망 이후 철기 문화를 바탕으로 세워진 여러 나라의 위치를 나타낸 것이다. (가)~(라)는 순서대로 각각 부여, 고구려, 옥저, 동예에 해당한다. 아하! ㄴ, ㄹ. 고조선에 대한 내용이다.

3. ③ 바로 정리 : 슴베찌르개의 특징

자료는 구석기 시대의 유물인 슴베찌르개이다. 약 7센티미터의 길이로 나무나 뼈 등에 연결시킬 수 있는 자루가 있는 것이 특징이다. '슴베'는 자루 속에 들어박히는 뾰족하고 긴 부분이라는 뜻을 가지고 있으며, 찌르개라는 명칭에서 알 수 있는 것처럼 사냥 도구로 사용했다. 아하! ① 조몬 문화(일본 신석기 문화)와 관계없다. ② 슴베찌르개는 뗀석기이다. ④, ⑤ 주먹 도끼에 대한 설명이다. 자료의 슴베찌르개는 단양 수양개에서 발견되었다.

4. ① 바로 정리 : 5, 6세기 백제의 정치 및 대외 관계

지도는 백제의 천도 과정을 나타낸 것으로서 (가)는 한성, (나)는 웅진(공주), (다)는 사비(부여)이다. (나)는 장수왕의 침입 때문에, (다)는 성왕의 백제 중흥을 목적으로 각각 천도했다. (나) 시기의 동성왕은 신라와의 동맹을 강화했고, 무령왕릉은 지방의 22담로에 왕족을 파견하여 지방 통제를 강화했다. (다)에서 성왕은 신라와 연합하여 한강을 일시적으로 회복했으나 다시 신라에 빼앗겼고 성왕은 관산성 전투에서 전사했다. 아하! ㄷ. 근초고왕 때의 사실로 (가) 시기에 해당한다. ㄹ. 남부여는 (다) 시기에만 사용한 국호이다.

5. ③ 바로 정리 : 7~9세기 남북국 시대의 대외 관계

지도의 (가)는 당, (나)는 발해, (다)는 신라, (라)는 왜이다. 남북국 시대의 발해와 신라는 주변 국가들의 정세 변화와 자국의 이익 때문에 상호 대립과 관계 회복을 되풀이했다. 그 과정에 문물 교류가 활발하게 일어나기도 했다. 아하! ㄱ. 엔닌은 왜 출신의 승려였다. ㄹ. 백강 전투에서 왜는 나당 연합군의 공격으로 사비성을 점령당한 백제를 지원했다.

6. ④ 바로 정리 : 경주 지역의 유적과 유물

지도는 신라의 수도였던 경주 지역의 관광 지도이다. 경주 지역에서는 돌무지덧널무덤 양식을 비롯한 신라의 고분들, 불국사, 석굴암, 성덕 대왕 신종 등의 불교 유적들, 신라의 궁지 등의 유적·유물들을 답사할 수 있다. 아하! ㄱ. 신라의 승려 혜초가 지은 《왕오천축국전》은 중국의 둔황 막고굴에서 발견되었다(1908). ㄷ. 순수비는 새로 넓힌 영토에 세운 것으로 경주에는 없다.

7. ② 바로 정리 : 화순 쌍봉사 철감 선사 승탑

선종이 유행하던 신라 말기에는 거대한 탑 대신에 고승들의 사리를 봉안하는 승탑이 많이 만들어졌다. 쌍봉사 철감 선사 승탑은 8각 원당형의 승탑으로서 외부의 화려한 조각이 특징이다. ④의 석등과 모양이 비슷한 듯하지만 승탑에는 불빛이 밖으로 비칠 수 있도록 뚫은 화창(火窓)이 없다. 아하! ① 백제 정림사지 5층 석탑 ③ 발해의 영광탑 ④ 발해의 석등 ⑤ 신라의 불국사 3층 석탑(석가탑)

8. ③ 바로 정리 : 삼국 시대 및 남북국 시대의 정치

연표는 4~9세기의 흐름을 나타낸 것이다. (가)는 5세기 장수왕의 남진 정책과 그로 인해 나제 동맹이 체결된 시기, (나)는 백제의 웅진 천도 시기, (다)는 신라 진흥왕의 영토 확장 시기, (라)는 백제·고구려 멸망 후 나당 전쟁에서 승리한 신라가 삼국 통일을 이뤄 낸 시기, (마)는 삼국 통일 후의 시기이다. ① 427년(장수왕) ② 527년(법흥왕) ④ 668년(문무왕) ⑤ 722년(성덕왕 이후) 아하! ③ 김흠돌의 난은 통일 신라 신문왕 재위 기간인 681년에 일어난 사건으로서 (마)에 해당한다.

9. ⑤ 바로 정리 : 원효의 사상

제시된 사료에서 '설총을 낳은 사실, 무애가, 무지몽매한 무리까지도 모두 부처라는 이름을 알게 되었다'라는 사실을 통해 원효임을 알 수 있다. 원효는 〈대승기신론소〉와 〈십문화쟁론〉 등을 지었고 일심 사상을 제시하여 불교계의 철학적 대립 문제를 해결하려 했다. 아하! ① 원효는 교종 승려이며 선종은 신라 말기에 유행했다. ② 의천 ③ 의상 ④ 지눌

10. ① 바로 정리 : 공민왕의 업적

제시된 그림은 〈천산대렵도〉이며 (가)에 들어갈 작가는 고려 후기의 공민왕이다. 공민왕은 원·명 교체기의 정세를 이용하여 반원 개혁 정책을 추진했다. 기철 등의 친원파 숙청, 정동행성 이문소 폐지, 쌍성총관부 공격, 몽골풍 금지, 정방 폐지와 전민변정도감을 통한 내정 개혁 등이 대표적인 업적이다. 아하! ㄷ. 성종 ㄹ. 충선왕

11. ③ 바로 정리 : 무신 정변 시기의 대내·외 정치

무신 정변(1170)이 발생하자 김보당, 조위총 등의 문신들과 귀법사 승려들이 저항했으나 모두 진압되었다. 정변 발생 후 이의방, 정중부, 경대승, 이의민을 거쳐 최충헌이 정권을 장악했으며(1196) 만적 등 하층민의 봉기가 이어졌다. 최충헌의 뒤를 이은 최우 집권기에는 대몽 항쟁을 위해 강화 천도(1232)를 단행했으며 삼별초는 몽골과의 강화로 개경으로 환도(1270)한 이후에도 지속적으로 저항하다가 여몽 연합군에 진압되었다. (가)는 1174년, (나)는 1170년, (다)는 1232년, (라)는 1270년 이후, (마)는 1198년에 해당하므로 발생 순서는 (나)-(가)-(마)-(다)-(라)이다.

12. ⑤ 바로 정리 : 전시과 제도의 특징

고려는 경종 때 이르러 전시과 제도를 마련하여 관리들을 18등급으로 나누어 전지와 시지를 지급했다. 문무 관료에게는 과전, 향리에게는 외역전, 군인에게는 군인전을 지급했고, 하급 관리의 자제에게도 한인전을 지급했다. 토지를 지급받은 관리들은 수조권을 행사할 수 있었고 직역을 수행한 대가로 받은 것이었으므로 퇴직하거나 사망하면 국가에 반납해야 했다. 아하! ㄱ. 과전법 ㄴ. 녹읍

13. ② 바로 정리 : 고려와 조선의 통치 체제
(가), (나)는 각각 고려와 조선의 중앙 정치 기구이다. 고려는 태봉(←후고구려), 당, 송의 관제 등을 참작하여 중앙 관제를 정비했으며 중서 문하성과 상서성의 2성 6부 체제로 운영했다. 특히 귀족들(중서문하성의 재신과 중추원의 추밀)의 합좌 기구인 도병마사와 식목도감이 조선 시대와 구별된다. 조선 시대는 의정부 아래 6조를 두었으며 삼사(사헌부, 사간원, 홍문관)에 언론 기능을 부여했다. 삼사는 고려의 대간(어사대의 관원과 중서문하성의 낭사로 구성)처럼 국왕의 독재를 막고 관리들의 부정과 비리를 막는 역할을 했다. 아하! ㄴ. (나)의 관리들은 음서보다 과거로 선발된 비중이 높았다. ㄹ. (가)의 삼사는 재정 및 회계 기구, (나)의 삼사는 사헌부, 사간원, 홍문관 등 언론 기구의 통칭이다.

14. ① 바로 정리 : 각 지역의 유물·유적 구분
지도의 (나)는 서산 마애 여래 삼존불 입상, (다)는 부여 정림사지 5층 석탑, (라)는 경주 석굴암, (마)는 합천 해인사 장경판전 내부이다. 아하! ① (가) 사진은 논산 관촉사 미륵보살 입상이며, 평창의 대표적 유물로는 월정사 8각 9층 석탑을 들 수 있다.

15. ② 바로 정리 : 고려 시대의 유물
(가)는 고려 청자 상감 운학문 매병으로서 국보로 지정되어 있으며 간송 미술관에 소장되어 있다. 간송 미술관에 있는 대부분의 소장품들은 일제 강점기에 해외로 반출될 위기에 있던 유물들을 간송 전형필이 개인 재산을 들여 구입한 것이다. (나)는 《직지심체요절》로서 현재 파리 국립 도서관에 보관되어 있다. 이는 현존 세계 최고(最古)의 금속 활자본으로서 고려 시대 청주 흥덕사에서 간행되었다. 아하! ㄴ. 임진왜란 이후의 사실이다. ㄹ. 《직지심체요절》은 금속 활자본이다.

16. ④ 바로 정리 : 고려 시대의 사회, 경제 상황
제시된 내용 중 주심포 양식의 유행, 《신편제종교장총록》의 편찬 사실을 통해 고려 시대의 사실임을 알 수 있다. 고려 시대는 송과 활발하게 교류했으며 벽란도는 국제 무역항 역할을 했다. 대도시에는 상거래를 위해 시전이 설치되었고 경시서에서 감독했다. 고려 시대에는 사위나 외손자도 음서의 혜택을 받아 관직에 진출할 수 있었다. 백정은 조선 시대와는 달리 직역을 가지지 못한 일반 농민을 의미하며 조세, 공납, 역을 부담했고 법적으로 과거에 응시할 수 있는 기회가 주어졌다. 아하! ④ 도조법은 풍·흉작에 관계없이 정해진 지대액을 납부하는 정액지대로서 조선 후기에 일반적으로 적용되었다.

17. ① 바로 정리 : 무오사화의 발생 배경
제시문의 ㉠은 사림이었던 김종직이 지은 글로서 항우가 초 회왕 의제를 죽인 사실을 세조가 단종을 죽이고 왕위를 찬탈한 사실(계유정난)에 빗댄 내용

을 담고 있다. 이 글을 김종직의 제자이자 사관이었던 김일손이 사초에 실으면서 무오사화가 일어나게 되었다. 아하! ② 갑자사화는 연산군 생모(폐비 윤씨)의 복위 문제 때문에 발생했다. ③ 기묘사화는 조광조를 중심으로 한 사림 세력들을 몰아내기 위해 훈구 세력이 조작한 '주초위왕' 사건이 계기가 되었다. ④ 사림 세력이 동인과 서인으로 나뉘어 붕당이 형성된 시기였다. ⑤ 남인과 서인 간의 예송 논쟁이 있었던 시기다.

18. ① 바로 정리 : 조선 전기 지도 편찬
제시된 지도는 조선 태종 때 제작된 〈혼일강리역대국도지도〉이다. 이 지도는 우리나라 최초의 세계 지도이자 현존하는 세계 지도 중 동양에서 가장 오래된 것으로 현재 일본에 필사본이 남아 있다. 아하! ㄷ. 최초로 100리 척(100리를 1척, 즉 약 9.5센티미터의 축척으로 표시)을 사용한 지도는 조선 후기 정상기가 제작한 〈동국지도〉이다. ㄹ. 선조 때 이광정이 가져온 지도는 서양 선교사 마테오리치가 제작한 세계 지도(〈곤여만국전도〉)이다.

19. ④ 바로 정리 : 15세기 문화와 예술
제시된 그림은 15세기의 대표적인 그림인 〈몽유도원도〉이다. 〈몽유도원도〉는 도화서의 화원이었던 안견이 세종의 셋째 아들 안평 대군의 꿈을 그린 그림이다. 15세기는 민족 문화와 과학 기술이 크게 발달한 시기로 〈천상열차분야지도〉, 한글 창제, 《삼강행실도》, 《칠정산》, 《농사직설》, 《향약집성방》 등의 편찬, 측우기, 신기전 등이 만들어졌다. 아하! ④ 조선 후기에 해당하는 설명이다. 18세기에는 사회적, 경제적으로 성장한 부농과 상인들이 그들의 근거지에 장식성이 강한 사원을 많이 세웠다. 대표적인 곳으로는 논산 쌍계사, 부안 개암사, 안성 석남사 등이 있다.

20. ④ 바로 정리 : 탕평책의 추진
제시문은 붕당 정치가 변질되어 환국이 일어나는 상황을 걱정하는 글이다. 붕당 간의 대립을 막고자 하는 생각은 조선 후기 숙종, 영조, 정조 시기의 탕평책으로 이어졌다. 영조는 붕당의 근거지가 되는 서원을 대폭 정리했으며, 이조 전랑의 삼사 관리 선발권을 폐지했다. 또 정조는 이조 전랑의 후임자 추천권을 완전히 폐지했다. 이조 전랑은 중하급 관리에 대한 인사권과 더불어 각종 특권이 있어 그 자리를 차지하기 위해 붕당들이 심하게 대립하는 경우가 많았다. 아하! ㄱ. 《대전회통》은 고종 때 흥선 대원군이 편찬한 법전이다. ㄷ. 붕당 정치가 변질되면서 삼사는 상대 붕당을 공격하는 수단이 되었다.

21. ④ 바로 정리 : 조선 후기 수취 체제의 개편
(가)는 풍흉에 관계없이 토지 1결당 미곡 4두로 정액화하는 영정법이다. (나)는 토지 1결당 미곡 12두(또는 그에 상응하는 삼베, 무명, 동전)를 납부하는 대동법이다. 대동법의 시행으로 방납의 폐단이 사라지고 관수품을 납부하는 공인이 등장했다. (다)는 군포 2필을 납부하던 것을 1필로 줄여 준 균역법이다. 균역법 시행으로 부족해진 재정은 결작(1결당 2두), 선무군관포, 어장세와 선박세로 충당했다. 아하! ④ 균역법은 이전과 같이 양반에게는 군포를 걷지 않고, 상민에게만 2필 걷던 것을 1필로 줄여 준 법이다.

22. ④ 바로 정리 : 시전 상인의 활동
조선 시대 종로에서 금난전권의 특권을 누린 상인은 '시전 상인'이다. 시전 상인은 국가에서 필요로 하는 물품을 공급해 주는 대가로 한양 내 독점 판매권인 금난전권을 부여받았다. 임오군란 이후 외국 상인의 내륙 진출로 상권

이 위협을 받자, 철시를 비롯해 상권 수호 운동을 전개했다. 대한 제국 시기에는 시전 상인을 중심으로 황국 중앙 총상회를 조직하기도 했다. 아하! ① 공인에 대한 설명이다. ② 보부상에 대한 설명이다. ③ 정조 때 신해통공으로 시전 상인의 금난전권이 폐지되었으나, 육의전의 금난전권은 그대로 유지되었다. ⑤ 객주, 여각에 대한 설명이다.

23. ④ 바로 정리 : 조선 후기 신분제의 동요
제시된 자료는 양반의 수가 증가하고 신분 제도가 동요하는 조선 후기의 모습을 보여 주고 있다. 임진왜란 이후 공명첩, 납속, 군공, 족보 위조 등 다양한 방법으로 신분 상승이 이루지면서 조선의 신분제는 크게 동요되었고 양반의 권위는 크게 약화되었다. 아하! ① 조선 후기에도 재가한 여자에 대한 차별은 여전했다. ② 신분제가 폐지된 것은 갑오개혁(1894) 때이다. ③ 관복이 폐지된 것은 개항 이후의 일이다. ⑤ 조선 후기에는 천민과 상민의 수는 줄어들고 양반의 수만 증가했다.

24. ③ 바로 정리 : 박제가의 사상
제시된 자료는 박제가의 《북학의》에 나오는 글로 상공업 진흥을 위해 소비의 중요성을 강조한 글이다. 박지원의 제자 박제가는 청나라와의 통상 강화, 수레와 선박 이용, 화폐 이용 등을 주장했다. 서얼 출신으로 규장각 검서관에 등용되기도 했다. 아하! ① 효종, 송시열, 이완, 윤휴 등에 대한 설명이다. ② 윤휴, 박세당에 대한 설명이다. ④ 유형원에 대한 설명이다. ⑤ 이익에 대한 설명이다.

25. ③ 바로 정리 : 흥선 대원군의 통치 체제 정비
흥선 대원군이 실시한 호포제는 양반에게도 군포를 부과하는 것으로, 양반들의 특권이었던 군역 면제를 부정했다. 양반들은 크게 반발했으나, 군포 부담 대상자가 증가하여 국가 재정은 확충되었다. 아하! ㄱ. 방납의 폐단을 없앤 제도는 조선 후기 대동법이다. ㄹ. 상민들과 동일하게 군역을 지는 것이므로 양반의 사회적 지위는 약화된 셈이다.

26. ④ 바로 정리 : 병인박해와 병인양요
제시된 글은 1866년 흥선 대원군의 천주교 탄압(병인박해)에 대한 것이다. 프랑스 선교사 처형을 구실로 로즈 제독이 이끄는 프랑스 극동 함대는 강화도로 침략했다(병인양요). 이때 프랑스 군대는 강화읍을 점령하고, 《조선왕실의궤》 등이 보관되어 있던 외규장각을 약탈했다. 그 뒤 한성근과 양헌수의 조선 군대가 각각 문수산성과 정족산성에서 프랑스 군대를 물리쳤다. 아하! ①, ⑤ 세도 정치 시기 ② 신미양요 직후 ③ 강화도 조약 직전

27. ② 바로 정리 : 급진 개화파와 갑신정변
제시문은 갑신정변 때 급진 개화파가 발표한 14개조 정강의 일부이다. 여기에는 임오군란 때 납치된 흥선 대원군의 귀국, 인민 평등권 확립, 외척 세도 정치의 기반으로 변질된 규장각의 폐지, 호조 중심으로 재정의 일원화, 입헌 군주제를 지향하는 내각 중심의 정치 등이 담겨 있다. 아하! ㄴ. 지조법은 토지의 시세에 따라 조세를 받는 방법으로 토지 제도 개혁이 아니다.

28. ② 바로 정리 : 근대 문물의 수용
신문에 광혜원(제중원)의 개원이 나오므로 1885년임을 알 수 있다. 광혜원은 1885년 개원하고 얼마 지나지 않아 제중원으로 이름을 바꾸었다. 1904년 세

브란스 병원으로 이름을 바꾸기 전까지 최초의 서양식 병원으로 의료 활동을 전개했다. ① 전환국은 1883년에 설치되어 당오전을 비롯한 화폐를 계속 주조했다. ③ 1884년 갑신정변 이후 조선과 일본 사이에 한성 조약이 체결되었다. ④ 갑신정변 이후 청과 일본은 톈진 조약을 체결했다. ⑤ 1882년 조청 상민 수륙 무역 장정 이후 외국 상인의 내륙 진출이 허용되어 청나라 상인과 일본 상인 사이에 상권 경쟁이 심했다. 아하! ② 한성에 전차가 처음 개통된 것은 1899년 대한 제국 시기이다.

29. ⑤ 바로 정리 : 대한 제국의 개혁 방향
제시된 자료는 황제권 강화를 강조하는 대한국 국제이다. 대한국 국제는 대한 제국의 헌법에 해당되는 것으로 전제 군주제를 표방하고 있다. 대한 제국은 옛것을 근본으로 삼고 서양의 과학, 기술, 상업 등을 수용하자는 구본신참을 개혁의 방향으로 제시했다. 갑오개혁과 을미개혁은 너무 급진적이라고 평가하고 점진적인 개혁을 추구했다. 아하! ㄱ. 교육입국 조서는 제2차 갑오개혁 때 발표된 것이다. ㄴ. 만민 공동회의 헌의 6조는 입헌 군주제(황제권 제한)를 지향하는 내용이다.

30. ③ 바로 정리 : 사회 의식의 성장
근대 사회 의식의 성장을 보여 주는 대표적인 사례가 독립 협회의 만민 공동회와 관민 공동회이다. 만민 공동회의 회장은 시전 상인 현덕호였고, 관민 공동회 첫 연사는 백정 출신의 박성춘이었다. 아하! ① 보안회는 일본의 황무지 개간권 요구를 저지시킨 단체이다. ② 갑신정변은 위로부터의 개혁 운동이었다. ④ 1908년 서울 진공 작전을 추진한 13도 연합 의병(이인영, 허위)은 평민 의병장을 배제하고 양반 의병장으로만 구성하였다. ⑤ 임오군란은 갑오개혁 때 신분제가 폐지되기 이전의 사건으로 사회 의식의 성장과 관련이 없다.

31. ③ 바로 정리 : 개화 정책과 동도서기론
제시문은 서양의 종교와 사상을 반대하고 서양의 기술만 수용하자는 동도서기의 입장을 반영한 것이다. 동도서기의 입장을 가진 온건 개화파는 청나라의 양무운동을 모델로 삼아 점진적인 개혁을 추진했다. 그 과정에서 통리기무아문과 12사 설치, 조사 시찰단과 영선사 파견, 기기창과 전환국 설치, 〈한성순보〉 발간 등의 개화 정책이 추진되었다. 아하! ③ 의회 설립의 내용을 담고 있는 중추원 관제는 적극적으로 서양의 제도(입헌 군주제)를 수용하자는 입장이라고 할 수 있다.

32. ③ 바로 정리 : 을사늑약과 을사 의병
제시된 자료에서 '외교에 관한 사항을 관리하는 통감을 둔다'는 내용을 통해 1905년 체결된 '을사늑약(을사조약)'임을 알 수 있다. 을사늑약을 계기로 일어난 항일 의병은 을사 의병이다. 최익현, 민종식 등의 의병장은 각각 순창, 태인 등에서 의병을 일으켰다. 특히 평민 출신 의병장 신돌석은 경상도 영해에서 의병을 일으켜 의병의 수가 한때 3천 명에 달했다. 아하! ① 정미 의병 ② 1930년대 초반 만주의 독립군 활동 ④ 1920년대 만주의 독립군(3부) ⑤ 을미 의병

33. ⑤ 바로 정리 : 신민회의 활동
제시된 자료에서 '1907년 결성된 비밀 독립운동 단체, 안창호·윤치호·박은식 등의 인물 중심, 공화정 채택, 105인 사건으로 해체' 등으로 (가) 단체는

신민회임을 알 수 있다. 신민회는 실력 양성을 위해 오산 학교, 대성 학교 등의 학교를 설립했으며, 출판물 보급을 위해 태극 서관을 설립했다. 또 민족 자본 양성을 위해 평양에 자기(그릇) 회사를 세웠고, 국권 회복을 위한 독립 운동 기지를 남만주(삼원보)에 건설했다. 아하! ㄱ. 일제 강점기 항일 단체였던 신간회에 대한 설명이다. ㄴ. 1910년대 복벽주의를 내세운 독립 의군부(임병찬)에 대한 설명이다.

34. ⑤ 바로 정리 : 국채 보상 운동의 전개

제시된 자료는 일본에 진 빚(국채 1300만 원)을 갚기 위해 전 국민이 모금 운동을 전개한 1907년 국채 보상 운동이다. 1904년 제1차 한일 협약의 결과로 대한 제국의 재정 고문이 된 일본인 메가타는 1905년 화폐 정리 사업을 추진했다. 이 과정에서 일본의 차관이 많이 들어와 경제적 예속이 심화되었다. 이러한 경제적 예속에서 벗어나고자 1907년 대구에서 국채 보상 운동이 시작되어 전국적으로 확산되었다. 〈대한매일신보〉를 비롯한 언론 기관과 각종 계몽 단체 등이 앞장서 금연을 통한 의연금 모금, 부녀자의 비녀와 가락지 모금을 주장했다. 그러나 일제의 탄압으로 국채 보상 운동은 목적을 이루지 못하고 중단되었다.

35. ② 바로 정리 : 제헌 국회의 활동

제시된 자료에서 한국 민주당(한민당)과 대한 독립 촉성 국민회(이승만 계)가 다수당을 차지하고 있는 것으로 보아 제헌 국회임을 파악할 수 있다. 1948년 5·10 총선거로 구성된 제헌 국회는 전체 의석이 200석이었으나 4·3 사건으로 제주도 2곳에서 선거가 실시되지 못하여 198명의 국회 의원이 배출되었다. 농지 개혁법은 농지 개혁을 위한 것으로 제헌 국회에서 1949년에 제정되었다. 아하! ① 발췌 개헌은 1952년 ③ 5·10 총선거로 제헌 국회가 구성되었다. ④ 사사오입 개헌은 1954년 ⑤ 6·25 전쟁이 끝난 후 1954년에 비준되었다.

36. ① 바로 정리 : 1910년대 일제의 통치 정책

제시된 자료는 조선 태형령과 태형 틀의 모습이다. 일제는 1910년대 헌병 경찰 제도를 실시하여 현역 군인인 헌병 사령관을 경찰 최고 책임자인 경무 총감으로 임명하고 헌병 경찰을 배치하여 일반 경찰 업무와 행정 업무 담당, 즉결 처분권을 행사하게 했다. 1910년대에는 교원들도 제복을 입고 칼을 착용했으며 회사 설립 시 총독부의 허가를 받도록 했다. 또한 1910년대에는 고등 교육 기회를 거의 부여하지 않았다. 아하! ① 한일 관세 철폐는 1923년으로 물산 장려 운동의 배경이 되었다.

37. ④ 바로 정리 : 1910년대 일제의 경제 정책

(가)는 토지 조사 사업(1912~1918), (나)는 회사령(1910)의 일부이다. 토지 조사 사업은 일제가 식민 통치에 필요한 재정을 확보하기 위한 목적으로 실시했다. 결과적으로 조선 총독부의 지세 수입이 증가하고 일본인 대지주가 증가했다. 회사령은 한국인의 기업 설립을 통제하고 일본 기업의 진출을 선별적으로 지원하기 위한 것이었다. 아하! ㄱ. 토지 조사 사업으로 식민지 지주제는 더욱 강화되고 많은 농민들이 소작농으로 전락했다. ㄷ. 일본 대자본의 조선 진출이 활발해진 것은 1920년대 후반 이후의 일이다.

38. ① 바로 정리 : 3·1 운동의 영향

제시된 자료에서 '사이토 총독'을 통해 문화 통치 시기의 일임을 알 수 있다. 일제는 3·1 운동 이후 악화된 국제 여론을 무마하기 위해 소위 문화 통치를 실시했다. 그러나 문화 통치는 제한된 범위에서 한국인의 자유를 허용하여 일제 협력자를 양산하는 반면, 항일 운동을 가혹하게 탄압하는 민족 분열 정책에 불과했다. 일제의 기만적 유화 정책에 동조한 일부 지식인들은 민족 개조론, 자치론, 참정론 등을 주장하기도 했다. 아하! ② 중일 전쟁(1937)을 도발한 일제는 한반도를 전쟁에 필요한 물자와 인력을 공급하는 병참 기지로 삼고자 했다. ③ 경제 대공황이 발생하자 일제는 만주 사변을 일으켜 위기를 타개하려 했다. ④ 6·10 만세 운동은 민족주의 계열과 사회주의 계열의 연대 모색과 관련이 있다. ⑤ 광주 학생 항일 운동(1929) 시기에 신간회는 진상 조사단을 파견하고 민중 대회를 계획했다.

39. ② 바로 정리 : 종교계의 민족 운동

자료는 어린이날 표어로, 소년 운동과 관련이 있다. 소년 운동은 방정환을 중심으로 천도교 소년회가 조직되면서 본격적으로 시작되었다. 조선 소년 연합회는 전국적 조직으로 1927년에 결성되었으나 1930년대에 들어와 일제의 민족 운동 탄압으로 중일 전쟁 이후 금지되었다. 천도교는 소년 운동 외에도 1920년대 초에 제2의 독립 선언 운동을 계획했고, 청년·여성 운동 등을 전개하며 잡지 《개벽》과 《신여성》등을 발간했다. 아하! ① 개신교 ③ 천주교 ④ 원불교 ⑤ 대종교에 해당한다.

40. ③ 바로 정리 : 1920년대 일제의 식민 정책

제시된 자료는 물산 장려 운동으로 문화 통치 시기인 1920년대에 해당된다. 일제의 회사령 철폐, 한일 간 관세 철폐 움직임 등이 나타나자 민족 산업을 육성하여 민족 경제의 자립을 이루기 위해 국내 자본가들을 중심으로 물산 장려 운동이 일어났다. 한글 신문인 〈동아일보〉, 〈조선일보〉의 발행이 허가된 것은 문화 통치 시기인 1920년대에 해당된다. 아하! ① 국가 총동원법 제정은 1938년의 일이다. ② 토지 조사 사업은 1912~1918년에 진행되었다. ④ 병참 기지화 정책은 중일 전쟁(1937) 도발 이후 본격화되었다. ⑤ 담배, 인삼, 소금 등의 전매 사업은 1910년대에 실시되었다.

41. ④ 바로 정리 : 자치 운동의 영향

제시된 자료는 이광수가 주장한 '민족적 경륜'으로 일제의 허용된 범위 안에서 자치권을 확보하자는 것이다. 1920년대 들어 실력 양성 운동이 실패로 돌아가자 일부 민족주의 진영에서는 자치론, 민족 개조론, 참정론 등의 주장이 나타났다. 이에 대해 비판이 일어나면서 민족주의 진영은 비타협적 민족주의 세력과 타협적 민족주의 세력으로 갈라졌다. 아하! ① 신간회 해소는 1931년에 해당된다. ② 형평 운동은 사회적 차별을 받던 백정들의 신분 해방 운동이었다. ③ 사회주의 사상 확산은 3·1 운동 이후 본격화되었다. ⑤ 실력 양성 운동은 자치 운동이 제기된 결과가 아니라 실력 양성 운동이 전개되는 과정에서 민족주의 세력 내부에서 일어난 분열이라고 할 수 있다.

42. ② 바로 정리 : 민족주의 역사학

제시된 자료는 민족주의 사학에 해당된다. 민족주의 사학은 우리 민족의 전통과 주체적·자주적 발전을 강조하며 식민 사학의 타율성론을 비판했으며 민족정신을 강조하여 민족의 독립 의식을 고취시키고자 했다. 조선학 운동은 이러한 민족주의 역사학을 계승하여 1930년대에 활발하게 일어난 것으로 정인보, 안재홍, 문일평 등이 우리 민족의 전통 사상과 문화 속에서 고유한 특색을 찾아내어 민족의 주체성을 밝히고자 하는 민족주의 역사 연구를 말한다. 아하! ㄴ. 백남운 등의 사회경제 사학과 관련이 있다. 사회경제 사학은 유물 사관에 입각하여 한국사가 세계사의 보편적인 발전 법칙에 따라 발전했음을 강조하여 식민 사관의 정체성론을 비판했다. ㄷ. 이병도, 손진태 등의 실증 사학에 해당된다.

43. ⑤ 바로 정리 : 의열 투쟁의 전개
제시된 자료는 신채호의 조선 혁명 선언(1923)이다. 이는 김원봉의 요청으로 작성한 것으로 독립을 이루기 위한 수단으로 민중의 직접 혁명을 주장했으며, 의열 투쟁이 혁명의 선구적 역할로 민족을 깨우치는 핵심 수단이라고 했다. 《조선 혁명 선언》은 의열단의 사상적 기반으로 행동 지침이 되었다. ①~④는 의열단 활동에 해당한다. 아하! ⑤ 이봉창은 김구가 결성한 한인 애국단원에 해당된다.

44. ① 바로 정리 : 한중 연합 작전 전개
제시된 자료의 첫 번째는 조선 혁명군과 중국 의용군, 두 번째 자료는 한국 독립군과 중국 호로군과의 연합 작전을 보여 주는 것이다. 일제가 만주 사변을 일으켜 만주국을 수립하자 중국인들의 반일 감정이 고조되었다. 이러한 상황을 배경으로 한중 연합 작전이 이루어졌다. 아하! ② 중일 전쟁은 1937년으로, 이후 일제는 병참 기지화 정책을 추진하고 인적·물적 자원의 수탈을 강화했다. ③ 신간회는 1927년에 결성된 것으로 6·10 만세 운동의 영향과 관련이 있다. ④ 윤봉길 의거가 일어나 중국 국민당 정부가 임시 정부를 적극 지원했으나 이것이 한중 연합 작전과 직접 관련 있는 것은 아니다. ⑤ 태평양 전쟁의 확산으로 일제는 우리 민족에 대한 사상적 탄압을 더욱 강요했다.

45. ⑤ 바로 정리 : 대한민국 임시 정부의 활동
제시된 이동 경로는 임시 정부에 해당된다. 임시 정부는 연통제와 교통국을 조직하여 독립운동 자금을 모금하고 국내 항일 세력들과의 연락망을 구축했다. 한편 〈독립신문〉을 발행하고 한일 관계 사료집을 간행했으며, 국외 거주 동포에게 독립 공채를 발행하여 독립운동 자금을 모금하기도 했다. 국민 대표 회의는 임시 정부의 활동이 침체되자 활로를 모색하기 위해 개최한 것이었으나 창조파와 개조파가 대립하면서 회의가 결렬되었다. 아하! ⑤ 의열단은 김원봉이 조직한 단체이다. 대한민국 임시 정부의 김구가 조직한 의열 단체는 한인 애국단이다.

46. ③ 바로 정리 : 모스크바 3국 외상 회의의 영향
제시된 자료는 모스크바 3국 외상 회의에서 결정한 내용이다. 그 내용 가운데 신탁 통치와 관련된 부분이 알려지자 국내에서는 격렬한 반대 운동이 일어났다. 좌익 세력은 초기에는 신탁 통치를 반대했으나, 뒤에 결의안의 본질이 임시 정부 수립에 있다고 파악하고 입장을 바꾸어 회의 내용을 총체적으로 지지했다. 이로 인해 좌익 세력과 우익 세력 사이의 이념적 대립이 심화되었다. 아하! ① 좌우 합작 위원회는 제1차 미소 공동 위원회 결렬과 이승만의 정읍 발언 등이 배경이 되었다. ② 여수·순천 10·19 사건은 제주 4·3 사건의 잔여 세력을 진압하기 위해 파견 명령을 받은 여수 주둔 군대 내 좌익 세력의 반발로 발생했다. ④ 김구와 김규식의 남북 협상 제안을 김일성이 받아들여 평양에서 열린 것이다. ⑤ 유엔 총회에서 1947년에 결정된 것으로, 이를 위해 파견된 유엔 한국 임시 위원단의 입북을 북한과 소련이 거부했다.

47. ④ 바로 정리 : 광복 직후 남한의 정치 세력
여운형은 좌우 합작 운동을 전개했다. 제1차 미소 공동 위원회가 결렬되고 이승만이 정읍 발언을 통해 남한 내 단독 정부 수립론을 제기하자 여운형과 김규식을 중심으로 좌우 합작 위원회가 조직되었다 아하! ① 이승만에 해당되는 내용이다. ② 박헌영에 해당되는 내용이다. ③ 김규식에 해당되는 내용이다. ⑤ 김구에 해당되는 내용이다.

48. ④ 바로 정리 : 반민족 행위 처벌법 제정
제시된 자료는 제헌 국회에서 제정한 반민족 행위 처벌법(1948)의 일부이다. 이는 친일 행위를 한 반민족자들을 처벌하여 민족정기를 바로잡기 위한 것으로, 이 법에 따라 국회 의원 10명으로 구성된 반민족 행위 특별 조사 위원회(반민 특위)를 조직하고, 재판을 위한 특별 재판부를 설치하여 당시 친일 혐의를 받았던 주요 인사들을 구속·조사했다. 친일 사업가인 박흥식, 민족 인사 탄압에 앞장섰던 친일 경찰 노덕술, 그리고 이광수·최남선 등의 변절한 사회 지도층 등이 체포되었다. 아하! ④ 이승만 정부는 국회 프락치 사건을 날조하고 친일 경찰을 앞세워 반민 특위를 습격했으며, 반민 특위 활동 기간을 축소하는 등 비협조적 태도로 일관하고 1949년 반민 특위를 해체했다. 결국 반민 특위 체포자 대부분이 감형되거나 풀려나 친일파 청산은 미흡했다.

49. ① 바로 정리 : 한일 협정 체결
제시된 자료는 한일 협정(1965)의 일부이다. 한일 협정은 박정희 정부가 경제 개발 자금 확보 목적과 더불어 한편으로 한·미·일 3각 안보 체제 강화를 위한 미국의 국교 정상화 요구를 받아들여 추진한 것으로, 학생과 시민의 반대를 무릅쓰고 위수령을 선포한 가운데 체결했다. 베트남 파병은 박정희 정부 시기에 이루어졌다. 아하! ② 전두환 정부 시기에 해당된다. ③ 10·26 사태 이후 신군부가 군사권을 장악하자 이에 대한 저항 과정에서 발생했다. ④ 김영삼 정부 시기에 해당된다. ⑤ 노태우 정부 시기에 해당된다.

50. ② 바로 정리 : 4·19 혁명 전개
제시된 사진 자료는 4·19 혁명 시기의 모습이다. 4·19 혁명은 이승만 정부의 독재 정치 및 부정부패와 더불어 1960년 3·15 부정 선거에 저항하여 발생한 것이다. 4·19 혁명 시기에 학생과 시민들의 대규모 시위에 대해 정부가 계엄령을 선포하고 경찰이 총격을 가하여 많은 시민과 학생이 희생되었다. 이에 대학 교수들이 시국 선언을 발표하고 이승만의 퇴진을 요구했다. 아하! ① 1980년 서울의 봄과 5·18 민주화 운동 ③ 1987년 6월 항쟁 ④ 유신 체제에 대한 저항 ⑤ 박정희 정부의 한일 국교 정상화에 대한 저항

석탑의 변천사

석탑

삼국 시대

미륵사지 석탑(백제)

목탑의 양식을 계승한 우리나라
최고(最古) 최대 규모의 석탑

정림사지 5층 석탑(백제)

목탑의 양식을 계승한 석탑

분황사 모전 석탑(신라)

돌을 벽돌 형태로 잘라서 만든 석탑

통일 신라

감은사지 3층 석탑

신문왕이 아버지(문무왕)를
기리기 위해 건립

불국사 3층 석탑(석가탑)

통일 신라의 전형적인 석탑

다보탑

불국사에 위치한 것으로,
다보여래를 형상화

진전사지 3층 석탑

통일 신라 말기의 대표적인 석탑

발해

영광탑

중국 지린 성에 있는
발해의 대표 유물

고려

월정사 8각 9층 석탑

고려 전기 다각다층
석탑의 대표

경천사지 10층 석탑

원나라의 영향을 받은
고려 후기 석탑

조선

원각사지 10층 석탑

경천사지 10층 석탑의
영향을 받아 조선 세조 때 건립

불상의 변천사

삼국 시대

금동 연가 7년명 여래 입상(고구려)

광배 뒤쪽에 연가 7년이라는
제작 시기가 기록

서산 마애 여래 삼존불 입상(백제)

백제의 미소라 불리는
불상으로 바위에 조각

경주 배동 삼존불(신라)

경주 남산에 있는 삼존불

금동 미륵보살 반가 사유상

정확히 어느 국가에서 제작한
것인지 불분명한 미륵보살상

통일 신라 / 발해 / 고려

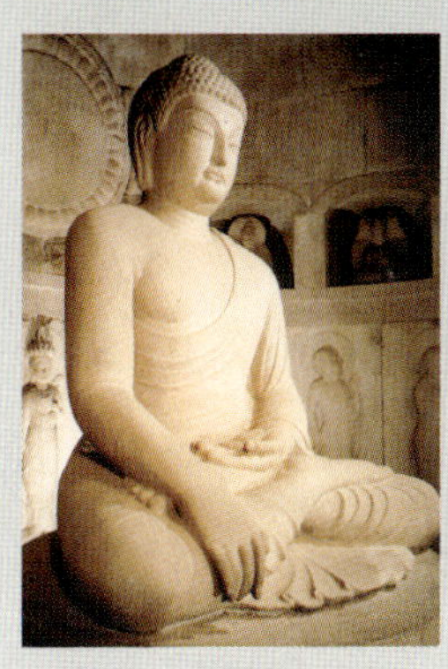

석굴암

뛰어난 건축미, 성숙한 조각 기법.
한국의 대표적인 석굴 사찰

이불 병좌상

발해의 수도였던 동경성의 절터에서
발견된 것으로 고구려 문화 계승

하남 하사창동 철조 석가여래 좌상

고려 초기에 제작된 것으로
재료가 철이라는 것이 특징

영주 부석사 소조 여래 좌상

신라 불상의 양식을 계승

고려

논산 관촉사 석조 미륵보살 입상

인체 비례가 불균형인
거대 불상

파주 용미리 마애 이불 입상

대형 불상으로 많은 사람이 오가는 길목에 조성

이천동 마애 여래 입상

회화의 변천

회화

삼국 시대

삼국 시대

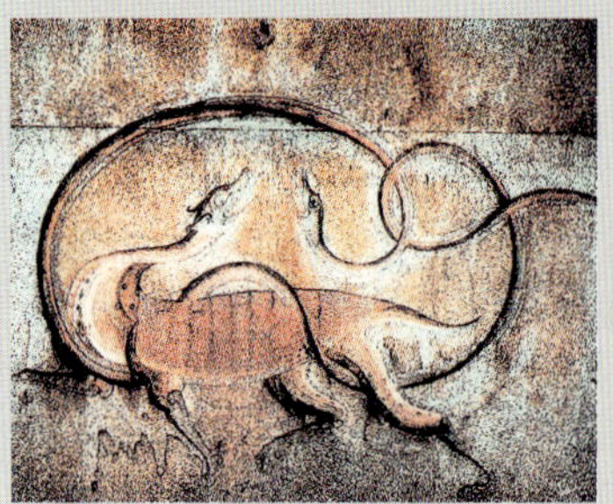

사신도(고구려)

굴식 돌방무덤 안에 그려진
벽화로 도교의 영향

씨름도(고구려)

굴식 돌방무덤 안에 그려진 벽화로
서역과 교역이 이루어졌음을 추측

안악 3호분 묘주도(고구려)

굴식 돌방무덤 안에 그려진 벽화로
신분에 따라 인물의 크기가 다름

삼국 시대

호류 사 금당 벽화(고구려)

고구려의 담징이 일본 호류 사의
금당에 그림

천마도(신라)

신라 천마총에서 발견된 것으로
벽화가 아니라 장니에 그린 그림

고려

조선 전기

수월관음도(혜허)   **수월관음도**

고려 말기에 그려진 불화

천산대렵도

고려 말 공민왕의 그림

고사관수도

인간의 내면을 표현한
강희안의 그림

몽유도원도

안평 대군이 꿈에서 본 무릉도원을 그린
안견의 그림

묵죽도

사림이 집권하던 시기에
유행한 사군자 그림

초충도

신사임당의 그림

무동

김홍도가 서민을
대상으로 그린 풍속화

단오풍정

신윤복이 단오를 즐기는
여인들의 모습을 그린 풍속화

인왕제색도

정선이 비 온 뒤의 인왕산 모습을 그린 진경산수화

금강전도

정선이 내금강을 그린
진경산수화

영통동구도

강세황의 그림으로
서양화의 원근법을 도입

까치와 호랑이

문자도

조선 후기 일반 민중이 그린 민화

비석의 역사

비석

고구려

광개토 대왕릉비

국내성 주변에 위치, 신라를
침입한 왜를 고구려가
물리쳤다는 내용 기록

충주(중원) 고구려비

고구려가 한강 유역을 점령한
사실 기록

신라

단양 적성비

고구려 지역이었던 적성을 신라
진흥왕이 점령한 이후 세움

북한산 순수비

신라 진흥왕 시기
북한산을 순행하고
세움

고려

척경 입비도

윤관 등이 별무반을 이끌고 여진족을
물리친 뒤 국경을 넓혀 성을 쌓고,
경계를 삼은 사실을 그림

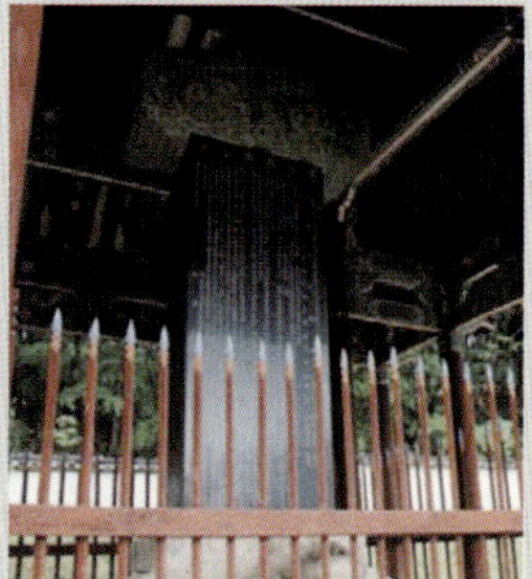

황산 대첩비

전라북도 남원에 위치,
이성계가 왜구를 무찌른
승전비

조선

삼전도비

서울 송파에 위치, 조선 시대에
청나라의 침략에 항복한 이후
우리 민족의 치욕을 기록한 비석

척화비

신미양요 이후 서양을
배척하기 위해 흥선 대원군의
지시로 세운 비석

도자기의 발달

도자기 

고려

청자 칠보 투각 향로

12세기경에
만들어진
청자 향로

청동 은입사 포류 수금문 정병

부처 앞에 깨끗한
물을 담아 바치는
공양구로 사용

순청자　**상감 청자**　**분청사기**

순청자는 문벌 귀족이 집권하던 시기에,
상감 청자는 무신이 집권하던 시기에,
분청사기는 고려 말기에서 조선 전기에 주로 제작

조선

순백자　**청화 백자**

순백자는 조선 전기에, 청화 백자는
조선 후기에 주로 제작

건축의 역사

고려

부석사 무량수전

봉정사 극락전

수덕사 대웅전

봉정사 극락전은 우리나라에서 가장 오래된 현존하는 건축물.
고려 시대 건축물은 기둥 위에만 공포가 존재하는 주심포 양식이 대표적

조선 전기

해인사 장경판전

팔만대장경을 보존하고 있는 건축물

조선 후기

화엄사 각황전

수원 화성

상공업의 발달로 양반이나 상인 등의 후원을 받은 불교 건축물 조성,
정조 때 수원 화성 건축

통일 신라

첨성대

선덕 여왕 때 세운
천문 관측대

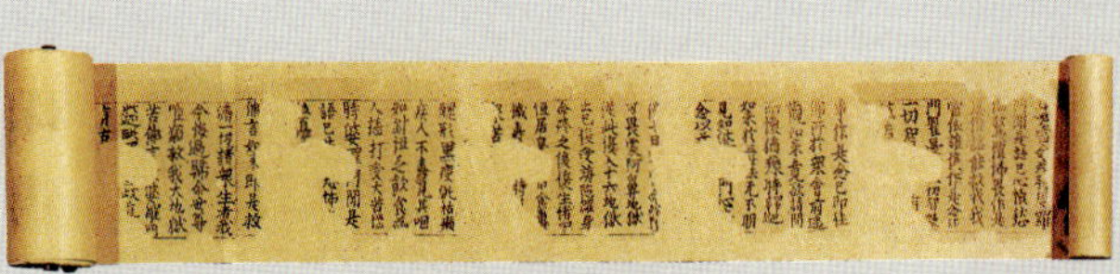

무구정광대다라니경

불국사 3층 석탑에서 발견된
현존하는 세계 최고(最古)의 목판 인쇄물

고려

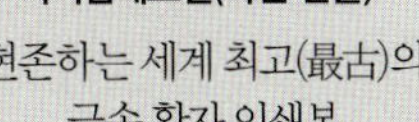

직지심체요절(복원 판틀)

현존하는 세계 최고(最古)의
금속 활자 인쇄본

과학

조선 전기

천상열차분야지도

조선 건국 초, 국가 주도로 흑요암
(黑曜岩)에 새겨 만든 천문도

화차

세종 때 만든 신기전이라는 화살을 발사하는 무기

자격루

세종 때 만든 물시계

조선 전기

앙부일구

세종 때 만든 해시계

측우기

세종 때 만든 강우량
측정 기기

칠정산

세종 때 편찬, 최초로 한양을
기준으로 천체의 위치를 계산한 역서

농사직설

세종 때 편찬, 농사에 관한
기술을 해설한 최고(最古)의
농법서

조선 후기

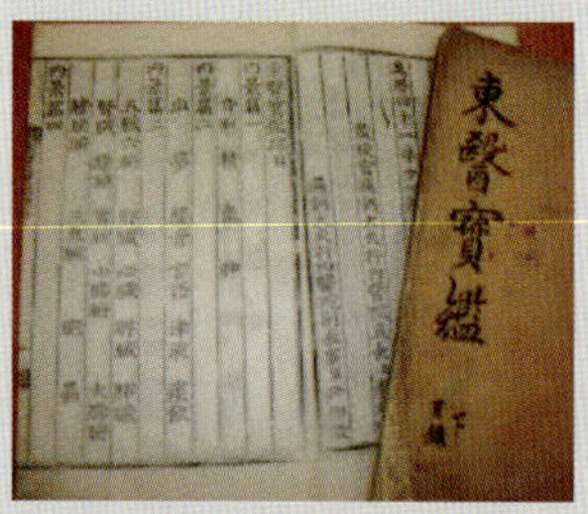

동의보감

허준 등이 지은 한의학 백과사전

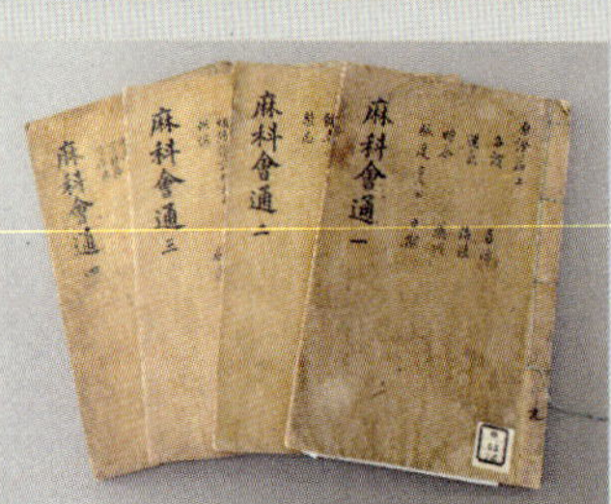

마과회통

정약용이 지은 홍역 치료에 관한 책

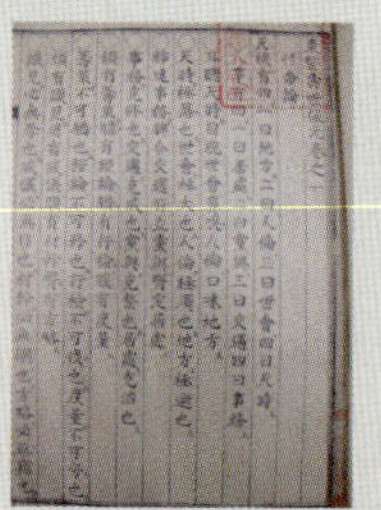

동의수세보원

이제마가 사상 의학
(四象醫學)을 주창한 책

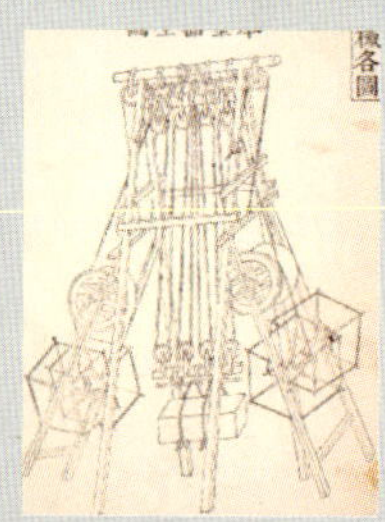

거중기

정약용이 고안해 화성
축조 때 사용한 기계

세계 문화유산

문화 유산

청동기 시대

고창·화순·강화 고인돌 유적

거대한 석조로 만들어진 청동기
시대의 무덤과 장례 의식 기념물

삼국·통일 신라

석굴암

건축, 수리, 기하학, 종교,
예술이 총체적으로 실현된 유산

불국사

불교 교리가 사찰 건축을 통해
잘 형상화된 대표적인 사찰

경주 역사 유적 지구

남산을 포함한 경주 주변
건축물, 불교 관련 유적,
기념물 보유

조선

종묘

조선 시대 국왕을 기리는 유교 사당의
표본으로 독특한 건축 양식을 지닌
의례 공간

해인사 장경판전

팔만대장경의 부식을 방지하고 온전하게
보관하기 위해 15세기경에 건축

조선 왕릉

조선 왕조의 세계관, 종교관 및
자연관을 반영한 왕릉

조선

창덕궁

비정형적인 조형미를 갖춘 궁으로 주변
자연환경과의 완벽한 조화와 배치

수원 화성

정조 때 정약용이 거중기 등을
활용하여 축성한 성

하회마을·양동마을

자연과 조화를 이루고 조선의 유교적
전통 건축 양식을 잘 보존한 마을

세계 기록 유산

기록
유산

고려

고려대장경판 및 제경판

현재 세계에서 가장 오래되고,
정확하고, 완벽한 불교 자장경판

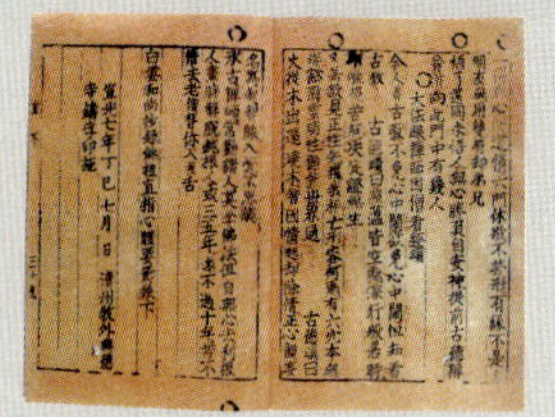

직지심체요절

세계에서 가장 오래된 금속 활자본.
현재 프랑스 국립 도서관에 보관

조선

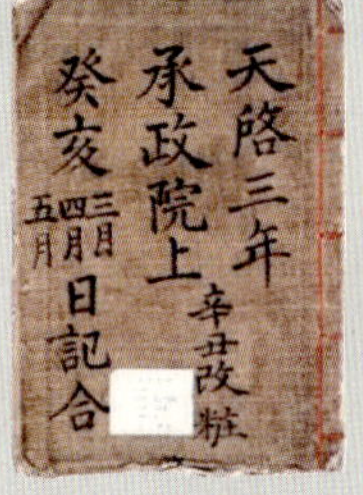

승정원 일기

국가의 모든 기밀을
취급하던 승정원의 기록

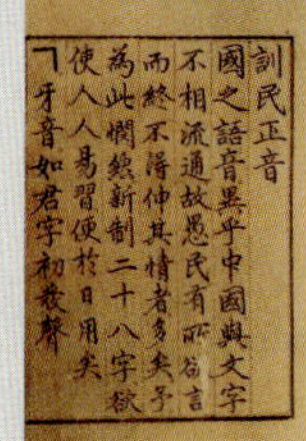

훈민정음 해례본

합리적, 독창적, 과학적인
문자로 세계 언어학자들의
높은 평가를 받음

조선

조선왕조실록

조선 왕조 25대 472년간
(1392~1863)의 역사를 연월일
순서에 따라 기록한 책(편년체)

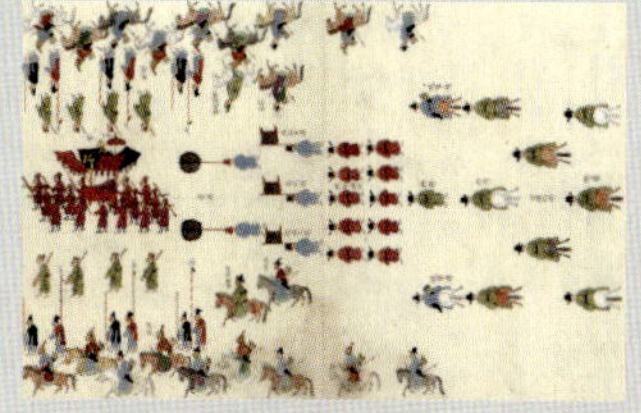

조선왕조의궤

조선 왕실의 주요 행사와 건축물·
왕릉의 조성과 왕실 문화 활동 등에
대해 기록한 그림

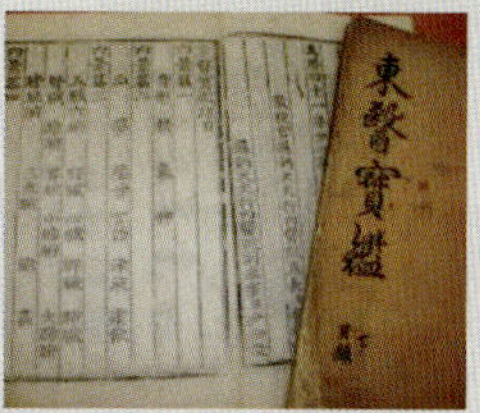

동의보감

1613년 집필된 의학
백과사전으로, 허준이 편찬

일성록

조선 영조 즉위 36년인
1760년부터 1910년까지의
국정 전반을 기록한 왕의 일기

조선

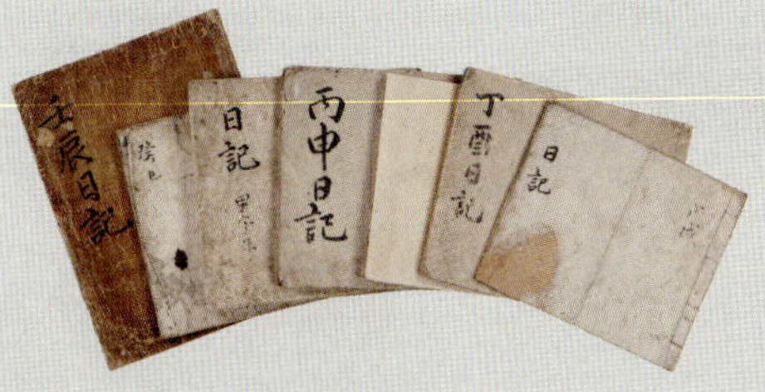

난중일기

이순신이 임진왜란 기간 중(1592~1598) 직접 쓴
친필 일기

대한민국

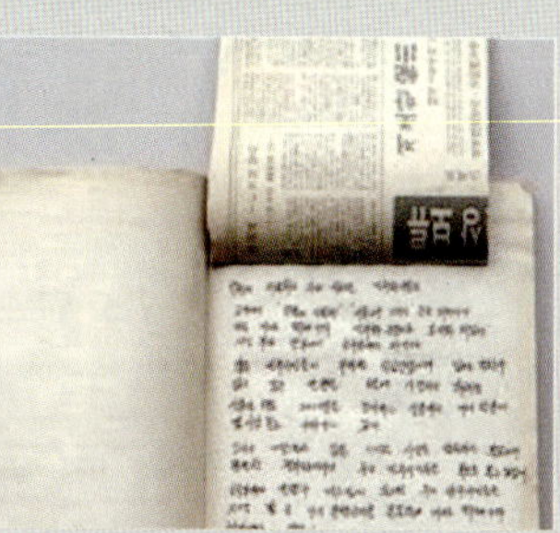

5·18 민주화 운동 기록물

5·18 민주화 운동의 발발과 진압 등에
관련된 방대한 기록물

새마을 운동 기록물

1970년부터 1979년까지 추진한 새마을
운동 과정에서 생산된 모든 기록 자료

시대별 중앙 정치 제도

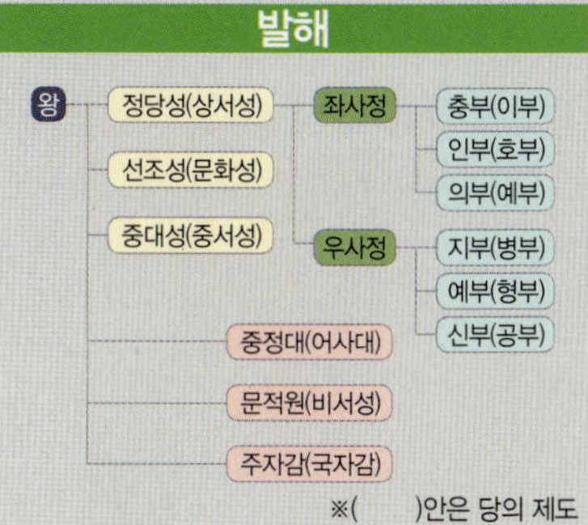

당의 3성 6부 제도를 도입한 것이지만 명칭(6부의 유학적인 명칭 등)과 운영 체제(좌사정, 우사정 등 이원적 통치 체제)는 독자성 유지

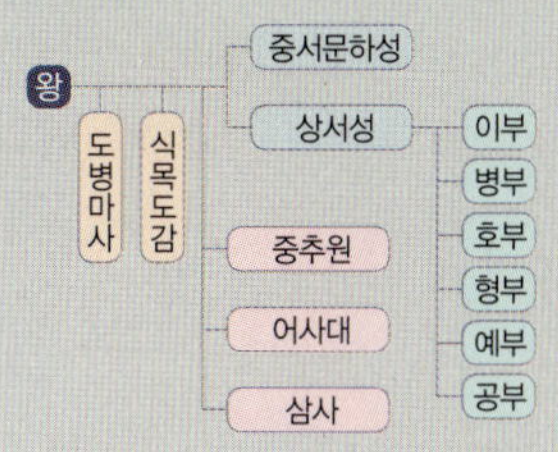

당의 3성 6부 제도를 도입한 것이지만 도병마사와 식목도감은 고려의 독자적인 제도. 고려 귀족 정치의 모습을 볼 수 있음

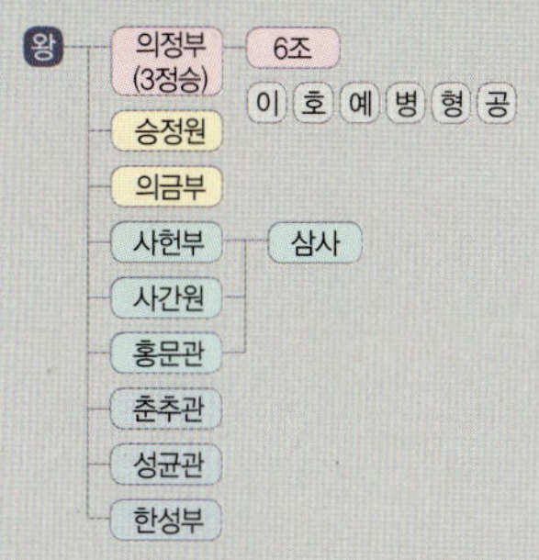

의정부는 국정을 총괄하고 6조는 왕명을 집행. 승정원과 의금부는 왕을 보좌하는 왕권 강화 기구. 3사는 언론 기관으로 권력의 독점을 견제하여 왕권과 신권의 조화를 이룸

시대별 신분 제도

신라

등급	관등명	진골	6두품	5두품	4두품
1	이벌찬				
2	이찬				
3	잡찬				
4	파진찬				
5	대아찬				
6	아찬				
7	일길찬				
8	사찬				
9	급벌찬				
10	대나마				
11	나마				
12	대사				
13	사지				
14	길사				
15	대오				
16	소오				
17	조위				

개인의 신분뿐만 아니라 그 친족의 등급도 표시. 개인의 사회 활동과 정치 활동 제한

고려

귀족	문벌 귀족, 무신, 권문세족, 신진 사대부
중류	서리, 남반, 향리, 군반, 역리
양민	백정, 상공업자, 향·소·부곡민, 역·진의 주민
천민	공노비·사노비, 화척 등

귀족은 시기에 따라 변화함. 중류층은 직역을 세습하고 그에 상응하는 토지를 지급 받음. 양민은 일반 농민(백정) 등으로 조세·공납·역의 의무가 있으며, 향·소·부곡민은 다른 지역에 비해 차별을 받음

조선

양인	양반	문·무반
	중인	기술관, 향리, 서얼
	상민	농민, 상인, 수공업자
천민		노비, 백정, 무당, 창기

양반은 생산 활동에 종사하지 않고, 각종 국역의 면제를 받음. 중인은 전문 기술이나 행정 실무를 담당. 농민은 조세·공납·역의 의무가 있으며, 법제적으로 과거에 응시 가능. 천민은 노비가 대부분이며 비자유민으로 매매·상속·증여의 대상

1920년대 자료로 보는 사회 운동

물산 장려 운동

회사령 철폐, 관세 철폐 움직임이 나타나자 평양에서 시작

브나로드 운동

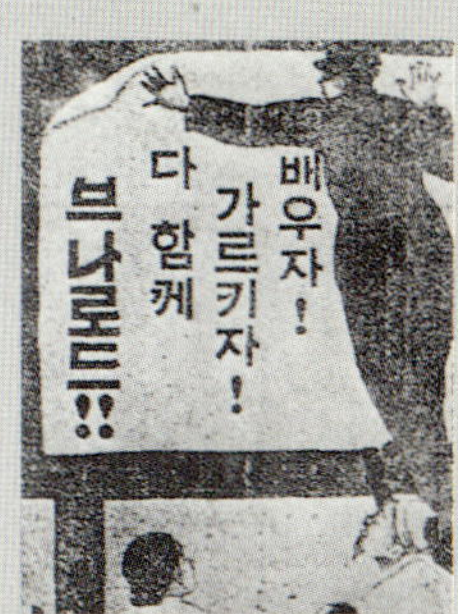

동아일보가 주도하여 1930년대 초반부터 전개

근우회

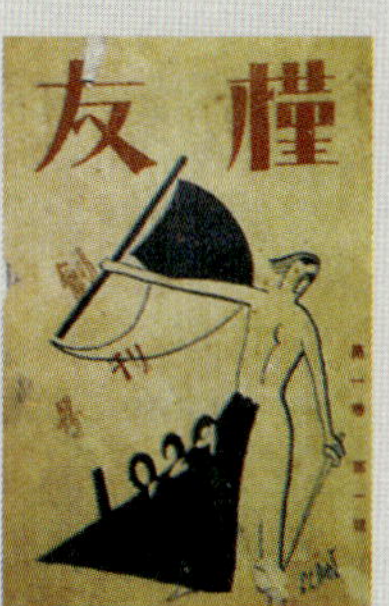

신간회 자매 단체로 여성의 권익 신장 주장

소년 운동

어린이를 인격체로 대접하자는 운동으로 천도교에서 주도

형평 운동

백정들이 사회적 차별 폐지를 주장

시대별 영토의 변화

삼국 시대

고구려 전성기(5세기)

광개토 대왕과 장수왕 시기로
요동 지역과 한강 유역 점령

신라 전성기(6세기)

진흥왕 시기로 한강 유역을
점령하여 중국과 직접 교류

백제 전성기(4세기)

근초고왕 시기로 중국의 산둥·
요서, 일본의 규슈 지방에 진출

남북국 시대

통일 신라와 발해

남부 통일 신라와 북부
발해의 위치

후삼국 시대

통일 신라 말기에
후삼국으로 분열

고려 / 조선

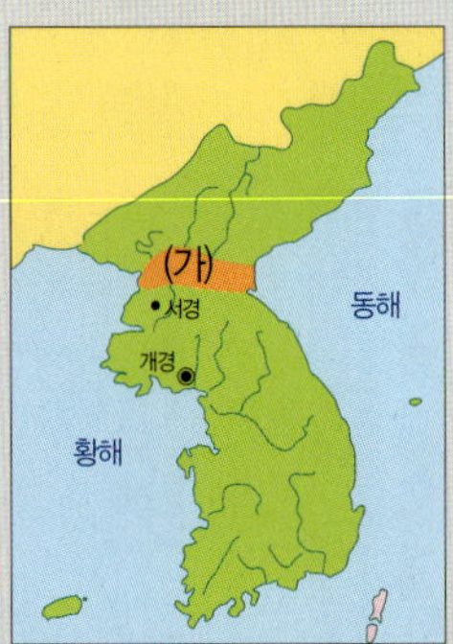

고려 초기

태조의 북진 정책으로 영토
확장. (가)는 태조의 북진 정
책으로 확보한 지역

강동 6주 획득 이후

서희의 담판으로 거란으로부터
강동 6주 획득

공민왕의 영토 수복

공민왕이 쌍성총관부를
공격하여 철령 이북 지역 획득

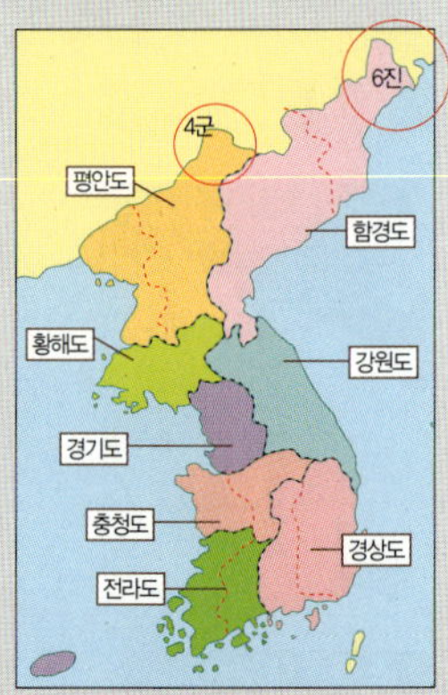

세종의 4군 6진 획득

세종 시기 4군 6진을
획득하여 현재의 영토와 같아짐

시대별 지방 행정 조직

통일 신라

신라 9주 5소경 체제

신문왕 시기에 9주 5소경 체제 성립. 9주의 각 주에는 지방군인 정이 설치되었고, 특히 한주에는 2개의 정이 설치됨. 또한 수도가 한쪽에 치우친 것을 보완하고 문화를 전파하기 위해 5소경 설치

고려

고려 5도 양계 체제

5도 양계의 체제 수립. 5도는 일반 행정 구역으로 안찰사 파견. 양계는 군사 행정 구역으로 병마사 파견. 지방관이 파견된 주현보다 지방관이 파견되지 않은 속현의 존재가 더 많고, 특수 행정 구역인 향·부곡·소는 향리가 지배

조선

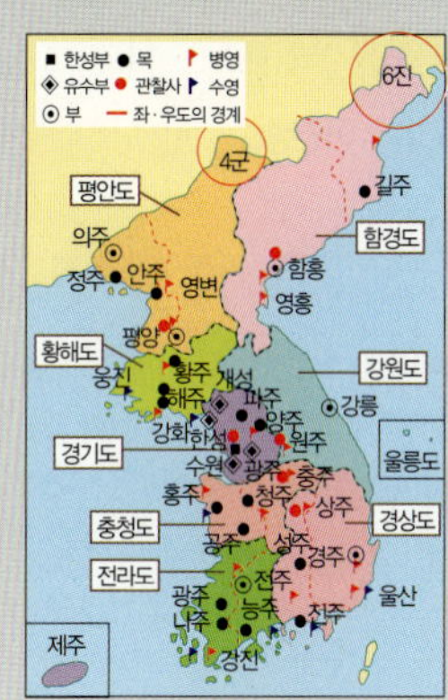

조선 8도 체제

모든 군현에 지방관을 파견하여 이전에 비해 중앙 집권 체제 안정됨. 각 도에는 관찰사를 파견하고, 지방에는 수령을 파견하였으며, 수령을 보좌하는 향리를 둠. 지방관은 행정·군사·사법권을 장악하였으며, 특수 행정 구역은 폐지됨

고려·조선의 농민 봉기

고려

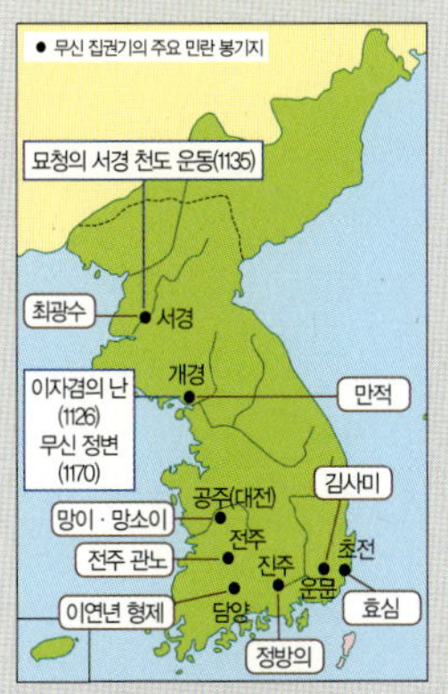

무신 집권 시기의 봉기

고려 무신 집권 시기에는 무신들의 농민에 대한 수탈로 인해 농민 봉기가 발생하고, 신분 해방 운동이 전개

조선 후기

조선 후기의 봉기

조선 후기 세도 정치 시기에 삼정의 문란이 발생하면서 홍경래의 난과 임술 농민 봉기가 발생

동학 농민 운동 1차 봉기 **동학 농민 운동 2차 봉기**

우리나라 역사상 최대 규모의 농민 운동으로 반봉건·반외세 주장

고급 대표 필진

조인
김효중
심용환

감수 : 이건홍

역사의 교훈으로 오늘을 고민하는 젊은 역사 선생님들이 모임.
한국사 교과서 집필자, 한국사능력검정시험 출제 위원, 현직 고교 교사,
강남대성학원·비타에듀 최고 인기 강사가 실전 경험을 모두 녹여냈다!

18강으로 끝내는
한국사능력검정시험
기출특강 고급

1판 1쇄 인쇄 2014년 5월 28일 | 1판 1쇄 발행 2014년 6월 3일

지음 조인, 김효중, 심용환 | **감수** 이건홍

발행인 김재호 | **출판편집인 · 출판국장** 권순택 | **출판팀장** 이기숙
기획 · 편집 홍현경 | **진행** 이세은 | **아트디렉터** 김영화 | **디자인** 김현숙, 박은경 | **교정** 이현미 | **일러스트** 이주한
마케팅 이정훈 · 정택구 · 박수진
펴낸곳 동아일보사 | **등록** 1968.11.9(1-75) | **주소** 서울시 서대문구 충정로 29(120-715)
마케팅 02-361-1030~3 | **팩스** 02-361-1041 | **편집** 02-361-1254
홈페이지 http://books.donga.com | **인쇄** 중앙문화인쇄

ISBN 979-11-85711-10-2 13900 **값** 18,000원